Overmans · Deutsche militärische Verluste

# Beiträge zur Militärgeschichte

Herausgegeben vom
Militärgeschichtlichen Forschungsamt

Band 46

R. Oldenbourg Verlag München 2004

# Deutsche militärische Verluste im Zweiten Weltkrieg

Von
Rüdiger Overmans

3. Auflage

R. Oldenbourg Verlag München 2004

*Bibliografische Information der Deutschen Bibliothek*

Die Deutsche Bibliothek verzeichnet diese Publikation in der Deutschen Nationalbibliographie; detaillierte bibliografische Daten sind im Internet über <http://dnb.ddb.de> abrufbar.

© 3. Auflage 2004 (1. Auflage 1999) Oldenbourg Wissenschaftsverlag GmbH, München
Rosenheimer Straße 145, D-81671 München
Internet: http://www.oldenbourg-verlag.de

Das Werk einschließlich aller Abbildungen ist urheberrechtlich geschützt. Jede Verwertung außerhalb der Grenzen des Urheberrechtsgesetzes ist ohne Zustimmung des Verlages unzulässig und strafbar. Dies gilt insbesondere für Vervielfältigungen, Übersetzungen, Mikroverfilmungen und die Einspeicherung und Bearbeitung in elektronischen Systemen.

Umschlagbild: Eine von 17 Millionen Karteikarten in der Zentralkartei der Deutschen Dienststelle, Berlin

Gedruckt auf säurefreiem, alterungsbeständigem Papier (chlorfrei gebleicht).
Satz: Fotosatzstudio Kühn & Lang, Karlsruhe
Druck und Bindung: R. Oldenbourg Graphische Betriebe Druckerei GmbH, München

ISBN 3-486-20028-3

# Inhalt

| | |
|---|---|
| Vorwort | XI |
| Danksagung | XIII |

| | |
|---|---|
| **1. Einleitung** | **1** |
| **2. Entstehung der Datenbasis** | **9** |
| 2.1 Vorläufer der Wehrmachtauskunftstelle | 11 |
| 2.2 Meldewesen im Zweiten Weltkrieg | 13 |
|     2.2.1 Wehrmacht | 14 |
|         2.2.1.1 Numerische Meldungen | 14 |
|         2.2.1.2 Namentliche Meldungen | 16 |
|         2.2.1.3 Änderungen des Meldewesens | 29 |
|     2.2.2 Waffen-SS | 43 |
|     2.2.3 Sonstige Organisationen | 49 |
|     2.2.4 Zur Qualität der Kriegsdaten | 52 |
| 2.3 Schicksalsklärung nach Kriegsende | 66 |
|     2.3.1 Suchdienste | 68 |
|         2.3.1.1 Internationaler Suchdienst | 69 |
|         2.3.1.2 Kirchlicher Suchdienst | 71 |
|         2.3.1.3 Suchdienste des DRK und anderer Träger | 72 |

2.3.1.3.1 Suchdienste in den Zonen *73*; 2.3.1.3.2 Ansätze zur Zusammenarbeit *82*; 2.3.1.3.3 Wehrmachtsuchdienst *87*

| | |
|---|---|
|     2.3.2 Gräberdienste | 94 |
|     2.3.3 Dokumentationsstellen | 96 |
|         2.3.3.1 Krankenbuchlager | 97 |
|         2.3.3.2 Sammelstellen für Personalunterlagen | 99 |
|         2.3.3.3 WASt/Deutsche Dienststelle | 104 |

2.3.3.3.1 Erste Nachkriegsjahre *104*; 2.3.3.3.2 Kriegssterbefallanzeigen *112*; 2.3.3.3.3 Gerichtliche Todeserklärungen *115*; 2.3.3.3.4 Akquisitionen *116*; 2.3.3.3.5 Organisatorische Neuordnung *123*; 2.3.3.3.6 Vervollständigung der Datenbasis *127*

| | |
|---|---|
|     2.3.4 Auswirkungen der Wiedervereinigung | 131 |
| 2.4 Statistiken und Datenbestände | 137 |
| 2.5 Bilanz: Zum Stand der Forschung nach 50 Jahren | 144 |
| **3. Methodik der empirischen Erhebung** | **151** |
| 3.1 Organisation der Deutschen Dienststelle | 153 |
|     3.1.1 Zentralkartei | 154 |
|     3.1.2 Erkennungsmarkenverzeichnisse | 156 |

3.1.3 Marineakten 157
3.2 Probleme der Datenbasis 158
    3.2.1 Konzeptionsbedingte Probleme 159
    3.2.2 Erfassungsprobleme 164
3.3 Konzeption der Untersuchung 167
    3.3.1 Fragestellungen 169
        3.3.1.1 Geburtsjahr 170
        3.3.1.2 Herkunft 171
        3.3.1.3 Organisation 172
        3.3.1.4 Diensteintritt 173
        3.3.1.5 Kriegsschauplatz 174
        3.3.1.6 Todeszeitpunkt und Überlebensdauer 175
        3.3.1.7 Todesart 175
        3.3.1.8 Status 177
        3.3.1.9 Kontrollvariable 182
    3.3.2 Stichprobengröße 183
3.4 Durchführung der Untersuchung 185
    3.4.1 Durchführungsprobleme 186
    3.4.2 Vervollständigung der Datensätze 188
3.5 Kennwerte der Untersuchung 190
    3.5.1 Zentralkartei 190
    3.5.2 Erkennungsmarkenverzeichnisse 196
    3.5.3 Marineunterlagen 200
3.6 Zusammenfassung 202

**4. Untersuchungsergebnisse** **205**
4.1 Zuverlässigkeit der Daten 205
4.2 Einzelergebnisse 213
    4.2.1 Personalumfang der Organisationen 214
    4.2.2 Einziehungen zur Wehrmacht 216
    4.2.3 Demographische Merkmale der Toten 227
        4.2.3.1 Herkunft 228
        4.2.3.2 Geburtsjahr 232
        4.2.3.3 Todesjahr 237
        4.2.3.4 Exkurs: Wehrmachttote 243
    4.2.4 Organisationen 254
        4.2.4.1 Allgemeine Befunde 254
        4.2.4.2 Exkurs: Wehrmachtteile 261
    4.2.5 Kriegsschauplätze und Todesarten 264
        4.2.5.1 Allgemeine Befunde 265
        4.2.5.2 Ostfront 276
        4.2.5.3 Kriegsgefangenschaft 284
    4.2.6 Zusammenfassung der Auswertung 293

4.3 Relevanz der Ergebnisse 296
    4.3.1 Gruppenkohäsion 297
    4.3.2 Vertreibungsverluste 298
    4.3.3 »Verschwundene« Divisionen 300
    4.3.4 Bewertung der personellen Verluste 301

## 5. Resümee 313

## 6. Anhang 325

6.1 Übersichten 325
    6.1.1 Wehrmachtdienststellen 325
    6.1.2 Waffen-SS-Dienststellen 327
    6.1.3 Nicht-staatliche Organisationen 328

6.2 Namenverzeichnis 330

6.3 Liste der Abkürzungen 330

6.4 Weitere Tabellen 332
    6.4.1 Randhäufigkeiten aller Variablen: Einziehungen zur Wehrmacht 332
    6.4.2 Randhäufigkeiten aller Variablen: Tote 334
    6.4.3 Kreuztabellen 337

6.5 Karteimittel und Erhebungsunterlagen 338

## 7. Quellen und Literatur 347

7.1 Archivbestände 347

7.2 Interviews 348

7.3 Druckvorschriften, Dienstvorschriften 349

7.4 Literatur 350

## 8. Register 365

## Liste der Abbildungen und Tabellen

| | | |
|---|---|---|
| Abb. 1 | Das Meldesystem der Wehrmacht | 35 |
| Tab. 1 | Tote des Heeres durch Feindeinwirkung bis 1941 | 54 |
| Tab. 2 | Tote des Heeres infolge Feindeinwirkung bis 30.8.1943 | 55 |
| Tab. 3 | Verluste an Heeresoffizieren bis 30.6.1944 | 56 |
| Tab. 4 | Verluste an Luftwaffenoffizieren bis 30.8.1944 | 58 |
| Tab. 5 | Verluste an Marineoffizieren bis 30.12.1944 | 59 |
| Tab. 6 | Verluste des Heeres bis 31.1.1945 | 60 |
| Tab. 7 | Verluste der Luftwaffe bis 31.1.1945 | 61 |
| Tab. 8 | Verluste der Marine bis 31.12.1944 | 61 |

| | | |
|---|---|---|
| Tab. 9 | Gesamtverluste der Wehrmacht nach Schramm (Auszug) einschließlich Vermißte und Verwundete 1.9.1939–31.1.1945 | 146 |
| Tab. 10 | Beispiele für Namensumfänge in der Zentralkartei | 156 |
| Tab. 11 | Konfidenzintervalle für das Signifikanzniveau 99% | 184 |
| Tab. 12 | Stichprobe Totenkartei | 191 |
| Tab. 13 | Stichprobe Allgemeine Kartei | 192 |
| Tab. 14 | Seit 1963 angezeigte Sterbefälle | 194 |
| Tab. 15 | Verteilung der Stichprobe nach Organisationen | 198 |
| Tab. 16 | Datensätze Heer und Luftwaffe | 198 |
| Tab. 17 | Anzahl der Datensätze pro Fall | 198 |
| Tab. 18 | Durchschnittliche Satzzahl nach Organisationen | 199 |
| Tab. 19 | Organisationen in den Erkennungsmarkenverzeichnissen | 200 |
| Tab. 20 | Aufteilung der Marinestichprobe | 201 |
| Tab. 21 | Einziehungen und Todesfälle nach Jahren und Regionen | 207 |
| Tab. 22 | Statusgruppen nach Herkunftsländern | 208 |
| Tab. 23 | Statusgruppen nach Organisationen | 209 |
| Tab. 24 | Kriegsschauplätze nach Todesarten | 210 |
| Tab. 25 | Wehrmachtsoldaten nach Herkunft und Eintrittsjahren | 217 |
| Tab. 26 | Regionaler Vergleich der Einziehungen | 219 |
| Tab. 27 | Einziehungen zur Wehrmacht nach Alter und Herkunft | 220 |
| Tab. 28 | Einziehungen zur Wehrmacht nach Alter und Eintritt | 222 |
| Tab. 29 | Einziehungen zu den Wehrmachtteilen nach Regionen | 224 |
| Tab. 30 | Einziehungen zu den Wehrmachtteilen nach Jahren | 225 |
| Tab. 31 | Einziehungen zu den Wehrmachtteilen nach Jahrgangsklassen | 226 |
| Tab. 32 | Die Toten nach ihrer Herkunft | 228 |
| Tab. 33 | Tote unter den ausländischen Kriegsteilnehmern | 230 |
| Tab. 34 | Regionaler Vergleich der Verluste | 231 |
| Abb. 2 | Todesfälle nach Geburtsjahren | 233 |
| Tab. 35 | Todesfälle nach Geburtsjahren | 233 |
| Tab. 36 | Todesfälle nach Geburtsjahren | 234 |
| Tab. 37 | Tote nach Herkunft und Jahrgangsklassen | 236 |
| Abb. 3 | Todeszeitpunkt | 238 |
| Tab. 38 | Todeszeitpunkt | 239 |
| Tab. 39 | Tote nach Herkunft und Todesjahre | 241 |
| Tab. 40 | Todesfälle nach Todesjahren und Jahrgangsklassen | 242 |
| Tab. 41 | Altersschichtung der Wehrmachttodesfälle | 244 |
| Tab. 42 | Wehrmachttodesfälle nach Herkunft und Eintrittsjahren | 247 |
| Tab. 43 | Wehrmachttote nach Diensteintritt und Todesjahren | 250 |
| Tab. 44 | Überlebensdauer der Wehrmachttodesfälle | 250 |
| Tab. 45 | Wehrmachttodesfälle nach Altersgruppen und Eintritt | 252 |
| Tab. 46 | Verluste der Organisationen | 255 |
| Tab. 47 | Verluste der Organisationen bezogen auf den Personalumfang | 257 |
| Tab. 48 | Todesfälle nach Jahrgangsklassen und Organisationen | 258 |
| Tab. 49 | Todesfälle nach Herkunft und Organisationen | 260 |

| | | |
|---|---|---|
| Tab. 50 | Todesfälle nach Wehrmachtteilen und Altersgruppen | 262 |
| Tab. 51 | Todesfälle nach Wehrmachtteilen und Herkunft | 263 |
| Tab. 52 | Todesfälle nach Kriegsschauplätzen | 265 |
| Tab. 53 | Todesfälle nach Kriegsschauplätzen und Jahren | 266 |
| Tab. 54 | Todesfälle nach Kriegsschauplätzen und Organisationen | 269 |
| Tab. 55 | Todesfälle nach Organisationen und Jahren | 270 |
| Tab. 56 | Verluste nach Kriegsschauplätzen und Todesarten | 272 |
| Tab. 57 | Tote nach Todesart und Jahrgangsklassen | 273 |
| Tab. 58 | Todesfälle nach Herkunft und Kriegsschauplätzen | 274 |
| Tab. 59 | Gesamtverluste an der Ostfront | 277 |
| Abb. 4 | Gesamtverluste an der Ostfront | 278 |
| Tab. 60 | Todesfälle an der Ostfront bis 31.12.1944 | 279 |
| Tab. 61 | Verluste des Heeres an der Ostfront bis 31.8.1943 | 281 |
| Tab. 62 | Verluste des Heeres im Osten bis 31.12.1944 | 282 |
| Tab. 63 | Todesfälle nach Jahren und Todesarten | 285 |
| Tab. 64 | Todesfälle nach Kriegsschauplätzen und Verbleib | 285 |
| Tab. 65 | Todesfälle in Kriegsgefangenschaft | 286 |
| Tab. 66 | Todesfälle in sowjetischem Gewahrsam nach Jahren | 288 |
| Tab. 67 | Todesfälle in Kriegsgefangenschaft nach Organisationen | 290 |
| Tab. 68 | Todesfälle in Kriegsgefangenschaft nach Alter | 290 |
| Tab. 69 | Todesfälle in Kriegsgefangenschaft nach Herkunft | 291 |
| Tab. 70 | Todesfälle nach Herkunft und Organisation | 294 |
| Tab. 71 | Vergleich: Militärische Verluste aus den Vertreibungsgebieten | 299 |
| Tab. 72 | Einziehungen nach Geburtsjahr | 332 |
| Tab. 72a | Einziehungen nach Eintrittsjahr | 333 |
| Tab. 72b | Einziehungen nach Herkunft | 333 |
| Tab. 72c | Einziehungen nach Organisation | 333 |
| Tab. 73 | Tote nach Geburtsjahr | 334 |
| Tab. 73a | Tote nach Eintrittsjahr | 334 |
| Tab. 73b | Tote nach Herkunft | 335 |
| Tab. 73c | Tote nach Organisation | 335 |
| Tab. 73d | Tote nach Todesart | 335 |
| Tab. 73e | Tote nach Kriegsschauplatz | 336 |
| Tab. 73f | Tote nach Status | 336 |
| Tab. 74 | Einziehungen zum und Todesfälle im Heer nach Jahren und Regionen | 337 |
| Tab. 75 | Einziehungen zum und Todesfälle im Heer, Jahrgangsklasse 1910–1915 | 337 |

# Vorwort

Die Angaben zu den Menschenverlusten im Zweiten Weltkrieg sind in der Regel widersprüchlich, gleichgültig, ob es sich um die Opfer einzelner Operationen oder um die Gesamtverluste eines Landes handelt. Vielfach sind die zur Verfügung stehenden Zahlen unter propangandistischen Vorzeichen manipuliert worden. Nicht selten wurden sie in den Nachkriegsjahren in politisch-agitatorischer Absicht eingesetzt — z.B. um die Größe des erlittenen Leides oder um die moralische Überlegenheit des eigenen Systems zu beweisen.

Es hat daher um die quantifizierenden Angaben zum Zweiten Weltkrieg eine wissenschaftliche wie politische Diskussion gegeben, die bislang unbefriedigend blieb.

Diese Diskussion sucht die vorliegende Arbeit zu entemotionalisieren, indem sie die Frage nach der »Schuld« und der nach dem »Leid« ausklammert. Sie soll vielmehr einen Beitrag zur Klärung des Sachverhaltes selbst anhand der deutschen Kriegsverluste leisten. Gleichwohl stärkt die Untersuchung die Vorstellung von Sinnlosigkeit und Leid dieses Krieges. Denn die Studie zeigt die immensen Menschenverluste gerade an der Ostfront und in den »Endkämpfen« des »Dritten Reiches«, in denen allein auf deutscher Seite im Durchschnitt täglich ca. 10 000 Menschen ums Leben kamen.

Die Arbeit enthält nicht nur Verlustangaben. Sie regt auch an zu weiterer Forschung, so z.B. über die Binnenstruktur der Wehrmacht auf der Ebene des einfachen Soldaten, die bisher nur in Ansätzen untersucht worden ist. Organisatorisch wie methodisch stellt sie ein Novum unter den Veröffentlichungen des Militärgeschichtlichen Forschungsamtes dar. Sie entstand zum einen im Rahmen eines Drittmittelprojektes, zum anderen verbindet die Studie erstmals die Methode klassischer Aktenauswertung mit angewandter empirischer Sozialforschung. Sie führt dieserart zu Ergebnissen, die mit herkömmlichen Methoden nicht zu erzielen gewesen wären. Als Pilotstudie mag sie dazu Anlaß bieten, die zahlreichen in Archiven vorhandenen Daten auf statistischer Massenbasis auszuwerten.

Friedhelm Klein M.A.
Oberst i.G.
Amtschef des Militärgeschichtlichen Forschungsamtes

# Danksagung

Im Oktober 1987 beauftragte mich der damalige Leiter des Projektes »Das Deutsche Reich und der Zweite Weltkrieg« im Militärgeschichtlichen Forschungsamt, Prof. Dr. Wilhelm Deist, in Vorbereitung des geplanten Bandes 10 dieser Reihe, doch einmal den offensichtlich divergierenden Angaben über die Verluste im Zweiten Weltkrieg nachzugehen. Daraus entwickelte sich das Projekt, dessen Ergebnis im folgenden vorgestellt wird. Prof. Dr. Deist ist daher auch der erste, dem ich an dieser Stelle danken möchte, nicht nur für die Anregung, sondern auch für die Unterstützung, die er mir dauerhaft hat zukommen lassen. Zuletzt waren es dann der frühere Amtschef des Militärgeschichtlichen Forschungsamtes, Kapitän zur See Dr. Werner Rahn, und sein Nachfolger, Oberst i. G. Friedhelm Klein M. A., die den Abschluß des Projektes durch ihr großzügiges Verständnis ermöglichten.

Die empirische Erhebung durchzuführen wäre nicht möglich gewesen ohne die umfassende und vorbehaltlose Unterstützung der Mitarbeiterinnen und Mitarbeiter der Deutschen Dienststelle in Berlin unter Leitung von Herrn Urs Veit. War auch die Einstellung anfangs eher skeptisch, was das Gelingen anbetraf, so habe ich dennoch jederzeit großzügige Unterstützung erfahren. Immer wieder habe ich erlebt, daß es den Verantwortlichen eine Freude war, meine oft unbequemen Fragen zu beantworten – auch wenn dies zusätzliche Mühe bedeutete. Ohne andere herabsetzen zu wollen, möchte ich mich insbesondere bedanken bei den Damen und Herren Magdalena Blümert, Eva Dobislaw, José Feltin, Peter Gerhardt, Bernd Gericke, Peter Kirchhoff, Ingrid Krause, Stefan Kühmayer, Erhard Lamontaine, Stefan Pfäffle, Walter Prestel, Günter Reddner, Norbert Schönemann und Torsten Spiller sowie last but not least bei Mr. Antoine Girard, dem französischen Verbindungsbeauftragten.

Für das gezeigte Engagement, manchen wichtigen Hinweis oder kritische Frage möchte ich mich bei den Mitarbeiterinnen und Mitarbeitern bedanken, die die Erfassungs- und Kodierungsarbeiten übernommen haben. Neben den Damen und Herren Sabine Althoff-Diedrichs, Renate Baer, Ingrid Dehle, Petra Derkow, Barbara Kassner, Marianne Krause, Petra Lehnert, Anke Maus, Renate A. Müller, Jan Overmans, Maria Paciej, Claudia Schmidt, Renate Stang, Anita Wagner und Cornelia Warnke, möchte ich aber das ursprüngliche Team ganz besonders hervorheben, mit dem die Arbeit begann und das mir drei Jahre lang die Treue gehalten hat – Claudia Bernhardt, Jeanette Meyer, Ludwig Norz, Dr. Werner Stang und Robert Wöllmann.

Hilfe habe ich jedoch nicht nur innerhalb der Deutschen Dienststelle erhalten, sondern auch von außerhalb. Bedanken möchte ich mich bei allen Archiven und den Suchdiensten, die in großem Umfang Datensätze kontrolliert und gegebenenfalls ergänzt haben. An erster Stelle – auch vom Umfang der Hilfe her – sei hier der DRK-Suchdienst München, und vor allem Dr. Kalcyk, erwähnt. Aber auch ohne Dr. David Marwell, Dr. Dieter Krüger und Hans Semrau (†) vom Berlin Document Center, Frau Schulenburg und Frau Fiedler von der DRK-Suchdienst-

Außenstelle Berlin, Frau Eis vom Krankenbuchlager Berlin, Herrn Meentz von der Zentralnachweisstelle Aachen-Kornelimünster sowie Herrn v. Lutzau vom Volksbund Deutsche Kriegsgräberfürsorge wäre manches unvollständig geblieben.

Viele Fragen zur Geschichte konnten nur noch von Zeitzeugen beantwortet werden. In großzügiger Weise stellten sich zur Verfügung Herr und Frau Kobylski sowie die Herren Bogdanski, Daniel, Horst Swatzina und Klaus Woche. Nach Abschluß der Untersuchung waren es dann vor allem General a.D. Ulrich de Maizière und Dr. Kurt Wagner, die mir bereitwillig wichtige Hinweise zu Sachverhalten gaben, die leider kaum dokumentiert sind.

Doch ohne Finanzierung wäre das Projekt nicht realisierbar gewesen. Dankbar bin ich daher der Gerda Henkel Stiftung, die nicht nur die Kosten der Vorbereitungs-, sondern vor allem auch der aufwendigen Durchführungsphase weitestgehend übernommen hat. Besonderen Dank schulde ich Prof. Dr. Hans Fenske, der die Arbeit über die Jahre hinweg betreut hat, Herrn Prof. Dr. Hugo Ott sowie Prof. Dr. Jürgen Schulte-Mönting, der mich in allen Statistikfragen beriet. Last but not least möchte ich mich für die sorgfältige Arbeit der Lektoren Ingeborg Kálmán und Wilfried Rädisch sowie des Schriftleiters der Militärgeschichtlichen Forschungsamtes, Dr. Arnim Lang, bedanken, der es verstanden hat, die vorliegende Publikation mit Geschick und Geduld auch gegen Widerstände auf einen guten Weg zu bringen.

Darüber hinaus möchte ich aber auf zwei Personen hinweisen, ohne die die vorliegende Arbeit niemals hätte entstehen können – Armand Klein (†) und Henry Sternweiler, zwei alliierte Offiziere, ohne deren verantwortungsbewußtes Handeln die Akten der Deutschen Dienststelle 1946 verbrannt worden wären. Und obwohl sie damit Millionen von Deutschen geholfen haben, sind ihre Verdienste der Öffentlichkeit kaum bewußt geworden. Hiermit möchte ich einen Beitrag dazu leisten, dies nachzuholen.

Ganz zum Schluß möchte ich mich bei meiner Familie, und speziell bei meiner Frau, bedanken, die nicht nur an der Vorbereitungsphase aktiv teilgenommen und später die mit meiner häufigen Abwesenheit verbundenen Lasten getragen, sondern auch die Entstehung des Manuskriptes mit kritischen Kommentaren begleitet hat. Ihr ist die vorliegende Arbeit gewidmet.

# 1. Einleitung

Die Verluste an Menschenleben sind ein Thema, das seit Beendigung des Zweiten Weltkrieges immer wieder zu leidenschaftlichen Diskussionen geführt hat. Glaubte man doch mit Hilfe der Zahlen beweisen zu können, welcher Staat bzw. welches politische System die größeren Opfer erlitten und damit den größeren Beitrag zum Sieg über den Nationalsozialismus geleistet hatte. Aus wieder anderer Perspektive durfte das siegreiche politische System auf keinen Fall größere Verluste erlitten haben als das besiegte, weil dann ja die ideologische Überlegenheit hätte in Frage gestellt sein können[1].

An Aussagen mangelt es daher nicht, vergleicht man jedoch die Literaturangaben miteinander, dann ergibt sich ein widersprüchliches Bild. Auf der einen Seite finden sich in allen Standardwerken Angaben über die Verluste der am Zweiten Weltkrieg beteiligten Staaten – üblicherweise ohne weitere Anmerkungen oder Einschränkungen, so daß der Eindruck entsteht, es handle sich um gesicherte Forschungsergebnisse[2]. Auf der anderen Seite widersprechen sich die Aussagen in der Regel – wobei Differenzen bis zu 100 Prozent durchaus nicht selten sind[3].

Die naheliegende Vermutung, diese Unterschiede seien auf ideologische Differenzen zurückzuführen, greift zu kurz. Auch die Widersprüche in der westlichen Literatur – oder auch nur in der der Bundesrepublik vor der Wiedervereinigung – sind nicht geringer als die auf internationaler Ebene. Ganz im Gegenteil, über alle ideologischen Differenzen hinweg kommen die beiden prominentesten Autoren, Frumkin (USA) und Urlanis (UdSSR), zu durchaus ähnlichen Auffassungen: »Auf kaum einem anderen Gebiet der Statistik trifft man derartige Unstimmigkeiten in den Fakten an, wie in der Statistik der in Kriegen erlittenen Menschenverluste« (Urlanis) oder Frumkin: »A special effort was made to ascertain total war losses, a reliable inventory of which is still lacking [...] Germany is a good example of a country where practically no item could be taken as found[4].« Diese Feststellungen aus den Jahren 1951 und 1960 scheinen bis heute ihre Gültigkeit behalten zu haben.

---

[1] Eine neuere Veröffentlichung, die diese Problematik aus sowjetischer Sicht diskutiert, ist: Gurkin/Gurov, Cena agressi (Für die Übersetzung danke ich Frau Karin Hepp).

[2] Eine der seltenen, differenzierenden Darstellungen in einer neueren Veröffentlichungen findet sich bei Auerbach, Opfer, S. 161; ähnlich, jedoch nicht veröffentlicht: Peuschel, Weltverlustliste. Ein Beispiel für den generell sorgfältigeren Umgang mit Zahlen im anglo-amerikanischen Sprachraum ist: World Wars, S. 1043 f.

[3] Overmans, 55 Millionen Opfer, S. 103, 107, 111, 114 f.; Overmans, Tote des Zweiten Weltkriegs, S. 859 f., 862 und 865.

[4] Frumkin, Population Changes, S. 22; Urlanis, Bilanz, S. 13. Eines der wenigen Länder mit einer weitgehend gesicherten Datenbasis sind die USA, siehe World Wars, S. 1043 f.; Overmans, 55 Millionen Opfer, S. 113 f.

Versucht man, das Thema »deutsche Verluste« in der Fachliteratur weiterzuverfolgen, so zeigt sich zunächst einmal, daß es originäre neuere Veröffentlichungen über die Verluste im deutschen Sprachraum nicht gibt – lediglich aus den USA ist eine Monographie von 1986 zu verzeichnen, die sich allerdings darauf beschränkt, die widersprüchlichen Angaben aufzulisten, ohne zu einem zusammenfassenden Ergebnis zu kommen[5]. Die westdeutschen Publikationen hingegen gehen zurück auf die Veröffentlichungen von drei Autoren aus dem Zeitraum Ende der vierziger bis Anfang der sechziger Jahre. Zwei davon, Schramm und Müller-Hillebrand, stützen sich auf Wehrmachtstatistiken, wobei die von Percy Schramm im Anhang des Kriegstagebuchs der Wehrmacht veröffentlichte letzte Verluststatistik der Wehrmacht mit dem Stand 31. Januar 1945 wohl die weiteste Verbreitung erfahren hat[6].

Die quellenkritische Untersuchung der Wehrmachtstatistiken, die die beiden Autoren ihren Publikationen zugrunde legten, ergab nun Erstaunliches – vor allem die bei Schramm, aber auch die bei Müller-Hillebrand veröffentlichten Statistiken weisen zahlreiche, auch quantitativ gewichtige Übertragungs- und Interpretationsfehler auf. Sie entsprechen in wesentlichen Punkten nicht den Akten, auf die sich diese Autoren berufen.

Was nun die Qualität der Verluststatistiken selbst anbetrifft, ergaben sich einige Fragen:
– Inwieweit sind sie zuverlässig, d.h. in welchem Ausmaß erfaßten sie tatsächlich die Fälle, die sie erfassen sollten?
– Wie verhält es sich mit den Personengruppen, über deren endgültiges Schicksal Wehrmachtstatistiken keine Auskunft geben konnten, d.h. die Vermißten und die Kriegsgefangenen[7]?
– Welche Konsequenzen entstehen daraus, daß die Wehrmachtstatistiken Ende Januar 1945 enden und damit weder die verlustreichen Endkämpfe noch die Todesfälle in der Kriegsgefangenschaft – mitunter Jahre nach der Kapitulation – abdecken?

Den Autoren, Müller-Hillebrand und Schramm, war diese Problematik durchaus bewußt – eine befriedigende Lösung konnte jedoch keiner von beiden aufzeigen[8]. Trotzdem wurden ihre Angaben in zahllose Veröffentlichungen übernommen.

---

[5] Sorge, The Other Price; Ansätze, die Problematik zu bearbeiten, finden sich in einem kurzen Aufsatz von Woche, Bilanz des Todes, sowie in zwei unveröffentlichten Manuskripten, siehe Peuschel, Weltverlustliste; Personelle Verluste, DRK-Suchdienst.

[6] KTB-OKW, S. 1508 – 1512; Müller-Hillebrand, Heer, 3, S. 248 – 267; siehe hierzu auch die bereits kurz nach Kriegsende erstellten Studien dieser beiden Autoren. Wehrmachtverluststatistiken sind ebenfalls veröffentlicht bei: Keilig, Deutsches Heer, Bd 3, Nr. 203, S. 11; Verluste der deutschen Wehrmacht.

[7] Die Zahl der Vermißten und Kriegsgefangenen ist in Wehrmachtverluststatistiken im allgemeinen in etwa so hoch wie die Anzahl der Gefallenen oder an Verwundungen Gestorbenen.

[8] KTB-OKW, S. 1508 – 1509, Müller-Hillebrand, Heer, 3, S. 261.

Sie können heute als Standard gelten, die damit verbundene Problematik ist jedoch weitgehend in Vergessenheit geraten.

Der einzige der drei Autoren, der versuchte, auch auf andere Datenbasen zurückzugreifen, war Arntz. Seine Untersuchungen, die sogar als Bulletin der Bundesregierung veröffentlicht worden sind, weisen allerdings zwei wesentliche Nachteile auf[9]. Zum einen bezog sich der Autor ausschließlich auf unbelegte Schätzungen von Suchdienstfachleuten, zum anderen formulierte Arntz noch im Jahr 1953 das Ziel seiner Überlegungen folgendermaßen: »Diese aufrüttelnde Erkenntnis eines nicht wiedergutzumachenden Verlustes, der nicht nur die einzelne Familie, sondern das gefährdete Abendland als Ganzes betroffen hat, führte in erster Linie zu dem Bemühen, das Ausmaß der Schwächung des Volkskörpers festzustellen[10].« Das Ergebnis seiner Untersuchung bewertete er so: »Setzt man die Verluste in Beziehung einmal zu den Bevölkerungs- und zum anderen zu den Geburtenzahlen der drei Großräume [Europa, Sowjetunion, Ostasien, R.O.], so ergibt sich [...] deutlich die biologische Minderung der bereits durch den Ersten Weltkrieg entkräfteten abendländischen Völker[11].« Ähnlich ideologisch, wenn auch mit einer anderen Zielsetzung, sind die Veröffentlichungen von DDR-Autoren, deren Ziel darin bestand, anhand von Verlustzahlen den entscheidenden, vom Westen aber bisher ignorierten Anteil der Sowjetunion am Sieg über den Hitlerfaschismus zu beweisen[12]. Eine wissenschaftlichen Ansprüchen genügende Untersuchung der deutschen Verluste im Zweiten Weltkrieg unter Einbeziehung aller verfügbaren Informationen steht also noch aus – und genau dies ist das Thema der vorliegenden Arbeit. Der intellektuelle Reiz liegt dabei nicht so sehr in der Auswertung der Akten, sondern in der Suche nach einer Lösung für ein bisher nicht geklärtes Problem.

Gegen ein solches Unternehmen kann nun eingewendet werden, es mache keinen Sinn, unnötigen Wert auf möglichst exakte Zahlen zu legen, denn zum einen sei menschliches Leid nicht meßbar, zum anderen dienten solche Zahlenspiele ohnehin nur der ideologischen Aufrechnung. Dem ist entgegenzuhalten, daß es zunächst einmal ein selbstverständlicher Anspruch der Wissenschaft sein sollte, exakte Daten zu erarbeiten – oder ist es vorstellbar, sich mit der Angabe zu begnügen, die Französische Revolution habe irgendwann gegen Ende des 18. Jahrhunderts stattgefunden[13]? Darüber hinaus hat das Beispiel des Kanadiers James Bacque in den letzten Jahren wieder einmal gezeigt, daß eine unklare Forschungslage die Formulierung abstruser Thesen zumindest erleichtert, wenn nicht

---

[9] Siehe hierzu die im Literaturverzeichnis nachgewiesenen Publikationen von Arntz; auf seinen Veröffentlichungen beruhen: Deutschland heute; Opfer der Kriege; Weltkrieg II. Verluste, in: Keesings Archiv des Gegenwart, 1953, S. 3937.
[10] Arntz, Menschenverluste zweier Weltkriege, S. 545.
[11] Ebd., S. 546.
[12] Pšimanovskij, Novye dokumenty, S. 60.
[13] Mehr Exaktheit zu fordern, ist nicht gleichzusetzen mit dem Versuch, die Geschichte zu quantifizieren, wie dies z.B. bei Richardson, Statistics, der Fall ist.

sogar provoziert. Und solche »Forschungsergebnisse« dienen dann in der Regel nicht dem wissenschaftlichen Fortschritt, sondern höchst politischen Zielen[14].

Die Beschäftigung mit dem Thema »Verluste« hat jedoch auch über das vordergründige Interesse an korrekten Daten hinaus ihre inhaltliche Relevanz. Natürlich reicht die Vorstellungskraft des Lesers nicht aus, sich den Unterschied zwischen zwei, vier oder sechs Millionen Toten vorzustellen – daraus nun aber den Schluß zu ziehen, solch abstrakte Angaben seien inhaltsleer, ist falsch. Eine Differenz von 2 Millionen – in etwa die Einwohnerschaft von München oder Hamburg – bedeutet 2 Millionen Soldaten, die nicht mehr kämpften, 2 Millionen toter Individuen, Millionen trauernder Eltern, Kinder, die als Waisen in unvollständigen Familien aufwachsen mußten, Frauen, die nicht heiraten konnten, 2 Millionen Arbeitskräfte, die nicht mehr für den Wiederaufbau zur Verfügung standen, 2 Millionen, deren Fehlen Verschiebungen der Gesellschaftsstruktur zur Folge hatte – vom kleinsten dörflichen Fußballverein bis zu den Renten.

Darüber hinaus ergibt sich jedoch noch ein weiteres Forschungsinteresse. Natürlich hat sich die deutsche militärische und politische Führung schon während des Krieges für die Verluste interessiert – allerdings vorwiegend unter dem Aspekt der personellen Ressourcen, d.h. der Frage, wie viele Rekruten benötigt wurden bzw. zur Verfügung standen, und wie sie zu verteilen seien. Sollte sich nun im folgenden ergeben, daß sich wesentliche Differenzen zwischen der Perzeption der Führung und den tatsächlichen Verlusten ergaben, so stellt sich die Frage, ob nicht manche militärische Niederlage auch damit zu erklären ist, daß die Führung über weniger Soldaten verfügte, als sie tatsächlich zur Verfügung zu haben glaubte. Oder mit anderen Worten: Ist die Ostfront im Sommer 1944 vielleicht auch deswegen zusammengebrochen, weil Hunderttausende Soldaten – die Größenordnung von Armeen – fehlten, die inzwischen tot oder in Gefangenschaft geraten waren? Und wenn es eine solche Diskrepanz zwischen der Perzeption und der realen Entwicklung gab, hat die Führung sie nicht wahrnehmen können oder nicht wahrnehmen wollen?

Hinzu kommt eine zweite Ebene. Gleichgültig, ob die Verluste zuverlässig erfaßt werden konnten – es stellt sich die Frage, wie die Wehrmachtführung mit diesen Verlusten »lebte«, d.h. wie sie die Konsequenzen für die Kriegführungsfähigkeit oder die deutsche Gesellschaft generell bewertete. Dies alles sind Themen, die in der vorliegenden Untersuchung diskutiert werden sollen.

---

[14] Bacque, Der geplante Tod; ders., Verschwiegene Schuld. Ein weniger spektakuläres und für den politischen Umgang mit Zahlen in der Bundesrepublik eher typisches Beispiel findet sich in der jüngst veröffentlichten Monographie von Weißmann: »Die Nation hatte zwischen drei und vier Millionen Gefallene und eine halbe Million Ziviltote zu beklagen, etwa eineinhalb Millionen Menschen kamen bei der Vertreibung um. Das war nur ein Bruchteil der etwa 60 Millionen Menschen [...] Aber niemals zuvor hat ein Volk so hart für die Untaten gebüßt, die es beging oder die doch in seinem Namen begangen wurden.« Siehe Weißmann, Weg in den Abgrund, S. 470.

# 1. Einleitung

Aus der Feststellung, daß die Angaben in der Literatur unzuverlässig sind und die Erarbeitung exakter Daten sinnvoll ist, ergibt sich die Notwendigkeit, die Fragestellung systematisch aufzuarbeiten. Dabei stellt sich zunächst einmal die Frage nach der Qualität der vorhandenen, vor allem auch solcher, bisher nicht veröffentlichter Daten – oder konkreter:
- Inwieweit sind die bereits bekannten Statistiken trotz ihrer Mängel nutzbar?
- Gibt es unbekannte, bis heute nicht veröffentlichte Statistiken?
- Existieren sonstige, bisher ungenutzte Datenbestände, die für die vorliegende Fragestellung in Betracht kommen?
- Welchen Einschränkungen hinsichtlich ihrer Vollständigkeit unterliegen die Datenbasen, z.B. aufgrund administrativer Regelungen, historischer Entwicklungen etc.?

So leicht all diese Fragen zu stellen waren, so schwer war es, sie zu beantworten – Veröffentlichungen zu diesem Thema liegen nämlich nicht vor, wenn man von einigen Ausführungen bei Absolon, Müller-Hillebrand und einigen wenigen anderen, kaum bekannten Autoren absieht[15]. Die meisten Organisationen, Verfahren und Handlungszusammenhänge, die für das vorliegende Thema von Bedeutung sind, haben jedoch bis heute keine Erwähnung in der geschichtswissenschaftlichen Literatur gefunden – und dies, obwohl Millionen Personen unmittelbar, noch weitaus mehr Millionen Menschen mittelbar betroffen und Tausende von Arbeitnehmern in diesen Organisationen beschäftigt waren.

Aus dieser Situation ergab sich die Notwendigkeit, zunächst einmal die Strukturen des Meldewesens zu erforschen und die Geschichte der Erfassung von Todesfällen zu schreiben, d.h. zu untersuchen, in welchem Umfang und mit welchen Einschränkungen wir heute über die militärischen Todesfälle im Zusammenhang mit dem Zweiten Weltkrieg informiert sind. Insbesondere sind dies die Arbeitsweisen der Organisationen, die sich während des und nach dem Krieg mit der Klärung von Todesfällen beschäftigt haben, aber auch das Schicksal dieser Institutionen und ihrer Karteien sowie die großen Anstrengungen, die in der Nachkriegszeit unternommen wurden, um die Schicksale der Vermißten zu erforschen.

Im Laufe der Nachforschungen konnten zwar die Lücken der vorhandenen Wehrmachtstatistiken näher untersucht werden, leider fanden sich jedoch keine zuverlässigen, bis heute unveröffentlichten Verluststatistiken. Eine naheliegende Möglichkeit hätte nun darin bestehen können, alle militärischen Operationen und die dabei entstandenen Verluste sowie die Todesziffern von Institutionen, wie Kriegsgefangenenlagern und Lazaretten, zu erfassen. Angesichts der Vielzahl von Kriegsschauplätzen, des Chaos gegen Kriegsende und des Verlustes zahlloser

---

[15] Soweit erkennbar, gilt diese Feststellung nicht nur für die Wehrmacht, sondern auch für die Streitkräfte anderer Staaten. Ein Ansatz, die Qualität von militärischen Verluststatistiken zu problematisieren, findet sich in: Grif sekretnosti snjat [Nicht mehr geheim]. Hrsg.: Autorenkollektiv unter Leitung von G.F. Krivošeev, Moskau 1993, S. 384—386 (Für die Übersetzung danke ich Frau Karin Hepp).

Aktenbestände erschien ein solcher Versuch jedoch von vornherein aussichtslos. Von daher war also ein neuer Ansatz notwendig.

Im Laufe der Nachforschungen hatte sich aber auch herausgestellt, daß es in der Bundesrepublik einige, jeweils Millionen von Datensätzen umfassende Karteien, bzw. Dateien, über Kriegsopfer im weitesten Sinn gibt, die jedoch bis heute nur für individuelle Auskünfte genutzt worden sind. Hierzu zählen insbesondere die 22 Millionen Personen erfassende Kartei des DRK-Suchdienstes und die Kartei der Deutschen Dienststelle in Berlin mit ca. 18 Millionen Karteikarten, aber auch die Unterlagen des Kirchlichen Suchdienstes in München, des DRK-Suchdienstes Ost in Berlin, des Volksbundes Deutsche Kriegsgräberfürsorge in Kassel, des Internationalen Suchdienstes in Arolsen, des Krankenbuchlagers in Berlin oder der Zentralnachweisstelle in Aachen-Kornelimünster.

Die einzige Möglichkeit, die eingangs gestellte Frage nach den Verlusten zu beantworten, bestand nun darin, eine dieser Karteien mit den Methoden der empirischen Sozialforschung quantitativ auszuwerten. Die Explorationsphase ergab, daß die Kartei der Deutschen Dienststelle hinsichtlich der Organisation, der inhaltlichen Abgrenzung und der Vollständigkeit diejenige ist, die für sich in Anspruch nehmen kann, das individuelle Schicksal militärischer Kriegsteilnehmer so exakt und so umfassend nachweisen zu können, wie dies angesichts des Chaos bei und nach Kriegsende sowie der Zerstörung großer Aktenbestände, überhaupt möglich ist. Bereits 1939, mit Kriegsbeginn angelegt, dokumentiert die Zentralkartei, in der alle wesentlichen Informationen gesammelt sind, heute das Schicksal von ca. 18 Millionen Menschen.

Wenn die Wahl auf diese Kartei fiel, dann folgt daraus nicht, daß die anderen Datenbestände ignoriert worden wären. Zum einen arbeiteten die verschiedenen Dienste bereits im Krieg zusammen – die in der Deutschen Dienststelle vorhandenen Informationen sind also oft das Ergebnis der Bemühungen anderer Organisationen, vor allem der Such- und der Gräberdienste. Zum anderen wurden aber auch diese anderen Karteien für die vorliegende Untersuchung konsultiert, wenn Widersprüche geprüft oder Details geklärt werden mußten.

Den Ausgangspunkt, die Grundgesamtheit der empirischen Untersuchung, bildet jedoch der Datenbestand der Deutschen Dienststelle, der bisher nur für individuelle Auskünfte genutzt worden war. Eine Auswertung, nicht nur um die Zahl der Toten zu ermitteln, sondern auch um sozialgeschichtlich relevante Daten über die personelle Zusammensetzung und Entwicklung der Wehrmacht zu erhalten, war zwar bereits kurz nach Kriegsende angeregt worden, ist jedoch bisher nicht erfolgt[16]. Die vorliegende Arbeit versucht, hier anzuknüpfen. Damit ist sie insofern eine Pilotstudie, als personenbezogene Datenbestände zu zahlreichen

---

[16] Interview Woche; Interview Bogdanski; Deutsche Dienststelle für die Benachrichtigung der nächsten Angehörigen von Gefallenen der ehemaligen Deutschen Wehrmacht – Abwicklungsstelle –, Az. Ltg./196, Berlin-Frohnau, den 1.9.1947, BA, B 150/347 H1.

Fragestellungen der Zeitgeschichte existieren, ohne bisher quantitativ ausgewertet worden zu sein. Zu erwähnen seien hier beispielhaft die Heimatortskarteien, die das Schicksal der Vertriebenen nachweisen, das Lastenausgleichsarchiv oder die Versorgungsämter mit den Akten der Kriegsversehrten.

Es wäre selbstverständlich wünschenswert gewesen, eine Vollerhebung durchzuführen, d.h. die gesamte Kartei der Deutschen Dienststelle auszuwerten. Ein solches Projekt wäre jedoch in einem vertretbaren Zeitraum nicht realisierbar gewesen, die Kosten hätten vermutlich im zweistelligen Millionenbereich gelegen. Von daher erwies es sich als notwendig, sich mit einer Stichprobe zu begnügen, die allerdings so groß gewählt werden konnte, daß die Ergebnisse ein hohes Maß an Zuverlässigkeit beanspruchen können. Damit ist natürlich ein wesentlicher Nachteil verbunden – eine Stichprobe kann keine hundertprozentig sicheren Ergebnisse liefern, die Aussagen der Untersuchung gelten folglich nur mit einer angebbaren, hohen Wahrscheinlichkeit. Zumindest aber bietet die hier angewandte Methode den Vorteil, Informationen zu erbringen, die bisher nicht vorlagen und weder aus den Akten noch aus der Literatur gewonnen werden konnten.

Neben den Implikationen der Methode sind mit der hier gewählten Vorgehensweise allerdings auch Einschränkungen verbunden, die sich aus der Zusammensetzung des ausgewerteten Datenbestandes ergeben. So umfaßt der Begriff »Verluste« im militärischen Sprachgebrauch auch diejenigen Soldaten, die aufgrund von Krankheiten und Verwundungen für den weiteren Einsatz ausfallen. Da es jedoch das vorrangige Ziel der vorliegenden Arbeit ist, die Todesfälle zu erfassen, werden im folgenden zeitlich begrenzte Ausfälle aufgrund von Krankheit oder Verwundung nicht berücksichtigt.

Auf eine weitere Einschränkung bzw. Präzisierung, ist ebenfalls hinzuweisen. Die vorliegende Arbeit umfaßt nur die militärischen Verluste deutscher Soldaten einschließlich der Personen mit vergleichbarem Status. Hierzu gehören insbesondere die Volksdeutschen, die zwangsrekrutierten Elsässer und Lothringer, aber auch die Angehörigen der unterstützenden, paramilitärischen Organisationen (OT, NSKK etc.), soweit sich diese Verluste im Zusammenhang mit dem Kriegseinsatz oder in Kriegsgefangenschaft ereigneten. Nicht berücksichtigt werden damit insbesondere die Verluste der Nicht-Deutschen, die zusammen mit der Wehrmacht kämpften, ohne Soldaten der Wehrmacht oder der Waffen-SS zu sein – sei es als Verbündete oder als »Hilfswillige«. Sie wurden nicht in derselben Weise administrativ erfaßt wie reguläre deutsche Soldaten; von daher können anhand des Datenbestandes der Deutschen Dienststelle auch keine aussagekräftigen Informationen über diese Personen gewonnen werden.

Darüber hinaus enthält die vorliegende Studie auch keine Aussagen über andere Personengruppen, die im Laufe des Zweiten Weltkriegs ums Leben kamen – seien es die ermordeten Juden, die Luftkriegstoten oder die Opfer von Flucht und Vertreibung. Damit soll nicht das Leid dieser Personengruppe mißachtet werden, sie sind »lediglich« in den für die vorliegende Untersuchung benutzten Dateien nicht berücksichtigt[17]. Wenn also nur die deutschen Verluste aufgezeigt werden, geht es nicht darum aufzurechnen, sondern um die Klärung offener Forschungsfragen – selbst wenn mitunter versucht wird zu verdeutlichen, welche konkreten Auswirkungen die aufgezeigten, recht abstrakten Zusammenhänge haben. Eine moralische Wertung ist damit nicht verbunden – diese ist unabhängig von der Frage, ob die tatsächlichen Verluste höher oder niedriger waren als bisher angenommen.

Die doppelte Zielsetzung der Arbeit – einerseits die Erforschung des Meldewesens und der Schicksalsklärung, andererseits die empirische Erhebung – führt dazu, daß der inhaltliche Bogen äußerst weit gespannt ist. Er bedingt eine Gliederung in drei große, thematisch weitgehend selbständige Abschnitte. In einem ersten Kapitel werden zunächst das Meldewesen der an der Kriegführung beteiligten Organisationen und anschließend die Nachkriegsbemühungen um das Schicksal der Vermißten dargestellt. Ziel der Ausführungen ist es, die spezifischen Bedingungen darzustellen, unter denen der ausgewertete Datenbestand entstanden ist, denn die Entstehungsgeschichte bestimmt entscheidend die Reichweite und die Grenzen der Aussagen, die aufgrund dieses Datenbestandes gewonnen werden können. Im zweiten Abschnitt wird dann die Methodik der empirischen Erhebung dargestellt. Interessant wird dies vor allem für den an den Durchführungsproblemen und statistischen Fragestellungen interessierten Leser sein. Im dritten Abschnitt werden schließlich die gewonnenen Ergebnisse inhaltlich interpretiert. Hier wird es zum einen darauf ankommen, dem Leser Informationen anzubieten, die bisher so nicht verfügbar waren. Zum anderen soll aber auch zumindest ansatzweise versucht werden, die Relevanz der Aussagen zu verdeutlichen.

Um den nur an der Geschichte bzw. der Methodik oder den Ergebnissen Interessierten gerecht zu werden, sind die Abschnitte so aufgebaut, daß sie im wesentlichen einzeln gelesen werden können. Wer sich in Kürze orientieren will, findet darüber hinaus am Ende eines jeden Kapitels Zusammenfassungen. Um die sachlichen Zusammenhänge und Probleme vollständig erfassen zu können, ist es allerdings notwendig, die gesamte Arbeit zu lesen.

---

[17] Darüber hinaus liegen für diese Fragestellung bereits Ergebnisse vor, siehe u.a.: Hampe, Luftschutz; Dimension des Völkermordes; Die deutschen Vertreibungsverluste.

## 2. Entstehung der Datenbasis

Eingangs war aufgezeigt worden, warum die vorliegende Untersuchung von der Überlegung ausgeht, die Verluste der Wehrmacht könnten nicht aufgrund von Literaturangaben oder Akten, sondern nur durch die empirische Auswertung der personenbezogenen Kartei der Deutschen Dienststelle gewonnen werden. Nun wird mancher Leser geneigt sein, dem entgegenzuhalten, daß ein Autor, der die Zuverlässigkeit der Wehrmachtstatistiken hinterfragt, schwerlich glaubhaft machen kann, daß gerade die Informationen über das individuelle Schicksal der Soldaten in dieser Zeit vollständig in der Kartei der Deutschen Dienststelle dokumentiert sein sollen. Zu viele Fälle sind bekannt, in denen Gruppen, Einheiten und sogar ganze Verbände geschlossen vernichtet wurden und scheinbar spurlos verschwanden. Beispielhaft sei hier auf Stalingrad, den Zusammenbruch der Heeresgruppe Mitte, die Kesselschlachten auf dem Balkan – vor allem bei Jassy – und zuletzt den Kessel von Halbe verwiesen.

Dieser Eindruck trügt, er geht nämlich von der Annahme aus, daß das Schicksal eines Soldaten nur aus Meldungen zu rekonstruieren sei, die unmittelbar Auskunft über den Verbleib geben. Sich nur darauf abzustützen, wäre tatsächlich unzureichend. In der Wehrmacht bzw. den anderen Organisationen gab es jedoch eine fast unüberschaubare Menge von personenbezogenen Meldungen und Unterlagen, deren Zweck allerdings in vielen Fällen ursprünglich nicht darin bestand, über Verluste zu berichten. Bestes Beispiel hierfür sind die Unterlagen der Sanitätsdienststellen, die zwar oft keine Auskunft über den Tod geben können, aber diejenigen persönlichen Daten beinhalten (Heimatadresse, Einheit etc.), die benötigt werden, um einen Toten mit unvollständigen Daten korrekt zuzuordnen. Natürlich gingen während und nach dem Krieg auch solche Unterlagen in großem Umfang verloren, im folgenden soll jedoch gezeigt werden, daß genügend Informationen verblieben, um in den allermeisten Fällen die Schicksale eindeutig zu klären.

Wenn man also verstehen will, wie der heutige Informationssstand erreicht wurde, und prüfen will, welche Lücken existieren, dann ist es notwendig, alle Unterlagen und Meldewege in die Darstellung einzubeziehen, die genutzt werden können, um Auskunft über den Verbleib von Menschen zu erhalten. Dabei handelt es sich um Meldungen einerseits, aber auch um Bücher, Akten und Karteien, die von Dienststellen geführt und nach Abschluß gesammelt und archiviert wurden – also um mehr als nur Meldungen und Meldewege, sondern um das gesamte personenbezogene Informationssystem.

Im Vordergrund werden allerdings die Aspekte stehen, die für die vorliegende Erhebung von Bedeutung sind – es wird also weder eine umfassende Geschichte der betroffenen Institutionen noch eine vollständige Beschreibung der Meldesysteme angestrebt. Konkret bedeutet dies z.B., daß die Registrierung ausländischer Kriegsgefangener in deutschem Gewahrsam nicht behandelt wird, obwohl dies eine Aufgabe des hier darzustellenden Meldesystems war und die daraus entstehenden Daten von den Institutionen verwaltet wurden, die hier thematisiert werden.

Innerhalb des hier darzustellenden Aufgabenspektrums gibt es nun im wesentlichen folgende sechs Aspekte zu unterscheiden:
- statistische Auswertung
- Gräberdienst
- Krankenversorgung
- Personalverwaltung
- Dokumentation
- Suchdienst.

In der Regel wurden diese Aufgaben von verschiedenen Organisationen wahrgenommen.

Der Inhalt der Statistik-Funktion ergibt sich unmittelbar, ebenfalls klar definiert ist die Funktion der Gräberdienste, von denen der heute bekannteste der Volksbund Deutsche Kriegsgräberfürsorge ist. Ziel derartiger Organisationen war es, Leichen zu bestatten und Gräber zu registrieren. Über die Identifikation von Toten trugen sie zwar nur indirekt zur Schicksalsklärung bei, quantitativ gesehen besaß ihr Beitrag jedoch große Bedeutung. Ähnlich eindeutig ist die Funktion der Sanitätsorganisationen. Innerhalb ihrer täglichen Arbeit registrierten sie nicht nur Gesundheitsdaten der Soldaten, sondern – quasi »nebenbei« – auch persönliche Daten, vom Geburtstag und -ort bis zum Diensteintritt und der Einheitszugehörigkeit, natürlich aber auch etwaige Todesfälle. Der Leser könnte geneigt sein, das dritte Aufgabenfeld, die Personalverwaltung, als das für die vorliegende Untersuchung wichtigste anzusehen. Dies ist jedoch nicht der Fall – gerade der Tod eines Soldaten ergibt sich selten aus den Personalakten. Sie erweisen sich eher als nützlich bei der Ergänzung der Datensätze.

Die für die vorliegende Untersuchung wichtigsten Organisationen sind diejenigen, die sich mit dem Schicksalsnachweis oder der Dokumentierung von Krankheiten befassen. Ebenfalls große Bedeutung besitzen die Suchdienste – sie sammelten personenbezogene Unterlagen in ähnlicher Weise wie manche Nachweisdienststellen. Während letztere sich jedoch in der Regel darauf beschränkten, ankomme Informationen aufzunehmen, sie entsprechend festliegender Verfahrensvorschriften weiterzuleiten und insbesondere den Tod amtlich zu dokumentieren, sahen die Suchdienste ihre Aufgabe darin, fehlende Informationen zu sammeln, d.h. Vermißte ausfindig zu machen und Schicksale zu klären. Offensichtlich ist, daß sich die beiden Funktionen »Dokumentation« und »Suchdienst« sowohl überschneiden als auch gegenseitig bedingen, trotzdem wurden in dem hier zu behandelnden Zeitraum beide Aufgaben prinzipiell von unterschiedlichen Organisationen wahrgenommen. Dokumentation war eine staatliche Aufgabe, die Suchdienste hatten jedoch private Träger. Diese Situation führte dazu, daß die Nachweis- und die Suchdienstorganisationen mitunter ein ambivalentes Verhältnis zueinander besaßen, geprägt von der Notwendigkeit der Zusammenarbeit einerseits und Abgrenzungsproblemen andererseits.

Noch ein weiterer Aspekt ist zu beachten. In der Kriegszeit, solange die Wehrmacht bzw. die anderen militärischen Organisationen existierten, standen die personalbearbeitenden, sanitätsdienstlichen und die nachweisenden, d.h. die militärischen, Dienststellen im Vordergrund – die Masse der Informationen wurde über deren Meldewege gewonnen. Insbesondere die suchdienstliche Funktion konnte dagegen während des Krieges nur unter großen Einschränkungen ausgeübt werden. Nach dem Krieg existierten die militärischen Organisationen nicht mehr, die Suchdienste gewannen dagegen eine ganz neue Bedeutung. Diese Verlagerung der Schwerpunkte kommt auch in der Gliederung der folgenden Abschnitte zum Ausdruck. Während in dem Kapitel über die Kriegszeit die Meldesysteme der militärischen Organisationen im Vordergrund stehen, wird im Nachkriegskapitel vor allem auf die Suchdienste eingegangen – was jedoch nicht bedeuten soll, daß nicht auch andere Funktionen von Bedeutung gewesen wären.

Das beste Beispiel hierfür ist die Deutsche Dienststelle, die frühere Wehrmachtauskunftstelle, die notwendigerweise im Mittelpunkt der gesamten Darstellung stehen wird. Aufgrund kriegsvölkerrechtlicher Bestimmungen bei Kriegsbeginn entstanden, übte sie ihre Tätigkeit auch nach Kriegsende aus. Sie – wie auch die anderen, noch darzustellenden Organisationen – war Entwicklungen unterworfen, die entscheidenden Einfluß auf die Zusammensetzung und den Umfang des Datenbestandes hatten, der der Untersuchung zugrunde liegt. Und um die daraus resultierenden Grenzen und Möglichkeiten zu verstehen, ist es notwendig, auf die Meldesysteme und die Geschichte der beteiligten Organisationen sowohl während des Krieges als auch in der Nachkriegszeit einzugehen. Im Anschluß daran wird die Frage zu stellen sein, welche Forschungsergebnisse vorliegen und welche Ansatzpunkte für die Erarbeitung zuverlässigerer Zahlen vorhanden sind.

## 2.1 Vorläufer der Wehrmachtauskunftstelle

Wie auch viele andere Aspekte des Zweiten Weltkriegs, beginnt die Geschichte des Meldewesens – und damit auch der Deutschen Dienststelle – nicht erst 1939, sondern bereits spätestens mit dem Ersten Weltkrieg. Im Zuge der Versuche, die Kriegführung zu humanisieren, hatte es seit der Jahrhundertwende Ansätze gegeben, den Familien, deren Angehörige vermißt waren, die qualvolle Wartezeit bis zum Kriegsende zu ersparen, bevor sie Näheres über das Schicksal des Vermißten erfahren konnten[1].

In der Haager Landkriegsordnung vom 18. Oktober 1907 war daher festgelegt, daß mit Kriegsbeginn die beteiligten Staaten Auskunftsbüros einzurichten hätten, um das Schicksal der eigenen wie auch der feindlichen Soldaten nachzuwei-

---

[1] Über die historische Entwicklung informiert ausführlich Djurovic, L'Agence Centrale, S. 9 – 37.

sen. Dementsprechend wurde – wie auch in Bayern, Sachsen und Württemberg – das Zentral-Nachweise-Bureau im Preußischen Kriegsministerium, Berlin, eingerichtet, auf das kurz exemplarisch eingegangen werden soll[2].

Die neue Organisation gab nicht nur Auskunft bei Todesfällen, sondern auch bei Verwundungen und Lazarettaufenthalten, gerade auch an Angehörige, die in Sorge waren, wenn sich ein Soldat längere Zeit nicht meldete. Daneben war sie aber auch zuständig für die Registrierung der feindlichen Kriegsgefangenen im eigenen Gewahrsam. Zeitweise sollen ihr 3000 Mitarbeiter zur Verfügung gestanden haben. Zusätzlich zu den Einzelauskünften veröffentlichte das Büro sowohl durch öffentlichen Aushang in Berlin als auch durch Abdruck im Reichsanzeiger Verlustlisten, in denen die gefallenen, verwundeten, vermißten und verstorbenen Soldaten aufgeführt waren[3].

Kriegssterbefallanzeigen, d.h. die amtliche Beurkundung eines Todesfalles, waren nicht Aufgabe des Zentral-Nachweise-Bureaus, sondern der Ersatztruppenteile – eine Lösung, die offensichtlich nicht zufriedenstellen konnte, denn bereits während des Ersten Weltkriegs gab es Überlegungen, ein zentrales Amt für die Erstattung von Kriegssterbefallanzeigen zu schaffen[4].

Nach Kriegsende wurden nun – wie in der HLKO vorgesehen – die Unterlagen über die Kriegsgefangenen ausgetauscht, so daß die deutschen Nachweise-Büros die Unterlagen über die deutschen Kriegsgefangenen in fremden Gewahrsam erhielten[5]. Die – anders als nach dem Zweiten Weltkrieg – über das Kriegsende hinaus bestehenden Einheiten hatten nun Gelegenheit, die Verlustfälle administrativ zu bearbeiten. Als diese Arbeiten im wesentlichen abgeschlossen waren, wurden mit Erlaß vom 5. Dezember 1919 die Zentral-Nachweise-Büros von Preußen, Bayern, Württemberg und Sachsen, der Marine sowie die Zentralstelle für Nachlaßsachen und die Kriegergräber-Fürsorge-Abteilung des ehemaligen Preußischen Kriegsministeriums unter der Bezeichnung »Zentralnachweiseamt für Kriegerverluste und Kriegergräber« (ZAK) zusammengefaßt – eine organisatorische Maßnahme, wobei die Standorte erhalten blieben und insofern keine wesentliche Änderung der Arbeitsabläufe eintrat[6]. Weil die alten Ersatztruppenteile auf-

---

[2] Das Zentral-Nachweise-Bureau war dem Zentral-Departement und somit dem Stellvertretenden Kriegsminister unterstellt, siehe Wehrmachtverluste und Kriegsgefangenenwesen/Gruppe V an Abteilungsleiter vom 31.10.1939, BA-MA, RW 48/v.1. Die Marine besaß ein eigenes Nachweisbüro, ebenfalls in Berlin, siehe Chronik Deutsche Dienststelle, T. 1, Abschn. 8 – 9; Forschungsgemeinschaft Berlin, Rundbrief; Wolgast, Zentral-Nachweisebureau; Wolgast, Neues über das Zentral-Nachweise-Bureau.
[3] Chronik Deutsche Dienststelle, T. 1, Abschn. 4, 8 und 9.
[4] WASt/Referat I: Erfahrungsbericht über die Erstattung von Kriegssterbefallanzeigen, Berlin, 14.5.1940, BA-MA, RW 48/v.5; Abt. Wehrmachtverluste und Kriegsgefangenenwesen/Ref. Verw. 11/30.9. an OKW-Wehrmacht-Justiziar vom 30.9.1939, BA-MA, RW 48/v.5.
[5] Art. 14, Anl. zu Haager Landkriegsordnung; Chronik Deutsche Dienststelle, T. 1, Abschn. 11.
[6] Forschungsgemeinschaft Berlin, Rundbrief; Zentralnachweiseamt: Merkblatt über den Aufgabenkreis des Zentralnachweiseamtes, München, April 1992, Deutsche Dienststelle, Handakten Kirchhoff.

gelöst waren, erhielt dieses Amt auch die Berechtigung, die noch anfallenden Kriegssterbefallanzeigen zu erstatten. Damit war erstmals eine Organisation entstanden, die zentral für ganz Deutschland Kriegssterbefallanzeigen bearbeitete – eine Aufgabenstellung, die im wesentlichen der der späteren Wehrmachtauskunftstelle entsprach. Und es sollte auch das Personal des Zentralamtes sein, das dann die Wehrmachtauskunftstelle aufbaute. Auch wenn das ZAK heute nicht mehr existiert – von deren Nachfolgeorganisation, der Deutschen Dienststelle, werden bis heute noch immer wieder Todesfälle aus dem Ersten Weltkrieg angezeigt[7].

## 2.2 Meldewesen im Zweiten Weltkrieg

Sucht man in der Literatur nach Aussagen über das Meldewesen im Zweiten Weltkrieg, so ergibt sich eine erstaunliche Diskrepanz: So häufig auf der einen Seite Verlustzahlen angeführt werden, so selten finden sich auf der anderen Seite Aussagen darüber, wie diese Angaben entstanden sind. In den wenigen Veröffentlichungen, die hierzu vorliegen, wird für die Wehrmacht zwischen den beiden numerischen Meldewegen über die Truppe (IIa-Weg) bzw. die Ärzte (IVb-Weg) einerseits und der namentlichen Meldung andererseits unterschieden, wobei die numerischen Meldewege im Vordergrund stehen und der namentliche allenfalls pauschal erwähnt oder falsch dargestellt wird. Über die weiteren, für die vorliegende Arbeit wichtigen Meldewege und Dienststellen gibt es allenfalls Veröffentlichungen an entlegenen Stellen[8].

Noch schwieriger ist die Situation für alle Nicht-Wehrmacht-Organisationen. In der Regel besaßen sie eigenständige Informationssysteme, die in der Literatur jedoch kaum erwähnt sind. Da auch die einschlägigen Aktenbestände entweder nicht oder nur unvollständig erhalten geblieben sind, muß die Darstellung notwendigerweise lückenhaft bleiben. Dies gilt partiell selbst für die Wehrmacht, ganz besonders aber für die anderen Organisationen, wie die Waffen-SS, die Polizei, den RAD, die OT etc.

---

[7] Abteilung Wehrmachtverluste und Kriegsgefangenenwesen/V Ref. Verw. 11/30.9 vom 30.9.1939, an OKW/Wehrmacht-Justiziar, BA-MA, RW 48/v.5; WASt/Ref. VIII vom 25.6.1940, Bericht über Tätigkeit und Erfahrungen, BA-MA, RW 48/v.13; WASt/Referat I: Erfahrungsbericht über die Erstattung von Kriegssterbefallanzeigen, Berlin, 14.5.1940, BA-MA, RW 48/v.5; Chronik Deutsche Dienststelle, T. 1, Abschn. 13.

[8] Zu nennen sind hier vor allem die Veröffentlichungen von Müller-Hillebrand. Die ausführlichste Darstellung findet sich in: Statistic systems, S. 47 – 66, enthält allerdings auch sachliche Fehler. So werden die Veränderungsmeldungen zum Erkennungsmarkenverzeichnis mit dem namentlichen Meldeweg gleichgesetzt, siehe ebd., S. 62.
Hinzu kommen die im Literaturverzeichnis nachgewiesenen Veröffentlichungen von Absolon und die Monographie von Böhme, in deren Zentrum allerdings die Zusammenführung von lebenden Personen, nicht aber die Klärung von Todesfällen steht. Von Schneider und Woche stammen einige wichtige, leider an entlegener Stelle veröffentlichte Aufsätze; siehe auch Smith, Heimkehr, S. 16 f.

### 2.2.1 Wehrmacht

Die personenbezogenen Informationssysteme der drei Wehrmachtteile waren äußerst kompliziert und in den Details unterschiedlich. Allein im Heer galt es zusätzlich noch Unterschiede zwischen Friedens- und Kriegsregelungen sowie zwischen Ersatz- und Feldtruppenteilen zu beachten. Darüber hinaus war es von Bedeutung, ob es sich um Soldaten, Beamte, Angestellte oder Arbeiter handelte. Bei den Soldaten wiederum waren Unterschiede zwischen den Unteroffizieren und Mannschaften einerseits und den Offizieren andererseits zu beachten. Darüber hinaus wurden die Regelungen während des Krieges mehrfach geändert – in der Regel mit dem Argument, das Meldesystem zu vereinfachen[9].

Dieses Geflecht in allen seinen Verästelungen und Veränderungen aufzuzeigen, kann nicht das Ziel der vorliegenden Arbeit sein – dem Leser soll lediglich die prinzipielle Funktionsweise vorgeführt werden. Die folgenden Ausführungen beschränken sich daher auf den häufigsten Fall, die Soldaten des Heeres. Veränderungen und Besonderheiten bezüglich einzelner Wehrmachtteile oder spezieller Personengruppen werden nur insoweit erwähnt, wie sie für die Ergebnisse der vorliegenden Arbeit von Bedeutung sind.

Wie bereits erwähnt, sind innerhalb des Meldesystems der Wehrmacht die numerischen Meldungen einerseits und die namentlichen Meldungen andererseits zu unterscheiden. Während die ersten der Führung quantitative Informationen über die Personallage der Verbände lieferten, dienten die zweiten der personenbezogenen Verwaltung. In manchen Fällen kam es allerdings insofern zu einer Vermischung, als namentliche Meldungen numerisch ausgewertet wurden. Auch wenn also zwischen beiden Teilsystemen enge Verbindungen bestanden, sollen sie der Übersichtlichkeit halber getrennt dargestellt werden.

#### 2.2.1.1 Numerische Meldungen

Für quantitative Angaben über die Personallage gab es grundsätzlich zwei verschiedene Wege – zum einen über die Personalsachbearbeiter (IIa-Meldungen), zum anderen über die Ärzte (IVb-Meldungen).

Zunächst zu den IIa-Meldungen: Jede Kompanie mußte täglich die eingetretenen Verluste, d.h. die Gefallenen, die Verwundeten und die Vermißten, getrennt nach Offizieren und Unteroffizieren/Mannschaften numerisch melden. Diese wurden gesammelt und auf dem Dienstweg – dem IIa-Meldeweg – an das Ober-

---

[9] Eine interne, schematische Übersicht der Abteilung WVW über die geltenden Bestimmungen mit Stand von ca. 1944 umfaßte vier DIN-A4-Seiten, siehe Übersicht über die z.Zt. geltenden Bestimmungen für die Erstattung von Verlustmeldungen im Heer/Luftwaffe/Marine, BA-MA, RW 48/v.5.

kommando des Heeres gemeldet. Da die täglichen Meldungen insbesondere bei heftigen Kämpfen in unübersichtlichen Lagen notgedrungen ungenau sein mußten und die täglichen Meldungen nicht korrigiert wurden, gab es zusätzlich eine 10-Tages-Meldung. Aber auch diese enthielt natürlich viele Ungenauigkeiten, weil Meldungen auf Schätzung beruhten oder völlig fehlten, Vermißte zurückkehrten oder Verwundete starben. Um das System nicht unnötig kompliziert zu gestalten, wurde trotz Kenntnis der Probleme darauf verzichtet, Korrekturmeldungen zu fordern. Unabhängig davon erstellten die Verbände monatlich oder nach größeren Gefechten einen Zustandsbericht, in den die personellen Verluste natürlich auch eingingen[10].

Für die Truppenführung waren diese Informationen ausreichend, sie erhielt ein Bild von der Lage bei den unterstellten Verbänden. Zusammenfassungen für einen Wehrmachtteil oder die ganze Wehrmacht waren für untergeordnete Kommandoebenen ohne Bedeutung – aus Geheimhaltungsgründen hätten sie sie auch nicht erhalten. Für die übergeordneten Stäbe, die auf Informationen über die Gesamtverluste angewiesen waren, sah die Situation dagegen anders aus. Der IIa-Meldeweg galt gleichermaßen als relativ langsam und unzuverlässig – für die Zusammenstellung von Gesamtverluststatistiken kam er daher kaum in Betracht.

Wesentlich wichtiger war dagegen der IVb-Meldeweg. Täglich hatten die Truppenärzte die Verluste nach dem Stand von 18.00 Uhr telefonisch zu melden. Diese wurden dann über die Ärzte der verschiedenen Kommandoebenen telefonisch oder fernschriftlich an den Heeresarzt sowie die Heeressanitätsinspektion gemeldet. Weil auch diese täglichen Meldungen ungenau waren, gab es zusätzlich eine 10-Tages-Meldung. Diese wiederum war eine quantitative Auswertung der Truppenkrankennachweise – namentliche Listen der Nichtdienstfähigen, Toten und Vermißten -, die ohnehin erstellt werden mußten. Durch diesen Bezug auf konkrete Personen beruhten die IVb-10-Tages-Meldungen auf exakteren Angaben als die anderen numerischen Meldungen. Gleichzeitig waren sie auch relativ schnell – in der Regel lagen die 10-Tages-Meldungen nach vier Tagen dem OKH vor. Daneben gab es auch eine monatliche IVb-Meldung, die jedoch nur für ärztliche Zwecke genutzt wurde. Zunächst existierten der IIa- und der IVb-Meldeweg nebeneinander, die Ergebnisse waren in der Regel durchaus unterschiedlich. Später, bei der Reform des Meldewesens im Jahr 1942, sollte dann dem IVb-Meldeweg der Vorzug gegeben werden[11].

---

[10] Müller-Hillebrand, Statistic systems, S. 50 f., für die folgenden Ausführungen siehe ebd., S. 43, 53 – 59 und 61.

[11] Luftwaffe und Marine besaßen nur einen Meldeweg, bei der Marine wurden darüber hinaus die Meldungen rückwirkend über Jahre hinweg korrigiert. So finden sich selbst in den letzten Meldungen Ende 1944/Anfang 1945 noch Korrekturen rückwirkend zum Mai 1943, siehe Hauptzusammenstellung nach Kalenderjahren von 1939 bis einschl. November 1944, Anl. 2 zum MWehr 5798/44 g.kdos, BA-MA RW 6/v.582.

### 2.2.1.2 Namentliche Meldungen

Wesentlich komplizierter, und mit dem numerischen verflochten, war das namentliche Meldesystem. Um seine Funktionsweise zu verstehen, ist es zunächst notwendig, die daran beteiligten Institutionen zu kennen. Hierzu gehören:
Personalbearbeitende Stellen
- Wehrersatzdienststellen (Wehrmeldeämter, Wehrbezirkskommandos, Wehrersatzinspektionen)
- Heerespersonalamt (HPA)
- Einheiten/Verbände

Sanitätsdienste
- Truppenärzte
- Lazarette
- Heeressanitätsinspektion (InSan)
- Zentralarchiv für Wehrmedizin (ZAW)

Suchdienste
- Deutsches Rotes Kreuz (DRK)
- Suchdienst des Internationalen Roten Kreuzes (ACPG)

Gräberdienste
- Volksbund Deutsche Kriegsgräberfürsorge (VDK)
- Zentralnachweiseamt für Kriegerverluste und Kriegsgräber (ZAK)
- Gräberoffiziere

Nachweisorganisationen
- Wehrmachtauskunftstelle (WASt)
- Standesämter und Amtsgerichte

Statistik-Dienststellen
- Oberkommando der Wehrmacht, Abteilung Wehrmachtverlustwesen (WVW)
- Wehrmachtführungsstab, Org. Vb.

Am Anfang der Existenz eines Soldaten im Personalinformationssystem der Wehrmacht stand die Wehrstammkarte, die die polizeiliche Meldebehörde zusammen mit der Wehrstammrolle an die zuständige Wehrersatzdienststelle übersandte[12]. Diese stellte bei Einberufung ein Wehrstammbuch aus, in dem alle wichtigen Personalinformationen gesammelt werden sollten. Während des Kriegseinsatzes verblieben diese Wehrstammbücher bei den Wehrersatzdienststellen. Außerdem wurde für jeden Soldaten ein Wehrpaß geführt, der sich jeweils bei der Einheit befand, in der der Soldat Dienst leistete. Der Soldat selbst besaß ein Soldbuch. Darüber hinaus stellten die Wehrersatzdienststellen erstmals bei der Musterung jedem Rekruten ein Gesundheitsbuch aus, das dann von ärztlicher Seite weitergeführt wurde. Wie viele derartige Unterlagen vorhanden waren, ist nicht bekannt, als Anhalt kann aber die Überlegung dienen, daß für jeden der ca. 18 Millionen Wehr-

---

[12] H.Dv.g. 2, Abschn. 19; Absolon, Personalwesen, S. 367 – 376 und 398 f.

machtangehörigen (einschl. Waffen-SS) prinzipiell ein vollständiges Set von Unterlagen anzulegen war. In welchem Umfang dies im letzten Kriegsjahr noch möglich war, muß allerdings offen bleiben.

Eine zentrale Funktion im Informationssystem besaß die Einheit – in der Regel also die Kompanie, bei Offizieren das Regiment. Sie war diejenige Stelle, in deren Verantwortungsbereich sich naturgemäß die meisten meldepflichtigen Änderungen ergaben. Sie führte aber auch die meisten personenbezogenen Unterlagen – und dies, obwohl gerade die Feldeinheiten diejenigen waren, die den Belastungen des Krieges am unmittelbarsten ausgesetzt waren. Wie umfangreich diese Aufgaben waren, zeigt die folgende Auflistung:
- Verluste mußten täglich und 10tägig numerisch auf dem IIa-Meldeweg gemeldet werden.
- Offizierverluste wurden zusätzlich namentlich täglich über den Ia-Offizier an das HPA gemeldet.
- Den höchsten Bekanntheitsgrad hatten sicherlich die Erkennungsmarken, die jeder Soldat mit sich tragen mußte. Zu Kriegsbeginn, bei Ausstellung der Erkennungsmarken, fertigte jede Einheit eine Urliste an, in der alle ausgegebenen Marken mit den Personalangaben ihrer Träger angegeben waren. Für das Heer war nun befohlen, daß alle Veränderungen – wie Versetzungen, Änderungen bei der im Todesfall zu benachrichtigenden Person, aber auch der Tod des Soldaten – zum 10. des Folgemonats zu melden waren[13]. Die Listen, die sogenannten Erkennungsmarkenverzeichnisse, wurden ursprünglich auf dem Dienstweg über die jeweils höchsten Stellen – wie den Befehlshaber des Ersatzheeres und das Reichsluftfahrtministerium – an die WASt übersandt, mit allen Folgen, die ein solch langer Instanzenweg mit sich bringt. Erst später ging man dazu über, die Erkennungsmarkenverzeichnisse unmittelbar an die WASt zu übersenden[14]. Die Bestimmungen des Heeres führten dazu, daß recht oft gemeldet wurde – mitunter liegen für einen einzigen Soldaten 50 Änderungsmeldungen vor. Dadurch läßt sich das Schicksal eines Soldaten allein anhand der Änderungsmeldungen zum Erkennungsmarkenverzeichnis gut verfolgen. Einzelne fehlende Meldungen sind unter diesen Umständen nur von geringer Bedeutung.

Die Luftwaffeneinheiten meldeten viel seltener, weil Versetzungen nicht in die Erkennungsmarkenverzeichnisse einzutragen waren. In der Regel sind daher Luftwaffenangehörige in den Erkennungsmarkenverzeichnissen nur wenige

---

[13] H.Dv.g. 2, Abschn. 20; die Marine kannte zwar keine Erkennungsmarkenverzeichnisse, die Stammarineteile führten aber zusätzlich Besatzungslisten, die ständig aktuell gehalten wurden, siehe Anl. zum O.B. Heft 15, Nr. 15; Woche, Erkennungsmarken I, S. 446; Woche, Erkennungsmarken II, S. 406.

[14] Allgemeine Heeresmitteilungen, Blatt 20 vom 7.10.1939, S. 292, Nr. 666: Erkennungsmarkenverzeichnisse; WASt/Ref. VII, Az 702 vom 19.9.1939, an Abteilungsleiter, Betr.: Erkennungsmarkenverzeichnisse; Besondere Luftwaffenbestimmungen vom 6.11.1939, S. 311, Nr. 719: Erkennungsmarkenverzeichnisse.

Male erwähnt – und wenn diese verlorengingen, waren die Konsequenzen wesentlich gravierender[15].
- Für jeden Soldaten verwahrte die Einheit – bei Offizieren das Regiment – den Wehrpaß und nahm die Eintragungen vor, die sich aus der Tätigkeit in der Einheit ergaben. Bei einer Versetzung mußte der Wehrpaß an die neue Einheit übersandt werden, im Todesfall an den Ersatztruppenteil, der ihn wieder an die Wehrersatzdienststelle weiterleitete. Diese wiederum händigte den Wehrpaß den Angehörigen aus.
- Für den Zeitraum, in dem ein Soldat der Einheit angehörte, wurde für ihn ein Kriegsstammrollenblatt angelegt, das im Fall des Ausscheidens an die Wehrersatzdienststelle zu übersenden war. Die Soldbücher der Toten sowie die sie betreffenden Kriegsstammrollenblätter mußten an die Wehrersatzdienststellen bzw. den Stamm-Marineteil abgegeben werden[16].
- War ein Soldat gefallen, vermißt, gefangen oder einem Lazarett zur Behandlung übergeben, mußte eine namentliche Verlustmeldung erstellt werden. Diese wurden auf Verbandsebene in Listen zusammengefaßt und an das OKH, die Wehrersatzdienststelle sowie – im Todesfall zusammen mit der unteren Hälfte der Erkennungsmarken – an die WASt weitergeleitet[17]. In speziellen Fällen, wie beim Tod von Ritterkreuzträgern, Parteiangehörigen etc., waren noch weitere Stellen zu informieren. Anders als die numerischen Meldungen, die nicht korrigiert wurden, und anders als die Erkennungsmarkenverzeichnisse, bei denen neue Meldungen nur notwendig waren, wenn sich Änderungen ergaben, wurden die Verlustmeldungen auch rückwirkend korrigiert. Wenn ein Vermißter lebend seine Truppe erreichte oder als Verwundeter bzw. Toter geborgen wurde, dann mußte die ursprüngliche Verlustmeldung geändert werden. Diese Änderungspflicht galt jedoch nicht nur für falsche Annahmen über das Schicksal des Betroffenen. Selbst wenn ein Gefallener rückwirkend befördert wurde – was des öfteren vorkam –, wurde die diesbezügliche Verlustmeldung korrigiert[18].
- Die wichtigste – und wohl auch schwierigste – Pflicht der Einheit war es, die Angehörigen des Toten zu informieren und gegebenenfalls seinen Nachlaß zu übersenden[19].

---

[15] L.Dv. 1000, Abschn. 20, Nr. IV e.
[16] H.Dv. 75, Anl. 9; Anl. zum O.B. Heft 15, Nr. 9; Oberkommando der Wehrmacht/AWA/WVW (II), Az 31 t Nr. 4300/44: Bestimmungen und Richtlinien für den Wehrmacht-Gräberdienst bei der Truppe vom 18.10.1944, BA-MA, RW 6/v.519.
[17] Besondere Luftwaffen-Bestimmungen, Nr. 3 vom 22.1.1940, S. 19, Nr. 62: Verlustmeldungen; H.Dv. 75, Anl. 8; H.Dv. 21, T. 2, Abschn. C; H.Dv.g. 2, Abschn. 19; M.Dv. 240, Abschn. XVIII.
[18] Besondere Luftwaffen-Bestimmungen, Nr. 3 vom 22.1.1940, S. 19, Nr. 62: Verlustmeldungen, Merkblatt Waffen-SS 1020, Kapitel A; Anl. zum O.B. Heft 15. Nr. 6.
[19] H.Dv.g. 2, Abschn. 21; Absolon, Melde- und Nachrichtenwesen, S. 97.

- War ein Soldat gefallen und von der Truppe beerdigt worden, mußte eine Grabmeldung in zweifacher Ausfertigung mit detaillierten Angaben zur Person und zur Grablage an den zuständigen Wehrmachtgräberoffizier erstattet werden.

Weitere Personalunterlagen wurden für die Offiziere beim Heerespersonalamt bzw. für die Unteroffiziere bei den Ersatztruppenteilen geführt. Auch die Ergänzungseinheiten waren in das System eingebunden – sie mußten wöchentlich über die Heimkehr von Vermißten, Internierten und Gefangenen berichten[20].

Das zweite wichtige Informationssystem wurde von den Sanitätsdiensten unterhalten. Ähnlich wie die Einheiten hatten dabei die Truppenärzte zahlreiche Aufgaben:

- Analog zu den Einheiten mußten sie täglich die Toten, Verwundeten und Vermißten numerisch auf dem ärztlichen Dienstweg (IVb-Meldeweg) melden. Auch hier gab es 10-Tages-Meldungen zum 10., 20. und zum Monatsende.
- Zum 1., 11. und 21. eines jeden Monats war der Truppenkrankennachweis – eine Liste aller am Stichtag nicht Dienstfähigen, Toten und Vermißten – zu erstellen und auf dem Arztdienstweg an die Sanitätsinspektion im OKW weiterzuleiten[21].
- Für jede Einheit wurde ein Truppenkrankenbuch geführt, in das alle Toten, Vermißten, Kranken und Verwundeten eingetragen wurden. Sobald es abgeschlossen war, mußte es dem Zentralarchiv zur Aufbewahrung übergeben werden.
- Für jeden Soldaten führten die Truppenärzte ein Gesundheitsbuch, das den Soldaten – analog zum Wehrpaß – durch die Wehrmacht begleitete.

Relativ häufig kam es vor, daß die Einheiten Kranke und Verwundete an Lazarette abgaben und daher nicht mehr in der Lage waren, weitere Meldungen zu erstatten. Doch auch hier existierte ein engmaschiges Meldesystem:

- Jedes Lazarett führte ein Lazarettkrankenbuch, das nach Abschluß an das Zentralarchiv einzusenden war.
- Monatlich zum 5. mußte der Lazarettkrankennachweis , d.h. eine Liste aller am Stichtag vorhandenen Patienten, an die Sanitätsinspektion übersandt werden.
- Wöchentlich waren die Zu- und Abgänge als Sammelliste mit zusätzlicher Karteikarte für jeden Einzelfall an die WASt melden, die die Listen dann wieder an das Zentralarchiv weiterleitete.
- Für jeden Patienten wurde ein Krankenblatt geführt, das nach Abschluß der Behandlung an das Zentralarchiv zur Auswertung zu übergeben war.

---

[20] Besondere Luftwaffen-Bestimmungen, Nr. 37 vom 9.9.1940, S. 464, Nr. 1054: Verlustmeldungen.
[21] H.Dv. 21, T. 2, Abschn. A.

– Im Todesfall mußte das Lazarett alle Pflichten der Einheit übernehmen, d.h. die Grabmeldung an den Wehrmachtgräberoffizier erstatten, die Einheit und die Angehörigen benachrichtigen sowie die Verlustmeldung erstatten[22].

Die Lazarette waren zwar nicht in demselben Umfang wie die Einheiten und die Truppenärzte den Belastungen der Kriegführung unterworfen, aber doch stärker als die Heimatdienststellen, die die eingehenden Informationen »lediglich« bearbeiteten. Insbesondere gilt dies für die Endphase des Krieges, als viele Lazarette selbst unmittelbar von den Kampfhandlungen betroffen waren. Ihre Unterlagen wurden dabei oft vernichtet, viele gelangten aber auch erst nach dem Krieg in die vorgesehenen Archive.

Die von den Truppenärzten und Lazaretten erstellten Meldungen wurden von der Heeressanitätsinspektion unter ärztlichen Aspekten ausgewertet und dann über die Wehrmachtauskunftstelle an die Krankenurkundensammelstelle bei der Militärärztlichen Akademie weitergeleitet. Besser bekannt unter der späteren Bezeichnung »Zentralarchiv für Wehrmedizin«, wurden hier auch die abgeschlossenen Unterlagen der Truppenärzte und Lazarette (Truppen- und Lazarettkrankenbücher) gesammelt, um sie für die medizinische Forschung auswerten zu können. Damals wie heute stellen sie eine wesentliche Informationsquelle für das individuelle Schicksal dar. Zuverlässige Zahlen über den ursprünglichen Umfang dieser Unterlagen existieren nicht, einen Hinweis auf die Dimensionen ergeben jedoch folgende Angaben: Am 21. August 1944 hatte das Zentralarchiv 1136 Mitarbeiter, die ca. 12 Millionen Krankenblätter und ca. 430 000 Krankengüter, vor allem des Heeres und der Luftwaffe, aber auch des RAD, der OT und des DRK verwahrten. Die Marine besaß darüber hinaus eigene Aufbewahrungsstellen, die am 26. Mai 1943 bereits über fast 400 000 Krankenblätter und ca. 30 000 Krankengüter bzw. Krankenmeldebücher verfügten[23].

Ein eigenes Subsystem bildeten die Suchdienste, die von den humanitären Organisationen unterhalten wurden. Derartige Auskunftbüros waren bereits seit der Genfer Konvention von 1889 Bestandteile kriegsvölkerrechtlicher Verträge, die Entwicklung hin zu einer internationalen Kriegsgefangenen-Informations-Austausch-Zentrale, die bereits während des Krieges arbeitete, sollte dagegen erst mit Ende des Ersten Weltkriegs zu einem Abschluß kommen. In der Genfer Kriegsgefangenenkonvention von 1929 wurde dann festgeschrieben, daß auf neutralem Gebiet eine Auskunftstelle einzurichten sei, deren Aufgabe darin bestehen sollte,

---

[22] H.Dv. 75, Anl. 8; H.Dv. 21, T. 2, Abschn. B und C; Anl. zum O.B. Heft 15, Nr. 7 – 8; Übersicht über die z.Zt. geltenden Bestimmungen für die Erstattung von Verlustmeldungen im Heer/Luftwaffe/Marine, BA-MA, RW 48/v.5; Schneider, Krankenbuchlager, S. 199 f.

[23] Die Krankenurkundensammelstelle wurde am 1.9.1941 als Zentralarchiv für Wehrmedizin selbständig und im Reichstagsgebäude untergebracht, später wurden Teile nach Spandau und Oppeln ausgelagert. Die Marine und die Waffen-SS hatten ihre eigenen Sammelstellen, siehe vor allem Müller, Statistische Auswertung, S. 157 – 185; siehe auch Kroener, Personelle Ressourcen, S. 883; Absolon, Personalwesen, S. 398; Schneider, Krankenbuchlager, S. 200 f.

## 2.2 Meldewesen im Zweiten Weltkrieg 21

alle auf amtlichem oder privatem Weg eintreffende Angaben über Kriegsgefangene zu sammeln und an die jeweiligen Heimatländer weiterzuleiten[24].

In Erwartung kriegerischer Ereignisse richtete das Internationale Rote Kreuz bereits am 15. September 1938 eine solche Informationszentrale, die Agence Centrale des Prisonniers de Guerre (ACPG), in Genf ein. Mit Kriegsbeginn wurde am 14. September 1939, wie für jedes kriegführende Land, eine spezielle deutsche Sektion gegründet. Die ACPG beschäftigte bis zu 3000 Personen, ihre Kartei umfaßte 1943 bereits 43 Millionen Namen, wobei der größte Einzelbereich, die »section allemand«, 10 Millionen Meldungen über Deutsche enthielt[25].

Auf der nationalen Ebene hatte das Deutsche Rote Kreuz 1939 das Amt S (Sonderbeauftragter) gegründet, ursprünglich um die polnischen Soldaten in der Kriegsgefangenschaft zu betreuen. Im Laufe der Jahre erweiterten sich die Aufgaben – das Amt S begann, nach vermißten Wehrmachtangehörigen zu suchen. Für den Kontakt zu den Angehörigen und Befragungen standen dem Amt sogar Landes- und Kreisnachforschungsstellen zur Verfügung[26].

Die Informationsstränge verliefen nun folgendermaßen:
- Gem. Art. 36 der Genfer Konvention von 1929 mußte jeder Kriegsgefangene binnen einer Woche Gelegenheit erhalten, eine Benachrichtigungskarte an seine Angehörigen abzusenden.
- Die ACPG gab vierzehntägig Listen heraus, in denen alle Änderungen enthalten waren, sei es, daß ein Kriegsgefangener verstorben oder nur in ein anderes Lager verlegt worden war.
- Darüber hinaus hatten die Kriegsgefangenen die Möglichkeit, an die Heimat zu schreiben – bei der ACPG gingen durchschnittlich täglich 80 000 Briefe ein[27].

Gemäß der Genfer Konvention hätte der Postverkehr über die Schutzmächte abgewickelt werden müssen, realiter entwickelte sich jedoch eine Mehrgleisigkeit dahingehend, daß sowohl der Weg über die Schutzmächte als auch der über die ACPG genutzt wurde.

Daneben betrieb die ACPG einen Suchdienst – und dies recht effizient. Da sie schon seit 1939 mit Hollerith-Maschinen arbeitete, war sie in der Lage, mit wenig Aufwand Listen von Regimentsangehörigen oder Lagerkameraden für Befra-

---

[24] Kriegsgefangenenkonvention 1929, Art. 79; eine ausführliche Darstellung der geschichtlichen Entwicklung, Aufgabenstellung und Funktionsweise der Auskunftstelle findet sich in Djurovic, L'Agence Centrale, insbes. S. 31 – 41, 74 und 87 – 89.

[25] Insgesamt besaß die ACPG 26 nationale Dienste, die wichtigste Abteilung war jedoch die Sektion für Todesfälle, siehe Böhme, Gesucht wird, S. 36, 120, 133 und 167; Djurovic, L'Agence Centrale, S. 118, 153 und 166; Fischer, Sanitätsdienst, 5, S. 4040.

[26] 1943 wurde das Amt S des DRK, das diese Karteien führte, ähnlich wie auch die anderen später noch zu erwähnenden Dienststellen, nach Eisenach evakuiert, siehe DRK-Suchdienst/Zöfelt vom 1.3.1955, Betr.: Vorgeschichte des Suchdienstes des Deutschen Roten Kreuzes, Archiv DRK-Suchdienst; Böhme, Gesucht wird, S. 29 f.

[27] Siehe hierzu und zum folgenden Absatz: Djurovic, L'Agence Centrale, S. 91, 127 und 135; Fischer, Sanitätsdienst, 5, S. 4040; Rapport, 2, S. 12, 34 – 40 und 62.

gungen zu erstellen. Auf der nationalen Ebene arbeitete die ACPG in diesen Fragen mit den nationalen Rotkreuz-Gesellschaften zusammen, wobei das DRK-Amt S dann wiederum Arbeitsbeziehungen zur WASt unterhielt. Daneben gab es aber auch direkte Kontakte zwischen der WASt und der ACPG. Dieses System funktionierte relativ gut, soweit es die Kriegsgefangenen in westlichem Gewahrsam betraf, schlechter bezüglich der Zivilvermißten und gar nicht in Richtung Osten[28].

Eine weitere, eigene Art von Informationen verwalteten die Organisationen, die sich mit der Erfassung, Verwaltung und Pflege von Gräbern befaßten. Dies waren zunächst der Volksbund Deutsche Kriegsgräberfürsorge, dessen Aufgabe ursprünglich darin bestanden hatte, die Gräber des Ersten Weltkrieges zu pflegen. Der Wunsch, auch die Pflege aller Gräber des Zweiten Weltkrieges zu übernehmen, scheiterte am Widerstand der Wehrmacht, so daß sich der Volksbund mit der Pflege der Gräber auf Reichsgebiet zufrieden geben mußte. Mit der Registrierung dieser Grabstätten wurde wiederum das Zentralnachweiseamt für die Erfassung der Kriegerverluste und Kriegsopfer (ZAK) beauftragt, dessen Aufgabe es gewesen war, die Todesfälle des Ersten Weltkrieges abzuwickeln. Solange der Krieg noch außerhalb des Reichsgebietes stattfand, war die Zahl der militärischen Toten – und damit auch die Bedeutung dieser Informationsquelle – gering, dies sollte sich aber mit dem Beginn des Luftkrieges über dem Reich, den Bombardierungen und letztlich mit dem Endkampf auf dem Reichsgebiet ändern[29].

Gegen den Widerstand, nicht nur des Volksbundes, sondern auch der Partei, war es also der Wehrmacht gelungen, sich die Fürsorge für die Soldatengräber außerhalb des Reichsgebietes vorzubehalten. Zuständig hierfür waren die Gräberoffiziere, deren Aufgabe die Registrierung und Pflege dieser Grabstätten sowie die Anlage von Friedhöfen war. Die Wehrmachtgräberoffiziere erhielten die Grab-

---

[28] Der in diesem Zusammenhang oft zu findende Hinweis, die UdSSR hätte die Genfer Kriegsgefangenenkonvention nicht ratifiziert, greift zu kurz. Es wird dabei übersehen, daß sowohl die UdSSR als auch das Deutsche Reich die Genfer Verwundeten-Konvention von 1929 ratifiziert hatten – und diese sah in Art. 4 ähnliche Informationspflichten und -rechte vor, wie sie für die Kriegsgefangenen galten. Trotzdem sind diese Vorschriften im Verhältnis zwischen dem Deutschen Reich und der UdSSR nicht angewandt worden, siehe Bekanntmachung über das Genfer Abkommen zur Verbesserung des Loses der Verwundeten und Kranken der Heere im Felde und das Abkommen über die Behandlung der Kriegsgefangenen vom 29.3.1938, in: RGBl., T. 2, 1934, S. 214; siehe auch Böhme, Gesucht wird, S. 13 f; Djurovic, L'Agence Centrale, S. 128, 151, 170, 184 und 215; Fischer, Sanitätsdienst, 5, S. 4040; Rapport, 2, S. 33, 43, 48, 55, 174 und 187.

[29] Volksbund Deutsche Kriegsgräberfürsorge/Bundeszentrale vom 4.12.1948 an den Länderrat des amerikanischen Besatzungsgebiets, BA, B 150/338 H1; Deutsche Dienststelle, Oktober 1962: Die Deutsche Dienststelle für die Benachrichtigung der nächsten Angehörigen von Gefallenen der ehemaligen deutschen Wehrmacht, Deutsche Dienststelle, Handakten Kirchhoff; Der Magistrat von Groß-Berlin, Abt. Personal und Verwaltung vom 22.4.1950, Betr.: Vorschläge für die Organisation eines Bundesamtes für die Fragen, die die Kriegsopfer betreffen, Deutsche Dienststelle, Handakten Veit; Chronik Deutsche Dienststelle, T. 2, Abschn. 5 – 7.

## 2.2 Meldewesen im Zweiten Weltkrieg

meldungen der Einheiten mit umfangreichen Angaben und einer Skizze der Grablage. Sie selbst wiederum führten je eine Orts- und eine Namenskartei der von ihnen verwalteten Friedhöfe und Gräber. Je eine weitere Karteikarte übersandten sie an das OKW als auch die WASt. Außerdem mußte die Zahl der erfaßten Gräber monatlich zum 1. und 15. gemeldet werden. Planskizzen der von ihnen verwalteten Friedhöfe hatten die WGO vierteljährlich vorzulegen[30]. Die Zahl der so erfaßten Gräber ist nicht exakt bekannt, sie könnte bei ca. 2 Millionen liegen.

Die für die vorliegende Untersuchung bei weitem wichtigsten Organisationen sind jedoch die Dokumentationsstellen, die gemäß dem Genfer Abkommen über die Behandlung der Kriegsgefangenen vom 27. Juli 1929 mit Kriegsbeginn einzurichten waren – eine Forderung, die im wesentlichen eine Fortschreibung des Artikels 14 der Haager Landkriegsordnung darstellte[31].

Am 26. August 1939 wurde daher die Wehrmachtauskunftstelle für Kriegerverluste und Kriegsgefangene (WASt) aufgestellt[32]. Ursprünglich in einer geräumten Schule in der Hohenstaufenstr. 47/48 in Berlin untergebracht, entwickelte die neue Dienststelle bald einen immer größeren Platzbedarf. Hatte die Kriegsstärkenachweisung vom 1. März 1939 noch 236 Mitarbeiter ausgewiesen, umfaßte die WASt bei Beginn des Ostfeldzugs bereits ca. 1650 Mitarbeiter. Im Jahr 1943, bevor sie von Berlin nach Thüringen verlegt wurde, beschäftigte sie bereits knapp 4000 Mitarbeiter[33].

Die WASt hatte folgende Aufgaben:
- Registrierung und Bearbeitung der eingehenden Meldungen über die deutschen Soldaten
- Registrierung und Weiterleitung der Meldungen über fremde Kriegsgefangene
- Nachweis der Kriegsgräber
- Verwahrung von Kriegstestamenten
- Übergabe von Nachlässen an die Angehörigen und Verwahrung unanbringlicher Nachlässe
- Erstattung von Kriegssterbefallanzeigen.

---

[30] WASt/Ref. IV vom 11.10.1939 an Direktor Dr. Bourwieg, Betr.: Aufzeichnung zu meinem Vortrag vom 10.10.1939, BA-MA, RW 48/v.8; OKW/AWA/VWV vom 1.6.1941, Dienstanweisung für den Wehrmacht-Gräberoffizier, Entwurf, BA-MA, RH 13/16. Die Wehrmacht konkurrierte hier mit dem Volksbund, siehe Gräberfürsorgeverordnung, § 1 und 2; siehe auch Müller-Hillebrand, Statistic systems, S. 50; Woche, Wehrmachtauskunftstelle, S. 7; Woche, Wehrmachtgräberoffiziere, S. 436.

[31] Kriegsgefangenenkonvention 1929, Art. 77 – 80.

[32] Ursprünglich ein Referat innerhalb der Abteilung »Wehrmachtverluste und Kriegsgefangenenwesen« des OKW, wurde die WASt schon bald (ab 1.12.1939) als nachgeordnete Dienststelle des OKW selbständig, siehe WASt/Gruppe V vom 31.10.1939 an Abteilungsleiter, BA-MA, RW 48/v.1; OKW: Kriegsspitzengliederung OKW – Heft 1 vom 1.3.1939, BA-MA, RHD 18/13.

[33] Zum Schluß belegte sie 18 000 qm Büroraum an neun verschiedenen Standorten innerhalb von Berlin, siehe hierzu auch die Übersicht im Anhang, S. 325 f.

Im wesentlichen entsprach der obige Aufgabenkatalog dem Tätigkeitsgebiet, das das Zentralnachweiseamt weiterhin für den Ersten Weltkrieg wahrnahm[34]. Der Großteil des Personals dieser Dienststelle wurde allerdings in die WASt übernommen – eine wichtige Voraussetzung, um innerhalb kurzer Zeit eine funktionierende Organisation zu schaffen[35].

Zu melden waren der WASt alle Angaben über den Verbleib von Soldaten, d.h. insbesondere Angaben über den Diensteintritt von Soldaten, Versetzungen, Verwundungen und Erkrankungen einschließlich der Genesung, zu benachrichtigende Angehörige sowie Meldungen über Gefangenschaft, Vermißtsein oder den Tod von Soldaten. Für jeden einzelnen Wehrmachtangehörigen wurde eine Karteikarte angelegt, auf der die eingehenden Meldungen eingetragen wurden – bis zum Ende des Krieges sollten es ca. 15 Millionen Karteikarten werden. Daneben gab es eine separate Gräberkartei, auf der die Grablagen detailliert nachgewiesen waren sowie je eine Kartei der eigenen und der fremden Kriegsgefangenen – jeweils getrennt nach Nationen[36].

Um ihre Aufgaben erfüllen zu können, erhielt die WASt folgende Meldungen:
- namentliche Verlustmeldungen
- wöchentliche Meldungen über Zu- und Abgänge der Lazarette
- Erkennungsmarkenverzeichnisse und Veränderungsmeldungen hierzu
- unzustellbare Nachlässe
- Gräbermeldungen von den Gräberoffizieren.

Hinzu kamen weitere Informationen:
- Entsprechend den Vorschriften der Kriegsgefangenenkonvention erhielt die WASt von den Westalliierten entweder über die Zentralauskunftstelle des IKRK oder direkt von der Gewahrsamsmacht Listen der Kriegsgefangenen und der vom Feind tot aufgefundenen deutschen Soldaten.
- Von den Wehrmachtgerichten wurde sie über die Hinrichtung von Soldaten benachrichtigt. Für die Erfassung der Gesamtverluste ist dies deswegen von besonderer Bedeutung, weil für diese Personen weder Verlustmeldungen noch Kriegssterbefallanzeigen erstattet wurden – mit Rechtskraft des Todesurteils galten sie als aus der Wehrmacht ausgestoßen, die Bestimmungen über Soldaten galten daher für sie nicht mehr.

---

[34] Chronik Deutsche Dienststelle, T. 1, Abschn. 12 und 13.
[35] Ein Beispiel: Das Referat VIII bestand bei der Aufstellung aus 6 Personen, die alle aus dem ZAK übernommen waren, bis zum 21.6.1940 war das Referat aber bereits auf 111 Personen angewachsen, siehe WASt/Ref. VIII vom 25.6.1940, Bericht über Tätigkeit und Erfahrungen, BA-MA, RW 48/v.13; siehe auch: WASt/Referat I: Erfahrungsbericht über die Erstattung von Kriegssterbefallanzeigen, Berlin, 14.5.1940, BA-MA, RW 48/5.
[36] WASt: Geschäftsordnung für den inneren Dienst der WASt vom 10.2.1942, Berlin 1942, Deutsche Dienststelle, Handakten Kirchhoff. Darüber hinaus führten die einzelnen Referate weitere Karteien, die eingehenden Meldungen wurden sortiert und verwahrt.

– Darüber hinaus erhielt sie die Anfragen von Angehörigen und Behörden, die mitunter wichtige Informationen über das Schicksal von Gesuchten beinhalteten – so z.B., wenn eine Ehefrau mitteilen konnte, wann und woher der Ehemann ihr seine letzte Nachricht hatte zukommen lassen[37].

Die Aufgabe der WASt bestand nun darin, diese Informationen nicht nur zu registrieren, sondern auch Auskunft über das Schicksal von Soldaten an jedermann zu geben, d.h. sowohl gegenüber Behörden, als auch Wehrmachtdienststellen und Privatleuten, insbesondere Angehörigen. Innerhalb der Wehrmacht war sie die einzige hierzu autorisierte Stelle. Wöchentlich mußte sie Listen mit Änderungsmeldungen an die Schutzmächte und die Internationale Auskunftstelle in Genf senden sowie auf Anfrage Einzelauskünfte geben[38].

Für die Zwecke der vorliegenden Untersuchung ist dies eine äußerst wichtige Feststellung – die WASt war die zentrale Sammelstelle, und zwar keineswegs nur für militärische Meldungen, sondern genauso auch für die auf privatem Weg gewonnenen Informationen. Eines ist allerdings auch festzuhalten – aktive Vermißtennachforschung gehörte nicht zu den Aufgaben der WASt. Auch wenn diese Aufteilung wenig sinnvoll erscheint, Vermißtensuche war die Domäne der Suchdienste – und von daher genügt es eben nicht, sich nur mit dem Meldewesen der Wehrmacht zu beschäftigen.

Eine weitere wichtige Funktion der WASt ergab sich aus der Personenstandsverordnung für die Wehrmacht. Anders als bei den Todesfällen von Zivilpersonen war hier festgelegt, daß der Tod eines Soldaten nur durch die WASt beim Standesamt des letzten Wohnortes angezeigt werden durfte. Dies bedeutete, daß Identität des Toten, Todesort und -zeit bekannt sein mußten. Außerdem mußte der letzte Wohnsitz – und damit das zuständige Standesamt festgestellt werden. Zuletzt waren die zu benachrichtigenden Angehörigen zu ermitteln, weil ein Kriegssterbefall erst mit Zustellung der Urkunde an die Angehörigen abgeschlossen war. All dies gehörte zu den Aufgaben der WASt – und anders als in den Fällen, in denen sie lediglich die eingehenden Nachrichten registrierte, war sie bei Todesfällen verpflichtet, aktiv alle Informationen einzuholen, die für die Erstattung der Kriegssterbefallanzeige notwendig waren. Die Beurkundung wiederum war die

---

[37] Die Genfer Kartei beinhaltete immerhin Informationen über 10 Millionen Deutsche. Dies galt natürlich nur im Geltungsbereich der Genfer Kriegsgefangenenkonvention, d.h. vor allem nicht im Osten. Kriegsgefangenenlisten wurden entweder über die nationalen Rotkreuz-Gesellschaften und die Auskunftstelle des IKRK in Genf, direkt von den nationalen Auskunftstellen über Genf oder unmittelbar unter den nationalen Auskunftstellen ausgetauscht, siehe WASt/Ref. Verw. 6/20.9. an Dr. Junot vom 20.9.1939, BA-MA, RW 48/v.1; Deutsche Dienststelle/Heinz Lente: Die Deutsche Dienststelle, o.J., ca. Anfang 1957, Deutsche Dienststelle, Handakten Kirchhoff; WASt/Ref. VIII vom 25.6.1940, Bericht über Tätigkeit und Erfahrungen, BA-MA, RW 48/v.13; Böhme, Gesucht wird, S. 36; Smith, Heimkehr S. 17 – 20.

[38] Kriegsgefangenenkonvention 1929, Art. 77; H.Dv. 75, Anl. 8; Anl. zum O.B. Heft 15, Nr. 14.

Voraussetzung für alle juristischen Konsequenzen des Todes, seien es Erbschaften, Witwenrenten oder Wiederverheiratungen[39].

Solange dieses Verfahren funktionierte, war sichergestellt, daß alle vollständig geklärten Todesfälle von Soldaten auch bei der WASt registriert waren. Und die Pflicht zu ermitteln sorgte dafür, daß die Todesfälle, die der WASt bekannt wurden, auch weitestgehend vollständig dokumentiert sind. Von daher war die WASt also über Tote schon immer besonders gut informiert – besser als über die Lebenden, ein Umstand, der sich für die vorliegende Untersuchung als äußerst vorteilhaft erweisen sollte.

Daneben gab es ein anderes Verfahren, um den Tod von Soldaten vorläufig festzustellen. Personen, die ein berechtigtes Interesse besaßen, konnten Verschollene für tot erklären lassen. Als verschollen galt, »wessen Aufenthalt während längerer Zeit unbekannt« war, sofern »ernstliche Zweifel an seinem Fortleben begründet« waren, wobei der Antragsteller »die zur Begründung angeführten Tatsachen glaubhaft machen« mußte[40]. Nur aus dem Faktum, daß ein Soldat vermißt war, konnte nicht abgeleitet werden, daß er tot war – er konnte sich ja lebend in Gefangenschaft befinden. Von daher mußte die WASt eingeschaltet werden.

Wenn nicht spezielle Umstände vorlagen, dann konnten darüber hinaus Todeserklärungen erst ein Jahre nach Friedensschluß erfolgen – eine Bedingung, die im Krieg eben nicht zu erfüllen war. Außerdem galt es als unschicklich, einen Angehörigen übereilt zum »offiziellen« Toten zu erklären. In den Kriegsjahren besaß dieses Verfahren daher keine große Bedeutung, nach dem Krieg stellte es jedoch oft die einzige Möglichkeit dar, dringende personenstandsrechtliche Fragen zumindest vorläufig zu lösen.

Soweit zu den Nachweisstellen, die für die Auswertung zuständige Stelle befand sich jedoch im Oberkommando der Wehrmacht (OKW). Wie im Mobilmachungsplan vorgesehen, nahm am 25. August 1939 die Abteilung »Wehrmachtverluste und Kriegsgefangenenwesen« ihre Arbeit auf. Zuständig war sie für die Registrierung der eigenen Verluste und der Kriegsgräber, die eigenen Gefangenen in fremdem Gewahrsam, die fremden Kriegsgefangenen in deutschem Gewahrsam und alle damit in Zusammenhang stehenden Fragen – also im wesentlichen die Themen: Verluste, Gräber und Kriegsgefangene[41]. Im folgenden wird der

---

[39] § 26, 3. VO zur Ausführung des Personenstandsgesetzes vom 4.11.1939, RGBl., T. 1, 1939, S. 2163 – 2167; siehe auch H.Dv. 75, Anl. 8; Besondere Luftwaffen-Bestimmungen, Nr. 3 vom 22.1.1940, S. 19, Nr. 62: Verlustmeldungen; Anl. zum O.B. Heft 15, Nr. 12; Absolon, Melde- und Nachrichtenwesen, S. 104 – 106.
[40] Verschollenheitsgesetz, § 1.
[41] Unterstellt war sie dem General z.b.V für das Kriegsgefangenenwesen, der ab 1.12.1939 die Bezeichnung: Inspekteur für das Kriegsgefangenenwesen führte, siehe OKW, Az. 2f 24.10e Kriegsgef. Ch 2 (1) vom Juli 1940, Geschäftsverteilungsplan der Abteilung Wehrmachtverluste und Kriegsgefangenenwesen, OKW, Deutsche Dienststelle, Handakten Kirchhoff; WASt/Ref. VIII vom 25.6.1940, Bericht über Tätigkeit und Erfahrungen, BA-MA, RW 48/v.13; Chronik Deutsche Dienststelle, T. 2, Abschn. 1 und 2.

erste Bereich im Vordergrund stehen, auf das Kriegsgefangenenwesen wird nur insoweit eingegangen, wie es für die vorliegende Untersuchung von Bedeutung ist.

In welcher Weise die Abteilung »Wehrmachtverluste und Kriegsgefangenenwesen« die eigenen Verluste statistisch erfaßt und ausgewertet hat, ist leider nicht feststellbar – Akten hierzu sind nicht erhalten geblieben. Ähnlich verhielt es sich in dieser Hinsicht mit der WASt, auch sie besaß bereits seit September 1939 eine eigene, kleine statistische Abteilung, die die gemeldeten Verluste nach Wehrmachtteilen, Dienststellung und Verlustarten statistisch auswerten sollte. Abgesehen von einer Statistik, die die Arbeitsleistung der WASt, d.h. die Zahl der erstatteten Kriegssterbefallanzeigen, nach verschiedenen Merkmalen differenziert, ist jedoch nichts über die Ergebnisse dieser Abteilung bekannt. Darüber hinaus wurde im Laufe des Krieges im Wehrmachtführungsstab eine Organisationseinheit, Org. Vb, gegründet, das die wohl bekanntesten Statistiken herausgab – über die Funktionsweise dieser Stelle liegen jedoch kaum Informationen vor[42].

Dies waren nur die wichtigsten Institutionen, insbesondere Kommandobehörden und Spezialämter führten weitere Unterlagen, um z.B. die Verwendung des Personals zu steuern, oder auch nur um den Verbleib von Personalunterlagen nachzuweisen. Hierauf kann nicht weiter eingegangen werden, nach dem Krieg sollten sich diese Unterlagen, soweit sie erhalten geblieben waren, jedoch als wertvolle Hilfsmittel für die Rekonstruktion von Schicksalen erweisen. Dies gilt insbesondere für die Marine, deren Personalakten zu einem großen Teil den Krieg überstanden haben.

Obwohl sich die obigen Ausführungen fast ausschließlich auf den »Normalfall«, d.h. die Soldaten des Heeres, beziehen, wird die Komplexität des Systems deutlich. Um dem Leser konkret zu verdeutlichen, wie arbeitsaufwendig es war, seien nachfolgend zwei Meldefälle exemplarisch angeführt:

Ein Soldat fällt:
- Die Kompanie erstellt eine namentliche Verlustmeldung, schickt den Nachlaß mit Beileidsschreiben an die Angehörigen, trägt den Abgang in die Veränderungsmeldung zum Erkennungsmarkenverzeichnis ein, verfaßt eine Grabmeldung für den Gräberoffizier, meldet den Todesfall numerisch – und bei Offizieren auch namentlich, übersendet das Kriegsstammrollenblatt an die Wehrersatzdienststelle und den Wehrpaß an den Ersatztruppenteil.
- Der Arzt meldet den Todesfall numerisch, trägt ihn in das Truppenkrankenbuch ein und schließt das Gesundheitsbuch ab.
- Nach Erhalt des Wehrpasses vom Ersatztruppenteil ergänzt die Wehrersatzdienststelle eventuell fehlende Eintragungen und übergibt den Wehrpaß an die Angehörigen.
- Der Wehrmachtgräberoffizier meldet das Grab an die WASt.

---

[42] WASt, Nr. Ref. Verw. 6/23.9. an Referat VI vom 23.9.1939, BA-MA, RW 48/v.10; WASt/Referat VI, vom 18.12.1939, Betr.: Organisation des Referats VI, BA-MA, RW 48/v.10.

- Die WASt registriert die Grabmeldung und die Veränderungsmeldung zum Erkennungsmarkenverzeichnis, erstattet aufgrund der Verlustmeldung eine Kriegssterbefallanzeige beim zuständigen Standesamt, erhält von dort eine Kriegssterbefallurkunde und übersendet eine Ausfertigung an die Angehörigen.

Falls sich die Meldung als falsch erwies oder der Soldat nachträglich befördert werden sollte, waren die namentlichen Meldungen und die entsprechenden Unterlagen zu korrigieren bzw. zu ergänzen.

Ein Soldat wird schwerverwundet von der Einheit an ein Lazarett übergeben:
- Die Kompanie erstellt eine namentliche Verlustmeldung, teilt den Sachverhalt den Angehörigen mit, trägt den Abgang in die Veränderungsmeldung zum Erkennungsmarkenverzeichnis ein, meldet den Verlust numerisch – und bei Offizieren auch namentlich, übersendet das Kriegsrollenstammblatt an die Wehrersatzdienststelle und den Wehrpaß an den Ersatztruppenteil.
- Der Arzt meldet den Vorgang numerisch, trägt ihn in das Truppenkrankenbuch und das Gesundheitsbuch ein.
- Das Lazarett erfaßt den Verwundeten im Lazarettkrankenbuch, erstellt ein Krankenblatt, meldet den Zugang im Rahmen der wöchentlichen Meldung und nochmals beim monatlichen Lazarettkrankennachweis. Nach Abschluß der Behandlung sendet das Lazarett das Krankenblatt zur Auswertung an das Zentralarchiv ein.
- Die WASt registriert die Veränderungsmeldung zum Erkennungsmarkenverzeichnis, die Verlustmeldung der Einheit sowie die Zugangsmeldung des Lazaretts und leitet diese an das Zentralarchiv weiter.

Wenn ein Soldat von einem Lazarett in ein anderes verlegt wurde, weil die Krankheit bzw. die Verletzung langwieriger als erwartet war oder Spezialbehandlungen bzw. Rehabilitationsmaßnahmen erforderlich waren, wiederholten sich die Meldevorgänge.

Immer wenn in diesem Informationssystem Friktionen eintraten, etwa wenn ein Nachlaß nicht zustellbar war, Angehörige zwar vorhanden, die Adresse jedoch unbekannt war, Gräberoffiziere unbekannte Tote fanden etc., mußte die WASt eingeschaltet werden[43]. Damit besaß die WASt eine exklusive Stellung in allen Fragen, die den Verbleib von Soldaten betrafen, mit der Folge, daß ihr Informationsstand so umfassend wie nur möglich ist.

---

[43] Heeres-Verordnungsblatt, T. C, S. 399, Nr. 1045: Benachrichtigung der Angehörigen Gefallener oder nach Verwundung Verstorbener; OKH/GenStdH/GenQu/IVa (III.1) Az. 940a/41 vom 14.10.1941, Betr.: Nachlaßsachen gefallener oder verstorbener Soldaten, Deutsche Dienststelle, Handakten Kirchhoff; OKW, Az. 31 t AWA/WVW (IV), Nr. 1778/43 vom 22.3.1943, Betr.: Beisetzung von Kriegsopfern auf Krieger-(Ehren-)Friedhöfen, BA-MA, RW 6/v.182; Anl. zum O.B. Heft 15, Nr. 8, 11 und 12.

### 2.2.1.3 Änderungen des Meldewesens

Vergegenwärtigt man sich die Vielzahl von Meldungen, die für ein einziges Ereignis notwendig waren, dann wird die hochgradige Redundanz des Meldesystems offensichtlich. Gleichzeitig überforderte es offensichtlich die daran Beteiligten, obwohl die Verluste bis zum Ostfeldzug relativ gering waren. Schon beim Polenfeldzug wiesen die Erkennungsmarkenverzeichnisse und die Erkennungsmarken Abkürzungen auf, die nicht entschlüsselbar waren. Erkennungsmarkenverzeichnisse wurden auf dem langen Weg durch die Instanzen an den falschen Adressaten geleitet und erreichten die WASt entweder verspätet oder gar nicht. Andere Einheiten legten gar keine Erkennungsmarkenverzeichnisse vor. Die SS-Verfügungstruppe hatte zwar keine Erkennungsmarkenverzeichnisse eingereicht, die WASt erhielt jedoch deren Verlustmeldungen sowie Erkennungsmarkenhälften aus diesen Einheiten zur Entschlüsselung. Ähnliches gilt für die Meldepflichten der Lazarette, auch die Benachrichtigung der Angehörigen war wiederholt unterblieben. Schon für die Verlustmeldungen aus dem Polenfeldzug mußte durch Bekanntmachung in den Allgemeinen Heeresmitteilungen eine letzte Frist bis zum 1. März 1940, d.h. ca. fünf Monate nach Ende der Kämpfe, gesetzt werden. Da die Einheiten nicht ausreichend schnell gemeldet hatten, waren es zu einem Großteil die Wehrmachtgräberoffiziere, die die Bestattung von bisher nicht gemeldeten Toten mitteilten – was aber zahlreiche, unnötige Rückfragen bei den zur Meldung verpflichteten Stellen zur Folge hatte. Um die große Zahl ungeklärter Fälle zu reduzieren, befahl das OKW schließlich, die Kriegstagebücher aller Truppenteile auszuwerten[44].

Trotz zahlreicher Mahnungen nahm der Umfang der Fehler und Verspätungen bei den späteren Feldzügen kaum ab, eine Auswertung im Jahr 1941 ergab, daß nur 30 Prozent der Verlustmeldungen aus dem Frankreichfeldzug innerhalb von 4 bis 6 Wochen gemeldet worden waren, 40 Prozent innerhalb von 4 bis 4,5 Mona-

---

[44] WASt/Ref. VII, 702/19.9. an Abteilungsleiter vom 19.9.1939, Betr.: Erkennungsmarkenverzeichnisse; OKH/BdE/AHA/Ag/H (V), Nr. 12471/39 an SS-Ergänzungsamt vom 6.11.1939, Betr.: Erkennungsmarkenverzeichnisse und Verlustmeldungen; Heeres-Verordnungsblatt, T. C, S. 335, Nr. 931. Wöchentliche Meldung, Krankenbuch, Krankenblatt, Krankennachweis; Allgemeine Heeresmitteilungen vom 7.11.1939, S. 333, Nr. 754: Erkennungsmarkenverzeichnisse; Heeres-Verordnungsblatt 1939, T. C, S. 422, Nr. 1091: Verlustmeldungen; OKW/W Allg (IIg) Nr. 800/40 vom 12.2.1940, Betr.: Erkennungsmarken und Auswertung der Kriegstagebücher für die Wehrmachtgräberfürsorge; Allgemeine Heeresmitteilungen vom 7.3.1940, S. 124, Nr. 290: Erkennungsmarken und Erkennungsmarkenverzeichnisse; Heeres-Verordnungsblatt, T. C, S. 335, Nr. 931. Wöchentliche Meldung, Krankenbuch, Krankenblatt, Krankennachweis; Heeres-Verordnungsblatt, T. C, S. 399, Nr. 1045: Benachrichtigung der Angehörigen Gefallener oder nach Verwundung Verstorbener.

ten, der Rest noch später, obwohl den Einheiten wieder eine letzte Frist bis zum 25. Oktober 1940 gesetzt worden war[45].

Für die mangelnde Effizienz des Systems gab es eine Reihe von Gründen. Zum einen waren die Vorschriften über das Verlustwesen erst Ende 1939/Anfang 1940 erlassen worden, so daß die Einheiten keine Zeit gehabt hatten, sich in Friedenszeiten mit den Meldevorschriften vertraut zu machen. Zum anderen war es in den ersten Kriegsmonaten nicht möglich, einen Kriegssterbefall anzuzeigen, selbst wenn alle notwendigen Angaben vorlagen. Die dafür notwendige Verordnung existierte noch nicht – sie wurde erst am 4. November 1939 rückwirkend zum 1. September 1939 erlassen[46].

Darüber hinaus zeigten sich Interpretationsunterschiede. In der H.Dv. 75 war festgelegt, daß Verlustmeldungen unmittelbar oder nach Abschluß einer Gefechtshandlung zu erstatten seien[47]. Dies wurde von manchen Einheiten so verstanden, daß sie erst nach Abschluß des gesamten Feldzuges zu erfolgen hätten. Abzuwarten hatte für die Einheiten den Vorteil, daß manche Verlustmeldungen nicht erstellt oder nicht korrigiert werden mußten, z.B. weil sich ein Vermißter wieder bei der Truppe meldete oder als gefallen ermittelt wurde. Für die anderen beteiligten Dienststellen, insbesondere für die WASt, führten diese Verzögerungen jedoch zu erheblichem Mehraufwand, wenn sich z.B. sehr bald die Angehörigen an die WASt wandten, diese jedoch nichts vom Schicksal des Betroffenen wußte und dann Nachforschungen anstellen mußte[48].

Das wichtigste Problem dürfte jedoch darin zu sehen sein, daß gerade die Einheiten und die Truppenärzte, die den Kriegsereignissen am stärksten ausgesetzt waren, die umfangreichsten Meldepflichten zu erfüllen hatten. Von der Frage,

---

[45] WASt, Richtlinien Nr. 3 vom 27.8.1940, BA-MA, RW 6/v.525; Heeres-Verordnungsblatt 1939, T. C, S. 422, Nr. 1091: Verlustmeldungen; OKW/AWA/Kriegsgef. (V), Az 2 f 24 51 an OKH/AHA vom 20.1.1940, Betr.: Verlustmeldungen; WASt/Referat I: Erfahrungsbericht über die Erstattung von Kriegssterbefallanzeigen, Berlin, 14.5.1940, BA-MA, RW 48/5; Heeres-Verordnungsblatt 1940, T. C, S. 231, Nr. 661: Verlustmeldungen; OKH/GenStdH/HWesAbt Nr. 4050/10 vom 23.1.1941, Betr.: Verlustmeldungen; Allgemeine Heeresmitteilung 1941, S. 61, Nr. 89: Verlustmeldungen; Besondere Luftwaffen-Bestimmungen vom 3.3.1941, S. 103 f., Nr. 200: Verlustmeldungen, Vordruck II; Luftwaffen- Verordnungsblatt, 15. Ausg., 29.3.1943, S. 31, Nr. 608: Benachrichtigungsverfahren bei der Beförderung während des Krieges gefallener, gestorbener oder vermißter Soldaten.

[46] Einer der Gründe hierfür war die Überlegung, ob es sinnvoll sei, ein zentrales Standesamt für die Erstattung der Kriegssterbefälle zu bestimmen, siehe Abt. Wehrmachtverluste und Kriegsgefangenenwesen/Ref. Verw. 11/30.9. an OKW-Wehrmacht-Justiziar vom 30.9.1939, BA-MA, RW 48/v.5; Heeres-Verordnungsblatt 1939, T. C, S. 337, Nr. 912: Verlustmeldungen; WASt/Referat I: Erfahrungsbericht über die Erstattung von Kriegssterbefallanzeigen, Berlin, 14.5.1940, BA-MA, RW 48/5.

[47] H.Dv. 75, Anl. 8, Nr. 1: »Die Verluste sind zu melden [...] entweder einzeln unmittelbar nach dem Eingang oder gesammelt nach Abschluß einer Gefechtshandlung.«

[48] So kam es, daß die WASt, obwohl sie mit Fachpersonal aus dem ZAK gegründet und personell verstärkt worden war, bereits 1940 über Arbeitsüberlastung klagte, siehe WASt, Richtlinien Nr. 3 vom 27.8.1940, BA-MA, RW 6/v.525.

wie schnell und wie zuverlässig diese Stellen meldeten, hing damit die Zuverlässigkeit des Gesamtsystems wesentlich ab.

Natürlich ist nicht zu verkennen, daß die Meldung über den Tod eines Soldaten nur dort erstellt werden konnte, wo er sich ereignete. Aber die geltende Arbeitsverteilung führte auch dazu, daß die Einheiten, die Truppenärzte und die Lazarette gerade dann, wenn sie der Kriegführung unmittelbar ausgesetzt waren, die umfangreichsten administrativen Pflichten zu erfüllen hatten. In den ersten Jahren galt diese Feststellung vor allem für die Einheiten und Truppenärzte, in der Endphase des Krieges, wurden jedoch immer öfter auch Lazarette in die Kampfhandlungen einbezogen. Damit war das Meldesystem lageabhängig in dem Sinne, daß eine Einheit um so weniger Zeit hatte, zu melden, je katastrophaler die Lage – und je größer damit die Verluste waren. Insgesamt tendierte daher das Meldewesen systembedingt dazu, große Verluste zu »schönen«, weil sie nicht mehr mit derselben Geschwindigkeit und Vollständigkeit gemeldet werden konnten wie die Ereignisse an ruhigen Fronten.

Es könnte nun der Eindruck entstehen, die Todesfälle seien nicht vollständig erfaßt. Ein solcher Schluß ist jedoch falsch, die Erstattung der Meldungen und die Bearbeitung dauerte »nur« relativ lang. Da es sich aber um ganz konkrete, namentliche Meldungen handelte, konnten sie irgendwann abgearbeitet werden. Insoweit gingen keine Informationen verloren – nur zeitgenössische Statistiken, wenige Tage oder Wochen nach den jeweiligen Ereignissen erstellt, mußten aufgrund der Verzögerungen unvollständig sein.

Gleichzeitig war das Meldesystem hochgradig redundant. Für diejenigen, die die Meldungen zu erstatten hatten, trug dieser Aufwand dazu bei, die aufgezeigten Probleme noch zu verschärfen, für die Nachwelt erweist sich diese Redundanz jedoch als vorteilhaft. Selbst wenn ein Teil der Meldungen unterblieben waren, können die fehlenden Informationen aus den anderen Unterlagen und Meldungen ermittelt werden – ein wesentlicher Vorteil, der zur Folge hat, daß alle relativ frühen Todesfälle der Wehrmacht gut dokumentiert sind.

Trotzdem, die Situation war offensichtlich unbefriedigend und erforderte Änderungen. Mit Datum vom 1. März 1941 wurde die Abteilung Wehrmachtverlustwesen unter Leitung von Oberst Walther Sonntag geschaffen. Zwar verlor sie das Ressort »Kriegsgefangene«, erhielt aber gleichzeitig die Zuständigkeit für die Wehrmachtgräberoffiziere, die ursprünglich nicht der Abteilung Wehrmachtverluste unterstellt waren, auch wenn sie mit der WASt und der Abteilung »Wehrmachtverlustwesen und Kriegsgefangene« eng zusammengearbeitet hatten[49].

---

[49] Die Gräberoffiziere waren ursprünglich der Abt. OKW/WAllg zugeordnet, die die Gräberfürsorge wahrnahm, während die WASt für den Gräbernachweis verantwortlich war. Kriegsgefangene fielen nun in die Zuständigkeit der Abteilung OKW/AWA/Kriegsgefangene Allg., die Registrierung wurde jedoch weiterhin von der WASt durchgeführt, die zwar der Abteilung WVW unterstellt blieb, in dieser Hinsicht jedoch der Abteilung Kriegsgefangene Allg. zuarbeitete, siehe Besprechungsprotokoll WASt/Ref. IV – Major Nuyken/WAllg vom 8.10.1939, BA-MA, RW 48/v.8.

Da die Gräberoffiziere nun dem Bereich zugeordnet waren, mit dem sie arbeitsmäßig am engsten verbunden waren, konnte das Meldesystem vereinfacht werden. Die Gräberkarteikarten mußten nur noch einfach für die Gräberkartei der WASt vorgelegt werden, die numerischen Grabmeldungen wurden nur noch zum ersten des Monats gefordert[50].

Wichtiger als die Neugliederung des Gräberwesens war jedoch die Tatsache, daß mit der Schaffung der Abteilung WVW eine Stelle entstanden war, die sich um die systematische Sammlung und Auswertung von Informationen über die Verluste kümmerte. Entsprechend wurde auch die Verteilung der Zuständigkeiten zwischen WASt und Abteilung Wehrmachtverlustwesen neu geregelt. Die WASt erstellte von nun an nur noch Arbeitsstatistiken, die dem Nachweis der geleisteten Arbeit dienten[51].

Statistische Auswertungen wurden nun dem Aufgabengebiet der Gruppe Statistik in der Abteilung WVW zugeordnet. Sie stand unter Leitung des Oberleutnants Otto Margraf, zivilberuflich Mitarbeiter des Volksbundes Deutsche Kriegsgräberfürsorge. Daß diese Gruppe im Laufe des Krieges immer wichtiger werden sollte, hat sicher nicht nur mit der steigenden Dringlichkeit der korrekten Erfassung von Verlusten zu tun, sondern auch mit der praktischen Erfahrung und den persönlichen Verbindungen des Gruppenleiters[52].

[50] Abt. WVW/Leiter vom 20.5.1941, Betr.: Zusammenarbeit der Abt. WVW mit der Wehrmacht-Auskunftstelle, BA-MA, Rw 48/v.8; OKW/AWA/VWV vom 1.6.1941, Dienstanweisung für den Wehrmacht-Gräberoffizier, Entwurf, BA-MA, RH 13/16; OKW/AWA/WVW (R 1), Az. 13 o, Nr. 4050/41 vom 15.10.1941, Geschäftsverteilungsplan der Abteilung WVW und des Generals z.b.V beim AWA, Deutsche Dienststelle, Handakten Kirchhoff; OKW: Dienstanweisung für den Wehrmachtgräberoffizier vom 25.1.1942, BA-MA, RW 6/v.182; Abt. WVW Az. 13 b 11 (II M), Nr. 2242/43 vom 13.4.1943, Abteilungsbefehl, BA-MA, RW 6/v.518; OKW/AWA/WVW(R 1), Az. 13 o, Nr. 3072/44 vom 15.7.1944, Geschäftsverteilungsplan, BA-MA, RW 6/v.182; Woche, Wehrmachtauskunftstelle, S. 7; Woche, Wehrmachtgräberoffiziere, S. 435.

[51] In den Statistiken wurde nur noch nach Wehrmachtteilen und Datum der Kriegssterbefallanzeige unterschieden – was aus Gründen der Meldeverzögerungen keinen Rückschluß auf den Todeszeitpunkt zuläßt.

[52] Ursprünglich war dieser Aufgabenbereich als »Sachgebiet Statistik« in der Gruppe Verwaltung angesiedelt. Die Auffassung Kroeners, am 1.10.1941 sei das Sachgebiet Statistik als Reaktion auf die Massenverluste neu gegründet worden, übersieht, daß es sich lediglich um eine Vergrößerung eines bereits existierenden Aufgabengebiets handelte, siehe Kroener, Ressourcen, S. 877; OKW/AWA/WVW (R 1), Az. 13 o, Nr. 4050/41 vom 15.10.1941, Geschäftsverteilungsplan der Abteilung WVW und des Generals z.b.V beim AWA, Deutsche Dienststelle, Handakten Kirchhoff; OKW/AWA/WVW (V), Nr. 322/42 vom 9.1.1942, Betr.: Statistik über Wehrmachtverluste, BA-MA, RW 6/v.520; OKW/AWA/WVW (V), Az. 31 t 61, Nr. 2175/42 vom 10.4.1942, Betr.: Statistik der Wehrmachtverluste, BA-MA, RW 6/v.182; OKW/AWA/WVW (V), Az. 31 t 61, Nr. 245/44 gKdos vom 30.8.1944, Betr.: Statistik der Menschenverluste im Kriege, BA-MA, RH 7/v.653; WVW (II W), vom 19.10.1944, Kameradschaftliche Mitteilungen im Offizierkorps der Abt. WVW, VIII, BA-MA, RW 6/v.519. Otto Margraf, seit 1924 Mitarbeiter des Volksbundes, war von 1949 bis zu seinem Ausscheiden 1960 dessen Generalsekretär, siehe VDK/Generalsekretär vom 12.1.1995 an den Autor.

Zunächst war sie nur für die Erfassung der Wehrmachtverluste zuständig, bemühte sich aber – anfangs noch als Bittstellerin – auch systematisch Informationen über die Verluste außerhalb der Wehrmacht zu sammeln. Ab 1. Mai 1942 war es dann soweit – die Abteilung WVW(V) war für die Erfassung aller Verluste innerhalb und außerhalb der Wehrmacht zuständig[53]. Damit liefen an dieser Stelle die Meldungen der Truppe, der Wehrmachtauskunftstelle, des Heerespersonalamtes für die Offiziere (bzw. der entsprechenden Institutionen für die anderen Personengruppen), der Sanitätsinspektion und der Wehrmachtgräberoffiziere zusammen. Hinzu kamen die Verlustmeldungen der Organisationen außerhalb der Wehrmacht, d.h. der Waffen-SS, der Polizei, des Reichsarbeitsdienstes, der Organisation Todt, der Bahn, der Post, des Zolls sowie die Verluste durch den Luftkrieg.

Zwar liegen Statistiken vor, die von WVW(V) gefertigt worden waren, die bei weitem bekanntesten Verluststatistiken sind jedoch die monatlichen »Verlust-, Verbrauchs- und Bestandszahlen der Wehrmacht einschl. Waffen-SS«, die wiederum vom Wehrmachtführungsstab herausgegeben wurden. Innerhalb der Organisationsabteilung existierte dort eine eigene Stelle, von der aber keine Akten erhalten geblieben sind. Wie diese beiden Statistik-Stellen zusammengearbeitet haben, ist weder anhand der Literatur noch der Akten feststellbar, die organisatorische Einordnung beider Stellen läßt jedoch nur den Schluß zu, daß die Gruppe WVW(V) die Rolle eines fachlichen Zuarbeiters gespielt haben muß[54].

Soweit zu den Veränderungen innerhalb der zentralen Stellen. Im Zusammenhang mit den Versuchen, das Verlustmeldewesen effizienter zu organisieren, müssen auch zwei weitere, wesentliche Änderungen gesehen werden, die zum 1. Januar 1943 in Kraft traten. Zum einen wurde das numerische Meldewesen dahingehend verändert, daß nun der IVb-Weg als der offizielle Meldeweg galt. Die Truppe wurde verpflichtet, Differenzen zwischen den IIa- und den IVb-Meldungen an der Basis abzugleichen. Spätestens seit diesem Zeitpunkt sind es – für den Bereich des Heeres, das aber die Mehrzahl der Verluste aufwies – die IVb-Meldungen, die allen Führungsentscheidungen zugrunde lagen[55].

Die zweite wesentliche – und für das namentliche Meldewesen vielleicht wichtigste – Änderung wurde bereits zum 1. Juli 1942 eingeführt. Mit Verfügung vom 12. Juli 1942 wurden die Wehrersatzdienststellen in die Auswertung der Verluste

---

[53] OKW/AWA/WVW (V), Az. 31 t 61, Nr. 245/44 gKdos vom 30.8.1944, Betr.: Statistik der Menschenverluste im Kriege, BA-MA, RH 7/v.653.

[54] Study, German Manpower, Chapter 16, S. 5. Wie sich in den späteren Ausführungen zeigen wird, gibt es durchaus Fälle, wo die Angaben von WVW vom Wehrmachtführungsstab nicht übernommen wurden. Dies gilt insbesondere für die Marine; siehe auch KTB-OKW, S. 1759.

[55] Der Heeresgruppenarzt/Oberbefehlshaber West, Az. 49s/42 Nr. 2169/42 geh. IC, vom 25.12.1942, Betr.: 10-tägige personelle Verlustmeldung sowie den Bezugserlaß OKH/Gen.St.d.H./Org.Abt. Gen.Qu./IV b Nr. I/50.334/42 geh. vom 13.12.1942, BA-MA, RH 19 IV/233.

einbezogen[56]. Ähnlich wie die WASt hatten sie immer schon eine Ausfertigung der Verlustmeldung erhalten, darüber hinaus jedoch auch den Wehrpaß und das Kriegsstammrollenblatt des Toten, besaßen also einen eigenen, von der WASt unabhängigen Informationsstrang. Die Wehrersatzdienststellen wurden nun verpflichtet, die ihnen bekannt gewordenen Verluste an die Abteilung WVW mit Zählkarten zur Auswertung zu melden. Diese waren so angelegt, daß die Verluste nach Kriegsschauplätzen, Dienstgradgruppen, Zeitpunkt und Art des Verlustes (tot, verwundet, vermißt etc.) aufgeschlüsselt werden konnten[57]. Ähnlich wie bei den Verlustmeldungen waren Korrekturmeldungen vorgesehen. Stellte sich heraus, daß ein Vermißter tatsächlich tot war, so mußte die Wehrersatzdienststelle eine Minus-Zählkarte für Vermißte und eine neue Zählkarte für Gefallene ausstellen. Dieser neue Erfassungsweg galt nicht nur für die ab 1. Juli 1942 zu erstattenden Meldungen, die Wehrersatzdienststellen mußten auch alle Verluste rückwirkend seit Kriegsbeginn nachmelden[58].

Vor der Auswertung durch die Abteilung WVW wurden die Zählkarten jedoch mit den Unterlagen der WASt abgeglichen. Dabei ergaben sich große Diskrepanzen, sei es daß die WASt bereits über den Tod eines Soldaten informiert war, der von den Wehrersatzdienststellen noch als vermißt gemeldet wurde, sei es daß die Wehrersatzdienststellen früher über das endgültige bzw. tatsächliche Schicksal eines Soldaten informiert waren. Stellte die WASt eine solche Abweichung fest, wurde der Sachverhalt überprüft. Falls der Informationsstand der Wehrersatzdienststelle falsch war, wurde diese benachrichtigt. Nach Berichtigung ihrer Unterlagen stellte sie dann ein Minus-Zählkarte aus, um die falsche Zählkarte auszugleichen, und anschließend eine neue mit den korrekten Angaben. Gleiches galt sogar, wenn ein Gefallener nachträglich befördert wurde[59].

Wie die Informationsströme im wesentlichen flossen, soll anhand der Abb. 1: »Das Meldesystem der Wehrmacht« nochmals verdeutlicht werden.

---

[56] OKW/AWA/WVW, Az. 31 t 61, Nr. 1481/42g, an OKH/Heerw. Abt. b. Gen.z.b.V., vom 16.9.1942, Betr.: Statistik der Wehrmachtverluste; OKW/AWA/WVW(V), Az. 31 t 61, Nr. 367/43 geh. vom 27.2.1943, Betr.: Stat. Erfassung der Verluste an Toten und Vermißten durch die Wehrersatzdienststellen, BA-MA, RW 6/v.520.

[57] OKW/AWA/WVW (V), Az. 31 t 61, Nr. 2175/42 vom 10.4.1942, Betr.: Statistik der Wehrmachtverluste, BA-MA, RW 6/v.182; OKW/AWA/WVW (V), Az. 31 t 61, Nr. 245/44 gKdos vom 30.8.1944, Betr.: Statistik der Menschenverluste im Kriege, BA-MA, RH 7/v.653.

[58] OKW/AWA/WVW(V), Az. 31 t 61, Nr. 367/43 geh. vom 27.2.1943, Betr.: Stat. Erfassung der Verluste an Toten und Vermißten durch die Wehrersatzdienststellen, BA-MA, RW, 6/v.520; OKW/AWA/WVW(V), Az. 31 t 61, Nr. 1028/43 geh. vom 7.6.1943, Betr.: Statistische Erfassung der Wehrmachtverluste durch die Wehrersatzdienststellen, BA-MA Rw 6/v.520; OKW/AWA/WVW (V), Az. 31 t 61, Nr. 245/44 gKdos vom 30.8.1944, Betr.: Statistik der Menschenverluste im Kriege, BA-MA, RH 7/v.653.

[59] OKW/AWA/WVW(V), Az. 31 t 61, Nr. 343/44 vom 20.1.1944, Betr.: Erfassung der Verluste durch die Wehrersatzdienststellen – Ermittlung von Vermißten, BA-MA, RW 6/v.520; OKW/AWA/WVW(V), Az. 31 t 61, Nr. 3443/44 vom 14.8.1944, Betr.: Statistische Erfassung der Wehrmachtverluste durch die Wehrersatzdienststellen, BA-MA, RW 6/v.520.

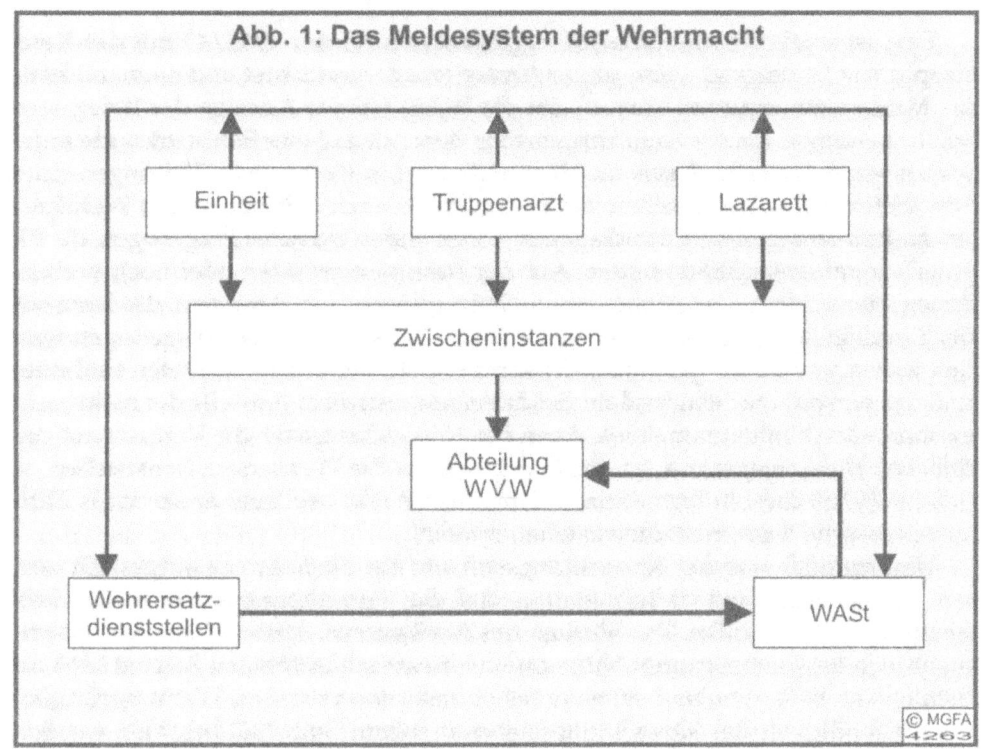

Abb. 1: Das Meldesystem der Wehrmacht

Was die Vollständigkeit der Erfassung angeht, war mit der Einführung dieses Systems ein wesentlicher Fortschritt verbunden – eine Gegenkontrolle war geschaffen, die prinzipiell gewährleistete, daß alle Fehler ausgeschaltet wurden. Da nur namentliche Meldungen bis hinunter zum Einzelfall kontrolliert und korrigiert werden konnten, war nun der namentliche Meldeweg so zuverlässig geworden, wie es der numerische niemals werden konnte, gleichzeitig hatte das System damit aber auch eine bedenkliche Komplexität erreicht. Selbst die größere Zuverlässigkeit wurde nicht unmittelbar erreicht, zunächst einmal war die Menge der Fehler und Probleme groß. Obwohl es in der zweiten Jahreshälfte 1942 gelang, das Statistische Reichsamt für eine Zusammenarbeit zu gewinnen und so die Auswertung der Zählkarten zu beschleunigen, konnten die Ergebnisse nicht in die offiziellen Statistiken übernommen werden[60].

---

[60] OKW/AWA/WVW(V), Az. 31 t 61, Nr. 1028/43 geh. vom 7.6.1943, Betr.: Statistische Erfassung der Wehrmachtverluste durch die Wehrersatzdienststellen, BA-MA, RW, 6/v.520; OKW/AWA/WVW(V), Az. 31 t 61, Nr. 3633/44 vom 30.8.1944, Betr.: Statistische Erfassung der Wehrmachtverluste durch die Wehrersatzdienststellen, BA-MA, RW 6/v.520; OKW/AWA/WVW (V) Az. 31 t 61, Nr. 4898/44 vom 5.12.1944, Betr.: Statistische Erfassung der Wehrmachtverluste durch die Wehrersatzdienststellen, BA-MA, RW 6/v.520.

Eine wesentlich neue Situation ergab sich im Winter 1942/43 mit der Katastrophe von Stalingrad – eine ganze Armee wurde vernichtet und niemand hatte die Meldungen erstatten können, die die WASt für die Anzeige der Kriegssterbefälle benötigte. Da die Angehörigen aber dennoch auf eine Sterbeurkunde angewiesen waren, entschloß sich die Heeresführung, in Rudolstadt/Thüringen einen Abwicklungsstab aufzustellen, der mit entsprechenden Stäben in den Wehrkreisen zusammenarbeitete. Grundlage der Arbeit waren zunächst Fragebögen, die die Angehörigen auszufüllen hatten. Auf der Basis von privaten oder noch vorhandenen dienstlichen Unterlagen sowie Befragungen von Personen, die kurz vor der Einschließung der 6. Armee versetzt bzw. aus dem Kessel ausgeflogen worden waren, wurde die personelle Zusammensetzung der vernichteten Einheiten und das persönliche Schicksal der Soldaten rekonstruiert. Anstelle der nicht mehr existierenden Einheiten meldete dann der Abwicklungsstab die Verluste auf den üblichen Meldewegen u.a. an die WASt und an die Wehrersatzdienststellen, so daß die WASt diese Informationen zum einen direkt und zum anderen als Zählkarte von den Wehrersatzdienststellen erhielt[61].

Ursprünglich war der Abwicklungsstab nur für die 6. Armee aufgestellt worden, es stellte sich jedoch bald heraus, daß die Vernichtung dieser Armee kein Einzelfall bleiben sollte. Der Verlust des Afrikakorps, später dann der Zusammenbruch der Heeresgruppe Mitte und die Kesselschlachten im August 1944 auf dem Balkan ließen ihn bald zu einer festen Institution werden. War ursprünglich die Zuständigkeit des Abwicklungsstabes in jedem Einzelfall befohlen worden, wurde er im November 1944 rückwirkend ab April 1944 für alle Verluste zuständig, in denen die Einheit die erforderlichen Meldungen nicht mehr erstatten konnte – und diese Fälle wurden immer zahlreicher.

Im Fall Stalingrad hatte der Abwicklungsstab – bereits im Februar 1943 aufgestellt – immerhin zwei Jahre lang seiner Arbeit nachgehen können, wobei im Jahr 1943 noch durchaus reguläre Arbeitsbedingungen herrschten. Dementsprechend gelang es ihm, die personelle Zusammensetzung der im Kessel eingeschlossenen Verbände weitgehend zu rekonstruieren und einen Abschlußbericht

---

[61] OKW/AHA/AgE/Tr.-Tr.Abt., Nr. 1400/43 vom 18.2.1943, Betr.: Aktion Stalingrad, Deutsche Dienststelle, Handakten Kirchhoff; OKH/AHA/Abwicklungsstab Kommandeur vom 22.10.1944, Dienstanweisung für die Sachbearbeiter der abzuwickelnden Verbände und Truppen, Deutsche Dienststelle, Handakten Kirchhoff; Abwicklungsstab Rudolstadt vom 25.10.1944, Verhandlungsniederschrift über die Besprechung zwischen OKH/Abwicklungsstab und Präsidium des Deutschen Roten Kreuzes in Weimar am 21.10.1944, Deutsche Dienststelle, Handakten Kirchhoff; Abwicklungsstab Rudolstadt vom 3.11.44, Verhandlungsniederschrift über die Landesstellenleiter-Tagung des DRK am 1. und 2.11.44 in Weimar, Deutsche Dienststelle, Handakten Kirchhoff; OKW/AWA/WVW (V), Az. 31 t 62, Nr. 4245/43 vom 27.7.1943, Betr.: Statistische Auswertung der Stalingrad- und Tunisverluste, BA-MA, RW 6/v.520; Oberkommando des Heeres/Chef HRÜst und BdE: Merkblatt über die Mitwirkung der Wehrmeldeämter bei der Ermittlung gesuchter Soldaten, Rudolstadt, im November 1944, Deutsche Dienststelle, Handakten Kirchhoff.

zu erstellen[62]. Anders war dies im Fall des Zusammenbruchs der Heeresgruppe Mitte – bis Kriegsende konnte der Abwicklungsstab unter den Lebensbedingungen der Jahre 1944 und 1945 kaum ein Ergebnis erbringen. Für die Vollständigkeit der WASt-Kartei bedeutet dies, daß die Schicksale der Opfer »früher« Katastrophen, d.h. vor allem Stalingrad, zu einem höheren Grad geklärt sind als die der »späten« Katastrophen.

Eine weitere Beeinträchtigung des Meldeweges begann sich 1943 bemerkbar zu machen. Im August 1943 mußten die Abteilung WVW und die WASt wegen der zunehmenden Luftbedrohung Berlins nach Thüringen verlegt werden. Die Abteilung WVW und die wichtigeren Referate der WASt wurden in Saalfeld untergebracht, die restlichen Teile im mehr als 60 km Luftlinie entfernten Meiningen, Nachkommandos verblieben in Berlin[63]. Damit wurde nicht nur der Arbeitsablauf innerhalb der WASt beeinträchtigt, der Verbleib einzelner Teile in Berlin führte beispielsweise dazu, daß die Wehrersatzdienststellen ihre Zählkarten für Unteroffiziere und Mannschaften nach Thüringen schickten, die Offizierverluste jedoch zunächst weiterhin in Berlin ausgewertet wurden. Im Laufe des Winters wurden dann alle Arbeitsvorgänge nach Thüringen verlegt, selbst eine Arbeitsgruppe des Statistischen Reichsamtes siedelte nach Saalfeld über[64].

So nachteilig diese Entwicklung für die weitere Arbeit sein sollte, hinsichtlich der zurückliegenden Jahre hatte der Abgleich der Unterlagen inzwischen dazu geführt, daß ab April 1944 erstmals in den vom Wehrmachtführungsstab veröffentlichten Statistiken Ergebnisse verwandt wurden, die durch Auswertung der Zählkarten von den Wehrersatzdienststellen entstanden waren. Zu diesem Stichtag wurde die Zahl der Gefallenen erstmals für den Zeitraum vom Beginn des Ostfeldzugs bis zum März 1944 nach den Angaben von WVW ausgewiesen. Immer wieder mußte aber auch später auf die »konventionellen« Verlustmeldungen der Wehrmachtteile, soweit vorhanden, zurückgegriffen werden[65].

[62] OKH/Abwicklungsstab Gruppe A/B (Stalingrad und Tunis) Sch./1 vom 1.3.1945, Betr.: Meldung über den Stand der Abwicklungs-Arbeiten für die Zeit vom 16. – 28.2.1945, BA-MA, RH 15/290.

[63] WASt, Auszug Gutachten Wirtschaftsprüfer über die WASt vom 29.4.1944, Deutsche Dienststelle, Handakten Kirchhoff; Conservateur WASt, Nr. 8055 vom 17.12.1951, Les Archives WASt, Deutsche Dienststelle, Handakten Mr. Girard; Chronik Deutsche Dienststelle, T. 2, Abschn. 5 – 6.

[64] OKW/AWA/WVW(V), Az. 31 t 61, Nr. 1028/43 geh. vom 7.6.1943, Betr.: Statistische Erfassung der Wehrmachtverluste durch die Wehrersatzdienststellen, BA-MA, RW, 6/v.520; OKW/WEA/Ag WZ (WZ I), Az. 2 f 11 14 Beih. 2, Nr. 2714/43 geh. vom 9.8.1943, Befehl für die Durchführung der Verlegung von Dienststellen des Oberkommandos der Wehrmacht in entfernter gelegenen Raum, BA-MA, RW 48/v.3; OKW/AWA/WVW(V), Az. 31 t 61, Nr. 650/44 vom 10.2.1944, Betr.: Statistische Erfassung der Wehrmachtverluste durch die Wehrersatzdienststellen, BA-MA, RW 6/v.520; OKW/AWA/WVW (V), Az. 31 t 61, Nr. 245/44 gKdos vom 30.8.1944, Betr.: Statistik der Menschenverluste im Kriege, BA-MA, RH 7/v.653.

[65] OKW/AWA/WVW (V), Az. 31 t 61, Nr. 245/44 gKdos vom 30.8.1944, Betr.: Statistik der Menschenverluste im Kriege, BA-MA, RH 7/v. 653; OKW/WFST/Org.(Vb), Nr. 1236/44 g.K. vom 21.4.1944, Verlust-, Verbrauchs- und Bestandszahlen der Wehrmacht einschl. Waffen-SS, BA-MA, RW 6/v. 547.

Die Verlagerung der Abteilung WVW und der WASt nach Thüringen stellte insofern einen Vorteil dar, als sie damit der Bedrohung durch die zunehmenden Bombardierungen entzogen waren, gleichzeitig wurde jedoch insbesondere die WASt personell massiv reduziert, weil nur ein Teil des Personals nach Thüringen folgte. Hatte die WASt in Berlin bis zu ca. 4000 Mitarbeitern umfaßt, so waren es in Saalfeld und Meiningen nur ca. 1600 – und dies, obwohl die Arbeit, bedingt durch die räumliche Teilung der Dienststelle und die steigenden Verluste der Wehrmacht, zunahm[66]. Für die Zukunft sank damit auch die Fähigkeit, die verschiedenen eingehenden Meldungen untereinander abzugleichen – mit entsprechenden Auswirkungen auf die Qualität der Informationen für die Abteilung WVW. Hinzu kam die zunehmende Beeinträchtigung der Kommunikation durch die Bombardierungen und die steigenden Verluste, die immer mehr Meldungen erforderten, für die aber immer weniger Personal zur Verfügung stand.

All diese Umstände ließen es erforderlich scheinen, das aufwendige Meldesystem zu reduzieren. Die Wehrmachtgräberoffiziere, die seit Ende 1943 der Abteilung WVW nur noch fachlich unterstanden, mußten ihre numerische Meldung, die sie ursprünglich zweimal monatlich und später nur noch einmal monatlich zu erstatten hatten, nun nur noch vierteljährlich vorlegen. Anstelle der ursprünglich vierteljährlich einzureichenden Planpausen der Friedhöfe mußten nunmehr nur Listen der Friedhöfe mit Belegungszahlen gemeldet werden[67].

---

[66] Am 1.4.1944 hatte die WASt in Saalfeld 823 Mitarbeiter und in Meiningen 800, am 1.4.1945 waren es in Saalfeld 942 Mitarbeiter, in Meiningen 442, siehe WASt, o. J., ca. April 1944, Gehälter und Löhne 1944, Deutsche Dienststelle, Handakten Veit. Daß eine solche Verlegung nicht nur ein Organisationsproblem darstellt, sondern auch eine menschliche Seite hat, sei an folgendem Beispiel verdeutlicht. Am 31.8.1943 richtete der Leiter der WASt ein Schreiben an den Gauamtsleiter der NSV, in dem er ihm mitteilte, daß zusammen mit der Dienststelle ca. 900 weibliche Angestellte nach Saalfeld verlegt worden seien: »Eine geringe Anzahl dieser Stabshelferinnen besitzt kleine Kinder und hat diese in Berlin in Verwandtenbetreuung zurücklassen müssen. Der kürzliche schwere Terrorangriff auf die Reichshauptstadt und die Sorge, daß sich derartige Angriffe wiederholen, hat bei einigen der in Frage stehenden Mütter den Wunsch aufkommen lassen, ihre Kinder nach Saalfeld nachzuziehen, um sie dort unter den Augen zu haben.« Siehe WASt/Leiter an Gauamtsleiter N.S.V., Weimar vom 31.8.1943; siehe auch WASt/Leiter vom 8.2.1945, Arbeitslage, Aufgaben und Ziel der Wehrmachtauskunftstelle, BA-MA, RW 48/v.3. Ursprünglich hatten die meisten weiblichen Mitarbeiterinnen den Status von zivilen Wehrmachtangestellten, sie waren daher darauf angewiesen, die nur noch eingeschränkt funktionierende Reichspost zu benutzen. Damit sie jedoch die Feldpost benutzen und weiterhin Kontakt zu ihren Familien in Berlin halten konnten, wurden sie als Stabshelferinnen übernommen, siehe Interview Kobylski.

[67] OKW/AWA/WVW(V/IIM), Az. 31 t 2, Nr. 2245/43 vom 13.4.1943, BA-MA, RW 6/v.518; OKW/AWA/WVW(IIb), Az. 31 t 28, Nr. 6606/43 vom 17.12.1943, Richtlinien Nr. 26, BA-MA, RW 6/v.519; OKW/AWA/WVW(IIO/IIW), Az. 13 b 11, Nr. 669/44 geh. vom 21.3.1944, Grundsätzlicher Befehl Nr. 5/44, BA-MA, N 756/308; OKW, Az. 31 t 28 AWA/WVW (II W), Nr. 3228 vom 1.8.1944, Richtlinien Nr. 30, BA-MA, RW 6/v.182; Oberkommando der Wehrmacht/AWA/WVW (II), Az 31 t Nr. 4300/44: Bestimmungen und Richtlinien für den Wehr-

## 2.2 Meldewesen im Zweiten Weltkrieg

Ähnliche Vereinfachungen ergaben sich auch in anderen Bereichen. Anstatt wöchentlich alle Zu- und Abgänge zu melden, mußten die Lazarette ab April 1944 nur noch Todesfälle melden. Die Einheiten des Ersatzheeres meldeten nur noch die Neuausgabe von Erkennungsmarken, nicht jedoch andere Veränderungen. Die Feldeinheiten mußten das Heerespersonalamt nur noch im Fall der Todes eines Offiziers benachrichtigen. Ebenso wurden die Verlustmeldungen vereinfacht, ab August 1944 wurden die Wehrstammbücher von den Wehrersatzdienststellen nicht mehr ausgegeben, sondern verblieben dort, bis der Soldat entweder gefallen war oder aus der Wehrmacht entlassen wurde. Auch die WASt selbst wurde der Begutachtung durch einen Wirtschaftsprüfer unterzogen, der Vorschläge für die Verbesserung der Arbeitsabläufe erarbeitete[68].

Auf der einen Seite stellten die getroffenen Maßnahmen für die Meldepflichtigen Erleichterungen dar – das Informationssystem wurde durch die Vereinfachungen nun weniger redundant. Auf der anderen Seite stieg jedoch gleichzeitig durch die zunehmend chaotischer werdenden Verhältnisse der Anteil der nicht erstatteten bzw. verlorengegangenen Meldungen immer weiter an[69].

Solange das System hochgradig redundant gewesen war, hatte es stets andere Quellen gegeben, um fehlende Informationen zu ergänzen. Durch die Vereinfachung wurde diese Möglichkeit gerade in der Situation eingeschränkt, in der die Kompensation von Lücken immer wichtiger wurde. Für die WASt-Kartei hatte dies zur Folge, daß ungeklärte Schicksale sich vorwiegend auf die Endphase des Krieges beziehen.

---

macht-Gräberdienst bei der Truppe vom 18.10.1944, BA-MA, RW 6/v.519. Bei Todesfällen auf dem Reichsgebiet meldeten die Standortältesten an die WASt, siehe OKW/AWA/WVW(V/II M), Az. 31 t 61, Nr. 2245/43, vom 13.4.1943, Betr.: Besprechung mit den Sachbearbeitern für Wehrmachtgräberfürsorge bei den WKdos am 27. und 28.11.1943 in Berlin, BA-MA, RH 13/17. Die Friedhofspläne für die von den Alliierten, vor allem der Roten Armee zurückeroberten Gebiete und die Gräberkarteien der überflüssig geworden Wehrmachtgräberoffiziere wurden bei der WASt verwahrt, Abt WVW, Az. 13 b 11 (II M), Nr. 2242/43 vom 13.4.1943, Abteilungsbefehl, BA-MA, RW 6/v.518.

[68] Allgemeine Heeresmitteilungen 1943, S. 211, Nr. 304: Verlustmeldungen; OWK/Chef des Wehrmachtsanitätswesens, Nr. 840/44 vom 17.3.1944, Betr.: Wöchentliche Meldung der Lazarette an die Wehrmachtauskunftstelle, BA-MA, RW 48/v.6; WASt, Auszug Gutachten Wirtschaftsprüfer über die WASt vom 29.4.1944, Deutsche Dienststelle, Handakten Kirchhoff; Wirtschaftsprüfer, Stellungnahme zu der angeregten Ausgliederung des Referates III, BA-MA, RW 48/v.7; WASt/Leiter vom 8.2.1945, Arbeitslage, Aufgaben und Ziel der Wehrmachtauskunftstelle, BA-MA, RW 48/v.3; Deutsche Dienststelle/Heinz Lente: Die Deutsche Dienststelle, o. J., ca. Anfang 1957, Deutsche Dienststelle, Handakten Kirchhoff; Absolon, Personalwesen, S. 368 f. und 389.

[69] OKW/AWA/WVW (V), Az 31 t 61, Nr. 5650/43 vom 18.10.1944, Betr.: Statistisches Erfassung der Wehrmachtverluste durch die Wehrersatzdienststellen, BA-MA, RW 6/v.520; Volksbund Deutsche Kriegsgräberfürsorge/Bundeszentrale vom 4.12.1948 an den Länderat des amerikanischen Besatzungsgebiets, BA, B 150/338 H1.

Die Veränderungen hatten noch einen weiteren Effekt: Während in den ersten Jahren, solange die Armeen siegten, die Verluste gering und die Kommunikation noch weitgehend ungestört waren, hatten sich die Sorgen der Angehörigen und damit die Zahl der Anfragen nach dem Verbleib von Soldaten in Grenzen gehalten. Ab 1943 änderten sich die Verhältnisse – die Sorgen der Angehörigen nahmen berechtigterweise zu, die zur Verfügung stehenden Informationsmengen jedoch ab. Von besonderer Bedeutung war diese Entwicklung für Familien, die eine gerichtliche Todeserklärung oder eine Kriegssterbefallurkunde für einen vermißten oder gefallenen Soldaten benötigten. Die Vorschriften des Verschollenheitsgesetzes wurden daher mehrfach geändert. War 1939 noch ein Aufgebot und eine Veröffentlichung in der Zeitung notwendig, bevor eine Todeserklärung stattfinden konnte, so wurde ab 1942 auf die Veröffentlichung in der Zeitung verzichtet, ab 1943 mußte nicht einmal mehr ein Aufgebot stattfinden[70].

Eine ähnliche Entwicklung ergab sich bei den Vorschriften über die Kriegssterbefälle – mit Wirkung vom 1. Oktober 1944 wurde der § 27a in die Wehrmacht-Personenstandsverordnung eingefügt. Von nun an war bei Todesfällen im Inland jeder, »der beim Tod zugegen war oder aus eigener Wissenschaft unterrichtet ist«, berechtigt, den Kriegssterbefall beim Standesamt des Todesortes anzuzeigen. Dieses war zwar wiederum verpflichtet, eine Ausfertigung der Urkunde an die WASt zu schicken, doch je chaotischer die Verhältnisse wurden und je häufiger derartige Anzeigen erstattet werden mußten, weil keine Möglichkeit mehr bestand, das reguläre Verfahren einzuhalten, desto öfter mußte zwangsläufig die Benachrichtigung der WASt durch das Standesamt verlorengehen. Wie akut die Kommunikationsprobleme waren, sei an einem Beispiel demonstriert: Am 4. September 1944 stellte das OKW fest, daß Schriftstücke nicht nur einmal, sondern gleich mehrmals hintereinander ihre Adressaten nicht erreicht hatten. Verlustunterlagen wurden daher zunehmend per Kurier verschickt – was aber im Frühjahr 1945 angesichts der zusammenbrechenden Eisenbahnverbindungen auch immer schwieriger wurde[71]. Für die vorliegende Arbeit ist dieser Umstand von Bedeutung, weil nun-

---

[70] Verschollenheitsgesetz, § 20, Abs. 1; Verordnung zur Ergänzung des Gesetzes über die Verschollenheit, die Todeserklärung und die Feststellung der Todeszeit vom 17.1.1942, in: RGBl., T. 1, 1942, S. 31; Zweite Verordnung zur Ergänzung des Gesetzes über die Verschollenheit, die Todeserklärung und die Feststellung der Todeszeit vom 20.1.1943, in: RGBl., T. 1, 1943, S. 66. Zu untersuchen wäre ein zweiter Aspekt. Diese Maßnahmen, die ja eine Reduzierung der Öffentlichkeit bedeuteten, erfolgten parallel zum Anstieg der Verluste. Die neuen Regeln können daher auch von dem Interesse diktiert gewesen sein, der Bevölkerung die Höhe der Verluste nicht allzu deutlich werden zu lassen; siehe auch Anzeige, Landesarbeitsgemeinschaften, S. 3.

[71] OKW/AWA/WVW (V) Az. 31 t 61, Nr. 4898/44 vom 5.12.1944, Betr.: Statistische Erfassung der Wehrmachtverluste durch die Wehrersatzdienststellen, BA-MA, RW 6/v.520; OKW/AWA/WVW, Az. 31 t 61, Nr. 623/45 vom 21.2.1945, Betr.: Kurierstellen – Weiterleitung der von den WEJ einzuliefernden Pakete mit Verlustmeldungen, BA-MA, RW 6/v.520; Absolon, Melde- und Nachrichtenwesen, S. 90.

mehr erstmals das Monopol der WASt für die Erstattung von Kriegssterbefallanzeigen aufgeweicht wurde – mit dem Risiko, daß die Kartei der WASt hinsichtlich einer bestimmten Fallgruppe unvollständig sein könnte[72].

Insgesamt wurde zwar der Anteil der Meldungen immer größer, die die WASt nicht mehr erreichten, gleichzeitig aber war die WASt mit ihrem verringerten Personal immer weniger in der Lage, die Arbeit zu bewältigen. Im Februar 1945 meldete sie, daß sich ein Großteil der zur Anzeige gebrachten Kriegssterbefälle bereits im Herbst 1942, zweieinhalb Jahre zuvor, ereignet habe. Ihr Leiter meldete, die WASt sei »nahe daran, an der Arbeit zu ersticken«[73]. Ab März 1945 wurden sogar nur noch Sterbefälle bearbeitet, die anderen Meldungen blieben unausgewertet liegen[74].

Doch das Ende kam bald. Am 2. Februar 1945 waren die Diensträume des WASt-Nachkommandos in Berlin zerstört worden, am 5. April 1945 besetzten die Amerikaner Meiningen, am 13. April auch Saalfeld. Die Stelle des bisherigen Leiters, Oberst Konrad Ritter und Edler von Dall'Armi, übernahm Stabsintendant Otto Schlagk, ein Teil des Führungspersonals wurde innerhalb der Kasernen interniert. Prinzipiell blieb die WASt als Organisation jedoch intakt, die Arbeit wurde allerdings zunächst ausgesetzt[75].

Über das Schicksal der Abteilung WVW, die sich in Saalfeld befunden hatte, ist weniger bekannt. Bei der Bildung der beiden Führungsstäbe A (Norden) und B (Süden) war die Abteilung WVW dem Südstab zugeteilt worden, ohne jedoch Saalfeld zu verlassen. Nach der Kapitulation sollte die Abteilung WVW nach Nor-

---

[72] Eine abweichende, weil wesentliche juristische Sachverhalte – wie den Unterschied zwischen Kriegssterbefällen und gerichtlichen Todeserklärungen – ignorierende Darstellung findet sich in Smith, Heimkehr, S. 72; siehe auch WASt/Referat I vom 14.5.1940, Erfahrungsbericht über die Erstattung von Kriegsterbefallanzeigen zum Zwecke der standesamtlichen Beurkundungen im gegenwärtigen Kriege für die Zeit vom 1. September 1939 bis zum 11. Mai 1940, BA-MA, RW 48/v.5; WASt/Leiter an Abteilungsleiter WVW vom 25.2.1943, BA-MA, RW 48/v.5; WASt/Leiter vom 16.12.1944, Vortrag, BA-MA, RW 48/v.5; WASt/Leiter vom 8.2.1945, Arbeitslage, Aufgaben und Ziel der Wehrmachtauskunftstelle, BA-MA, RW 48/v.3; Personenstandsverordnung 1944, Art. III; Anzeige, Landesarbeitsgemeinschaften, S. 1.

[73] WASt/Leiter vom 8.2.1945, Arbeitslage, Aufgaben und Ziel der Wehrmachtauskunftstelle, BA-MA, RW 48/v.3.

[74] WASt per Leiter an Leiter Referat VI vom 13.2.1945, BA-MA, RW 48/v.3; WASt/Leiter vom 3.3.1945, Anordnung Nr. 6, BA-MA, RW 48/v.3; Böhme, Gesucht wird, S. 16; Chronik Deutsche Dienststelle, T. 2, Abschn. 7.

[75] WASt, Auszug Gutachten Wirtschaftsprüfer über die WASt vom 29.4.1944, Deutsche Dienststelle, Handakten Kirchhoff; WVW (II W und NSFO), Kameradschaftliche Mitteilungen im Offizierkorps der Abt. WVW, IX, 15.1.1945, BA-MA, RW 6/v.519; WASt/Leiter vom 8.2.1945, Arbeitslage, Aufgaben und Ziel der Wehrmachtauskunftstelle, BA-MA, RW 48/v.3; Deutsche Dienststelle/Heinz Lente: Die Deutsche Dienststelle, o. J., ca. Anfang 1957, Deutsche Dienststelle, Handakten Kirchhoff; Forschungsgemeinschaft Berlin, Rundbrief.

den verlegt werden, um dort innerhalb des Rest-OKW zu arbeiten – dazu kam es jedoch nicht mehr[76].

Natürlich interessierten sich die Sieger sehr für die Frage, wie groß die Verluste der Wehrmacht gewesen waren. Vom OKW-Nord ließen sich sowohl die Westalliierten als auch die Sowjetunion Verluststatistiken vorlegen, befragten die Verantwortlichen und beschlagnahmten Unterlagen. Soweit diese Akten inzwischen zurückgegeben wurden, fehlen die Meldungen über die Verluste[77].

Was die Akten der Abteilung WVW betrifft, so gibt es keine Aussage darüber, wo diese für die Alliierten hochinteressanten Akten verblieben sind. Bei den heute im Bundesarchiv vorhandenen, von der Abt WVW(V) angefertigten Statistiken handelt es sich um Ausfertigungen aus den Akten der Empfänger. Lediglich ein kleiner Restbestand der WVW-Akten wird heute im Bundesarchiv-Militärarchiv als Teil des Bestandes RW 6 (Allgemeines Wehrmachtamt) verwahrt. Er stammt aus einer französischen Rückgabe Mitte der 80er Jahre; wie aber diese Akten in französische Hand gelangten, ist unbekannt[78]. Damit fehlen leider alle Möglichkeiten, die Arbeitsweise der Gruppe WVW-Statistik nachzuvollziehen. Dies gilt insbesondere für die numerischen Auswertungen des namentlichen Meldeweges, die durchaus interessante Einblicke hätten erbringen können.

All die aufgezeigten Probleme könnten nun den Eindruck hervorrufen, die Unterlagen der WASt müßten in großem Umfang unvollständig sein. Ein solcher Schluß trügt jedoch. Nur für das numerische Erfassungssystem war es unabdingbar, alle Arbeitsschritte schnellstmöglich abzuarbeiten – und dies war in der Endphase des Krieges oft nicht mehr der Fall. Anders sieht es dagegen mit der

---

[76] Zwar ist für das Rest-OKW in Flensburg eine Abteilung Wehrmachtverlustwesen unter Leitung von GM Adolf Westhoff ausgewiesen, die auch für Kriegsgefangenenfragen zuständig war. Konkrete Arbeit kann dort jedoch kaum geleistet worden sein, denn das Personal der Abteilung WVW befand sich im Süden, siehe Wehrmachtverlustwesenabteilung, Meldung zu Ziff. 8a der Bezugsverfügung, BA-MA, RW 44I/60; WASt/Leiter vom 4.5.1945, Anordnung 1, BA-MA, RW 48/v.3; OKW/Chefgruppe/OrgAbt(H), Nr. 5813/45 vom 10.5.1945, BA-MA, RW 44I/59; OKW/WFSt/OrgAbt(H), Nr. 2079/45 vom 13.5.1945, BA-MA, RW 44I/43 und 58; Deutsche Dienststelle, Ref. VIII, Allg. 28 vom 26.9.1949, Betr.: Ref. VIII, Deutsche Dienststelle, Handakten Lüdtke; Henry W. Sternweiler vom 28.8.1995 an den Verfasser. Der Darstellung bei Smith, Heimkehr, S. 16 f. kann insoweit nicht gefolgt werden.

[77] Notizen über eine Besprechung des Generals der Infanterie Reinecke mit dem russischen General Truskow am 10.5.1945, BA-MA, RW 44I/17; OKW/WFSt/OrgAbt (H), Nr. 2084/45 vom 19.5.1945, BA-MA, RW 44I/58; OKW/Stellv.Chef WFSt vom 19.5.1945, Aufstellung über die den Westmächten eingereichten Unterlagen, BA-MA, RW 44I/44. Ein Bericht über eine Übergabe an die Sowjets findet sich bei de Maizière, der den Sowjets allerdings keine Verlustmeldungen zu überbringen hatte, siehe Interview de Maizière; Maizière, Pflicht, S. 110 f. In den inzwischen von den Westalliierten zurückgegebenen Akten sind die damals beschlagnahmten Verluststatistiken allerdings nicht mehr enthalten. Ein Beispiel hierfür ist eine Handakte aus dem Bereich OKW-Nord mit einem Inhaltsverzeichnis, aus dem sich ergibt, daß in der Akte ursprünglich verlustbezogene Meldungen enthalten waren, siehe BA-MA, RW 44 I/44. Gleiches gilt für eine weitere Handakte aus dem Südstab: BA-MA, RW 44 I/96.

[78] Ein Beispiel hierfür ist die Akte BA-MA, RW 6/v.522.

individuellen Schicksalsklärung aus, denn hierfür genügte es, wenn nur ein Teil der Meldungen erfolgte – und aus heutiger Sicht war es auch nicht so wichtig, wann sie eintrafen bzw. wann sie bearbeitet wurden. Entscheidend war, daß irgendwann zumindest eine Information eintraf. Da sie sich auf einen konkreten Namen bezog, konnte sie – solange die Kartei der WASt existierte – selbst dann bearbeitet werden, wenn sie lange Zeit unbearbeitet liegen geblieben war. Insoweit ist also festzustellen, daß die namentlichen Meldewege zwar längere Laufzeiten aufwiesen, jedoch zu sicheren Ergebnissen führten, während numerische Meldungen weitaus mehr vom aktuellen Bearbeitungsstand abhingen. Und genau diese namentlichen Meldungen sind es, auf die sich die empirische Untersuchung in den folgenden Kapiteln beziehen wird.

### 2.2.2 Waffen-SS

Unterlagen über das verlustbezogene Meldewesen der SS existieren kaum – die meisten Akten sind im Krieg vernichtet worden und Nachschlagewerke, wie sie Müller-Hillebrand und andere für das Heer veröffentlicht haben, liegen für die Waffen-SS nicht vor[79]. Von daher müssen, obwohl die Waffen-SS gerade gegen Kriegsende quantitativ erhebliches Gewicht besaß, die folgenden Ausführungen lückenhaft bleiben. Allerdings waren die Regelungen der Waffen-SS im wesentlichen denen des Heeres vergleichbar, auch hier gab es Erkennungsmarkenverzeichnisse, Verlustmeldungen, Lazarettbücher etc. Und auch hier gab es die bereits von der Wehrmacht her bekannten Klagen über die unzureichende Erfüllung der Meldepflichten[80].

Ursprünglich besaß die Waffen-SS kein Informationssystem, das dem der Wehrmacht vergleichbar gewesen wäre. Wie bereits erwähnt, wußten die wenigen militärischen Einheiten der SS anfangs offensichtlich nicht, wie sie sich verhalten sollten. Den ersten Ansatz, diese Organisationsdefizite aufzuarbeiten und den speziellen Bedürfnissen des militärischen Einsatzes gerecht zu werden, stellte die Schaffung der »Sammelstelle für Verluste der Schutzstaffel im Kriege« beim SS-Personalhauptamt am 16. September 1939 dar. Unter ihrem Leiter, SS-Brigadeführer Friedemann Götze, bestand ihre wesentliche Aufgabe darin, die Hinterbliebenen zu betreuen. Sie arbeitete zusammen mit weiteren Betreuungsstellen,

---

[79] In beschränktem Umfang wird diese Lücke gefüllt durch die Sammlung Vopersal (BA-MA, N 756) und Tessin, Verbände.

[80] Verordnungsblatt der Waffen-SS 1940, S. 24, Nr. 119: Auskunftsstelle für Kriegsverluste der Waffen-SS. Erkennungsmarkenverzeichnisse und Verlustmeldungen; Merkblatt Waffen-SS 1021; Merkblatt Waffen-SS 1020; SS-Führungshauptamt/Kommandoamt der Waffen-SS, IIb (4) Az. Verl/6 43, vom 19.6.1943, Betr.: Verlustmeldungen, BA, NS 33/240; Vopersal, Auskunftstelle, S. 15 – 21.

die in jedem SS-Oberabschnitt eingerichtet wurden. Gleichzeitig war sie ab Dezember 1939 auch damit beauftragt, Kriegssterbefälle der Waffen-SS anzuzeigen[81].

Daneben existierten jedoch noch weitere, mit den Verlusten befaßte Institutionen. Ab Mitte 1940 gab es bei der Kriegsgeschichtlichen Forschungsabteilung der Waffen-SS einen »Zentralnachweis«. Seine Aufgabe bestand darin, die Personalakten der Waffen-SS-Angehörigen zu verwahren und Auskünfte, insbesondere über Tote, Vermißte oder aus der Waffen-SS ausgeschiedene Personen zu erteilen. Insoweit erfüllte der Zentralnachweis für die Waffen-SS wesentliche Aufgaben der Wehrmachtauskunftstelle. Für die Krankenurkunden wiederum gründete die Waffen-SS – in Analogie zur Wehrmacht – die »Aufbewahrungsstelle für G-Akten beim Ergänzungsamt der Waffen-SS«[82].

Dieser, seit 1940 deutlich werdenden Tendenz, eigenständige Behörden zu schaffen, entspricht auch die Einführung der Gräberoffiziere bei der Waffen-SS, die allerdings nicht einer der Abteilung Wehrmachtverlustwesen vergleichbaren Stelle im Kommandoamt der Waffen-SS unterstellt waren, sondern der »Auskunftstelle für Kriegerverluste der Waffen-SS«[83]. Unabhängig von der dem Personalhauptamt zugeordneten »Sammelstelle« war mit dieser »Auskunftstelle« – und vermutlich später – eine weitere Instanz geschaffen worden. Zunächst wurde ihr mit Erlaß vom 24. April 1940 die Aufgabe übertragen, die Kriegssterbefälle der Waffen-SS anzuzeigen – bis dahin hatte dies zu den Aufgaben der Sammelstelle gehört. Darüber hinaus verwahrte sie auch die Testamente sowie die unanbringlichen Nachlässe[84].

[81] Inspektion der Verfügungstruppe (IIb/4b/9 – 9.39 tro./Gbh. vom 11.9.1939), BDC, Personalakten Goetze; Durchführung der Dritten VO zur Ausführung des Personenstandsgesetzes vom 4.11.1939, in: Ministerial-Blatt des Reichs- und Preußischen Ministeriums des Innern, Ausg. A, 1940, S. 13; Fürsorge- und Versorgungsamt-SS München, vom 1.6.1940, Dienstanweisung für die SS-Fürsorgeführer Nr. 1; SS-Fürsorge- und Versorgungsbestimmungen, 1940, S. 76, Nr. 104: Auskunftsstelle für Kriegerverluste der Waffen-SS beim Hauptfürsorge- und -versorgungsamt-SS; Vopersal, Auskunftstelle, S. 11 – 14.

[82] Im Dezember 1940 wurde die Aufbewahrungsstelle der Wehrmacht als »Sammelstelle für Krankenurkunden« selbständig. Sie hatte ihren Dienstsitz in Berlin, bis sie 1943 nach Storkow verlegt wurde. Der »Zentralnachweis« war ab 28.12.1943 als »Zentralnachweis der Waffen-SS« ebenfalls eine eigenständige Organisation mit Sitz in Oranienburg, siehe Fischer, Sanitätsdienst, Bd 3, S. 2177 und die dort abgedruckte Verordnung; Verordnungsblatt der Waffen-SS, 1944, S. 12, Nr. 41: Zentralnachweis der Waffen-SS; Absolon, Melde- und Nachrichtenwesen, S. 95; Vopersal, Auskunftstelle, S. 22 f.; Schneider, Krankenbuchlager, S. 200 f.

[83] Zunächst noch als Gräberoffiziere, wurden sie später, der Waffen-SS-Terminologie entsprechend, als SS-Gräberführer bezeichnet, siehe Vopersal, Auskunftstelle, S. 19; Wolfgang Vopersal: SS-Gräber-Führer, BA-MA, N 756/308.

[84] Die Auskunftstelle unterstand dem Hauptfürsorge- und -versorgungsamt, siehe Durchführung der Dritten VO zur Ausführung des Personenstandsgesetzes vom 4.11.1939, in: Ministerial-Blatt des Reichs- und Preußischen Ministeriums des Innern, Ausg. A, 1940, S. 810; Merkblatt Waffen-SS 1020, Abschn. H; die Gräberführer waren ihr unmittelbar unterstellt. Als dann 1944 die SS-Gräberführer wieder abgeschafft wurden, war es die Auskunftstelle, die die Verwahrung der Gräberakten übernahm, siehe HFüVA/RuSHA, Personelle Veränderungen, Mitteilung Nr. 3 vom 23.3.1944, BA-MA, RS 5/v.222; Forschungsgemeinschaft Berlin, Auskunftstelle Waffen-SS; Vopersal, Auskunftstelle, S. 12 f. und 21 f.

Zunächst an verschiedenen Orten in Berlin untergebracht, wurde die Auskunftstelle – wie viele andere Organisationen auch – 1943 aus Berlin ausgelagert und in der Neuen Residenz in Bamberg untergebracht, wobei sie einen erheblichen Personalumfang gehabt haben muß[85]. Ihre Kartei umfaßte zu diesem Zeitpunkt ca. 50 000 Todesfälle – weitaus weniger als die WASt registriert hatte, gleichzeitig jedoch deutlich mehr als bei den anderen, nicht zur Wehrmacht gehörenden Organisationen erfaßt waren[86].

Auf der einen Seite tendierte die Waffen-SS also dazu, für alle Aufgabengebiete eigene Institutionen zu schaffen, auf der anderen Seite waren ihre Einheiten jedoch gemeinsam mit Wehrmachtverbänden eingesetzt und ihnen anfangs immer unterstellt. Es wäre von daher zwingend erforderlich gewesen, eine einzige Institution – und damit wohl die Wehrmachtauskunftstelle – mit der Dokumentation des Schicksals aller Kriegsteilnehmer zu beauftragen. Als nun im Mai 1940 erste Forderungen der SS auftauchten, nicht nur die Kriegssterbefälle von einer »eigenen« Organisation – der Auskunftstelle – anzeigen zu lassen, sondern sich administrativ völlig abzukoppeln, war es die WASt, die sich dagegen mit dem Argument wehrte, daß es nicht zweckmäßig und oft auch nicht möglich sei, die Verlustmeldungen der SS-Einheiten, die dem Heer unterstellt waren, von den Meldungen dieser Heeresverbände zu trennen. Der erste Kompromiß sah noch vor, daß nur die nicht dem Heer unterstellten Waffen-SS-Einheiten direkt an die Auskunftstelle meldeten, während die Meldungen der anderen Einheiten über die WASt an die Auskunftstelle weitergeleitet wurden. Selbst als ab 1943 immer öfter Heeresverbände der Waffen-SS unterstellt wurden, blieb es zunächst dabei, daß Heeresverbände immer an die WASt meldeten, während Waffen-SS-Einheiten sich nur dann an »ihre« Auskunftstelle wandten, wenn sie nicht dem Heer unterstellt waren. Erst im Jahr 1944 wurde dieses System dahingehend geändert, daß »sauber« getrennt wurde[87].

Ähnlich verhielt es sich auch mit den anderen Meldungen. Die bereits der WASt vorliegenden Erkennungsmarkenverzeichnisse der Waffen-SS-Einheiten

---

[85] Die gemietete Bürofläche umfaßte 1200 qm, siehe Mietvertrag zwischen dem Land Bayern und Reichsführer-SS/SS-Wirtschafts- Verwaltungshauptamt vom 18.3.1944, BA-MA, RS 5/v.84.

[86] Bericht über die Vorsprache bei der Auskunftstelle für Kriegerverluste der Waffen-SS in Bamberg, vom 14. und 15.10.1943, BDC, OSS VIII/3.

[87] WASt, Vortragsnotiz für die Besprechung mit den Vertretern der Waffen-SS am 8.7.1940, BA-MA, RW 48/v.1; das Ergebnis dazu: WASt/Dr. Bourwieg – Hauptfürsorge- und -versorgungsamt-SS/Dr. Exner vom 16.7.1940, BA-MA, RW 48/v.5; SS-Fürsorge- und Versorgungsbestimmungen, 1940, S. 76, Nr. 104: Auskunftsstelle für Kriegerverluste der Waffen-SS beim Hauptfürsorge- und -versorgungsamt-SS; Verordnungsblatt der Waffen-SS, 1940, Nr. 5: Auskunftsstelle für Kriegsverluste der Waffen-SS; SS-Führungshauptamt, Az 26iBen.6.42/Kdo.d.W.-SS/IIb(3), Nr. 243/6.42 vom 6.6.1942, Betr.: Verlustmeldungen des SS-Div. Wiking, BA-MA, RS 5/v.84; Vopersal, Auskunftsstelle, S. 14 f. und 20 f.

mußten der Auskunftstelle übergeben werden. Die Grabmeldungen der Gräberoffiziere und die Lazarettmeldungen, die anfangs von der WASt an die Auskunftstelle weitergeleitet worden waren, soweit sie die Waffen-SS betrafen, mußten später von den Einheiten vor Ort unter Inkaufnahme zusätzlichen Aufwandes getrennt erstattet werden[88]. Allerdings – und dies ist für die vorliegende Untersuchung von erheblicher Bedeutung – gab es eine Regelung dahingehend, daß die Bamberger Auskunftstelle monatlich Listen der bearbeiteten Kriegssterbefälle an die WASt sandte, so daß diese Todesfälle der Waffen-SS bereits in der Kriegszeit in die Kartei der WASt eingearbeitet werden konnten[89].

Die Schaffung zweier Meldesysteme und der daraus erwachsende Koordinationsbedarf führten allerdings zu einem stark erhöhten Aufwand, der nicht mehr durch Personalverstärkungen kompensiert werden konnte. Weiter verschärft wurde das Problem dadurch, daß die Waffen-SS gerade gegen Kriegsende stark expandierte und sich somit der administrative Zusatzaufwand multiplizierte. Im Gegenzug gab es jedoch auch ab 1942/43 in der Waffen-SS Tendenzen, der wachsenden Probleme des ohnehin nur unzureichend funktionierenden Meldesystems durch Vereinfachungen Herr zu werden. Die Waffen-SS ging sogar soweit, zum 1. Januar 1945 alle bestehenden Meldepflichten aufzuheben und beispielsweise im Verlustfall von den Einheiten nur noch eine einzige Meldung zu fordern[90].

Diese Tendenz, die Redundanz des Meldesystems zu reduzieren – mit all ihren negativen Konsequenzen für den Nachweis des Schicksals –, war auch bei der Wehrmacht festzustellen gewesen, bei der Waffen-SS kommt jedoch hinzu, daß sie, in der ersten, relativ gut dokumentierten Zeit quantitativ unbedeutend war, während sie in der »kritischen« Endphase des Krieges einen erheblichen Teil der bewaffneten Macht stellte. Weiter verschärft wird das Nachweisproblem durch die Aktenverluste in der Endphase des Krieges. Die Unterlagen der Aufbewahrungsstelle für Krankenurkunden in Storkow130

wurden während des Krieges vernichtet, die noch wichtigeren Unterlagen der Auskunftstelle in Bamberg sollten gegen Kriegsende nach Radolfzell verbracht werden. Dieses Vorhaben scheiterte jedoch daran, daß der Bahnhof von Bamberg durch ein Bombardement zerstört wurde, bevor die bereits versandfertig verpackten Erkennungsmarkenverzeichnisse abtransportiert werden konnten. In Erkenntnis der Tatsache, daß es nicht mehr möglich sein würde, sie vor den Amerikanern in Sicherheit zu bringen, wurden die Erkennungsmarkenverzeichnisse verbrannt – die restlichen Unterlagen, über deren Umfang unterschiedliche Aus-

---

[88] Abt. Wehrmachtverlustwesen, Az. 13 b 11(II M), Nr. 3569/43 vom 22.6.1943, Abteilungsbefehl, BA-MA, RW 6/v.512; Wolfgang Vopersal, SS-Gräber-Führer, BA-MA, N 756/308.
[89] Der Inspekteur für Statistik beim Reichsführer SS, Dr. Richard Korherr berichtet anläßlich eines Besuchs in Bamberg von dieser Regelung; wie lange sie galt, ist unbekannt, Bericht über die Vorsprache bei der Auskunftstelle für Kriegerverluste der Waffen-SS in Bamberg, vom 14. und 15.10.1943, BDC, OSS VIII/3.
[90] Bestimmungen Verluste Waffen-SS; Vopersal, Auskunftstelle, S. 35.

sagen vorliegen, wurden von den Amerikanern bei ihrem Einmarsch in Bamberg am 13. April 1945 beschlagnahmt[91].

Soweit zu den Institutionen, die die namentlichen Meldungen bearbeiteten. Was die Meldungen und die Funktionsweise der Meldewege angeht, sind die Kenntnisse durch die weitgehende Vernichtung der SS-Akten gering. Seit dem 1. Dezember 1940 gab es einen Inspekteur für Statistik beim Reichsführer-SS, Dr. Richard Korherr[92]. Eine seiner wichtigsten Aufgaben bestand gerade in der Erfassung der Verluste, wobei er sich bemühte, auch den SD und die Polizei einzubeziehen[93]. Die wenigen erhalten gebliebenen Akten legen allerdings den Schluß nahe, daß die Lage chaotisch gewesen sein muß. Allgemein scheinen die SS-Dienststellen an ihm vorbei gearbeitet zu haben, soweit seine Existenz überhaupt bekannt war[94]. So meldete Korherr am 14. August 1942 – zu einem Zeitpunkt, als die Administrationen noch ungestört arbeiten konnten –, daß die halbjährliche Stärkemeldung der Waffen-SS »wegen des Einsatzes« nicht erfolgen könne[95]. Ende 1943 stellte Korherr anläßlich eines Besuchs beim Zentralnachweis der SS fest, daß diese für ihn wichtige Dienststelle über die Existenz des Inspekteurs für Statistik nicht informiert war. Zu diesem Zeitpunkt waren beim Inspekteur für Statistik ca. 30 000 Todesfällen registriert, dem Zentralnachweis waren jedoch nur 13 000 bekannt. Zu seiner Enttäuschung mußte Korherr feststellen, daß nicht einmal über die Verluste des nun bereits vier Jahre zurückliegenden Polenfeldzugs Einvernehmen zu erzielen war[96].

Ähnlich muß es sich mit den numerischen Verlustmeldungen verhalten haben. Im April 1940 hatte das OKW eine Aufstellung der Wehrmachtverluste an die Waffen-SS übersandt mit der Bitte, im Gegenzug eine Verluststatistik der Waf-

---

[91] Volksbund Deutsche Kriegsgräberfürsorge an Deutsche Dienststelle vom 22.2.1956, Deutsche Dienststelle, Handakten Veit; Forschungsgemeinschaft Berlin, Auskunftstelle Waffen-SS; Forschungsgemeinschaft Berlin, Rundbrief.

[92] Der Reichsführer-SS/Persönlicher Stab, Tgb.Nr. 13/265/40 vom 9.12.1940, Errichtung Stelle Inspekteur für Statistik, BDC, OSS VIII/2; Der Reichsführer-SS/Persönlicher Stab, Nr. 13/302/43 an Inspekteur für Statistik vom 19.8.1943, BDC, OSS VIII/2; Wolfgang Vopersal, Statistisch-Wissenschaftliches Institut des Reichsführers-SS, BA-MA, N 756/47.

[93] Der Reichsführer-SS, Nr. A/13/265/40 an Inspekteur für Statistik, vom 27.12.1940, BDC, OSS VIII/2; Inspekteur für Statistik, Bericht über die Dienstreise nach Berlin (1. bis 9.12.1943) vom 13.12.1943, BDC, OSS VIII/8.

[94] Reichsführer-SS/Persönlicher Stab, an alle Hauptamtschefs vom 31.12.1941, BDC, OSS VIII/2; Inspekteur für Statistik, Bericht über die Dienstreise nach Berlin (1. bis 9.12.1943) vom 13.12.1943, BDC, OSS VIII /8; zu einem ähnlichen Ergebnis kommt Wegner, Waffen-SS, S. 283.

[95] Der Inspekteur für Statistik, Nr. 71/42 geh, an Reichsführer-SS, vom 14.8.1942, BA, NS 19/2097; Der Inspekteur für Statistik, Nr. 77/42, geh. an Reichsführer-SS, vom 21.8.1942, Betr.: Die Kriegsverluste der SS nach dem Stand der statistischen Erfassung vom 15. Juli 1942, BA, NS 19/2109.

[96] Bericht über die Vorsprache bei der Auskunftstelle für Kriegerverluste der Waffen-SS in Bamberg, vom 14. und 15.10.1943, BDC, OSS VIII/3; Inspekteur für Statistik, Bericht über die Dienstreise nach Berlin (1. bis 9.12.1943) vom 13.12.1943, BDC, OSS VIII/8.

fen-SS zu erhalten, da man darüber bisher nichts wisse. Da auch für spätere Jahre eigene SS-Verluststatistiken nicht erwähnt sind, scheint sich diese Situation nicht geändert zu haben[97]. Am 30. Oktober 1944 genehmigte Himmler dann Korherrs Antrag, Stärkemeldungen der Waffen-SS zukünftig nur noch einmal jährlich zu erstatten, mit der Bemerkung »die nächste Statistik ist demnach erst nach dem Stand vom 30. Juni 1945 fällig«, wozu es allerdings bekanntlich nicht mehr kam[98].

Aufschlußreich hätten die Akten der Dienststelle Korherr sein können, die im September 1943 von Berlin in das Jagdschloß Tiergarten bei Donaustauf ausgelagert worden war. In welchem Umfang den Amerikanern bei Kriegsende dort Unterlagen in die Hände fielen, ist nicht bekannt[99]. Die einzigen heute noch vorhandenen Akten sind einige Ordner, die das Berlin Document Center 1946 aus amerikanischen Beuteständen erhalten hat – es handelt sich vor allem um Schriftverkehr, der sich auf die Person Dr. Richard Korherrs bezieht[100].

Für den Nachweis des Schicksals von Waffen-SS-Angehörigen hat diese Entwicklung wesentliche Konsequenzen. Die »frühen« Todesfälle der Waffen-SS sind in der Deutschen Dienststelle – der ehemaligen WASt – gut dokumentiert, weil sie in den Informationsfluß eingeschaltet war. Dagegen könnte ihre Kartei für die späteren Todesfälle Lücken aufweisen, weil diese Meldungen ja an die Bamberger Auskunftstelle gerichtet wurden – wenn die Auskunftstelle die Listen der Sterbefälle nicht an die WASt weitergeleitet hätte. Aber wenn dies kontinuierlich der Fall war, dann dürfte die Kartei der WASt auch hinsichtlich dieser wichtigsten Nicht-Wehrmacht-Organisation aussagekräftig sein.

Anders hingegen sieht es mit numerischen Verlustmeldungen der Waffen-SS aus, gleichgültig ob es sich um rein numerische oder um numerische Auswertungen namentlicher Meldungen handelt. Brauchbare Statistiken über ausreichend lange Zeiträume sind nicht erhalten geblieben. Sollten sie je existiert haben, war

---

[97] Für die Jahre 1942 bis 1944 liegen einzelne Angaben zu den Verlusten vor, anders als bei der Wehrmacht in der Regel jedoch als Teil einer umfangreichen Stärkemeldung der gesamten SS, die letzte vorliegende ist: SS-Führungshauptamt/Amtschef FS Nr. 10306, g.Kdos, an Reichsführer-SS/Persönlicher Stab, vom 28.4.1944, Betr.: Gesamtverluste der Waffen-SS bis einschließlich 31.12.1943, BA, NS 19/1661; Der Inspekteur für Statistik, Nr. 77/42, geh. an Reichsführer-SS, vom 21.8.1942, Betr.: Die Kriegsverluste der SS nach dem Stand der statistischen Erfassung vom 15. Juli 1942, BA, NS 19/2109; Statistisch-Wissenschaftliches Institut des Reichsführers-SS, Nr. I/150/44 geh.Kdos, Az. St-SS-I/1944, an Reichsführer-SS, vom 19.9.1944, BA, NS 19/1471; Der Reichsführer-SS/Chef des SS-Hauptamtes, an Reichsführer-SS/Persönlicher Stab/Dr. Brandt, vom 5.5.1944, Betr.: Verlustzahlen, BA, NS 19/2109; Wegner, Waffen-SS, S. 282 f.

[98] Der Reichsführer-SS/Feldkommandostelle, Nr. 2016/44 an Dr. Korherr vom 3.10.1944, BA, NS 19/1477. Außerdem gab es ab 1.1.1944 ein »Maschinelles Zentralinstitut für die optimale Menschenerfassung und Auswertung«, über dessen Funktion innerhalb des Verlustmeldewesens jedoch nichts bekannt ist, siehe Der Reichsführer-SS/RF/M., vom 31.12.1943, Betr.: Organisationsbefehl, BDC, OSS VIII/2.

[99] Siehe hierzu auch die Liste der Dienstsitze im Anhang; Der Reichsführer-SS/Persönlicher Stab, Nr. 13/302/43 an Inspekteur für Statistik vom 19.8.1943, BDC, OSS VIII/2.

[100] BDC vom 20.8.1946, Receipt, Geschäftsakten BDC; Berlin In-Register, Geschäftsakten BDC.

ihre Aussagekraft vermutlich gering. Die tatsächlichen Verluste der Waffen-SS werden sich daher nur durch eine nachträgliche Auswertung der namensbezogenen Meldungen feststellen lassen.

### 2.2.3 Sonstige Organisationen

Über die personenbezogenen Informationssysteme der weiteren, an der Kriegführung beteiligten Organisationen liegen noch weniger Informationen als zur Waffen-SS vor. Soweit bekannt, war die Ordnungspolizei die einzige Organisation, die ein der Wehrmacht oder der Waffen-SS vergleichbares Informationssystem gehabt zu haben scheint – vermutlich wegen des umfangreichen Einsatzes von Polizeiverbänden im Kriegsgebiet. Sie führte Erkennungsmarkenverzeichnisse und erstattete Verlustmeldungen. Hierfür besaß sie eine eigene »Auskunftstelle für Kriegerverluste der Ordnungspolizei«. Erst in der Endphase des Krieges mußte diese einen Teil ihrer Funktionen an die Auskunftstelle in Bamberg abgeben. Für die Verwaltung der Erkennungsmarkenverzeichnisse war nun Bamberg zuständig, während die Verlustmeldungen weiterhin von der Ordnungspolizei selbst bearbeitet wurden[101]. Für den Schicksalsnachweis hatte diese Regelung zur Folge, daß die Erkennungsmarkenverzeichnisse der Polizeieinheiten in Bamberg verbrannten, während die Verlustmeldungen den Krieg überstanden.

Über den numerischen Meldeweg ist kaum etwas bekannt. Zumindest in der Endphase des Krieges scheint hier das Statistisch-wissenschaftliche Institut des Reichsführers-SS für die Aufstellung von Verluststatistiken verantwortlich gewesen zu sein, Ergebnisse dieser Tätigkeit liegen jedoch nicht vor[102].

Neben den regulären Angehörigen der Ordnungspolizei, die deutsche Staatsbürger waren, existierten in den besetzten Gebieten noch Hilfspolizeiorganisationen, die aus Ortsansässigen bestanden, wie etwa die Schuma (Schutzmannschaften)-Verbände. Für sie galten andere Bestimmungen – so wurden ihre Erkennungsmarkenverzeichnisse nicht zentral gesammelt. In diesem Zusammenhang ist auch zu bedenken, daß die WASt nur mit der Anzeige von Kriegssterbefällen Deutscher nach deutschem Recht beauftragt war. Das Schicksal Nicht-Deutscher ist daher in den im folgenden benutzten Aktenbeständen allenfalls spurenhaft und unvollständig nachweisbar[103].

---

[101] RdErl.d. ChefsO. vom 29.9.1944, Az. Kdo IIP (Fürsorge) 2, Nr. 200/44, Betr.: Fürsorge, hier: Erkennungsmarken für die Ordnungspolizei, in: Befehlsblatt des Chefs der Ordnungspolizei, Nr. 41, 14.10.1944, S. 351; Huck, Ordnungspolizei, S. 129.

[102] Einzelne Erfassungskarten sind bis heute im Bestand der Deutschen Dienststelle erhalten geblieben, siehe Statistisch-wissenschaftliches Institut des Reichsführers-SS, Karteikarte, Deutsche Dienststelle, Handakten Kirchhoff.

[103] RdErl.d. ChefsO. vom 29.9.1944, Az. Kdo IIP (Fürsorge) 2, Nr. 200/44, Betr.: Fürsorge, hier: Erkennungsmarken für die Ordnungspolizei, in: Befehlsblatt des Chefs der Ordnungspolizei, Nr. 41, 14.10.1944, S. 351; beispielhaft: Auskunftstelle für Kriegerverluste der Waffen-SS, vom 15.5.1942, Betr.: Verlustmeldung eines lett. Hauptmannes, BA-MA, N 756/308.

Die weiteren an der Kriegführung beteiligten Organisationen, die Sicherheitspolizei, der Reichsarbeitsdienst, die Organisation Todt, die Reichsbahn, der Zoll, das Deutsche Rote Kreuz, die Post etc., hatten jeweils ihre eigenen Nachweisstellen. Auch bei ihnen war administrativ in der Regel zu unterscheiden zwischen den Ausländern und dem deutschen Rahmenpersonal, für das allein die üblichen Meldungen erstattet wurden. Wegen der relativ geringen Anzahl von Todesfällen Deutscher in diesen Organisationen scheint es jedoch mit der Wehrmacht vergleichbare Meldesysteme nicht gegeben zu haben[104].

Eine wesentliche Änderung trat im Herbst 1944 ein. Bis dahin waren Ausländer, die auf deutscher Seite kämpften, in der Regel Deutschen nicht gleichgestellt gewesen. Dies hatte sich administrativ auch dahingehend ausgewirkt, daß sie in den namentlichen Meldungen nicht berücksichtigt worden waren. Nun aber kam es zu einer Aufwertung der Ausländer, was auch mit Änderungen in den Verwaltungsverfahren verbunden war. Es wurden – noch in der Endphase des Krieges – Nachweisstellen für die Angehöriger verbündeter Streitkräfte, wie der Italiener, und eine Zentralstelle für Freiwillige aus dem Osten geschaffen – über die Funktionsweise der Meldesysteme, die Arbeitsweise dieser Stellen und den Verbleib der Akten ist jedoch nichts bekannt. Zwar war die Abteilung WVW – und damit auch die WASt – grundsätzlich in den Meldeweg eingebunden, inwieweit diese Regelungen im Chaos des Zusammenbruchs allerdings noch zum Tragen kamen, muß offen bleiben[105].

Die wohl größten Nachweisprobleme ergeben sich jedoch beim Volkssturm. Aus Gründen der Vereinfachung war festgelegt, daß jede Einheit eine Stammliste aufzustellen hatte, die zugleich auch Erkennungsmarkenverzeichnis war und monatlich an die WASt eingereicht werden mußte[106]. Der relativ geringe Bestand

---

[104] Es gab für die Mitarbeiter der WASt ein eigenes, umfangreiches Merkblatt, nur um bestimmen zu können, welche Stelle jeweils zuständig war. Darin waren 13 zuständige Stellen außerhalb der Wehrmacht aufgelistet. Um nur ein Beispiel anzuführen: Für die in Rußland, Mitte und Weißruthenien eingesetzten Polizeiangehörigen waren die dortigen Höheren SS- und Polizeiführer verantwortlich, ansonsten die Befehlshaber der Ordnungspolizei im jeweiligen Wehrkreis, siehe Oberkommando des Heeres/Chef HRÜst und BdE: Merkblatt über die Mitwirkung der Wehrmeldeämter bei der Ermittlung gesuchter Soldaten, Rudolstadt, im November 1944, Deutsche Dienststelle, Handakten Kirchhoff; Der Reichsminister für die besetzten Ostgebiete, Nr. IIId1046, vom 26.3.1943, Betr.: Beurkundung von Sterbefällen, BA-MA, RW 6/v.522; Absolon, Melde- und Nachrichtenwesen, S. 104; Böhme, Gesucht wird, S. 16.

[105] OKW/AWA/WVW(V), Az. 31 t 61, Nr. 187/43 geheim, vom 28.1.1943, Betr.: Einbeziehung von Volksdeutschen in die Erfassung der Menschenverluste dieses Krieges, BA-MA, RW 6/v. 520; WVW, Az. 31 t(II), Nr. 712/45 vom 6.3.1945, Betr.: Verlustmeldungen, hier: gefallene Italiener, BA-MA, RW 6/v.519; Allgemeine Heeresmitteilungen, 1944, S. 246, Nr. 437: Verlustmeldungen, hier: gefallene Italiener; Deutsche Dienststelle vom 22.8.1974, Übernahme von Dienststellen und Material, Deutsche Dienststelle, Handakten Veit; Absolon, Personalwesen, S. 218 f. und 387; Absolon, Wehrmacht, 5, S. 245 – 249.

[106] WVW/Az 11/IS, Nr. 71/45 vom 9.1.1945, Betr.: Organisation des Volkssturms, BA-MA, RW 6/v.519.

an derartigen Meldungen in der heutigen Deutschen Dienststelle zeigt allerdings, daß solche Listen entweder nur unregelmäßig erstellt wurden oder im Chaos des Zusammenbruchs im großen Umfang verlorengingen. Grabmeldungen waren anfangs nicht vorgesehen, dann allerdings wurde der Volkssturm angewiesen, Grabmeldungen über die Stabsoffiziere für Wehrmachtverlustwesen, die ehemaligen Gräberoffiziere, an die WASt zu melden[107].

Verlustmeldungen dagegen waren nicht an die WASt, sondern an die Gaue, d.h. Parteidienststellen, zu richten. Diese wiederum benachrichtigten die Wehrersatzdienststellen. Da die WASt über Volkssturmtodesfälle somit nicht unmittelbar benachrichtigt wurde, war es nur konsequent, daß die Anzeige von Kriegssterbefällen auch nicht über die WASt erfolgte, sondern von jeder Volkssturmeinheit selbst durchgeführt werden mußte. Für Nachforschungen war aber trotzdem die WASt zuständig. Insgesamt war mit dieser Regelung ein erheblicher Informationsverlust für die WASt verbunden, der nur dadurch teilweise kompensiert wurde, daß die Wehrersatzdienststellen die Verluste des Volkssturm mit Hilfe der Zählkarten für die quantitative Auswertung der Verluste meldeten[108]. Hinzu kommt ein weiterer Aspekt, der quantitativ kaum abzuschätzen ist. Da die meisten Volkssturmeinheiten heimatnah und damit auch in der Nähe ihrer Angehörigen eingesetzt waren, dürfte es Todesfälle gegeben haben, die nicht von den Einheitsführern als Kriegssterbefall, sondern von den Angehörigen als ziviler Todesfall angezeigt wurden. Diese naheliegende, weil für die Angehörigen einfachere Lösung dürfte nach dem Krieg allerdings partiell korrigiert worden sein, als für kriegsbedingte Todesfälle Entschädigungen eingeführt wurden[109].

Für die Zwecke der vorliegenden Arbeit ergibt sich eine schwierige Lage. Da all diese Organisationen außerhalb der Wehrmacht, wie schon die Waffen-SS, eigene Informationssysteme besaßen, gelten die Aussagen zur Vollständigkeit der SS-Daten tendenziell auch hier. Gemildert wird das Problem jedoch dadurch, daß deren Informationssysteme nicht völlig autark waren. So wurden z.B. die Gräber der RAD-Angehörigen von der WASt verwaltet, und wenn die Angehörigen dieser Organisationen in Wehrmachtlazaretten behandelt wurden, dann liefen die Meldungen über die WASt. In anderen Fällen war die WASt zumindest für die

---

[107] OKW/AWA/WVW(IIW), Az. 31 t, Nr. 765/45 vom 5.3.1945, Betr.: Grabmeldungen für gefallene und gestorbene Volkssturmangehörige, BA-MA, RW 6/v.519; WVW, Az. B 31 t(II), Nr. 827/45 vom 10.3.1945, Betr.: Weiterleitung der blauen Grabkarteikarte gefallener und verstorbener Volkssturmangehöriger, BA-MA, RW 6/v.520.

[108] OKW/AWA/WVW(V), Az. 31 t 61, Nr. 122/45 vom 20.1.1945, Betr.: Statistische Erfassung der Wehrmachtverluste durch die Wehrersatzdienststellen, BA-MA, RW 6/v.520; WVW/Az 11/IS, Nr. 71/45 vom 9.1.1945, Betr.: Organisation des Volkssturms, BA-MA, RW 6/v.519; WVW, Az. B 31 t(II), Nr. 827/45 vom 10.3.1945, Betr.: Weiterleitung der blauen Grabkarteikarte gefallener und verstorbener Volkssturmangehöriger, BA-MA, RW 6/v.520.

[109] Diese Vermutung findet sich bereits bei Urlanis. Allerdings sieht der Autor darin einen Versuch der westdeutschen Behörden, die tatsächliche Höhe der Verluste zu verschleiern, siehe Urlanis, Bilanz, S. 181.

ungeklärten Fälle zuständig. Insoweit war bereits in der Kriegszeit – wenn vielleicht auch nur lückenhaft – prinzipiell dafür gesorgt, daß die Kriegssterbefälle außerhalb der Wehrmacht in der Kartei der WASt registriert wurden. Dies gilt allerdings nur für die Deutschen; wenn Ausländer nachgewiesen sind, dann eher zufällig[110].

### 2.2.4 Zur Qualität der Kriegsdaten

Eingangs war die Frage gestellt worden, welche Wehrmachtstatistiken vorliegen, was sie erfassen und wie zuverlässig sie sind. Im folgenden soll nun versucht werden, eine erste Antwort für die Kriegszeit zu geben. Natürlich stellen sich diese Fragen nicht erst heute, dies war bereits in der Kriegszeit der Fall – und einige der nachfolgenden Vergleiche finden sich bereits in den Akten.

Dazu wird zunächst einmal aufgezeigt, welche Zahlenreihen uns heute vorliegen, dann werden für einige Zeiträume und Personengruppen Vergleiche durchgeführt. Im Anschluß daran wird der Frage nachgegangen, wie die Ergebnisse zu bewerten sind.

Zumindest was die Wehrmacht betrifft, findet sich insgesamt eine erstaunlich große Menge von Statistiken, die auf unterschiedlichen Meldewegen beruhen. Im einzelnen liegen vor:
- die numerisch ausgewerteten namentlichen Meldungen über die Wehrersatzdienststellen bis 31. Dezember 1944, ausgewertet von der Abteilung Wehrmachtverlustwesen (im folgenden: WVW/WED-Zahlen)
- die Beurteilung der personellen und materiellen Rüstungslage der Wehrmacht einschließlich der Waffen-SS bis zum 31. Januar 1945, erarbeitet vom Wehrmachtführungsstab (im folgenden: WFSt-Angaben)
- die Bearbeitungsstatistik der WASt bis zum 28. Februar 1945 (im folgenden: WASt-Zahlen).

Für das Heer sind zusätzlich vorhanden:
- die Meldungen der Gräberoffiziere von Oktober 1941 bis Juni 1943
- die Meldungen des Heeresarztes für das Feldheer bis 20. April 1945 (im folgenden IVb-Zahlen)
- die numerisch durch das Heerespersonalamt ausgewerteten namentlichen Verlustmeldungen von Heeresoffizieren bis 10. Januar 1945 (im folgenden: HPA-Angaben)
- die Truppenkrankennachweise des Feldheeres bis Oktober 1944

---

[110] Darüber hinaus gibt es außerhalb der Deutschen Dienststelle große, personenbezogene Datenbestände, die in die Arbeit einbezogen werden, siehe beispielhaft: Deutsche Dienststelle, Übersicht über die Nachweismöglichkeiten für Dienstzeiten ehemaliger Angehöriger der früheren Organisation Todt (OT) und der Transporteinheiten Todt-Speer, Deutsche Dienststelle, Handakten Kirchhoff; Absolon, Melde- und Nachrichtenwesen, S. 104.

- die Truppenkrankennachweise des Ersatzheeres bis Dezember 1944
- die Lazarettkrankennachweise bis Dezember 1944.

Die drei verschiedenen Krankennachweise bildeten die Grundlage der monatlich zusammengestellten Statistiken der Sanitätsinspektion (im folgenden: SIn-Zahlen).

Hinzu kommt eine Schätzung der Verluste des Feldheeres für den Zeitraum vom 1. Januar 1945 bis 30. April 1945, die wenige Tage nach der Kapitulation vom OKW erstellt worden war.

Für die Luftwaffe stehen zur Verfügung:
- die Verlustmeldungen der Truppe bis Februar 1945 (im folgenden: Truppenmeldungen)
- die Truppenkrankennachweise bis Juli 1944
- die Lazarettkrankennachweise bis August 1944.

Für die Marine liegen vor:
- die Verlustmeldungen der Truppe bis Januar 1945 (im folgenden: Truppenmeldungen).

Wie bereits beschrieben sind dagegen die Informationen über die anderen Organisationen wesentlich lückenhafter. Die Verluste der Waffen-SS und der Freiwilligenverbände werden zwar in einigen Wehrmachtstatistiken angegeben, jedoch immer nur als nicht separat ausgewiesener Teil der Heeresverluste, so daß eine getrennte Prüfung der Datenqualität nicht möglich ist. Für die anderen Organisationen existieren keine kontinuierlichen Zahlenreihen – und erst recht keine, die auf konkurrierenden Meldewegen beruhen.

Von daher müssen sich die folgenden Vergleiche auf die drei Wehrmachtteile beschränken. Aber auch dabei treten Probleme auf – die vorhandenen Statistiken decken verschiedene Zeiträume ab, sind partiell unterschiedlich definiert und nur unvollständig überliefert. Von daher ist es teilweise notwendig, mit Korrekturfaktoren zu arbeiten und sich auf solche Stichtage zu beschränken, für die annähernd vergleichbare Angaben vorliegen. Dabei soll versucht werden, folgende Frage zu klären. Gibt es Unterschiede in der Qualität der Daten hinsichtlich der:
- Wehrmachtteile
- Dienstgradgruppen (Offiziere vs. Unteroffiziere/Mannschaften)
- Zeitpunkte der Erfassung?

Der Umfang dieses »Programms« wird eine Reihe von Tests erfordern, wobei im wesentlichen chronologisch vorgegangen wird, um feststellen zu können, wie sich der Kriegsverlauf auf die Qualität der Daten ausgewirkt hat.

Die ersten Vergleiche beziehen sich auf die Verluste des Heeres an Toten durch Feindeinwirkung und sind einer Denkschrift der Abteilung WVW zur Zuverlässigkeit der Wehrmachtstatistik entnommen. Wenn man die Angaben in Tab. 1 betrachtet, dann ist zunächst zu berücksichtigen, daß die jeweils ersten beiden im unmittelbaren Zusammenhang mit dem Kampfgeschehen erarbeitet wurden, die Angaben der Abteilung WVW jedoch aus dem Jahr 1944 stammen und das Ergebnis jahrelanger, bis 1944 jedoch noch immer nicht abgeschlossener Nachfor-

**Tab. 1: Tote des Heeres durch Feindeinwirkung bis 1941***

| Feldzug | Alle Soldaten | | Offiziere | |
|---|---|---|---|---|
| | absolut | % | absolut | % |
| *Polenfeldzug* | | | | |
| SIn | 10 244 | 100 | 593 | 100 |
| KTB der Truppe | 14 188 | 139 | 759 | 128 |
| WVW/WED | 15 450 | 151 | 819 | 138 |
| *Westfeldzug* | | | | |
| WFSt | 26 455 | 100 | 1 253 | 100 |
| SIn | 30 267 | 114 | 1 558 | 124 |
| WVW/WED | 46 059 | 174 | 2 501 | 200 |
| *Norwegenfeldzug* | | | | |
| SIn | 274 | 100 | 13 | 100 |
| WFSt | 886 | 323 | 40 | 308 |
| WVW/WED | 1 249 | 456 | 47 | 362 |

* OKW/AWA/WVW(V), Az. 31 t 61, Nr. 245/44 gKdos vom 30.8.1944, Betr.: Statistik der Menschenverluste im Kriege, BA-MA, RH 7/v.653.

schungen sind[111]. Obwohl also eine Differenz zwischen den provisorischen Zahlen und dem Ergebnis jahrelanger Nachforschungen zu erwarten war, ist die Größenordnung dennoch überraschend hoch. Offensichtlich war die Wehrmacht nicht in der Lage, die Verluste der ersten, kurzen und – im Vergleich zum Ostfeldzug – administrativ leicht zu bewältigenden Feldzüge zu erfassen. Dies gilt erstaunlicherweise um so mehr, je kleiner die Verluste waren – wie die Angaben zur Besetzung Norwegens zeigen.

Der Vergleich in Tab. 2 ist ebenfalls im wesentlichen den Akten entnommen. Auch wenn die drei Zahlenreihen in Tab. 2 leicht unterschiedlich definiert sind – die Differenzen sind dennoch erstaunlich hoch und lassen sich nur in geringem Umfang mit den Definitionsunterschieden erklären[112].

[111] Die Denkschrift betont allerdings, daß immer noch nicht alle Verluste erfaßt seien und daher mit einer weiteren Erhöhung der Zahlen zu rechnen sei.
[112] Die Angaben der Wehrersatzdienststellen, der Sanitätsinspektion und die IVb-Zahlen beinhalten die Waffen-SS, die WASt-Angaben jedoch nicht – die quantitative Bedeutung der Waffen-SS war bis zum August 1943 jedoch noch gering. Die Zahlen der Sanitätsinspektion und die des Heeresarztes beinhalten die Nicht-Heeresangehörigen, die in Heereslazaretten ums Leben kamen, es fehlen aber die Heeresangehörigen, die in Nicht-Heeres-Lazaretten starben. Die Meldung der WASt erfaßt den Zeitraum bis 9.9.1943, während die anderen Statistiken mit dem Stichtag 31.8.1943 arbeiten. Die IVb-Zahlen beziehen sich nur auf das Feldheer, die Angaben der anderen Stellen jedoch auf das gesamte Heer.

**Tab. 2: Tote des Heeres infolge Feindeinwirkung bis 30. 8. 1943***

| Meldeweg | Alle Soldaten | | Offiziere | |
|---|---|---|---|---|
| | absolut | % | absolut | % |
| SIn | 759 620 | 100 | 23 490 | 100 |
| IVb | ca. 710 000 | 93 | ca. 25 000 | 106 |
| WASt | 809 692 | 107 | 28 937 | 123 |
| WVW/WED | 972 543 | 128 | 37 894 | 161 |

* Für die IVb-Zahlen siehe OKW/WFST/Org(Vb), Nr. 2870/43 g.K., vom 20.9.1943: Verlust-, Verbrauchs- und Bestandszahlen der Wehrmacht einschl. Waffen-SS, August 1943, BA-MA, RW 6/v.546. Darin nicht enthalten sind die Verluste vom September 1939 bis 20.6.1940. Die fehlenden Angaben (38 491 Tote, davon 1805 Offiziere) wurden übernommen aus: OKH/GenStdH/GenQu/Abteilung I, Nr. I/01339/45, g.Kdos vom 6.2.1945, Anl. I: Personelle Ausfälle des Feldheeres, BA-MA, RH 2/1355. Die Toten des Heeres, die in Lazaretten an Verwundungen gestorben waren, fehlen ebenfalls, sie sind entnommen aus: OKW/WFSt/Org(Vb) Nr. 3250/43, g.h., vom 20.10.43: Verlust-, Verbrauchs- und Bestandszahlen der Wehrmacht einschl. Waffen-SS, September 1943, BA-MA, RW 6/v.546, schätzungsweise waren dies ca. die Hälfte der Lazarett-Toten, d.h. etwa 100 000 Mann. Da die Offizierverluste nicht separat ausgewiesen sind, wurde ihr Anteil mit ca. 3500 geschätzt. Die WED- und die SIn-Zahlen sind entnommen aus: OKW/AWA/WVW(V), vom 21.8.1944, geheime Kommandosache: Ausfälle des Heeres an Toten (einschl. Waffen-SS), BA-MA, RH 7/v.653. Für die WASt-Zahlen siehe WVW/Gruppe I, Nr. 2605/43 geheim, vom 10.9.1943: Verluste der Wehrmacht (H., M., L.) nach den bei der Wast bis 9.9.1943 eingegangenen Meldungen, BA-MA, RW 6/v.549.

Auf der einen Seite ist bemerkenswert, daß die anhand der monatlichen Truppenkrankennachweise erstellten Statistiken der Sanitätsinspektion in etwa dieselben Ergebnisse erbrachten wie die 10tägigen Meldungen auf dem IVb-Weg, wenn man berücksichtigt, daß die Todesfälle im Ersatzheer, vor allem in den Lazaretten, fehlen. Auf der anderen Seite muß es überraschen festzustellen, daß der langsame, namentliche Meldeweg an die WASt sogar marginal höhere Verluste ausweist als der schnelle, numerische IVb-Meldeweg. Die beiden namentlichen Meldewege über die WASt bzw. WED/WVW divergieren ebenfalls – auf den ersten Blick sogar in erstaunlichem Umfang. Hier ist allerdings zu berücksichtigen, daß die Meldung der WASt bereits am 10. September 1943 erstattet worden war, während die Angaben der Wehrersatzdienststellen einem Schriftstück vom August 1944 entnommen sind und daher einen späteren Bearbeitungsstand repräsentieren. Von daher macht die Differenz zwischen diesen beiden Angaben vor allem deutlich, in welch großem Umfang auch im – noch relativ normalen – Jahr 1943 Meldungen um Monate verspätet eintrafen.

Unabhängig von diesen methodologischen Überlegungen haben die Aussagen in Tab. 2 aber auch noch eine ganz praktische Bedeutung. Die Differenz von ca. 260 000 zwischen den IVb-Zahlen des Heeresarztes und den Angaben der

Wehrersatzdienststellen bedeutet, daß bis Ende August 1943 ca. 260 000 Soldaten – der Personalbestand von fast drei Armeen – mehr ums Leben gekommen oder vermißt waren, als man im September 1943 angenommen hatte. Dieses Ergebnis wiegt um so schwerer, als es im August noch diese IVb-Zahlen waren, die als Grundlage von Führungsentscheidungen dienten.

Wenn schon die Gesamtverluste nicht exakt registriert wurden, wäre doch zu erwarten gewesen, daß die Angaben zu den Offizierverlusten weniger stark streuen – schließlich wurde in diesen Fällen auch auf den Personal-Meldewegen namentlich gemeldet. Der erste Anschein legt jedoch die Vermutung nahe, daß dies nicht der Fall war – im folgenden sollen daher die Meldungen über Offizierverluste getrennt nach den drei Wehrmachtteilen näher verglichen werden.

Zunächst zu den Heeresoffizieren, die in Tab. 3 erfaßt sind:

**Tab. 3: Verluste an Heeresoffizieren bis 30. 6. 1944\***

| Meldeweg | Tote absolut | Vermißte absolut | Summe** absolut | % |
|---|---|---|---|---|
| WASt | 42 096 | 9 749 | 51 845 | 100 |
| IVb | 33 897 | 18 563 | 52 460 | 101 |
| HPA | 46 374 | 7 949 | 54 323 | 105 |
| WVW/WED | 51 077 | 10 860 | 61 937 | 119 |

\* Zu den WASt-Zahlen siehe WVW/Gruppe 1, Nr. 1421/44 geheim, vom 30.6.1944: Verluste der Wehrmacht (H., M., L.) nach den bei der Wast bis 29.6.44 eingegangenen Meldungen, BA-MA, RW 6/v.549. Zu den IVb-Zahlen siehe Der Heeresarzt im OKH, Nr. I/04621/44 g.K., vom 4.7.1944: Personelle blutige Verluste vom 22.6.1941 bis 30.6.1944, BA-MA, RH 2/1355, darin nicht enthalten sind die 1804 gestorbenen Offiziere im Zeitraum 1.9.1939—21.6.1941, siehe OKH/GenStdH/GenQu/Abteilung I, Nr. I/01339/45 g.Kdos, vom 6.2.1945, Anl. I: Personelle Ausfälle des Feldheeres, BA-MA, RH 2/1355; es fehlen ebenfalls die Lazarett-Todesfälle, diese Angaben (4673 Todesfälle) wurden übernommen aus der Statistik des Wehrmachtführungsstabes, siehe OKW/WFSt/Org (Vb), Nr. 2470/44 g.K., vom 21.7.1944; Verlust-, Verbrauchs- und Bestandszahlen der Wehrmacht einschl. Waffen-SS, Juni 1944, BA-MA, RW 6/v.547.
Zu den HPA-Zahlen siehe OKW/AWA/WVW (V) vom 22.8.44: Ausfälle an Offizieren (Heer) (ohne Waffen-SS) an Toten, Vermißten und Kriegsgefangenen nach H.P.A., BA-MA, RH 7/v.653.
Zu den WVW/WED-Zahlen siehe OKW/AWA/WVW (V) vom 22.8.44: Ausfälle an Offizieren (Heer) (ohne Waffen-SS) an Toten, Vermißten und Kriegsgefangenen nach Wehrersatzdienststellen, BA-MA, RH 7/v.653.

\*\* Im folgenden beinhaltet die Kategorie »Vermißt« immer auch die Kriegsgefangenen. In der Regel wird darauf verzichtet, die Kategorien »Tote« und »Vermißte« getrennt zu vergleichen, weil die Übergänge zwischen diesen beiden Kategorien in der Praxis fließend waren – wer von der einen Stelle als vermißt betrachtet wurde, war bei einer anderen bereits als tot bekannt. Für die Beurteilung der personellen Lage war jedoch entscheidend, daß beide Gruppen endgültig nicht mehr zur Verfügung standen.

Auch wenn hier wieder einige Abgrenzungsprobleme zu beachten sind, ergibt Tab. 3 doch drei wesentliche Resultate[113]:
- Zunächst einmal fällt auf, daß die Ergebnisse enger zusammen liegen als bei den vorherigen Vergleichen – dies mag das Ergebnis der jahrelangen Bemühungen sein, die Zuverlässigkeit der Meldungen zu erhöhen.
- Die WASt wies – obwohl sie die Verluste der Waffen-SS nicht berücksichtigte und die Meldungen bei ihr mit monatelanger Verzögerung eintrafen – genauso viele Offizierverluste aus, wie die Ärzte auf dem IVb-Meldeweg einschließlich der Waffen-SS gemeldet hatten. Wenn die Angaben des IVb-Meldewegs dennoch nicht höher liegen, dann zeigt sich daran, wie lückenhaft dieser Meldeweg war.
- Die Angaben der WASt liegen deutlich unter denen des Heerespersonalamtes und der Wehrersatzdienststellen. Hier dürften sich die Auswirkungen der Verlagerung der WASt nach Thüringen, der verlegungsbedingten Personalreduzierung und die zunehmenden Kommunikationsprobleme zeigen, die gerade die Stellen besonders treffen mußte, die sich – wie die WASt am Ende der Informationskette befanden.

Aber ganz abgesehen von den methodologischen Überlegungen – was bedeuten die obigen Angaben für die Realität? Bis Ende Juni 1944 waren demnach bereits ca. 10 000 Offiziere – der gesamte Offizierbestand von ca. 20 Divisionen – mehr vermißt oder gestorben als es die Zahlen des Heeresarztes annehmen ließen, ganz zu schweigen von den Fällen, die auch bei den Wehrersatzdiensten noch nicht registriert waren[114].

Ein ähnlicher Vergleich wie der für das Heer ist für die Luftwaffenoffiziere zum 30. August 1944 möglich (siehe Tab. 4).

Einerseits erfüllt sich die Erwartung nicht, Offizierverluste seien genauer registriert – die Spannweite der Ergebnisse ist erheblich. Andererseits ergibt sich ein immer wieder auftretendes Muster – die Truppenmeldungen sind die niedrigsten und unter den namentlichen Meldewegen erbringt derjenige über die Wehrersatzdienststellen die höchsten Angaben.

Zum Abschluß ein Vergleich für die Offiziere der Marine zum 31. Dezember 1944 in Tab. 5.

In diesem Fall ist die Streuung sogar noch größer, es handelt sich um die größte, bisher festgestellte. Diesmal sind es jedoch nicht die numerischen Truppenmeldungen, sondern die Angaben der WASt, die mit Abstand die niedrigsten

---

[113] Die IVb-Zahlen beinhalten die Waffen-SS, die anderen Angaben jedoch nicht. Die Lazarett-Todesfälle innerhalb der IVb-Zahlen beinhalten die Nicht-Heeresangehörigen, die in Heereslazaretten ums Leben kamen, es fehlen aber die Heeresangehörigen, die in Nicht-Heeres-Lazaretten starben. Die IVb-Zahlen beziehen sich auf das Feldheer, die der anderen Stellen jedoch auf das gesamte Heer.

[114] Eine Besonderheit ist allerdings festzustellen – ein Teil des Unterschiedes ist auf eine erhebliche Differenz bei den Vermißten im Mai 1943, d.h. möglicherweise auf einen Erfassungs- oder Übertragungsfehler, zurückzuführen.

**Tab. 4: Verluste an Luftwaffenoffizieren bis 30. 8. 1944\***

| Meldeweg | Tote absolut | Vermißte absolut | Summe absolut | % |
|---|---|---|---|---|
| WFSt | 7 743 | 4 016 | 11 759 | 100 |
| Truppenmeldungen | 7 792 | 4 016 | 11 808 | 100 |
| WASt | 7 999 | 4 534 | 12 511 | 106 |
| LPA | 8 099 | 5 815 | 13 914 | 118 |
| WVW/WED | 9 325 | 6 899 | 16 224 | 138 |

\* Die WFSt-Zahlen sind entnommen aus: OKW/WFSt/Org(Vb), Nr. 2470/44 g.K., vom 21.7.1944: Verlust-, Verbrauchs- und Bestandszahlen der Wehrmacht einschl. Waffen-SS, Juni 1944, BA-MA, RW 6/v.547, diese Angaben beziehen sich allerdings nur auf den Zeitraum 1.6.1941—30.6.1944. Für die Truppenmeldungen siehe OKL/Gen.Qu.6.Abt Nr. 9054/44 g.Kdos, vom 12.9.44, Monatmeldung August 1944, BA-MA, RW 6/v.579. Da diese Meldung die Todesfälle in Lazaretten und die vor dem 22.6.1941 nicht enthält, wurden die Lazarett-Todesfälle aus der Statistik des Wehrmachtführungsstabes und die Todesfälle für den Zeitraum vor dem 22.6.1941 aus der Statistik des Luftwaffenpersonalamtes übernommen.
Die WASt-Zahlen sind entnommen aus: WVW/Gruppe I, Nr. 1822/44 geheim, vom 30.8.1944: Verluste der Wehrmacht (H., M., L.) nach den bei der Wast bis 29.8.44 eingegangenen Meldungen, BA-MA, RW 6/v.550; für die LPA-Zahlen siehe L.P.Chef-Abt. III, vom 21.9.1944: Übersicht der Offizier-Verluste der Luftwaffe, Stand 31.8.1944, BA-MA, RW 6/v.538; zu den WVW/WED-Zahlen siehe OKW/AWA/WVW(V), g.Kdos: Gesamtausfälle der Wehrmacht nach dem Stand vom 31.12.44, BA-MA, RM 7/808.

Werte aufweisen – was sich nur mit einer besonders schlechten Kommunikation zwischen der WASt und den Marinedienststellen erklären läßt. Gleichzeitig ergeben hier erstmals die Truppenmeldungen die höchsten Verlustzahlen – das Meldewesen der Marine scheint deutlich anders funktioniert zu haben als die Systeme der beiden anderen Wehrmachtteile. Doch auch wenn man einmal von den WASt-Zahlen absieht und die Angaben des Wehrmachtführungsstabes gleich 100 Prozent setzt, dann beträgt die Spannweite immer noch 30 Prozent. Mit anderen Worten, es waren ca. 1300 Marineoffiziere mehr gefallen oder vermißt, als der Wehrmachtführungsstab zu diesem Zeitpunkt annahm – wiederum abgesehen von den Fällen, die noch nicht registriert waren.

Zum Abschluß soll noch einmal zu dem spätestmöglichen Zeitpunkt geprüft werden, wie sich die Angaben zu den Gesamtverlusten – d.h. Offiziere, Unteroffiziere und Mannschaften – bei den drei Wehrmachtteilen entwickeln. Für das Heer (siehe Tab. 6) und die Luftwaffe (siehe Tab. 7) ist der letztmögliche Vergleichszeitpunkt der 31. Januar 1945, für die Marine (siehe Tab. 8) der 31. Dezember 1944.

Was das Spektrum der Werte angeht, streuen die Angaben wieder ähnlich breit wie bei den bisherigen Vergleichen zu den Gesamtverlusten (Tab. 2 und 3). Ein bemerkenswerter Wandel ist allerdings festzustellen: Nicht mehr die IVb-Zahlen,

**Tab. 5: Verluste an Marineoffizieren bis 30. 12. 1944\***

| Meldeweg | Tote absolut | Vermißte absolut | Summe absolut | % (Basis WASt) | %** (Basis WFSt) |
|---|---|---|---|---|---|
| WASt | 2 080 | 944 | 3 024 | 100 | 69 |
| WFSt | ca. 3 225 | ca. 1 975 | ca. 4 500 | 149 | 100 |
| WVW/WED | 3 336 | 2 174 | 5 510 | 182 | 122 |
| Truppen-meldungen | 3 227 | 2 620 | 5 847 | 193 | 130 |

\* Zu den WASt-Zahlen: WVW/Gruppe I, Az. 27/45, geheim: Verluste der Wehrmacht (H., M., L.) nach den bei der Wast bis 29.12.44 eingegangenen Meldungen, BA-MA, RW 6/v.550; WFSt-Zahlen: OKW/WFSt/Org(Vb), Nr. 160/45, g.K., vom 21.1.1945: Verlust-, Verbrauchs- und Bestandszahlen der Wehrmacht einschl. Waffen-SS, Dezember 1944, BA-MA, RW 6/v.548. Da in dieser Statistik die Verluste des Zeitraums September 1939 bis Mai 1941 nicht enthalten sind, wurde unter Zugrundelegung der WVW-Zahlen geschätzt 400 Todesfälle und 100 Vermißtfälle addiert; Truppenmeldungen: Anl. 2 zu MWehr Nr. 5798/44, g.Kdos: Hauptzusammenstellung nach Kalenderjahren von 1939 bis einschl. November 1944 sowie Nachmeldungen, BA-MA, RW 6/v.582. Da in diesen Angaben die Lazarett-Todesfälle nicht enthalten sind, wurden diese Zahlen aus der WFSt-Statistik übernommen; WVW/WED-Zahlen: OKW/AWA/WVW(V), g.Kos: Gesamtausfälle der Wehrmacht (nach dem Stand vom 31.12.44), BA-MA, RM 7/808.
\*\* Gesamtverluste in Prozent auf der Basis WFSt = 100 Prozent.

sondern die WASt-Angaben sind die niedrigsten. Hier dürften sich die Negativ-Faktoren – Verlagerung, Personalreduzierung und Kommunikationsprobleme – ausgewirkt haben, deren Auswirkungen bereits beim Vergleich der Offizierverluste festzustellen waren[115].

Die Angaben des Wehrmachtführungsstabes beruhen im wesentlichen auf den Zahlen der Abteilung WVW und damit auch den Wehrersatzdienststellen – sie sind wieder einmal die höchsten. Interessant ist ein Vergleich der Heeresverluste im Zeitablauf. Im August 1943 hatte die Differenz zwischen den Gesamtverlusten laut Heeresarzt und denen laut Wehrersatzdienststellen bei ca. 260 000 Mann gelegen (Tabelle 3), nun sind es bereits ca. 400 000 Mann.

Diese Feststellung ist nicht nur von methodologischem Interesse, sie hat auch eine erheblich praktische Bedeutung, zeigt sie doch, daß zum Jahreswechsel 1944/45 im Heer ca. 400 000 Soldaten – d.h. das Personal von ca. vier Armeen – fehlten, von deren Anwesenheit nach den Angaben des Heeresarztes noch aus-

---

[115] Deutlich wird dies daran, daß die WASt mehr Tote registriert hatte als die anderen Stellen, jedoch nur halb so viele Vermißte. Es sei daran erinnert, daß die WASt so mit Arbeit überlastet war, daß ihr Leiter meldete, »sie drohe, an der Arbeit zu ersticken« und später anordnete, nur noch Todesfälle zu bearbeiten, siehe Kap. 2.2.1.3.

## Tab. 6: Verluste des Heeres bis 31. 1. 1945*

| Meldeweg | Tote absolut | Vermißte absolut | Summe absolut | % |
|---|---|---|---|---|
| WASt | 1 525 247 | 853 681 | 2 378 928 | 100 |
| IVb | 1 081 792 | 1 780 689 | 3 022 718 | 127 |
| WFSt | 1 782 798 | 1 646 316 | 3 429 114 | 144 |

\* Zu den WASt-Zahlen siehe WVW/Gruppe I, Nr. 248/45, geheim, vom 1.2.45: Verluste der Wehrmacht (H., M., L.) nach den bei der W.A.St bis 31.1.45 eingegangenen Meldungen, BA-MA, RW 6/v.550; zu den IVb-Zahlen siehe OKH/GenStdH/GenQu/Abteilung I, Nr. I/01339/45 g.Kdos, vom 6.2.1945: Personelle Ausfälle des Feldheeres, BA-MA, RH 2/1355. Da in den IVb-Meldungen die Todesfälle in den Lazaretten nicht enthalten sind, wurden diese Angaben aus der Statistik des Wehrmachtführungsstabes übernommen; zu den WFSt-Zahlen siehe OKW/WFSt/Org(Vb), Nr. 743/45 g.K., vom 14.3.1945: Verlust-, Verbrauchs- und Bestandszahlen der Wehrmacht einschl. Waffen-SS, Januar 1945, BA-MA, RM 7/810.

zugehen war. Für Führungsentscheidungen hatte diese Differenz aber inzwischen nicht mehr dieselbe Bedeutung wie noch 1943, denn nun waren die höheren Verlustangaben der Wehrersatzdienststellen in der wohl wichtigsten Entscheidungsgrundlage, der monatlichen Statistik des Wehrmachtführungsstabs, enthalten.

Die entsprechenden Angaben für die Luftwaffe ergeben sich aus Tab. 7.

Wenn auch die Werte nicht ganz so breit streuen wie beim Heer, so sind doch prinzipiell dieselben Effekte festzustellen.

Bei der Marine zeigt sich ein überraschendes Bild (siehe Tab. 8).

Die Statistik der Abteilung Wehrmachtverlustwesen weist für die Vermißten der Marine Werte aus, die so hoch sind, daß Gesamtverluste bei 230 Prozent der WASt-Werte ausgewiesen werden – die höchste festgestellte Differenz in allen Vergleichen. Geht man jedoch der Frage nach, wie dieses Ergebnis zustande kommt, so zeigt sich, daß die Abteilung WVW noch im November 1944 für das fünfte Kriegsjahr 19 845 Vermißte und Kriegsgefangene, davon 1120 Offiziere, auswies, einen Monat später waren für denselben Zeitraum 86 351 Soldaten, davon 1194 Offiziere, als vermißt gemeldet[116]. Der moderate Anstieg der Offiziervermißtenzahlen und die exorbitante Zunahme der Gesamtverluste lassen sich nur als Fehler erklären. Nimmt man nur einen einfachen Übertragungsirrtum an, so könnten die Verluste bei 26 351 gelegen haben – in der obigen Tabelle ist dies als korrigierter Wert ausgewiesen. Anders als in ähnlichen Fällen wurde der Fehler weder beanstandet noch korrigiert. Vorläufig muß daher die Frage offen bleiben,

---

[116] OKW/AWA/WVW(V), g.Kdos, Gesamtausfälle der Wehrmacht (nach dem Stand vom 30.11.44), BA-MA, RH 2/1355.

Tab. 7: **Verluste der Luftwaffe bis 31. 1. 1945***

| Meldeweg | Tote absolut | Vermißte absolut | Summe absolut | % |
|---|---|---|---|---|
| WASt | 144 984 | 92 158 | 237 142 | 100 |
| Truppenmeldungen | 134 976 | 157 626 | 292 311 | 123 |
| WFSt | 158 572 | 156 132 | 314 704 | 133 |

* Zu den WASt-Zahlen siehe WVW/Gruppe I, Nr. 248/45, geheim, vom 1.2.45: Verluste der Wehrmacht (H., M., L.) nach den bei der W.A.St bis 31.1.45 eingegangenen Meldungen, BA-MA, RW 6/v.550; zu den Truppenmeldungen siehe OKL.Gen.Qu.(6.Abt.V), Nr. 1387/45, g.Kdos: Monatsmeldung Januar 1945, BA-MA, RW 6/v.579. Da die Lazarett-Toten in den Truppenmeldungen nicht enthalten sind, wurden diese Angaben aus der Statistik des Wehrmachtführungsstabes übernommen; zu den WFSt-Zahlen siehe OKW/WFSt/Org(Vb), Nr. 743/45 g.K., vom 14.3.1945: Verlust-, Verbrauchs- und Bestandszahlen der Wehrmacht einschl. Waffen-SS, Januar 1945, BA-MA, RM 7/810.


Tab. 8: **Verluste der Marine bis 31.12.1944***

| Meldeweg | Tote absolut | Vermißte absolut | Summe absolut | % (Basis WASt) | % (Basis WFSt) |
|---|---|---|---|---|---|
| WASt | 41 401 | 28 286 | 69 687 | 100 | 77 |
| WFSt | ca. 53 000 | ca. 37 000 | ca. 90 000 | 129 | 100 |
| Truppenmeldungen | 55 373 | 41 474 | 96 847 | 139 | 106 |
| WVW/WED | 60 029 | 100 256 | 160 285 | 230 | 178 |
| (Korrigiert) | 60 029 | (40 256) | (100 285) | (144) | (111) |

* Zu den WASt-Zahlen: WVW/Gruppe I, Az 27/45, geheim: Verluste der Wehrmacht (H., M., L.) nach den bei der Wast bis 29.12.44 eingegangenen Meldungen, BA-MA, RW 6/v.550; WFSt-Zahlen: OKW/WFSt/Org(Vb), Nr. 160/45 g.K., vom 21.1.1945: Verlust-, Verbrauchs- und Bestandszahlen der Wehrmacht einschl. Waffen-SS, Dezember 1944, BA-MA, RW 6/v.548. Da in dieser Statistik die Verluste des Zeitraums September 1939 bis Mai 1941 nicht enthalten sind, wurde unter Zugrundelegung der WVW-Zahlen geschätzt 8000 Todesfälle und 2400 Vermißtfälle addiert; Truppenmeldungen: Anl. 2 zu MWehr, Nr. 5798/44, g.Kdos. Hauptzusammenstellung nach Kalenderjahren von 1939 bis einschl. November 1944 sowie Nachmeldungen, BA-MA, RW 6/v.582. Da in diesen Angaben die Lazarett-Todesfälle nicht enthalten sind, wurden diese Zahlen aus der WFSt-Statistik übernommen; WVW/WED-Zahlen: OKW/AWA/WVW(V) g.Kdos, Gesamtausfälle der Wehrmacht (nach dem Stand vom 31.12.44), BA-MA, RM 7/808.

ob er in den Wirren des Zusammenbruchs keine Rolle mehr gespielt hat oder ob die hinter den Zahlen stehende Realität – 60 000 vermutlich tote Soldaten – unbedeutend war[117].

Ähnlich wie bei den Angaben zu den Marineoffizieren zeigt sich auch bei den Gesamtverlusten der Marine eine Streuung, die bei den anderen Wehrmachtteilen so nicht festzustellen ist. Erst wenn man von der offensichtlich schlecht informierten WASt absieht, und die korrigierten Werte für den Meldeweg über die Wehrersatzdienststellen zugrunde legt, kommt man zu Ergebnissen, die, verglichen mit den in den anderen Tabellen ausgewiesenen Werten, relativ eng beieinanderliegen.

Wenn man nun versucht, anhand der vorliegenden Beispiele die Qualität der Meldewege zu vergleichen, so geschieht dies natürlich mit Vorbehalten – in vielen Fällen war es doch nötig gewesen, zu Schätzungen zu greifen, Definitionsunterschiede ließen sich nicht immer eliminieren. Trotzdem lassen sich einige Schlüsse ziehen:

Zunächst zur chronologischen Entwicklung:
- Die Diskrepanzen sind besonders groß in den ersten Jahren und in der Phase des Zusammenbruchs. Erstaunlicherweise sind sie in den ersten Jahren um so größer, je »kleiner« die militärische Operation ist. Vermutlich handelt es sich um das Ergebnis ungenügender Erfahrung und mangelhafter Sorgfalt, die in den folgenden Jahren immer wieder moniert worden war. Die wieder zunehmenden Diskrepanzen seit Ende 1944 lassen sich dagegen nur als Folgen des Zusammenbruchs erklären.
- So unvollständig die Meldungen ab Ende 1944 auch waren, für die Endphase des Krieges liegen – abgesehen von der WASt-Arbeitsstatistik bis 28. Februar 1945 und den nur noch rudimentären Heeresarztmeldungen bis 20. April 1945 – keinerlei numerische Meldungen vor. Diese Lücke kann auch nicht durch die Schätzung des OKW vom 10. Mai 1945 geschlossen werden, die lediglich die unzulänglich erfaßten Verluste des zweiten Halbjahres 1944 auf die letzten Kriegsmonate umrechnet.

Zur Vollständigkeit der Erfassung:
- Weitestgehend ungeklärt ist in den Statistiken aus der Kriegszeit das Schicksal der Vermißten, die in etwa die Hälfte der Gesamtverluste ausmachten. Natürlich konnte damals niemand wissen, wie viele von ihnen lebend nach Hause kommen würden.
- Eng damit verbunden sind die Verluste unter den Kriegsgefangenen nach Kriegsende, die ebenfalls keine Statistik berücksichtigen konnte.

---

[117] Am 22.1.1945 fragt OKW/WFSt beim HPA, wieso dort der Offizierbestand mit ca. 290 000 Mann angegeben wird, obwohl Feld- und Ersatzheer nur eine Ist-Stärke von 120 000 Offizieren – d.h. nur ca. 40 Prozent – melden, siehe OKW/WFSt/OrgII(2) Nr. 202/45 gKdos, an HPA/1.Zentr.Abt.III vom 22.1.1945, Betr.: Iststärkezahlen, BA-MA, RH 17/H6/265.

Was die Erfassung der verschiedenen Personengruppen angeht, so zeigt sich folgendes:
- Offizierverluste sind kaum zuverlässiger registriert als die von Mannschaften und Unteroffizieren. Zwischen den Wehrmachtteilen ergibt sich ein uneinheitliches Bild. Teilstreitkraftspezifische Besonderheiten der Meldewege, aber auch das unterschiedliche Ausmaß der Beteiligung am Ostfeldzug in seinem chaotischen Verlauf, kommen hier als Erklärung in Betracht.

Von besonderer Bedeutung für die vorliegende Arbeit ist allerdings der unmittelbare Vergleich der Meldewege:
- Die verschiedenen Meldungen waren unterschiedlich definiert, vor allem die Unterscheidung zwischen Heeresverbänden, Waffen-SS-Einheiten und Luftwaffenfelddivisionen bleibt oft unklar[118].
- Leicht wird übersehen, daß z.B. eine vom 10. Oktober 1944 datierte Statistik, die die Verluste bis 30. September 1944 ausweist, tatsächlich nicht die bis dahin eingetretenen Verluste angibt, sondern lediglich diejenigen Fälle, die der die Statistik herausgebenden Stelle bis dahin bekannt geworden sind. Die Zeitverzögerungen zwischen Eintritt eines Ereignisses, der Meldung und deren Eintreffen beim Empfänger war bei den numerischen Meldungen relativ kurz, bei den namentlichen betrug er nach Einschätzung der Abteilung Wehrmachtverlustwesen vier bis fünf Monate[119]. Wenn man bedenkt daß die letzte vorliegende Statistik auf der Basis der namentlichen Meldungen über die Wehrersatzdienststellen den Stand vom 31. Dezember 1944 aufweist, dann bedeutet dies, daß die Verluste u.a. der Rückzugskämpfe seit der Invasion im Westen und des Zusammenbruchs der Heeresgruppe Mitte bzw. der Heeresgruppe Südukraine im Osten nur unvollständig erfaßt sind.
- Die Zeitverzögerung war bei numerischen Meldungen zwar geringer als bei namentlichen, mit fortschreitender Auflösung der Wehrmacht wurden jedoch auch diese Meldungen immer unvollständiger. So weist die letzte monatliche Verluststatistik des Wehrmachtführungsstabes mit Stand Ende Januar 1945 explizit folgende Lücken aus:
    – Die Verluste des Heeres an der Ostfront im Januar 1945 (der quantitativ wichtigste Einzelposten der Verluststatistik des Monats Januar 1945 für alle Wehrmachtteile) waren unvollständig.
    – Die Verluste der Marine im Januar 1945 fehlen vollständig.
    – Die Angaben der Luftwaffe über nicht-gefechtsbedingte Todesfälle (Unfälle, Krankheiten etc.) im Januar 1945 waren unvollständig[120].

---

[118] Personelle Verluste, DRK-Suchdienst, S. 6; Vopersal, Auskunftstelle, S. 11.
[119] OKW/AWA/WVW(V), Az. 31 t 61, Nr. 245/44 gKdos, vom 30.8.1944, Betr.: Statistik der Menschenverluste im Kriege, BA-MA, RH 7/v.653.
[120] OKW/WFSt/Org(Vb), Nr. 743/45 g.K., vom 14.3.1945: Verlust-, Verbrauchs- und Bestandszahlen der Wehrmacht einschl. Waffen-SS, Januar 1945, BA-MA, RM 7/810 D; siehe hierzu auch Schramm, Bestand und Verluste, S. 13 – 26; KTB-OKW, S. 1508 – 1524.

- Bis Mitte 1944 liegen die Angaben der WASt und die Ergebnisse des IVb-Meldeweges in vergleichbaren Größenordnungen. Dies ändert sich erst Ende 1944. Die WASt-Angaben sind von nun an die niedrigsten, vermutlich wegen der verschlechterten Arbeitsbedingungen seit der Verlagerung und der kriegsbedingten Kommunikationsprobleme.
- Die Angaben der Truppenmeldewege – vor allem die IVb-Zahlen des Heeresarztes –, die bis April 1944 die wesentliche Grundlage für Führungsentscheidungen bildeten, liegen um ca. 20 Prozent, mitunter sogar in noch größerem Ausmaß, unter den Meldungen, die über die Wehrersatzdienststellen erfolgen – sie unterschätzen die tatsächlichen Verluste also erheblich[121].
- Die numerischen Auswertungen der namentlichen Meldungen ergeben generell höhere Verlustangaben als die numerischen Truppenmeldewege – und dies obwohl der numerische Meldeweg wesentlich schneller war. Dies gilt insbesondere für die numerische Auswertung des Meldewegs über die Wehrersatzdienststellen, in zweiter Linie auch für die Meldungen der Offizier-Personalabteilungen. Daß die namentlichen Meldewege zu demselben Stichtag höhere Ergebnisse erbrachten als die numerischen, obwohl sie längere Laufzeiten aufwiesen, ist ein deutliches Indiz dafür, daß die tatsächliche Zahl der Verluste noch höher lag. Diese Feststellung gilt allerdings nur für das Heer und die Luftwaffe, während die Ergebnisse zur Marine das bei weitem breiteste Spektrum ohne einheitliche Tendenz aufweisen, was sich nur teilweise auf den schlechten Informationsstand der WASt zurückführen läßt.

Als Ergebnis des Vergleichs bleibt festzuhalten, daß Wehrmachtverluststatistiken die tatsächlichen Verluste nicht erfaßten, wobei die verschiedenen Meldewege die Realität in unterschiedlichem Ausmaß abbildeten. Damit stellt sich die Frage, wie diese Diskrepanzen von den Zeitgenossen beurteilt wurden. Daß die Verlustmeldungen der ersten Feldzüge unvollständig waren, wußten die damit befaßten Fachleute – allein die zahlreichen Mahnungen und Beanstandungen sprechen eine deutliche Sprache. Daß die Ergebnisse der verschiedenen Meldewege voneinander erheblich abwichen, war ihnen selbstverständlich ebenfalls bewußt – einige der angeführten Vergleiche stammen ja aus den Akten dieser Fachleute. Um nur ein Beispiel zu nennen: Im September 1944 wandte sich der Chef des Luftwaffensanitätswesens an die Abteilung Wehrmachtverlustwesen wegen der Unstimmigkeiten im Meldewesen. Auch wenn einige Differenzen erklärt werden konnten, lautete dennoch der Abschlußsatz des Schreibens: »Im Vergleich mit den WED-Zahlen bestehen dann allerdings auch noch große Unterschiede, für die eine

---

[121] Bereits unmittelbar nach Kriegsende schätzte Müller-Hillebrand die Differenz auf ca. 10 Prozent, siehe Müller-Hillebrand, Statistic systems, S. 55, 60 und 136; Zweifel an der Zuverlässigkeit, vor allem des IVb-Meldeweges, finden sich auch bei Grigoleit, Vorstellungen, S. 9; Stang, Zahlenmaterial, S. 426; Study, German Manpower, Chapt. 16, S. 3 f.; Woche, Bilanz, S. 32 f.

andere als die oben ausgeführte Begründung nicht gegeben werden kann[122].« Auch die Schaffung der Abteilung Wehrmachtverlustwesen ist als ein Ausdruck des Bedürfnisses nach zuverlässigen Verlustangaben zu sehen. Die notwendigen organisatorischen Änderungen konnten jedoch von den Fachleuten nicht kraft eigener Autorität durchgeführt werden, sie mußten von der militärischen Führung befohlen werden. Es hat zwar in den wenigen vorhanden Akten kaum einen Niederschlag gefunden, aber es muß den Fachleuten gelungen sein, die Entscheidungsträger von der mangelnden Funktionsfähigkeit des Systems und der Notwendigkeit von Änderungen zu überzeugen. Denn nur diese konnten den Ausbau des Erfassungssystems anordnen, wie er dann 1941 und 1942 stattgefunden hat[123]. Und trotzdem – zuverlässig waren die Wehrmachtverluststatistiken nie. Partiell deutlich wird die Berechtigung dieser Feststellung, wenn Müller-Hillebrand nach Kriegsende schreibt: »Es ist zweifelhaft, ob die Kriegsverluste je exakt ermittelt werden können[124].«

Doch was folgt aus dieser Feststellung für die vorliegende Arbeit? Bedeutet dies, daß aus Wehrmachtunterlagen keine ausreichenden Informationen gewonnen werden können, weil sie eben unvollständig sind? Nein, dieser Schluß wäre falsch. Es hat sich lediglich gezeigt, daß die Verluststatistiken der Wehrmacht, ob sie nun auf den numerischen Meldungen oder auf quantitativen Auswertungen namentlicher Meldungen beruhen, unvollständig sind. Gleichzeitig ergab sich aber auch, daß schon in der Kriegszeit der Grad an Vollständigkeit bei den namentlichen Meldungen im allgemeinen nicht geringer als bei den numerischen war – und dies obwohl gegen Kriegsende Millionen unbearbeiteter Meldungen bei der WASt und den anderen Organisationen vorlagen. Während aber die Wehrmachtmeldestrukturen mit Kriegsende zerschlagen waren und somit keine Mög-

---

[122] OKL/Chef des Sanitätswesens, Az. 49.s.1618 Nr. 811/44 g.Kdos. 2IIIB, vom 30.9.1944, Betr.: Statistik der Menschenverluste im Kriege, BA-MA, RW 6/v.579. Ein weiteres Beispiel: Am 22.1.1945 fragt OKW/WFSt beim HPA, wieso dort der Offizierbestand mit ca. 290 000 Mann angegeben wird, obwohl Feld- und Ersatzheer nur eine Ist-Stärke von 120 000 Offizieren – d.h. nur ca. 40 Prozent – melden, siehe OKW/WFSt/OrgII(2) Nr. 202/45 gKdos, an HPA/1.Zentr.Abt.III vom 22.1.1945, Betr.: Iststärkezahlen, BA-MA, RH 17/H6/265; Interview de Maizière.

[123] In diesem Zusammenhang sei daran erinnert, daß allein die WASt in Berlin ca. 4000 Mitarbeiter beschäftigte; siehe auch OKW/AWA/WVW, Az. 31 t 61, Nr. 2175/42, vom 10.4.1942, Betr.: Statistik der Wehrmachtverluste, BA-MA, RW 6/v.182.

[124] Müller-Hillebrand, Statistic systems, S. 66 und 103 f.; Böhme, Gesucht, S. 15 f. Auch wenn damit der Wert der Wehrmachtzahlen nicht allzu hoch eingeschätzt wird, der Vorwurf von DDR-Autoren, die Angaben seien manipuliert, trifft sicher nicht zu. In den Akten findet sich nicht der geringste Hinweis in diese Richtung – und die Intensität der Bemühungen, das statistische System zu verbessern, wäre nicht verständlich, wenn die Endergebnisse dann doch manipuliert worden wären, siehe Stang, Zahlenmaterial, S. 424 f.; siehe hierzu auch KTB-OKW, S. 1508; Anzeige, Landesarbeitsgemeinschaften, S. 1; Personelle Verluste, DRK-Suchdienst, S. 11; Pšimanoviskij, Novye dokumenty, S. 60; Urlanis, Bilanz, S. 181.

lichkeit mehr bestand, die numerischen Verluststatistiken zu korrigieren, gilt dies für die namentlichen Auswertungen nicht. Die unbearbeiteten Meldungen konnten nach dem Krieg registriert und durch neue Informationen ergänzt werden. Von daher läßt die Feststellung, daß auch die Statistiken auf der Basis namentlicher Meldungen in der Kriegszeit lückenhaft sind, keineswegs den Schluß zu, die namentlichen Meldungen seien unvollständig geblieben und daher heute unbrauchbar. Im Gegenteil stellten sie bereits gegen Kriegsende eine beachtlich umfangreiche und ausbaufähige, weil durch neue Informationen ergänzbare Datenbasis dar. Was in der Nachkriegszeit auf diesem Gebiet unternommen wurde, soll im folgenden Kapitel aufgezeigt werden.

## 2.3 Schicksalsklärung nach Kriegsende

Mit Kriegsende veränderte sich die Situation aller an der Schicksalsklärung beteiligten Organisationen radikal. Am deutlichsten wird dies, wenn man das Beispiel des Ersten Weltkrieges zum Vergleich heranzieht. 1918/19 hatten sich die Einheiten geordnet aus den Kampfgebieten zurückziehen können. Innerhalb funktionierender Verwaltungsstrukturen hatten sie in der Heimat Gelegenheit gehabt, im Rahmen der Demobilmachung alle Verlustfälle administrativ abzuschließen. Zwar hatte es auch nach dem Ersten Weltkrieg Vermißtenfälle gegeben, dabei hatte es sich jedoch ausschließlich um Soldaten gehandelt, von denen bekannt war, daß sie im Kampfgebiet ums Leben gekommen sein mußten.

Nach dem Zweiten Weltkrieg ergab sich eine gänzlich andere Situation. Abgesehen von relativ kleinen Gruppen von Soldaten, die binnen Tagen oder Wochen nach Hause geschickt wurden, weil sie zu alt oder zu krank waren, um als Kriegsgefangene nützlich, oder zu jung, um gefährlich zu sein, befand sich die übergroße Mehrheit der Wehrmacht in Kriegsgefangenenlagern. Militärische Verwaltungsstrukturen und Kommunikationsstränge existierten nicht mehr. Und dabei handelte es sich auch nicht um eine zeitweilige Unterbrechung. Im Gegenteil, es war nicht zu erwarten, daß die militärischen und die anderen, in den Kriegseinsatz verwickelten Organisationen wiedererstehen würden – auch nicht in Form von Demobilmachungsstellen.

Zunächst war allerdings die Frage nach einer geordneten Abwicklung völlig sekundär im Verhältnis zur zentralen Frage »Wer ist wo, wer lebt noch?«. Der Großteil der in den Kriegsgefangenenlagern wartenden Soldaten wußte nicht, wo sich ihre Familien befanden, genauso wie diesen meist nichts über den Aufenthalt ihrer kriegsgefangenen Söhne, Väter und Brüder bekannt war. Dem natürlichen Verlangen der Menschen, die eigenen Angehörigen wiederzufinden oder von ihrem Schicksal zu erfahren, stand die völlige Zerschlagung der bisher bestehenden politischen und militärischen Strukturen gegenüber. Trotzdem war die Suchdienstlandschaft keine tabula rasa, die Karteien der meisten Organisationen, die in den vorangegangenen Ausführungen erwähnt wurden, hatten das Kriegsende weitgehend unbeschädigt überstanden[125].

Was allerdings fehlte, waren die bisherigen Formen der Zusammenarbeit und die notwendigen Kommunikationsstrukturen. Diese entwickelten sich daher neu – im wesentlichen nach Maßgabe der praktischen Möglichkeiten und Bedürfnisse. Von den sechs für die vorliegende Fragestellung relevanten Aufgabenbereichen erwiesen sich nun drei als wichtig, die dann auch von unterschiedlichen Organisationstypen wahrgenommen wurden. Das erste dieser Arbeitsgebiete war die Suche nach Angehörigen – die Domäne der nationalen und der internationalen Suchdienste. Das zweite Tätigkeitsfeld bestand in der Identifizierung von Leichen und der Ermittlung von Kriegsgräbern, zunächst innerhalb Deutschlands, später auch im Ausland. Dies machte sich vor allem der Volksbund Deutsche Kriegsgräberfürsorge zur Aufgabe. Das dritte Arbeitsgebiet war die Sammlung und Auswertung amtlicher Dokumente, um den Verbleib von Soldaten zu ermitteln und gegebenenfalls den Todesfall zu beurkunden. Bereits während des Krieges war dies die Domäne der Wehrmachtauskunftstelle gewesen und so sollte es letztlich auch in der Nachkriegszeit bleiben.

Bis diese klare Aufgabenverteilung jedoch abgeschlossen war, dauerte es Jahre – und die dabei auftretenden Probleme hatten Auswirkungen auf die hier zur Auswertung anstehende Datenbasis. Im folgenden werden daher die oben skizzierten Arbeitsgebiete und die Entwicklung der dort wirkenden Organisationen dargestellt. Dabei wird zunächst auf die einzelnen Institutionen und ihre Tätigkeit eingegangen, im nächsten Kapitel folgt dann eine Darstellung der großen Erhebungen der Nachkriegszeit. Leider wird es nicht möglich sein, das Thema auch nur annähernd vollständig abzuhandeln – die Zahl der Organisationen war zu groß, und die Kenntnisse über sie sind zu gering[126]. Es kann lediglich versucht werden, auf die Entwicklungen einzugehen, die für die vorliegende Arbeit wichtig sind – und dies unter Berücksichtigung folgender Fragestellungen:
- Gibt es bisher nicht ausgewertete Statistiken, die für die Frage nach der Höhe der Verluste von Bedeutung sind?
- Was ist in der Nachkriegszeit unternommen worden, um den bis Kriegsende vorliegenden Informationsstand zu vervollständigen?

---

[125] Nach Feststellung der Alliierten gab es gegen Kriegsende an mindestens 1000 verschiedenen Lagerorten nennenswerte Aktenbestände verschiedenster Herkunft, siehe Wehrkreiskommando X/Wehrkreisauskunftstelle vom 27.9.1945, Betr.: Vorschlag einer Umorganisation und Erweiterung der Wehrkreisauskunftstelle des Wehrkreiskommandos X, BA-MA, RH 52 – 10/56; Pomrenze, Policies, S. 20.

[126] Einen, wenn auch nur intuitiven Eindruck von der Vielzahl der Suchdienste gibt eine Verordnung des Landes Württemberg-Baden, die ohne Anspruch auf Vollständigkeit allein 23 Dienste in diesem Lande aufzählt, die ihre Tätigkeit einzustellen hatten, siehe Württemberg-Baden/Innenministerium Nr. VII 1257, vom 23.12.1946, Betr.: Deutscher Vermißtensuchdienst, BA, B 150/311 H2.

— Gibt es, bedingt durch die historische Entwicklung oder die Arbeitsweise der Suchdienste Lücken oder Schwachstellen, mit der Folge, daß nicht alle Personengruppen vollständig erfaßt sind?

Ziel ist es also, nicht nur die Stärken der Datenbestände festzustellen, sondern – fast noch wichtiger – auch ihre Schwächen.

### 2.3.1 Suchdienste

Zu Recht wird mancher Leser geneigt sein, den Begriff »Suchdienst« mit »Familienzusammenführung« oder »Adressenermittlung« zu assoziieren. Von daher entsteht die Frage, welchen Stellenwert diese Organisationen für eine Arbeit besitzen, die sich mit den Verlusten beschäftigt. Diese Überlegung greift jedoch zu kurz. Zunächst weiß ein Suchender erst, daß die gesuchte Person lebt, wenn er ein Lebenszeichen vom Gesuchten erhält. Das Ergebnis der Nachforschung ist leider aber oft auch die Todesnachricht – und damit ein Verlustfall im Sinne der vorliegenden Arbeit. Darüber hinaus hat die Suche nach Lebenden oft wichtige Erkenntnisse über Todesfälle erbracht. Ein weiterer, vielleicht noch wichtigerer Grund ergibt sich aus der traditionellen Arbeitsteilung. Die amtlichen Dokumentationsstellen beurkundeten Sachverhalte, betrieben jedoch keine Nachforschungen aus eigenem Antrieb, dies war Aufgabe der Suchdienste. Und so waren es diese Organisationen, die viele, für die vorliegende Arbeit wichtige Informationen zusammentrugen. Wie zu zeigen sein wird, gingen diese Ergebnisse in die Karteien der amtlichen Stellen ein und bilden so heute einen wesentlichen Teil unseres Kenntnisstandes.

Insgesamt sind drei Gruppen von Suchdiensten zu unterscheiden[127]. Einerseits die internationalen Organisationen – wichtige Informationsvermittler, deren Arbeit vom Kriegsgeschehen relativ wenig beeinflußt wurde – und andererseits die deutschen Organisationen, die vorwiegend selbst aktive Sucharbeit leisteten – und dies unter den Nachkriegsbedingungen in Deutschland. Innerhalb der deutschen Stellen wiederum gab es eine aufgabenbedingte Zweiteilung, einerseits die Kirchlichen Suchdienste, die sich auf die Vertriebenen konzentrierten, und andererseits die sonstigen Organisationen, vor allem die DRK-Suchdienste. Die Darstellung folgt dieser Unterteilung, wobei der Schwerpunkt auf den letztgenannten Organisationen liegen wird, da sie für die Schicksalsklärungen deutscher Soldaten die größte Bedeutung besaßen.

---

[127] Darüber hinaus gab es auch Suchdienstaktivitäten der beiden großen Konfessionen auf internationaler Ebene mit Hilfe des Vatikans bzw. des Weltkirchenrats. Diese waren für Deutschland jedoch nur von untergeordneter Bedeutung – auf sie wird daher im folgenden nicht näher eingegangen, siehe 25 Jahre Kirchlicher Suchdienst, S. 11 f. Eine Übersicht über die wichtigsten Suchdienste gibt die Aufstellung im Anhang.

### 2.3.1.1 Internationaler Suchdienst

Der Suchdienst des Internationalen Roten Kreuzes in Genf war eine der wenigen, hier zu erwähnenden Organisationen, die selbst nicht unmittelbar den Kriegsereignissen ausgesetzt war – sie konnte daher auch als erste Aktivitäten zur Schicksalsklärung ergreifen. Dabei erwies sich ein Umstand als nachteilig, der in der Kriegszeit einen Vorteil dargestellt hatte. Deutschland hatte ein besser ausgebautes Personalnachweissystem besessen als andere Staaten: Den Deutschen war es verboten gewesen, sich direkt an die Agence Centrale des Prisonniers de Guerre zu wenden – bezüglich der Soldaten hatten sie sich an die WASt bzw. die entsprechenden Stellen der anderen Organisationen wenden müssen, für die Suche nach Zivilpersonen war das DRK zuständig gewesen. Einfach gelagerte Fälle waren so bereits im Inland geklärt worden, nur die schwierigen waren durch die Wehrmachtauskunftstelle bzw. das DRK der ACPG vorgelegt worden. Dies hatte den Vorteil gehabt, daß die ACPG nur mit den Fällen konfrontiert worden war, die ohne ihre Hilfe nicht gelöst werden konnten. Gleichzeitig war damit aber auch der Datenbestand der ACPG bezüglich der Deutschen weniger vollständig als dies bei anderen Nationen der Fall war – und dies, obwohl die Abteilung »Service Allemand« die bei weitem größte Sektion bildete. Gemildert wurde dieses Defizit nur dadurch, daß in der Endphase des Krieges, als in Deutschland die Kommunikationsstrukturen zusammengebrochen waren, immer mehr Angehörige es gewagt hatten, sich unmittelbar an die ACPG zu wenden. Nun – bei Kriegsende – fehlten der ACPG trotzdem viele Angaben, die sie vorher nicht benötigt hatte. Diese Daten bei den deutschen Organisationen zu erfragen, war nicht mehr möglich – am 30. April 1945 mußte die ACPG den Postverkehr zur WASt einstellen, weil immer mehr Sendungen verlorengingen. Und am 7. Mai 1945 wurde dann der gesamte Postverkehr mit Deutschland eingestellt[128].

Trotzdem gelang es der ACPG, aktiv zu werden. Mit Hilfe der in den Besatzungszonen tätigen Rotkreuz-Organisationen verteilte sie Suchantragsformulare, die die Deutschen ausfüllen und über die in den Besatzungszonen eingerichteten Rotkreuz-Missionen an die ACPG abschicken konnten. Im Laufe der Zeit trafen so ca. eine Million Suchanträge in Genf ein[129].

Aufgrund der Informationen über die Kriegsgefangenen, die die ACPG nach wie vor von den Westalliierten erhielt, konnte Hunderttausenden geholfen werden. Schwierigkeiten entstanden jedoch in den Fällen, in denen Soldaten in Zusammenhang mit der Kapitulation in Gefangenschaft gerieten und zu Disarmed Enemy Forces (DEF) bzw. Surrendered Enemy Personnel (SEP) erklärt worden waren.

---

[128] Djurovic, L'Agence Centrale, S. 128 und 171 f.; Rapport, 2, S. 64, 173, 181, und 188 – 192.
[129] Dadurch war der Service Allemand gezwungen, seinen Personalbestand von ca. 150 Mitarbeitern um weitere 40 Personen aufzustocken. Im Jahr seines größten Personalumfangs, 1946, besaß der Service Allemand 190 Mitarbeiter sowie weitere externe Hilfskräfte, d.h. ca. 25 Prozent des Personals, das das IKRK in Genf beschäftigte, siehe Riesenberger, Humanität, S. 169; Rapport, 2, S. 199.

Über diesen Personenkreis erhielt die ACPG keine Informationen, abgesehen von einigen Listen, die Vertrauensmänner oder einzelne Lagerkommandanten aufgrund ihrer Eigeninitiative der ACPG zukommen ließen. Für die Zwecke der vorliegenden Arbeit liegt hier natürlich ein potentielles Risiko – es wird zu prüfen sein, ob eventuelle Informationslücken auf anderem Wege behoben werden konnten[130].

So schnell wie möglich, relativ problemlos allerdings erst nach Wiederaufnahme der Postverkehrs mit Deutschland ab 1. April 1946, benachrichtigte die ACPG die Angehörigen über den Verbleib des Gesuchten. Oft handelte es sich darum, der Familie mitzuteilen, in welchem Kriegsgefangenenlager sich der Ehemann oder Sohn befand. In vielen Fällen mußte die ACPG allerdings auch die offizielle Todesnachricht übermitteln. Und hier ergab sich eine Entwicklung, die sich für die Qualität der auszuwertenden Datenbasis als problematisch herausstellen sollte. Die ACPG sah sich auf deutscher Seite nämlich einer Vielzahl konkurrierender Suchdienste gegenüber, die Genfer suchten jedoch eine einzige offizielle Stelle, der sie den Todesfall mitteilen konnten. Aufgrund von Bestimmungen der Besatzungsmächte stand die Wehrmachtauskunftstelle allerdings zunächst nicht als Ansprechpartner zur Verfügung. Sobald der Postverkehr wiederaufgenommen war, ging die ACPG daher dazu über, die Todesnachrichten an die Bürgermeister der Wohnorte zu schicken, in der Hoffnung, daß diese sich verantwortlich fühlen würden, zu gegebener Zeit die zuständigen Dienststellen zu benachrichtigen. Für die Vollständigkeit der Daten der WASt bzw. der Deutschen Dienststelle bedeutet diese Vorgehensweise natürlich ein Risiko, das aber zeitlich recht begrenzt blieb, weil die ACPG bereits ein dreiviertel Jahr später, ab 1. Januar 1947, ihre Todesnachrichten wieder der Deutschen Dienststelle zukommen lassen konnte. Die Jahreswende 1946/47 markiert auch im wesentlichen das Ende der Aktivitäten des Service Allemand der ACPG – in Deutschland waren wieder Organisationen entstanden, die Schicksalsklärung betrieben, und die Kommunikationsstrukturen begannen wieder zu funktionieren. Dies bot der ACPG die Möglichkeit, im Jahr 1947 der Deutschen Dienststelle ca. 75 000 Nachlässe zukommen zu lassen, die sich im Laufe der Jahre als unanbringliche Sendungen angesammelt hatten. Für die Deutschen bedeutete das natürlich 75 000 Schicksalsklärungen – auch wenn es sich dabei leider nicht um Lebenszeichen, sondern um Todesnachrichten handelte[131].

---

[130] Diesen Soldaten wurde seitens der Westalliierten der offizielle Kriegsgefangenenstatus verweigert, siehe Schöbener, Völkerrecht, S. 473 – 497; Djurovic, L'Agence Centrale, S. 176; Smith, Vermißte Million, S. 55; Villa, Context, S. 59 – 63.

[131] Ursprünglich waren die Nachlässe zunächst dem AEK übergeben worden. Da aber die Franzosen sich dem IKRK gegenüber verpflichtet hatten, die Weiterleitung zu beaufsichtigen und das AEK nicht den Franzosen unterstand, wurde entschieden, daß die Deutsche Dienststelle die Nachlässe zu übernehmen habe, Djurovic, L'Agence Centrale, S. 175; Rapport, 2, S. 206.

Ab 1947 konnte der Service Allemand seinen Personalbestand massiv reduzieren, in den folgenden Jahren stand er mit seiner 10-Millionen-Personen-Kartei vorwiegend für die Übermittlung von Anfragen an solche Länder zur Verfügung, die sich der unmittelbaren Zusammenarbeit mit deutschen Organisationen zunächst noch verweigerten[132].

### 2.3.1.2 Kirchlicher Suchdienst

Innerhalb Deutschlands war die Situation 1945 chaotisch, Auskunft- und Nachforschungsbüros schossen wie Pilze aus dem Boden. Das Angebot reichte von Kartenlesern, Rutengängern, Pendlern und Hellsehern bis zu Idealisten, die versuchten, mit den geringen vorhandenen Mitteln so viele Familien wie möglich zusammenzuführen[133].

Eine der ersten derartigen Organisationen war der Kirchliche Suchdienst. Er entstand aus dem praktischen Bedürfnis, den aus dem Osten nach Bayern einströmenden Flüchtlingen bei der Suche nach den Familienangehörigen zu helfen. Auf ihrer Fuldaer Konferenz vom 28. März 1945 beschlossen die deutschen Bischöfe dann, sich der Aufgabe zu stellen, die zerrissenen Flüchtlingsfamilien wieder zusammenzuführen. Ursprünglich in Freiburg beheimatet, mußte der Kirchliche Suchdienst allerdings bald feststellen, daß die französische Besatzungsmacht – ähnlich wie die Sowjets – seiner Arbeit ablehnend gegenüberstand. Weil er somit nur noch in der britischen und in der amerikanischen Zone arbeiten konnte, wurde München als neue Zentrale bestimmt, was sich später als glückliche Wahl herausstellen sollte, denn München entwickelte sich im Laufe der Jahrzehnte zum deutschen Suchdienstzentrum[134].

Zunächst aber bemühte sich der Kirchliche Suchdienst, die Adressen der Vertriebenen zu erfassen, um so die Familien zusammenzuführen. Der Umfang der Kartei, die dabei entstand, überschritt bereits 1946 die Millionengrenze. Ab 1947 gelang es dann sogar, mit Hilfe der Evangelischen Kirche von den Ortspfarrern in der sowjetischen Besatzungszone Namenslisten mit den dort ansässigen Ver-

---

[132] Von den östlichen Gewahrsamsstaaten gab nur Polen regelmäßig und Jugoslawien sporadisch Auskunft, siehe Böhme, Gesucht wird, S. 127; Djurovic, L'Agence Centrale, S. 176; Rapport, 2, S. 202 und 206 f.

[133] Beispiele für kriminelle Machenschaften finden sich bei Böhme, Gesucht wird. Ein – sicherlich extremes – Beispiel war der Fall, daß ein angeblicher Kontaktmann anbot, Kriegsgefangene gegen hohe Summen aus der Sowjetunion nach Deutschland schleusen zu können, siehe Böhme, Gesucht wird, S. 238 – 240; Suchzeitung, Nr. 2/II vom Januar 1948, S. 1 f.

[134] Bereits im Dezember 1945 beschäftigte die Suchstelle Regensburg 150 Personen sowie weitere Heimarbeiter. In Freiburg war auch der kirchliche Auslandssuchdienst beheimatet, siehe Hessisches Staatsministerium/Der Minister des Innern/Der Vorsitzende der Arbeitsgemeinschaft der Regierungsvertreter der Länder für den Suchdienst, 15.10.1949, BA, B 106/22757; 25 Jahre Kirchlicher Suchdienst, S. 11 f.; Böhme, Gesucht wird, S. 61.

triebenen zu erhalten. Auch die Informationen der westdeutschen Suchdienste konnten eingearbeitet werden[135].

All diese Arbeit konzentrierte sich auf die Vertriebenen – im Rahmen der sich im Laufe der Nachkriegszeit entwickelnden Arbeitsteilung versuchte der Kirchliche Suchdienst, das Schicksal der Wehrmachtangehörigen aus den Vertreibungsgebieten bei seiner Tätigkeit möglichst auszublenden. Trotzdem besaß die Arbeit des Kirchlichen Suchdienstes erhebliche Bedeutung für die Klärung des Schicksals von Soldaten. Wenn es diesen nämlich gelang, aus der Kriegsgefangenschaft ein Lebenszeichen an ihre Familien abzusenden, dann stand Schreibern, die aus den Vertreibungsgebieten stammten, nur die alte, jedoch nicht mehr gültige Adresse zur Verfügung. In zahlreichen derartigen Fällen war es dann der Kirchliche Suchdienst, der die neue Anschrift mitteilen konnte. So gelang es, vor allem in der unmittelbaren Nachkriegszeit, ca. eine Million ansonsten nicht zustellbarer Nachrichten an die Empfänger weiterzuleiten[136]. Von daher ging in der unmittelbaren Nachkriegszeit Schicksalsklärung mitunter nicht von den in der Heimat verbliebenen Angehörigen, sondern vom eigentlich seitens der Heimat Gesuchten aus. Natürlich handelte es sich hierbei nicht um Schicksalsklärung in dem Sinne, daß der Verbleib eines Soldaten geklärt wurde – seine Anwesenheit in einem Kriegsgefangenenlager war ja den Suchdiensten bekannt. Für seine Angehörigen mußte er jedoch als vermißt – und damit als potentiell tot – gelten, solange keine Nachricht vorlag. Und die Feststellung des Überlebens bedeutete auch immer Klärung eines möglichen Todesfalls.

### 2.3.1.3 Suchdienste des DRK und anderer Träger

Vor Kriegsende war die Suche nach Vermißten Aufgabe des DRK-Amtes S in Zusammenarbeit mit der WASt bzw. der vergleichbaren Dienststellen gewesen. Aufgrund der Bombengefahr war das Amt S – ähnlich wie die WASt – im September 1943 teilweise nach Thüringen ausgelagert worden. Während die in Berlin verbliebenen Teile im Januar 1945 ausgebombt worden waren, konnte in Eisenach zunächst noch weitergearbeitet werden[137]. Als dann aber die Amerikaner Thüringen räumten, gelang es der Leiterin, Etta Gräfin Waldersee, die zunächst ablehnenden Amerikaner dazu zu bewegen, die Unterlagen nach Romrod bei Düsseldorf zu evakuieren. Sie konnten später in die Karteien der DRK-Suchdienste eingearbeitet werden[138].

---

[135] H. Brunner, Der kirchliche Suchdienst, BA, B 150/6173, H2; 25 Jahre Kirchlicher Suchdienst, S. 11 und 13; Böhme, Gesucht wird, S. 42 und 62.
[136] 25 Jahre Kirchlicher Suchdienst, S. 12 – 14; Kirchlicher Suchdienst, Statistischer Bericht 1992.
[137] Wegen des Zusammenbruchs der Kommunikationsstrukturen war aber auch hier ab Januar 1945 keine sinnvolle Arbeit mehr möglich, siehe DRK-Suchdienst/Zöfelt vom 1.3.1955, Betr.: Vorgeschichte des Suchdienstes des Deutschen Roten Kreuzes, Archiv DRK-Suchdienst; Böhme, Gesucht wird, S. 30 und 34; Wagner, Ohne Befehl, S. 6.
[138] Böhme, Gesucht wird, S. 34; Wagner, Ohne Befehl, S. 7; Interview Wagner.

Daneben hatte während des Krieges aber auch noch das DRK-Auslandsamt existiert, das die Verbindung zur ACPG gehalten und die Originale der Meldungen der ACPG an das DRK verwahrt hatte. Nach Ettal in Oberbayern ausgelagert, fiel es den Amerikanern unversehrt in die Hände. Darunter befanden sich auch Meldungen aus Genf, die noch nicht an die deutschen Empfänger hatten übermittelt werden können. Genau diese gelang es zu retten, während die restlichen Unterlagen großenteils verloren gingen[139].

Neben dem DRK hatte es in der Kriegszeit noch eine zweite Organisation gegeben, die sich mit dem Suchdienst beschäftigte – die Nationalsozialistische Volkswohlfahrt (NSV). Sie hatte u.a. in Berlin eine Postkartenkartei betrieben, um die zahllosen Flüchtlinge und Vertriebenen in Kontakt mit ihren Angehörigen bei der Wehrmacht oder in anderen Teilen Deutschlands zu bringen[140]. Über das Schicksal dieser Kartei ist nichts bekannt – vermutlich wurde sie ein Opfer der Bomben.

Auch wenn also die eine oder andere Kartei teilweise oder völlig zerstört wurde, ist doch erstaunlich viel erhalten geblieben. Und die Redundanz des Systems, die Mehrfachverbuchung aller Vorgänge bei den verschiedenen konkurrierenden Organisationen, deren Arbeitsgebiete sich überschnitten, trug dazu bei, die Konsequenzen eines Verlustes zu minimieren.

*2.3.1.3.1 Suchdienste in den Zonen*

Obwohl das DRK schon im Krieg Landesnachforschungsstellen und Kreisstellen unterhalten hatte, war es das Bestreben der NSV als Parteiorganisation gewesen, das DRK aus dem Bereich der »Fürsorge« zu verdrängen. Nun, nach Kriegsende, war die Partei als Organisation und Konkurrent nicht mehr existent; erhalten geblieben war jedoch das Suchdienstpersonal der NSV und das Know-how. Und es waren oft die Karteien und das Personal der NSV, die den Kristallisationskern neuer Suchdienste bildeten.

Dadurch, daß es keine gesamtstaatliche regelnde Gewalt und keine Kommunikationsstrukturen mehr gab, entstand allerdings keine neue, zentrale Organisation, sondern es bildeten sich in jeder Zone eine Unzahl von Suchdiensten – in der Regel durch örtliche Notlagen initiiert, den Bedingungen der jeweiligen Besatzungsmacht unterworfen und immer in scharfer Konkurrenz untereinander[141]. Die

---

[139] Bei seinem einzigen Besuch in Ettal wurden Dr. Kurt Wagner, einem der Gründerväter des DRK-Suchdienstes, vom Leiter des Auslandsamtes diese unerledigten Benachrichtigungen übergeben, die er dann an den Flensburger Suchdienst weiterleiten konnte. Die restlichen Unterlagen sind verschwunden – mit Ausnahme einiger weniger Kisten, die das DRK in den 80er Jahren über das Bundesarchiv zurückerhielt. Bei der Einarbeitung dieser Unterlagen ergaben sich keine neuen Erkenntnisse, weil diese Informationen ja auch in der Kartei der ACPG in Genf enthalten waren. Von daher bedeutete der Verlust des Großteils der Unterlagen keinen Informationsverlust, siehe Wagner, Ohne Befehl, S. 8; Interview Wagner.

[140] Die Postkartenkartei war eingerichtet beim Postamt Berlin NW 40. Zumindest in Flensburg, vermutlich aber auch an anderen Orten, gab es ähnliche Stellen, siehe Wagner, Ohne Befehl, S. 6 und 8.

[141] Ein anschauliches Beispiel findet sich bei Wagner, Ohne Befehl, S. 6 – 8; siehe auch Böhme, Gesucht wird, S. 82 f. und 283.

folgenden Ausführungen zu den vier Zonen zeigen, welch unterschiedliche Modelle denkbar waren, wie sehr die Erfolge differierten, die damit erzielt wurden.

Sehr überschaubar waren die Regelungen in den französisch besetzten Gebieten. Der Suchdienst wurde zur staatlichen Aufgabe erklärt und Auskunftbüros – jeweils getrennt für das Saarland und die französische Besatzungszone – eingerichtet, die über nachgeordnete örtliche Dienststellen verfügten. Die Vermißten – gleichgültig ob zivilen oder militärischen Status' – wurden amtlich registriert und die Heimkehrer befragt. Die Vermißtenangehörigen erhielten dann die Adressen der Heimkehrer, die ihnen neue Informationen geben konnten[142].

Obwohl diese Zentralisierung einen Vorteil bot, um den die anderen Suchdienste die »Rastatter« beneideten, war die »französische Lösung« dennoch kein erfolgreiches Modell. Die Einzugsbereiche der Suchdienste mit der französischen Zone bzw. dem Saarland waren zu klein, und die unmittelbare Kopplung von Vermißtenangehörigen und Heimkehrern führte dazu, daß allzu oft vergessen wurde, den Suchdienst zu benachrichtigen, wenn Schicksale geklärt wurden. Sich nur auf die Registrierung zu beschränken und nicht aktiv Nachforschungen zu betreiben, war darüber hinaus eine Strategie, die nur in den ersten Jahren und in den einfach zu lösenden Fällen genügen konnte[143].

Symptomatisch für die Nachkriegssituation war die Entwicklung in Berlin. Bis kurz vor Kriegsende hatte sich die DRK-Zentrale in Babelsberg befunden, dann hatte sich ein Teil des Präsidiums nach Flensburg abgesetzt, während das Suchdienstpersonal in Berlin verblieb. Diese Mitarbeiter waren es dann, die nach Kriegsende den »Deutschen Suchdienst« gründeten und mit Vermißtennachforschung begannen[144].

Die Entwicklung in der sowjetischen Zone verlief zunächst anders[145]. Anfangs gab es lokale öffentliche, aber auch private Suchdienste. Bereits im Herbst 1945 – weitaus früher als in den anderen Zonen – wurden jedoch Suchzentralen in den

---

[142] Im Saarland gab es neben der Zivilen Nachforschungszentrale für das Saarland noch den – militärischen – »Service de Prisonniers de Guerre Sarrois«, in der französischen Besatzungszone dagegen nur das mit Erlaß vom 31.12.1946 geschaffene »Bureau de Recherches Zonier« (deutsche Bezeichnung: Öffentlicher Suchdienst) in Rastatt, siehe Hessisches Staatsministerium/Der Minister des Innern/Der Vorsitzende der Arbeitsgemeinschaft der Regierungsvertreter der Länder für den Suchdienst, 15.10.1949, BA, B 106/22757; Böhme, Gesucht wird, S. 51 und 63 f.

[143] Zum 31.10.1951 wurde der Rastatter Suchdienst aufgelöst, siehe Suchdienst Rastatt, Az. I/435/51, an Statistisches Bundesamt/ Abt.VIII-Suchdienstaufsicht vom 31.10.1951, BA, B 150/207 H2.

[144] Daneben gab es jedoch allein in Berlin noch mindestens einen weiteren Suchdienst, der mit dem Segen der Besatzungsmächte arbeitete, die Zentralauskunftstelle in Berlin, Lindenstr., siehe Außenstelle WASt, Hamburg, vom 4.4.1946, Betr.: Dienststellen, die noch über Verlustmaterial verfügen, Deutsche Dienststelle, Handakten Veit; Böhme, Gesucht wird, S. 52; DRK-Suchdienst München/Dr. Kalcyk vom 29.9.1995 an den Verfasser.

[145] Die Quellen- und Literaturlage bezüglich der Ostzone ist weitaus dürftiger als die zu den anderen Zonen, die folgenden Ausführungen müssen daher recht kursorisch ausfallen.

## 2.3 Schicksalsklärung nach Kriegsende

Hauptstädten der Länder und Provinzen gegründet, die den Suchdienst als öffentliche Aufgabe wahrnahmen. Der bekannteste von ihnen war die »Zentralkartei der Provinz Sachsen«, aus der später der zentrale Zonensuchdienst hervorgehen sollte. Mit SMAD-Befehl Nr. 0204 vom 19. Juli 1945 – wiederum weitaus früher als in den anderen Zonen – wurde dann der »Suchdienst für vermißte Deutsche in der sowjetischen Okkupationszone Deutschlands« in Berlin, Kanonierstraße, gegründet – eine Adresse, mit der sich für die Bevölkerung der sowjetischen Besatzungszone viel Schicksalhaftes verbinden sollte[146].

Die Funktionsweise dieser Organisation unterschied sich wesentlich von der Arbeitsweise in den Westzonen – die »Kanonierstraße« war nämlich gleichzeitig Suchdienst und Dokumentationsstelle, d.h. sie übte die Funktionen des DRK-Amtes S und der WASt gleichzeitig aus – eine Lösung, die sich aufgrund der Überschneidung zwischen beiden Arbeitsbereichen immer schon angeboten hatte, jedoch anderswo nicht realisiert worden war[147].

Im wesentlichen arbeitete der »Suchdienst für vermißte Deutsche« mit vier Maßnahmebündeln. Zunächst waren alle Bewohner der Besatzungszone verpflichtet, eine Meldekarte auszufüllen, die dann an den Suchdienst geschickt wurde – allein 20 Prozent aller Erfolge des Suchdienstes gingen auf die »Treffer« zurück, die sich durch das Zusammentreffen passender Meldekarten ergaben.

Des weiteren wurde die Bevölkerung aufgefordert, Suchanträge zu stellen. Dies galt ausdrücklich auch für die Bewohner der Westzonen, genauso wie der Suchdienst Ost bei seiner Arbeit in den Anfangsjahren durchaus mit den westlichen Suchdiensten kooperierte. Ab März 1947 – wiederum weitaus früher als im Westen – gab es darüber hinaus eine zweimal monatlich erscheinende Suchdienstzeitung, die zwar allein in einem Jahr 70 000 Suchmeldungen veröffentlichte, aufgrund des allgegenwärtigen Papiermangels jedoch nur in geringer Auflage erscheinen konnte[148].

---

[146] Der Suchdienst war zunächst der Hauptverwaltung für deutsche Umsiedler und Heimkehrer unterstellt, ab 1.8.1949 der Hauptverwaltung Deutsche Volkspolizei, dann ab 1.1.1951 dem Staaatssekretär für Innere Angelegenheiten, erst ab 1.3.1955 schließlich dem DRK der DDR.
Ob, wie Böhme meint, die Gründung des »Deutschen Suchdienstes« für die Sowjets der Grund war, einen eigenen zentralen Suchdienst aufzubauen, erscheint den Gesamtumständen nach nicht plausibel, siehe Böhme, Gesucht wird, S. 52 sowie S. 44, 54, und 62; Mayer, Sucharbeit, S. 3; Smith, Heimkehr, S. 21; Suchzeitung, Nr. 1/I vom März 1947, S. 1; Suchzeitung, Nr. 19/II vom November 1948, S. 1; Suchzeitung, Nr. 5/III vom März 1949, S. 1.

[147] In Ostberlin wurde auch ein eigenes Standesamt Berlin I eingerichtet. Zur Befugnis des DRK-Suchdienstes Ost, Kriegssterbefälle anzuzeigen, siehe § 36, Gesetz über das Personenstandswesen vom 16.11.1956, in: Gesetzblatt der Deutschen Demokratischen Republik, T. 1, 1956, S. 1283–1288.

[148] Auch auf der Leipziger Messe war der Suchdienst mit einem Pavillon vertreten, siehe Suchzeitung, Nr. 1/I vom März 1947, S. 1; siehe auch Böhme, Gesucht wird, S. 62 f.; Suchzeitung, Nr. 3/4/II vom Februar/März 1948, S. 1 f.; Suchzeitung, Nr. 19/II vom November 1948, S. 1; Suchzeitung, Nr. 10/III vom Mai 1949, S. 1 f.

Die dritte und – neben der Einwohnerregistrierung – erfolgreichste Strategie war jedoch die Erfassung der Heimkehrer. Alle über das zentrale Durchgangslager Gronefeld bei Frankfurt/Oder Heimkehrenden wurden registriert – diese wiederum hatten im Gegenzug die Möglichkeit, über den Suchdienst die Adressen ihrer Angehörigen zu erfahren. Soweit nötig, waren sie verpflichtet, weitere Suchanträge zu stellen und die Bürgermeister waren angehalten, darauf zu achten, daß die Heimkehrer dieser Aufforderung nachkamen[149].

Viertens war es später dann nötig, bei der Beantragung von Renten eine Bescheinigung des Suchdienstes vorzulegen, so daß überhöhte Rentenzahlungen aufgrund irriger Annahmen über den Verbleib der Angehörigen vermieden wurden[150].

Diese relativ früh und konsequent durchgeführten Maßnahmen erbrachten Erfolge – die tägliche durchschnittliche Trefferquote stieg binnen eines halben Jahres auf ca. 500 Begegnungen pro Tag und erreichte mit ca. 2000 Treffer täglich Ende 1947 ein Maximum. Bereits 1949 war die Zahl der Begegnungen jedoch auf ca. 750 abgesunken, im März 1951 konnte die Suchdienstzeitung eingestellt werden: die Sucharbeit wurde als weitgehend abgeschlossen angesehen. Erreicht wurde dieser frühe Abschluß dadurch, daß der »Suchdienst für vermißte Deutsche« sich konsequent darauf beschränkte, Heimkehrer mit ihren Angehörigen zusammenzuführen; Schicksalsklärung, d.h. Nachforschungen über den Verbleib Vermißter, wurde nicht betrieben. Als Organisation – unter Leitung des Roten Kreuzes der DDR – blieb der Suchdienst jedoch erhalten, bis zum Ende der DDR war er die einzige, mit allen Personalnachweisaufgaben betraute Dienststelle[151].

Völlig anders als in der französischen und der sowjetischen Besatzungszone verlief die Entwicklung in der britischen Zone. Suchdienst war hier eine private Aufgabe – und so entstand er dort, wo es die Not erforderte. Dies waren in Norddeutschland vor allem die Häfen, in denen die Menschen angekommen waren, die die Marine aus Ostpreußen evakuiert hatte. Nun suchten sie ihre kriegsgefangenen Väter und Söhne, wollten gleichzeitig aber auch wissen, wo andere, zivi-

---

[149] Suchzeitung, Nr. 9/I vom Juli 1947, S. 1 f.; Suchzeitung, Nr. 15/I vom Oktober 1947, S. 1; Suchzeitung, Nr. 6/II vom April 1948, S. 2 f.; Suchzeitung, Nr. 13/II vom August 1948, S. 2; Suchzeitung, Nr. 9/III vom Mai 1949, S. 1 f.

[150] Suchzeitung, Nr. 1/V vom Januar 1951, S. 2.

[151] Zum Ausdruck kommt hier eine Tendenz, wie sie auch in der UdSSR zu beobachten war – möglichst bald mit dem Krieg abzuschließen und sich auf die Gegenwart zu konzentrieren. Die Kartei des Suchdienstes umfaßte bereits 1946 ca. 6 Millionen Karteikarten, am Ende waren es ca. 13 Millionen, darunter ca. 6 Millionen Deutsche, Böhme, Gesucht wird, S. 53 und 62 f.; Mayer, Suchdienst, S. 3; Suchzeitung, Nr. 3/I vom April 1947, S. 1; Suchzeitung, Nr. 4/I vom April 1947, S. 1; Suchzeitung, Nr. 18/19/I vom Dezember 1947, S. 2; Suchzeitung, Nr. 16/II vom September 1948, S. 1; Suchzeitung, Nr. 5/III vom März 1949, S. 1; Suchzeitung, Nr. 2/IV vom Januar 1950, S. 1; Suchzeitung, Nr. 1/V vom Januar 1951, S 1; Suchzeitung, Nr. 3/V vom März 1951, S. 1.

le Angehörige verblieben waren. Die zweite Interessentengruppe waren die Soldaten, vor allem des Korps Witthöft und der Korpsgruppe von Stockhausen, die in Norddeutschland interniert waren.

Mit welchen Problemen sie bei der Suche nach ihren Angehörigen konfrontiert waren, soll anhand eines kleinen, lokalen Beispiels gezeigt werden, das symptomatisch für die Entwicklung ist. Bereits in der Endphase des Krieges hatte es in Flensburg eine NSV-Flüchtlingsleitstelle gegeben, die in Zusammenarbeit mit dem Marineoberkommando (MOK) Ostsee die Flüchtlinge in den Lagern in Norddeutschland und Dänemark betreut hatte. Außerdem war kurz vor Kriegsende ein Teil des DRK-Präsidiums von Berlin nach Flensburg übergesiedelt. So verwundert es nicht, daß in Flensburg schon bald mit dem »Deutschen Roten Kreuz, Flüchtlingshilfswerk, Ermittlungsdienst, Zentral-Suchkartei« einer der ersten Suchdienste entstand. Eines unterschied ihn von der entsprechenden Organisation in der Ostzone: der Dualismus in der Aufgabenverteilung, der bereits in der Vorkriegszeit bestanden hatte, blieb erhalten. Während sich der Flensburger DRK-Suchdienst darauf konzentrierte, Suchanträge aufgrund privater Verbleibsinformationen zu bearbeiten, entstand daneben in Flensburg bereits eine andere Stelle, die sich mit der Auswertung amtlicher Dokumente zum Nachweis von Dienstzeiten, Verwundungen und Todesfällen beschäftigte[152].

Und noch eine zweite Entwicklung ist typisch für die unmittelbare Nachkriegszeit. In Lübeck gab es einen Delegierten des IKRK, der Hilfe und Schutz gewähren konnte. Von daher verwundert es nicht, daß nicht allzu weit von Flensburg entfernt die »Flüchtlingssuchaktion Rathaus Lübeck« gegründet wurde, die sich prinzipiell mit denselben Aufgaben wie der DRK-Suchdienst in Flensburg beschäftigte. Die in Dänemark internierten Flüchtlinge hatten wiederum ihren eigenen Suchdienst, ganz zu schweigen von zahllosen weiteren kleinen, relativ bald eingestellten Hilfsdiensten[153].

Flensburg war jedoch ein zu isolierter Standort, daher zog der DRK-Suchdienst im September 1945 von Flensburg nach Hamburg um. Hier stellte sich wiederum eine Situation ein, die typisch war. Im Auftrag der britischen Besatzungsmacht entstand Anfang 1946 in Hamburg das »Central Information Office«, ein weiterer Suchdienst, der zu Zwecken der Beurkundung mit der WASt zusammenarbeiten sollte. Doch bereits ein halbes Jahr später wurde er wieder aufgelöst und mit dem DRK-Suchdienst vereinigt, der jetzt neben der »Hauptermittlungsstelle« existierte. Diese wiederum arbeitete zusammen mit dem »Zentralen Postnachforschungsbüro«, das alle nach dem 1. Januar 1946 eingetretenen Todesfälle beur-

---

[152] Näheres dazu unter 2.3.1.3; siehe auch Böhme, Gesucht wird, S. 38 – 40; Wagner, Ohne Befehl, S. 6.

[153] Die Flüchtlingssuchaktion Rathaus Lübeck ging später in der Zonensuchzentrale Hamburg auf, siehe Böhme, Gesucht wird, S. 41; Wagner, Ohne Befehl, S. 8.

kunden sollte. Und dies, obwohl es weitere Dienststellen in Hamburg gab, die sich mit der Auswertung amtlicher Dokumente beschäftigten[154].

Im Laufe der Zeit gelang es jedoch, dieses Organisationschaos zu bereinigen, es entstand die Zonenzentrale Hamburg[155]. Von den Engländern erhielt sie die Kriegsgefangenenkarteien der Prisoner of War Information Bureaux (PWIB) aus London und Kairo, darüber hinaus registrierte sie alle über die zentrale Heimkehrerentlassungstelle der britischen Zone in Munsterlager heimkehrenden Kriegsgefangenen. Eigenständige Nachforschungen führte die Zonenzentrale Hamburg jedoch nur in besonderen Fällen durch, besaß hierbei allerdings im Vergleich zu anderen Suchdiensten den Vorteil, über das Schwedische Rote Kreuz Anfragen an das Rote Kreuz Moskau stellen zu können[156].

Ebenfalls in Hamburg entstand ein Verfahren, das wesentlich dazu beitrug, schnelle Suchdiensterfolge zu erzielen: das Begegnungsverfahren[157]. Bis dahin war es üblich gewesen, die Gesuchten in einer Kartei zu führen und mit Hilfe der Kartei die Suchanträge zu bearbeiten. Dieses Procedere war bis Kriegsende sinnvoll gewesen, als nur in eine Richtung gesucht worden war – die Familien in der Heimat hatten nach ihren Angehörigen außerhalb, in der Regel Soldaten, gefragt. Nun war es aber so, daß die Gesuchten oft selbst Suchanträge stellten, weil sich ihre Familien nicht mehr an den ursprünglichen Wohnorten aufhielten. Viele Suchende waren von daher gleichzeitig Gesuchte, wie auch Gesuchte Suchende waren. In den nach dem Begegnungsverfahren organisierten Karteien wurden nun die

---

[154] Gem. Verfügung des 8. brit. Korps vom 30.1.1946 wurde in Hamburg 13, Sophienterrasse 13, das »Central Information Office/Zentralauskunftstelle« eröffnet, die Außenstelle der WASt war in der Sophienterrasse 14 untergebracht, siehe hierzu auch Kap. 2.3.1.3. Die Hauptermittlungsstelle befand sich zusammen mit dem Zentralen Postnachforschungsbüro in einen ehemaligen Gerichtsgebäude in Hamburg-Altona, Allee 131. Mit dem Central Post Inquiry Office existierte in der amerikanischen Zone in Franfurt eine ähnliche Organisation. Einer der Gründe für die Bildung einer solchen Vielzahl von Organisationen bestand darin, daß die Alliierten die Suche nach Soldaten beaufsichtigen wollten, weil sie befürchteten, die Deutschen könnten versuchen, die Wehrmacht zu reorganisieren. Nur die Suche nach deutschen Zivilisten konnten die Deutschen von Anfang an in eigener Regie betreiben, siehe Central Information Office/Zentralauskunftstelle vom 25.3.1946, Deutsche Dienststelle, Handakten Gericke; Central Information Office/Zentralauskunftstelle vom 31.7.1946, an Marine-Dokumenten-Zentrale Deutsche Dienststelle, Handakten Gericke; D.M./R.D.-P4- an Marine-Personal-Dokumenten-Zentrale, vom 4.6.1946, Betr.: Mdl. Rücksprache Kpt.z. See Alleweldt – Kptlt. Scheider am 4.6., Deutsche Dienststelle, Handakten Gericke; Interview Wagner; Böhme, Gesucht wird, S. 40; Wagner, Ohne Befehl, S. 6.

[155] Ursprünglich hatte es die Hauptermittlungsstelle und eine DRK-Flüchtlingssuchkartei in Hamburg gegeben, die Zonenzentrale muß sich aus diesen beiden Organisationen entwickelt haben.

[156] Siehe hierzu und zu den folgenden Absätzen: Hessisches Staatsministerium/Der Minister des Innern/Der Vorsitzende der Arbeitsgemeinschaft der Regierungsvertreter der Länder für den Suchdienst, 15.10.1949, BA, B 106/22757; Böhme, Gesucht wird, S. 39 – 42, 208 – 210.

[157] Eine andere Darstellung findet sich bei Kalcyk/Westholt, Suchdienst-Kartei, S. 14. Möglicherweise ist das Begegnungsverfahren gleichzeitig an mehreren Stellen »erfunden« worden.

Namen der Suchenden und gleichzeitig die der Gesuchten alphabetisch gemeinsam einsortiert – in den Fällen, in denen die persönlichen Angaben vollständig und korrekt waren, ergaben sich die »Treffer«, d.h. die Begegnungen von Suchenden und Gesuchten, somit zwangsläufig. Dieses Prinzip erbrachte in den Fällen mit wenig Aufwand schnelle Erfolge, in denen sowohl Suchende als auch Gesuchte überlebt hatten und in der Lage waren, Suchanträge zu stellen. Sie hingen jedoch wesentlich davon ab, wie groß der Einzugsbereich des Suchdienstes war – und dieser war anfangs eher klein.

Unabhängig von den anderen Aktivitäten entstand in Friedland, dem Lager für die aus sowjetischem Gewahrsam in den Westen Heimkehrenden, ein neuartiges Verfahren, das später wesentliche Bedeutung gerade für die Suche nach Verschollenen haben sollte. In der unmittelbaren Nachkriegszeit war es nämlich üblich gewesen, überall dort, wo Heimkehrer vorbeikommen mußten, Zettel mit den Namen und, wenn möglich, auch mit den Bildern von Gesuchten aufzuhängen. Und gerade in Friedland war diese Strategie erfolgversprechend, denn hier kamen die Soldaten an, die an der Ostfront gekämpft hatten, d.h. in dem Bereich, für den bei weitem die meisten Vermißtenfälle gemeldet waren. Aus diesem Ansatz entstand die Bildsuchkartei Friedland, mit deren Hilfe die Heimkehrer aus dem Osten nach dem Schicksal Vermißter befragt wurden. Ursprünglich als eigenständige Initiative gegründet, wurde sie im Laufe der Zeit in die Zonenzentrale Hamburg eingegliedert, die sich immer mehr zur zentralen Stelle in Norddeutschland entwickelte und mit der Schaffung von Landesnachforschungsdiensten auch ihren organisatorischen Unterbau aus der Vorkriegszeit reaktivieren konnte.

Trotz dieses Trends zur Konzentration gab es immer wieder gegenläufige Ansätze – so entstand der Flüchtlingssuchdienst Stade nur, weil es dem niedersächsischen Flüchtlingsminister gelungen war, im Frühjahr 1949 von den dänischen Behörden die Kartei der ca. 200 000 dort registrierten Ostseeflüchtlinge zu erhalten. Dabei hatte es sich um eine zufällig zusammengewürfelte Gruppe gehandelt, die nur das gemeinsame Schicksal der Flucht über die Ostsee verbunden hatte. Die Kartei beinhaltete somit en miniature alle Probleme, mit denen die Suchdienste zu kämpfen hatten, war jedoch gleichzeitig zu klein, um effizient arbeiten zu können – eine Situation, die nicht zukunftsträchtig war. Daneben gab es andere Ansätze, Versuche, sich auf bestimmte Personengruppen zu spezialisieren und auf diesem Felde dann zonenübergreifend zu arbeiten. Hierzu gehörte der Suchdienst Bethel, der sich speziell um die weiblichen Kriegsvermißten, wie Wehrmachthelferinnen und DRK-Schwestern, kümmerte. Letztlich war jedoch 1949 die Entwicklung der Suchdienste an einem Punkt angekommen, wo neue Lösungen notwendig wurden. Die Gründung der Bundesrepublik eröffnete dann auch Möglichkeiten, die bald zu wesentlichen Änderungen führen sollten.

Doch zunächst zur letzten und vielleicht wichtigsten, der amerikanischen Zone. Die Entwicklung hier war noch unübersichtlicher als in der britischen Zone, zunächst entstanden ungezählte private und öffentliche Organisationen. Einen guten Überblick über die Situation vermittelt das Gesetz, das die Regierung das Landes Württemberg-Baden als erste derartige Regelung in den Westzonen am

23. Oktober 1946 erließ. Hierin wurde allen, insbesondere aber 43 namentlich genannten Suchdiensten die weitere Arbeit im Lande Württemberg-Baden verboten, darunter allein 23 Diensten aus Württemberg-Baden u.a. mit so exotischen Namen, wie »Alliierter und deutscher Kriegergräberdienst, Direktor und Dienstchef F.C. Kern, Schwäbisch Hall«, bis hin zum Meldedienst TAZA, der Radiosender abhörte, über die Kriegsgefangene ihren Angehörigen ein Lebenszeichen übermitteln konnten, und diese Namen an die Familien weiterleitete[158]. Ab Ende 1946 war somit der »Hilfsdienst für Kriegsgefangene und Vermißte« der einzige zugelassene Suchdienst in Württemberg-Baden, der gleichzeitig im öffentlichen Auftrag handelte. Neben seiner regionalen Zuständigkeit begann der Hilfsdienst aber auch, sich zu spezialisieren – es entstand die »Sammelstelle für Heimkehrernachrichten«, die wertvolles Material über die Kriegsgefangenenlager sammeln sollte[159]. Der Hilfsdienst war allerdings nur zuständig für die Deutschen – für die Nachforschung nach Angehörigen der Vereinten Nationen, d.h. vor allem der Displaced Persons, gab es einen eigenen, von den Alliierten unterhaltenen Dienst, das UNRRA Dokumenten- und Suchdienstbureau[160].

In Bayern begann das Rote Kreuz unmittelbar nach Kriegsende, einen Suchdienst aufzubauen. Es scheiterte jedoch zunächst an der amerikanischen Besatzungsmacht. Ähnlich wie die anderen westlichen Besatzungsmächte standen diese nämlich allen Suchdienstaktivitäten negativ gegenüber, weil sie befürchteten, die Sammlung militärischer Daten, wie Dienstgrad, Einheit etc. könne dazu benutzt werden, die Wehrmachtstrukturen zu rekonstruieren und zu gegebener Zeit die Wehrmacht wieder aufzustellen. Letztlich gelang es jedoch, diese anfänglichen, massiven Befürchtungen zu zerstreuen: am 18. Juli 1945 konnte der Suchdienst München seine Tätigkeit aufnehmen – bis heute ist sie nicht abgeschlossen. Bereits

---

[158] So positiv das Bemühen zu bewerten ist, die Familien zu informieren, die oft keine Gelegenheit hatten, die Sendungen abzuhören, war damit jedoch auch eine Gefahr verbunden. Ohne eine große Suchkartei mit den aktuellen Wohnorten der Familien waren viele Nachrichten nicht zustellbar, es bestand sogar die Gefahr, irrtümlich die falschen Familien zu benachrichtigen, siehe Gesetz Nr. 309 über den Suchdienst nach vermißten Personen, vom 23.10.1946 sowie die Ausführungsbestimmungen Nr. 311 des Innenministeriums, veröffentlicht in: Württemberg-Baden/Innenministerium Nr. VII 1257, vom 23.12.1946, Betr.: Deutscher Vermißtensuchdienst, BA, B 150/311 H2.

[159] Bezeichnenderweise hat es dort bereits vor Kriegsende eine solche Sammelstelle gegeben, die nun zum Nucleus einer neuen Organisation wurde. Ungewöhnlicherweise wurde sie gemeinsam vom Roten Kreuz, der Evangelischen Landeskirche und dem Caritas-Verband getragen, siehe Böhme, Gesucht wird, S. 55 – 57; Wagner, Ohne Befehl, S. 8; Interview Wagner.

[160] Dieses wiederum arbeitete mit einer Filiale des Internationalen Suchdienstes vom Roten Kreuz zusammen, die später in Arolsen unter der Bezeichnung Internationaler Suchdienst dauerhaft angesiedelt werden sollte, siehe Baden/Innenministerium Nr. VII 1257, vom 23.12.1946, Betr.: Deutscher Vermißtensuchdienst, BA, B 150/311 H2; Hessisches Staatsministerium/ Der Minister des Innern/Der Vorsitzende der Arbeitsgemeinschaft der Regierungsvertreter der Länder für den Suchdienst, 15.10.1949, BA, B 106/22757; Forschungsgemeinschaft Berlin/Wolgast, Frank, TAZA; Böhme, Gesucht wird, S. 32, 54 und 82; Smith, Vermißte Million, S. 57.

in den ersten Jahren gelang es dem Suchdienst München, die Landesnachforschungsdienste und Kreisnachforschungsstellen zu reaktivieren, die bereits während des Krieges bestanden hatten. Damit besaß der Suchdienst München einen organisatorischen Unterbau, der ihn in die Lage versetzen sollte, aktiv in großem Umfang Schicksalsklärung zu betreiben[161].

Hinzu kam eine zweite wesentliche und zukunftsträchtige Strategie – der Suchdienst München begann, sich zu spezialisieren. Die Zusammenführung der durch Kriegsereignisse getrennten Familien hatte 1947/48 einen vorläufigen Abschluß gefunden, die Masse der zu diesem Zeitpunkt noch Vermißten waren Wehrmachtangehörige, und so ging der Suchdienst München bereits Mitte 1947 dazu über, speziell nach diesem Personenkreis zu suchen. Ab 1948 gab es sogar eine eigene Institution hierfür, die »Nachforschungszentrale für Wehrmachtvermißte«. Mit dieser Maßnahme stand der DRK-Suchdienst allerdings nicht allein, in Erlangen gab es das »Evangelische Hilfswerk für Kriegsgefangene und Internierte«, das sich um die seelsorgerliche Betreuung der Inhaftierten kümmerte und aufgrund seiner speziellen Kenntnisse über die Lagersysteme und ihre Erreichbarkeit wertvolle Hinweise geben konnte[162].

Wenn man sich abschließend nochmals dieses Organisationswirrwarr der unmittelbaren Nachkriegszeit vergegenwärtigt, dann ist es nicht nur geeignet, den Leser zu verwirren, es provoziert auch die Frage, wie diese Situation von den Zeitgenossen erlebt wurde und welche Auswirkungen sich daraus für die Vollständigkeit der uns heute vorliegenden Informationen ergeben. Zunächst einmal wäre zu befürchten, daß die Zersplitterung zu einem Verlust der Informationen geführt haben könnte, insbesondere wenn man bedenkt, daß eine Weiterleitung der Informationen an die WASt nicht vorgesehen und anfangs auch nicht möglich war. Diese Befürchtung ist jedoch unberechtigt. Zum einen bewirkte die Vielzahl der Suchdienste, daß es leichter war, einen Suchfall zu melden, als dies der Fall gewesen wäre, wenn es eine oder wenige zentrale Organisationen gegeben hätte – denn diese wären angesichts der unterbrochenen Kommunikationswege nur schwer zu erreichen gewesen. Da es aber üblich war, sich an mehrere Suchorganisationen zu wenden, sind also eher zu viele, mehrfache, als zu wenige Meldungen erstattet worden. Zum anderen sind später bei der Zusammenfassung von Organisationen die jeweiligen Karteien vereinigt worden. Insgesamt wurden damit die Informationen früh dezentral gewonnen und diese dann später zentral vereinigt. Unter dem Aspekt der Vollständigkeit der Information für den heutigen Forscher war diese ungeplante, durch die Realität erzwungene Lösung opti-

---

[161] Ursprünglich befand sich der DRK-Suchdienst in der Wagmüller-Straße, anschließend war er in der Infanteriestr. 7a untergebracht, seit 1.6.1996 befindet er sich in der Chiemgaustr. 109, siehe Böhme, Gesucht wird, S. 46 f., Abbildung S. 48 und 77; Wagner, Ohne Befehl, S. 8.
[162] Hessisches Staatsministerium/Der Minister des Innern/Der Vorsitzende der Arbeitsgemeinschaft der Regierungsvertreter der Länder für den Suchdienst, 15.10.1949, BA, B 106/22757; Böhme, Gesucht wird, S. 60 und 82.

mal, die Suchenden damals erlebten sie jedoch vermutlich anders. Sie befanden sich in der keineswegs beneidenswerten Lage, mit verschiedenen, untereinander konkurrierenden, neu entstehenden und wieder eingestellten Suchdiensten konfrontiert zu sein – eine Zersplitterung, die die Suchdauer verlängern mußte. Zu erklären ist diese Konstellation zum einen dadurch, daß in einer Situation, für die keine Erfahrungen und keine Präzedenzfälle vorlagen, viele auf der ihnen zur Verfügung stehenden begrenzten, lokalen Ebene begannen, das ihnen Mögliche zu tun. Kristallisationskerne waren oft bereits bestehende, oder per Zufall an den jeweiligen Ort gelangte Karteien. Wenn sie im kommunalen Auftrag betrieben wurden, war die Motivation der Initiatoren oft karitativ – die Skala der Möglichkeiten reichte aber auch bis zu rein profitorientierten oder sogar betrügerischen Organisationen.

Soweit zu den Initiatoren. Die Gründe, warum Hunderte von Menschen, oft ohne Lohn, als Mitarbeiter in diesen Suchdiensten arbeiteten, waren vielfältig. In einer Zeit, in der die meisten weder Arbeit noch eine gesicherte Zukunft besaßen, war es natürlich erstrebenswert, im Auftrag – oder zumindest mit dem Segen der Besatzungsmacht – eine Aufgabe durchzuführen, die eine hohe öffentliche Wertschätzung besaß, eventuell vor der Kriegsgefangenschaft oder Internierung schützte und auf Jahre hinaus eine berufliche Perspektive versprach. Manche hofften auch, durch die Arbeit in einer Suchorganisation schneller eine Nachricht von den eigenen Angehörigen zu erhalten[163].

### 2.3.1.3.2 Ansätze zur Zusammenarbeit

Trotz aller Konkurrenz und trotz aller Probleme, die Zonengrenzen zu überwinden, gab es aber auch von Anfang an Ansätze zur Zusammenarbeit. Dies vor allem aus der Erkenntnis heraus, daß der Erfolg von der Größe des erfaßten Personenkreises abhing. Bereits zum 1. Januar 1946 hatten die beiden großen christlichen Kirchen zusammen mit den DRK-Zonensuchzentralen Hamburg und München die Suchdienstarbeitsgemeinschaft gegründet und beschlossen, zukünftig enger zusammenzuarbeiten, indem alle Fälle, die innerhalb der eigenen Kartei nicht gelöst werden konnten, an die anderen Suchdienste weitergeleitet wurden[164].

Die französische und die sowjetische Besatzungszone waren in der Suchdienstarbeitsgemeinschaft nicht vertreten, was aber nicht bedeuten soll, daß es keine Zusammenarbeit gegeben hätte. So gründeten die beiden Zonenzentralen

---

[163] Um nur ein Beispiel anzuführen, der Suchdienst des DRK in Hamburg beschäftigte bereits im Sommer 1945 ca. 700 Mitarbeiter, siehe Böhme, Gesucht wird, S. 52; Interview Wagner.

[164] Bei Abschluß der »Frankfurter Konvention« wurde die evangelische Kirche nicht durch das EHiK in Erlangen, sondern durch das Hilfswerk der Evangelischen Kirchen in Deutschland vertreten, später traten noch die wiedererstandenen Arbeiterwohlfahrtsverbände und der Suchdienst Bethel bei. Zum 31.5.1948 wurde die Vereinbarung allerdings wieder gekündigt, weil sich vor allem die Kirchen nicht mehr in der Lage sahen, die finanzielle Belastung zu tragen; Böhme, Gesucht wird, S. 60; Wagner, Ohne Befehl, S. 7. Nicht zutreffend dagegen ist die Darstellung bei Smith, Heimkehr, S. 21.

die Suchdienstverbindungsstelle in Berlin, um die Verbindung zum Suchdienst Ost aufrecht zu erhalten. Daneben gab es bereits bald auch Kontakte über die Zonen hinaus – und das nicht nur zur ACPG in Genf. Der Hamburger Suchdienst konnte für die drei westlichen Zonenzentralen Hamburg, München und Rastatt über das schwedische Rote Kreuz Anfragen an das Rote Kreuz Moskau richten. Solange die Kartei der in Dänemark Internierten noch nicht in Stade war, gab es Verbindungen zur dänischen Flüchtlingsadministration, und auch das österreichische Rote Kreuz hatte eine eigene Verbindungsstelle in Salzburg[165].

Ein anderer, zonenübergreifender Aspekt waren die Medien, die einzelne Dienste bereits recht früh einsetzten. So gab der Suchdienst Ost bereits ab 1947, der Suchdienst München ab 1950, je eine Suchdienstzeitung mit Suchmeldungen heraus, die natürlich nicht nur in der jeweiligen Zone gelesen wurden. Ähnlich verhält es sich mit den Radio-Suchsendungen, die sowohl im Osten als auch im Westen ausgestrahlt wurden[166].

Es fanden aber auch gemeinsame Aktivitäten statt: Bereits im Spätherbst 1946 war es nämlich dem Suchdienst Ost erstmals gelungen, Suchdienstkarten in sowjetische Kriegsgefangenenlager zu schicken und bis zum Mai 1947 waren bereits ca. 200 000 zurückgekommen[167]. Dadurch wurde es möglich, die Angehörigen ausfindig zu machen, bevor noch die Kriegsgefangenen als Heimkehrer im Lager Gronefeld eintrafen. Über die Suchdienstverbindungsstelle in Berlin entwickelte sich eine konstruktive Zusammenarbeit zwischen den Zonenzentralen München und Hamburg sowie dem Suchdienst Ost. Diese wurde so weit perfektioniert, daß die Suchanträge von Heimkehrern aus der sowjetischen Kriegsgefangenschaft, die in Gronefeld eintrafen und nicht wußten, wo sich ihre Angehörigen befanden, über Nacht per Flugzeug zu den Zonenzentralen transportiert wurden und dann in der Regel bis zum nächsten Tag geklärt werden konnten. Da aber inzwischen immer mehr Kriegsgefangene schon in den Lagern mit ihren Angehörigen Kontakt hatten aufnehmen können, sank der Anteil der Heimkehrer, die nicht wußten, wohin sie sich wenden sollten. Im Jahr 1948, als die letzten größeren Gruppen heimkehrten, waren nur noch 3,9 Prozent von ihnen »alleinstehend«. Alle ande-

---

[165] Hessisches Staatsministerium/Der Minister des Innern/Der Vorsitzende der Arbeitsgemeinschaft der Regierungsvertreter der Länder für den Suchdienst, 15.10.1949, BA, B 106/22757; Böhme, Gesucht wird, S. 51 f. und 118 f.; Suchzeitung, Nr. 4/I vom April 1947, S. 1.

[166] Für den Berliner Rundfunk (sowjetische Zone) ist die Bilanz bekannt: In 738 Suchsendungen, ausgestrahlt zwischen dem 1.3.1947 und dem 4.12.1948, wurden 104 412 Personen gesucht, von denen sich 11 915 fanden, siehe Suchzeitung, Nr. 3/III vom Februar 1949, S. 1. Der Norddeutsche und der Hessische Rundfunk strahlen noch heute Suchsendungen aus, siehe Jahresbericht, Suchdienst München 1995, S. 7; siehe auch: Zahlen aus der Tätigkeit der Suchdienst-Zonenzentrale Hamburg im Jahre 1949, in: DRK-Suchdienst – Zonenzentrale Hamburg, Rundbrief Nr. 40, S. 6; Böhme, Gesucht wird, S. 210 – 213; Rapport, 2, S. 91 f.; Suchzeitung, Nr. 4/I vom April 1947, S. 1; Suchzeitung, Nr. 3/V vom März 1951, S. 1.

[167] Böhme, Gesucht wird, S. 44; Suchzeitung, Nr. 5/I vom Mai 1947, S. 1; Suchzeitung, Nr. 12/I vom August 1947, S. 1; Suchzeitung, Nr. 13/II vom August 1948, S. 1.

ren hatten bereits Verbindung mit ihren Familien – und dies war in der Regel nur mit Hilfe der Suchdienste möglich gewesen. Für die Zwecke der eigenen Untersuchung ist diese Feststellung von erheblicher Bedeutung, besagt sie doch, daß es 1948 kaum noch lebende, irrtümlich für tot gehaltene, Kriegsgefangene gab. Für die vorliegende Arbeit folgt daraus, daß der hier interessierende Personenkreis bereits 1948 relativ gut erfaßt war[168].

Aber nicht nur die Kenntnisse über die noch in Kriegsgefangenschaft befindlichen Personen hatten zugenommen, auch das Wissen über die bereits Heimgekehrten und die weiterhin Vermißten war gewachsen. Heimkehrernamen hatte wohl jeder Suchdienst von Beginn an gesammelt, solange die Kriegsgefangenen jedoch an vielen verschiedenen Orten, z.B. aus den Kriegsgefangenenlagern innerhalb der Besatzungszonen, entlassen wurden, war es für deutsche Stellen kaum möglich, sie vollständig zu erfassen. Dies änderte sich in dem Maße, wie die Besatzungsmächte dazu übergingen, in ihren Zonen zentrale Entlassungslager zu schaffen, durch die alle Heimkehrer geschleust wurden. Hier hatten die Suchdienste die Möglichkeit, einerseits diesen Personenkreis zu erfassen, andererseits begannen sie – abgesehen vom Suchdienst Ost, der keine Schicksalsklärung betrieb – aber auch, die Heimkehrer über den Verbleib anderer zu befragen. Obwohl unsystematisch betrieben, ergaben sich doch viele neue Erkenntnisse, weil die Erinnerung der Heimkehrer noch frisch war[169].

Dennoch herrschte Einigkeit, daß die Kenntnislücken geschlossen werden mußten. Beginnend im Januar 1947 in Bremen und bis 1948 auch in den restlichen Länder der drei Westzonen wurde daher eine namentliche Registrierung aller Kriegsgefangenen, Wehrmacht- und Zivilvermißten durchgeführt. In einigen Ländern wurden auch die bis dahin Heimgekehrten erfaßt, in anderen wiederum nur die Registrierung insofern fortgeschrieben, als alle Änderungen, wie Heimkehr, Todesnachricht oder erstes Lebenszeichen, d.h. der Wechsel vom Status »vermißt« zu »kriegsgefangen« etc., zu melden waren. Die Registrierung war keineswegs freiwillig, sie wurde über die Polizeidienststellen durchgeführt und für die Fortschreibung sowie eventuelle Nachmeldungen waren die Bürgermeister verantwortlich[170]. Dieser offizielle Charakter schien Vorteile zu haben, tatsächlich erwies er sich jedoch als nachteilig – manche Familien befürchteten, mit ihren Angaben dem Gesuchten zu schaden. Dies war z.B. der Fall bei Angehörigen der Waffen-SS, die in der Kriegsgefangenschaft daran interessiert waren, diesen Umstand, soweit möglich, zu verheimlichen. Einer zeitgenössischen Schätzung nach wurden

---

[168] DRK-Suchdienst München/Dr. Kalcyk vom 29.9.1995 an den Verfasser; Suchzeitung, Nr. 6/II vom April 1948, S. 2.
[169] Anzeige, Landesarbeitsgemeinschaften, S. 2; Böhme, Gesucht wird, S. 77.
[170] Beispielhaft: Württ. Statistisches Landesamt Nr. IV B 7- 2392/48, vom 26.4.1948, Betr.: Deutscher Vermißtensuchdienst; Fortschreibung der Registrierung der Kriegsgefangenen und Vermißten, BA, B 150/322.

daher in der Bi-Zone nur ca. 80 Prozent der Vermißten erfaßt, in der französischen Zone sollen es maximal ca. 95 Prozent gewesen sein[171].

Auch wenn die Registrierung nicht vollständig war, den Suchdiensten brachte sie dennoch eine wertvolle Ergänzung ihrer Unterlagen, und zwar sowohl bezüglich der Vermißten und Kriegsgefangenen als auch bezüglich der Heimkehrer. Für die Behörden besaß diese Registrierung noch größere Bedeutung – als sie im Frühjahr 1948, ca. drei Jahre nach Kriegsende, abgeschlossen war, stand den Behörden erstmals ein Überblick über die Zahl der Kriegsgefangenen und Vermißten zur Verfügung, der nicht von den Auskünften der Gewahrsamsmächte abhängig war.

Das Ergebnis all dieser Bemühungen bestand darin, daß bis 1949 ca. 80 Prozent der Suchfälle, militärisch wie zivil, geklärt waren. Es handelte sich vor allem um solche Fälle, in denen Familien durch die Kriegsereignisse auseinandergerissen worden waren, oder in denen Kriegsgefangene in Kontakt zu ihren Angehörigen gebracht werden mußten, d.h. die relativ leichteren Fällen, in denen beide Parteien, Gesuchte wie Suchende, lebten. Offen, d.h. ungeklärt, waren im zivilen Bereich jetzt noch vor allem die Fälle kleiner, elternloser Kinder und die Zivilvermißten sowie, im militärischen Bereich, diejenigen, die auf dem östlichen Kriegsschauplatz vermißt waren – der Anteil der Westvermißten lag unter 10 Prozent[172].

Die Arbeitsmenge nahm von daher ab, die verbleibenden Fälle zu lösen, wurde jedoch immer schwieriger. Neue Arbeitsstrategien mußten entwickelt werden. Aber nicht nur die Aufgabenstellung erforderte neue Ansätze, auch auf der administrativen und der politischen Ebene hatten sich wesentliche Änderungen ergeben. Da die Kirchen die Suchdienstarbeit als eine Aufgabe des sich langsam bildenden neuen, westdeutschen Staates ansahen, hatten sie bereits zum 31. Mai 1948 – vor allem aus finanziellen Gründen – ihre Mitgliedschaft in der Suchdienst-Arbeitsgemeinschaft gekündigt[173]. Und diese Kosten waren nicht gering. Obwohl

---

[171] Grundsätzlich waren Waffen-SS-Angehörige daran zu erkennen, daß sie eine Tätowierung mit ihrer Blutgruppe auf der Innenseite des rechten Armes trugen, aber es gab auch Ausnahmen, und manche unternahmen vieles, um sich dieser Markierung zu entledigen; einen Überblick über den Ablauf der Registrierung gibt Smith, Vermißte Million, S. 67 – 74; siehe auch Overmans, German Historiography, S. 156 f.

[172] Hierbei handelte es sich jedoch um besonders schwierige Fälle. Der auf die Westvermißten spezialisierte Suchdienst Rastatt konnte während seiner Tätigkeit von den ca. 120 000 bei ihm registrierten Fällen nur ca. 20 000 lösen, siehe Suchdienst Rastatt, Az. I/435/51, an Statistisches Bundesamt/Abt.VIII-Suchdienstaufsicht vom 31.10.1951, BA, B 150/207 H2; Hessisches Staatsministerium/Der Minister des Innern/Der Vorsitzende der Arbeitsgemeinschaft der Regierungsvertreter der Länder für den Suchdienst, 15.10.1949, BA, B 106/22757; Böhme, Gesucht wird, S. 13, 77 und 126.

[173] Ab Dezember 1948 hatte das Statistische Amt des Vereinigten Wirtschaftsgebietes die Aufsicht über die Suchdienste, ab 1949 war das Vertriebenenministerium, später das Innen- und dann wieder das Vertriebenenministerium zuständig, siehe Hessisches Staatsministerium/Der Minister des Innern/Der Vorsitzende der Arbeitsgemeinschaft der Regierungsvertreter der Länder für den Suchdienst, 15.10.1949, BA, B 106/22757; Böhme, Gesucht wird, S. 65 und 82 – 86.

der Personalbestand der meisten Suchdienste von 1948 bis 1949 bereits halbiert worden war, beschäftigten die sieben im Oktober noch existierenden Suchdienste 601 Mitarbeiter, ca. 40 Prozent davon bei der Zonenzentrale Hamburg[174]. Hinzu kamen eine nicht näher spezifizierte Zahl von Wochenlöhnern und Heimarbeitern sowie das Personal der Suchdienstverbindungsstelle Berlin, der Landes- und der Kreisnachforschungsstellen, ganz zu schweigen von den mit der Auswertung amtlicher Dokumente beschäftigten Stellen, wie der Deutschen Dienststelle und den Krankenbuchlagern[175].

Die Übernahme der Kosten für all dieses Personal bedeutete für den jungen westdeutschen Staat eine Finanzlast, die zu Umstrukturierungen zwang. Und natürlich sahen alle Beteiligten die Notwendigkeit einer Konzentration und personellen Reduzierung ein, doch ebenso selbstverständlich wollte keiner der Dienste freiwillig der eigenen Auflösung zustimmen. Nach mehrjährigen Zwischenlösungen setzte sich letztlich die Regelung durch, daß die Heimatortskarteien des Kirchlichen Suchdienstes ausschließlich für die Vertriebenen und der Suchdienst München für den Wehrmachtsuchdienst zuständig wurde[176].

Damit war es Anfang der 50er Jahre endlich gelungen, zumindest in den Westzonen die Zusammenfassung der Suchdienste herbeizuführen, die von Anfang an gefordert worden war. Nach jahrelangen Arbeiten waren dann 1954 endlich alle Karteien in München zusammensortiert, wodurch sich 56 000 Klärungen ergaben, die bis dahin nicht erfolgt waren, weil die Informationen an verschiedenen Orten abgespeichert worden waren. Als der DRK-Suchdienst München diese Ergebnisse den Angehörigen mitteilte, stellte sich jedoch in 50 000 Fällen heraus,

---

[174] Im einzelnen: Zonenzentrale Hamburg: 244 Angestellte, Suchdienst Bethel: 42 Mitarbeiter, Zonenzentrale Rastatt: 17 Mitarbeiter, Zonenzentrale München: 154 Mitarbeiter, Sammelstelle für Heimkehrernachrichten, Stuttgart: 40 Mitarbeiter, Evangelisches Hilfswerk für Kriegsgefangene und Internierte: 21 Mitarbeiter, Heimatortskarteien des Kirchlichen Suchdienstes: 83 Mitarbeiter, Hessisches Staatsministerium/Der Minister des Innern/Der Vorsitzende der Arbeitsgemeinschaft der Regierungsvertreter der Länder für den Suchdienst, 15.10.1949, BA, B 106/22757.

[175] Hinzuzurechnen wäre noch der Suchdienst Ost, über dessen Personalumfang nur bekannt ist, daß er 1947 bei ca. 400 Mitarbeitern lag, Suchzeitung, Nr. 5/I vom Mai 1947, S. 1.

[176] Bis die anderen Suchdienste tatsächlich aufgelöst und vor allem die Karteien überführt waren, dauerte es wegen des zähen Widerstandes der aufzulösenden Dienste mitunter Jahre. Und selbst als die Kartei des Zonensuchdienstes Hamburg in München eintraf, dauerte es noch ca. 4 Jahre, bis beide Karteien zusammengefügt waren, siehe Hessisches Staatsministerium/Der Minister des Innern/Der Vorsitzende der Arbeitsgemeinschaft der Regierungsvertreter der Länder für den Suchdienst, 15.10.1949, BA, B 106/22757; Volksbund Deutsche Kriegsgräberfürsorge/Bundeszentrale vom 4.12.1948 an den Länderrat des amerikanischen Besatzungsgebiets, BA, B 150/338 H1; siehe hierzu und zum folgenden Abschnitt Böhme, Gesucht wird, S. 40, 57, 83 – 88, 90 f. und 120.
Zur Konkurrenz zwischen den Suchdiensten siehe Suchdienst/Zonenzentrale München vom 1.2.1949, Suchdienst oder Wartedienst?, BA, B 106/22754; Deutsche Dienststelle/Ref. V/GE./Mlg. 190, an den Länderrat des amerikanischen Besatzungsgebiets, vom 4.2.1949, BA, B 106/22754.

daß die Betroffenen die Information auf anderem Wege, z.B. durch private Nachforschungen, bereits erhalten hatten.

Für die Suchdienste war dies ein enttäuschendes Ergebnis, für die vorliegende Untersuchung zeigt es, daß es außerhalb der Suchdienstkanäle noch weitere Möglichkeiten gab, Informationen zu gewinnen. Nun könnte man versucht sein, aus der Tatsache, daß es möglich war, Lebende ohne Mitwirkung der Suchdienste zu finden, den Schluß zu ziehen, daß es wohl auch möglich gewesen sein muß, auf privatem Wege Todesfälle festzustellen. So naheliegend diese Überlegung ist, sie übersieht einen Umstand. Verständlicherweise haben manche in der Wiedersehensfreude vergessen, die Suchdienste zu informieren – und damit waren ja auch keine unmittelbaren negativen Konsequenzen für die Betroffenen verbunden. Bei Todesfällen sieht die Situation jedoch anders aus. Dem Wissen über den Tod folgt die Sterbefallanzeige oder die Todeserklärung. Beide sind jedoch nur unter Mitwirkungen amtlicher Stellen und unter Einschaltung der WASt möglich, von daher dürfte der Kenntnisstand dieser Organisationen bezüglich der Toten umfassender sein als hinsichtlich der Lebenden.

*2.3.1.3.3 Wehrmachtsuchdienst*

Bereits ab Juni 1947 hatte die damalige Zonenzentrale München in der richtigen Erkenntnis, daß bloßes Registrieren eintreffender Nachrichten bei den Wehrmachtvermißten nicht genügte, begonnen, aktiv zu suchen. Als eine der ersten Maßnahmen wurden Heimkehrerlisten erstellt, so daß sich Angehörige bei diesen nach dem Schicksal von Gesuchten erkundigen konnten – eine Methode, die auch der Suchdienst Rastatt anwandte. Das Verfahren hatte aber zwei wesentliche Nachteile: zum einen belastete es den Heimkehrer mit einer Flut von Anfragen, zum anderen erfuhr der Suchdienst oft nicht, wenn sich Schicksale klärten. Im Jahr 1949 wurde dieses Verfahren daher wieder eingestellt[177].

Inzwischen war die übergroße Mehrheit der Kriegsgefangenen heimgekehrt, die Zusammenführung Lebender war weitestgehend abgeschlossen. Neue Strategien wurden erforderlich – sie gingen in zwei Richtungen, die systematische Befragung von Heimkehrern einerseits und die Rekonstruktion des Schicksals militärischer Einheiten und der Strukturen der Kriegsgefangenschaft andererseits. Um Heimkehrern nämlich die richtigen Fragen stellen zu können, war es notwendig, möglichst detaillierte Kenntnisse über den Ablauf der Ereignisse zu gewinnen, die Ende der vierziger Jahre noch keineswegs vollständig erforscht waren[178]. Hier erwiesen sich die Vorarbeiten als nützlich, die die Heimkehrerzentrale Stutt-

---

[177] Hessisches Staatsministerium/Der Minister des Innern/Der Vorsitzende der Arbeitsgemeinschaft der Regierungsvertreter der Länder für den Suchdienst, 15.10.1949, BA, B 106/22757; Böhme, Gesucht wird, S. 77 und 80 – 83.

[178] Das Standardwerk der Maschke-Kommission über die Kriegsgefangenschaft wurde beispielsweise erst in den 60er Jahren veröffentlicht – wesentlich getragen von Mitarbeitern, die vorher beim DRK-Suchdienst gearbeitet hatten, Hessisches Staatsministerium/Der Minister des Innern/Der Vorsitzende der Arbeitsgemeinschaft der Regierungsvertreter der Länder für den Suchdienst, 15.10.1949, BA, B 106/22757; Die Nachforschung.

gart bereits geleistet hatte, und die nutzbringend weiterverwendet werden konnten, weil bei der Auflösung des Stuttgarter Dienstes das Fachpersonal einschließlich der Unterlagen übernommen werden konnte.

Auch von der technischen Seite her war neuer Ansatz entstanden. Der neugegründeten »Nachforschungszentrale für Wehrmachtvermißte« beim Suchdienst München war es gelungen, von der Firma IBM leihweise Hollerith-Maschinen zu erhalten, wie sie der Internationale Suchdienst schon seit Beginn des Zweiten Weltkrieges verwandte. Damit waren die Voraussetzungen geschaffen, systematisch nach Vermißten zu suchen, denn wenn erst alle Daten aufgenommen waren, bestand die Möglichkeit, beliebig auszuwählen und zu sortieren. Dadurch konnten z.B. systematisch alle Inhaftierten eines Lagers oder alle Angehörigen einer Einheit ermittelt werden, um sie nach einem bestimmten Schicksal zu befragen. Diese völlig neuen Möglichkeiten waren einerseits einer der wesentlichen Gründe dafür, daß München zum bundesweiten Zentrum des Wehrmachtsuchdienstes wurde, andererseits stellten sie aber auch einen Anreiz dar, neue Initiativen zu ergreifen.

Zunächst einmal wurden alle dem DRK-Suchdienst München bekannten Heimkehrer »verlocht«, d.h. mit Hollerith-Maschinen erfaßt. Nun fehlte noch ein aktueller Überblick über die noch nicht heimgekehrten Kriegsgefangenen und die Vermißten. Auf die Registrierung von 1947 wollte man nicht zurückgreifen, denn diese hatte weder das Saarland noch Berlin erfaßt, war unvollständig und die Fortschreibung der Ergebnisse lückenhaft gewesen. Manches Schicksal hatte sich durch Kontakte zwischen den Heimkehrern und den Angehörigen geklärt, ohne daß es die Behörden oder die Suchdienste erfahren hatten[179].

Eine neue Registrierung war daher erforderlich. Der Zeitpunkt erwies sich als günstig, weil die Repatriierung aus dem westlichen Gewahrsam abgeschlossen war und auch die Zahl der Heimkehrer aus dem Osten drastisch abgenommen hatte. Publizistisch gut vorbereitet – selbst der Bundespräsident rief am 14. Februar 1950 zur Teilnahme auf – wurde dann vom 1. bis 11. März 1950 die zweite bundesweite Registrierung der Kriegsgefangenen, Kriegsverurteilten, Internierten und Vermißten durchgeführt. Nach einem einheitlichen Schema wurde diesmal das gesamte Bundesgebiet einschließlich Berlin – allerdings ohne das Saarland – erfaßt, selbst Österreich schloß sich später an. Nur die DDR nahm nicht teil – hier hatte der Schwerpunkt immer auf der Zusammenführung Lebender gelegen, nach Personen, die vermutlich ohnehin tot waren, wurde nicht gesucht. Suchanträge aus der DDR zu stellen war dennoch möglich, der DRK-Landesnachforschungsdienst Berlin fungierte hier als Ansprechpartner. Die Meldungen wurden von den Statistischen Landesämtern quantitativ ausgewertet und dann an den DRK-Suchdienst weitergeleitet. Als die Registrierung abgeschlossen war, lagen Daten über 69 000 Kriegs-, Straf- und Untersuchungsgefangene, 190 000 vermißte Zivilpersonen und 1 148 000 vermißte Soldaten vor. Die Meldungen stammten nicht nur

---

[179] Böhme, Gesucht wird, S. 78 – 82; Djurovic, L'Agence Centrale, S. 151.

aus dem ursprünglichen Erfassungsgebiet, ca. 150 000 kamen darüber hinaus aus der DDR, 2000 aus dem Saarland, ca. 93 000 aus Österreich (einschl. der Nachregistrierung) und ca. 30 000 aus dem sonstigen Ausland. Im Laufe der Jahre erhöhte sich die Summe aufgrund nachträglich gemeldeter Fälle, gleichzeitig konnten aber auch Hunderttausende geklärt werden[180].

Damit besaßen die Bundesregierung und der Suchdienst fünf Jahre nach Ende des Zweiten Weltkriegs erstmals einen zuverlässigen Überblick über die Menge der Kriegsgefangenen und Vermißten. Die nun zur Verfügung stehenden Daten waren die Basis für zwei miteinander verflochtene, in ihren Intentionen jedoch verschiedene Handlungsstränge: die Arbeit der UN-Ad-hoc-Kommission einerseits und die Vermißtennachforschung andererseits.

Ende 1950 gelang es der Bundesregierung nämlich, die UN erstmals für das Problem der Kriegsgefangenen und Vermißten zu interessieren. Am 14. Dezember 1950 wurde dann auf der UN-Vollversammlung beschlossen, eine Ad-hoc-Kommission zu gründen und alle Staaten aufzufordern, Auskunft über die noch vorhandenen und die in ihrem Gewahrsam befindlichen Kriegsgefangenen zu geben. Der Arbeitsauftrag bezog sich also nicht nur auf die deutschen Kriegsgefangenen, sondern genauso auch auf die aller anderen Nationen, wobei Japan und Italien besonders betroffen waren[181].

Zur ersten Sitzung am 30. Juli 1951 konnte die Bundesregierung eine Liste von 1 010 041 Personen vorlegen, die sich nachweislich in Kriegsgefangenschaft befunden hatten, bisher jedoch nicht heimgekehrt waren – dies natürlich nur, weil mit den Hollerith-Maschinen ein Verfahren zur Verfügung stand, das die Auswahl und Sortierung großer Datenmengen ermöglichte. In den folgenden Sitzungen legte die Bundesregierung jeweils neue Dokumentationen vor, so zum Beispiel eine Liste aller Kriegsgefangenen im sowjetischen Gewahrsam, die über 65 Jahre alt waren, aller Personen, die nach 1949 Briefe aus der Kriegsgefangenschaft nach Hause geschrieben hatten, oder eine Aufstellung aller Gefangener, deren Tod in sowjetischen Lagern bezeugt war[182].

Obwohl die von den mitarbeitenden Staaten übermittelten Auskünfte nützlich waren, krankte die Arbeit des Ausschusses von der ersten Sitzung an daran,

---

[180] Um Doppelmeldungen zu vermeiden, gab es eine festgelegte Reihenfolge für die Meldeberechtigten. Dies war in erster Linie die Ehefrau, in zweiter die Eltern usw. Trotzdem kam es natürlich zu Doppelmeldungen, die aber aufgrund der namentlichen Erfassung durch Vergleiche eliminiert werden konnten. Die ursprüngliche Absicht, auch die Heimkehrer zu registrieren, konnte leider nicht verwirklicht werden, siehe Böhme, Gesucht wird, S. 82 – 84, 108 – 112 und 118; Die Kriegsgefangenen und Vermißten aus dem Bundesgebiet, in: Statistische Berichte, Arb.Nr. VIII/11/1 vom 10.5.1950. Hrsg.: Statistisches Amt des Vereinigten Wirtschaftsgebietes, S. 1 f.; Overmans, German Historiography, S. 157 – 160; Schubnell, Kriegsgefangene und Vermißte, S. 19 und 26; Smith, Vermißte Million, S. 75 – 81.

[181] Der sehr aufschlußreiche Zwischenbericht dieser Kommission ist abgedruckt in: Böhme, Bilanz, S. 301 – 318; siehe auch Böhme, Gesucht wird, S. 135 und 152 f.

[182] Ein Beispiel einer solchen Liste ist: Die deutschen Wehrmachtvermißten, siehe hierzu und zum folgenden Absatz Böhme, Gesucht wird, S. 154 – 162 und 165 f.

daß die Sowjetunion nicht teilnahm und alle Auskünfte verweigerte. Und obwohl der Ausschuß mit Hilfe eines Berichts an den UN-Generalsekretär versuchte, diese Haltung zu verändern, blieb er erfolglos. Im Jahr 1955 fand die letzte Sitzung der Ad-hoc-Kommission statt, ohne daß deren Arbeit für die Schicksalsklärungen deutscher Vermißter allzuviel eingebracht hätte.

Der zweite Handlungsstrang, der auf den technischen Möglichkeiten der Hollerith-Maschinen aufbaute, waren die systematischen Heimkehrerbefragungen. Erstmals war es nun möglich, die Vermißten nach den Einheiten zu sortieren, denen sie zuletzt angehört hatten, und die daraus resultierenden Listen Heimkehrern aus diesen Verbänden vorzulegen. Ab Ende März 1951 legten die Kreisnachforschungsstellen des DRK 224 000 derartiger Listen den Heimkehrern zur Einsicht vor. Außerdem wurden die Listen bei 2270 Treffen von 1418 Vereinen zur Befragung der Teilnehmer eingesetzt[183].

Parallel dazu wurde die Postschreiberliste erstellt – ein immer wieder aktualisiertes Verzeichnis aller Personen, die aus der Kriegsgefangenschaft geschrieben hatten, geordnet nach den Lagernummern. Ab 1953 wurde es im Entlassungslager Friedland, durch das alle Heimkehrer geschleust wurden, jedem neu Eintreffenden vorgelegt – eine Verpflichtung, der man sich nicht entziehen konnte. Die nächste Befragungsform stellten die Lagerverschollenenlisten dar, die alle Personen enthielten, die lebend in Kriegsgefangenenlagern gesehen worden waren, sich inzwischen aber nicht mehr meldeten. Insgesamt ca. 290 000 Heimkehrern wurden Listen der in ihren Lagern Verschollenen zugesandt, mit der Bitte, Auskunft zu erteilen. Das Resultat dieser systematischen Befragung auf der Basis von Namenslisten waren ca. 1 Million Befragungen, bei denen ca. 410 000 Erklärungen über das Schicksal von Kameraden abgegeben wurden. Davon wiederum bezogen sich ca. 230 000 auf die 1950 Registrierten – die restlichen betrafen Personen, an die sich die Befragten bei der Beschäftigung mit der Vergangenheit zusätzlich erinnerten. Doch Mitte der fünfziger Jahre war die Menge der Fälle, an die sich die Heimkehrer namentlich erinnern konnten, weitestgehend ausgeschöpft[184].

---

[183] Ab April 1952 wurden statt der unhandlichen, weil sehr unterschiedlich umfangreichen und empfindlichen Listen ein Gesamtverzeichnis aus 38 Suchbänden und 4 Leitverzeichnissen eingesetzt, siehe Böhme, Gesucht wird, S. 114, 118 und 120.
In Bayern war durch Erlaß vom 5.9.1949 sogar bestimmt, daß die Polizei bei der Anmeldung eines Heimkehrers einen Heimkehrerzettel anzulegen hatte, mit dessen Hilfe die DRK-Kreisnachforschungsstelle benachrichtigt wurde. Sie hatte dann die Möglichkeit, den Heimkehrer zu befragen, solange seine Erinnerung noch frisch war, Hessisches Staatsministerium/Der Minister des Inneren/Der Vorsitzende der Arbeitsgemeinschaft der Regierungsvertreter der Länder für den Suchdienst, 15.10.1949, BA, B 106/22757.
Ab April 1951 war jeder Bundesbürger bei Androhung von Geld- oder Haftstrafe gesetzlich verpflichtet, Kenntnisse vom Verbleib eines Kriegsgefangenen oder Zivilinternierten zu melden, siehe Gesetz zur Sammlung von Nachrichten über Kriegsgefangene, festgehaltene oder verschleppte Zivilpersonen und Vermißte, vom 23.4.1915, in: BGBl., 1951, T. 1, S. 267.

[184] Siehe hierzu und zu den folgenden Abschnitten Böhme, Gesucht wird, S. 122, 132 – 136, 143 – 148, 214 f. und 219 f.

Das nächste Großprojekt hatte seinen geistigen Ursprung in der Bildsuchkartei, die in Friedland erfunden worden war. Bevor es jedoch realisiert werden konnte, mußten zunächst die beim Suchdienst vorhandenen Daten nochmals aktualisiert werden. Daher wurden 1954 alle Familien angeschrieben, die 1950 einen Registrierfall gemeldet hatten, der nach den Unterlagen des DRK-Suchdienstes noch nicht gelöst war. Dabei ergab sich, daß in etwa einem Drittel der Fälle die Angehörigen neue Informationen erhalten hatten, die dem DRK-Suchdienst unbekannt waren. Für die vorliegende Untersuchung ist auch dieses Resultat von Bedeutung, zeigt es doch einerseits wieder einmal, daß es Informationsströme außerhalb der Suchdienste gab, gleichzeitig macht es aber auch deutlich, welch große Mühe aufgewandt wurde, auch derartige Informationen in das offizielle Nachweissystem zu integrieren.

Auch auf der Seite der Heimkehreradressen wurde versucht, die Basis zu verbreitern – es fehlten ja vor allem die Frühheimkehrer, d.h. die Masse der Gefangenen. Als nun diejenigen, die nach dem Januar 1947 heimgekehrt waren, Leistungen im Rahmen des Kriegsgefangenenentschädigungsgesetzes erhalten konnten, da fertigte sich der DRK-Suchdienst Auszüge aus den insgesamt 1,8 Millionen Anträgen an. Hinzu kamen ca. 270 000 Anschriften, die das DRK vom Verband der Heimkehrer erhielt. Auf diese Weise gelang es dem DRK-Suchdienst, bis Ende 1958 eine zentrale Heimkehrerkartei aufzubauen, die es ermöglichte, noch gezielter als bisher zu suchen.

Damit waren die Voraussetzungen geschaffen, das Projekt zu verwirklichen, das der DRK-Suchdienst schon lange geplant, aus finanziellen Gründen aber nicht hatte realisieren können – die Bildlisten. In 186 Bänden – zuzüglich 39 Bänden Nachträge – waren 1,4 Millionen Vermißte, davon 900 000 mit Foto, nach Einheiten sortiert abgebildet. Insgesamt wurden 600 Ausgaben gedruckt, 2 650 000 mal wurden Personen anhand dieser Bildlisten befragt, im Jahr 1961 ging man sogar dazu über, diese Bildlisten per Bus aufs Land zu schicken und an öffentlich angekündigten Terminen Befragungssitzungen abzuhalten. Wenn die Bildlisten trotz des höheren Aufwandes und des Vorteils, mit Hilfe eines Bildes das Gedächtnis zu unterstützen, dennoch nicht denselben Erfolg wie die Namenslisten hatten, dann lag das wesentlich daran, daß die leichter zu klärenden Sachverhalte durch die vorangegangenen Namenslisten bereits »abgeschöpft« waren. Diejenigen Fälle aber, die mit Hilfe der Bildlisten gelöst werden konnten, wären vermutlich auf keine andere Weise zu klären gewesen[185].

Ein letzter, neuer Nachforschungsstrang ergab sich erst gegen Ende der 50er Jahre – die Anfragen an andere nationale Suchdienste. Verbindungen zum Internationalen Roten Kreuz hatten zwar schon immer existiert, mit dem Suchdienst Ost gab es seit 1946 eine Arbeitsvereinbarung, die sogar 1959 erneuert wurde. Im Gefolge der politischen Konfrontation wurde jedoch die deutsch-deutsche humanitäre Zusammenarbeit immer schwieriger. Im Gegensatz dazu gelang es dem

---

[185] Böhme, Gesucht wird, S. 216 – 222; Nachforschungen, S. III-IV.

DRK, beginnend mit der Sowjetunion 1953, im wesentlichen aber ab Ende der 50er Jahre, Verbindung zu den Rotkreuz-Organisationen anderer Ostblockstaaten zu knüpfen und von dort Auskünfte zu erhalten. Bereits vor der politischen Wende gelang es dem DRK insgesamt ca. 600 000 Anfragen an die Rotkreuz-Organisation von Ostblockstaaten – vor allem natürlich der UdSSR – zu richten. Soweit sie beantwortet wurden und die Möglichkeit bestand, die Auskünfte zu überprüfen, erwiesen sie sich als zuverlässig[186].

Im Laufe der 70er, vor allem aber der 80er Jahre – immerhin mehr als 30 Jahre nach Kriegsende – wurde die Zahl der Erfolge immer geringer. Hatte der DRK-Suchdienst bis 1985 ca. 1,8 Millionen Schicksale verschollener Soldaten und Zivilgefangenen geklärt, so waren es in diesem Jahr nur noch ca. 12 000, mit weiter fallender Tendenz. Die Zentrale Namenskartei war dabei auf ca. 52 Millionen Karten angewachsen, aber die Chancen, die noch offenen ca. 1,2 Millionen Wehrmachtvermißtenfälle zu klären, schien gering – bis sich Ende der 80er Jahre durch die politischen Veränderungen Chancen boten, die bis dahin nicht vorstellbar waren[187]. Doch was bis dahin geleistet worden war, soll in folgenden an einem Beispiel gezeigt werden, das zwar einen Extremfall schildert, den Umfang der Nachforschungsbemühungen aber dennoch gut verdeutlicht:

Bei der zweiten Registrierung, 1950, meldete die Mutter des Gefreiten Robert Weber, daß ihr Sohn vermißt sei. Seine letzte eigene Nachricht war ein Feldpostbrief, den er als Melder bei Stab Infanterieregiment 538, 385. Infanteriedivision, Feldpostnummer 40127, am 15. November 1942 von der Ostfront an seine Mutter geschrieben hatte. Ein Heimkehrer hatte die Mutter später benachrichtigt, ihr Sohn Robert sei noch im Januar 1943 Melder beim Regimentsstab im Raum Rossotsch gewesen. Die Unterlagen über die Schicksale der Einheiten ergaben nun, daß das Regiment nach seiner völligen Zerschlagung den Befehl erhalten hatte, sich nach Westen durchzuschlagen. Ein Heimkehrer aus dieser Gruppe teilte auf Anfrage mit, man habe während des Rückmarsches Verwundete in einem kleinen russischen Dorf zurücklassen müssen, er könne sich aber nicht daran erinnern, ob Robert Weber dabeigewesen sei. Ein anderer Heimkehrer, der als Versprengter kurz nach dieser Gruppe das kleine Dorf passiert hatte, berichtete, er habe in dem Dorf weder verwundete noch tote deutsche Soldaten gesehen – sie waren daher möglicherweise von sowjetischen Soldaten geborgen worden. Angenommen die Rote Armee hätte die Verwundeten versorgt, schien es denkbar, daß Robert Weber

---

[186] Indirekte Verbindungen hatte es auch schon vorher gegeben, so z.B. über das Schwedische Rote Kreuz, siehe Deutsche Dienststelle/VI/RL vom 16.4.1985, Betr.: Zusammenarbeit DRK-Suchdienst-WASt, Deutsche Dienststelle, Handakten Kirchhoff; Deutsche Dienststelle/Heinz Lente: Die Deutsche Dienststelle, o.J., ca. Anfang 1957, Deutsche Dienststelle, Handakten Kirchhoff; Böhme, Gesucht wird, S. 187, 200 – 202, 230 f.; Jahresbericht, Suchdienst München 1985, S. 10 und 43; Jahresbericht, Suchdienst München 1986, S. 11; Lente, WASt, S. 6; Nachforschungen, S. IV; Wermelskirchen, Letzte Nachricht, S. 9.

[187] Hier und im folgenden Böhme, Gesucht wird, S. 91, 254 – 259, 282 und 290; Jahresbericht, Suchdienst München 1985, S. 1 f., 6 und 20 – 22.

## 2.3 Schicksalsklärung nach Kriegsende

in ein Lazarett nach Frolowo gebracht worden war. Die Befragung der dort Behandelten ergab, daß im Frühjahr 1943 ein Verwundeter, von dem nur der Vorname Robert bekannt war, eingeliefert, nach einem halben Jahr jedoch nach Astrachan verlegt worden sei. Astrachan-Heimkehrer gaben an, daß Robert Weber im Lager Astrachan 204/1 gewesen, im Frühjahr 1944 jedoch wegen Kartoffeldiebstahls zu fünf Jahren Haft verurteilt worden war. Straftäter aus Astrachan wurden üblicherweise in das Strafgebiet Karabas geschickt, den Heimkehrern von dort war Robert Weber jedoch unbekannt. Demnach mußte er wegen seines Gesundheitszustands in ein Straflager-Lazarett eingeliefert worden sein. Heimkehrer konnten sich zwar nicht erinnern, kannten aber den Namen des behandelnden deutschen Arztes, der mit Hilfe der Ärztekammer ausfindig gemacht werden konnte. Anhand des Bildes konnte er sich zwar an Robert Weber erinnern, er war jedoch kurz nach dessen Einlieferung wegversetzt worden, so daß er keine endgültige Aussage über sein Schicksal treffen konnte. Er konnte jedoch auf einen Sanitäter verweisen, der noch längere Zeit im Lazarett verblieben war. Auch diese Person wurde ausfindig gemacht – der Sanitäter bestätigte, daß Robert Weber der Robert war, der Ende 1944 im Lazarett an einer Embolie gestorben war und von dem er nur den Vornamen Robert gekannt hatte.

Was bedeutet diese Geschichte nun für die vorliegende Untersuchung? Als die Einheit Anfang 1943 aufgerieben wurde, war wohl kaum einer der Überlebenden noch in der Lage, Verlustmeldungen zu erstatten. Falls dies dem Abwicklungsstab übertragen wurde, erstellte dieser dann die Verlustmeldung, die Robert Weber als Ende Januar 1943 vermißt auswies. Weitere Nachforschungen hätte die WASt nicht angestellt, für die Mutter wäre damit immer noch die – wenn auch ständig geringer werdende – Chance verbunden gewesen, daß ihr Sohn einmal heimkehrt. Nur dem Suchdienst ist die Feststellung zu verdanken, daß Robert Weber definitiv Ende 1944 in sowjetischer Kriegsgefangenschaft gestorben war – ein Unterschied, dem für die Angehörigen oft große Bedeutung zukam.

In Verluststatistiken der Wehrmacht dagegen war Robert Weber wohl als Ende 1942 oder Anfang 1943 an der Ostfront vermißt geführt – wenn er überhaupt erfaßt war. Diese Statistiken konnten nicht aufgrund der Nachkriegserkenntnisse korrigiert werden, denn die dafür notwendigen Strukturen waren mit dem Kriegsende zusammengebrochen. Anders dagegen sieht es mit den namentlichen Meldungen aus, diese konnten auch nach Kriegsende fortgeschrieben und gegebenenfalls korrigiert werden – und dies ist millionenfach geschehen. Daß ein Fall den Suchdiensten völlig unbekannt wäre, ist heute unwahrscheinlich. Gleichzeitig ist unser heutiger Kenntnisstand relativ detailliert – ein Soldat, der an der Ostfront vermißt wurde, kann kaum in westalliiertem Gewahrsam gestorben sein, aber bei Vermißten festzustellen, ob sie noch während der Kämpfe unbemerkt von ihren Kameraden gestorben oder in Kriegsgefangenschaft gestorben sind, ist mitunter nur schwer möglich[188].

---

[188] Bacque, Verschwiegene Schuld, S. 86 – 97.

### 2.3.2 Gräberdienste

Das zweite, eingangs erwähnte Aufgabengebiet war die Suche nach Kriegsgräbern und unbestatteten Leichen. Ursprünglich war dies die Domäne des 1919 gegründeten Volksbundes Deutsche Kriegsgräberfürsorge gewesen, der sich der im Ausland befindlichen Gräber des Ersten Weltkrieges angenommen hatte. Zu Beginn des Zweiten Weltkrieg war es jedoch der Wehrmacht gegen den Widerstand des Volksbundes gelungen, die Betreuung der Auslandsgräber dieses neuen Krieges zum eigenen Aufgabengebiet zu erklären[189].

Anfangs hatte man nicht damit gerechnet, daß es in größerem Umfang Kriegsgräber innerhalb Deutschlands geben würde, ab Herbst 1944 trat jedoch genau dies ein – die Kriegführung verlagerte sich zunehmend auf das Reichsgebiet. Natürlich wurden diese Toten in der Regel am Sterbeort bestattet, gem. § 27a der Personenstandsverordnung erfolgte dort auch die Anzeige – weder die Angehörigen der Toten noch die WASt erfuhren zunächst davon. Andere wiederum wurden zu Kriegsende als unbekannte Tote bestattet, weil die Angehörigen der letzten, zusammengewürfelten Einheiten sich gegenseitig oft nicht mehr kannten und militärische administrative Strukturen immer weniger funktionierten. Erkennungsmarken von Toten durch die WASt entschlüsseln zu lassen, war wegen der fehlenden Kommunikationswege immer seltener noch möglich.

Diese, von den ursprünglichen Erwartungen völlig abweichende Nachkriegssituation erforderte auch eine neue Aufgabenverteilung. Die Wehrmacht als Aufgabenträger der Kriegsgräberpflege hatte aufgehört zu existieren. Deutsche Kriegsgräber im Ausland zu registrieren und zu pflegen, war in der unmittelbaren Nachkriegszeit undenkbar. Mit den vielen Kriegsgräbern im Inland wartete jedoch ein weites, unbearbeitetes Tätigkeitsfeld, und so ist es nicht erstaunlich, daß sich der VDK schon unmittelbar nach Kriegsende in Berlin und in Oldenburg neu zu bilden begann. Daß dann im Juni 1948 der Sitz des VDK nach Nienburg/Weser, dem administrativen Zentrum der britischen Zone verlegt wurde, ist damit zu erklären, daß es die britischen – und auch die amerikanischen – Besatzungsverwaltungen waren, die als erste dem Volksbund erlaubten, die Kriegsgräber zu erfassen, unbekannte Tote zu identifizieren und aufgefundene Leichen zu bestatten. Erst später kam die französische Besatzungszone hinzu, für die sowjetische Zone erhielt der VDK keine Arbeitsgenehmigung, aber hier waren es die Pfarrämter, die dem VDK über das Kirchenamt der Evangelischen Kirche in Deutschland Gräberlisten zukommen ließen[190].

---

[189] Siehe hierzu auch Kapitel 2.2.1.2; Schicksal in Zahlen, S. 120.
[190] Zu den Dienstsitzen des VDK siehe die Übersicht im Anhang; Volksbund Deutsche Kriegsgräberfürsorge/Bundeszentrale vom 4.12.1948 an den Länderrat des amerikanischen Besatzungsgebiets, BA, B 150/338 H1; Volksbund Deutsche Kriegsgräberfürsorge, Az. GN 2.1.vL/Te, vom 24.8.1995 an den Verfasser; Böhme, Gesucht wird, S. 64; Smith, Vermißte Million, S. 54 f.; Schicksal in Zahlen, S. 24 und 120; Handbuch VDK, S. 59; 1945. Wiederaufbau: »Kriegsgräberfürsorge« erscheint wieder, in: Stimme und Weg, 70 (1994), H. 4, S. 16 f., hier S. 17.

## 2.3 Schicksalsklärung nach Kriegsende

Für Groß-Berlin wiederum war eine andere Organisation zuständig, deren Entstehungsgeschichte und weiteres Schicksal so symptomatisch für die Nachkriegssituation ist, daß sie hier näher dargestellt werden soll. Im Jahr 1919 war in Berlin das Zentralnachweiseamt für Kriegerverluste und Kriegsgräber als Nachfolgeorganisation der Zentralnachweisebüros des Ersten Weltkriegs gegründet worden[191]. Aus dem Bestand des ZAK hatte sich weitestgehend das Personal der 1939 neu errichteten Wehrmachtauskunftstelle rekrutiert – die Aufgabe, Todesfälle des Ersten Weltkriegs nachzuweisen, war dabei dem ZAK verblieben. Beim Luftangriff am 3. Februar 1945 wurden allerdings die Akten des ZAK vollständig vernichtet, womit die Aufgabenstellung hinfällig und das Personal arbeitslos war. Nun trat eine Entwicklung ein, die einerseits überrascht, andererseits aber des öfteren festzustellen war. Nach Kriegsende fanden sich die ZAK-Mitarbeiter in den Räumen des Oberverwaltungsgerichts Berlin ein, um neue Aufgaben zu suchen – und diese ergaben sich auch. So wurde das neugeschaffene Amt für die Erfassung der Kriegsopfer (AEK) damit beauftragt, die Kriegsgräber rund um Berlin zu erfassen, hinzu kam die Verwaltung von Krankenunterlagen des Ersten und Zweiten Weltkriegs, die Beurkundung von KZ-Todesfällen und die Nachforschung nach Kriegsgefangenen, so daß innerhalb kurzer Zeit aus einer ausgebombten, aufgabenlosen Behörde eine neue Organisation mit breitem Spektrum von Tätigkeiten geworden war, die später einmal in der Lage sein sollte, mit der ehemaligen WASt zu konkurrieren[192].

Verglichen mit der Entwicklung in den anderen Aufgabenbereichen ist es erstaunlich, festzustellen, daß das AEK der einzige mit dem VDK konkurrierende Gräberdienst blieb. Die wesentliche Erklärung dafür mag darin zu sehen sein, daß es dem VDK gelang, die ehemaligen Gräberoffiziere in die eigene Organisation einzubinden und damit potentielle Konkurrenten zu integrieren[193].

Nachdem der VDK sich bis Ende der 40er Jahre auf die Bundesrepublik hatte beschränken müssen, konnte er Anfang der 50er Jahre beginnen, seine Tätigkeit auf das Ausland auszudehnen. Der erste Auslandsfriedhof wurde 1950 angelegt, seit Anfang der 60er Jahre bestehen Abkommen mit den meisten westeuropäischen Staaten[194]. Dabei war der VDK in hohem Maß auf Zusammenarbeit mit der

---

[191] Siehe hierzu die Ausführungen über die Vorläufer der WASt und die Entstehungsgeschichte der WASt, Kap. 2.1. und 2.2.1.2.
[192] Es handelte sich um das Gerichtsgebäude in Berlin-Charlottenburg, Hardenbergstraße, siehe Amt für die Erfassung der Kriegsopfer, Az. OK/Schg. vom 7.8.1948, Betr.: Zentralstelle für die Erfassung der Kriegsopfer, BA, B 150/338 H2; Magistrat von Gross-Berlin, Abt. Personal und Verwaltung vom 22.4.1950, Betr.: Vorschläge für die Organisation eines Bundesamtes für die Fragen, die die Kriegsopfer betreffen, Deutsche Dienststelle, Handakten Veit; Chronik Deutsche Dienststelle, T. 2, Abschn. 8; Rundbrief Forschungsgemeinschaft Berlin; Schneider, Krankenbuchlager, S. 230 f.
[193] Interview v. Klopmann.
[194] Die Kriegsgräberfürsorge im Inland wurde Aufgabe der Länder, die Registrierung der Gräber Angelegenheit der Deutschen Dienststelle, siehe Kriegsgräbergesetz 1965; Arbeitsbericht 1975/76, Deutsche Dienststelle, S. 12 und 27 – 29; Arbeitsbericht 1991 – 1993, Deutsche Dienststelle, S. 14 f.; Schicksal in Zahlen, S. 62 und 120; Handbuch VDK, S. 59.

ehemaligen WASt angewiesen, denn nur diese konnte ihm behilflich sein, unbekannte Tote zu identifizieren. Die Deutsche Dienststelle wiederum konnte von der Arbeit des VDK wesentlich profitieren, wie die folgenden Zahlen zeigen sollen[195]. Im Jahr 1955 fertigte die Deutsche Dienststelle ca. 1,1 Millionen Gräberkarten für alle ihr bekannten, in Westeuropa liegenden Kriegsgräber an, die dann mit den Unterlagen des VDK abgeglichen wurden und dem VDK zum Aufbau einer eigenen Gräberkartei dienten – in ca. 400 000 Fällen ergaben sich dabei Korrekturen. In den Jahren 1958 und 1959 wurde dann auch noch eine Gräberkarte Ost mit ca. 2,1 Millionen Karteikarten erstellt[196].

Die wichtigsten Erkenntnisse dürften jedoch diejenigen gewesen sein, die sich bei der Umbettung von Gefallenen auf Sammel-Kriegsfriedhöfe ergaben. Bei ca. 700 000 Graböffnungen – vor allem im Zusammenhang mit Umbettungen – konnten ca. 160 000 ursprünglich als unbekannt Begrabene identifiziert werden. Selbst im Jahr 1988, dem letzten, bevor sich durch die Auflösung des Ostblocks völlig neue Perspektiven ergaben, konnten bei 689 Graböffnungen noch in 116 Fällen Unbekannte identifiziert werden. Von daher kann der VDK zu Recht für sich in Anspruch nehmen, einer der wichtigsten Informationslieferanten für die Deutsche Dienststelle gewesen zu sein[197].

### 2.3.3 Dokumentationsstellen

Entsprechend der im Deutschen Reich und in den drei Westzonen üblichen Arbeitsteilung wurden Dokumentationsfunktionen von staatlichen Stellen, Suchaufgaben jedoch von privaten Organisationen wahrgenommen. Dies gilt nicht für die Ostzone bzw. die DDR, hier war eine einzige Stelle, der DRK-Suchdienst Ost, für die Such- und die Nachweisaufgaben zuständig. Archive für Personal- oder Krank-

---

[195] Seit 31.1.1958 existiert eine Vereinbarung zwischen der DD und dem VDK über die Zusammenarbeit, siehe Deutsche Dienststelle/Ltg. 1a, vom 31.1.1958, Betr.: Rundverfügung Nr. 3/1958, Deutsche Dienststelle, Handakten Kirchhoff; Volksbund Deutsche Kriegsgräberfürsorge/Bundeszentrale vom 4.12.1948 an den Länderrat des amerikanischen Besatzungsgebiets, BA, B 150/338 H1.

[196] Dabei zeigt sich, daß der Anteil der unklärbaren Fälle im Osten größer ist als im Westen, Böhme, Gesucht wird, S. 109; Deutsche Dienststelle/Heinz Lente: Die Deutsche Dienststelle, o.J., ca. Anfang 1957, Deutsche Dienststelle, Handakten Kirchhoff; Deutsche Dienststelle/Ref. VIa/Ltg. vom 5.5.1956, Betr.: Bericht über die Verkartungsaktion, Deutsche Dienststelle, Handakten Blümert; Deutsche Dienststelle vom 28.8.1959, Betr.: Sachlicher Bericht über die Erstellung der Gräberkartei »Ost«, Deutsche Dienststelle, Handakten Blümert; Deutsche Dienststelle – Aufgaben, S. 23 f.; Schicksal in Zahlen, S. 57.

[197] Im Umbettungsdienst beschäftigte der VDK bis zu 267 Mitarbeiter, Interview v. Klopmann; Volksbund Deutsche Kriegsgräberfürsorge/Bundeszentrale vom 4.12.1948 an den Länderrat des amerikanischen Besatzungsgebiets, BA, B 150/338 H1; Deutsche Dienststelle/Ltg. 1a, vom 31.1.1958, Betr.: Rundverfügung Nr. 3/1958, Deutsche Dienststelle, Handakten Kirchhoff; Schicksal in Zahlen, S. 62; Smith, Heimkehr, S. 22; Woche, Wehrmachtauskunftstelle, S. 7.

heitsakten oder vergleichbare Institutionen gab es nicht – zumindest waren derartige Akten weder für die Verwaltung noch für die Öffentlichkeit zugänglich. Von daher müssen sich die folgenden Ausführungen auf die drei Westzonen und Berlin beschränken.

Für viele hier zu erwähnende Organisationen ist das Schicksal der Akten nur lückenhaft überliefert. Bedingt durch die Auslagerung aus den luftbedrohten Gebieten und die weiteren Evakuierungen in der Endphase des Krieges gab es zuletzt mindestens 1000 Orte, an denen Aktenbestände unterschiedlichster Provenienz gelagert waren. Für die Zwecke der vorliegenden Arbeit interessieren hier jedoch nur diejenigen Bestände, die etwas über das individuelle Schicksal von Soldaten aussagen, d.h. die Akten der personalbearbeitenden Dienststellen, die Krankenunterlagen der Soldaten und – vor allem – die verlustbezogenen Meldungen.

Im folgenden soll nun versucht werden, die – in der Regel durchaus komplizierte – Geschichte der beteiligten Organisationen und Aktenbestände aufzuzeigen, um dem Leser zu verdeutlichen, welche, heute oft vergessene, Mühe in der Nachkriegszeit aufgewandt worden ist, das im Krieg entstandene Chaos zu ordnen und Schicksale zu klären. Gleichzeitig soll aber auch versucht werden zu klären, welche Informationen gewonnen und wie diese Kenntnisse zwischen den Organisationen ausgetauscht wurden. Und schließlich soll auch der Frage nachgegangen werden, in welchem Maße sich die Datenbestände für eine Auswertung eignen.

### 2.3.3.1 Krankenbuchlager

Während des Krieges waren verschiedene Stellen für die Verwahrung der Krankenunterlagen der an der Kriegführung beteiligten Organisationen zuständig gewesen. So hatten die SS eine »Sammelstelle für Krankenurkunden« in Storkow bei Berlin und die Marine je eine Sammelstelle für die Marinestationen Nord- und Ostsee in Wilhelmshaven bzw. Kiel unterhalten; für die meisten anderen Organisationen, vor allem das Heer und die Luftwaffe, war das Zentralarchiv für Wehrmedizin zuständig gewesen, das aufgrund der Luftbedrohung bereits 1943 teilweise nach Schloß Buchlöh bei Oppeln/Schlesien und Fort Hahneberg bei Spandau ausgelagert worden war.

Die in Oppeln ausgelagerten und die weiterhin im Hauptdienstsitz des Zentralarchivs, dem Reichstagsgebäude in Berlin, verwahrten Unterlagen gingen verloren, ebenso die der Waffen-SS in Storkow. Die nach Spandau ausgelagerten Bestände gelangten teilweise in DDR-Archive, zum anderen Teil aber in die Verfügung des Amtes für die Erfassung der Kriegsopfer (AEK), das aus diesem Bestand einen Teil seiner Existenzberechtigung ableitete. Auch die Krankenbuchlager der Marine überstanden den Krieg, das der Nordseestation sogar unversehrt. Daneben bildeten sich Sammelstellen für die Krankenurkunden, die bei Kriegsende noch nicht archiviert waren, also der vielen Lazarette im Heimatkriegsgebiet und der Einheiten, die in der Schlußphase des Krieges auf Reichsgebiet gekämpft hatten. Im Jahr 1946 gab es ca. 15 bis 20 derartiger Sammelstellen. Diese, nach den Zufälligkeiten der Aktenlagerorte über die Zonen verteilten Bestände zur Klärung von Schicksalen auszuwerten, war natürlich kaum möglich[198].

Von daher setzte auch hier die Zentralisierungstendenz ein, wie sie schon bei den Suchdiensten zu beobachten war. Das AEK in Berlin erhielt die vollständigen Unterlagen der Marinestation Wilhelmshaven und wurde damit eine der gewichtigsten Sammelstellen. Daneben entwickelten sich in Kassel für die britische und in München für die amerikanische Zone weitere »Krankenbuchlager«, wie sie irreführend genannt wurden. Obwohl bereits Anfang der 50er Jahre die Vereinigung aller Krankenurkunden in einem einzigen Archiv gefordert worden war, kam es lange nicht dazu; erst im Jahr 1965 wurden alle Bestände im Krankenbuchlager Berlin zusammengeführt. Sein Umfang beläuft sich heute auf ca. 10 Millionen Einzelurkunden über Soldaten des Zweiten Weltkriegs und ca. 25 000 Sammelurkunden, vor allem Truppen- und Lazarettkrankenbücher, mit ca. 23 Millionen Eintragungen[199].

So groß dieser Bestand auch erscheinen mag, er ist kleiner als derjenige, den ursprünglich allein das Zentralarchiv für Wehrmedizin besessen hatte. Verloren sind vor allem die Urkunden des Heeres und der Luftwaffe aus der Anfangszeit des Krieges – diejenige Lücke, die unter dem Aspekt der Schicksalsklärung am ehesten zu verschmerzen ist, weil in diesem Zeitraum die anderen Meldewege noch funktionierten. Soweit in der Endphase des Krieges oder in der Nachkriegszeit noch Krankenunterlagen angefertigt wurden, sind diese später an eine der sich neu bildenden Sammelstellen abgegeben worden. In anderen Fällen war es so, daß Flüchtlinge und andere Unterkunft suchende Gruppen in die Räume ehemaliger Lazarette eingewiesen wurden, die Krankenurkunden fanden und sie an Sammelstellen übergaben – manchmal dienten die Unterlagen allerdings auch als willkommenes Heizmaterial oder wurden als Altpapier verkauft. Trotzdem existieren aufgrund dieser speziellen Umstände mitunter Krankenunterlagen für die

---

[198] Bundesarchiv, Abt. Zentralnachweisstelle, Az. I 10.2, Nr. 1400/56, vom 11.10.1956, Betr.: Militärische Personalunterlagen und wehrmachtgerichtliche Akten im Bundesarchiv, Abt. Zentralnachweisstelle, Kornelimünster, Deutsche Dienststelle, Handakten Gericke; Absolon, Personalwesen, S. 398; Schneider, Krankenbuchlager, S. 230.

[199] Die Franzosen, die zu diesem Zeitpunkt die Aufsicht über die Deutsche Dienststelle führten, hatten bereits 1950 dafür plädiert, alle Krankenurkunden an einem Ort, der Deutschen Dienststelle, zusammenzuführen, konnten sich mit ihrem Vorschlag aber nicht durchsetzen. Durch die Wiedervereinigung kam es zu weiteren, derzeit nicht quantifizierbaren Zuwächsen, siehe Commandement en Chef Français en Allemagne, GFCC/OK/30/PDR, vom 29.4.1947, Deutsche Dienststelle, Handakten Gericke; Deutsche Dienststelle/Ltg., vom 29.4.1950, Deutsche Dienststelle, Handakten Veit; Deutsche Dienststelle/Ltg. vom 30.3.1950, Betr.: Protokoll über die am 30. März 1950 im Bundesministerium des Innern stattgefundene Sitzung, Deutsche Dienststelle, Handakten Veit; Krankenbuchlager Berlin/Leitung, Az. KBL 4 – 4608 – 09, an Verfasser vom 28.6.1995; Chronik Deutsche Dienststelle, T. 2, Abschn. 13; Schneider, Krankenbuchlager, S. 231 f.

Endphase des Krieges mit Informationen, die über die offiziellen Meldewege nicht mehr hätten übermittelt werden können.

### 2.3.3.2 Sammelstellen für Personalunterlagen

Das umfangreiche System personenbezogener Meldungen und Unterlagen ist eingangs bereits dargestellt worden. Für das hier interessierende Thema, die Schicksalsklärung, sind diese Unterlagen von Bedeutung, weil wesentliche Vorgänge, wie das Ausscheiden aus der Wehrmacht oder der Tod eines Soldaten, prinzipiell aus den Personalunterlagen ersichtlich sein sollten. Allerdings sind sie für die am meisten »kritische« Zeit – die Endphase des Krieges und die Kriegsgefangenschaft – weniger aussagekräftig, weil 1944 befohlen worden war, die Wehrstammbücher für die Dauer des Krieges nicht mehr fortzuführen. Wenn dennoch kurz auf das Schicksal der Personalunterlagen eingegangen wird, dann ist dies nicht so sehr eine Frage der Vollständigkeit, sondern erklärt sich aus einem anderen, wichtigeren Aspekt. Wie bereits erwähnt, sind kriegsbedingt die Informationen zu einer Person oft unvollständig – von daher ist prinzipiell jede personenbezogene Unterlage von Bedeutung. Selbst wenn sie nichts über den Tod aussagt, so enthält sie doch vielleicht andere wichtige Daten, die eine exakte Identifizierung ermöglichen, oder die Heimatanschrift, die für die Benachrichtigung der Angehörigen benötigt wird.

Doch zurück zum Verbleib der Personalakten – und dabei zunächst zur Waffen-SS. Soweit erhalten geblieben, wurden diese Unterlagen im 6889th Berlin Document Center – heute Teil des Bundesarchivs – gesammelt[200]. Neben zivilen, parteibezogenen Unterlagen befinden sich dort Akten zu ca. 60 000 Führern (Offizieren) und zu ca. 38 000 Mannschaften bzw. Unteroffizieren der Waffen-SS. Darüber hinaus verfügt das BDC über Personalunterlagen des NSKK, der Transportkorps Speer und der OT – alles Organisationen, die für die vorliegende Arbeit prinzipiell von Bedeutung sind. Die tatsächliche Relevanz des Bestandes ist allerdings geringer, als es die Zahlen vermuten lassen. Die meisten Akten stammen aus der Friedenszeit. Unterlagen über die in den Jahren 1943 – 1945 in die Waffen-SS Eingetretenen bzw. Eingezogenen sind kaum vorhanden.

Kommen wir nun zu den Personalunterlagen der Wehrmacht. Hier war – wie in der unmittelbaren Nachkriegszeit oft – die Frage entscheidend, in welcher Besatzungszone sich die Unterlagen bei Kriegsende befanden. Ein Großteil muß als verloren gelten, die Bestände der süddeutschen Wehrersatzdienststellen wurden allerdings zum Teil von den Amerikanern eingesammelt und an die Deutsche Dienststelle übergeben[201].

---

[200] Das 6889th BDC wurde später in 7771st BDC umbenannt, eine informative Zusammenfassung der Geschichte des BDC findet sich in Beddie, Berlin Document Center; siehe auch Sereny, Germany's past; Wolfe, Berlin Document Center.

[201] Deutsche Dienststelle/Heinz Lente: Die Deutsche Dienststelle, o.J., ca. Anfang 1957, Deutsche Dienststelle, Handakten Kirchhoff.

Die Briten wählten ein anderes Verfahren. Nachdem sie bereits im Sommer 1945 begonnen hatten, die Aktenlagerplätze zu ermitteln, gründeten sie im Oktober 1945 ein Zentralarchiv zur Sammlung personenbezogener Wehrmachtakten in Dortmund-Lütgendortmund. Unter der Bezeichnung »Personenstandsarchiv II« im Jahr 1951 nach Aachen-Kornelimünster verlegt, wurde es 1954 als Zentralnachweisstelle in das Bundesarchiv übernommen und sammelt seitdem bundesweit Personalunterlagen der Wehrmacht, die im Laufe der Jahrzehnte in kleineren oder größeren Partien eintrafen. Bis heute sind es immerhin ca. 3 Millionen Wehrstammbücher, etwa dreimal so viele wie die Deutsche Dienststelle besitzt und dennoch nur ein Bruchteil der ursprünglich existierenden Menge. Allerdings werden auch heute noch auf Speichern oder in Archiven im In- und Ausland bei Aufräumarbeiten personenbezogene Wehrmachtakten gefunden[202].

Was die Marine betrifft, so ergab sich hier eine ganz spezifische Situation. Die Mehrheit der Dienststellen hatte sich ohnehin in Norddeutschland – d.h. nach Kriegsende in der britischen Zone – befunden, dort hielt sich auch die Mehrheit des Personals auf. Darüber hinaus mußte und konnte die Marine länger als die anderen militärischen Organisationen Kommandostrukturen aufrechterhalten, weil ja u.a. bis Kriegsende nicht alle Kriegsschiffe in die Häfen zurückgekehrt waren und schon bald wieder deutsche Kräfte zum Minenräumen eingesetzt wurden. Von daher verwundert es nicht, daß die personenbezogenen Akten der Marine ihre eigene Geschichte haben.

Schon im Sommer 1945 entstand in Minden, unmittelbar dem britischen Marineoberkommando unterstellt, eine Sammelstelle für personenbezogene Akten der ehemaligen deutschen Marine, die Marine-Personal-Dokumenten-Zentrale/Naval Document Centre (MPDZ bzw. NDC)[203]. Wie sich im Laufe der Zeit erweisen soll-

---

[202] Auf eine »Verlustquelle« ist allerdings hinzuweisen. Grundsätzlich hatte der Soldat bzw. seine Angehörigen, einen Rechtsanspruch auf den eigenen Wehrpaß und das Stammbuch, so daß sich der Umfang der Bestände auch durch Abgaben an die Berechtigten reduzierte. Ein kurzer, aber prägnanter Überblick findet sich in Dillgard, Zentralnachweisstelle, S. 257 f.; siehe auch Bundesminister des Innern, GeschZ. 1385-5C-7651/55 vom 3.11.1955, Betr.: Zusammenarbeit der Deutschen Dienststelle in Berlin-Wittenau mit der Abteilung Zentralnachweisstelle des Bundesarchivs in Kornelimünster, Deutsche Dienststelle, Handakten Mr. Girard; Bundesarchiv, Abt. Zentralnachweisstelle, Az. I 10.2, Nr. 1400/56, vom 11.10.1956, Betr.: Militärische Personalunterlagen und wehrmachtgerichtliche Akten im Bundesarchiv, Abt. Zentralnachweisstelle, Kornelimünster, Deutsche Dienststelle, Handakten Gericke; Deutsche Dienststelle/Heinz Lente: Die Deutsche Dienststelle, o.J., ca. Anfang 1957, Deutsche Dienststelle, Handakten Kirchhoff; Absolon, Personalwesen, S. 399; Chronik Deutsche Dienststelle, T. 2, Abschn. 13.
Sehr kritisch zur Sinnhaftigkeit der Arbeitsteilung siehe Deutsche Dienststelle/Ref. I /Ltg./15/6.5. vom 6.5.1954, Betr.: Unterredung am 5.5.1954, Deutsche Dienststelle, Handakten Mr. Girard.

[203] Marine-Personal-Dokumenten-Zentrale, o.D., Betr.: Vorläufige Dienstanweisung, Deutsche Dienststelle, Handakten Gericke; Marine-Personal-Dokumenten-Zentrale/Dr. Givens, vom 24.10.1945, Betr.: Bericht 1, Deutsche Dienststelle, Handakten Gericke; Marine-Personal-Dokumenten-Zentrale/Dr. Givens, Bericht Reise 15.4.46 – 18.4.46 und 25.4.46 Deutsche Dienststelle, Handakten Gericke.

## 2.3 Schicksalsklärung nach Kriegsende 101

te, waren durch den Krieg kaum Marinepersonalunterlagen vernichtet worden, lediglich die teilweise unbekannten Lagerorte mußten ausfindig gemacht werden – eine glückliche Konstellation, wenn man bedenkt, daß der Kenntnisstand der Wehrmachtauskunftstelle bei Kriegsende hinsichtlich der Marine offensichtlich sehr lückenhaft war. Mit welchen anderen, für die Nachkriegssituation allerdings typischen Problemen die Mitarbeiter der MPDZ zu kämpfen hatten, soll an einem Beispiel aufgezeigt werden. Bei einer seiner zahlreichen Dienstreisen zur Sicherung der Akten stellte ein Mitarbeiter der MPDZ, Dr. Givens, fest, daß in einer Kaserne in Kiel-Eichhof im Keller eines zerbombten Kommandogebäudes ca. 6000 bis 10 000 Marinepersonalakten unbewacht und unverschlossen lagen, in einem anderen Keller fand sich ein »wüstes Durcheinander« von Personalakten und Wehrstammbüchern, auf einem Dachboden waren weitere ca. 30 – 50 000 Personalakten verstaut. Eile war geboten, weil die Briten planten, die Kaserne bald selbst zu belegen und die deutschen Verwalter gerade dabei waren, die Personalakten als Altpapier zu verkaufen. Im Mai 1946 konnten die Unterlagen gerade noch rechtzeitig gesichert werden, doch dabei stellte sich heraus, daß in anderen Räumen weitere Akten lagen, so daß letztlich ca. 350 000 – 400 000 Personal- sowie ca. 80 000 weitere Unterlagen geborgen werden konnten[204].

Doch selbst wenn es gelang, die Bestände zu sichern, waren in der ersten Nachkriegszeit damit längst nicht alle Probleme gelöst. Wie ein Transport damals verlaufen konnte, soll folgendes Beispiel zeigen:

»Auf der Rückfahrt erste Reifenpanne vor Celle, zweite Panne (Motordefekt) hinter Celle infolge Überschwemmung. Da kein Quartier zu haben war, war ich gezwungen, die Nacht durchzufahren, bzw. auf der Straße im Wagen zu übernachten, nachdem wir hinter Hannover infolge der Überschwemmung nicht weiterkamen und der Brennstoff ausging. Am nächsten Morgen halfen uns britische Truppen mit Brennstoff aus, so daß wir im Laufe des Vormittags in Minden ankamen[205].«

---

[204] Marine-Personal-Dokumenten-Zentrale/Dr. Givens, vom 3.2.1946, Betr.: Bericht Nr. 6, Dienstreise Minden – Wilhelmshaven vom 29.1.46, Deutsche Dienststelle, Handakten Gericke; Marineoberkommando Ostsee/PKK vom 31.5.1945, Betr.: Vorhandene Personalunterlagen, Deutsche Dienststelle, Handakten Gericke; Marine-Personal-Dokumenten-Zentrale/Dr. Givens, vom 29.4.1946, Betr.: Abholung Dokumente Stand 29.4.46, Deutsche Dienststelle, Handakten Gericke; Marine-Personal-Dokumenten-Zentrale/Dr. Givens, Bericht Reise 15.4.46 – 18.4.46 und 25.4.46, Deutsche Dienststelle, Handakten Gericke; Marine-Personal-Dokumenten-Zentrale/Dr. Givens, Bericht Nr. 12, Deutsche Dienststelle, Handakten Gericke.

[205] Berichte über Aktenfunde, teilweise unter heute kaum noch vorstellbaren Umständen finden sich u.a. in Marine-Personal-Dokumenten-Zentrale/Dr. Givens, vom 4.3.1946, Betr.: Bericht Nr. 7 über Dienstreise Hamburg, Eutin, Plön, Kiel, Flensburg, Eutin, Kiel, Plön, Eutin, Minden vom 4.-12.2.46, Deutsche Dienststelle, Handakten Gericke; Marine-Personal-Dokumenten-Zentrale, vom 21.7.1946, Betr.: Aufzeichnung von Freg.Kapt. a.D. Fischer über Arbeitsgruppe Kiel und Buxtehude, Deutsche Dienststelle, Handakten Gericke.

Insgesamt 24 Stunden Fahrzeit für eine Entfernung von ca. 300 Kilometern von Kiel bis Minden, aber immerhin erfolgreich. In einem anderen Fall konnte in Buxtehude im April 1946 nur noch festgestellt werden, daß die im Dezember 1945 dort noch vorhanden gewesenen Personalunterlagen inzwischen als Altpapier verkauft worden waren[206].

Obwohl die MPDZ dem britischen Oberkommando direkt unterstellt war und mit Unterstützung der Briten arbeitete, existierten noch weitere derartige Organisationen. Auch in Flensburg und in Wilhelmshaven gab es Dienststellen, die Marinepersonaldokumente besaßen oder sammelten und daraus Auskünfte erteilten, sie gingen jedoch im Laufe der Jahr 1946/47 in der MPDZ auf. Als dann 1947/48 die Auflösung der Marinedienstgruppen und des Minenräumdienstes anstand, war es wieder die MPDZ, die versuchte, die Personalakten dieser Organisationen zu erhalten, denn diese wieder besaßen in vielen Fällen die Wehrmacht-Personalunterlagen ihrer Mitarbeiter. Letztlich ist es der unermüdlichen Tätigkeit der MPDZ zu verdanken, daß seitdem die Marinepersonalunterlagen im wesentlichen an einem Ort versammelt sind. Doch die MPDZ kümmerte sich nicht nur um die Personalakten, sie versuchte auch durch Aufrufe an die Bevölkerung mit ehemaligen Soldaten in Kontakt zu kommen, die Auskunft über das Schicksal Vermißter geben konnten[207].

Da sich die MPDZ vor allem als Auskunftstelle über Dienstverhältnisse und andere personenbezogene Daten verstand, d.h. sich auf ein Aufgabengebiet beschränkte, in dem sie mit keiner anderen großen Such- und Nachweisorgani-

---

[206] In einem anderen Fall sind die Personalkarteien der Korpsgruppen von Stockhausen und Witthöft vermutlich von den Briten vernichtet worden, siehe Marine-Personal-Dokumenten-Zentrale/Dr. Givens, Bericht Reise 15.4.46 – 18.4.46 und 25.4.46, Deutsche Dienststelle, Handakten Gericke.

[207] In Flensburg, dem Enstehungsort zahlreicher Such- und Nachweisdienststellen, entstand eine »Verlustkartei Marquart«, die auch die Bezeichnungen »Marinenachweisstelle Flensburg« und »Nachweis- und Betreuungsstelle für Kriegsgefangene des DRK« führte und später in der MPDZ aufging. In Kiel gab es eine Marine-Intendantur, die unter britischer Leitung als British Naval Intendantur weitergeführt wurde, dann Ex-Kriegsmarine-Abwicklungsstelle hieß und Ende des Haushaltsjahrs 1948 aufgelöst wurde. In Wilhelmshaven existierte eine Marinefürsorgestelle, die auch über eine Abteilung Marineverluste verfügte, siehe Marine-Personal-Dokumenten-Zentrale/Dr. Givens, vom 3.2.1946, Betr.: Bericht Nr. 6, Dienstreise Minden – Wilhelmshaven vom 29.1.46, Deutsche Dienststelle, Handakten Gericke; Marine-Personal-Dokumenten-Zentrale/Dr. Givens, vom 4.3.1946, Betr.: Bericht Nr. 7 über Dienstreise Hamburg, Eutin, Plön, Kiel, Flensburg, Eutin, Kiel, Plön, Eutin, Minden vom 4.- 12.2.46, Deutsche Dienststelle, Handakten Gericke; Marine-Personal-Dokumenten-Zentrale, Az. Dr. G/A 5, vom 8.5.1946, Betr.: Zusammenarbeit Marine-Personal-Dokumenten-Zentrale – Zentralauskunftstelle, Deutsche Dienststelle, Handakten Gericke; Marine-Personal-Dokumenten-Zentrale/Dr. G./A 544 an das Bayer. Rote Kreuz vom 19.8.1946, Betr.: Anfragen nach vermißten Marineangehörigen, Deutsche Dienststelle, Handakten Gericke; Marine-Personal-Dokumenten-Zentrale, Az. Dr. Gs/A 134, vom 29.3.1947, Betr.: Sammlung Personalunterlagen, Deutsche Dienststelle, Handakten Gericke; Marine-Personal-Dokumenten-

## 2.3 Schicksalsklärung nach Kriegsende

sation konkurrierte, war das Arbeitsverhältnis zu den Zonensuchzentralen, den speziellen Suchdiensten, dem VDK und der Deutschen Dienststelle gut, so daß die von der MPDZ gewonnenen Erkenntnisse schon früh in den hier interessierenden Datenbestand der Deutschen Dienststelle eingingen[208]. Insgesamt bestand die MPDZ jedoch nur für kurze Zeit, im Frühjahr 1948 beschlossen die Briten, die finanzielle Unterstützung für die inzwischen von Minden nach Hamburg verlagerte MPDZ einzustellen, mit der Folge, daß die Unterlagen vernichtet werden sollten. Der französischen Besatzungsmacht gelang es jedoch, dies zu verhindern und die MPDZ ab 1. Juni 1948 in französische Aufsicht zu überführen. Nach drei Jahren war damit die Existenz der MPDZ als selbständiger Organisation beendet, sie konnte jedoch eine beachtlich Bilanz ihrer Tätigkeit aufweisen: Es war ihr gelungen, Personaldokumente zu ca. 600 000 – 700 000 Marineangehörigen zu sammeln sowie ca. 200 000 – 250 000 Todesfälle zu melden[209].

Wenn man abschließend die Frage stellt, welchen Stellenwert das Schicksal der Marine-Personalakten für die vorliegende Arbeit hat, muß man sich zunächst in Erinnerung rufen, daß Anlaß zu der Vermutung bestanden hatte, der Informationsstand bezüglich der Marine könne schlechter sein als der für andere Organisationen. Und daß diese Unterlagen nicht vernichtet, sondern noch heute zur Auswertung zur Verfügung stehen, wird sich für die vorliegende Arbeit als besonders wertvoll erweisen – die Nachforschungsmöglichkeiten für Marineangehörige sind umfangreicher als die bezüglich anderer Soldaten. Deutlich wird hier aber auch

---

Zentrale/Dr. Givens, Az. 143, vom 11.4.1947, Betr.: Abwicklung Marineverluste, Deutsche Dienststelle, Handakten Gericke; Marine-Personal-Dokumenten-Zentrale/German Controller, an die Abwicklung der deutschen Minenräumdienstleitung, vom 16.4.1948, Deutsche Dienststelle, Handakten Gericke; Oberfinanzdirektion Kiel/Vermögens- und Bauabteilung, Az. 0 5300XMBV37a/373, an die Deutsche Dienststelle, vom 10.10.1951, Betr.: Marineabwicklung, Deutsche Dienststelle, Handakten Gericke.

[208] Lediglich das Verhältnis zur Zentralauskunftstelle in Hamburg war von Konkurrenz geprägt, weil diese Dienststelle auch marinespezifische Anfragen und Anträge bearbeitete, mangels Unterlagen dann jedoch bei der MPDZ nachfragen mußte, siehe Marine-Personal-Dokumenten-Zentrale, Az. Dr. G/A 5, vom 8.5.1946, Betr.: Zusammenarbeit Marine-Personaldokumenten-Zentrale – Zentralauskunftstelle, Deutsche Dienststelle, Handakten Gericke; Marine-Personal-Dokumenten-Zentrale, Az. Dr. Gs/A 136 an Amt für Erfassung der Kriegsopfer, vom 31.3.1947, Deutsche Dienststelle, Handakten Gericke.

[209] Die MPDZ war in einer Kaserne an der Straße Hamburg – Stade untergebracht. Einen anschaulichen Einblick in die Arbeitssituation gibt: Marine-Personal-Dokumenten-Zentrale, vom Frühjahr 1948, Betr.: Marine-Personal-Dokumenten-Zentrale, Deutsche Dienststelle, Handakten Gericke; siehe auch Marine-Personal-Dokumenten-Zentrale, ca. November 1946, Betr.: Aufgaben der Mannschaftspersonalabteilung, Deutsche Dienststelle, Handakten Gericke; Deutsche Dienststelle/Ltg. 362, an die Hauptverwaltung für das Post- und Fernmeldewesen, vom 20.12.1948, Betr.: Portofreiheit, Deutsche Dienststelle, Handakten Gericke. Zur Rettung siehe Armand Klein, Comment furent sauvées les Archives WASt, handschriftlicher Bericht im Besitz der Association des évadés et incorporés de force du Bas-Rhin, Strasbourg; Deutsche Dienststelle/Conservateur, Übersicht über die Bestände der WASt, Oktober 1954, Deutsche Dienststelle, Handakten Mr. Girard.

nochmals ein anderer Effekt, auf den bereits mehrfach hingewiesen wurde. Die Arbeit mit namensbezogenen Meldungen bot die Möglichkeit, auf den vorhandenen Informationsständen aufzubauen und diese zu ergänzen. Numerische Auswertungen dieser namentlichen Meldungen müssen von daher im Laufe der Zeit in immer größerem Maße den numerischen Statistiken überlegen sein, die bis kurz vor Kriegsende erstellt, dann aber nicht mehr vervollständigt werden konnten.

### 2.3.3.3 WASt/Deutsche Dienststelle

Doch nun zum Schicksal der insgesamt wichtigsten und im Zentrum der vorliegenden Arbeit stehenden Organisation, der ehemaligen Wehrmachtauskunftstelle. Im folgenden soll sowohl das Schicksal der Dienststelle und ihrer Aktenbestände als auch die getroffenen Maßnahmen zur Klärung offener Fällen nachgezeichnet werden, denn nur so kann dem Leser deutlich werden, welche immense Mühe einerseits aufgewandt wurde, um möglichst viele Schicksale zu klären, andererseits aber auch, wo Problembereiche liegen, die geeignet sind, die Vollständigkeit der Datenbasis zu beeinträchtigen.

*2.3.3.3.1 Erste Nachkriegsjahre*

Zusammen mit der Abteilung Wehrmachtverlustwesen war die Wehrmachtauskunftstelle 1943 nach Meiningen und Saalfeld in Thüringen ausgelagert worden – am 5. bzw. 13. April 1945 hatten die Amerikaner die beiden Städte besetzt. Zunächst ruhte die Arbeit, nachdem im Rahmen einer ersten Entnazifizierung ca. 350 Mitarbeiter entlassen bzw. auf dem Hof der Kaserne unter den Augen der arbeitenden Kollegen interniert worden waren. Am 23. April 1945 wurde anstelle des bis Kriegsende amtierenden Leiters, Oberst Konrad Ritter und Edler von Dall'Armi, ein leitender Mitarbeiter, Stabsintendant Otto Schlagk, mit der Führung der Wehrmachtauskunftstelle betraut. Die Arbeit konnte fortgeführt werden – immerhin lagen der WASt bei Kriegsende noch ca. eine Million unbearbeitete Sterbefälle vor[210].

Im Juli 1945 stand dann jedoch die Übergabe Thüringens an die Sowjets an. Als problematisch erwies sich jetzt, daß im Jahr 1943, bei der Auslagerung vieler Dienststellen aus dem luftbedrohten Berlin, Thüringen noch als sicher gegolten hatte. Daher waren hierhin besonders viele Dienststellen ausgelagert worden –

---

[210] Am 17.5.1945 arbeiteten in Saalfeld 187 Mitarbeiter unter amerikanischer Leitung, siehe E.T.O.U.S.A./Records Project, vom 4.5.1945, Deutsche Dienststelle, Handakten Veit; WASt/Leiter vom 4.5.1945, Anordnung 1, BA-MA, RW 48/v.3; Chronik Deutsche Dienststelle, T. 2, Abschn. 7. Nach anderen Unterlagen waren es insgesamt ca. 650, die weiterarbeiteten, siehe Henry W. Sternweiler vom 28.8.1995 an den Verfasser; Deutsche Dienststelle, Ref. VIII, Allg.28 vom 26.9.1949, Betr.: Ref. VIII, Deutsche Dienststelle, Handakten Lüdtke; Deutsche Dienststelle, Oktober 1962: Die Deutsche Dienststelle für die Benachrichtigung der nächsten Angehörigen von Gefallenen der ehemaligen deutschen Wehrmacht, Deutsche Dienststelle, Handakten Kirchhoff; Forschungsgemeinschaft Berlin, Wehrmachtauskunftstelle.

allein aus dem hier interessierenden Zusammenhang u.a. der Abwicklungsstab in Rudolstadt, die Kartei des DRK-Amtes S in Eisenach und die Unterlagen der WASt bzw. der Abteilung WVW in Meiningen und Saalfeld. Als die Amerikaner Thüringen räumen mußten, waren sie nicht in der Lage oder nicht daran interessiert, alle Unterlagen mitzunehmen – so hatten sie es ursprünglich auch abgelehnt, die Suchkartei des DRK-Amtes S zu evakuieren[211].

Mit den Unterlagen der WASt wurde dagegen anders verfahren. Bereits im Mai 1945 waren die Karteien über die westalliierten Kriegsgefangenen nach Paris verbracht worden – ein Vorgang, der durchaus im Einklang mit den kriegsvölkerrechtlichen Bestimmungen stand, sahen diese doch vor, die Original-Kriegsgefangenen-Karteien von den Gewahrsamsmächten an die Heimatstaaten zu übergeben[212]. Die WASt selbst sollte in das Ministerial Collecting Center nach Fürstenhagen verlegt werden, das eingerichtet worden war, um Akten nicht nur zu lagern, sondern auch auszuwerten. Da nicht genügend Transportraum zur Verfügung stand, mußte sich die Leitung der WASt dazu durchringen, nur die wichtigsten Bestände, vor allem die Zentralkartei und die nicht bearbeiteten Fälle mitzunehmen. In Saalfeld und Meiningen blieben die Kriegsgefangenenkartei für die Italiener und die osteuropäischen Nationen, die Gräberkartei, die Nachlässe, die Militärtestamente und der Schriftverkehr, darunter die bereits erstatteten Sterbefallanzeigen.

Die Nachlässe wurden von sowjetischen Soldaten geplündert, soweit dies nicht schon ihre amerikanischen Vorgänger getan hatten. Die Kriegsgefangenenkarteien der slawischen Staaten, darunter die für die sowjetischen Kriegsgefangenen, sind vermutlich im August 1945 in die UdSSR verbracht worden – sie sollen sich heute im Militärarchiv in Podolsk befinden[213]. Die restlichen Unterlagen wurden von den Sowjets zuerst nach Weimar geschafft und dann auf verschiedene Behörden

---

[211] Böhme, Bilanz, S. 132; Böhme, Gesucht wird, S. 34; Born, Ministerial Collecting Center, S. 238.
[212] Kriegsgefangenenkonvention 1929, Artikel 77; ähnlich für die Verwundeten und Kranken, Verwundetenkonvention 1929, Art. 4; siehe auch Conservateur WASt, Nr. 8055 vom 17.12.1951, Les Archives WASt, Deutsche Dienststelle, Handakten Mr. Girard; Deutsche Dienststelle/Heinz Lente: Die Deutsche Dienststelle, o.J., ca. Anfang 1957, Deutsche Dienststelle, Handakten Kirchhoff.
[213] Da die UdSSR und das Deutsche Reich sich nicht auf die Gültigkeit der Genfer Kriegsgefangenenkonvention einigen konnten, betrachtete sich das Deutsche Reich nicht als verpflichtet, die sowjetischen Kriegsgefangenen zu registrieren. Trotzdem wurden sie teilweise erfaßt. Das Schriftgut über russische Kriegsgefangene soll mit einem Umfang von 377 Kisten sehr umfangreich gewesen sein, umfaßte vermutlich aber vor allem nicht diejenigen zahlreichen Personen, die sehr früh in den ersten Kriegsgefangenenlagern gestorben sind; ein sehr detaillierter Bericht hierüber findet sich in: Wehrmachtauskunftstelle für Kriegerverluste und Kriegsgefangene, vom 19.8.1945, Betr.: Material über russische Kriegsgefangene, Deutsche Dienststelle, Handakten Lüdtke; siehe auch Deutsche Dienststelle, Ref. VIII, Allg.28 vom 26.9.1949, Betr.: Ref. VIII, Deutsche Dienststelle, Handakten Lüdtke; Deutsche Dienststelle/Heinz Lente: Die Deutsche Dienststelle, o.J., ca. Anfang 1957, Deutsche Dienststelle, Handakten Kirchhoff.

verteilt, in der Mehrheit jedoch archiviert. Nach der Wiedervereinigung sollte dann die Deutsche Dienststelle die Unterlagen wiedererhalten, die sie 1945 in Thüringen hatte zurücklassen müssen[214].

Ähnlich wie mit den Akten wurde auch mit dem Personal verfahren, ein Teil durfte die Amerikaner begleiten, die anderen wurden zurückgelassen. Bei der Auswahl bevorzugten die Amerikaner Frauen – auch für Führungspositionen. Sie befürchteten nämlich, man könnte mit Hilfe der Karteien die Wehrmacht reorganisieren, um den Kampf wieder aufzunehmen – und davor glaubten sie sich beim Einsatz von Frauen eher sicher als bei Männern[215].

Der Umzug der WASt von Thüringen nach Fürstenhagen bei Kassel, in das Gelände einer ehemaligen Munitionsfabrik, stellte einen Vorgang dar, der selbst in der damaligen, chaosgewohnten Zeit Aufsehen erregen mußte. Das Ministerial Collecting Center in Fürstenhagen war erst seit kurzem eingerichtet, als die Leitung die Nachricht erhielt, die WASt würde dorthin verlagert. Ohne angemessene Vorbereitungszeit trafen dann in den ersten Julitagen 1945 insgesamt 275 LKW mit 531 Tonnen Akten und 441 Angehörigen der WASt samt ihren Familien ein.

---

[214] Die Unterlagen wurden im Frühjahr 1946 zum Amt für Arbeit und Sozialfürsorge, Weimar, Pfeiferstr. 16, die Kriegstestamente zum Bezirksgericht Berlin-Mitte überführt. Die anderen Unterlagen gelangten nach Dornburg, wo sie – auch für DDR-Dienststellen unzugänglich – verwahrt wurden, siehe Conservateur WASt, Nr. 8055 vom 17.12.1951, Les Archives WASt, Deutsche Dienststelle, Handakten Mr. Girard; Deutsche Dienststelle/Ref. V/GE./Mlg. 190, an den Länderrat des amerikanischen Besatzungsgebiets, vom 4.2.1949, BA, B 106/22754; Forschungsgemeinschaft Berlin, Rundbrief; Deutsche Dienststelle/Heinz Lente: Die Deutsche Dienststelle, o.J., ca. Anfang 1957, Deutsche Dienststelle, Handakten Kirchhoff. Darunter befanden sich auch die Unterlagen der WGO, die nach der rückzugsbedingten Auflösung ihrer Dienststelle die Unterlagen über die auf feindlichem Territorium gelegenen Gräber bei der Abteilung WVW abgegeben hatten. Zum Schicksal der Unterlagen der Italienischen Militärinternierten siehe Deutsche Dienststelle, Ref. I Ltg 3/20.1. vom 20.1.1956, Betr.: Besprechung im Auswärtigen Amt in Bonn am 9.12.1955 über die mit dem deutsch-italienischen Kriegsgeräberabkommen zusammenhängenden Fragen, Deutsche Dienststelle, Handakten Mr. Girard.

[215] Diejenigen Mitarbeiter, die den Amerikanern nicht folgen konnten oder wollten, hatten ein Schicksal, das nicht untypisch für die damalige Zeit war. Sie arbeiteten zunächst weiter und erhielten ihre Gehälter von der Stadt Meiningen. Als sich im März 1946 der Landrat des Kreises Meiningen bei den Amerikanern erkundigte, was weiter mit dem Personal zu geschehen habe und wer die Lohnkosten zahle, erhielt er die lapidare Antwort, Meiningen sei sowjetisches Besatzungsgebiet, von daher seien die Amerikaner nicht mehr zuständig. Vermutlich war dies der Grund, die Reste der WASt in Thüringen aufzulösen, denn erst im März 1946 wurden die Akten nach Weimar verbracht. Ein Teil des Personals war allerdings schon nach Berlin zurückgekehrt, sobald es in Thüringen kein Gehalt mehr erhalten hatte, siehe Der Landrat des Kreises Meiningen, Az. 410/4 vom 28.3.1946 und Az. ID 30/4 vom 15.4.1946, Betr.: Ehemalige Wehrmachtsauskunftsstelle, Deutsche Dienststelle, Handakten Veit; Deutsche Dienststelle, Az. EV, vom 5.4.1946, an den Landrat des Kreises Meiningen, Betr.: Ehemalige Wehrmachtauskunftstelle in Meiningen, Deutsche Dienststelle, Handakten Veit; Deutsche Dienststelle, Ref. VIII, Allg.28 vom 26.9.1949, Betr.: Ref. VIII, Deutsche Dienststelle, Handakten Lüdtke; Interview Kobylski.

## 2.3 Schicksalsklärung nach Kriegsende

Den Einzug der Karawane in das Gelände beschrieb der verantwortliche Archivar später so: »Some of the 10 ton trailers were piled so high that they could not be driven under the overhead water and heating pipes with the result that a safari set out through the woods bearing desks, tables, chairs, file cabinets, and, as a crowning accomplishment, a potted palm to the designated buildings[216].«

Auch wenn andere im Ministerial Collecting Center gesammelte Bestände einen höheren Stellenwert besaßen, war die WASt mit 40 Prozent der Akten und 36 Prozent des deutschen Personals der größte geschlossene Einzelbestand. Doch bereits nach einem halben Jahr stand ein neuer Umzug an, das Ministerial Collecting Center wurde aufgelöst – im Januar 1946 wurde die WASt nach Berlin verlegt, von wo sie ca. drei Jahre vorher ausgelagert worden war. Im Gegensatz zum vorherigen Umzug nach Fürstenhagen durften diesmal nur wenige Mitarbeiter folgen – für den Dienstbetrieb war dies nachteilig, denn nun fehlten die eingearbeiteten, mit den Karteien vertrauten Kräfte. Ihre Arbeit konnte die WASt in Berlin jedoch fortführen – nun allerdings unter einem neuen Namen. »German Agency for notification of war-deaths in former German Armed Forces to next of kin« war die zwar korrekte, aber auch umständliche Beschreibung der Aufgaben der ehemaligen WASt. In ihrer deutschen Übersetzung »Deutsche Dienststelle für die Benachrichtigung der nächsten Angehörigen von Gefallenen der ehemaligen deutschen Wehrmacht« ist sie die noch heute gültige Bezeichnung[217].

Zunächst bildete sie einen Teil des 6889th Berlin Document Centers, in dem auch die Personalunterlagen der nationalsozialistischen Organisationen gesammelt wurden[218]. Zwischen diesen beiden Beständen gab es jedoch von Anfang an

---

[216] Born, Ministerial Collecting Center, S. 252; Denkschrift, Deutsche Dienststelle, S. 2; Forschungsgemeinschaft Berlin, Wehrmachtauskunftstelle; Forschungsgemeinschaft Berlin, Rundbrief.

[217] Der Umzug begann am 8.1.1946. Einer Quelle nach durften 24, einer anderen nach 56 Personen umsiedeln. Die Amerikaner waren jedoch in der Regel einverstanden, wenn Mitarbeiter auf eigene Kosten nachzogen und am neuen Dienstort die Arbeit wieder aufnahmen. Eine Aufenthaltsgenehmigung für Berlin zu erhalten, dürfte jedoch kaum möglich gewesen sein. Von daher bedeutete der Umzug einen wesentlichen personellen Aderlaß – zum Zeitpunkt der Projektdurchführung lebte in Berlin nur noch eine einzige, schon lange pensionierte Mitarbeiterin, die der WASt seit der Verlagerung nach Thüringen angehört und an allen Umzügen teilgenommen hatte, siehe Interview Kobylski; German Agency for notification of war-deaths in former German Armed Forces to next of kin, vom 21.12.1945, Deutsche Dienststelle, Handakten Veit; Henry W. Sternweiler vom 28.8.1995 an den Verfasser; Born, Ministerial Collecting Center, S. 239, 243 – 248 und 254; Chronik Deutsche Dienststelle, T. 2, Abschn. 7; Pomrenze, Policies, S. 19 f.; Forschungsgemeinschaft Berlin, Rundbrief.

[218] Die Unterlagen der WASt wurden zusammen mit den wenigen NS-Personalakten, die sich im Ministerial Collecting Center befanden, per Bahn nach Berlin gebracht und dort in das 6889th Berlin Document Center eingegliedert. Später in 7771st BDC umbenannt, war es die Keimzelle des heute nur noch auf NS-bezogene Akten spezialisierten BDC; Interview Kobylski; Henry W. Sternweiler vom 28.8.1995 an den Verfasser; Forschungsgemeinschaft Berlin, Wehrmachtauskunftstelle; Beddie, Berlin Document Center, S. 132 f.; Berlin Document Center, S. XI-XIV; Pomrenze, Policies, S. 19.

einen wesentlichen Unterschied – die NS-Bestände wurden gesammelt, um sie auszuwerten und dauerhaft zu verwahren, für die Karteien der Deutschen Dienststelle galt dies nicht. Grundsätzlich wurde Arbeit der ehemaligen WASt nur geduldet, weil die Amerikaner einsahen, daß die noch offenen Sterbefälle abgewickelt werden mußten. Danach sollten die Unterlagen jedoch vernichtet werden – immer aus der Furcht heraus, die Karteien könnten zur Reorganisation der Wehrmacht genutzt werden. Folglich legten die Amerikaner Wert auf die größtmögliche Beschleunigung der Arbeitsvorgänge – die Leistung wurde von 8000 Sterbefallanzeigen in der letzten Kriegszeit auf ca. 138 000 Fälle pro Monat gesteigert. Allein in der kurzen Zeit vom Arbeitsbeginn in Berlin am 15. Februar 1946 bis 1. Juli 1946 wurden so 483 000 Sterbefallanzeigen erstattet[219]. Für die vorliegende Arbeit ist dies ein wesentlicher Aspekt. Beim Vergleich der verschiedenen Verluststatistiken untereinander war festzustellen gewesen, daß die WASt gegen Kriegsende offensichtlich nicht mehr in der Lage gewesen war, alle eingehenden Informationen zu verarbeiten und folglich Verlustzahlen ausgewiesen hatte, die deutlich unter den in den anderen Statistiken ausgewiesen gelegen hatten. Nun bot sich die Gelegenheit, diese Defizite aufzuarbeiten.

Doch – obwohl erst die Hälfte der noch vorliegenden Sterbefälle bearbeitet worden war und das Internationale Rote Kreuz gerade begonnen hatte, wieder Verbindung mit der Deutschen Dienststelle aufzunehmen, war für Anfang Juni 1946 die Verbrennung der Unterlagen geplant. Zwar hatte es Proteste dagegen und Vorschläge gegeben, die Akten den Deutschen oder dem Internationalen Roten Kreuz zu übergeben, all dies hatte die Amerikaner jedoch nicht zu einer Änderung ihrer Haltung bewegen können[220].

Der verantwortliche Offizier, 1st Lt. Henry W. Sternweiler, sah sich in dem Dilemma, einerseits einen Befehl befolgen zu müssen, andererseits aber davon

---

[219] Deutsche Dienststelle – Abwicklungsstelle, Az. L, vom 30.7.1946, Deutsche Dienststelle, Handakten Kirchhoff; Deutsche Dienststelle/Ref. V/GE./Mlg. 190, an den Länderrat des amerikanischen Besatzungsgebiets, vom 4.2.1949, BA, B 106/22754; Bereits unmittelbar nach dem Eintreffen in Berlin wurde das Personal der WASt von 56 auf ca. 650 Personen aufgestockt, im Februar 1946 wurde nochmals Personal eingestellt, siehe Henry W. Sternweiler vom 28.8.1995 an den Verfasser; Forschungsgemeinschaft Berlin, Rundbrief; Forschungsgemeinschaft Berlin, Wehrmachtauskunftstelle; Smith, Vermißte Million, S. 53.

[220] Hier und im folgenden siehe den anschaulichen Bericht von Armand Klein über die damaligen Vorgänge, Klein, Armand: Comment furent sauvées les Archives WASt, handschriftlicher Bericht im Besitz der Association des évadés et incorporés de force du Bas-Rhin, Strasbourg; Volksbund Deutsche Kriegsgräberfürsorge/Bundeszentrale vom 4.12.1948 an den Länderrat des amerikanischen Besatzungsgebiets, BA, B 150/338 H1; Chronik Deutsche Dienststelle, T. 2, Abschn. 10; Smith, Heimkehr, S. 17; Smith, Vermißte Million, S. 52 – 54; Wehrmacht Files May Be Fired, in: The Stars and Stripes, Berlin-Bremen Edition, 31.1.1947.

## 2.3 Schicksalsklärung nach Kriegsende

überzeugt zu sein, daß die Vernichtung der Akten kriegsvölkerrechtswidrig war[221]. Der einzige Ausweg bestand darin, die Deutsche Dienststelle einer anderen Besatzungsmacht zu unterstellen. Am Vormittag des Tages, an dem nachmittags die Verbrennung beginnen sollte, gelang es Sternweiler, den französischen Capitaine Armand E. Klein für sein Ziel zu gewinnen. Und dieser wußte, daß die französische Führung nicht so sehr mit dem Argument der Kriegsvölkerrechtswidrigkeit der Vernichtung, sondern mit dem Schicksal der zur Wehrmacht eingezogenen Elsässer, Lothringer und Luxemburger zu interessieren war. Die französische Regierung bemühte sich nämlich sehr, alle Franzosen zu repatriieren, die in der Wehrmacht oder der Waffen-SS gekämpft hatten und nun in sowjetischer Kriegsgefangenschaft vermutet wurden. Die personenbezogenen Daten, über die die Deutsche Dienststelle verfügt, stellten jedoch eine wesentliche Voraussetzung dafür dar, diesen Personenkreis ermitteln und ihre Repatriierung fordern zu können. Mit dieser Begründung konnte der französische Oberkommandierende, General Koenig, dafür gewonnen werden, in einer telefonischen Absprache mit General Clay zunächst die Verbrennung zu stoppen. Mit Beschluß des Kontrollrats vom 14. Juni 1946 wurde die Deutsche Dienststelle dann endgültig in französische Verantwortung übergeben[222].

Damit war zwar die Existenz der Deutschen Dienststelle einstweilen gesichert, für die vorliegende Arbeit ist jedoch nicht nur der Fortbestand der Karteien von Bedeutung, sondern auch ihre Vollständigkeit – und hier ergaben sich Probleme, die wieder aus der chaotischen Nachkriegssituation entstanden. Angehörige von Dienststellen, die während des Krieges mit dem Verlustwesen befaßt gewesen waren, sahen hier nämlich ihre Chance, der Kriegsgefangenschaft zu entgehen und vielleicht sogar ein zukunftsträchtiges Aufgabengebiet zu erschließen.

Dafür ein Beispiel: Ostern 1945 hatte der Leiter der Abteilung Wehrmachtverlustwesen, Oberst Walther Sonntag, den Stabsoffizier WVW beim PzAOK 3, Hptm.

---

[221] Am 23.5.1945 hatte ein Team von vier amerikanischen Offizieren, Major Hugh G. Stark, Captain Max Wechsberg, Captain Henry D.G. Smith und 1st Lt. Henry Sternweiler, die Leitung der WASt noch in Saalfeld bzw. Meiningen übernommen. Unter Leitung von Major Stark war Lt. Sternweiler, der sowohl Deutsch als auch Französisch sprach, der verantwortliche Verbindungsmann zum deutschen Personal – bis er schließlich in Berlin die alleinige Aufsicht über die Deutsche Dienststelle übernahm, siehe WASt/Leiter vom 4.5.1945, Anordnung 1, BA-MA, RW 48/v.3; Henry W. Sternweiler vom 28.8.1995 an den Verfasser.

[222] Klein, Armand: Comment furent sauvées les Archives WASt, handschriftlicher Bericht im Besitz der Association des évadés et incorporés de force du Bas-Rhin, Strasbourg. Da die Deutsche Dienststelle nun einer neuen Aufsicht unterstand, mußte sie auch in deren Verfügungsbereich, d.h. die französische Zone, umziehen. Sie wurde zunächst in Frohnau, Hubertusweg, und – zum kleineren Teil – in einer Baracke in Waidmannslust untergebracht. Zu den weiteren Dienstsitzen siehe die Aufstellung im Anhang, siehe auch Chronik Deutsche Dienststelle, T. 2, Abschn. 10; Woche, Wehrmachtauskunftstelle, S. 6.

Aurich, beauftragt, eine Außenstelle im Nordraum zu erkunden – Hptm. Reinhard von der Dienststelle WVW 7 sollte hinzukommen. Als dieser jedoch am 3. Mai 1945 eintraf, war Hptm. Aurich mit seinem Material bereits wieder zurück nach Saalfeld aufgebrochen. Da kam ein Zufall dem Hptm. Reinhard zur Hilfe. Der StOffz WVW bei der 2. Armee, Hptm. Humperdinck, hatte den Auftrag gehabt, seine Verlustunterlagen aus den Kampfräumen Pommern, Danzig und Südostpreußen nach Saalfeld zu bringen, das Begleitpersonal war jedoch samt dem Material nach Flensburg verschlagen worden, wo es der Intendant Dowaldt in seine Obhut genommen hatte[223].

In der Hoffnung, damit die Zukunft sichern zu können, begann er zusammen mit Hptm. Reinhardt eine Auskunftstelle aufzubauen, die sie als WASt-Außenstelle bezeichneten. Die Lage war günstig, weil sich in Norddeutschland große Mengen von Flüchtlingen befanden, die nach ihren Angehörigen bei der Wehrmacht suchten, und gleichzeitig Hunderttausende von Soldaten, die in Verfügungsräumen interniert waren. Und die verantwortlichen Stäbe, darunter die Korpsgruppe Stockhausen, der Armeestab Müller und das Armeekorps Witthöft, waren daran interessiert, einen Ansprechpartner für die Verlustmeldungen zu haben, die sie bis dahin nicht hatten weitermelden können[224].

Der offenkundig vorhandene Bedarf führte jedoch dazu, daß auch andere Stellen sich für dieses Tätigkeitsfeld interessierten. In Hamburg hatte es schon in der Kriegszeit die Wehrkreisauskunftstelle des Wehrkreises X gegeben – mit ihrem eigenen Material und Verlustunterlagen der Heeresgruppe Kurland begann diese nun nach Kriegsende ebenfalls Todesfälle zu registrieren. Damit existierten in einem relativ kleinen Bereich zwei miteinander konkurrierende Organisationen, die sich auch gegenseitig die Legitimation absprachen – ganz zu schweigen von weiteren Dienststellen, die sich mit verwandten Arbeitsgebieten befaßten. Was dies für die Betroffenen bedeutete, sei an einem Beispiel verdeutlicht. Nach Auffassung der WASt-Außenstelle war für die Suche nach lebenden Kriegsgefangenen die Hauptermittlungsstelle, Hamburg-Altona, für die entlassenen Soldaten die DRK-Flüchtlingssuchkartei, Hamburg, Harvesterhuder Weg, und für die Todesfälle die WASt-Außenstelle zuständig. Zu berücksichtigen wäre hier dann

---

[223] Außenstelle der Wehrmachtauskunftstelle, Flensburg, an die Wehrmachtauskunftstelle, Fürstenhagen, vom 7.10.1945, Deutsche Dienststelle, Handakten Veit; Clemens Humperdinck an die Aussenstelle der Wehrmachtauskunftstelle für Kriegerverluste und Kriegsgefangene, vom 5.2.1946, Deutsche Dienststelle, Handakten Veit.

[224] Entlassungstelle 4/Ia an Korpsgruppe von Stockhausen, vom 28.6.1945, Betr.: Einrichtung einer personellen Auskunftstelle, Deutsche Dienststelle, Handakten Kirchhoff; Zentralbüro für Personennachweis bei Korpsgruppe v. Stockhausen, an Außenstelle der Wehrmachtauskunftstelle, vom 15.9.1945, Deutsche Dienststelle, Handakten Kirchhoff; Inselkommandant Föhr/Fürsorgeoffizier, B.Nr. 655-F.O. an Wehrmachtauskunftstelle, vom 4.10.1945, Betr: Vermißte, Deutsche Dienststelle, Handakten Kirchhoff; Clemens Humperdinck an die Aussenstelle der Wehrmachtauskunftstelle für Kriegerverluste und Kriegsgefangene, vom 5.2.1946, Deutsche Dienststelle, Handakten Veit; Zienert, Dienstgruppen, S. 14.

auch noch die Zentralauskunftstelle, weil ein Teil der militärischen Verbände hierhin meldete und das MPDZ für die Marine[225]. Für die Suchenden stellte dies aber wohl keine tragbare Lösung dar, denn sie wußten in der Regel gerade nicht, ob ihre Militärangehörigen tot, lebend oder entlassen waren.

Am 1. Dezember 1945 wurde dann die WASt-Außenstelle nach Hamburg verlegt, ursprünglich wohl, um mit der als Zentralauskunftstelle figurierenden ehemaligen Wehrkreisauskunftstelle zusammengelegt zu werden. Dazu scheint es jedoch nicht gekommen zu sein – zwischen der Zentralauskunftstelle in Hamburg, Sophienterrasse 13, und der Außenstelle der WASt, Sophienterrasse 14, entbrannte ein heftiger Schriftkrieg, außerdem schaltete sich nun auch die Deutsche Dienststelle ein, die daran interessiert war, das ihr zustehende Material zu erhalten und daher der Außenstelle die Legitimität absprach. Im März/April 1946 wurde die Zentralauskunftstelle aufgelöst und die Eingliederung der Außenstelle in die Deutsche Dienststelle befohlen, aber auch jetzt gab diese sich noch nicht geschlagen, die Mitarbeiter gründeten eine »Auffangstelle«, in deren Rahmen sie weiterzuarbeiten versuchten. Letztlich trafen dennoch im September 1946 die Unterlagen der WASt-Außenstelle – immerhin 20 Tonnen Akten – bei der Deutschen Dienststelle in Berlin ein: die Monopolstellung der ehemaligen WASt war wiederhergestellt[226].

---

[225] Daneben existierte auch ein »Abwicklungsamt der Wehrmacht/Liquidation Office«, das sich jedoch mit vermögensrechtlichen Fragen beschäftigte, sowie eine DRK-Landesstelle X, die mit der Abwicklungsstelle X des Wehrkreises X zusammenarbeitete, siehe hierzu auch Kap. 2.3.2.3.; Außenstelle der Wehrmachtauskunftstelle an Wehrmachtauskunftstelle vom 20.10.1945, Betr.: Außenstelle WASt für das britisch besetzte Gebiet, Deutsche Dienststelle, Handakten Veit; Außenstelle der Wehrmachtauskunftstelle, an Zentralauskunftstelle, vom 9.4.1946, Deutsche Dienststelle, Handakten Veit; Naval Document Center/Az. DR. G/A 27, vom 4.7.1946, Betr.: Zusammenarbeit mit anderen Dienststellen, Deutsche Dienststelle, Handakten Gericke; Wagner, Ohne Befehl, S. 6; Wolgast, Wehrmachtauskunftstelle, S. 1.

[226] Clemens Humperdinck an die Außenstelle der Wehrmachtauskunftstelle für Kriegerverluste und Kriegsgefangene, vom 5.2.1946, Deutsche Dienststelle, Handakten Veit; Marine-Personal-Dokumenten-Zentrale/Dr. Givens, vom 4.3.1946, Betr.: Bericht Nr. 7 über Dienstreise Hamburg, Eutin, Plön, Kiel, Flensburg, Eutin, Kiel, Plön, Eutin, Minden vom 4.- 12.2.46, Deutsche Dienststelle, Handakten Gericke; Aussenstelle der Wehrmachtauskunftstelle vom 13.3.1946, Betr.: Verlustmeldungen, Deutsche Dienststelle, Handakten Veit; Der Regierungspräsident/Minden, Az. IA-45/46, vom 19.3.1946, Betr.: Beurkundung von Kriegssterbefällen, Deutsche Dienststelle, Handakten Veit; Ministerial Collecting Center/Rep. Armed Forces. Div., vom 6.4.1946, Subject: WASt Records in Hamburg, Deutsche Dienststelle, Handakten Veit; Außenstelle der Wehrmachtauskunftstelle, an Zentralauskunftstelle, vom 9.4.1946, Deutsche Dienststelle, Handakten Veit; Deutsche Dienststelle, Az. EV, an Herrn E. Reinhardt, Hamburg, vom 9.4.1946, Deutsche Dienststelle, Handakten Veit; Zentralauskunftstelle, an das Deutsche Rote Kreuz, vom 14.4.1946, Deutsche Dienststelle, Handakten Gericke; Außenstelle Wast – Zentralauskunftstelle, vom 24.4.1946, Betr.: Vereinbarung, Deutsche Dienststelle, Handakten Veit; Deutsche Dienststelle, Az. 24254-J.M.A./th, an Monsieur le Commissaire Français à l'Office Militaire de Sécurité, vom 23.10.1954, Betr: Origine des Archives WASt, Deutsche Dienststelle, Handakten Mr. Girard; Zienert, Dienstgruppen, S. 14; Forschungsgemeinschaft Berlin/Wolgast, Wehrmachtauskunftstelle, S. 1.

Für die vorliegende Arbeit ist dies von erheblicher Bedeutung. Die Kenntnisse der WASt-Außenstelle gingen nicht verloren, sondern wurden in die Kartei der Deutschen Dienststelle eingearbeitet. Damit fanden gerade solche Informationen Eingang in die Kartei der Deutschen Dienststelle, die die WASt in der unmittelbaren Nachkriegszeit angesichts der zerstörten Kommunikationsstrukturen selbst nicht hätte registrieren können.

*2.3.3.3.2 Kriegssterbefallanzeigen*

Mit der Auflösung der Zentralauskunftstelle und der Eingliederung der WASt-Außenstelle in die Deutsche Dienststelle war die organisatorische Einheit im wesentlichen zwar wiederhergestellt, das Informationsmonopol der Deutschen Dienststelle blieb jedoch in anderer Hinsicht weiterhin bedroht.

Wie bereits erwähnt, war im Oktober 1944 der § 27a in die Wehrmacht-Personenstandsverordnung eingefügt worden, demzufolge Kriegssterbefälle im Inland von jedermann am Todesort angezeigt werden konnten und der WASt nur die Aufgabe verblieb, die Sterbefallurkunde an die Angehörigen weiterzuleiten. Je chaotischer die Kriegslage wurde, desto seltener dürfte die WASt jedoch diese Urkunde erhalten haben. Auch unmittelbar nach Kriegsende besserte sich die Situation nicht – der Postverkehr war ja zunächst eingestellt. Und die Standesbeamten in allen vier Zonen verfuhren zunächst weiter wie bisher, nicht nur weil die Fortgeltung des § 27a Wehrmacht-Personenstandsverordnung unterstellt wurde, sondern auch aufgrund entsprechender Anordnungen seitens der Besatzungsmächte. Dadurch konnten Organisationen, wie die WASt-Außenstelle in Hamburg und das Personenstandsarchiv II in Dortmund-Lütgendortmund, Kriegssterbefallanzeigen erstatten. Auch die ACPG in Genf sandte im Zeitraum von der Wiederaufnahme des Postverkehrs ab 1. April 1946 bis Jahresende 1946 ihre Todesnachrichten nicht an die Deutsche Dienststelle, sondern an die Bürgermeister der Heimatgemeinden in der Hoffnung, daß diese alles weitere veranlassen würden[227].

Dieses Procedere konnte der Deutschen Dienststelle wiederum nicht recht sein, sie hatte jedoch keine Handhabe, ihre Auffassung durchzusetzen. Zwar gab es den § 26 der Wehrmacht-Personenstandsverordnung, der die Alleinzuständigkeit der WASt vorsah, gleichzeitig aber auch die Ausnahmebestimmung des § 27a und die gleichlautenden besatzungsrechtlichen Regelungen. Darüber hinaus hatte der Kontrollrat ursprünglich angeordnet, daß die WASt nur Sterbefälle bearbeiten solle, die sich bis zum 31. Dezember 1945 ereignet hatten. Im Februar 1946 – und nochmals bei der Übergabe der Deutschen Dienststelle an die Franzosen im Juni 1946 – wurde dann jedoch bestimmt, daß die Deutsche Dienststelle die

---

[227] Der Regierungspräsident/Minden, Az. IA-45/46, vom 19.3.1946, Betr.: Beurkundung von Kriegssterbefällen, Deutsche Dienststelle, Handakten Veit; siehe hierzu die Ausführungen in Abschn. 2.3.1.1; Deutsche Dienststelle/Heinz Lente: Die Deutsche Dienststelle, o.J., ca. Anfang 1957, Deutsche Dienststelle, Handakten Kirchhoff; Anzeige, Landesarbeitsgemeinschaften, S. 2; Suchzeitung, Nr. 8/I vom Juni 1947, S. 2.

## 2.3 Schicksalsklärung nach Kriegsende 113

einzige anzeigeberechtigte Dienststelle sei – und dies ohne zeitliche Begrenzung. Diesen Anspruch durchzusetzen, bedurfte es allerdings noch einiger Mühe – zum Abschluß kam dieser Prozeß erst mit der Neufassung der Dienstanweisung für die Standesbeamten im Jahre 1957[228].

Zunächst galt die Zuständigkeit der Deutschen Dienststelle auch für die Ostzone bzw. die spätere DDR. Anders als im Bundesgebiet gingen die DDR-Behörden jedoch im Laufe der sich verschärfenden ideologischen Konfrontation dazu über, selbst Sterbefallanzeigen zu erstatten oder allenfalls bei der Deutschen Dienststelle die dort bekannten Daten abzufragen, ohne das Ergebnis des Verfahrens mitzuteilen[229].

Für das Interesse der vorliegenden Arbeit sind diese Kompetenzprobleme gravierend, hängt das Ergebnis doch weitgehend von der Vollständigkeit der Daten ab. Zweifellos hat es im Zeitraum von 1944 bis etwa 1947 Kriegssterbefallanzeigen gegeben, die nach § 27a Personenstandsverordnung ohne Mitwirkung der WASt erstattet worden sind. Sie dürften in der Regel von Organisationen oder Individuen angezeigt worden sein, die zwar über den Todesfall, nicht jedoch über die Anschrift der nächsten Angehörigen informiert waren. Hier ist zu berücksichtigen, daß diese Kriegssterbefallanzeigen nicht am Wohnort der Familie, sondern am Sterbeort angezeigt wurden und der Vorgang erst abgeschlossen war, wenn die Angehörigen die Sterbeurkunde erhalten hatten. Für die Benachrichtigung der Familie war aber auch nach der Einfügung des § 27a in die Wehrmacht-Personenstandsverordnung die WASt bzw. die Deutsche Dienststelle zuständig. Falls die Standesbeamten ihrer Pflicht nachkommen und die Deutsche Dienststelle informieren konnten, entstand somit aus der Ausnahmeregelung des § 27a kein Nachteil für die Vollständigkeit der Kartei der Deutschen Dienststelle. Wenn die Deutsche Dienststelle jedoch nicht mehr informiert werden konnte, dann dürf-

---

[228] Beschluß des Alliierten Kontrollrates vom 22.6.1946, CORC/M46/31; Deutsche Dienststelle für die Benachrichtigung der nächsten Angehörigen von Gefallenen der ehemaligen Deutschen Wehrmacht – Abwicklungsstelle –, Az. Ltg./196, Berlin-Frohnau, den 1.9.1947, BA, B 150/347 H1; siehe auch Deutsche Dienststelle, Az. 24254-J.M.A./th, an Monsieur le Commissaire Français à l'Office Militaire de Sécurité, vom 23.10.1954, Betr: Origine des Archives WASt, Deutsche Dienststelle, Handakten Mr. Girard.

[229] Ähnlich wie die Deutsche Dienststelle in der Bundesrepublik war der DRK-Suchdienst Ost in der DDR gem. Personenstandsgesetz vom 16.11.1956, § 36, mit der Erstattung von Kriegssterbefallanzeigen beauftragt. In der zuletzt geltenden Fassung der Arbeitsrichtlinien des DRK-Suchdienstes Ost wird die Deutsche Dienststelle nicht einmal mehr erwähnt, siehe Richtlinie über die Tätigkeit des zentralen Suchdienstes des Deutschen Roten Kreuzes der Deutschen Demokratischen Republik vom 28.4.1976, DRK-Suchdienst Ost, Handakten Frau Schulenburg. Deutsche Dienststelle für die Benachrichtigung der nächsten Angehörigen von Gefallenen der ehemaligen Deutschen Wehrmacht – Abwicklungsstelle –, Az. Ltg./196, Berlin-Frohnau, den 1.9.1947, BA, B 150/347 H1; Deutsche Dienststelle-Abwicklungsstelle/Ltg, vom 1.8.1949, Denkschrift über die Aufgaben der Deutschen Dienststelle, Deutsche Dienststelle, Handakten Kirchhoff; Interview Bogdanski; Deutsche Dienststelle/Heinz Lente: Die Deutsche Dienststelle, o.J., ca. Anfang 1957, Deutsche Dienststelle, Handakten Kirchhoff; Anzeige, Landesarbeitsgemeinschaften, S. 2; Woche, Bilanz, S. 32.

te die Familie auch keine gültige Urkunde über das Schicksal des Angehörigen erhalten haben, sie war von daher gezwungen, unter Einschaltung der Deutschen Dienststelle einen Suchantrag zu stellen, bei dessen Bearbeitung sich dann herausstellen mußte, daß der Tod des Angehörigen bereits beurkundet worden war[230].

Hinzu kommt ein weiterer Aspekt. In der Regel waren es konkurrierende Nachweisorganisationen gewesen, die die Sterbefälle angezeigt hatten. Die Vernetzung der Dienste untereinander, vor allem aber die Überführung der Karteien aufgelöster Organisationen in den Bestand der jeweiligen Nachfolger dürfte sichergestellt haben, daß die Kenntnis über die erstatteten Anzeigen nicht verlorenging. Von daher kann aus der Ausnahmeregelung des § 27a kein nennenswerter Nachteil für die Vollständigkeit der Kartei der Deutschen Dienststelle resultiert haben – in der Regel jedenfalls. Anderes ist vorstellbar für die Angehörigen des Volkssturms, wenn sie in unmittelbarer Nähe ihrer Wohnorte eingesetzt waren und dort ums Leben kamen oder für solche Fälle, bei denen den Personen oder Organisationen, die die Anzeige erstatteten, die gültige Adresse der nächsten Angehörigen bekannt war. Hier erscheint es möglich, daß solche Todesfälle von den Standesbeamten beurkundet und die Urkunde an die Familie ausgehändigt wurde, ohne daß die Deutsche Dienststelle davon je erfuhr. Gemildert wird dieses Manko allerdings dadurch, daß – soweit es sich um Anzeigen von Organisationen handelte – diese später in der Deutschen Dienststelle aufgingen oder ihre Daten mit der Deutschen Dienststelle austauschten, so daß diese Informationen letztlich doch in die Kartei der Deutschen Dienststelle einflossen[231].

Mit dem Kontrollratsbeschluß vom Februar und Juni 1946 war jedoch noch eine zweite, wichtige Entscheidung gefallen. Ursprünglich hatte sich die Zuständigkeit der WASt – im wesentlichen – nur auf die Wehrmachtangehörigen erstreckt. Dies galt auch für die Volksdeutschen, die nicht aus dem Reichsgebiet stammten und die Zwangsrekrutierten, vor allem aus Frankreich: mit dem Eintritt in die Wehrmacht wurden sie Deutschen gleichgestellt. Nach dem Krieg erhielt der Begriff »Deutscher« jedoch einen anderen Inhalt – die nicht aus den Grenzen des Reichsgebiets von 1937 stammenden Personen wurden nun als Niederländer, Schweizer, Dänen, Österreicher, Franzosen etc. gesehen, für die die Deutsche Dienststelle nicht mehr a priori zuständig war. Wenn sie, wie im Fall der Franzosen und Österreicher, in der Regel dennoch eingeschaltet wurde, dann lag dies daran, daß ihre Unterlagen unentbehrlich waren. Auf der anderen Seite gewann die Deutsche Dienststelle aber auch Zuständigkeiten hinzu – ab Juli 1946 war sie

---

[230] Im Ausnahmefall konnte es allerdings auch zu Doppelbeurkundungen kommen, wenn einer der beiden anzeigenden Organisationen irrtümlich oder bewußt falsche Informationen vorgelegt wurden und der Sterbefall nach § 27a ohne Beteiligung der WASt am tatsächlichen oder vermeintlichen Todesort, darüber hinaus aber auch noch von der WASt bei einem anderen Standesamt angezeigt wurde, siehe Deutsche Dienststelle für die Benachrichtigung der nächsten Angehörigen von Gefallenen der ehemaligen Deutschen Wehrmacht – Abwicklungsstelle –, Az. Ltg./196, Berlin-Frohnau, den 1.9.1947, BA, B 150/347 H1.

[231] Diese Vermutung findet sich schon bei Urlanis, Bilanz, S. 181.

nicht mehr nur für die Wehrmacht, sondern auch für die Kriegssterbefälle all der anderen Organisationen verantwortlich, die nicht mehr existierten, d.h. vor allem der Waffen-SS[232]. Zusammenfassend läßt sich also feststellen, daß die WASt für die Sterbefälle der »groß-« und volksdeutschen Wehrmachtangehörigen, die Deutsche Dienststelle jedoch für die Schicksale der »nachkriegsdeutschen« Angehörigen aller militärischen und paramilitärischen Organisationen zuständig war. Diese Aufgabe zu bewältigen, sollte sich als schwierig erweisen – schließlich standen der Deutschen Dienststelle für diese »neuen« Personenkreise nicht die Unterlagen zur Verfügung, über die sie für ihren angestammten Aufgabenbereich verfügte[233]. Für die Aussagekraft der Untersuchung hat diese Veränderung des Zuständigkeitsbereichs natürlich Auswirkungen – es wird zu prüfen sein, in welchem Ausmaß die Personenkreise erfaßt sind, für die die WASt/Deutsche Dienststelle nur zeitweise zuständig war.

### 2.3.3.3.3.3 Gerichtliche Todeserklärungen

Probleme ergaben sich wenige Jahre später auch bei der Vorstufe der Sterbefallanzeige, der Todeserklärung für Personen, die zwar vermißt waren, deren Tod aber niemand bezeugen konnte. Aufgrund des Personenstandsgesetzes von 1937 und des Gesetzes über die Verschollenheit, die Todeserklärung und die Feststellung der Todeszeit von 1939 konnte eine Person für tot erklärt werden, wenn der Tod mit hinreichender Sicherheit anzunehmen war und die WASt eine entsprechende Auskunft erteilt hatte. Darüber hinaus durfte die Todeserklärung frühestens ein Jahr nach dem Friedensschluß erfolgen[234]. Bereits im Ersten Weltkrieg hatte es eine solche Bestimmung gegeben, ohne daß daraus Probleme entstanden wären – die Masse der Todeserklärungen war binnen weniger Jahre erfolgt. Nach dem Zweiten Weltkrieg fehlte jedoch zunächst eine elementare Voraussetzung für Todeserklärungsverfahren – es gab keinen Friedensvertrag, so daß die vorgeschriebene Jahresfrist nicht zu erfüllen war[235]. In den ersten Nachkriegsjahren stellte dieses Manko noch kein allzu großes Problem dar, weil viele Familien zu Recht hoffen konnten, Nachricht von ihren Ehemännern, Vätern und Söhnen zu erhalten. Doch ab 1947, als viele Soldaten heimkehrten und – zumindest im Westen – die Postverbindungen wieder soweit hergestellt waren, daß die meisten Familien wußten, ob ihr Angehöriger überlebt hatte, wurde das Problem dringlicher und die Zahl der Frauen, die wieder heiraten, oder der Familien, die ihre Erbschaftsfragen regeln wollten, immer größer. In den einzelnen Zonen und Ländern zu

---

[232] Deutsche Dienststelle-Abwicklungsstelle/Ltg, vom 1.8.1949, Denkschrift über die Aufgaben der Deutschen Dienststelle, Deutsche Dienststelle, Handakten Kirchhoff.
[233] Allerdings bildeten sich offizielle oder halboffizielle Organisationen, mit denen die Deutsche Dienststelle zusammenarbeiten konnte, wie die Betriebskrankenkasse des Deutschen Reiches in Wilhelmshaven etc.
[234] Deutsche Dienststelle – Abwicklungsstelle, Az. L, vom 30.7.1946, Deutsche Dienststelle, Handakten Kirchhoff; Deutsche Dienststelle – Aufgabe.
[235] Repschläger, Nachkriegsproblem, S. 1; Schubnell, Todeserklärungen, S. 30.

verschiedenen Zeitpunkten, in der Regel jedoch zum 1. Juli 1949, wurde dann die einjährige Wartefrist für abgelaufen erklärt – Todeserklärungen konnten jetzt beantragt werden[236].

Jahrelang die Rechtsverhältnisse nicht regeln zu können, das war für die Angehörigen eine erhebliche Belastung, für die Zwecke der vorliegenden Arbeit sollte sich diese Verzögerung eher als positiv erweisen – kam es doch in den ersten Nachkriegsjahren kaum zu Todeserklärungen. Dies war erst möglich, als die Deutsche Dienststelle wieder das Informationsmonopol besaß. Von daher hätte die Deutsche Dienststelle über alle gerichtlichen Todeserklärungen in den drei Westzonen bzw. der Bundesrepublik informiert worden sein müssen. Leider hat sich jedoch in der täglichen Arbeit der Deutschen Dienststelle erwiesen, daß im Laufe der Jahrzehnte manche Standesämter – wohl in Unkenntnis wegen der nur noch selten erstatteten Anzeigen – ihren Informationspflichten nicht immer nachgekommen sind.

Die Rechtslage und das Verfahren in der sowjetischen Zone entsprach zunächst den Regelungen in den anderen Zonen[237]. Ähnlich wie bei den Sterbefallanzeigen gingen die DDR-Kreisgerichte später jedoch dazu über, nur noch den Suchdienst für vermißte Deutsche (später: DRK-Suchdienst-Ost) einzuschalten, der wiederum bei der Deutschen Dienststelle anfragte. Im Laufe der Jahrzehnte kam es jedoch immer seltener dazu, daß die Deutsche Dienststelle vom Ergebnis, das nicht notwendigerweise eine Todeserklärung sein mußte, informiert wurde. Über die in den ersten Jahren, d.h. Anfang der fünfziger Jahre, erstellten Todeserklärungen dürfte die Deutsche Dienststelle also umfassend informiert worden sein. Nur über die später erfolgten Anzeigen – der weit geringere Teil – können die Kenntnisse Lücken aufweisen. Inwieweit diese Vermutung zutrifft, wird daher später zu prüfen sein.

### 2.3.3.3.4 Akquisitionen

Es ist hier allerdings nicht der Ort, alle Zugänge, die die Deutsche Dienststelle im Laufe der Jahrzehnte erhalten hat, minutiös aufzuzählen. Wenn im folgenden dennoch auf größere Veränderungen des Bestandes – im wesentlichen in chronologischer Reihenfolge – eingegangen wird, dann um zu zeigen, wie umfangreich die Informationsmengen sind, die heute zur Verfügung stehen.

1. *Auskunftstelle für Kriegerverluste der Waffen-SS.* Bis 1947 war die Deutsche Dienststelle im wesentlichen zur einzigen zuständigen Organisation für alle Kriegs-

---

[236] Anzeige, Landesarbeitsgemeinschaften, S. 3 f.; Schubnell, Todeserklärungen, S. 26; Weber, Kriegsverluste, S. 383.

[237] Es gab lediglich einen wesentlichen Unterschied. Im Personenstandsgesetz von 1937 war festgelegt, daß das Standesamt Berlin I ein besonderes Buch für Todeserklärungen zu führen habe, in das alle Todeserklärungen einzutragen waren. In der Kriegs- und Nachkriegszeit erfolgten zunächst alle Eintragungen für ganz Deutschland hier, später führte die DDR ihr eigenes Buch für Todeserklärungen, siehe Personenstandsgesetz (DDR), § 22; siehe auch Anzeige, Landesarbeitsgemeinschaften, S. 2; Böhme, Gesucht wird, S. 53; Repschläger, Nachkriegsproblem, S. 1; Suchzeitung, Nr. 13/III vom Juli 1949, S. 2; Suchzeitung, Nr. 17/III vom September 1949, S. 1 f.; Suchzeitung, Nr. 20/III vom Oktober 1949, S. 1.

## 2.3 Schicksalsklärung nach Kriegsende

sterbefälle – nicht nur der Wehrmacht, sondern auch aller anderen Organisationen – geworden. Neben den Wehrmachtmeldungen, die sie nicht mehr erhalten hatte, fehlten ihr jedoch zur vollen Wahrnehmung ihrer Aufgaben die Unterlagen der nicht mehr existenten Nachweisorganisationen, vor allem die der Auskunftstelle der Waffen-SS, die sich bei Kriegsende in Bamberg befunden hatte[238].

Als die Amerikaner anrückten, sollten die Erkennungsmarkenverzeichnisse der Waffen-SS, der Polizeieinheiten und anderer Organisationen am 11./12. April 1945 nach Radolfzell evakuiert werden, was aber wegen eines Bombenangriffs nicht mehr gelang. In Erkenntnis der Unmöglichkeit, die Unterlagen abzutransportieren, wurden sie verbrannt. Bei der Besetzung Bambergs am 13. April 1945 fielen dann die restlichen Akten der Auskunftstelle, darunter die Verlustmeldungen und die Nachlässe, den Amerikanern in die Hände. Diese wiederum übergaben zumindest Teile davon, u.a. 250 000 personenbezogene Karteikarten, am 21. August 1946 an die Deutsche Dienststelle[239]. Angesichts widersprüchlicher Angaben, muß offen bleiben, welchen Umfang diese Übergabe tatsächlich hatte. Insbesondere ist auch nicht bekannt, wie groß die Menge der in der Deutschen Dienststelle eingetroffenen Unterlagen im Verhältnis zur ursprünglich bei der Auskunftstelle vorhandenen ist[240]. Zurückzuführen ist diese Unklarheit darauf, daß über die Arbeitsweise, den Bestand und die Ergebnisse der Auskunftstelle nichts bekannt ist – Akten sind nämlich nicht überliefert. Dies wiederum aber nicht, weil sie im Krieg vernichtet worden sind, sondern weil sie vermutlich als für die Schicksalsklärung unwichtig im Jahr 1948 vernichtet worden sind[241].

[238] Siehe hierzu auch die Ausführungen in Abschn. 2.2.2.
[239] Deutsche Dienststelle/Conservateur, Übersicht über die Bestände der WASt, Oktober 1954, Deutsche Dienststelle, Handakten Mr. Girard; Volksbund Deutsche Kriegsgräberfürsorge an Deutsche Dienststelle vom 22.2.1956, Deutsche Dienststelle, Handakten Veit; Forschungsgemeinschaft Berlin, Auskunftstelle Waffen-SS; Conservateur WASt, Nr. 8055 vom 17.12.1951, Les Archives WASt, Deutsche Dienststelle, Handakten Mr. Girard; Deutsche Dienststelle, Az. VI/RL-650, an Herrn Vopersal, vom 3.2.1976, Betr.: Auskunftstelle für Kriegsverluste der Waffen-SS, BA-MA, N 756/308; Lente, WASt, S. 6; Forschungsgemeinschaft Berlin, Auskunftstelle Waffen-SS; Forschungsgemeinschaft Berlin, Rundbrief; Vopersal, Auskunftstelle, S. 37. Den Unterlagen des BDC nach übernahm am 20.6.1946 ein Capitaine Prelat vom BDC drei LKW-Ladungen Verlustunterlagen für die Deutsche Dienststelle, siehe BDC vom 20.8.1946, Receipt, Geschäftsakten BDC.
[240] Unterschiedliche Aussagen liegen vor über die Frage, in welchem Umfang Unterlagen von der Deutschen Dienststelle an das Berlin Document Center und vice versa ausgetauscht worden sind, siehe Deutsche Dienststelle/Ltg. 21, an Administrator M. Farian, vom 15.2.1971, Betr.: Vereinigung von Wehrmachtunterlagen, Deutsche Dienststelle, Handakten Mr. Girard; Deutsche Dienststelle/Conservateur, vom 21.9.1973, Note à l'attention de M. le Conseiller Juridique, Deutsche Dienststelle, Handakten Mr. Girard; Woche, Wehrmachtauskunftstelle, S. 8.
[241] Gem. Schreiben vom 30.10.1948 schlug der damalige Leiter der Deutschen Dienststelle vor, insgesamt 62 to Unterlagen zu vernichten, darunter 18 Kisten à 60 kg Karteiblätter über Verluste der Waffen-SS im Osten, 30 Kisten à 45 kg Schriftwechsel der Auskunftstelle Bamberg. Da diese Bestände in späteren Übersichten nicht mehr enthalten sind, müssen sie wohl vernichtet worden sein, siehe Deutsche Dienststelle/Administrateur, Az. 1697 / CCSG / 4ACS / SR / PDR, an Chef du Gouvernement Militaire Français de Berlin, vom 30.10.1948, Deutsche Dienststelle, Handakten Mr. Girard.

Es stellt sich die Frage, welche Bedeutung diese eventuell vorhandene Lücke für die vorliegende Arbeit hat. Für die ersten Jahre, als die Waffen-SS-Verbände noch an die WASt meldeten und diese Unterlagen dann an die Auskunftstelle weitergeleitet wurden, sind keine Probleme erkennbar. In den folgenden Jahren meldete die Auskunftstelle dagegen nur noch monatlich ihre Sterbefälle an die WASt. Wie lange und in welchem Umfang dies möglich war, wird sich wegen des Verlustes der Akten nicht mehr feststellen lassen. Die bei Kriegsende noch unbearbeiteten Fälle werden, wenn die Unterlagen nicht in Bamberg vernichtet worden waren, nach der Übergabe an die Deutsche Dienststelle, dort abgeschlossen worden sein. Von daher ist der Informationsstand der Deutschen Dienststelle, wenn, dann nur für diejenigen Fälle eventuell unvollständig, die in der Endphase des Krieges bearbeitet worden waren – und dies können, wie an den Klagen aller Dienststellen über den Zusammenbruch der Kommunikationsstrukturen gegen Kriegsende ersichtlich, nicht allzu viele gewesen sein.

*2. Abwicklungstab Rudolstadt.* Ein weiterer wichtiger Aktenzugang hatte sich bereits kurz vor der Übergabe der Waffen-SS-Unterlagen ergeben. Wie bereits erwähnt, war nach der Vernichtung der 6. Armee bei Stalingrad in Rudolstadt/Thüringen ein Abwicklungsstab eingerichtet worden, um die personelle Zusammensetzung der zerschlagenen Einheiten zu rekonstruieren und die Verluste administrativ abzuwickeln. Bei Kriegsende war es diesem Stab nun gelungen, die eigenen Unterlagen aus Thüringen zu evakuieren – am 3. April 1945 fielen sie in der Nähe von Kempten den Amerikanern in die Hände[242]. Diese wiederum übergaben sie am 1. Juli 1946 an die Deutsche Dienststelle – immerhin 15 m³ Material mit Angaben zu ca. 450 000 Personen[243]. Aber auch dieser Bestand sollte nicht ungeschmälert erhalten bleiben, beim einzigen Brand in der Geschichte der WASt/Deutschen Dienststelle am 26. Juli 1948 wurden die Unterlagen teilweise vernichtet[244].

*3. CROWCASS-Bögen.* Am 19. Mai 1947 erhielt die Deutsche Dienststelle von den Amerikanern etwa 1000 Kisten mit ca. 7 Millionen CROWCASS-Bögen (Central

---

[242] Forschungsgemeinschaft Berlin, Wehrmachtauskunftstelle.
[243] Die Geschäftsakten des Abwicklungsstabes wurden dagegen an das Bundesarchiv abgegeben; siehe auch Deutsche Dienststelle, Az. 24254-J.M.A./th, an Monsieur le Commissaire Français à l'Office Militaire de Sécurité, vom 23.10.1954, Betr: Origine des Archives WASt, Deutsche Dienststelle, Handakten Mr. Girard; Interview Kobylski; Deutsche Dienststelle/Conservateur, Übersicht über die Bestände der WASt, Oktober 1954, Deutsche Dienststelle, Handakten Mr. Girard.
[244] Aufstellung über vernichtetes Aktenmaterial durch den Brand am 26.7.1948 nach dem Gedächtnis, vom 19.8.1948, Deutsche Dienststelle, Handakten Veit; Deutsche Dienststelle/Ltg. an Chef de l'exploitation technique WASt, vom 2.8.1948, Betr.: Brand der Baracke 1 im Camp JOFFRE, Deutsche Dienststelle, Handakten Veit.

Registry of War Criminals and Security Suspects)[245]. Es handelte sich um Fragebögen, die die Kriegsgefangenen in amerikanischem Gewahrsam hatten ausfüllen müssen – sie dienten dazu, Kriegsverbrecher und sonstige Verdächtige herauszufiltern. Für die Deutsche Dienststelle waren sie insofern von Wert, als sie detaillierte Angaben über die Militärdienstzeit und die Zugehörigkeit, insbesondere zu nationalsozialistischen Organisationen enthielten. Darüber hinaus erfuhr die Deutsche Dienststelle auf diesem Weg sehr früh die Namen von 7 Millionen Personen, die lebend in amerikanische Gefangenschaft geraten waren[246].

4. *Nachlässe*. Beim Abtransport von Saalfeld nach Fürstenhagen hatte die WASt die Nachlässe zurücklassen müssen. Im November 1946 war dann die Abwicklung von Nachlässen dem Amt für die Erfassung der Kriegsopfer übertragen worden, aber als 1947 die ACPG in Genf begann, die von ihr als unanbringlich verwahrten 70 000 Nachlässe nach Deutschland zu überstellen, erhielt letztlich die Deutsche Dienststelle diese Nachlässe zur Verwahrung und Weiterleitung, weil sie die nach den internationalen Regeln dafür zuständige Organisation war[247]. Für die Deutsche Dienststelle wiederum bildete dieser Vorgang den Anlaß, wieder ein Nachlaß-Referat aufzubauen, das sie seit der Evakuierung aus Saalfeld nicht mehr besessen hatte. Im Laufe der Jahre erhielt die Deutsche Dienststelle dann durch Überstellungen aus vielen Einzelquellen noch weitere Nachlässe. Gerechnet seit der Aufstellung 1939 hat die Deutsche Dienststelle insgesamt ca. 300 000 Nachlässe erhalten, die Hälfte davon nach 1945. Bis auf einen kleinen Rest, weniger als 2000, konnten sie an die Angehörigen weitergeleitet werden, die in vielen Fällen auf diese Weise erstmals erfuhren, daß ein Soldat gestorben war[248].

---

[245] The Central Registry of War Criminals and Security Suspects/Allied Control Authority, Ref.No. Cr. Ps/BZ/3 vom 5.6.1948, Deutsche Dienststelle, Handakten Mr. Girard; Deutsche Dienststelle/Ref. I/HB 114c an, Referat I/BL, vom 29.10.1957, Betr: POW-(Crowcass-)Bogen, Deutsche Dienststelle, Handakten Mr. Girard; Deutsche Dienststelle/Conservateur, Übersicht über die Bestände der WASt, Oktober 1954, Deutsche Dienststelle, Handakten Mr. Girard; Berlin Document Center, S. XIV.

[246] Mit Ausnahme der Fragebögen von SS-Angehörigen wurden sie allerdings später vernichtet mit der Begründung, die Angaben seien unter Druck erfolgt und der Vergleich der Aussagen mit den Akten könne ungünstig für die Betroffenen sein – mit anderen Worten, manche Kriegsgefangene glaubten Gründe zu haben, die Gewahrsamsmacht zu belügen. Um Nachteile für diese Personen zu vermeiden, wurden die ohnehin als überflüssig eingestuften CROWCASS-Bögen 1957 als Altpapier verkauft, Deutsche Dienststelle/Ref. I/HB 114c an, Referat I/BL, vom 29.10.1957, Betr: POW-(Crowcass-)Bogen, Deutsche Dienststelle, Handakten Mr. Girard.

[247] Siehe hierzu die Ausführungen über die ACPG, Kap. 2.3.1.1.

[248] Aus diesen Angaben läßt sich nicht der Schluß ziehen, ca. 300 000 Todesfälle seien geklärt worden. Zum einen ist nicht bekannt, wie viele Nachlässe 1945 in Thüringen zurückgelassen und dann von alliierten Soldaten geplündert worden waren. Zum anderen handelt es sich in einem nicht quantifizierbaren Umfang nicht um Nachlässe im engeren Sinn, sondern um Rücklässe, d.h. Eigentum lebender Personen, das diesen, z.B. bei der Gefangennahme, abgenommen worden war und später über die Such- und Nachweisorganisationen zurückerstattet wurde, siehe Deutsche Dienststelle/Herr Gericke an den Verfasser vom 4.10.1995; Arbeitsbericht 1991–1993, Deutsche Dienststelle, S. 30.

5. *Wehrstammbücher.* Einen weiteren wesentlichen Zugang bildeten die ca. eine Million Wehrstammbücher, die die Deutsche Dienststelle im November 1949 von den Amerikanern erhielt. Es handelte sich dabei vor allem um die Bestände süddeutscher Wehrbezirkskommandos, die die Amerikaner während ihres Vormarsches 1945 beschlagnahmt hatten, aber auch um Akten, die sich nach dem Krieg auf Speichern oder in Kellern fanden. Daß darin sehr wohl wichtige Informationen enthalten sein konnten, wurde bereits an anderen Beispielen gezeigt[249].

6. *Auskunftstelle der Ordnungspolizei.* Größer noch als bei der Waffen-SS, die ihre Meldungen zumindest in der ersten Kriegszeit noch an die WASt erstattet hatte, waren die Lücken in den Unterlagen der Deutschen Dienststelle hinsichtlich der Polizei, insbesondere der Polizeiverbände, deren Kriegssterbefallanzeigen seit dem 1. Juli 1946 die Deutsche Dienststelle ja auch zu erstatten hatte. Hier erwies sich nun nach Kriegsende das Organisationschaos des Dritten Reiches als vorteilhaft. Die Polizeiorganisationen hatten ja ihre Erkennungsmarkenverzeichnisse der Auskunftstelle der Waffen-SS in Bamberg eingereicht, dementsprechend waren sie 1945 in Bamberg verbrannt, für die Verluste war jedoch die Untergruppe Kdo II P im Hauptamt der Ordnungspolizei bzw. die Auskunftstelle der Ordnungspolizei zuständig gewesen. Deren Akten wiederum waren nach Österreich evakuiert worden und kehrten mit Hilfe der französischen Besatzungsmacht in Österreich über den DRK-Suchdienst München in den Jahren 1953/54 nach Berlin zurück, wo sie in den Bestand der Deutschen Dienststelle überführt wurden[250].

7. *Kriegsgefangenenkarteien.* Gemäß den Regeln der Genfer Kriegsgefangenenkonvention übernahm die Deutsche Dienststelle – vor allem in den Jahren 1965/1966 – die Karteien der westlichen Gewahrsamsstaaten für ihre deutschen Kriegsgefangenen. So besitzt die Deutsche Dienststelle heute Unterlagen über ca.:

3 630 000 deutsche Kriegsgefangene in britischem
2 190 000 deutsche Kriegsgefangene in amerikanischem
1 210 000 deutsche Kriegsgefangene in französischem
63 000 deutsche Kriegsgefangene in belgischem
3000 deutsche Kriegsgefangene in luxemburgischem Gewahrsam
4000 Angehörige der Dienstgruppe Dänemark.

---

[249] Siehe auch Kap 2.3.3.2. U.a. erhielt die Deutsche Dienststelle von der Gemeinde Pfaffenhofen 2 to Akten, siehe Conservateur WASt, Nr. 8055 vom 17.12.1951, Les Archives WASt, Deutsche Dienststelle, Handakten Mr. Girard; Deutsche Dienststelle/Conservateur, Übersicht über die Bestände der WASt, Oktober 1954, Deutsche Dienststelle, Handakten Mr. Girard; Deutsche Dienststelle/Heinz Lente: Die Deutsche Dienststelle, o.J., ca. Anfang 1957, Deutsche Dienststelle, Handakten Kirchhoff; Deutsche Dienststelle, vom 22.8.1974, Übernahme von Dienststellen und Material, Deutsche Dienststelle, Handakten Veit; Arbeitsbericht 1991 – 1993, Deutsche Dienststelle, S. 56.

[250] Siehe hierzu die Ausführungen in Abschn. 2.2.3; Deutsche Dienststelle, Az. 24254-J.M.A./th, an Monsieur le Commissaire Français à l'Office Militaire de Sécurité, vom 23.10.1954, Betr: Origine des Archives WASt, Deutsche Dienststelle, Handakten Mr. Girard; Deutsche Dienststelle/Conservateur, Übersicht über die Bestände der WASt, Oktober 1954, Deutsche Dienststelle, Handakten Mr. Girard; Huck, Ordnungspolizei, S. 139; Lente, WASt, S. 6.

Hinzu kommen die Registrierunterlagen von Entlassungsstellen, Kriegsgefangenen- und Heimkehrerlagern. Insbesondere bei Kriegsgefangenen aus dem Osten, für die ja von den Gewahrsamsstaaten der Deutschen Dienststelle keine Karteien übergeben wurden, stellen die Unterlagen der Heimkehrerlager einen partiellen Ersatz dar[251].

8. *Verluste.* Trotz vieler wichtiger Akquisitionen gab es leider auch zwei Verluste. Am 26. Juli 1948, als die Deutsche Dienststelle im Camp Joffre, Berlin-Waidmannslust, untergebracht war, ereignete sich der bisher einzige Brand in der Geschichte der Deutschen Dienststelle, der eine Baracke vollständig vernichtete. Neben einigen Verlustlisten der Luftwaffe gingen dabei Karteien über die Ost-Freiwilligen, ein Teil der Akten des Abwicklungsstabes und einige Friedhofslisten verloren. Quantitativ kein wesentlicher Verlust, was die deutschen Soldaten anbetrifft, anderes gilt jedoch für die Nicht-Deutschen, über die ohnehin nur wenige Informationen vorlagen[252].

Auf diese Gruppe bezieht sich auch der zweite Verlust. Zu einem nicht mehr feststellbaren Zeitpunkt in der zweiten Hälfte der vierziger Jahre verlangten die Sowjets, die sich ansonsten für die Arbeit der Deutschen Dienststelle nicht interessierten, die Herausgabe einer unbekannten Anzahl von Erkennungsmarkenverzeichnissen fremdvölkischer Einheiten. Die Deutsche Dienststelle hatte nicht

---

[251] Deutsche Dienststelle/Conservateur, Übersicht über die Bestände der WASt, Oktober 1954, Deutsche Dienststelle, Handakten Mr. Girard; Hessisches Staatsministerium/Der Minister des Innern/Der Vorsitzende der Arbeitsgemeinschaft der Regierungsvertreter der Länder für den Suchdienst, 15.10.1949, BA, B 106/22757; Deutsche Dienststelle/BL 116, vom 24.1.1961, an Herrn Administrator M. Farion, Betr.: Übernahme von Unterlagen der ehemaligen Wehrmacht, Deutsche Dienststelle, Handakten Mr. Girard; Deutsche Dienststelle/Heinz Lente: Die Deutsche Dienststelle, o.J., ca. Anfang 1957, Deutsche Dienststelle, Handakten Kirchhoff; Deutsche Dienststelle, ca. 1962: Deutsche Dienststelle für die Benachrichtigung der nächsten Angehörigen von Gefallenen der ehemaligen deutschen Wehrmacht, Deutsche Dienststelle, Handakten Kirchhoff; Deutsche Dienststelle vom 22.8.1974, Übernahme von Dienststellen und Material, Deutsche Dienststelle, Handakten Veit.

[252] Außerdem gingen die Teile der Gräberkartei, die man nach dem Verlust der ersten Gräberkartei in Meiningen ab Januar 1947 wieder aufzubauen begonnen hatte, erneut verloren. Da es sich jedoch nur um Abschriften aus anderen Unterlagen gehandelt hatte, war damit lediglich einen Verlust an aufgewandter Arbeitszeit verbunden.
Für die Geschichtswissenschaft sollte sich Jahrzehnte später der Verlust der Friedhofslisten als wesentlicher erweisen, es handelte sich nämlich vorwiegend um die Friedhöfe der Rheinwiesenlager, deren Todesfälle Ende der 80er Jahre den Kanadier James Bacque zu sensationsheischenden Veröffentlichungen veranlassen sollten, siehe Aufstellung über vernichtetes Aktenmaterial durch den Brand am 26.7.1948 nach dem Gedächtnis, vom 19.8.1948, Deutsche Dienststelle, Handakten Veit; Deutsche Dienststelle/Ltg. an Chef de l'exploitation technique WASt, vom 2.8.1948, Betr.: Brand der Baracke 1 im Camp JOFFRE, Deutsche Dienststelle, Handakten Veit; Deutsche Dienststelle/Referat IV, vom 16.10.1954, Betr.: Bericht an Herrn Sadowsky, Deutsche Dienststelle, Handakten Blümert; Deutsche Dienststelle, ca. 1962: Deutsche Dienststelle für die Benachrichtigung der nächsten Angehörigen von Gefallenen der ehemaligen deutschen Wehrmacht, Deutsche Dienststelle, Handakten Kirchhoff.

die Möglichkeit, die Herausgabe zu verweigern, erhielt von den Sowjets jedoch im Gegenzug das Versprechen, die Unterlagen zu erhalten, die die WASt damals in Meiningen hatte zurücklassen müssen – eine Zusage, die allerdings bis zur deutschen Wiedervereinigung nicht eingelöst wurde[253].

9. *Marine-Personal-Dokumentations-Zentrale.* Die vielleicht wichtigste Akquisition der Deutschen Dienststelle betraf zwei Organisationen, zum einen die Marine-Personal-Dokumentations-Zentrale und zum anderen das Amt für die Erfassung der Kriegsopfer. Auf das AEK wird erst im nächsten Abschnitt eingegangen – zunächst zur MPDZ. Derselbe Capitaine Klein, der schon 1946 dazu beigetragen hatte, die Karteien der Deutschen Dienststelle vor der Verbrennung zu retten, war inzwischen französischer Verantwortlicher für die Deutsche Dienststelle geworden. Im Frühjahr 1948 erfuhr er nun, daß die Briten planten, die Unterlagen der MPDZ zu vernichten. Daraufhin fuhr er nach Hamburg und erreichte, daß die MPDZ ab 1. Juni 1948 an die Franzosen übergeben und zur Außenstelle der Deutschen Dienststelle erklärt wurde. Die Akten waren damit zunächst gerettet, solange aber die Berlin-Blockade dauerte, bestand jedoch keine Möglichkeit, sie nach Berlin zu transportieren. Erst im Juli 1949 konnte das Material der MPDZ schließlich per Schiff nach Berlin verbracht werden – immerhin 400 Tonnen Akten mit Angaben zu ca. 850 000 Personen[254].

In der Deutschen Dienststelle wurde für die Bearbeitung des Materials eine eigene Abteilung eingerichtet. Damit allerdings betrat die Deutsche Dienststelle Neuland, bis dahin hatte sie immer Verlustunterlagen, nicht jedoch Personalunterlagen gesammelt. Mit der Übernahme der MPDZ wurde aber auch der Grundstein für einen Konflikt um die Aufgabenverteilung gelegt, der erst in späteren Jahren ausgetragen werden sollte.

---

[253] Interview Kobylski; Interview Daniel.
[254] Einer der wichtigsten Gründe für die Verlagerung bestand darin, daß der Deutschen Dienststelle gem. Kriegsgefangenenkonvention 1929, Art. 80, Portofreiheit zustand, die Postverwaltung jedoch nicht bereit war, dieses Privileg auch für eine Hamburger Außenstelle gelten zu lassen, siehe Marine-Personal-Dokumenten-Zentrale, vom Frühjahr 1948, Betr.: Marine-Personal-Dokumenten-Zentrale, Deutsche Dienststelle, Handakten Gericke; Deutsche Dienststelle/Ltg. 362, an die Hauptverwaltung für das Post- und Fernmeldewesen, vom 20.12.1948, Betr.: Portofreiheit, Deutsche Dienststelle, Handakten Gericke; Deutsche Dienststelle, Ref. VIc/RL an den Amtsleiter, vom 25.6.1957, Betr.: Marineunterlagen, Deutsche Dienststelle, Handakten Gericke; Deutsche Dienststelle/Conservateur, Übersicht über die Bestände der WASt, Oktober 1954, Deutsche Dienststelle, Handakten Mr. Girard; Deutsche Dienststelle/Heinz Lente: Die Deutsche Dienststelle, o.J., ca. Anfang 1957, Deutsche Dienststelle, Handakten Kirchhoff; Deutsche Dienststelle, ca. 1962: Deutsche Dienststelle für die Benachrichtigung der nächsten Angehörigen von Gefallenen der ehemaligen deutschen Wehrmacht, Deutsche Dienststelle, Handakten Kirchhoff; Deutsche Dienststelle, vom 22.8.1974, Übernahme von Dienststellen und Material, Deutsche Dienststelle, Handakten Veit; Klein, Armand: Comment furent sauvées les Archives WASt, handschriftlicher Bericht im Besitz der Association des évadés et incorporés de force du Bas-Rhin, Strasbourg.

#### 2.3.3.3.3.5 Organisatorische Neuordnung

Neben der – im engeren Sinne – nicht zu den Aufgaben der Deutschen Dienststelle gehörenden Übernahme von Marinepersonalakten bildete die Gründung der Bundesrepublik 1949 den zweiten Ansatzpunkt für den Konflikt um die Neuordnung der Zuständigkeiten. Die Entstehung einer Zentralgewalt ließ bei den Besatzungsbehörden, den Ländern, Kommunen, Kirchen und sonstigen Organisationen bald den Wunsch aufkommen, die Gemeinschaftsaufgaben die sie bisher getragen hatten, an die Bundesregierung zu übergeben – eine Tendenz, die so ja auch schon bei den Suchdiensten zu bemerken gewesen war.

Wie bereits erwähnt, bestand nun seit 1945 in Berlin das Amt für die Erfassung der Kriegsopfer, das aus dem ehemaligen ZAK hervorgegangen und im übertragenen Sinne die Mutterorganisation der Deutschen Dienststelle war. Da das ZAK alle seine Unterlagen verloren hatte und neue Aufgaben suchte, hatte es – unter der neuen Bezeichnung »AEK« – von den Besatzungsbehörden zunächst den Auftrag erhalten, die Kriegsgräber rund um Berlin zu registrieren, dann auch die Todesfälle unter den KZ-Häftlingen. Später hatte es die Verwaltung von unanbringlichen Nachlässen übernommen. Außerdem war es ihm gelungen, die Marine-Krankenurkunden zur Verwaltung zu erhalten. Diese vielfältigen Tätigkeiten, die nicht der traditionellen Aufgabenverteilung entsprachen, hatten zu Konflikten mit allen wichtigen Organisationen, u.a. den DRK-Suchdiensten, dem VDK und der Deutschen Dienststelle geführt[255].

Ende der 40er Jahre stand nun die Frage an, welche Nachweisorganisationen in die Finanzierung durch die Bundesregierung übernommen werden – und damit überleben – sollten. Und mit welch harten Bandagen dabei gekämpft wurde, soll das folgende Beispiel zeigen. So teilte das AEK anderen Dienststellen mit, nur es selbst käme als zentrale Erfassungsstelle für die Kriegsopfer in Betracht, da ja die Deutsche Dienststelle durch einen Brand teilweise vernichtet und auch die restlichen Unterlagen zum Abtransport oder zur Vernichtung vorgesehen seien – womit der Barackenbrand vom Juli 1948 und die längst ad acta gelegten amerikanischen Vernichtungspläne von 1946 gemeint waren. Natürlich veranlaßten solche Fehlinformationen entsprechende Entgegnungen, nicht nur seitens der Deutschen Dienststelle, sondern auch seitens der anderen Organisationen, die mit dem AEK konkurrierten, mit der Deutschen Dienststelle jedoch kooperierten. Trotzdem konnte das AEK auch ein zugkräftiges Argument geltend machen, dem in den folgenden Jahren noch wesentliche Bedeutung zukommen sollte. Die Deutsche Dienststelle stand nämlich unter französischer Aufsicht, die die Unterlagen der

---

[255] Siehe hierzu die Ausführungen über die ACPG, die Anfangsjahre der DD sowie den Gräberdienst; Amt für die Erfassung der Kriegsopfer, Az. OK/Schg. vom 7.8.1948, Betr.: Zentralstelle für die Erfassung der Kriegsopfer, BA, B 150/338 H2; Deutsche Dienststelle-Abwicklungsstelle/Ltg./341, an die Landesregierung Schleswig-Holstein/Ministerium des Innern, vom 28.9.1948, BA, B 150/338 H2; Chronik Deutsche Dienststelle, T. 2, Abschn. 8; Schneider, Krankenbuchlager, S. 231.

Deutschen Dienststelle als ihr Eigentum betrachtete. Im Gegensatz dazu war das AEK eine deutsche Dienststelle, die ihre Gelder vom Magistrat von Groß-Berlin bzw. später vom Berliner Senat erhielt und mit deutschem Eigentum deutsche Aufgaben wahrnahm[256].

Trotzdem gelang dem AEK nicht, sich durchzusetzen – zum 1. Januar 1951 wurden AEK und Deutsche Dienststelle vereinigt[257]. Die Unterlagen über die KZ-Opfer erhielt der Internationale Suchdienst in Arolsen. Das Krankenbuchlager der Marineurkunden jedoch, das Teil des AEK gewesen war, wurde nach kurzer Zugehörigkeit zur Deutschen Dienststelle wieder ausgegliedert und als zentrales Krankenbuchlager in die Berliner Senatsverwaltung überführt. Für die Deutsche Dienststelle bedeutete die Übernahme des AEK nicht nur die Akquisition von 17 m³ Akten, damit war auch die letzte Organisation integriert, die der Deutschen Dienststelle ihren Aufgabenbereich hatte streitig machen wollen. Seitdem ist die Deutsche Dienststelle eine Dienststelle des Landes Berlin – bis zur Aufhebung des Vier-Mächte-Statuts unter französischer Aufsicht, jedoch von der Bundesregierung finanziert[258].

---

[256] Amt für die Erfassung der Kriegsopfer, Az. OK/Schg. vom 7.8.1948, Betr.: Zentralstelle für die Erfassung der Kriegsopfer, BA, B 150/338 H2; Deutsche Dienststelle-Abwicklungsstelle/Ltg./341, an die Landesregierung Schleswig-Holstein/ Ministerium des Innern, vom 28.9.1948, BA, B 150/338 H2; Volksbund Deutsche Kriegsgräberfürsorge/Bundeszentrale vom 4.12.1948 an den Länderrat des amerikanischen Besatzungsgebiets, BA, B 150/338 H1; Deutsche Dienststelle/Ltg. vom 30.3.1950, Betr.: Protokoll über die am 30. März 1950 im Bundesministerium des Innern stattgefundene Sitzung, Deutsche Dienststelle, Handakten Veit; Deutsche Dienststelle-Abwicklungsstelle/Ltg., vom 1.8.1949, Denkschrift über die Aufgaben der Deutschen Dienststelle, Deutsche Dienststelle, Handakten Kirchhoff.

[257] Seit dem 1.11.1950 war die Deutsche Dienststelle eine Dienststelle des Landes Berlin, siehe Deutsche Dienststelle vom 22.8.1974, Übernahme von Dienststellen und Material, Deutsche Dienststelle, Handakten Veit; Deutsche Dienststelle, ca. 1962: Deutsche Dienststelle für die Benachrichtigung der nächsten Angehörigen von Gefallenen der ehemaligen deutschen Wehrmacht, Deutsche Dienststelle, Handakten Kirchhoff.

[258] Die Rechtsverhältnisse wurden in einem Vertrag vom 9.1.1951 zwischen der Bundesregierung und dem Land Berlin geregelt, seitdem fehlt in der Bezeichnung der Dienststelle das Anhängsel »Abwicklungsstelle«, das seit 1946 auf den vorläufigen Status der Deutschen Dienststelle und die ursprüngliche Vernichtungsabsicht hingewiesen hatte, siehe Deutsche Dienststelle/Ltg. vom 30.3.1950, Betr.: Protokoll über die am 30. März 1950 im Bundesministerium des Innern stattgefundene Sitzung, Deutsche Dienststelle, Handakten Veit; Magistrat von Groß-Berlin, Abt. Personal und Verwaltung vom 22.4.1950, Betr.: Vorschläge für die Organisation eines Bundesamtes für die Fragen, die die Kriegsopfer betreffen Deutsche Dienststelle, Handakten Veit; Vereinbarung über die Deutsche Dienststelle für die Benachrichtigung der nächsten Angehörigen von Gefallenen der ehemaligen Deutschen Wehrmacht(WASt) und das Amt für die Erfassung der Kriegsopfer (AEK), vom 9.1.1951, Deutsche Dienststelle, Handakten Veit; Deutsche Dienststelle/Conservateur, Übersicht über die Bestände der WASt, Oktober 1954, Deutsche Dienststelle, Handakten Mr. Girard; Deutsche Dienststelle, Oktober 1962: Die Deutsche Dienststelle für die Benachrichtigung der nächsten Angehörigen von Gefallenen der ehemaligen deutschen Wehrmacht, Deutsche Dienststelle, Handakten Kirchhoff.

## 2.3 Schicksalsklärung nach Kriegsende

Die Eigentums- und letztlich auch die Organisationsfrage war damit aber noch nicht geklärt. In dieser Zeit, als die Zentralbehörden der Bundesrepublik gebildet wurden, kamen natürlich Überlegungen auf, alle personenbezogenen Unterlagen der Wehrmacht und der paramilitärischen Verbände an einer Stelle – entweder unter dem Dach des Bundesarchivs oder des Statistischen Bundesamts – zu zentralisieren. Allein schon aufgrund ihrer Größe war die Deutsche Dienststelle als Nucleus einer solchen Gesamtorganisation zwar prädestiniert, angesichts der Erfahrungen mit der Berlin-Blockade wurde deren Dienstsitz jedoch als zu exponiert empfunden – außerdem bestand nach wie vor der französische Eigentumsvorbehalt[259].

Und genau dieser, zunächst nicht gelöste Problemkomplex erschwerte die Arbeit – zahlreiche Aktenbestände, vor allem im Marinebereich, lagerten nämlich noch bei ganz unterschiedlichen Dienststellen. Während es aber 1950 der Deutschen Dienststelle möglich gewesen war, die Unterlagen der Marinewerft Wilhelmshaven zu erhalten, sperrte sich die Bundesvermögensstelle Emden bereits im Jahr 1953, ihre Akten abzugeben, mit der Begründung, sie seien für ein neu zu schaffendes Gesamtarchiv bestimmt[260]. Im August 1954 entschied dann das Bundesministerium des Innern, daß solange keine Akten aus bundesdeutschen Beständen an die Deutsche Dienststelle abzugeben seien, wie das Eigentumsproblem nicht gelöst sei[261].

Nun war es aber auch nicht sinnvoll, der Deutschen Dienststelle, die ohnehin fast alle Marine-Personalakten besaß, die restlichen Bestände – vor allem Unterlagen der Dienstgruppen und des Minenräumdienstes – zu verweigern. Im November 1955 kam es dann zu einem Kompromiß dahingehend, daß die Deutsche

---

[259] Volksbund Deutsche Kriegsgräberfürsorge/Bundeszentrale vom 4.12.1948 an den Länderrat des amerikanischen Besatzungsgebiets, BA, B 150/338 H1; Deutsche Dienststelle-Abwicklungsstelle/Ltg, vom 1.8.1949, Denkschrift über die Aufgaben der Deutschen Dienststelle Deutsche Dienststelle, Handakten Kirchhoff; Deutsche Dienststelle/Ltg., vom 30.3.1950, Betr.: Protokoll über die am 30. März 1950 im Bundesministerium des Innern stattgefundene Sitzung, Deutsche Dienststelle, Handakten Veit; Deutsche Dienststelle/Ref.I/Ltg./15/6.5., vom 6.5.1954, Betr.: Unterredung am 5.5.1954, Deutsche Dienststelle, Handakten Mr. Girard; Der Bundesminister für Vertriebene, Flüchtlinge und Kriegsgeschädigte, Az. III 7e-3936, Tbg.Nr. 7703/54 an die Deutsche Dienststelle, vom 2.8.1954, Betr.: Übergabe von Material an die Deutsche Dienststelle, Deutsche Dienststelle, Handakten Mr. Girard.

[260] Deutsche Dienststelle/Ref. VIc/BPa-97b, an die Aussenstelle Emden, vom 7.8.1953, Betr.: Personalunterlagen ehemaliger Marineangehöriger, Deutsche Dienststelle, Handakten Gericke; Oberfinanzdirektion Hannover, Az O 4200 – 3 – V222, an die Deutsche Dienststelle, vom 23.12.1953, Betr.: Personalunterlagen von Angehörigen der ehemalige Kriegsmarine bei der Bundesvermögensstelle Emden, Deutsche Dienststelle, Handakten Gericke; Deutsche Dienststelle/Heinz Lente: Die Deutsche Dienststelle, o.J., ca. Anfang 1957, Deutsche Dienststelle, Handakten Kirchhoff; Deutsche Dienststelle vom 22.8.1974, Übernahme von Dienststellen und Material, Deutsche Dienststelle, Handakten Veit.

[261] Der Bundesminister des Innern, Gesch.Z. 1385 – 5C, – 193 I754, an die Deutsche Dienststelle, vom 30.8.1954, Betr.: Zentrale Erfassung aller Personalunterlagen der ehemaligen Deutschen Kriegsmarine bei der Deutschen Dienststelle, Deutsche Dienststelle, Handakten Gericke.

Dienststelle zur Sammelstelle für alle Personalunterlagen der Marine bestimmt wurde, für die anderen Wehrmachtteile jedoch die Zentralnachweisstelle in Aachen-Kornelimünster, das ehemalige Personenstandsarchiv II, die Zuständigkeit erhielt[262]. Die Franzosen willigten ein, daß alles deutsches Eigentum bleibe, was von deutschen Behörden abgegeben würde[263]. In der Folgezeit erhielt die Deutsche Dienststelle dann die restlichen Marinepersonalakten, vor allem des Minenräumdienstes, im Gegenzug mußte sie aber auch Unterlagen abtreten, darunter vor allem die Personalakten aller Offiziere, die vor dem Jahr 1900 geboren waren, und diejenigen aller Offiziere, die in die Bundesmarine eintraten. Da es sich nicht um Verlustunterlagen handelte, Ersatzakten angefertigt wurden und die quantitativ bedeutendere Gruppe, die Angehörigen der Bundesmarine, als Überlebende nicht zum hier interessierenden Personenkreis gehört, sind diese Abgaben für die vorliegende Untersuchung ohne Bedeutung[264].

Heute verfügt das Marinereferat der Deutschen Dienststelle über Personalakten für ca. 70 000 Offiziere und 1,2 Millionen Mannschaften bzw. Unteroffiziere der Marine – darunter sowohl Teilnehmer des Ersten als auch des Zweiten Weltkrieges. Für die Zwecke der vorliegenden Arbeit sind diese Personalakten – soweit

---

[262] Seitdem sind Anfragen in Personalsachen für Heeres- und Luftwaffenangehörige an die ZNS zu stellen, siehe Bundesarchiv, Abt. Zentralnachweisstelle, Az. I 10.2, Nr. 1400/56, vom 8.10.1956, Betr.: Das Bundesarchiv, Abt. Zentralnachweisstelle, in Kornelimünster, Deutsche Dienststelle, Handakten Gericke; Bundesminister des Innern, GeschZ. 1385-5C-7651/55 vom 3.11.1955, Betr.: Zusammenarbeit der Deutschen Dienststelle in Berlin-Wittenau mit der Abteilung Zentralnachweisstelle des Bundesarchivs in Kornelimünster, Deutsche Dienststelle, Handakten Mr. Girard, veröffentlicht in: GMBl., 1963, Nr 26, S. 347: Nachweis militärischer Dienstzeiten.

[263] Wie strikt dieser Anspruch aufrecht erhalten wurde, wird daran deutlich, daß noch in den 60er und 70er Jahren der Leiter der Deutschen Dienststelle beim Conservateur, seinem französischen Vorgesetzten, anfragen mußte, wenn er Akten wegen Bedeutungslosigkeit vernichten wollte, siehe Deutsche Dienststelle/Conservateur Az. 25256 – J.M.A./Th., vom 9.12.1954, an den Bundesminister für Vertriebene, Flüchtlinge und Kriegsgeschädigte, Deutsche Dienststelle, Handakten Mr. Girard; Deutsche Dienststelle/Ltg. 21, vom 23.9.1976, an den Conservateur, Betr.: Abgabe von Unterlagen, die unter den Beschluß des Koordinierungs-Komitees des Alliierten Kontrollrats vom 14.6.1946 fallen; Deutsche Dienststelle/Heinz Lente: Die Deutsche Dienststelle, o.J., ca. Anfang 1957, Deutsche Dienststelle, Handakten Kirchhoff.

[264] Oberfinanzdirektion Hamburg/Verwaltungsstelle für Reichs- und Staatsvermögen/Hst-B(26), an die Deutsche Dienststelle, vom 5.2.1952, Betr: Schriftgut, Personalakten und Zahlungsunterlagen von Angehörigen der ehemaligen deutschen Wehrmacht, Deutsche Dienststelle, Handakten Gericke; Deutsche Dienststelle/Ref. I/HB 106, an die Oberfinanzdirektion Hamburg, vom 9.1.1956, Betr.: Verwaltung und Abgabe von Personalunterlagen von Soldaten, Beamten und Angestellten der ehemaligen Kriegsmarine, Deutsche Dienststelle, Handakten Gericke; Deutsche Dienststelle/VIc/BP-616b-Allg, an den Herrn Bundesminister des Innern, vom 8.6.1956, Betr.: Zentrale Erfassung der Personalunterlagen von ehemaligen Marineangehörigen bei der Deutschen Dienststelle (Zwischenbericht), Deutsche Dienststelle, Handakten Gericke; Stammdienststelle der Marine/Der Leiter, an den Leiter der Deutschen Dienststelle, vom 3.4.1958, Deutsche Dienststelle, Handakten Gericke; Deutsche Dienststelle vom 22.8.1974, Übernahme von Dienststellen und Material, Deutsche Dienststelle, Handakten Veit; Chronik Deutsche Dienststelle, T. 2, Abschn. 9.

vorhanden, und dies ist die übergroße Mehrheit – ein wichtiges Hilfsmittel, wenn es darum geht, komplizierten Schicksalsverläufen nachzugehen.

### 2.3.3.3.3.6 Vervollständigung der Datenbasis

In den vorangehenden Abschnitten war versucht worden, dem Leser zu verdeutlichen, welche immense und in der heutigen Öffentlichkeit kaum bekannte Mühe in den Jahrzehnten seit Beginn des Zweiten Weltkrieges aufgewandt worden ist, um das Schicksal Vermißter zu klären. Dabei hatte es sich jedoch vorwiegend um die individuelle Schicksalsklärung aufgrund von Anfragen Betroffener gehandelt. Die zweite, vor allem von den Suchdiensten betriebene Form der Suche waren die Registrierungen von Heimkehrern und/oder Vermißten gewesen. Daneben gab es aber auch noch eine quasi implizite Form der Schicksalsklärung – der Vollzug von Gesetzen, in deren Folge sich verlustrelevante Informationen ergaben. Wie sich diese systematischen, staatlich betriebenen Maßnahmen auf den Informationsstand der Deutschen Dienststelle auswirkten, soll im folgenden gezeigt werden.

Im Jahr 1947 hatte die erste Erfassung stattgefunden, damals aber war die in ihrer Rechtsstellung noch durchaus angefochtene Deutsche Dienststelle jedoch nicht systematisch, sondern nur mittels Sterbefallanzeigen oder Todeserklärungen einbezogen worden. Im Zeitraum 1949/1950 hatte dann die Entwicklung der Nachweisorganisationen mit der Eingliederung der MPDZ und des AEK einen gewissen Abschluß gefunden, auch bei der Erstattung von Kriegssterbefallanzeigen und den gerichtlichen Todeserklärungen war die ursprüngliche Monopolstellung der Deutschen Dienststelle wiederhergestellt worden. Insofern fand die Registrierung der Kriegsgefangenen und Vermißten von 1950, die vom Statistischen Bundesamt zusammen mit dem DRK-Suchdienst durchgeführt wurde, für die Suchdienste zwar sehr spät, für die Deutsche Dienststelle jedoch zu einem günstigen Zeitpunkt statt[265]. Ursprünglich war auch diesmal die Einschaltung der Deutschen Dienststelle nicht vorgesehen, weil aktive Vermißtensuche nicht zu ihren Aufgaben gehörte. Es stellte sich jedoch bald heraus, daß die korrekte Bearbeitung der Meldungen – u.a. die Klärungen widersprüchlicher Angaben – ohne Nutzung des Informationspools der Deutschen Dienststelle nicht zu leisten war. Sie erhielt daher eine Abschrift aller ca. 1,7 Millionen Meldungen, die dann mit der Zentralkartei abgeglichen wurde[266].

Einen ähnlichen Effekt für die Deutsche Dienststelle hatte das Kriegsgräbergesetz vom 27. Mai 1952, durch das die Länder mit der Pflege der Kriegsgräber im Inland beauftragt wurden. Da der Bund die Kosten nach einem festen Schlüssel pro Grab übernahm, mußte eine Stelle geschaffen werden, bei der die vorhandenen Gräber registriert wurden – und dies war die Deutsche Dienststelle. Obwohl

---

[265] Siehe hierzu die Ausführungen unter 2.3.1.3.
[266] Deutsche Dienststelle/Ltg., vom 29.4.1950, Deutsche Dienststelle, Handakten Veit; Deutsche Dienststelle – Aufgaben, S. 22.

so nicht intendiert, führte diese Regelung dazu, daß Inlandsgräber, die der Deutschen Dienststelle im Chaos der ersten Nachkriegsjahre eventuell nicht bekannt geworden waren, nun gemeldet wurden[267].

Soweit zu den Toten – aber auch im Hinblick auf die Lebenden wurden Gesetze beschlossen, denen zwar andere Intentionen zugrunde lagen, die aber trotzdem dazu beitrugen, den Informationsstand der Deutschen Dienststelle zu vervollständigen. Aufgrund des Bundesversorgungsgesetzes vom 21. Dezember 1950 konnten Versorgungsleistungen für Wehrdienstbeschädigungen beantragt werden. Da aber die Unterlagen des Zentralamtes für Wehrmedizin zum größten Teil verloren waren, mußte die Deutsche Dienststelle eingeschaltet werden – von den ca. 1,2 Millionen Anfragen konnten nur 20 Prozent von den Krankenbuchlagern, jedoch 80 Prozent von der Deutschen Dienststelle beantwortet werden[268].

Auch wenn es sich hier nicht um Tote, der eigentlichen Zielgruppe der vorliegenden Arbeit, handelt, so gab es doch unter den Antragstellern Personen, die als vermißt registriert waren. Als letzte Nachricht lag für sie vielleicht nur eine Vermißtmeldung der Wehrmacht vor. Wenn sie verwundet in Kriegsgefangenschaft geraten waren, dann konnten sie bereits unmittelbar nach Kriegsende, als noch niemand Heimkehrer registrierte, entlassen worden sein. Wenn sie dann ihre Familie nicht – oder nur einen Teil davon – wiederfanden, konnten sie als Vermißte registriert sein. Im Extremfall lag auch schon eine Todeserklärung für sie vor, obwohl sie tatsächlich lebten.

Ähnliche Auswirkungen hatte das Kriegsgefangenen-Entschädigungsgesetz vom 30. Januar 1954. Personen, die über den 1. Januar 1947 in Gefangenschaft gewesen waren, konnten einen Entschädigungsantrag stellen. Die insgesamt 1,8 Millionen Anträge wurden nicht nur durch die Kartei des Münchener Suchdienstes geschleust, sondern auch mit den Unterlagen der Deutschen Dienststelle abgeglichen – auch dies wieder keine Registrierung von Toten, aber mancher, der als verschollen galt, erwies sich hierbei als lebend[269].

---

[267] Deutsche Dienststelle/Heinz Lente: Die Deutsche Dienststelle, o.J., ca. Anfang 1957, Deutsche Dienststelle, Handakten Kirchhoff; Deutsche Dienststelle, ca. 1962: Deutsche Dienststelle für die Benachrichtigung der nächsten Angehörigen von Gefallenen der ehemaligen deutschen Wehrmacht, Deutsche Dienststelle, Handakten Kirchhoff; Woche, Wehrmachtauskunftstelle, S. 7.
[268] Deutsche Dienststelle/Heinz Lente: Die Deutsche Dienststelle, o.J., ca. Anfang 1957, Deutsche Dienststelle, Handakten Kirchhoff; Arbeitsbericht 1991 – 1993, Deutsche Dienststelle, S. 35.
[269] Deutsche Dienststelle/Heinz Lente: Die Deutsche Dienststelle, o.J., ca. Anfang 1957, Deutsche Dienststelle, Handakten Kirchhoff; Deutsche Dienststelle/VI/RL vom 16.4.1985, Betr.: Zusammenarbeit DRK-Suchdienst-WASt, Deutsche Dienststelle, Handakten Kirchhoff; Deutsche Dienststelle/Swatzina, vom 6.5.1987, Betr.: Das Referat VI (Zentralnachweis) der Deutschen Dienststelle, Deutsche Dienststelle, Handakten Kirchhoff; Arbeitsbericht 1975/76, Deutsche Dienststelle, S. 50; Schicksal in Zahlen, S. 60.

## 2.3 Schicksalsklärung nach Kriegsende

Auch auf einem ganz anderen Arbeitsgebiet ergaben sich Ergänzungen. Wie bereits erwähnt, stellte die Deutsche Dienststelle in den Jahren 1954 bis 1959 dem VDK ca. 1,1 Millionen Karteikarten mit Todesfällen, die sich in Westeuropa ereignet hatten, und 2,1 Millionen osteuropäische Todesfälle zur Verfügung. Bei ca. 400 000 Umbettungen, die vom VDK vorgenommen wurden, ergaben sich in zahlreichen Fällen Änderungen, die für die Deutsche Dienststelle von Bedeutung waren[270].

Ein anderes Tätigkeitsfeld waren Informationsstände, die die Deutsche Dienststelle auf Ausstellungen unterhielt. Außerdem beteiligte sie sich an Treffen von ehemaligen Kriegsteilnehmern, um ihren Bekanntheitsgrad zu erhöhen[271].

Die letzte größere Erhebungsaktion fand 1959 statt – das Bundesministerium für Arbeit und Sozialordnung ließ ihr vorliegende Rentenanträge anhand der Zentralkartei der Deutschen Dienststelle abgleichen. Bei 265 000 Überprüfungen stellte sich heraus, daß 1400 als vermißt Gemeldete überlebt und nun einen Rentenantrag gestellt hatten. Auf der einen Seite sind 1400 Fälle eine große Zahl – immerhin die Bevölkerung eines Dorfes, auf der anderen Seite ist ihr Anteil, bezogen auf die Summe der Fälle, mit weniger als 1 Prozent doch relativ gering. Die großen Registrierungen und die – eigentlich anderen Zwecken dienenden – Gesetzesmaßnahmen hatten im Nebeneffekt zu einer Systematisierung und Vollständigkeit der Datensätze geführt, die sonst vielleicht nicht erreicht worden wäre[272].

Nachdem diese im Laufe der 60er Jahre jedoch administrativ verarbeitet waren, nahm die Zahl der Schicksalsklärungen ab. Neue Erkenntnisse ergaben sich nur noch aus den Bildlistenbefragungen und Anfragen beim Roten Kreuz in Moskau, die beide der DRK-Suchdienst München durchführte. Daneben bildeten sich auch Gruppen von Kameradschaftsverbänden, die sich zur Aufgabe stellten, Schicksale zu klären und mit immensem, ansonsten nicht zu leistendem Aufwand zahlreiche Suchfälle lösten[273]. Insgesamt jedoch war die Zahl der Sterbefallanzeigen und Todeserklärungen seit Beginn der 60er Jahre stark rückläufig – was geklärt werden konnte, schien geklärt, denn umfassende Informationen aus der ehemaligen UdSSR, wo die übergroße Mehrheit der nicht geklärten Fälle vermutet wurden, waren nicht zu erwarten.

---

[270] Deutsche Dienststelle/Heinz Lente: Die Deutsche Dienststelle, o.J., ca. Anfang 1957, Deutsche Dienststelle, Handakten Kirchhoff. Siehe auch Kap. 2.3.2.
[271] Böhme, Gesucht wird, S. 121 f.
[272] Auch in der DDR wurden derartige Kontrollen durchgeführt, siehe Böhme, Gesucht wird, S. 93; Suchzeitung, Nr. 2/IV vom Januar 1950, S. 1.
[273] Beispielhaft verwiesen sei auf eine Gruppe von ehemaligen Angehörigen der Fallschirmtruppe, die sich einmal jährlich für eine Woche in der Deutschen Dienststelle trafen und anhand eigener Aufzeichnungen und den Unterlagen der Deutschen Dienststelle Fälle lösten, die seitens des hauptamtlichen Personals der Deutschen Dienststelle mit vertretbarem Arbeitsaufwand nicht zu lösen waren; siehe auch Vopersal, Auskunftstelle, S. 2.

Das wenige, was im Westen an Schicksalsklärung noch zu erreichen war, zeigt folgendes Beispiel. Beim Ausheben einer Grube auf dem Plateau de Malzeville, Département Meurthe-et-Moselle, Frankreich, einem Gebiet, in dem sich im Herbst 1944 deutsche Stellungen befunden hatten, stieß ein Bauer auf eine Leiche. Glücklicherweise war die Erkennungsmarke erhalten geblieben, so daß sie anhand der Unterlagen der Deutschen Dienststelle entziffert werden konnte. Mit Hilfe der Einwohnermeldeämter wurde die aktuelle Adresse der Verwandten ermittelt – es handelte sich um einen Österreicher, der seine letzte Feldpostkarte am 14. August 1944 nach Hause geschickt hatte. Keiner hatte bemerkt, daß er im Schützengraben gefallen oder schwer verwundet worden war. Später hatte ihn die Einheit als vermißt gemeldet, die Familie hatte ihn als Suchfall registrieren lassen[274]. Doch was bedeutet dies für die Zwecke der vorliegenden Untersuchung? Aus einem Registrierfall mit letzter Nachricht vom August 1944 an der Westfront war ein Kriegssterbefall mit denselben Daten geworden. So wichtig es für viele Familien sein mag, zu wissen, wo ihr Angehöriger begraben liegt, für die vorliegende Untersuchung sind diese Informationen doch von untergeordneter Bedeutung – und der viel »interessantere« Fall, daß ein Totgeglaubter dennoch lebt, tritt seit den 70er Jahren kaum noch einmal ein.

Dementsprechend verlagerte sich der Arbeitsschwerpunkt der Deutschen Dienststelle von der Todesfall-Registrierung zur Auskunfterteilung[275]. Schon beim Vollzug des Bundes-Versorgungsgesetzes hatte sich ja ergeben, daß die Deutsche Dienststelle diejenige Organisation war, die bei weitem die meisten Unterlagen über Wehrdienstbeschädigungen besaß. Ein weiterer Arbeitsschwerpunkt entstand, als in den 60er Jahren die ersten Jahrgänge in den Ruhestand traten, die in größerer Zahl am Zweiten Weltkrieg teilgenommen hatten. Was sie für die Rentenberechnung oft benötigten, waren Bescheinigungen über die Wehrdienstdauer, die in der Regel nur von der Deutschen Dienststelle erstellt werden konnten. Wenn Personalpapiere fehlten, dann mußte nur mit Hilfe der Erkennungsmarkenverzeichnisse festgestellt werden, wann eine Person eingezogen worden war, das Ausscheiden ließ sich ebenfalls entweder über diese Verzeichnisse oder über die zahlreichen Kriegsgefangenenunterlagen ermitteln. Eine Person in einem Erkennungsmarkenverzeichnis zu ermitteln, war jedoch äußerst aufwendig, weil diese nicht alphabetisch, sondern chronologisch geführt waren und mitunter Hunderte von Namen enthielten.

---

[274] Klopmann, Schicksal geklärt: Unbekannter deutscher Soldat nach mehr als 40 Jahren identifiziert, in: Kriegsgräberfürsorge, Stimme und Weg, 65 (1989), S. 27 f.

[275] Zeitweise besaß die Deutsche Dienststelle ein Referat für »kriegsgeschichtliche Arbeiten«, Forschungsergebnisse scheinen jedoch nicht publiziert worden zu sein, Deutsche Dienststelle, ca. 1962: Deutsche Dienststelle für die Benachrichtigung der nächsten Angehörigen von Gefallenen der ehemaligen deutschen Wehrmacht, Deutsche Dienststelle, Handakten Kirchhoff; Deutsche Dienststelle, Oktober 1962: Die Deutsche Dienststelle für die Benachrichtigung der nächsten Angehörigen von Gefallenen der ehemaligen deutschen Wehrmacht, Deutsche Dienststelle, Handakten Kirchhoff; Woche, Wehrmachtauskunftstelle, S. 7.

Um diese Listen mit einem vertretbaren Zeitaufwand auswerten zu können, beschloß die Deutsche Dienststelle, eine Hinweisdatei zu erstellen, in der alle Stellen vermerkt waren, an denen eine Person in den Erkennungsmarkenverzeichnissen und Verlustlisten erwähnt war. Später wurden auch noch Hinweise auf Wehrmachtakten in Wien, Personalunterlagen im Berlin Document Center sowie die Karteien der Heimkehrerlager Hof-Moschendorf, Nürnberg, Tuttlingen und Waldschänke aufgenommen. Zunächst aus 102 Millionen Lochkarten bestehend, wurde dieses Hinweisverzeichnis später als Listen-Ausdruck in 1275 Bänden genutzt. Heute liegt diese Datei in Form von ca. 25,3 Millionen Datensätzen vor, die mit Hilfe eines Dateiverwaltungsprogramms nach verschiedenen Kriterien durchsucht werden können. Für die Zwecke der vorliegenden Untersuchung handelt es sich um eine der wichtigsten Arbeitsmittel[276].

Auch wenn die Deutsche Dienststelle heute nicht nur eine Kriegssterbefall-Dokumentationsstelle, sondern zum guten Teil auch eine Auskunftstelle ist – eines leistet sie nach wie vor nicht: sie ist keine Suchorganisation. Zwar bemüht sich die Deutsche Dienststelle, ihre Unterlagen zu vervollständigen, die individuelle Suche nach Vermißten, die Befragung von Augenzeugen, bleibt doch Aufgabe des DRK-Suchdienstes – lediglich für den Bereich der Marine werden aufgrund der speziellen Entstehungsgeschichte dieses Referats Personalakten und andere Unterlagen gesammelt, die für Nachforschungen benötigt werden und insofern ansatzweise suchdienstlichen Charakter haben. Für die Zwecke der vorliegenden Arbeit hat diese Feststellung Konsequenzen – es wird sich zeigen, daß es nicht genügt, nur eine Kartei auszuwerten. Darüber hinaus wird sich eines erweisen – trotz aller Vernetzung ist es immer wieder vorgekommen, daß nicht alle übermittelten Daten vollständig und korrekt übernommen wurden, Rückfragen an die ursprüngliche Kartei sind auch von daher manchmal nicht zu vermeiden[277].

### 2.3.4 Auswirkungen der Wiedervereinigung

Mitte der 80er Jahre schien das Ende der Deutschen Dienststelle absehbar – Erbschaftsfragen, derentwegen das militärische Schicksal von Angehörigen geklärt werden mußte, waren in den meisten Fällen geregelt, und die Jahrgänge 1927/28, die letzten, die noch aktive Soldaten gewesen waren, würden bis 1992 die Pensionsgrenze erreicht haben. Das Ende des Bedarfs an Auskünften, wie etwa Dienst-

---

[276] Die Zusammenfügung von unterschiedlichen Datensätzen mag den Leser erstaunen, sie ist aber ein gutes Beispiel für die Vernetzung der Organisation, siehe Deutsche Dienststelle vom 22.8.1974, Übernahme von Dienststellen und Material, Deutsche Dienststelle, Handakten Veit; Schmitz, Deutsche Dienststelle, Sp. 237 f.

[277] Deutsche Dienststelle/Heinz Lente: Die Deutsche Dienststelle, o.J., ca. Anfang 1957, Deutsche Dienststelle, Handakten Kirchhoff; Deutsche Dienststelle/VI/RL vom 16.4.1985, Betr.: Zusammenarbeit DRK-Suchdienst-WASt, Deutsche Dienststelle, Handakten Kirchhoff; Lente, WASt, S. 12.

zeitbescheinigungen, war also absehbar – ab 1995 erwartete die Deutsche Dienststelle, ein Archiv zu sein[278]. Da ergaben sich Ende der 80er Jahre die Veränderungen im Ostblock, die für die Schicksalsklärung Perspektiven eröffneten, wie sie zuvor nicht vorstellbar gewesen waren. Im folgenden soll kurz auf diese Entwicklung eingegangen werden.

Den – chronologisch gesehen – ersten Aspekt stellt die vergrößerte Bewegungsfreiheit der Bevölkerung dar, die dazu führte, daß viele Personen aus osteuropäischen Staaten ihre deutsche Staatsangehörigkeit geltend machten. Den Sachverhalt durch Urkunden zu belegen, erwies sich häufig als unmöglich. Oft konnte dann nur die Deutsche Dienststelle bescheinigen, daß der Vater deutscher Soldat gewesen und die Nachkommen daher deutsche Staatsangehörige waren. Diese Überprüfungen bedeuteten für die Deutsche Dienststelle wesentliche Ergänzungen ihres Wissens, denn gerade bei den Gruppen, die nach dem Krieg bisher keine Gelegenheit gehabt hatten, das Schicksal ihrer Angehörigen unter Einschaltung deutscher Nachweisorganisationen zu klären, war auch der Informationsstand der deutschen Stellen entsprechend gering[279].

Ähnlich verhielt es sich dann nach der deutschen Wiedervereinigung, als die Renten der ehemaligen DDR-Bürger auf das westliche Berechnungssystem umgestellt wurden. War der Dienst in der faschistischen Wehrmacht vorher eher von Nachteil als von Vorteil gewesen, mußten nun Wehrdienstzeiten nachgewiesen werden – und dies konnte in der Regel nur mit Hilfe der Deutschen Dienststelle erfolgen. Auch hier bot sich damit für die Deutsche Dienststelle die Gelegenheit, den Kenntnisstand über eine Gruppe zu vervollständigen, die – ähnlich wie die Bewohner Polens oder der UdSSR – möglicherweise weniger Gelegenheit gehabt hatte, Suchanträge zu stellen.

Der dritte, wesentlich neue Aspekt war die Wiedervereinigung der Archive. Im Jahr 1990 wurden in Schloß Dornburg bei Magdeburg Teile der Unterlagen entdeckt, die die WASt 1945 in Meiningen hatte zurücklassen müssen. Soweit die Sowjets sie nicht – wie etwa die Kriegsgefangenenkartei – abtransportiert hatten, waren sie dort von der sowjetischen Besatzungsmacht archiviert worden. Auch für DDR-Historiker unzugänglich, lagerten dort die ursprüngliche Gräberkartei, die bis 1945 bereits erstatteten Kriegssterbefallanzeigen sowie die Unterlagen der Wehrmachtgräberoffiziere, die nach dem Rückzug aus den besetzten Gebieten von der Abteilung WVW verwahrt worden waren. Insgesamt handelte es sich dabei um 12 Millionen Unterlagen, wobei die Gräberkartei mit ca. 6 bis 7 Millionen Karten den wichtigsten Einzelbestand darstellte. Der Abgleich der Unterlagen mit den in der Deutschen Dienststelle bereits vorhandenen ergab jedoch ein überraschendes Resultat – nur in wenigen Fällen konnten wesentliche neue Angaben gemacht werden. Demnach war die Lücke, die durch das Zurücklassen der Unter-

---

[278] Haibach, Letzte Gewißheit, S. 11.
[279] Arbeitsbericht 1989/90, Deutsche Dienststelle, S. 39; Woche, Wehrmachtauskunftstelle, S. 7.

## 2.3 Schicksalsklärung nach Kriegsende

lagen 1945 in Thüringen entstanden war, im Laufe der Jahrzehnte weitestgehend kompensiert worden. Außerdem erhielt die Deutsche Dienststelle ca. 35 000 Wehrstammbücher und ca. 150 000 sonstige personalrelevanten Unterlagen aus dem Militärarchiv der DDR sowie von anderen ehemaligen DDR-Dienststellen. Diese erwiesen sich als wesentlich informativer. Ein erster Test anhand einer Stichprobe ergab in ca. 10 bis 12 Prozent neue, erhebliche Erkenntnisse[280].

Die so unterschiedliche Ergiebigkeit der Funde ist symptomatisch – während sich aus der originären Gräberkartei, die ja Aussagen über Todesfälle enthält, kaum noch wesentliche Erkenntnisse ergaben, ist die Sachlage bei den Wehrstammbüchern, die über Dienstzeiten, Beförderungen etc. Auskunft geben, anders. Hier zeigt sich, daß die WASt für Dienstzeitbescheinigungen nicht zuständig und sie daher in dieser Hinsicht schlechter informiert gewesen war als über die Todesfälle – ihrem orginären Aufgabengebiet[281].

Aber nicht nur die Deutsche Dienststelle konnte Zugänge verbuchen, auch die ZNS hat ca. 90 000 Wehrstammbücher aus der ehemaligen DDR und aus Prag sowie weitere personalrelevante Akten erhalten. Gleiches gilt für das Krankenbuchlager, das in erheblichem, jedoch noch nicht quantifizierbarem Umfang Unterlagen erhielt[282]. Die letzte, in diesem Zusammenhang zu erwähnende – und vielleicht wichtigste – Änderung ist die Angliederung des Suchdienstes des Roten Kreuzes der DDR in Berlin an den DRK-Suchdienst München. Waren bis dahin die Kontakte zum DDR-Dienst schlechter als die nach Moskau gewesen, so ergab sich nun einmal die Möglichkeit, die dort gesammelten Informationen in derselben Weise abzufragen, wie dies bisher im Westen selbstverständlich gewesen war.

Der vierte Aspekt der Änderungen seit 1989 sind die Gräber – sowohl auf dem Gebiet der ehemaligen DDR als auch in Osteuropa. Im Jahr 1945 hatte es gerade an der Ostfront noch äußerst verlustreiche Kämpfe gegeben, so z.B. an der Oder, bei der Verteidigung Berlins, oder in den letzten Kesselschlachten, wie vor allem bei Halbe[283]. Die DDR hatte die Gebeine von Gefallenen des Zweiten Weltkriegs seit 1960 nicht mehr geborgen, bereits angelegte Kriegsgräber waren mitunter eingeebnet worden. Doch in den 70er Jahren ließ die DDR-Regierung dann alle auf

---

[280] Arbeitsbericht 1989/90, Deutsche Dienststelle, S. 10, 13 und 30; Arbeitsbericht 1991 – 1993, Deutsche Dienststelle, S. 29; Dodenhoeft, Deutsche Dienststelle, S. 20 f.; Leithäuser, Familienzusammenführung; Neue Auskunftmöglichkeiten; Priess, Schicksalsspuren.

[281] Auch organisatorisch ergab sich eine Veränderung. Da der Besatzungsstatus von Berlin beendet wurde, entfiel auch die französische Aufsicht über die Deutsche Dienststelle. Sie ist heute eine Dienststelle des Landes Berlin, die im Bundesauftrag arbeitet und auch von dort finanziert wird. Für die Wahrnehmung der speziellen französischen Interessen ist ihr ein Officier de liaison près la Deutsche Dienststelle WASt [Französischer Verbindungsbeauftragter der Deutschen Dienststelle] zugeordnet.

[282] Bundesarchiv/Zentralnachweisstelle, Az. Z-101-91/95, an den Verfasser vom 26.10.1995.

[283] Der Kriegerfriedhof Halbe ist mit 22 000 Toten der größte seiner Art in Deutschland, siehe Reuth, Würdiges Grab.

dem Boden der DDR noch vorhandenen Kriegsgräber registrieren. Das Ergebnis waren 302 000 Meldungen, von denen sich 87 000 auf Deutsche bezogen – auch dies ein Beitrag zur Schicksalsklärung[284].

Allerdings handelt es sich dabei nur um einen Bruchteil der Gräber – die noch erhaltenen und registrierten. Im Oderbruch oder in Brandenburg gibt es jedoch bis heute Feldgräber oder ungeborgene Leichen, die nun bei Neubauvorhaben, durch die aktive Suche seitens der Behörden, aber auch durch Grabräuber auf der Suche nach Souvenirs, entdeckt werden. Neuere Schätzungen gehen von ca. 200 000 Gräbern aus, von denen aber vermutlich nur ca. die Hälfte identifiziert werden können. Da es sich aber um Todesfälle aus dem Frühjahr 1945, der chaotischsten Phase der Kriegführung handelt, dürfte der Informationsgewinn dennoch erheblich sein[285].

Noch geringer als in der DDR war der Stellenwert von Kriegsgräbern in der UdSSR gewesen – insbesondere, wenn es sich um feindliche Kriegstote handelte. Bis Ende der 80er Jahre wurden die Leichen deutscher Soldaten, die in Wäldern oder Sümpfen gefallen oder an ihren Verwundungen gestorben waren, selbst dann nicht geborgen, wenn sie zufällig gefunden wurden. Gräber bzw. Friedhöfe, die von der Wehrmacht oder später von den Kriegsgefangenenlagerverwaltungen angelegt worden waren, verfielen in den folgenden Jahrzehnten bzw. wurden eingeebnet oder bebaut. Für die Schicksalsklärung – und damit auch für das Ziel der vorliegenden Arbeit – sind jedoch genau diese, und vor allem die in den russischen Sümpfen und Wäldern beim Rückzug Gestorbenen, von besonderer Bedeutung. In vielen Fällen dürfte es sich um Personen handeln, deren Schicksal bisher nicht eindeutig geklärt war. Inzwischen sind allerdings Organisationen entstanden, die es sich zur Aufgabe gemacht haben, die Leichen von deutschen und sowjetischen Soldaten in den Sümpfen und Wäldern aus den – inzwischen wassergefüllten – Granattrichtern zu bergen, zu identifizieren und zu begraben. Soweit es sich um russische Organisationen zur Bergung unbestatteter Leichen handelt, arbeiten sie direkt mit der Deutschen Dienststelle zusammen[286].

---

[284] Für die Zielsetzung der vorliegenden Arbeit ist allerdings eines zu bedenken – es handelt sich um Kriegsopfer aller Art, d.h. sowohl Soldaten des Ersten als auch des Zweiten Weltkrieges, Widerstandskämpfer, Fremdarbeiter etc., siehe Anweisung Nr. 183/71 des Ministeriums des Innern und Chefs der Deutschen Volkspolizei über die sich aus dem Ministerratsbeschluß über die Behandlung von Gräbern Gefallener und ausländischer Personen ergebenden Aufgaben vom 1.12.1971, DRK-Suchdienst Ost, Handakten Schulenburg; Arbeitsbericht 1989/90, Deutsche Dienststelle, S. 27; Neue Auskunftmöglichkeiten; Nieder, Umbetter.
[285] Reuth, Würdiges Grab; Nieder, Umbetter.
[286] Sebastian Asmus, Letzte Ruhe in der kargen Steppe, in: Badische Zeitung, 9.9.1992, S. 3; Rainer Burkhardt, Die letzte Schlacht, in: Stimme und Weg, 68 (1992), H. 1, S. 8 – 10, hier S. 8; Haibach, Letzte Gewißheit, S. 11.

Daneben hat der Volksbund Deutsche Kriegsgräberfürsorge seit dem Abschluß des deutsch-russischen Kriegsgräberabkommen im Jahr 1992 die Möglichkeit, deutsche Kriegsgräber zu erfassen und sie auf Friedhöfen zusammenzulegen. Auch wenn noch Jahrzehnte vergehen werden, bis die Arbeit des VDK in den GUS-Staaten abgeschlossen ist, werden sich dennoch Schicksalsklärungen in relativ großem Umfang ergeben. Einen Hinweis auf den Stellenwert solcher Bemühungen für die Klärung von Todesfällen gibt folgende, erste Bilanz: Von 1790 im Zeitraum 1991 – 1993 gefundenen Leichen konnten mehr als 80 Prozent identifiziert werden. Davon wiederum waren ca. 85 Prozent bekannt, somit ergaben sich ca. 200 neue Kriegssterbefallanzeigen. Bezogen auf die Summe der Funde waren dies ca. 10 Prozent – im Vergleich zur »Ergiebigkeit« anderer Informationsquellen einerseits ein hoher Anteil, andererseits zeigt das Ergebnis aber auch, in welchem Maße heute die Schicksale geklärt sind[287].

Das fünfte neue Tätigkeitsfeld ist die Auswertung sowjetischer Akten. Ursprünglich hatte die Sowjetregierung immer geleugnet, eine Kartei der in ihrem Gewahrsam befindlich gewesenen Kriegsgefangenen zu besitzen – und dies, obwohl sie dem DRK-Suchdienst durchaus Auskünfte hatte zukommen lassen, die nur aus derartigen Unterlagen stammen konnten. Im April 1989 übergab dann erstmals der damalige Ministerpräsident der UdSSR, Gorbatchov, bei seinem Staatsbesuch eine Liste von ca. 9800 in der UdSSR verstorbenen deutschen Kriegsgefangenen, im Mai 1991 erhielt der Generalsekretär des DRK bei einem Besuch in Moskau eine weitere Liste von 10 000 Namen[288].

Inzwischen ist über die Strukturen der sowjetischen Kriegsgefangenenverwaltung mehr bekannt. Die zentrale Kartei in Moskau enthält Daten zu ca. 3,5 Millionen Kriegsgefangenen, darunter ungefähr 2,4 Millionen Deutsche, von denen ca. 360 000 als in der UdSSR verstorben registriert sind. Darüber hinaus existieren jedoch auch weitere Kartei- und Aktenbestände auf regionaler und lokaler Ebene. Der DRK-Suchdienst vereinbarte mit den russischen Stellen, daß er die Daten aller in sowjetischem Gewahrsam als gestorben registrierten deutschen Kriegsgefangenen erhalten solle. Der Deutschen Dienststelle wiederum gelang es, mit dem sowjetischen Veteranenverband ein vergleichbares Abkommen zu schließen – sie erhält auf diesem Weg Angaben über Todesfälle aus anderen sowjetischen Archiven, wie etwa dem Militärarchiv Podolsk. Inzwischen sind auf jedem dieser

---

[287] Sebastian Asmus, Letzte Ruhe in der kargen Steppe, in: Badische Zeitung, 9.9.1992, S. 3; Arbeitsbericht 1991 – 1993, Deutsche Dienststelle, S. 27; Christof Dahm, Neue Hoffnung für verwehrte Spuren? Zur Erforschung deutscher Gefangenenschicksale in der ehemaligen Sowjetunion, in: Altpreußische Geschlechterkunde, 1994, S. 434 – 436; Dodenhoeft, Konzept, S. 6 f.; Schicksal in Zahlen, S. 81.

[288] Moskau nennt 10 000 Namen toter deutscher Soldaten, in: Süddeutsche Zeitung vom 17.5.1991, S. 5.

Wege mehr als 300 000 Meldungen übermittelt worden – soweit absehbar, sind diese Informationsquellen damit weitgehend erschöpft[289].

Anfangs hatte das Problem darin bestanden, Informationen aus der UdSSR zu erhalten – aus seiner Lösung ergaben sich jedoch neue Schwierigkeiten. Die Datensätze aus der UdSSR entsprechen nicht deutschen Konventionen. So ist in der deutschen Gesellschaft das exakte Geburtsdatum ein wichtiges Identifikationsmerkmal, nach sowjetischer Tradition werden jedoch nur Geburtsjahr und Vatersname angegeben. Darüber hinaus stellt sich das Transliterationsproblem. Schon wenn deutsche Namen von deutschen Schreibern erfaßt werden, ist in aller Regel die Zahl der Fehler erheblich. In den sowjetischen Kriegsgefangenenlagern wurden die deutschen Namen jedoch oft von sowjetischen Schreibern in Kyrillisch erfaßt, wobei neben den Problemen der phonetischen Erfassung der Namen auch noch zu berücksichtigen ist, daß es lateinische Buchstaben gibt, die keine kyrillische Entsprechung haben. Die ins Kyrillische übertragenen deutschen Namen müssen nun wiederum in die lateinische Schrift transliteriert werden, was nicht nur mühsam ist, sondern oft auch zu Angaben führt, die keiner konkreten Person zugeordnet werden können. Wenn dann auch kein exaktes Geburtsdatum vorliegt und beim Geburtsort ähnliche Probleme wie beim Namen auftreten, entsteht großer Suchaufwand. Das nächste Problem besteht dann darin, die aktuelle Adresse der Angehörigen festzustellen – mitunter Jahrzehnte, nachdem der letzte Suchantrag gestellt worden war[290].

Erste, bisher allerdings noch ungesicherte Erfahrungen lassen erwarten, daß ca. ein Drittel der 600 000 bis 700 000 Datensätze aus der ehemaligen Sowjetunion nicht zuordnungsfähig, auf den beiden Wegen doppelt übermittelt oder bereits bekannt ist. Zwei Drittel jedoch, d.h. ca. 400 000 Todesfälle, dürften bisher nicht bekannt gewesen sein. Bis sie allerdings zweifelsfrei als Kriegssterbefall dokumentiert sind, wird es noch lange dauern – derzeitig erstattet die Deutsche Dienststelle monatlich ca. 2000 Kriegssterbefallanzeigen. Unter Berücksichtigung der Aktenfunde, der Tätigkeit des VDK und der sonstigen Aktivitäten ergibt sich eine Summe von ca. 600 000 bis 700 000 Todesfällen, über die infolge der Veränderungen seit 1989 möglicherweise zusätzliche Informationen gewonnen werden können. Setzt man diese Zahl jedoch in Bezug zu der Arbeitskapazität der Deut-

---

[289] Es handelt sich um das Zentrale Staatliche Sonderarchiv in der Admiral Makarow und der Vyborgskaja ulica. Wenn die Meldungen aus Moskau ausgewertet sind, werden sie an den VDK zur Ermittlung der Gräber weitergeleitet, siehe Deutsche Dienststelle/AL 1 an den Verfasser vom 13.7.1995; siehe hierzu auch die Beiträge von Galickij und vor allem Karner, Archipel GUPVI, S. 79; Karner, Archiv der Tränen; Arbeitsbericht 1991 – 1993, Deutsche Dienststelle, S. 10; Dodenhoeft, Konzept, S. 15; Jahresbericht 1994, DRK-Suchdienst, S. 9; Kroll, Kein Geheimnis mehr; Maximowa, Sonderarchiv, S. 34; Elmar Schulten, Der Computer hilft Vermißte suchen, in: Kriegsgräberfürsorge. Stimme und Weg, 66 (1990), S. 35; Das Schicksal von 400 000 vermißten Soldaten soll aufgeklärt werden, in: Frankfurter Allgemeine Zeitung, 12.9.1992.

[290] Wermelskirchen, Letzte Nachricht, S. 9 f.

schen Dienststelle, dann ist nicht abzusehen, wann die Einarbeitung abgeschlossen sein wird[291].

Für die Zwecke der vorliegenden Arbeit ist dies ein wichtiger Umstand – war doch bei der Entstehung des Projektes Ende der 80er Jahre noch davon auszugehen gewesen, daß sich keine wesentlichen Erkenntnisse mehr ergeben würden. Die Entwicklung Anfang der 90er Jahre ließ dann die Frage aufkommen, ob es sinnvoll sei, die Erhebung in einem Zeitraum durchzuführen, in dem so viele neue Informationen eintrafen. Die Langwierigkeit der Einarbeitung, deren Ende auf Jahrzehnte nicht abzusehen ist, lassen es jedoch gerechtfertigt erscheinen, die Auswertung durchzuführen, auch wenn der Informationsstand geringer ist, als er es in einigen Jahrzehnten sein wird.

Natürlich wird damit auf Informationen verzichtet, was sich in zweierlei Weise auswirken wird. In einem Teil der Fälle wird es sich um Personen handeln, deren Schicksal prinzipiell bekannt ist, die vorliegenden Informationen genügten jedoch nicht für eine Kriegssterbefallanzeige, so daß sie bis heute nur als vermißt registriert oder für tot erklärt sind – für die Zwecke der vorliegenden Arbeit dürfte der Informationsgewinn durch die höhere Genauigkeit der Angaben gering sein. Anders sieht es aus mit den Fällen, wo nur eine letzte Nachricht vorliegt, der Betroffene aber sowohl auf deutscher Seite gefallen als auch in sowjetischem Gewahrsam gestorben sein kann. Für diesen Personenkreis existiert in den vorhandenen Unterlagen eine deutliche Lücke, die vorerst nicht geschlossen werden kann – es muß die Aufgabe einer späteren Nacherhebung oder einer Spezialstudie bleiben, dieses Defizit zu beheben.

## 2.4 Statistiken und Datenbestände

Ausgangspunkt aller Überlegungen war die Feststellung gewesen, daß die Angaben über die deutschen militärischen Verluste im Zweiten Weltkrieg so große, nicht erklärbare Widersprüche aufweisen, daß ihr Informationsgehalt fraglich ist. Daraus wiederum waren die Fragen entstanden, welche Angaben zu militärischen Todesfällen überhaupt dokumentiert wurden, wie sie statistisch ausgewertet wurden und welche Möglichkeiten heute bestehen, zu zuverlässigeren Angaben zu kommen, als sie derzeit vorliegen. Um diese letzte Frage beantworten zu können, sollen im folgenden nun zunächst noch einmal Statistiken, die uns heute vorliegen, auf ihre Aussagekraft hin geprüft werden.

Wie bereits in Kapitel 2.2.4. aufgezeigt, hatte es in der Kriegszeit eine ganze Reihe von Verlustangaben verschiedener Dienststellen gegeben. Abgesehen davon, daß sie – bei Abweichungen bis zu 100 Prozent – in keinem Fall zu demselben

---

[291] Deutsche Dienststelle/AL 1 an den Verfasser, vom 13.7.1995; Dodenhoeft, Deutsche Dienststelle, S. 22; Haibach, Letzte Gewißheit, S. 11; Kroll, Kein Geheimnis mehr, S. 24.

Resultat kamen, konnten sie notwendigerweise nicht vollständig sein, weil sie im wesentlichen nur die bis Dezember 1944/Januar 1945 gemeldeten Fälle beinhalten. Darüber hinaus konnten der Anteil der Toten unter den Vermißten und die Todesfälle in der Kriegsgefangenschaft nicht berücksichtigt sein[292].

Die Frage, wie viele Soldaten denn nun tatsächlich ums Leben gekommen waren, hatte dann aber nicht nur die Sieger beschäftigt – auch die deutschen Behörden waren, soweit existent, dringend auf Informationen angewiesen. Im Gegensatz zur vorliegenden Untersuchung, die sich auf die Toten konzentriert, war es dabei für die Behörden nicht nur von Interesse zu wissen, wer tot war, sondern vor allem auch, wer möglicherweise noch lebte. So wurden bereits in der ersten Volkszählung nach Kriegsende, im Oktober 1946, die Kriegsgefangenen und Vermißten erfaßt. Für die deutschen Stellen waren dies wichtige Informationen, für uns heute jedoch nicht mehr. Viele der damals in Kriegsgefangenschaft Vermuteten erwiesen sich als tot, Totgeglaubte kehrten Heim[293].

Es gab noch eine weitere Volkszählung, bei der Fragen gestellt wurden, die für die vorliegende Untersuchung von Bedeutung sein könnten. Der Zensus vom Juni 1961 erfaßte die heimgekehrten Kriegsgefangenen, Zivilinternierten und Zivilverschleppten. Auch diese Daten sind für die vorliegende Arbeit weniger aussagekräftig – es wurden weder alle registriert, die in Kriegsgefangenschaft gewesen waren, noch alle Personen, die lebend zurückgekommen waren, sondern nur eine Teilgruppe – die ca. 5 Millionen Personen, die heimgekehrt waren und 1961 noch lebten[294].

Daß die Kriegsgefangenen und Vermißten im Rahmen von Volkszählungen nicht befriedigend erfaßt werden konnten, war auch den deutschen Nachkriegsbehörden bewußt, es kam daher zu einem zweiten Handlungsstrang, den Kriegsgefangenen- und Vermißtenregistrierungen. Die erste, 1947/48 zu verschiedenen Zeitpunkten in den drei Westzonen durchgeführt, erwies sich zwar als eine wesentliche Hilfe bei der individuellen Suche nach Vermißten, eine stringente quantitative Auswertung wurde jedoch nicht durchgeführt. Es existiert ledig eine Hochrechnung auf das Gesamtergebnis, das mit Stand von Oktober 1947 ca. 1,1 Millionen als lebend vermutete Kriegsgefangene und ca. 1,7 Millionen vermißte Soldaten auswies. Wie bereits erwähnt, war das Ergebnis jedoch offensichtlich unvollständig – in diesen Jahren kehrten noch viele aus der Gefangenschaft heim, die für tot gehalten worden waren, andere wurden aus vermeintlich guten Gründen von ihren Angehörigen nicht gemeldet. Insgesamt handelt es sich daher eher um eine

---

[292] Eine Ausnahme bilden die bis in den April 1945 reichenden – allerdings nur noch rudimentären – Statistiken des Heeresarztes.
[293] Volkszählung 1946, S. 6.
[294] Ehemalige Kriegsgefangene, Volkszählung 1962; Gawatz, Kriegsgefangene, S. 104.

Momentaufnahme – der Informationswert für die Zwecke der vorliegenden Untersuchung ist gering[295].

Weil die Unzulänglichkeit der Registrierung von 1947/48 allen bewußt war, kam es 1950 zu einer zweiten Erhebung. Der Zeitpunkt war wesentlich günstiger gewählt – fast alle noch lebenden Kriegsgefangenen waren zu Hause, die Entwicklung der Suchdienstorganisationen hatte einen vorläufigen Abschluß gefunden, und die administrativen Strukturen waren wieder soweit hergestellt, daß niemand mehr aus der Kriegsgefangenschaft heimkehren konnte, ohne erfaßt zu werden. Wie bereits erwähnt, wurden 1 407 000 Wehrmachtangehörige von ihren Angehörigen als vermißt bzw. in Kriegsgefangenschaft befindlich gemeldet. Damit lag zum ersten Mal für einen Teilbereich des hier interessierenden Themas ein Ergebnis vor. Im Laufe der Jahrzehnte kamen – auch infolge der Öffnung in Osteuropa – ca. 400 000 Nachregistrierungen hinzu, während ca. 250 000 Personen als definitiv tot und ca. 20 000 als lebend ermittelt werden konnten. Für die Zwecke der vorliegenden Arbeit ist dies ein wichtiges Teilergebnis. Bei den Suchdiensten sind demnach ca. 1,5 Millionen Soldaten registriert, die bis heute weder heimgekehrt noch definitiv als tot beurkundet sind. Gleichzeitig verdeutlicht die kleine Zahl von Lebend-Meldungen, wie gering das Risiko ist, nicht erfaßt worden zu sein, und wie hoch die Wahrscheinlichkeit ist, daß es sich bei den heute noch registrierten Fällen tatsächlich um Tote handelt[296].

Der nächste Bereich, aus dem quantitative Angaben über die Verluste gewonnen werden können, sind die Auskünfte der Gräberorganisationen. Hier geht der VDK von 3,1 Millionen deutscher Soldatengräber aus, die Friedhofskartei des VDK umfaßt ca. 1,4 Millionen von dieser Organisation gepflegte Gräber. So nützlich Angaben über Gräber für die individuelle Schicksalsklärung sind, so wenig tragen sie dazu bei, die Summe der Toten zu ermitteln, wenn – wie im vorlie-

---

[295] Bacque nennt als Ergebnis der Registrierung die Zahl von 1,4 Millionen Vermißten. Diese Angabe beruht jedoch auf einem Irrtum – dem Autor ist nicht bekannt, daß es zwei Registrierungen – 1946/47 und 1950 – gab. Das erste, vorläufige Ergebnis der Registrierung von 1950 verwechselt er mit dem – nicht existenten – Resultat von 1946/47, siehe Bacque, Verschwiegene Schuld, S. 287 und 289.
Die zentrale Dokumente sind abgedruckt in Smith, Vermißte Million, S. 110 – 112; zum Ablauf siehe Overmans, German Historiography, S. 156 – 158; Hessisches Staatsministerium/Der Minister des Innern/Der Vorsitzende der Arbeitsgemeinschaft der Regierungsvertreter der Länder für den Suchdienst, 15.10.1949, BA, B 106/22757; Kriegsgefangene und Wehrmachtsvermißte nach Altersgruppen; Vorläufiges Ergebnis der Kriegsgefangenen-, Wehrmachtsvermißten- und Zivilvermißtenerhebung im Lande Nordrhein-Westfalen im Oktober 1947, Statistischer Kurzbericht, Nr. 1/1947. Hrsg.: Statistisches Landesamt Düsseldorf.
[296] Statistisches Bundesamt, Die Kriegsgefangenen und Vermißten, S. 1 f.; Im Bundesgebiet vermißte Wehrmachtangehörige, S. 153 f.; Die Kriegsgefangenen und Vermißten, S. 8; Deutsche Dienststelle/VI/RL vom 16.4.1985, Betr.: Zusammenarbeit DRK-Suchdienst-WASt, Deutsche Dienststelle, Handakten Kirchhoff; Kirchlicher Suchdienst, Statistischer Bericht 1988, S. 20. Zur Schicksalsklärung aufgrund von Gutachten siehe Schicksal in Zahlen, S. 61; zu den Detailproblemen siehe Böhme, Gesucht wird, S. 143 – 145.

genden Fall – völlig unbekannt ist, wie viele Gräber bzw. unbestattete Leichen nicht bekannt sind[297].

Einen anderen Teilbereich des hier interessierenden Themas deckt die Moskauer Kriegsgefangenenkartei. Sie enthält Akten zu ca. 3,5 Millionen Personen – davon ca. 2,4 Millionen Deutsche, von denen wiederum ca. 360 000 als gestorben dokumentiert sind. Für die Zwecke der vorliegenden Untersuchung ist dieses Ergebnis nur bedingt relevant. Da bei der Gefangennahme und in den ersten Lagern viele gestorben sind, deren Name niemand notiert hat, lassen die Angaben keinen unmittelbaren Schluß auf die tatsächlich in sowjetischem Gewahrsam gestorbenen Deutschen zu[298].

Auf eine wieder andere Fallgruppe bezieht sich die Reichsluftkriegsschädenstatistik, die – bereits im Krieg begonnen – nach Kriegsende für den Bereich der Bundesrepublik aktualisiert wurde und alle Opfer des Luftkrieges nach Gebietsständen und Personengruppen differenziert ausweist. Demzufolge sind insgesamt ca. 25 000 Soldaten Opfer des Luftkriegs geworden. Für die Zwecke der vorliegenden Untersuchung ist dies ein interessantes Teilergebnis, bezogen auf die Summe der militärischen Todesfälle handelt es sich jedoch um eine kleine, spezielle Fallgruppe – Rückschlüsse auf die Gesamtzahl der Toten sind offensichtlich nicht möglich[299].

Wesentlich bedeutsamer hingegen ist die Statistik der standesamtlich beurkundeten Kriegssterbefälle und gerichtlichen Todeserklärungen, die, schon bald nach Kriegsende begonnen, bis 1979 im Bundesgebiet geführt wurde. Bedingt durch den frühen Zeitpunkt umfaßt sie jedoch nur das »alte« Bundesgebiet ohne Westberlin und ohne das Saarland. Sie weist insgesamt ca. 1 376 000 Kriegssterbefälle und ca. 395 000 gerichtliche Todeserklärungen aus – auch dies ein inter-

---

[297] Für die ca. 3,1 Millionen Todesfälle, für die die Deutsche Dienststelle dem VDK Gräberkarten ausgestellt hatte, existiert eine Aufgliederung nach Ländern. Diese ist jedoch mit der für die vorliegende Arbeit gewählte Kategorisierung nach Fronten nicht kompatibel. Dafür ein Beispiel: Ein Grab im heutigen Polen kann dem Polenfeldzug, der Ostfront oder den Endkämpfen zugerechnet werden, s. RL 602/1: Verluststatistik, ca. April 1963, Handakten Kirchhoff.
Außerdem wurden auf Veranlassung des Bundesministers für Jugend, Familie und Gesundheit die ca. 1,1 Millionen Gräber von Opfern des Krieges und der Gewaltherrschaft nach Gruppen (KZ-Opfer, Militär etc.) ausgezählt, aber auch diese Erhebung läßt keinen Schluß auf die Gesamtzahl der Toten zu, Arbeitsbericht 1975/76, Deutsche Dienststelle, S. 27; Schicksal in Zahlen, S. 57.

[298] Galickij, Vrazeskie voennoplennye, S. 46; Galickij, Cifry, S. 38; Gerd Kaiser, Die Geheimnisse des »Tarnkäppchen«-Archivs, in: Neues Deutschland vom 9./10.1.1993; Karner, Archipel GUPVI, S. 79; Kroll, Kein Geheimnis mehr, S. 25; Maximowa, Sonderarchiv, S. 34; Wermelskirchen, Letzte Nachricht, S. 9.

[299] Je nach zugrundegelegtem Gebietsstand liegen die Verluste zwischen 23 000 und 26 000 Toten, siehe Hampe Luftschutz, S. 139 und 142; siehe auch Sperling, Luftkriegsverluste.

essantes Teilergebnis. Seine Aussagekraft leidet allerdings darunter, daß weder das Saarland, Berlin, noch die DDR oder das Ausland berücksichtigt sind[300].

Für die noch nicht endgültig geklärten Fälle – die gerichtlichen Todeserklärungen – führt das Standesamt I in Berlin das Buch für Todeserklärungen. Seit 1938 sind dort zentral für das gesamte Deutsche Reich bzw. heute für die Bundesrepublik bisher ca. 1 323 000 Todeserklärungen registriert worden – ca. 10 000 mußten im Laufe der Jahre aufgehoben werden, weil die Betroffenen sich als lebend erwiesen hatten. So interessant diese Angabe auf der einen Seite ist, es bleiben Fragen offen. Registriert sind hier nämlich alle Verschollenen – gleichgültig ob Zivilist oder Soldat, im Krieg vermißt oder im Frieden verschwunden. Auch wenn der Anteil der Militär-Fälle auf mindestens 80 Prozent geschätzt wurde, ist es leider nicht möglich, den Anteil der auf die Soldaten entfallenden Anzeigen exakt zu ermitteln. Außerdem ist nicht bekannt, wie viele Todeserklärungen inzwischen durch Sterbefallanzeigen obsolet geworden sind[301].

Schließlich hat auch die Deutsche Dienststelle Statistiken angefertigt. Bereits während des Krieges hatte es die Statistik der bearbeiteten Kriegssterbefälle gegeben, sie endete allerdings im Februar 1945. Für die Folgezeit existieren zwar Angaben über die Leistung, d.h. die Zahl der erstatteten Anzeigen, allerdings kein Gesamtergebnis. Im Laufe des Jahres 1963 wurde dann jedoch eine Auszählung aller Karteikarten für Kriegssterbefälle durchgeführt und ermittelt, daß Ende 1963 die Zahl der der Deutschen Dienststelle bekannten Kriegssterbefälle 3 020 988 betrug. Die in den folgenden Jahren hinzugekommenen Anzeigen wurden zwar intern jährlich erfaßt, veröffentlicht wurden diese Angaben allerdings nicht. Dieses Ergebnis ist für die vorliegende Untersuchung von großer Bedeutung – ist dies

---

[300] Die standesamtlich beurkundeten Kriegssterbefälle und gerichtlichen Todeserklärungen von Personen mit letztem ständigen Wohnsitz im Bundesgebiet in den Jahren 1939 bis 1954, Statistische Berichte, Arb.-Nr. VIII/28/1 vom 17.8.1956. Hrsg.: Statistisches Bundesamt, Wiesbaden o.J., S. 2; zur Methodik siehe Weber, Kriegsverluste, S. 383, und Einführung, S. 6. Zum 21.3.1980 wurde die Statistik eingestellt, siehe Erhebung, Aufbereitung und Methoden der Statistik der natürlichen Bevölkerungsbewegung in der Bundesrepublik Deutschland, Arbeitsunterlage, Stand: 1981. Hrsg.: Statistisches Bundesamt, Wiesbaden o.J., S. 14; Einführung, S. 6. Das letzte Berichtsjahr war 1979, siehe Standesamtlich beurkundete Kriegssterbefälle 1979, S. 78; Verzeichnis der Veröffentlichungen des Statistischen Bundesamtes, die Ergebnisse aus der Bevölkerungsstatistik enthalten, in: Fachserie 1: Bevölkerung und Erwerbstätigkeit, Reihe 2: Bevölkerungsbewegung 1980. Hrsg.: Statistisches Bundesamt, Stuttgart o.J., S. 132.

[301] Sachstand vom Mai 1995. In der Zeit von 1948 bis zur Wiedervereinigung gab es für jeden der beiden deutschen Teilstaaten ein eigenes Standesamt I, inzwischen sind beide jedoch am alten Dienstsitz, Berlin, Rückerstraße, wieder zusammengeführt. Für den Bereich des Deutschen Reiches und der West-Bundesrepublik wurden 8155 Beschlüsse aufgehoben, hinzu kommt eine unbekannte Anzahl aus der DDR-Zeit, so daß die Summe bei ca. 10 000 Fällen liegen könnte, siehe Standesamt I in Berlin, Az. III/1-U, vom 18.8.1995, an den Verfasser; Haibach, Letzte Gewißheit, S. 12.

doch die erste Erhebung, die in ihrer Abgrenzung partiell der vorliegenden Arbeit entspricht und insofern unmittelbar relevant ist[302].

Noch eine zweite Auswertung fand statt – im Jahr 1962 wurden 10 010 Todesfälle hinsichtlich des Geburtsjahres der Toten ausgezählt. Die Durchführung wies allerdings gravierende methodische Mängel auf, so daß die Ergebnisse nicht als ausssagekräftig einzustufen sind[303].

Einige wesentliche Kenngrößen bezüglich der eigenen Unterlagen wurden darüber hinaus von hausinternen Fachleuten geschätzt – so zum Beispiel, daß insgesamt 23 Millionen Soldaten in der Kartei der Deutschen Dienststelle erfaßt und neben den ca. 3 Millionen Kriegssterbefällen noch mit ca. 1,3 Millionen Verschollenen zu rechnen sei. Alle diese Resultate wurden zwar nicht publiziert, sie haben dennoch die Forschung beeinflußt, indem sie für Auskünfte verwendet wurden und so den Weg in die Öffentlichkeit fanden[304].

Insgesamt ist also festzustellen, daß alle vorliegenden Statistiken Defizite aufweisen. Einige sind offensichtlich unvollständig, andere – wie etwa die amtliche Statistik der Kriegssterbefälle – weisen zwar einen hohen Grad an Zuverlässigkeit auf, beruhen jedoch auf sehr speziellen Abgrenzungskriterien. Darüber hin-

---

[302] Deutsche Dienststelle/ VI/B 6813, Zählung der Kriegssterbefälle im Jahre 1963. Statistik für die Erfassung der Kriegssterbefälle, Deutsche Dienststelle, Handakten Kirchhoff; Conservateur WASt, Nr. 8055 vom 17.12.1951, Les Archives WASt, Deutsche Dienststelle, Handakten Mr. Girard; Arbeitsbericht 1963, Deutsche Dienststelle, S. 7; Deutsche Dienststelle/Ref. VI/B-681 – 321, an den Bundesverband der Soldaten der ehem. Waffen-SS, vom 12.7.1972, BA-MA, N 756/58.

[303] Die Stichprobe wurde nicht nach dem Zufallsprinzip gezogen, es wurden vielmehr 13 Nachnamen ausgewählt, die jeweils für einen Vornamen ausgewertet wurden. Dabei handelte es sich allerdings um typisch deutsche Sammelnamen, in 8 Fällen wurde der Vorname Johann verwendet (so u.a. Bauer, Johann; Dietrich, Johann; Eckert, Johann usw.). Das Ergebnis dürfte nicht repräsentativ sein, denn sowohl Nach- als auch Vornamen sind nicht regional gleich verteilt. Darüber hinaus weist die Stichprobe jeden Geburtsjahrgang einzeln aus, eine Reihe davon mit Anteilen unter ein Prozent. Auch wenn die Stichprobe sehr groß gewählt ist – derart kleine Anteile ohne Hinweis auf die in diesem Fall breiten Konfidenzintervalle auszuweisen, führt zu Fehleinschätzungen, siehe Deutsche Dienststelle/VI/II/6813 vom 17.10.1962, Betr.: Test über Verluste der einzelnen Jahrgänge an Toten während des 2. Weltkrieges einschl. der Kriegsgefangenschaft, Deutsche Dienststelle, Handakten Kirchhoff.

[304] Diese Angabe findet sich in den meisten Arbeitsberichten, die zwar öffentlich zugänglich waren, jedoch nur einen beschränkten Leserkreis erreicht haben, siehe Arbeitsbericht 1983/84/85, Deutsche Dienststelle, S. 49.
Zwei Beispiele zur Verbreitung der Angaben: Die Deutsche Dienststelle teilte der HIAG mit, von den ca. 3 020 000 Kriegssterbefällen seien 6 Prozent, d.h. ca. 181 000, der Waffen-SS zuzurechnen. Lege man diesen Anteil auch bei den 1,3 Millionen Verschollenen zugrunde, dann ergäben sich weitere 72 000 Todesfälle, d.h. zusammen 253 000, siehe Deutsche Dienststelle/Ref. VI/B-681-321, an den Bundesverband der Soldaten der ehem. Waffen-SS, vom 12.7.1972, BA-MA, N 756/58. Diese Angabe findet sich dann auch bei Harzer, Waffen-SS. Es ist jedoch ohne nähere Begründung nicht zulässig, anzunehmen, daß der Anteil der Waffen-SS bei den Kriegssterbefällen genauso hoch war wie bei den Verschollenen. Ein weiteres Beispiel hierfür sind die Ausführungen bei Kroener, Personelle Ressourcen, S. 985.

## 2.4 Statistiken und Datenbestände

aus überschneiden sich die Angaben – ein Luftkriegstoter kann sowohl in der Statistik der Kriegssterbefälle als auch in der Zahl der Todeserklärungen enthalten sein. Ein gemeinsamer Nenner, eine Möglichkeit, diese Angaben zusammenzufügen, ist nicht erkennbar.

Soweit zu den vorliegenden Statistiken. Daneben aber existieren die großen Karteien der Suchdienste, des VDK und der Deutschen Dienststelle, um nur die wichtigsten zu nennen. Bereits im Krieg waren zigmillionenfache Meldungen erstellt worden – in der Regel in mehreren Ausfertigungen an verschiedene Adressaten. Oft sind dieselben Sachverhalte in verschiedenen Zeitabständen mehrfach an dieselben Stellen gemeldet worden. Nach dem Krieg hatte es eine Unzahl von Such- und Nachweisstellen gegeben. Sie hatten Millionen von Anfragen und Auskünften registriert – und später, als diese Organisationen zusammengefaßt worden waren, da waren diese Informationen nicht verlorengegangen. Welche Leistungen damals erbracht worden sind, soll hier bewußt nur schlagwortartig und unsystematisch noch einmal aufgelistet werden:

- Bei 700 000 Graböffnungen hat der VDK 160 000 ursprünglich als unbekannt Begrabene identifizieren können.
- Bei der ersten Registrierung 1947/48 wurden von den Angehörigen ca. 1,4 Millionen noch nicht Heimgekehrte gemeldet.
- Einschließlich der Nachmeldungen wurden bei der zweiten Registrierung wiederum ca. 1,7 Millionen Meldungen erstattet.
- Insgesamt haben seit Kriegsende ca. 4000 DRK-Angehörige ca. 5 Millionen Heimkehrerbefragungen durchgeführt.
- Schon vor dem Zusammenbruch des Ostblocks hatte der DRK-Suchdienst ca. 600 000 Auskünfte aus dem Ostblock erhalten, seitdem ist nochmals etwa dieselbe Anzahl hinzugekommen.
- Ungezählte Millionen von Menschen haben Suchanfragen an verschiedenste Organisationen gestellt oder Auskünfte gegeben, allein die Kartei des DRK-Suchdienstes in München enthält heute 52 Millionen solcher Meldungen.
- Nach der Wiedervereinigung wurden in Dornburg ca. 12 Millionen Unterlagen gefunden – weitere, in Archiven und Dienststellen der DDR verwahrte Unterlagen nicht eingerechnet.
- Insgesamt hat die WASt bzw. die Deutsche Dienststelle mehr als 3 Millionen Kriegssterbefälle angezeigt bzw. dokumentiert.
- Von 1945 bis 1985 wurden durch den DRK-Suchdienst mehr als 17 Millionen Menschen zusammengeführt, das Schicksal von mehr als 1,8 Millionen Verschollener wurde geklärt[305].

---

[305] Und dies ist nur ein Teil der insgesamt erstellten Unterlagen – in den ersten Jahren war es üblich, Unterlagen zu vernichten, wenn die Suchanträge geklärt waren, siehe Dodenhoeft, Deutsche Dienststelle, S. 20; Jahresbericht, Suchdienst München 1985, S. 6; Jahresbericht, Suchdienst München 1995, S. 11; Nachforschungen, S. III; Schicksal in Zahlen, S. 62.

Heute verfügen allein die drei größten Organisationen, der DRK-Suchdienst München (22 Millionen), die Deutsche Dienststelle (18 Millionen) und der ehemalige DRK-Suchdienst Ost (15 Millionen) über Karteien, die Auskunft geben über das Schicksal von zigmillionen Menschen[306]. Hinzu kommen die Zentralnachweisstelle, der Volksbund Deutsche Kriegsgräberfürsorge, das Berlin Document Center und das Krankenbuchlager Berlin – alles Organisationen, von denen ebenfalls jede über Angaben zu Millionen Menschen verfügt.

Damit existiert eine Datenbasis, die weitaus vollständiger ist als die unvollständigen oder nur einen spezifischen Aspekt abdeckenden vorhandenen Statistiken.

## 2.5 Bilanz: Zum Stand der Forschung nach 50 Jahren

Soweit zur Geschichte des Meldewesens und den Statistiken, die während des Krieges erstellt worden sind. Natürlich stellt sich hier die Frage, was die Geschichtswissenschaft unternommen hat, die vorhandenen Daten zu werten. Die Antwort darauf führt zurück zu dem bereits mehrfach erwähnten Interesse der Alliierten an den Wehrmachtverlusten. Denn es waren deutsche Experten, die im Rahmen der nach dem Zweiten Weltkrieg für die Alliierten arbeitenden Studiengruppen die ersten Untersuchungen zu den Verlusten vorlegten.

Abgesehen von der Dokumentenübergabe im Zusammenhang mit der Kapitulation ist »German Manpower«, von einem britisch-kanadisch-amerikanischen Stab unter Mitwirkung deutscher Experten zwischen 1945 und 1947 erstellt, die chronologisch erste Studie. Was die Verluste anbetrifft, verwendet sie lediglich die Statistiken der Abteilung WVW, des Heeresarztes und die Schätzung des Nachkriegs-OKWs. Sie kommt zu dem Ergebnis, daß die deutschen Verluste, einschließlich der Kriegsgefangenen und Vermißten bis 30. April 1945 bei ca. 5 Millionen Soldaten gelegen hätten – ein Ergebnis, das methodisch nicht befriedigt, da einerseits ein Großteil der Kriegsgefangenen und ein Teil der Vermißten den Krieg überlebt hat, andererseits aber die Todesfälle in Kriegsgefangenschaft nach Kriegsende nicht berücksichtigt sind. Darüber hinaus leidet die Aussagekraft der Studie darunter, daß die Arbeiten kurz vor der Fertigstellung abgebrochen wurden und daher nur ein unvollständiger Rohentwurf zur Verfügung steht[307].

---

[306] Der Karteibestand der Deutschen Dienststelle wurde bis Ende der 80er Jahre mit ca. 23 Millionen Karteikarten angegeben, später mit ca. 20 Millionen. Den Ergebnissen der vorliegenden Untersuchung nach beläuft sich der tatsächliche Umfang auf ca. 18 Millionen Karteikarten, siehe Arbeitsbericht 1986 – 1988, Deutsche Dienststelle, S. 53, Arbeitsbericht 1991 – 1993, Deutsche Dienststelle, S. 55; Jahresbericht, Suchdienst München 1995, S. 11.

[307] Die existierende Fassung ist die korrigierte Version der Erstfassung. Ein Teil der Statistiken ist bereits in die zweite Fassung eingearbeitet, andere befinden sich noch bei der Erstfassung, die fehlenden hätten wohl aus den Wehrmachtstatistiken erarbeitet werden sollen, wozu es aber wegen der Einstellung des Projektes nicht mehr kam, siehe Study, German Manpower.

Dies war aber nicht der einzige Versuch. Burkhart Müller-Hillebrand, langjähriger Mitarbeiter der Organisationsabteilung im Generalstab des Heeres, verfaßte bereits im Sommer 1948 und dann nochmals im Frühjahr 1949 je eine Studie – eine Zusammenfassung davon veröffentlichte er später als Anhang seines Werkes über das Heer. Soweit feststellbar, lagen ihm für seine Arbeit sowohl die Statistiken der Organisationsabteilung des Wehrmachtführungstabs, der Abteilung WVW, des Heeresarztes, aber auch die Studie »German Manpower« vor. Vergleicht man die verschiedenen Veröffentlichungen mit den Vorlagen, so ergibt sich Erstaunliches. Zunächst einmal finden sich bei der Übernahme von Ergebnissen der Studie »German Manpower« Übertragungsfehler, zum anderen verwendet er mit der WVW-Statistik vom Dezember 1944 nicht einmal die aktuellsten Zahlen. Noch gravierender sind seine Interpretationsfehler – entgegen seiner Auffassung sind die Verluste der Waffen-SS in der Statistik, die er zugrunde legt, nicht enthalten[308].

Da dem Fachmann Müller-Hillebrand bewußt war, daß die Wehrmachtstatistiken über das tatsächliche Schicksal der Vermißten keine Auskunft geben können, versuchte er die Todesfälle mit Hilfe einer Hochrechnung zu schätzen, die das Hessische Statistische Landesamt aufgrund der Kriegsgefangenenregistrierung 1947 erstellt hatte – sie sollte sich allerdings später als unzutreffend herausstellen. Insgesamt kommt Müller-Hillebrand zu dem Ergebnis, daß bei einer möglichen Schwankungsbreite von 3,3 bis 4,5 Millionen die tatsächlichen Verluste vermutlich bei ca. 4 Millionen liegen – ein Ergebnis, dem angesichts der Fehler bei der Erarbeitung kein allzu hoher Wert beizumessen ist[309].

Der dritte, hier zu erwähnende Autor ist Percy Schramm – seine Ausführungen haben vermutlich die weiteste Verbreitung gefunden. Bereits im November 1945 legte er die Studie »Bestand und Verluste der Deutschen Wehrmacht« vor, die in ähnlicher Form als Anhang zum KTB-OKW veröffentlicht worden ist. Verwendet wird fast ausschließlich die letzte monatliche Beurteilung (Januar 1945) der personellen Lage des Wehrmachtführungsstabes. Vergleicht man nun die Aussagen mit den Akten, so ergeben sich noch krassere Widersprüche als bei Müller-Hillebrand. Zunächst einmal sind auch ihm – quantitativ durchaus relevante – Übertragungsfehler unterlaufen, wichtiger ist jedoch seine Fehlinterpretation der Statistik.

Tab. 9, in viele Veröffentlichungen übernommen, weist gleich drei erhebliche Fehler auf. Zum ersten handelt es sich bei der letzten Kategorie nicht, wie Schramm irrtümlich annimmt, um die Freiwilligenverbände, sondern um die Offiziere der

---

[308] Müller-Hillebrand, Personnel and Administration und Müller-Hillebrand, Statistic System, in überarbeiteter Form veröffentlicht als: Anhang A. Personaleinsatz und Verluste von Wehrmacht und Waffen-SS im zweiten Weltkrieg, in: Müller-Hillebrand, Heer, 3, S. 248 – 267; zur Datenbasis siehe auch Personelle Verluste, DRK-Suchdienst, S. 6; Müller-Hillebrand, Personnel and Administration, S. 24.

[309] Müller-Hillebrand, Heer, 3, S. 263; Müller-Hillebrand, Statistic systems, S. 109; Kriegsgefangene Hessen, Vorläufiges Ergebnis, S. 112.

**Tab. 9: Gesamtverluste der Wehrmacht nach Schramm (Auszug) einschließlich Vermißte und Verwundete 1. 9. 1939 – 31. 1. 1945**

| | |
|---|---|
| Gesamte Wehrmacht | 8 333 978 |
| davon: Heer | 7 456 914 |
| Kriegsmarine | 174 419 |
| Luftwaffe | 511 307 |
| Freiwilligenverbände | 258 692 |

Wehrmacht. Die Verluste der Freiwilligenverbände sind dagegen im Original nicht separat ausgewiesen, es wird lediglich darauf hingewiesen, daß die Verluste der Waffen-SS und der Freiwilligen-Verbände in den Heeresverlusten enthalten sind. Zweitens sind die Offizierverluste zwar separat ausgewiesen, jedoch mit dem Vermerk, daß sie in den Gesamtverlusten des jeweiligen Wehrmachtteils bereits enthalten sind; die obige Darstellung weist sie jedoch ohne diesen Hinweis – und damit doppelt – aus. Drittens müßte die korrekte Addition der drei Teilbeträge eine Summe von 8 142 640 Personen ergeben, bei irrtümlicher Doppelzählung der Offiziere wären es 8 401 332 Fälle. Aufgrund eines Übertragungsfehlers kommt Schramm jedoch zum seinem Ergebnis von 8 333 978 Fällen[310].

Beschränkt man sich auf die Toten, kommt Schramm, anders als Müller-Hillebrand, zu dem Ergebnis, die Gesamtverluste lägen vermutlich bei 3 Millionen Toten – immerhin 25 Prozent oder 1 Million Menschen weniger als Müller-Hillebrand annahm und 2 Millionen weniger als in der Studie German Manpower[311].

Als letzten Autor, dessen Veröffentlichungen eine gewisse Verbreitung erfahren haben und folglich hier näher untersucht werden sollen, ist auf Arntz hinzuweisen. Im Gegensatz zu allen anderen verwendet er keine Wehrmachtstatistiken, sondern beruft sich allein auf Schätzungen von Suchdienstfachleuten, die der Meinung seien, die Summe der Verluste belaufe sich auf 3,25 Millionen Menschen.

---

[310] Die Veröffentlichung stimmt in 5 Punkten nicht mit dem Original überein, die größte Einzeldifferenz beträgt 42 174 (4 188 037 Verwundete und Erkrankte durch Feindeinwirkung im Heer, statt richtig 4 145 863), siehe KTB-OKW, S. 1509 – 1511 und OKW/WFSt/Org (Vb), Nr. 743/45, g.K., F.H.Qu, den 14.3.1945: Verlust-, Verbrauchs- und Bestandszahlen der Wehrmacht einschl. Waffen-SS, Januar 1945, BA-MA, RM 7/810 D; Schramm, Bestand und Verluste, S. 7, 108, 213.
Ähnlich verhält es sich bei Keilig, der sogar nur die Verluststatistik mit Stand vom 30.11.1944 verwendet, obwohl aktuellere Angaben verfügbar sind. Darüber hinaus interpretiert er die in Klammern ausgewiesenen Zahlen als die Neuzugänge des Monats November – und nicht als Offizierverluste, Keilig, Deutsches Heer, S. 203 und 211; Dormanns, Verluste, S. 410.

[311] Schramm, Bestand und Verluste, S. 19; diese Angabe ist der Studie entnommen, in der später als Anhang zum KTB-OKW veröffentlichten Version findet sie sich nicht mehr in dieser Deutlichkeit, siehe KTB-OKW, S. 1509.

## 2.5 Bilanz: Zum Stand der Forschung nach 50 Jahren

So sinnvoll es sein mag, Schätzungen einzubeziehen, wenn gesicherte Daten offensichtlich fehlen, es fragt sich aber doch, welche Bedeutung diesen Ergebnissen heute noch zukommt[312].

Daneben hat es noch eine Reihe von Veröffentlichungen, sowohl ost- als auch westdeutscher – und auch angloamerikanischer – Autoren gegeben, die für sich in Anspruch nehmen können, auf eigenständigen Überlegungen zu beruhen, in der wissenschaftlichen Öffentlichkeit der Bundesrepublik sind sie allerdings nicht zur Kenntnis genommen worden[313]. Soweit es geboten schien, Verlustzahlen anzugeben, sind in aller Regel die Angaben von Müller-Hillebrand oder Schramm übernommen worden[314].

Eines war jedoch den meisten bewußt, die sich mit dem Thema beschäftigten – eine befriedigende Antwort auf die Frage nach den tatsächlichen Verlusten lag nicht vor[315]. In der Folgezeit waren vier Ansätze zu verzeichnen, die vorhandenen Angaben kritisch zu würdigen. Im Jahr 1975 unternahm der DRK-Suchdienst in einer nicht veröffentlichten Studie einen Versuch, durch Vergleich der vorliegenden Veröffentlichungen zu einem zuverlässigeren Ergebnis zu kommen. Der Autor konnte allerdings auch nur die Mängel der einzelnen Untersuchungen feststellen und kam ansonsten zu dem wenig überzeugenden Endergebnis, die Zahl der Toten läge bei ca. 6 – 7 Millionen. Dies allerdings nur, weil er zu den von Müller-Hillebrand errechneten 4 Millionen Toten irrtümlich nochmals ca. 3 Millionen Vermißte hinzurechnete, obwohl in dessen Angaben die Vermißten bereits enthalten waren[316].

Der in der Chronologie zweite Versuch, ein Gesamtergebnis zu erarbeiten, stammt von Harald Peuschel. Seine 1982 erstellte, jedoch nicht veröffentlichte Welt-Gesamtverlustbilanz weist ca. 4,1 Millionen tote deutsche Soldaten aus – allerdings wird nicht völlig deutlich, wie das Ergebnis zustande kommt.

---

[312] Siehe hierzu die im Literaturverzeichnis nachgewiesenen Publikationen von Arntz; auf seinen Veröffentlichungen beruhen: Deutschland heute; Opfer der Kriege; Weltkrieg II. Verluste, in: Keesings Archiv des Gegenwart, 1953, S. 3937.

[313] Aus dem Umfeld des Statistischen Bundesamtes stammen: Deutsche Kriegsverluste; Horstmann, Deutsche Bevölkerungsbilanz; Horstmann, Versuch einer deutschen Bevölkerungsbilanz; Schwarz, Gesamtüberblick. Ein unkonventioneller, interessanter Ansatz stammt von dem ostdeutschen Autor Gleitze, Deutschlands Bevölkerungsverluste; ebenfalls interessant, wenn auch oft spekulativ ist Urlanis, Bilanz; ganz anders Frumkin, Population Changes; daran anlehnend Burgdörfer, Bevölkerungsdynamik. Eine nähere Bewertung dieser Ansätze findet sich bei Overmans, 55 Millionen Opfer, S. 104 – 106.

[314] Beispiele sind Hennecke, Menschenverluste, S 206; Stang, Zahlenmaterial, S. 424 f.; Verluste der deutschen Wehrmacht, S. 550. Einer der wenigen Autoren, der diesem Trend nicht folgt, sondern die Angaben der Deutschen Dienststelle benutzt, ist Steinberg, Bevölkerungsentwicklung, S. 143.

[315] Derartige Bemerkungen finden sich bei fast allen Autoren, neben den zahlreichen bereits zitierten Stellen bei Müller-Hillebrand sei auch hingewiesen auf Stang, Zahlenmaterial, S. 426; KTB-OKW, S. 1511 f.

[316] Siehe auch Personelle Verluste, DRK-Suchdienst, S. 1, 5 – 8 und 14; Woche, Bilanz, S. 29.

Die einzige Publikation, die das Thema »Verluste« problematisiert und eine Lösung aufzeigt, ist ein vierseitiger Aufsatz von Klaus Woche. Er kommt zu dem Ergebnis, daß angesichts der vielen offenen Fragen die Angaben der Deutschen Dienststelle (4,3 Millionen Tote) den höchsten Grad an Zuverlässigkeit aufweisen und insofern zugrundezulegen sind[317].

Ein ganz anderer Ansatz, das Problem zu lösen, stammt im wesentlichen vom VDK. Im Juli 1982 fand in München eine Konferenz mit dem Ziel statt, eine Dokumentation der deutschen Gesamtverluste zu initiieren – ohne Ergebnis. Im Sommer 1989 ergriff dann der VDK nochmals die Initiative – er richtete ein Memorandum an die Bundesregierung mit der Bitte, eine Gesamterhebung der Verluste in Auftrag zu geben. Nach langen Verhandlungen wurde zum 1. Januar 1994 die Außenstelle Berlin des Statistischen Bundesamtes mit einer Studie beauftragt, deren Abschlußbericht vom Juni 1996 zu dem Ergebnis kam, es sei vermutlich möglich, durch kritische Würdigung der vorhandenen Angaben zu einem tragfähigen Ergebnis zu kommen. Ein konkretes Resultat wurde jedoch nicht vorgelegt[318].

So verdienstvoll die bisherigen Forschungen zu den Verlusten sind, sie alle kranken daran, daß sie sich auf die Wehrmachtstatistiken konzentrieren – und dies, obwohl den meisten Autoren bewußt war, daß diese Zahlen nicht zuverlässig sein können. Daraus hätte eigentlich die Frage resultieren müssen, ob es möglich ist, mit Hilfe von Schätzungen oder anderen, oben angeführten Statistiken die Wehrmachtangaben zu vervollständigen. Auch wenn die Studie des Statistischen Bundesamtes ein solches Vorgehen vorschlägt, ein konkreter Versuch ist bisher nicht unternommen worden. Es würde sich ihm jedoch ein wohl unüberwindliches Hindernis entgegenstellen – all diese Statistiken sind unterschiedlich definiert, mitunter läßt sich nicht einmal feststellen, wie sie exakt abgegrenzt sind. Darüber hinaus sind die meisten von ihnen unvollständig. Eine Methode, aus solch disparaten Aussagen ein wissenschaftlichen Ansprüchen genügendes Ergebnis abzuleiten, ist nicht zu sehen. Insgesamt ist daher kein Ansatzpunkt erkennbar, auf der Basis der vorhandenen Unterlagen, speziell der Wehrmachtakten, zu einem Ergebnis zu kommen. Daß trotzdem bisher an diesen Angaben festgehalten worden ist, läßt an eine Kritik denken, die erst kürzlich Omer Bartov so for-

---

[317] Woche, Bilanz, S. 32; auf Sorge, The Other Price, wird hier nicht eingegangen, da der Autor auf jede kritische Auseinandersetzung mit den divergierenden Zahlen verzichtet.
[318] Eine solche Dokumentation hatte bereits Percy Schramm gefordert, siehe KTB-OKW, S. 1511 f. Statistisches Bundesamt/Zweigstelle Berlin: Vorstudie. Dokumentation der deutschen Menschenverluste im Zweiten Weltkrieg unter besonderer Beachtung der sowjetischen Besatzungszone und der Stadt Berlin, Berlin, Juni 1996 (im Besitz des Verfassers); Graf Huyn im Bundestag am 30.4.1982, siehe Verhandlungen des Deutschen Bundestages, 9. Wahlperiode, 98. Sitzung, 30.4.1982, Jahrgang 1982, S. 5925 – 5929; VDK/Frh. von Klopmann, vom 5.7.1989, Ergebnisniederschrift über die Sitzung am 1.6.1989 in der Bundesgeschäftsstelle des Volksbundes Deutsche Kriegsgräberfürsorge in Kassel; VDK/Der Präsident, an den Bundeskanzler, vom 12.6.1989, Betr.: Dokumentation der deutschen Gesamtverluste im zweiten Weltkrieg (im Besitz des Verfassers).

muliert hat: »in deutschen Militärhistorikern [scheint] eine vergangene Zeit wiederaufzuleben: Sie klammern sich an ihre Dokumente mit der Verbissenheit einer Armee auf dem Rückzug, im Bewußtsein der Katastrophe, die sie am Ende der Straße erwarten wird[319].« In der Formulierung mag diese Kritik überspitzt sein, in der Sache geht sie nicht völlig fehl.

Ein Ansatzpunkt existiert jedoch, der bisher übersehen worden ist – der namentliche Meldeweg und die daraus entstandenen Unterlagen. Und obwohl diese immensen Informationsmengen, die in jahrzehntelanger Arbeit von Zehntausenden von Mitarbeitern zusammengetragen worden sind, qualitativ jeder Wehrmachtstatistik bei weitem überlegen sein müssen, sind sie bisher niemals ausgewertet worden. Was allerdings benötigt wird, ist eine Methode, diese Informationsmengen mit einem akzeptablen Aufwand an Zeit und Mitteln auszuwerten – einen solchen Weg aufzuzeigen, das wird Aufgabe des nächsten Kapitels sein.

[319] Bartov, Geschichte, S. 12.

# 3. Methodik der empirischen Erhebung

Bisher war versucht worden, die Geschichte des Wehrmachtmeldewesens und der Nachkriegsbemühungen zur Schicksalsklärung aufzuzeigen – und die Konzeption der folgenden Untersuchung wird auch nur dem Leser verständlich sein, dem der hieraus resultierende Bedingungsrahmen gegenwärtig ist. Als Ergebnis der Ausführungen im zweiten Kapitel bleibt festzuhalten, daß die Wehrmachtverluststatistiken systembedingt keine zuverlässigen Angaben über die Verluste der Wehrmacht erbringen konnten. Notwendigerweise gilt dies auch für die Veröffentlichungen, die auf ihnen beruhen. Es hat sich dagegen gezeigt, daß es seit 1939 zahlreichen Organisationen mit Tausenden von Mitarbeitern gelungen ist, das individuelle Schicksal von Millionen Kriegsteilnehmern in einem Ausmaß zu klären und zu dokumentieren, wie es dem Leser heute kaum noch bewußt ist. Anregungen, diese immensen Datenmengen auszuwerten, hatte es bereits unmittelbar nach Kriegsende gegeben und auch in den folgenden Jahrzehnten war immer wieder eine Auswertung angemahnt worden – bisher jedoch ohne Erfolg[1]. Hier soll nun genau dies versucht werden.

Zu suchen war eine Datenbasis, die sich von ihrer Struktur und Abgrenzung eignet für die Beantwortung der zentralen Frage, wie viele deutsche Soldaten im Laufe des Zweiten Weltkriegs ums Leben gekommen sind. Hierfür kamen prinzipiell die Unterlagen folgender Organisationen in Betracht:

- Die Zentralnachweisstelle in Aachen-Kornelimünster, die die Personalakten der Heeres- und Luftwaffenangehörigen verwahrt, soweit sie erhalten geblieben sind.
- Der Volksbund Deutsche Kriegsgräberfürsorge in Kassel, der eine Kartei der Kriegsgräber erstellt hat.
- Das Berlin Document Center, das die Akten der SS-Angehörigen – und damit auch der Waffen-SS – gesammelt hat.
- Der Kirchliche Suchdienst in München, der die Vertriebenen registriert.
- Das Deutsche Rote Kreuz in München, das in seiner Suchdienstkartei Suchende und Gesuchte im Zusammenhang mit dem Zweiten Weltkrieg nachweist.
- Das Krankenbuchlager in Berlin, das die gesundheitsbezogenen Unterlagen verwahrt.
- Die Deutsche Dienststelle für die Benachrichtigung der nächsten Angehörigen von Gefallenen der ehemaligen deutschen Wehrmacht, die das Schicksal der Kriegsteilnehmer nachweist.

---

[1] Deutsche Dienststelle für die Benachrichtigung der nächsten Angehörigen von Gefallenen der ehemaligen Deutschen Wehrmacht – Abwicklungsstelle –, Az. Ltg./196, Berlin-Frohnau, den 1.9.1947, BA, B 150/347 H1; Interview Bogdanski; Interview Woche.

Die Unterlagen der ZNS kamen als Basis einer Untersuchung nicht in Betracht, weil sie nur die Soldaten des Heeres und der Luftwaffe erfassen – und diese auch nur unvollständig. Gleiches gilt für das BDC und das Krankenbuchlager, die beide Bestandslücken aufweisen. Außerdem entsprechen die erfaßten Personenkreise nicht der Fragestellung der vorliegenden Untersuchung.

Im Rahmen der Explorationsphase fanden Anfang 1989 Informationsbesuche beim VDK, dem Kirchlichen Suchdienst, dem DRK-Suchdienst und bei der Deutschen Dienststelle statt[2]. Als Ergebnis der Reisen kann festgehalten werden, daß die Kartei des VDK weder alle Toten noch alle Gräber beinhaltet. Zwischen DRK-Suchdienst und Kirchlichem Suchdienst besteht eine Arbeitsteilung dahingehend, daß der Kirchliche Suchdienst Soldatenschicksale aus den Vertreibungsgebieten unbearbeitet an den DRK-Suchdienst weiterleitet. Von daher kam auch der Kirchliche Suchdienst nicht in Betracht. Der DRK-Suchdienst dagegen weist zwar in seiner zentralen Namenskartei das Schicksal von Millionen Soldaten nach, das Auswahlkriterium ist jedoch nicht der Status, wie »Soldat« oder »Zivilist«, sondern ein konkreter Suchauftrag. Damit sind einerseits Soldaten, die niemals gesucht wurden – wie z.B. ein Soldat, der 1940 an der Westfront gefallen ist –, auch nicht in der Kartei enthalten. Andererseits sind in der Kartei Millionen von suchenden oder gesuchten Zivilpersonen enthalten, die nicht Gegenstand der Untersuchung sind. Dies zu berücksichtigen, hätte aufwendige Auswahlverfahren erforderlich gemacht[3]. Als Basis der empirischen Erhebung waren alle diese Karteien also nicht geeignet – was allerdings nicht heißen soll, daß sie nicht zur Ergänzung genutzt worden wären.

Von der Struktur und der Abgrenzung her dagegen erwies sich die Kartei der Deutschen Dienststelle als geeignet. Den Kern des Datenbestandes bildet die Zentralkartei, die mit Kriegsbeginn 1939 angelegt worden war und das Schicksal von ca. 18 Millionen Kriegsteilnehmern jeweils auf einer Karteikarte pro Person nachweist. Bisher waren diese Informationen jedoch nur für individuelle Auskünfte genutzt worden. Eine quantitative Auswertung, nicht nur um die Zahl der Toten zu ermitteln, sondern auch um sozialgeschichtlich interessante Daten über die personelle Zusammensetzung und Entwicklung der Wehrmacht zu erhalten, war nicht erfolgt.

So geboten die Entscheidung für die Kartei der Deutschen Dienststelle auch war, hat sie auch Konsequenzen, auf die hinzuweisen notwendig ist. Aus der vorteilhaften Beschränkung der Untersuchung auf die bei der Deutschen Dienststelle nachgewiesenen Soldaten folgt der Nachteil, daß andere Gruppen nicht berücksichtigt sind. Hierzu gehören die Opfer der nationalsozialistischen Verfolgung

---

[2] Für die Finanzierung dieser Reisen sei der Gerda Henkel Stiftung gedankt. Den Suchdienst des Deutschen Roten Kreuzes der DDR zu besuchen, war zu diesem Zeitpunkt noch nicht vorstellbar.
[3] Darüber hinaus ist diese Kartei nach dem Begegnungsprinzip organisiert und weitaus schwieriger auszuwerten als die der Deutschen Dienststelle.

oder die Toten der Flucht bzw. der Vertreibung aus den Ostgebieten. Ebenfalls nicht eingeschlossen sind die deutschen Zivilisten, die im Zusammenhang mit dem Krieg – etwa bei den Endkämpfen – ums Leben kamen. Nicht, weil sie keine Kriegsopfer sind, sondern weil die Deutsche Dienststelle nicht die Aufgabe hat, ihr Schicksal nachzuweisen und diese Menschen von daher nur zufällig in den Unterlagen dokumentiert sein können. Gleiches gilt für die Zivilverschleppten und diejenigen Ausländer, die auf deutscher Seite kämpften, ohne deutsche Soldaten zu sein. Ihr Schicksal ist nur rudimentär nachgewiesen, die wenigen, in der Kartei enthaltenen Fälle besitzen nur individuelle Aussagekraft – lassen also keine Rückschlüsse auf das Schicksal der Gruppe zu, der sie angehören. Von daher war es nicht sinnvoll, sie in die Untersuchung einzubeziehen.

Nachdem die Explorationsphase einen erfolgversprechenden Ansatzpunkt ergeben hatte, fand im März 1990 ein Pretest auf der Basis eines vorläufigen Konzeptes statt, um die Realisierbarkeit des Projektes zu prüfen und den vermutlichen Finanzbedarf zu ermitteln[4]. Als dann die Finanzierung geklärt war, begann die konkrete Durchführung des Projektes im Herbst 1992, im wesentlichen war sie Anfang 1995 abgeschlossen.

Welche methodologische Überlegungen der Untersuchung zugrunde liegen und wie sie umgesetzt wurden, ist Aufgabe der nachfolgenden Ausführungen. Dazu werden zunächst die für die Auswertung benutzten Karteien vorgestellt, die aus den spezifischen Gegebenheiten resultierenden Probleme nochmals aufgelistet, der Untersuchungsplan entwickelt und schließlich die Durchführung der Erhebung beschrieben. Die Ergebnisse der Untersuchung werden dann im vierten Kapitel dargestellt.

## 3.1 Organisation der Deutschen Dienststelle

Es ist nicht das Ziel der folgenden Ausführungen, alle im Laufe der Untersuchung benutzen Karteien und Hilfsmittel zu beschreiben – hier soll nur auf die Arbeitsunterlagen eingegangen werden, deren Zweck, Inhalt und Aufbau zu kennen für das Verständnis der Konzeption unentbehrlich ist. Im einzelnen handelt es sich dabei um:
- die Zentralkartei
- das Erkennungsmarkenverzeichnis
- die Marineakten.

Darüber hinaus verfügt die Deutsche Dienststelle über die originalen Verlustmeldungen, Wehrstammbücher, alle Kriegsgefangenenunterlagen der westlichen Gewahrsamsstaaten, eine Gräberkartei und umfangreiche weitere Hilfsmittel.

---

[4] Für die Finanzierung des Pretestes sei der Gerda Henkel Stiftung gedankt.

### 3.1.1 Zentralkartei

Schon von der Entstehung der Wehrmachtauskunftstelle an war die Zentralkartei immer das im Sinne des Wortes zentrale, bei weitem wichtigste Arbeitsmittel, in der alle vorhandenen Informationen gesammelt wurden. Die Verwaltung und Organisation der Kartei im einzelnen ist dagegen im Laufe der Geschichte immer wieder wesentlichen Änderungen unterworfen gewesen, die bei der Durchführung der Auswertung zu berücksichtigen waren. Die Zentralkartei besteht aus Karteikarten im Format DIN-A5-quer, die alphabetisch, unter Berücksichtigung phonetischer Besonderheiten, sortiert sind[5].

Für jede Person, die in die Zuständigkeit der Deutschen Dienststelle fiel, wurde eine derartige Karteikarte angelegt – allerdings nicht routinemäßig bereits beim Eintritt eines Soldaten in die Wehrmacht, sondern erst, wenn ein Arbeitsgang durchzuführen war, der die jeweilige Person betraf. Im Todesfall wurde zunächst in der Zentralkartei ermittelt, ob für den Toten bereits eine Kartei existierte, wenn dies nicht der Fall war, wurde daraufhin eine solche angelegt. Ähnlich verhielt es sich, wenn ein Angehöriger sich nach dem Verbleib eines Soldaten erkundigte – es wurde kontrolliert, ob eine Zentralkarteikarte vorhanden war, gegebenenfalls wurde eine solche angelegt[6]. Da für fast jeden Soldaten irgendwann einmal eine Nachricht an die Angehörigen, eine Bescheinigung für Behörden über Dienstzeiten, Verwundungen, Todesfälle, Kriegsgefangenschaft etc. zu erstellen war, existieren für fast alle Soldaten derartige Karteikarten. Im Extremfall mag jedoch ein Soldat eingezogen und ohne Verwundung – in der Regel nach kurzer Zeit – wieder entlassen worden sein, ohne daß er jemals eine Auskunft der Deutschen Dienststelle benötigte, weil er vollständige Personalpapiere besaß. Ein solcher Soldat ist zwar in anderen, später noch darzustellenden Unterlagen der Deutschen Dienststelle nachgewiesen, eine Zentralkarteikarte liegt jedoch nicht vor, weil kein entsprechender Bearbeitungsgang angefallen ist[7]. Anderes gilt jedoch für die hier interessierende Gruppe, die Toten, da die Deutsche Dienststelle von Amts wegen verpflichtet ist, Todesfälle anzuzeigen. Darüber hinaus ist in der Vergangenheit aus den im vorangehenden Kapitel angeführten Gründen intensiv geforscht wor-

---

[5] So sind die verschiedenen Schreibweisen eines Namens zusammengefaßt, wie Schmidt, Schmied, Schmitt etc. Ein Muster einer solchen Karteikarte ist im Anhang abgedruckt. Neben den Teilnehmern des Zweiten Weltkrieges sind in der Zentralkartei seit Übernahme der AEK Anfang der 50er Jahre auch die Verluste des Ersten Weltkrieges registriert. Da diese jedoch nicht Untersuchungsgegenstand sind, wird im folgenden auf diese Gruppe nicht weiter eingegangen.
[6] Allerdings nur für den Soldaten, nicht für den suchenden Angehörigen. Dieses Vorgehen unterscheidet sich vom Prinzip der Begegnungskartei, in der sowohl der Suchende als auch der Gesuchte nachgewiesen sind.
[7] Nach Schätzungen der damit befaßten Sachbearbeiter liegt die Größenordnung dieser Lücke bei einigen wenigen Prozent.

den, so daß die Toten und Vermißten in der Zentralkartei so umfassend wie möglich nachgewiesen sind. Von daher enthält die Zentralkartei nicht die Summe aller Soldaten, wohl aber vermutlich die Gesamtzahl der Toten.

Obwohl sich alle Karten der Zentralkartei auf dieselbe Personengruppe beziehen und prinzipiell nach denselben Richtlinien bearbeitet werden und von daher für die Zwecke der vorliegenden Untersuchung eine einheitliche Grundgesamtheit darstellen, sind die Karten aus arbeitstechnischen Gründen in folgende drei Gruppen sortiert:
- Totenkartei
- Allgemeine Kartei
- Unklare Fälle,

die zu Beginn des Projektes in 38 928 Kästen aufgestellt waren. Die Totenkartei beinhaltet alle Kriegssterbefälle, die von der Deutschen Dienststelle oder – vor allem im Rahmen der Ausnahmeregeln seit 1944 – von anderen Institutionen oder Individuen angezeigt worden waren. Im Jahr 1992 handelte es sich um ca. 3 100 000 Todesfälle in 8241 Kästen[8]. Die ganz überwiegende Masse der Karteikarten bildet jedoch die Allgemeine Kartei, die aus ca. 15 200 000 Karteikarten in 30 477 Behältern besteht. Sie enthält alle anderen Fälle, d.h. für die Zwecke der vorliegenden Arbeit vor allem die gerichtlichen Todeserklärungen, die Registrierfälle und die Vermißten, aber auch solche Personen, die den Krieg schadlos überlebt haben[9]. Die dritte, nur 210 Kästen umfassende Gruppe bilden die unklaren Fälle. Es handelt sich um Personen, für die auf der Basis einer einzelnen Meldung oder eines Schreibens von Angehörigen Karteikarten angelegt worden sind. Die Angaben sind jedoch zu ungenau oder in irgendeinem wesentlichen Punkt so falsch, daß die Zuordnung der Information nicht möglich ist. Es handelt sich also nicht um Daten zu konkreten, sondern zu anderweitig bereits nachgewiesenen Personen – mit anderen Worten um »Karteileichen«. Diese Karten auszuwerten, hätte zu Doppelzählungen geführt.

Unter Vernachlässigung der unklaren Fälle umfaßt die Zentralkartei der Deutschen Dienststelle somit insgesamt Karteikarten zu ca. 18,3 Millionen Personen – eine konkret kaum vorstellbare Zahl. Was sie tatsächlich bedeutet, sei anhand der Kartenumfänge für einige Namensbeispiele in Tab. 10 verdeutlicht.

[8] Diese »neue« Totenkartei ist nicht zu verwechseln mit der ursprünglichen, 1939 angelegten. Diese war zusätzlich zur Zentralkartei geführt worden – bei der Evakuierung aus Thüringen 1945 mußte sie zurückgelassen werden. Die »neue« Totenkartei entstand durch Sortierung der ursprünglichen Zentralkartei in »Kriegssterbefälle« und »andere Fälle«. Zur Berechnung des Umfangs siehe Kap. 3.5.1. Hier enthalten sind auch solche Todesfälle, für die zwar alle Informationen vorliegen, um einen Sterbefall anzuzeigen, ohne daß jedoch Angehörigen bekannt wären, denen die Sterbeurkunde ausgehändigt werden könnte. In diesen, relativ seltenen, Fällen hat die Deutsche Dienststelle auf die Anzeige verzichtet, aber ansonsten wurden sie in jeder Hinsicht wie tatsächlich erstattete Kriegssterbefälle behandelt und sind auch in der vorliegenden Untersuchung in dieser Weise berücksichtigt.
[9] Zur Berechnung des Umfangs siehe Kap. 3.5.1.

**Tab. 10: Beispiele für Namensumfänge in der Zentralkartei**

| Name | Totenkartei | Allgemeine Kartei | Summe |
|---|---|---|---|
| Fischer | 9 450 | ca. 36 000 | ca. 45 450 |
| Bauer | 7 649 | 35 379 | 43 028 |
| Lehmann | 5 159 | 21 837 | 26 996 |
| Bachmann | 1 203 | 6 730 | 7 933 |
| Decker | 955 | 4 430 | 5 385 |
| Dittmann | 559 | 2 751 | 3 310 |
| Evers | 494 | 2 716 | 3 210 |
| Ader | 25 | 152 | 177 |
| Grimbo | 3 | 13 | 16 |

So beeindruckend die Zahl von ca. 45 000 in der Zentralkartei registrierten Personen namens Fischer erscheinen mag, dies ist keineswegs der umfangreichste Einzelname – Müller, Meier, Schmidt sind mit Umfängen von jeweils mehr als 100 000 Karten nachgewiesen.

### 3.1.2 Erkennungsmarkenverzeichnisse

Die zweite wichtige Arbeitsgrundlage sind die Erkennungsmarkenverzeichnisse, die die Heeres- und Luftwaffeneinheiten bei der WASt einzureichen hatten. Da aber die Heereseinheiten routinemäßig meldeten, die Luftwaffeneinheiten jedoch nur bei Vorlage eines konkreten Grundes, liegen im Durchschnitt für jeden Heeressoldaten weitaus mehr Meldungen vor als für einen Luftwaffenangehörigen[10].

Ursprünglich hatten die Meldungen zu den Erkennungsmarken nur den Zweck gehabt, im Falle des Todes die Identifizierung zu ermöglichen und die Angehörigen benachrichtigen zu können. In Ermanglung anderer, ursprünglich dafür vorgesehener Personalunterlagen dienten die Erkennungsmarkenverzeichnisse in der Nachkriegszeit dann aber zunehmend auch dazu, Dienstzeiten und Einheitszugehörigkeiten festzustellen. Insbesondere bei Heeresangehörigen ist es über die Erkennungsmarkenverzeichnisse möglich, relativ lückenlos die militärischen Stationen eines Soldaten festzustellen.

Da die Suche nach Personen in den fortlaufend geführten – und damit chronologisch organisierten – Erkennungsmarkenverzeichnissen äußerst aufwendig

---

[10] Bei der Marine wurden die Erkennungsmarken anderweitig nachgewiesen, für die anderen Organisationen, insbesondere die Waffen-SS und den Volkssturm liegen aus den bereits dargestellten historischen Gründen kaum Unterlagen vor.

war, wurde in den 60er Jahren eine EDV-Datei angelegt, in der allerdings nicht die Einheitszugehörigkeiten, sondern lediglich Hinweise vermerkt sind, wo die jeweilige Person in den Erkennungsmarkenverzeichnissen erwähnt ist. Einige weitere Bestände wurden ebenfalls aufgenommen, so daß insgesamt:
100 000 000 Hinweise auf Meldungen in den Erkennungsmarkenverzeichnissen und den Veränderungen hierzu
651 000 Hinweise auf Personalunterlagen der Waffen-SS im BDC
58 000 Hinweise auf Personalunterlagen im Österreichischen Staatsarchiv
280 000 Hinweise auf Registrierunterlagen von Heimkehrerlagern
in dieser EDV-Datei mit insgesamt 25 318 216 Datensätzen enthalten sind. Darüber hinaus existiert ein als Hinweisbibliothek bezeichneter Papierausdruck aller Datensätze in 1234 Bänden, der sich als ein wesentliches Hilfsmittel für die Stichprobenziehung erweisen sollte[11].

Wünschenswert zu wissen wäre nun, wieviele Personen in den Hinweisverzeichnissen vermerkt sind. Ein unmittelbarer Rückschluß von den obigen Angaben auf die Zahl der so erfaßten Personen ist jedoch nicht möglich – einerseits gibt es durchaus mehrere Datensätze für eine einzige Person, andererseits sind in einem Datensatz – mit einer großen Spannweite – durchschnittlich 4 Hinweise enthalten. Ein Ergebnis der vorliegenden Untersuchung bestand dann in der Feststellung, daß die Datei Angaben zu:
- ca. 13 500 000 Soldaten des Heeres
- ca. 2 400 000 Angehörigen der Luftwaffe
- ca. 900 000 sonstigen Personen, vorwiegend Angehörigen des Wehrmachtgefolges

beinhaltet[12].

### 3.1.3 Marineakten

Historisch bedingt sind die Marineunterlagen völlig anders organisiert als die der anderen Wehrmachtteile. Dies beginnt damit, daß die Marine die Erkennungsmarken nicht in Erkennungsmarkenverzeichnissen nachgewiesen, sondern die Angaben in die Marinestammrollen eingetragen hatte, die auch nicht an die WASt abgegeben, sondern von den personalbearbeitenden Dienststellen der Marine geführt worden waren. Der zweite wesentliche Unterschied ergab sich daraus, daß es der Deutschen Dienststelle durch die Eingliederung der Marinepersonaldokumentenzentrale 1947 gelungen war, die Masse der Marinepersonalakten

---

[11] Ein Beispieldatensatz ist im Anhang abgebildet. Ebenfalls in die EDV-Datei aufgenommen sind die bei der Deutschen Dienststelle vorhandenen Wehrstammrollen, siehe Arbeitsbericht 1991 – 1993, Deutsche Dienststelle, S. 58.
[12] Zur Berechnung siehe Kap. 3.5.2.

sicherzustellen. Dadurch wurde sie zur Personalaktensammelstelle – eine Funktion, die für Heer und Luftwaffe von der Zentralnachweisstelle in Aachen-Kornelimünster bzw. dem Bundesarchiv-Militärarchiv in Freiburg wahrgenommen wird[13].

Die dritte Besonderheit besteht darin, daß die Marineabteilung Meldungen, Berichte über wesentliche Ereignisse, wie Schiffsuntergänge etc. gesammelt hat, so daß der Zugang zu einem bestimmten Ereignis oft nicht nur über ein betroffenes Individuum, sondern auch anhand des Schiffsnamens möglich ist.

Bei Beginn der Untersuchung existierten nur Schätzungen über die Zahl der Marineangehörigen, für die Unterlagen vorhanden waren. Da aber auch Unterlagen solcher – weniger – Personen vorhanden sind, die in der kaiserlichen Marine gedient haben und vor Beginn des Zweiten Weltkriegs pensioniert worden sind, entspricht die Abgrenzung des Bestandes nicht völlig den Definitionen der vorliegenden Untersuchung. Von daher erwies es sich als notwendig, die fehlenden Angaben zu ermitteln. Den Ergebnissen der vorliegenden Untersuchung nach verfügt die Marineabteilung insgesamt über Personalakten von:
- 70 100 Offizieren, davon 66 700 Teilnehmer des Zweiten Weltkrieges
- 1 203 000 Unteroffiziere/Mannschaften, davon 1 127 000 Kriegsteilnehmer
- ca. 300 000 Arbeitern, Angestellten, Beamten und Helferinnen der Marine sowie dienstverpflichteten Seeleuten[14].

Auch wenn sich die Organisation der Akten unterscheidet, sind die Marineangehörigen dennoch in der Zentralkartei in derselben Weise nachgewiesen wie andere Soldaten. Die Marineakten bieten allerdings den zusätzlichen Vorteil, insbesondere in schwierigen Fällen nützliche Zusatzinformationen zu enthalten.

## 3.2 Probleme der Datenbasis

Im zweiten Kapitel war versucht worden, dem Leser zu verdeutlichen, welche immense und in der Öffentlichkeit kaum bekannte Mühe in den Jahrzehnten seit Beginn des Zweiten Weltkrieges darauf verwendet worden ist, das Schicksal Vermißter zu klären. Die Schicksale der ganz überwiegenden Mehrheit, der »normalen« Soldaten der Wehrmacht, können als weitestgehend geklärt gelten. Trotzdem haben die vorstehenden Ausführungen auch gezeigt, daß nicht alle Personengruppen, Zeiträume, Lebens- und Todessituationen gleichermaßen sorg-

---

[13] Allerdings wurden in den letzten Jahren in unbekanntem Umfang Personalakten von Marinesoldaten der Geburtsjahre vor 1900 an das Bundesarchiv abgegeben – der quantitative Effekt kann jedoch wegen der geringen Stärken dieser Jahrgänge nicht groß sein. Darüber hinaus wurden auch die Personalakten der in die Bundeswehr wiedereingestellten Offiziere an die Bundeswehr übergeben. Da hierfür jedoch Ersatzakten angelegt wurden, wirkt sich diese Abgabe in der vorliegenden Untersuchung nicht aus.
[14] Zur Berechnung des Umfangs siehe Kap. 3.5.3.

fältig erfaßt werden konnten. Um nun die späteren Ergebnisse der Untersuchung angemessen bewerten zu können, sollen im folgenden noch einmal diese bereits bekannten Risiken sowie einige andere, bisher nicht erwähnte »Problemzonen« des Datenbestandes zusammenfassend dargestellt werden. Im wesentlichen ergeben sich dabei zwei Fallgruppen – zum einen solche, die sich aus der Konzeption des personenbezogenen Meldewesens ergeben, zum anderen solche, die aus den historischen Entwicklungen resultierten, denen das Meldesystem und die Nachweisorganisationen im Laufe der Jahrzehnte unterworfen waren. Zunächst zu den konzeptions-, dann zu den erfassungsbedingten Problemen.

### 3.2.1 Konzeptionsbedingte Probleme

Im wesentlichen sind hier vier Problemkreise zu unterscheiden – die Kategorisierung der Organisationen, die Abgrenzung zwischen Soldaten und Zivilisten, die Unterscheidung zwischen Ausländern und Deutschen sowie die Zuordnung eines Todesfalles zu einem militärischen Ereignis.

Zunächst aber zum ersten Problem. Wie bereits dargestellt, gab es eine Unzahl militärischer und paramilitärischer Organisationen, von denen viele ihr eigenes Meldesystem besaßen. Darüber hinaus wechselten sie, wie die folgenden Beispiele zeigen, im Laufe des Krieges mitunter die Zuordnung:
- Ein Teil der Polizeiverbände wurde in die Waffen-SS überführt, andere jedoch nicht[15].
- Im Winter 1941/42 wurden die Luftwaffenfelddivisionen aufgestellt. Dabei handelte es sich um Infanterieverbände, die wie gleichartige Heeresdivisionen eingesetzt wurden, aus Kompetenzgründen zunächst aber der Luftwaffe unterstellt blieben, bis sie zum 1. November 1943 in das Heer überführt wurden.

Mitunter waren die Definitionen zwar über die gesamte Länge des Erhebungszeitraums konstant und eindeutig, für einen Laien aber schwer nachvollziehbar. Dies sei am Beispiel des RAD erläutert:
- Einige RAD-Einheiten wurden zu Kriegsbeginn geschlossen in die Wehrmacht übernommen, waren also ab diesem Zeitpunkt Soldaten.
- RAD-Flakbatterien gehörten zum RAD, obwohl sie einen militärischen Auftrag besaßen.
- RAD-Divisionen wiederum waren reguläre Heeresverbände, die aus RAD-Personal aufgestellt worden waren.

---

[15] Am 24.2.1942 wurde die Polizeidivision in die Waffen-SS übernommen. Weitere Beispiele waren: Ein Teil des Luftschutzes wurde am 1.4.1942 in die Luftwaffe überführt, der andere als Luftschutzpolizei in die Ordnungspolizei. Der Zollgrenzschutz, ursprünglich dem Finanzministerium zugeordnet, wurde am 30.10.1944 dem Chef der Sicherheitspolizei und des SD unterstellt, siehe hierzu und zu den folgenden Beispielen Absolon, Personalwesen, S. 90, 105 – 107 und 196.

Unklarheiten entstehen in diesem Fall nicht so sehr bei der Auswertung für die vorliegende Untersuchung, sondern vorher. Obwohl es sich um drei unterschiedliche Sachverhalte handelt, können sie alle mit der Organisation RAD assoziiert werden. Von daher konnte es vorkommen, daß Dritte – z.B. Heimkehrer – bei Befragungen Personen aus solchen Einheiten irrtümlich als RAD-Angehörige ausgaben, weil man sich nicht genau erinnerte, ohnehin nur halb zugehört hatte oder der angebliche RAD-Mann sich unklar ausgedrückt hatte.

Das zweite Problem besteht darin, daß bei Teilnehmern oder Betroffenen kriegerischer Ereignisse in der Regel unterstellt wird, sie seien Soldaten. Von daher besteht die Gefahr, daß Personen als Soldaten bezeichnet wurden, die tatsächlich einen anderen Status besaßen. Daneben war natürlich auch der Fall möglich, daß ein Kriegsteilnehmer gute Gründe hatte, seine Organisationszugehörigkeit möglichst zu verheimlichen. Dies wird bei RAD-Angehörigen seltener der Fall gewesen sein, hierfür kamen eher die Angehörigen der Geheimen Feldpolizei, des SD, der Gestapo oder der Waffen-SS und solcher Verbände der Wehrmacht in Betracht, die besonderer Kriegsverbrechen verdächtigt wurden. Soweit es sich um Wehrmachtangehörige handelte, waren derartige Falschangaben relativ leicht zu korrigieren – wenn aber Waffen-SS-Angehörige sich nur als »Soldaten« bezeichneten, damit suggerierten, sie seien Wehrmachtsoldaten, und kurz darauf starben, dann wurde ihre tatsächliche Organisationszugehörigkeit möglicherweise zunächst nicht festgestellt. Verstärkend kommt hinzu, daß bei der ersten Registrierung 1947 viele Familien gerade bei Waffen-SS-Angehörigen offensichtlich Angst gehabt hatten, dies anzugeben[16]. Außerdem wurden ja die Verlustunterlagen der Organisationen außerhalb der Wehrmacht nicht von der WASt geführt, so daß die Korrektur einer falschen Zuordnung über die Akten nicht immer möglich ist. Ein Korrektiv existiert allerdings – wenn eine als Soldat bezeichnete Person weder in der Hinweiskartei noch in den Marineunterlagen enthalten ist, handelt es sich erfahrungsgemäß mit hoher Wahrscheinlichkeit um einen Waffen-SS-Angehörigen.

Ebenfalls dem Problemkreis »Soldaten/Zivilisten« ist der unterschiedliche Status einiger spezieller Gruppen zuzurechnen. Dafür einige Beispiele:
- Die Freiwillige Krankenpflege war vom DRK organisiert, sie war kein Teil der Wehrmacht, ihre Mitglieder waren Zivilisten.
- Die Wehrmachthelferinnen wiederum waren zwar auch Zivilisten, gehörten aber zum Wehrmachtgefolge, ohne jedoch Gefolgschaftsmitglieder der Wehrmacht zu sein.
- Ab Anfang 1943 gab es darüber hinaus auch die Luftwaffen- und Marinehelfer, die zwar selbst keine Soldaten waren, aber einen militärischen Auftrag ausführten.
- Wehrmachtbeamte waren Soldaten, Militärverwaltungsbeamte jedoch Zivilisten. Feldpostbeamte, anfangs Beamte, erhielten 1944 den Soldatenstatus[17].

---

[16] Siehe hierzu auch die Ausführungen in Kap. 2.3.1.3.
[17] Absolon, Personalwesen, S. 102, 106, 109, 184, 212 und 214 f.

Ursprünglich war die Unterscheidung zwischen den Wehrmachtangehörigen und den im Rahmen des Krieges eingesetzten Zivilisten relativ einfach gewesen, weil die letzteren in das personelle Meldewesen nicht vollständig einbezogen waren. In dem Maße, in dem die im Kriegsgebiet eingesetzten Zivilisten den Auswirkungen des Krieges unterworfen waren, ging man jedoch dazu über, immer weitere Personenkreise mit Erkennungsmarken auszustatten. Genauso wie man aus Gründen der Gleichbehandlung später auch Zivilisten wie Soldaten auf Kriegerfriedhöfen bestattete – mit der Konsequenz, daß sich das Informationsniveau für beide Gruppen anglich, es gleichzeitig aber auch immer schwieriger wurde, sie eindeutig zu unterscheiden[18].

Das dritte Problem ist die Staatsangehörigkeit bzw. der militärische Status, der zu unterschiedlicher Behandlung führte. Einfach gelagert war der Fall für die große Masse, die deutschen Staatsbürger, die in der Wehrmacht oder der Waffen-SS dienten. Anders sah es für bestimmte, relativ kleine Gruppen aus. Ursache dafür war der Umstand, daß die Begriffe:
- Soldat der Wehrmacht oder Waffen-SS
- Deutscher im Sinne der Volkszugehörigkeit (Nationalität)
- Deutscher im Sinne der Herkunft (Geburtsort)
- Deutscher Staatsangehöriger

nach Reichs-, aber auch nach heutigem Bundesrecht keineswegs deckungsgleich sind. Zu unterscheiden sind hier – zumindest – folgende Gruppen:
- Deutsche Staatsbürger
- Volksdeutsche, die außerhalb des Reichsgebietes, z.B. in Ungarn, Rumänien oder Jugoslawien geboren und von daher keine deutschen Staatsbürger waren. Diesem Personenkreis gleichgestellt waren die Zwangsrekrutierten, vor allem aus dem Elsaß, Lothringen und Luxemburg.
- Nicht-Volksdeutsche Ausländer, die als Soldaten in der Wehrmacht dienten.
- Kroatische Verbände in der Wehrmacht bzw. Waffen-SS
- Verbündete Streitkräfte (Italien, Rumänien, Ungarn, Bulgarien, Slowakei, Finnland)
- Freiwilligenverbände, einschließlich der Hilfswilligen und der Ordnungsdienste.

[18] Allgemeine Heeresmitteilungen, 1940, Blatt 24, S. 466, Nr. 1076: Erkennungsmarken; OKW/AWA/Allg.IVb, Nr. 5290/40 vom 29.10.1940, Richtlinien Nr. 7, BA-MA, RH 13/16; RF-SS und ChdDtPol im RMdI-O-Kdo I W 2 100, Nr. 28/43, vom 16.2.1943, Betr.: Erkennungsmarken für die Ordnungspolizei, in: Ministerialblatt des Reichs- und preußischen Ministeriums des Innern, Nr. 8, 24.2.1943, Sp. 288 – 290; OKW/AWA/WVW(IIb), Az. 31 t 28, Nr. 6606/43 vom 17.12.1943, Richtlinien Nr. 26, BA-MA, RW 6/v.519; OKW/AWA/WVW(IV/IVb/II), Az. 31 t 58.1, Nr. 2416/44 vom 25.6.1944, Betr.: Richtlinien über die Fürsorge für die Gräber von Kriegsgefallenen, BA-MA, RW 6/v.519; WASt/Leiter vom 3.3.1945, Anordnung Nr. 6, BA-MA, RW 48/v.3; OKW/AWA/WVW(IIa/IV), Az. 31 t, Nr. 435/45 vom 6.3.1945, Betr.: Kriegergrab für gefallene und gestorbenen Marine- und Luftwaffenhelfer sowie Angehörige des Wehrmachthelferinnenkorps, BA-MA, RW 6/v.519; Absolon, Personalwesen, S. 386; Woche, Erkennungsmarken I, S. 447; Woche, Erkennungsmarken II, S. 406.

Doch damit nicht genug, die Kategorien sind nicht überschneidungsfrei. Ein Volksdeutscher war anfangs in der Regel nicht Wehrmachtangehöriger, sondern Soldat verbündeter Streitkräfte – etwa der ungarischen Armee, ebenso wie finnische Staatsbürger sowohl Wehrmachtangehörige als auch Verbündete sein konnten.

Grundsätzlich besaßen die ersten vier Gruppen den Status von Soldaten, die Verbündeten waren ihnen prinzipiell gleichgestellt. Für die Freiwilligenverbände galt dies nicht – wobei innerhalb dieser Gruppe noch weitere Statusdifferenzierungen existierten. Anders sah es aus mit der Staatsangehörigkeit. Die zweite Gruppe erhielt mit Eintritt in die Wehrmacht ein Anrecht hierauf, die anderen jedoch nicht. Nun handelte es sich bei der oben skizzierten Regelung aber keineswegs um ein konsistentes System – es war aus der Not geboren und je größer diese wurde, desto stärker auch die Tendenz, die Nicht-Deutschen hinsichtlich ihres Status den Deutschen gleichzustellen[19].

Doch was bedeuten die oben aufgezeigten komplizierten Regelungen für die vorliegende Untersuchung? Der Sachverhalt wäre unproblematisch, wenn in den Unterlagen die Angaben zu Status, Nationalität und Staatsangehörigkeit jeweils vermerkt wären. Dies ist aber nicht der Fall – insofern war die Wehrmacht egalitär. Von daher ist es aber auch notwendig, der Frage nachzugehen, in welchem Umfang Ausländer und/oder Nicht-Soldaten in den Unterlagen der Deutschen Dienststelle berücksichtigt sind.

Dabei ist zu unterscheiden zwischen der Erfassung im Meldewesen und der Erstattung von Kriegssterbefallanzeigen. Wie bereits erwähnt waren ursprünglich nur diejenigen voll in das deutsche Meldewesen integriert, die als Angehörige der Wehrmacht oder der Waffen-SS kämpften. Später erhielten dann aber auch die Freiwilligen und die Freiwilligenverbände Erkennungsmarken. Zunächst wurden diese jedoch nicht durch die WASt zentral gesammelt, sondern von den Ersatztruppenteilen verwahrt. Die Unterlagen landeseigener Verbände, wie vor allem der Schutzmannschaften, wurden bei der vorgesetzten deutschen Behörde verwahrt. In zunehmendem Maße wurden dann aber auch Erkennungsmarkenverzeichnisse von Freiwilligenverbänden an die WASt eingereicht. Für »verbündete Truppen« – wie etwa die weiterhin auf deutscher Seite kämpfenden Italiener – wurden sogar eigene Nachweisstellen geschaffen[20].

---

[19] OKH/GenStdH/Org.Abt.(II), Nr. 8000/42 geh., im August 1942, Verfügung über landeseigene Hilfskräfte im Osten, BA-MA, RH 20 – 4/404; Absolon, Personalwesen, S. 216 – 219; Absolon, Wehrmacht, 5, S. 244 – 249; Absolon, Wehrmacht, 6, S. 356 – 365.

[20] Auskunftstelle für Kriegerverluste der Waffen-SS, vom 15.5.1942, Betr.: Verlustmeldung eines lett. Hauptmannes, BA-MA, N 756/308; RdErl.d. ChefsO. vom 29.9.1944, Az. Kdo IIP (Fürsorge) 2, Nr. 200/44, Betr.: Fürsorge, hier: Erkennungsmarken für die Ordnungspolizei, in: Befehlsblatt des Chefs der Ordnungspolizei, Nr. 41, 14.10.1944, S. 351; Allgemeine Heeresmitteilungen, 1944, S. 246, Nr. 437: Verlustmeldungen, hier: gefallene Italiener; OKH/AHA/Stab/Ia(3), Nr. 59761/44, geheim, vom 8.12.1944, Betr.: Zentralnachweisstelle für Freiwillige aus dem Osten, BA-MA, RH 15/314; WVW, Az. 31 t(II), Nr. 712/45 vom 6.3.1945, Betr.: Verlustmeldungen, hier: gefallene Italiener, BA-MA, RW 6/v.519; Absolon, Personalwesen, S. 387.

Anders sieht es aus mit der Erstattung von Kriegssterbefallanzeigen. Die WASt, zuständig für deutsche Staatsbürger, war »weder verpflichtet noch berechtigt«, die Sterbefälle von Ausländern anzuzeigen, es sei denn sie waren durch den Eintritt in die Wehrmacht Deutsche geworden. Von daher sind Todesfälle von Nicht-Deutschen, solange sie nur wie Soldaten eingesetzt wurden und/oder einen vergleichbaren Status besaßen, von der Deutschen Dienststelle nur im Ausnahmefall irrtumshalber angezeigt worden[21].

Daraus folgt, daß die vorliegende Arbeit sich auf die Deutschen beschränkt, die als Soldaten oder in vergleichbarer Tätigkeit ums Leben gekommen sind. Sie schließt diejenigen ein, die als Volksdeutsche, Freiwillige oder Zwangsrekrutierte in die Wehrmacht oder die Waffen-SS eingetreten sind und dadurch Deutschen gleichgestellt wurden. Sie schließt aber vor allem die Ausländer aus, die als »Hilfswillige« in deutschen Verbänden oder in den Legionen gekämpft haben. So interessant es gewesen wäre, alle Ausländer zu erfassen, die – ob freiwillig oder nicht – in der Wehrmacht gedient oder mit ihr zusammengearbeitet haben, dies ist leider nicht möglich. Die dafür notwendigen Informationen sind in der vorhandenen Datenbasis nur äußerst unvollständig enthalten. Von daher muß sich die Untersuchung auf alle diejenigen Personen beschränken, die auch tatsächlich erfaßt sind, d.h. die deutschen Staatsbürger, die Soldaten waren oder einen vergleichbaren Status besaßen.

Nun zum vierten Problem. Selbst wenn der Status eindeutig feststeht, sind damit nicht alle Definitionsprobleme geklärt. So stellt sich die Frage, ob der Tod eines Polizisten oder Soldaten, der während eines Bombenangriffs ums Leben kam, ein Kriegssterbefall ist[22]. Im Fall des Soldaten ist rechtlich gesehen die Frage zu bejahen, beim Polizisten nur dann, wenn er zu diesem Zeitpunkt im Dienst war.

Und wie verhält es sich mit einem Soldaten, der als Angehöriger eines Besatzungstruppenteils in Frankreich beim Baden ertrinkt im Verhältnis zu demjenigen, den dasselbe Schicksal während des Heimaturlaubs ereilt? In manchen Verluststatistiken, vor allem angloamerikanischer Staaten, wird zwischen solchen »natürlichen« und den gefechtsbedingten Todesfällen unterschieden. Selbstverständlich wäre es wünschenswert, eine solche Unterscheidung auch in der vorliegenden Untersuchung vorzunehmen – allein die Datenlage »trägt« derartige Differenzierungen nicht. Im folgenden wird daher pragmatisch immer davon ausgegangen werden, daß es sich um einen Todesfall im Sinne der vorliegenden Untersuchung handelt – es sei denn, es ergibt sich aus den vorhandenen Angaben das Gegenteil.

---

[21] OKW/Just I, Az. 46 y 17.10 an WASt vom 2.9.1941, Betr: Standesamtliche Beurkundung der Sterbefälle von Angehörigen der ausländischen Freiwilligen-Verbände, BA-MA, RW 48/v.5.
[22] Der Darstellung in Kriegstote, Bremen, S. 17 und 21, Todesfälle in Kriegsgefangenschaft nach dem 31.12.1945 seien nur dann als Kriegssterbefälle zu registrieren, wenn es sich um Sterbefälle in sowjetischem Gewahrsam handle, kann nicht gefolgt werden; siehe auch Hampe, Luftschutz, S. 143.

Die oben so detailliert angeführten Beispiele mögen den Leser zu der Frage veranlassen, inwieweit es denn überhaupt möglich ist, den tatsächlichen Status einer Person zu ermitteln. Ein solcher Eindruck weitgehender Unsicherheit ist jedoch falsch. Zunächst einmal beziehen sich die Probleme – abgesehen von der Waffen-SS und den Zwangsrekrutierten Elsässern und Lothringern – auf sehr kleine Gruppen. Für die ganz überwiegende Mehrzahl der Fälle, die Angehörigen des Heeres, der Luftwaffe und der Marine ist die Organisationszugehörigkeit relativ einfach festzustellen. Hinzu kommen einige wichtige, kompensierende Faktoren. In der Regel liegen für jede Personen Angaben aus verschiedenen Quellen vor, so daß Unklarheiten schon auf diesem Wege geklärt werden können. Darüber hinaus war es für die Erstattung der Kriegssterbefallanzeige notwendig, die Organisationszugehörigkeit und die Staatsbürgerschaft exakt zu klären. Auch für die Vermißtennachforschung kam diesen Angaben große Bedeutung zu. Von daher ist die Gefahr einer falschen Zuordnung im Falle der hier nicht untersuchten Lebenden vermutlich durchaus gegeben, bei Todesfällen jedoch gering.

### 3.2.2 Erfassungsprobleme

Soweit zu den Problemen, die durch das Meldewesen selbst bedingt waren, darüber hinaus gab es aber auch – im wesentlichen – zwei Entwicklungen in der Nachkriegszeit, die ihren Einfluß auf den Informationsstand der Deutschen Dienststelle hatten. Zunächst ist hier der Wechsel der Verantwortlichkeiten im Jahr 1946 zu nennen – vorher war die WASt für alle Wehrmachtangehörigen ungeachtet ihrer Herkunft zuständig gewesen, danach für alle Deutschen ungeachtet ihrer Organisationszugehörigkeit. Konkret bedeutet dies:
– Ursprünglich hatte die Waffen-SS keine Reichsdeutschen einziehen dürfen, weshalb sie einen größeren Anteil an Volksdeutschen aufgewiesen hatte. Als die Waffen-SS ab 1943 begann, Wehrpflichtige im Reichsgebiet einzuziehen, blieb der Anteil der Nicht-Reichsdeutschen in der Waffen-SS trotzdem höher als in der Wehrmacht, auch wenn er zur Angleichung tendierte. Da aber die Unterlagen über die Waffen-SS lückenhaft sind, besteht die Gefahr, daß Todesfälle der dort stärker vertretenen Gruppen möglicherweise in größerem Ausmaß ungeklärt sind als bei Heeressoldaten, die vorwiegend aus dem Reichsgebiet stammten[23].

---

[23] Es gab einige wenige Unterschiede in der administrativen Behandlung von Reichsdeutschen und Volksdeutschen, die Auswirkungen auf die Nachweismöglichkeiten hatten. So wurden die Nachlässe von Reichsdeutschen über die Auskunftstelle der Waffen-SS abgewickelt, die der Volksdeutschen aber über das Kommandoamt der Waffen-SS, was einen Unsicherheitsfaktor für die Vollständigkeit der Daten der Auskunftstelle bedeutet, siehe SS-Führungshauptamt/Kommandoamt der Waffen-SS/IIb(3), Az. B 4b/12.41, Nr. 388/11.41, vom 22.12.1941, Betr.: Nachlaß Gefallener der Waffen-SS, BA-MA, N 756/308; OKW/AWA/WVW,

3.2 Probleme der Datenbasis                                          165

- Was die anderen, ursprünglich nicht in den Aufgabenbereich der Deutschen Dienststelle fallenden Organisationen betrifft, so ist es möglich, daß Kriegssterbefälle, die vor Kriegsende abgeschlossen werden konnten, der Deutschen Dienststelle nicht bekannt geworden sind – soweit sie nicht routinemäßig, wie etwa von der Auskunftstelle in Bamberg, an die WASt gemeldet wurden[24].
- Ähnlich der Volkssturm – einerseits war die WASt bzw. die Deutsche Dienststelle in eingeschränktem Umfang immer schon für die Einheiten zuständig gewesen, Unterlagen hatte sie aber nur wenige erhalten – zum einen weil die Verlustmeldungen ohnehin nicht von der WASt bearbeitet wurden, zum anderen aber auch wegen des Zusammenbruchs der Kommunikationsstrukturen ab 1944. Außerdem handelte es sich beim Volkssturm oft um zusammengewürfelte Einheiten, wobei sich die einzelnen untereinander kaum kannten und daher später auch wesentlich schlechter Auskunft geben konnten, als dies bei regulären Einheiten der Fall war. Daß Volkssturmeinheiten ihre Kriegssterbefälle nach § 27a Wehrmachtpersonenstandsverordnung selbst anzeigten und darüber hinaus auch die Möglichkeit bestand, Volkssturm-Kriegssterbefälle als zivile Fälle anzuzeigen, vergrößert das Problem noch weiter. Ähnlich wie bei der Waffen-SS bezieht sich diese schlechtere Nachweismöglichkeit leider auf eine ganz bestimmte Personengruppe, denn zum Volkssturm gehörten vor allem die unterdurchschnittlich Jungen und die überdurchschnittlich Alten. Von daher besteht das Risiko, daß ihr Schicksal schlechter dokumentiert ist als das der mittleren Lebensalter. Dieses Risiko besteht allerdings nur, wenn der Standesbeamte die Deutsche Dienststelle nicht informiert hat und gleichzeitig später das Grab nicht erfaßt worden ist – ein vermutlich sehr seltener Fall[25].
- Vergleichbar sind die Probleme bei den Zivildeportierten. Bereits unmittelbar nach der Eroberung begann die UdSSR aus den von ihr eroberten Gebieten – vor allem aus den volksdeutschen Siedlungsgebieten auf dem Balkan – Zivilisten zur Arbeitsleistung in die Sowjetunion abzutransportieren. Im Gegensatz zu den anderen Gruppen gehören sie nicht zum Gegenstand der Untersuchung, weil es sich hierbei eindeutig um Zivilisten handelte und die Deportation zwar Folge, jedoch nicht Teil der Kriegführung war, sie stellen dennoch ein Problem dar. Von manchen Betroffenen wird nämlich berichtet, daß sie nach ihrer Heimkehr, z.B. aus westlicher Kriegsgefangenschaft, als Zivilisten in die Sowjetunion deportiert wurden, in anderen Fällen lassen die Umstände dies vermu-

---

Az. 31 t 61, Nr. 1481/42g, an OKH/Heerw. Abt. b. Gen.z.b.V., vom 16.9.1942, Betr.: Statistik der Wehrmachtverluste; OKW/AWA/WVW(V), Az. 31 t 61, Nr. 187/43 geheim, vom 28.1.1943, Betr.: Einbeziehung von Volksdeutschen in die Erfassung der Menschenverluste dieses Krieges, BA-MA, RW 6/v. 520; Bopp, Enrôlement de force, S. 37 – 39.

[24] Lente, WASt, S. 12.
[25] Darüber hinaus ist zu bedenken, daß Volkssturmangehörige nur während des Einsatzes Soldaten, ansonsten aber Zivilisten waren – auch dies eine Unsicherheitsmarge, siehe Absolon, Personalwesen, S. 99; Jahresbericht, Suchdienst München 1986, S. 17; Urlanis, Bilanz, S. 181.

ten. Es gibt jedoch sicherlich auch Personen, bei denen angenommen wird, sie seien als Soldat in Kriegsgefangenschaft geraten, tatsächlich handelt es sich jedoch um Zivildeportierte[26].

Der zweite – und wohl gewichtigere – Problembereich bezieht sich auf die völlig anderen politischen Verhältnisse in der sowjetisch besetzten Zone, bzw. später der DDR, und den deutschen Siedlungsgebieten im Osten sowie auf dem Balkan. Nur in der Ostzone bzw. DDR war die Deutsche Dienststelle anfangs durchaus in die Bearbeitung von Sterbefällen und Todeserklärungen eingebunden. Später wurde sie dann immer häufiger nur um Auskünfte gebeten, ohne das Ergebnis zu erfahren. In den anderen Gebieten besaßen große Teile der Bevölkerung weder die Möglichkeit, ihre Todesfälle der Deutschen Dienststelle anzuzeigen, noch konnte sie ein Interesse daran haben, weil die Zugehörigkeit zur Wehrmacht sich im Sozialversicherungssystem nicht positiv auswirkte. Diese sicherlich in den 40er und 50er Jahren massiv vorhandenen Defizite konnten allerdings dadurch ausgeglichen werden, daß später immer mehr Volksdeutsche bzw. Rentner in die Bundesrepublik übersiedeln durften und dann versuchten, das Schicksal ihrer Angehörigen zu klären. Die Entwicklung der letzten Jahre, d.h. die Eingliederung der DDR-Bürger in das westdeutsche Sozialversicherungssystem hat weiter dazu beigetragen, dieses Defizit zu kompensieren.

Nun mag auch hier wieder der Eindruck entstanden sein, es gäbe eine Vielzahl von Problemzonen. Aber auch hier trügt der Eindruck. Generell gilt das bereits im vorherigen Kapitel Angeführte: bei Unklarheiten liegen fast immer Informationen aus mehreren Quellen vor. Und da Kriegssterbefallanzeigen erst nach eindeutiger Feststellung der Sachlage angezeigt werden können, sind offene Fragen im Laufe der Jahrzehnte, wann immer möglich, geklärt worden.

Außerdem ist zu bedenken, daß die Mehrzahl der Fälle, etwa die Zivildeportierten sowie die Toten des Volkssturms und der paramilitärischen Verbände quantitativ unbedeutend sind. Anders verhält es sich mit den Sterbefallanzeigen nach § 27a Personenstandsverordnung. Aber auch hier gab es durch die Vielzahl unterschiedlicher Aktivitäten nach Kriegsende kompensatorische Effekte, so daß diese Fälle später dann doch noch erfaßt worden sind.

Gänzlich anders sieht es aus mit der eventuell schlechteren Dokumentation der Volksdeutschen in der Waffen-SS und der möglichen Untererfassung der Einwohner aus den Ostgebieten oder der DDR. Hier wird es notwendig sein, im Rahmen der Untersuchungskonzeption Tests vorzusehen, um den Einfluß dieser Risiken zu klären.

---

[26] Eine der wenigen Veröffentlichungen zu diesem Thema sind: Mitzka, Zur Geschichte der Massendeportationen; Mitzka, Massendeportationen; auch bei Karner, Archipel GUPVI, S. 31 – 37, finden sich einige Ausführungen. Beim DRK-Suchdienst sind ca. 400 000 Fälle registriert, siehe Nachforschungen, S. III; siehe auch Böhme, Gesucht wird, S. 162 – 164.

## 3.3 Konzeption der Untersuchung

Für die Beantwortung der zentralen Frage, wie viele Deutschen im Zweiten Weltkrieg im militärischen Einsatz ums Leben gekommen sind, ergaben sich zwei prinzipiell unterschiedliche Ansätze. Der erste, zunächst plausiblere, hätte darin bestanden, von den Einziehungen auszugehen, d.h. aus den Erkennungsmarkenverzeichnissen und den Marineunterlagen eine Stichprobe zu ziehen, die dann anhand der Zentralkartei zu ergänzen gewesen wäre. Dabei wären allerdings nur die Gruppen erfaßt worden, die in den Erkennungsmarkenverzeichnissen und den Marineunterlagen enthalten sind, d.h.:
- die Soldaten der drei Wehrmachtteile – aber nicht die Angehörigen der Waffen-SS, des Volkssturms und der paramilitärischen Organisationen
- die Lebenden wie auch die Toten.

Ein solches Untersuchungsdesign hätte der Frage nach dem Schicksal der zur Wehrmacht Eingezogenen entsprochen. Es wäre in Betracht gekommen, um Aussagen über die personelle Struktur der Wehrmacht oder andere Kenngrößen des Wehrdienstes zu gewinnen. Die Fragestellung der vorliegenden Untersuchung nach der Summe der Verluste hätte sie aber nur partiell beantwortet – von daher schied dieser Ansatz aus[27].

Die Alternative bestand darin, nicht von den Einziehungen auszugehen, sondern nur von den Todesfällen, d.h. Datensätze aus der Zentralkartei zu erheben und diese dann anhand der anderen Karteien und Dateien zu ergänzen. Der Vorteil dieser Methode ist offensichtlich – sie beantwortet die Fragestellung der Untersuchung. Aber indem dieses Design Auskunft über die Toten ermöglicht, erbringt es eben auch keine Aussage über diejenige, die den Krieg überlebt haben – wobei der Vergleich zwischen beiden Gruppen sicherlich auch Interessantes zu den Toten erbringen würde.

Noch ein zweiter Nachteil schien zunächst mit der hier letztlich gewählten Methode verbunden. In einer Stichprobe aus der Zentralkartei sind alle Gruppen von militärischen Opfern des Krieges so berücksichtigt, wie es dem heutigen Wissensstand entspricht. Nun hatte sich aber gezeigt, daß eventuell spezielle Personengruppen in der Zentralkartei unterrepräsentiert sein könnten. Da es keine auf anderem Wege gewonnene, unabhängige und vollständige Statistiken über die Verluste gibt, fehlte zunächst eine Vergleichsbasis, um die Stichhaltigkeit dieser Befürchtung überprüfen zu können. Um dieses Risiko dennoch kontrollieren zu

---

[27] Außerdem wären bei der Durchführung zwei wesentliche, den Aufwand erheblich erhöhende Probleme aufgetreten:
- Eine Stichprobe, die sowohl die Lebenden als auch die Toten enthält, muß sehr viel größer sein, wenn die Aussagen über die Toten zuverlässig sein sollen.
- Von den Erkennungsmarkenverzeichnissen und den Marineunterlagen auszugehen, führt dazu, exakt die der jeweiligen Person zugehörige Karteikarte in der Zentralkartei finden zu müssen. Angesichts des dargestellten Umfangs auch relativ seltener Namen führt ein solches Vorgehen zu einem hohen zeitlichen und finanziellen Aufwand.

können, wurde auf folgende Überlegung zurückgegriffen: Die Erkennungsmarkenverzeichnisse und die Marineunterlagen sind weitestgehend vollständig, Lücken weisen sie nur in ganz geringem Maß für die Endphase des Krieges auf. Von daher war ein regionaler Bias hier nicht zu befürchten. Ein Vergleich der regionalen Verteilung in den Erkennungsmarkenverzeichnissen bzw. den Marineakten mit der regionalen Verteilung in der Zentralkartei mußte folglich ein Urteil darüber erlauben, ob in der Zentralkartei eine solche Verzerrung vorhanden ist.

Gegen diese Argumentation läßt sich anführen, daß in der Anfangsphase des Krieges jedem Truppenteil ein Ersatztruppenteil mit einem regional begrenzten Musterungsbezirk zugeordnet war. Dadurch wurde eine landsmannschaftliche Homogenität erreicht. Wäre es nun, beabsichtigt oder zufällig, zu einer Häufung von Einheiten aus bestimmten Region an einer bestimmten Front gekommen, so könnten aus den unterschiedlichen Risiken an den Fronten verschiedene Todesquoten – und damit eine Verzerrung der Todes- gegenüber der Rekrutenverteilung – folgen.

Diese Befürchtung ist jedoch unberechtigt. Das oben beschriebene Personalersatzverfahren bestand nur in den ersten beiden Jahren, in denen die Verluste gering waren. Bereits im Winter 1941/42 mußte die Wehrmacht dazu übergehen, Rekruten und Genesene ohne Rücksicht auf Stammtruppenteile der nächstbesten Einheit zuzuteilen. Der häufige Abzug von Personal zwecks Aufstellung neuer Verbände bereits seit Kriegsbeginn tat ein übriges, um die regionale Homogenität der Verbände aufzuheben. Darüber hinaus gibt es keinen Anhaltspunkt für die Auffassung, daß, zufällig oder nicht, Verbände gleicher Herkunftsregionen an irgendeiner Front bevorzugt eingesetzt gewesen seien. Ganz im Gegenteil, der häufige Austausch der Verbände zwischen den Fronten hätte – zumindest auf Dauer – keine solche Konzentration zugelassen. Von daher ist davon auszugehen, daß die Chance eines Soldaten, z.B. aus dem westlichen Reichsgebiet, zu überleben, genauso groß war wie die eines Rekruten aus den ehemaligen Ostgebieten[28].

Ein weiterer Einwand ist möglich. Die Einberufungen erfolgten nicht regional gleichmäßig – zu Kriegsbeginn vor allem im Osten, später notgedrungen verstärkt im Westen. Von daher ist also zu erwarten, daß die Gebiete, in denen zuerst eingezogen worden war, bei den Toten überrepräsentiert sind, weil diese Soldaten den Risiken des Krieges länger ausgeliefert waren. Um diesem Sachverhalt Rechnung zu tragen, erwies es sich als nötig, auch das Einziehungsjahr zu berücksichtigen.

Ein letzter Einwand ist vorstellbar. Es könnte ja sein, daß z.B. die Marine als relativ kleiner Wehrmachtteil, der weitgehend aus Freiwilligen bestand, sein Personal vorwiegend aus Küstenbewohnern rekrutierte. Und vermutlich unterschied

---

[28] Ausführliche Beispiele hierzu finden sich bei Bartov, Von unten betrachtet, S. 329; anders dagegen Creveld, der allerdings unbesehen die Regelungen der Friedenszeit auf die Kriegszeit überträgt, siehe Creveld, Kampfkraft, S. 93 – 95.

sich die Verlustquote der Marine von der anderer Wehrmachtteile, so daß die Organisationszugehörigkeit einen Einfluß auf die regionale Verteilung der Todesfälle ausüben könnte. Von daher wird sowohl ein Vergleich für die gesamte Wehrmacht als auch nur für das Heer, als dem größten Wehrmachtteil, durchgeführt werden.

Dann jedoch ist es möglich, die regionale Verteilung der Einziehungen nach Jahren mit derselben Verteilung bei den Todesfällen zu vergleichen, um so festzustellen, ob die Todesfälle einen regionalen Bias aufweisen. Mit anderen Worten – wenn eine Kreuztabelle aus den Erkennungsmarkenverzeichnissen des Heeres mit den Einberufungen nach Jahren und den Herkunftsregionen dieselbe Verteilung aufweist wie eine entsprechende Kreuztabelle aus der Zentralkartei-Stichprobe für das Heer, dann liegt keine regionale Verzerrung vor.

Eine solche Kontrolle ist jedoch nur möglich für die Soldaten der Wehrmacht, für einige andere Gruppen – vor allem die Waffen-SS und den Volkssturm – existieren keine geeigneten Datenbestände, für einige wenige andere – wie die Beamten, Angestellten und Arbeiter der Marine – liegen zwar solche Unterlagen vor, es war jedoch davon auszugehen, daß ihr Anteil an den Verlusten gering sein würde; der Aufwand einer entsprechenden Erhebung war daher nicht zu rechtfertigen.

Damit stand das Untersuchungsdesign fest. Im wesentlichen bestand es aus zwei voneinander unabhängigen Handlungssträngen: Zum einen eine Erhebung der Todesfälle anhand der Zentralkartei, zum anderen eine Auswertung der Einziehungen anhand der Erkennungsmarkenverzeichnisse und der Marineunterlagen, wobei die Erfassung der Einziehungen dazu diente, einen regionalen Bias zu ermitteln. Ein Effekt ergab sich dabei quasi nebenbei: Ursprünglich hatte ein Nachteil der hier gewählten Methode darin bestanden, daß sie es nicht erlaubt, die statistische Verteilung der Todesfälle mit der der Lebenden zu vergleichen. Genau dies relativiert sich durch die Erhebung der Einziehungen. Zwar nicht für alle Gruppen, jedoch für die Soldaten der drei Wehrmachtteile wird es bei der Auswertung in einigen Fragestellungen möglich sein, die Toten mit der Summe der Eingezogenen zu vergleichen – und dabei werden sich interessante Erkenntnisse ergeben.

### 3.3.1 Fragestellungen

Da die Aufgabenstellung der Untersuchung rein deskriptiv ist, sollen an dieser Stelle nicht Hypothesen formuliert werden, die etwa im Laufe der Untersuchung zu testen wären. Trotzdem ist die Auswahl der erhobenen Merkmale nicht zufällig, sondern leitet sich – unter Berücksichtigung der Karteispezifika – aus der zentralen Fragestellung ab: *Wie viele Deutsche* sind infolge des Zweiten Weltkriegs im *militärischen* Einsatz auf deutscher Seite *gestorben*? Aus diesem Satz ergeben sich die wesentlichen Variablen – sie sollen im folgenden in ihren Ausprägungen näher definiert werden. Im einzelnen handelt es sich um:

- Geburtsjahr
- Herkunft
- Organisation
- Diensteintritt
- Kriegsschauplatz
- Todeszeitpunkt
- Todesart
- Status.

Die folgenden Erläuterungen orientieren sich an dieser Reihenfolge[29].

### 3.3.1.1 Geburtsjahr

In der vorliegenden Untersuchung ist dies eine der wichtigsten Variablen – mit einer sehr großen Bandbreite. Sie reicht von einem Mann aus Messenthin (Kreis Radom), Geburtsjahrgang 1873, der 1941 als Offizier in die Marine eintrat, bis zu einem dienstverpflichteten Decksjungen des Geburtsjahrgangs 1930. Um trotz dieses großen Spektrums sinnvolle Aussagen treffen zu können, erwies es sich als notwendig, die Jahrgänge zu gruppieren. Dabei wurden die im Jahr 1900 oder früher Geborenen in eine Merkmalsklasse und alle weiteren Jahrgänge in Fünfergruppen zusammengefaßt.

Darüber hinaus wird die Variable Geburtsjahr auch in modifizierter Form genutzt, so z.B. als Eintrittsalter. Die jüngsten, in der Stichprobe Enthaltenen, sind mehrere Jugendliche des Geburtsjahrgangs 1928, bereits 1944 einberufen, der älteste wiederum der bereits erwähnte Marineoffizier, der 1941 mit 68 Jahren reaktiviert wurde[30].

Eine zweite Variable ist ähnlich konstruiert wie das Eintrittsalter – das Todesalter. Der Älteste, ein Niederschlesier, Geburtsjahrgang 1878, kam im Januar 1945 als Volkssturmangehöriger ums Leben. Der Jüngste ist jener fünfzehnjährige Decksjunge, der im Mai 1945 an Bord eines Hilfskreuzers fiel.

Den beiden Variablen »Eintrittsalter« und »Todesalter« ist eines gemeinsam – sie wurden durch Subtraktion der Jahresangaben gewonnen. Damit ist natürlich eine Ungenauigkeit verbunden – eine im Jahr 1928 geborene und im Mai 1945 verstorbene Person wird in der vorliegenden Untersuchung als siebzehnjährig gezählt, tatsächlich kann sie jedoch noch 16 Jahre alt gewesen sein – wenn sie in einem späteren Monat als Mai geboren war. Der für die Erhebung des exakten Alters notwendige Aufwand wäre jedoch so groß gewesen, daß es gerechtfertigt erschien, diese marginale Ungenauigkeit zu tolerieren.

---

[29] Siehe hierzu auch die Erhebungsunterlagen im Anhang.
[30] Zum Volkssturm und den Verbänden der Hitlerjugend, die noch in den Endkämpfen eingesetzt wurden, gehörten noch ältere bzw. jüngere Personen. Wie bereits dargestellt, konnten die Eintrittsdaten für diese Gruppen jedoch leider nicht erhoben werden.

### 3.3.1.2 Herkunft

Eine der wichtigsten Unterscheidungen ergibt sich aus der Frage nach den *deutschen* Verlusten. Dabei stellt sich als erstes wieder die bereits diskutierte Frage, ob hier Staatsbürgerschaft, Herkunft oder Nationalität als Kriterium zugrunde gelegt werden soll. Im folgenden wird von der Definition ausgegangen, die auch die Basis der Arbeit der Deutschen Dienststelle bildet. Damit werden alle im Krieg eingesetzten Personen einbezogen, die deutsche Staatsbürger waren oder durch den Wehrdienst einen Anspruch auf die Staatsbürgerschaft erworben hatten und somit den Deutschen gleichgestellt waren, d.h. die Deutschen nach Staatsbürgerschaft und/oder nach Nationalität[31].

Natürlich ist es notwendig, diese Variable weiter zu differenzieren. Allerdings stellt sich dabei die Frage, wie – über den Geburtsort oder über den Wohnort? Im vorliegenden Fall war für die Entscheidung die pragmatische Überlegung ausschlaggebend, daß der Geburtsort – zumindest im deutschen Rechtsbereich – ein häufig angewandtes Personenstandskriterium ist, das mit einiger Sicherheit erhoben werden kann. Der Wohnsitz unterlag dagegen – gerade in den letzten Kriegsjahren – mitunter Änderungen, in vielen Unterlagen ist er nicht einmal vermerkt. Von daher erschien es sinnvoll, die Herkunft über den Geburtsort zu definieren, immer in der Hoffnung, daß Geburtsorte und Wohnorte nicht allzu oft divergieren[32].

Ziel der Kategorienbildung war es, den territorialen Veränderungen Rechnung zu tragen, denen Deutschland im 20. Jahrhundert unterworfen war. Es sollte möglich sein, sowohl für das Vorkriegs- als auch für das Nachkriegsdeutschland Aussagen zu treffen und gleichzeitig einige wichtige Personengruppen, wie die Österreicher, oder die zwangsrekrutierten Elsässer und Lothringer ausweisen zu können. Von daher wurde folgende Einteilung gewählt:

---

[31] Damit bezieht sich die vorliegende Arbeit auch nur auf die Deutschen, die auf deutscher Seite eingesetzt waren. Diejenigen, die als Exildeutsche in den alliieren Armeen oder als Volksdeutsche in den Streitkräften Verbündeter kämpften, können hier nicht berücksichtigt werden.

[32] Bei Berufssoldaten war ohnehin die Garnison Wohnsitz, gleichgültig, aus welcher Region der Betroffene stammte. In manchen Fällen ergeben sich natürlich Probleme aus den gewählten Definitionen. So wird ein deutscher Staatsangehöriger, der aufgrund einer zeitlich begrenzten beruflichen Tätigkeit des Vater auf dem Balkan geboren ist, anhand seines Geburtsorts in der vorliegenden Untersuchung den Volksdeutschen zugerechnet, obwohl er seinen späteren Wohnsitzen nach eher als Reichsdeutscher einzustufen wäre. Eine gewisse Relevanz besitzt das Problem nur für die relativ kleine Gruppe der Österreicher. Manche von ihnen wurden vor Ende des ersten Weltkrieges als Söhne von KuK-Beamten oder Kinder vergleichbarer Bevölkerungsgruppen in den damals österreichisch-ungarischen Gebieten geboren. Nach Kriegsende mußten sie in das österreichische Kernland umsiedeln, gelten in der vorliegenden Untersuchung also als Volksdeutsche, obwohl die Einordnung als Österreicher sinnvoller wäre. Die Zahl der Fälle ist allerdings zu klein, als daß sinnvoll wäre, sie explizit zu berücksichtigen, siehe hierzu auch Absolon, Wehrmacht, 5, S. 245; Herzog, Volksdeutsche, S. 2.

1. Gebiet der Bundesrepublik Deutschland in ihren heutigen Grenzen
2. Ostgebiete des Deutschen Reiches (Ostpreußen, Oder-Neiße-Gebiete), einschl. Danzig, auch als ehemalige Ostgebiete bezeichnet
3. Annektierte Gebiete (Warthegau, Sudetenland, Eupen-Malmedy, Moresnet, Memel *ohne* Österreich)
4. In die Wehrpflicht einbezogene, an Deutschland grenzende Gebiete (Elsaß, Lothringen, Luxemburg)
5. Österreich
6. In die Wehrpflicht einbezogene, an Österreich grenzende Gebiete (Unterkrain u.a.)
7. West-, nord- und südeuropäisches Ausland
8. Ost- und südosteuropäisches Ausland
9. Sonstige[33].

Für die meisten Auswertungen waren diese Kategorien zu differenziert. Von daher wurden folgende Zusammenfassungen benutzt:
- Deutschland (Kategorie 1)
- Ostgebiete des Deutschen Reiches (Kategorie 2)
- Ehemalige Ostgebiete und östliche Siedlungsgebiete (Kategorien 3 und 8)
- Österreich (Kategorie 5)
- Sonstige (Kategorien 4, 6, 7 und 9).

Gegebenenfalls wurden auch die Begriffe »Deutsches Reich« (Kategorien 1 und 2), sowie »Großdeutsches Reich« (Kategorien 1, 2, 3 und 5) benutzt.

Natürlich wären auch andere Kategorisierungen vorstellbar gewesen, insbesondere hätte das Sudetenland in den Begriff »Deutsches Reich« einbezogen werden können. Die vorliegende Einteilung bietet jedoch einen wesentlichen Vorteil – die Bevölkerung in den hier als deutsch definierten Gebieten war ethnisch weitestgehend einheitlich deutsch und unterlag daher fast vollständig der Wehrpflicht. Es wird so möglich sein, Einziehungen und Todesfälle auf die Gesamtbevölkerung zu beziehen, was in den »sonstige« Gebieten nicht möglich ist, weil hier, wenn überhaupt, nur ein Teil der Bevölkerung der deutschen Wehrpflicht unterlag.

### 3.3.1.3 Organisation

Innerhalb der Organisationen, die militärisch eingesetzt waren, soll unterschieden werden zwischen:

---

[33] Korrekt wäre es, in den Fällen, in denen auf Nachkriegsterritorien Bezug genommen wird, z.B. nicht den Ausdruck »Rekruten aus Bundesrepublik«, sondern »Rekruten aus dem Gebiet der heutigen Bundesrepublik« zu verwenden. Aus sprachlichen Gründen werden beide Begriffe jedoch synonym verwandt.

- Heer[34]
- Luftwaffe
- Marine
- Wehrmachtgefolge[35]
- Waffen-SS[36]
- Volkssturm
- Wehrmachtunterstützende Organisationen: Bahn, Post, RAD, OT, NSKK, Zoll etc.
- Polizeiorganisationen: Gestapo, Sipo, SD etc.[37].

Falls Verbände ihre Zuordnung wechselten, also z.B. von der Luftwaffe in das Heer überführt wurden, wie etwa die Luftwaffenfelddivisionen, wurden sie bis zu diesem Zeitpunkt als »Luftwaffe«, danach als »Heer« kodiert.

Auch diese Kategorien mußten des öfteren zu folgenden, neuen Gruppen zusammengefaßt werden:
- Wehrmacht (Kategorien 1 – 4)
- Waffen-SS (Kategorie 5)
- Volkssturm (Kategorie 6)
- Sonstige Organisationen (Kategorien 7 und 8).

### 3.3.1.4 Diensteintritt

Wie bereits mehrfach betont, liegen der Deutschen Dienststelle Erkennungsmarkenverzeichnisse oder vergleichbare Unterlagen nur für die drei Wehrmachtteile vor. Von daher konnte auch nur für diese der Diensteintritt ermittelt werden. Neben den Eintrittsjahren 1939 – 1945 wurden auch diejenigen Fälle erhoben, in denen die Betroffenen zu Kriegsbeginn bereits Soldat waren[38].

---

[34] Soldaten und Beamte des Heeres einschließlich der Angehörigen von wehrmachtübergreifenden Dienststellen – angesichts der geringen zu erwartenden Fallzahl war die Bildung einer eigenen Kategorie für die letzteren nicht sinnvoll.

[35] Alle Mitarbeiter der Wehrmacht, die nicht Soldaten waren, d.h. Militärverwaltungsbeamte, Arbeiter und Angestellte, Luftwaffenhelfer, Wehrmachthelferinnen etc.

[36] Alle Angehörigen der Waffen-SS, unabhängig von ihrem Status. Tatsächlich handelte es sich fast ausschließlich um Soldaten, in der Stichprobe war lediglich ein Fall eines SS-Zöglings enthalten, der bei der Waffen-SS eingesetzt war (Fall Z 3165).

[37] In der Deutschen Dienststelle wurden zur Kennzeichnung der »Organisation« die Kategorien »Wehrmacht«, »Waffen-SS/Polizei« und »Sonstige« verwendet. Diese, recht grobe Differenzierung genügt für die Zwecke der vorliegenden Untersuchung nicht, allerdings mit der Konsequenz, daß die Ergebnisse der vorliegenden Arbeit mit der internen Statistik der Deutschen Dienststelle leider nur bedingt vergleichbar sind.

[38] Eintrittsdaten vor dem 1.9.1939 wurden als »8« kodiert.

Dabei konnte nur das Datum des ersten Diensteintritts ermittelt werden, spätere Entlassungen und/oder Wiedereintritte zu berücksichtigen, war nicht möglich – dies hätte die Verfolgung der gesamten militärischen Biographie jedes einzelnen Falls erfordert und damit zu einer anderen Untersuchung geführt.

### 3.3.1.5 Kriegsschauplatz

Ein wesentlicher Aspekt der Fragestellung ist der Kriegsschauplatz. Dabei wurde folgende Einteilung unternommen:
- Westfront bis 31. Dezember 1944
- Ostfront bis 31. Dezember 1944
- Balkan bis Oktober 1944
- Endkämpfe im Osten und Westen ab 1. Januar 1945
- Italien bis zur Kapitulation
- Afrika
- Norden, d.h. Skandinavien ohne Finnland
- Restliche Kriegsschauplätze: Heimat, See, Polenfeldzug etc.
- Tod in Kriegsgefangenschaft, unterschieden nach den Gewahrsamsmächten Frankreich, Großbritannien, Jugoslawien, UdSSR, USA, sowie restliche Gewahrsamstaaten.

Dazu einige Erläuterungen: Die Einteilung in Kriegsschauplätze erscheint zwar zunächst naheliegend, realiter ist sie nicht immer leicht durchzuhalten. Abgrenzungsprobleme entstehen u.a. bei der Ostfront ab Mitte 1944. Entsprechend den Zusammenhängen der Kriegführung und den Wehrmachtusancen wurde die Kategorie »Balkan« im Jahr 1944 nur noch für die Fälle verwendet, die eindeutig nicht der Ostfront zugeordnet werden konnten – ab Oktober 1944 wurden alle Todesfälle auf dem Balkan als »Ostfront« kodiert[39].

Auch bei der Kategorie »Endkämpfe« wären andere Abgrenzungen vorstellbar gewesen, z.B. der Oktober 1944 als Beginn der Endkämpfe, weil im Westen und im Osten das Reichsgebiet erreicht war, oder der März 1945, weil hier die beiden großen Flüsse Oder und Rhein überschritten wurden und der Zusammenbruch Rumpfdeutschlands begann. Dennoch wurde der Stichtag »1. Januar 1945« gewählt, zum einen weil diese Zäsur üblich ist, zum anderen weil es spätestens ab diesem Zeitpunkt schwerfällt, Todesfälle exakt einzelnen Fronten zuzuordnen.

Die Kategorie »Restliche Kriegsschauplätze« ist dagegen heterogen – hier wurden alle Operationen zusammengefaßt, bei denen die Verluste so gering waren, daß die separate Ausweisung kaum zu aussagekräftigen Ergebnissen führen würde. Hinzu kommen die Fälle, die sich keinem Land-Kriegsschauplatz zuordnen lassen, vor allem also solche von Marineangehörigen.

---

[39] OKW/AWA/WVW (V) Az. 31 t 61, Nr. 4898/44 vom 5.12.1944, Betr.: Statistische Erfassung der Wehrmachtverluste durch die Wehrersatzdienststellen, BA-MA, RW 6/v.520.

### 3.3.1.6 Todeszeitpunkt und Überlebensdauer

Erhoben wurden sowohl Todesjahr als auch Todesmonat – eine weitere Differenzierung wäre der Qualität der Daten nicht angemessen gewesen. Falls von einer Person nur eine letzte Nachricht oder eine Vermißtmeldung einer Einheit vorlag, wurde dieses Datum zugrundegelegt, obwohl es sich im Grunde nicht um eine Aussage über den Tod, sondern um das letzte Lebenszeichen, z.B. einen Feldpostbrief handelt. Hier ist allerdings zu bedenken, daß Soldaten häufig Feldpostbriefe schrieben. Wenn dies nicht mehr der Fall war, dann war der Betroffene tot oder in Kriegsgefangenschaft geraten. Hätte er längere Zeit in Lagern gelebt, hätten Kameraden davon berichtet. Tatsächlich mögen diese Personen also länger gelebt haben als es der Zeitpunkt der letzten Nachricht vermuten läßt, die Erfahrung besagt jedoch, daß es sich nicht um allzulange Zeiträume gehandelt haben kann – allerletzte Sicherheit besteht allerdings nicht.

Eine wichtige abgeleitete Variable ist die »Überlebensdauer«, d.h. der Zeitraum zwischen der Einziehung eines Soldaten und – gegebenenfalls – seinem Tod[40]. Da die Einziehungen nur für Wehrmachtsoldaten ermittelt werden konnten, liegt diese Variable auch nur für diesen Personenkreis vor.

### 3.3.1.7 Todesart

Um ein möglichst differenziertes Bild aufzeigen zu können, wurden auch die Todesumstände, differenziert nach folgenden Kategorien erhoben:
1. Gefallen
2. Durch Verwundung, Krankheit oder Unfall gestorben[41]
3. Todesurteil[42]
4. Selbstmord
5. Vermißt
6. Letzte Nachricht
7. Kriegsgefangenschaft.

---

[40] Der Begriff mag zynisch klingen, er ist allerdings am besten geeignet den zugrundeliegenden Sachverhalt zu umschreiben.

[41] Wie bereits ausgeführt, ist es im angloamerikanischen Sprachraum üblich, nochmals zwischen gefechtsbedingten und nicht-gefechtsbedingten Verlusten zu unterscheiden. In der vorliegenden Untersuchung mußte auf eine solche Differenzierung verzichtet werden, weil die Qualität der Daten eine eindeutige Zuordnung oft nicht zuließen, siehe OKW/AWA/WVW(V), Az. 31 t 61, Nr. 3633/44 vom 30.8.1944, Betr.: Statistische Erfassung der Wehrmachtverluste durch die Wehrersatzdienststellen, BA-MA, RW 6/v.520.

[42] Im engeren Sinne handelte es sich bei den zum Tode Verurteilten nicht um Soldaten, da sie vor der Vollstreckung automatisch aus der Wehrmacht ausgestoßen wurden. Es scheint hier jedoch nicht angemessen, dieser Terminologie zu folgen.

Entsprechend den Wehrmachtusancen galt ein Soldat als gefallen, wenn er an der Front ums Leben gekommen war oder der Tod nach Verwundung in einem engen räumlichen und zeitlichen Zusammenhang mit der Verwundung stand[43].

»Vermißt« im Sinne der vorliegenden Untersuchung bedeutet, daß für den Betroffenen eine Vermißtenmeldung seiner Einheit vorliegt und dies die letzte Angabe über seinen Aufenthalt darstellt. In ähnlicher Weise besagt »Letzte Nachricht«, daß nur bekannt ist, von wann der letzte Feldpostbrief oder ein anderes Lebenszeichen stammt.

Unter dem Begriff »Kriegsgefangenschaft« sind alle Arten von Todesfällen in fremden Gewahrsam enthalten – gleichgültig, welche Ursache zugrunde liegt. Und daß diese Todesfälle keineswegs immer auf Handlungen der Besatzungsmacht zurückzuführen sind, soll an einigen Bespielen verdeutlicht werden. Zahlreiche Todesfälle ereigneten sich 1945 in Wehrmachtlazaretten, die unter Aufsicht der Besatzungsmächte weiterarbeiteten. Die Kranken waren prinzipiell Kriegsgefangene, im Fall der Genesung wurden sie in Kriegsgefangenenlager überstellt. Die Todesfälle in solchen Lazaretten werden daher als Todesfälle in Kriegsgefangenschaft gezählt, obwohl diese Zuordnung nicht verursachungsgerecht sein muß. So enthielt die Stichprobe einige Fälle, die erst nach Kriegsende am Tegernsee eingetreten waren. Eine Nachprüfung ergab, daß das Tegernseer Tal schon während des Krieges in großem Umfang als Lazarett genutzt worden war, dort also nach Kriegsende Soldaten als amerikanische Kriegsgefangene starben – dies aber an Verletzungen und Krankheiten, die sie sich nicht in amerikanischem Gewahrsam zugezogen hatten. Ähnliches gilt für den britischen Gewahrsam – hier sind Deutsche beim Minenräumen in der Nordsee ums Leben gekommen – im deutschen Interesse, jedoch unter britischer Oberaufsicht und insofern in britischer Kriegsgefangenschaft[44].

Auch für die obigen Kategorien werden Zusammenfassungen benutzt, wobei zwischen den Fallgruppen:
- gefallen (Kategorie 1)
- auf sonstige Weise gestorben (Kategorien 2 – 4)
- verschollen (Kategorien 5 und 6)
- in fremdem Gewahrsam gestorben (Kategorie 7)

unterschieden wird, gegebenenfalls werden auch die ersten beiden Gruppen (Kat. 1 – 4) nochmals zur Kategorie »auf deutscher Seite ums Leben gekommen« zusammengefaßt. Für die Aussagekraft der Untersuchung ist diese Dreiteilung von wesentlicher Bedeutung, denn hier werden die Unsicherheiten der Datenbasis deutlich. Bedeutet doch die Kategorie »auf deutscher Seite ums Leben gekom-

---

[43] WASt/Referat I: Erfahrungsbericht über die Erstattung von Kriegssterbefallanzeigen, Berlin, 14.5.1940, BA-MA, RW 48/5.
[44] Ähnlich gelagert ist der in der Stichprobe enthaltene Fall des achtzehnjährigen Johannes P., der im Juni 1945 als englischer Kriegsgefangener beim Räumen von Landminen ums Leben kam (Fall Z 2126). Zu den weitaus zahlreicheren Todesfällen beim Minenräumen in Frankreich siehe Voldman, Attention mines.

men«, daß der Tod eintrat, während der Betroffene sich auf »deutscher Seite« befand, d.h. innerhalb der eigenen Reihen, sowohl bezüglich der Verfügungsgewalt als auch hinsichtlich des Informationsstandes. Das andere Ende des Spektrums stellt die Ausprägung »gestorben in Kriegsgefangenschaft« dar – der Betroffene befand sich eindeutig im Gewahrsam einer fremden Macht. Zwischen diesen beiden Extrempunkten liegt die Kategorie »verschollen«, d.h. es ist nicht bekannt, ob der Betroffene auf der »deutschen Seite« oder »erst« in Kriegsgefangenschaft gestorben ist. Da es aber keine begründbare Regel dafür gibt, solche Fälle der einen oder anderen Seite zuzuordnen, bleibt erhebungstechnisch gesehen keine andere Wahl, als diese Fälle der deutschen Seite zuzuordnen – wohlwissend, daß diese Zuordnung in einer nicht quantifizierbar großen Anzahl von Fällen nicht korrekt ist. Von daher umfaßt die Ausprägung »gestorben in Kriegsgefangenschaft« nur die Fälle, in denen dies sicher zutrifft – in welchem Maße die Angaben vollständig sind, hängt davon ab, wie groß der Anteil der Verschollenen an der jeweiligen Front ist.

Die oben definierten Kategorien beinhalten aber auch eine Implikation, auf die hinzuweisen wichtig ist. Nach dem hier zugrunde gelegten Verständnis wird als Verlust der individuelle Tod angesehen. Eine solche Definition unterscheidet sich vom Verlustbegriff einer militärischen Organisation. Auch wenn man von dem hier nicht näher thematisierten Problem der Verwundeten absieht, bestehen Verluste im Sinne des militärischen Meldewesens aus den Toten und den Vermißten bzw. Kriegsgefangenen, d.h. allen Personen, die nicht mehr zur Verfügung stehen, unabhängig davon, ob sie lebend in Kriegsgefangenschaft geraten und möglicherweise später wohlbehalten nach Hause entlassen worden sind. Verluste im Sinne der vorliegenden Arbeit umfassen jedoch nur die Toten, die Verschollenen und diejenigen unter den Kriegsgefangenen, die gestorben sind. Die Mehrheit der Kriegsgefangenen gehört zwar nach militärischen Sprachgebrauch zu den Verlusten, hat den Krieg jedoch überlebt und stellt daher keinen Verlustfall im Sinne der vorliegenden Arbeit dar. Insofern müßten also die Verluste gemäß der militärischen Definition deutlich höher liegen als die Verluste im Sinne der vorliegenden Untersuchung[45].

### 3.3.1.8 Status

Soweit die Kategorien, die sich unmittelbar aus der zentralen Fragestellung ergaben. Hinzu kommt als weitere Variable der »Status«. Er bezieht sich auf ein Problem, das bereits bei der Organisation der Zentralkartei angerissen wurde. Dabei wurde zwischen folgenden Fällen unterschieden:

---

[45] Eine Untersuchung, die die Auswirkungen auf die militärische Verfügbarkeit ermitteln will, müßte eine Stichprobe aus der Grundgesamtheit aller Soldaten ziehen und dann den Verbleib nachvollziehen. Zur Konzeption eines solchen Ansatzes siehe Kap. 3.3.

- Kriegssterbefällen
- gerichtlichen Todeserklärungen
- registrierten Suchfällen
- Vermißten.

Tote im »klassischen« Sinne, d.h. Personen, deren Tod sicher feststeht, sind nur die Kriegssterbefälle. Hier liegt entweder eine amtliche Bestätigung über den Tod oder die Aussage einer Person vor, die den Betroffenen als Lebenden und als Toten gesehen hat. Die Wahrscheinlichkeit, daß eine solche Aussage falsch ist, hat sich als sehr gering erwiesen. Von insgesamt ca. 3,1 Millionen beurkundeten Sterbefällen mußten lediglich 904 gelöscht werden - und dies vor allem aufgrund irrtümlicher Doppelbeurkundungen.

Die zweite Fallgruppe stellen diejenigen Personen dar, für die ein Registrierantrag und/oder eine Todeserklärung vorliegt. Mit anderen Worten, es gibt zwar niemanden, der den Tod einer solchen Person mit hinreichender Sicherheit bezeugen kann, bis 1950, als die Repatriierungen im wesentlichen abgeschlossen waren, war sie jedoch noch nicht zurückgekehrt. Und diejenigen, die später, insbesondere aus der UdSSR, heimkehrten, wurden so umfassend registriert, daß es nur das Ergebnis eines immer möglichen Bearbeitungsfehlers sein könnte, wenn ein Suchantrag fälschlich nicht aufgehoben worden wäre. Ausnahmen sind nur vorstellbar für die Bewohner der DDR bzw. die Volksdeutschen aus Ost- und Südosteuropa, denen es gelungen sein mag, einen Suchantrag zu stellen, die dann aber möglicherweise keine Gelegenheit hatten oder keine Notwendigkeit sahen, die Heimkehr des Gesuchten zu melden. Dabei kann es sich jedoch nur um eine kleine Gruppe handeln, weil die nach 1950 noch in sowjetischem Gewahrsam befindlichen Deutschen generell weitgehend erfaßt waren und - bezogen auf die Summe der Kriegsgefangenen insgesamt - ohnehin nur noch eine kleine Gruppe darstellten. Daß Personen trotz eines weiterbestehenden Suchantrags heimgekehrt sind, ist also unwahrscheinlich.

Dies gilt noch mehr für die Todeserklärungen, denn ohne deren Aufhebung ist eine bürgerliche Existenz in der Bundesrepublik nicht möglich. Solche Löschungen sind zwar vorgenommen worden, es handelt sich dabei jedoch um nur ca. 10 000 von ca. 1 300 000 Fällen seit 1949, d.h. weniger als ein Prozent. Und diese haben sich vor allem in den fünfziger Jahren ereignet. Heute kommt es kaum noch einmal vor, daß ein gerichtlich Toterklärter heimkehrt - von daher ist das Risiko, daß eine gerichtliche Todeserklärung sich als falsch erweist, vernachlässigbar gering.

Aus den Ausführungen über die Suchfälle und die gerichtlichen Todeserklärungen müßte sich nun eigentlich ergeben, daß beide Begriffe weitgehend deckungsgleich sind, d.h. für jeden Registrierfall eine Todeserklärung vorliegt et vice versa. Dies ist jedoch nicht der Fall. Zum einen wirkt sich hier aus, daß mitunter Amtsgerichte vergessen haben, die Deutsche Dienststelle zu benachrichtigen, mit der Folge, daß der Suchantrag zwar registriert ist, die sehr wohl existierende Todeserklärung jedoch nicht. Darüber hinaus gibt es immer noch Familien, die aus emotionalen Gründen ihren Angehörigen nicht haben für tot erklären lassen. Im Gegenzug liegen Fälle vor, in denen die Familien, nachdem der Angehörige bis Ende der 40er Jahre nicht heimgekehrt war, darauf verzichtet haben, einen Suchantrag zu stellen, sondern ihn haben für tot erklären lassen. Von daher bilden die beiden Kategorien »gerichtliche Todeserklärungen« und »registrierte Suchfälle« zusammen die Gruppe der mit höchster Wahrscheinlichkeit, aber nicht mit letzter Sicherheit beweisbaren Todesfälle[46].

Nur in einigen, wenigen Fällen ist es vorstellbar, daß solche Personen überlebt haben. Eine relativ kleine Gruppe von Kriegsteilnehmern hat die Entlassung aus der Kriegsgefangenschaft auch als Chance gesehen, ein neues Leben zu beginnen. Gründe hierfür können der feste Glaube gewesen sein, die eigene Familie sei ohnehin tot, aber auch die Unzufriedenheit mit der erlebten oder erwarteten Situation zu Hause – z.B. hatten manche Frauen oder Freundinnen in der Zwischenzeit einen anderen Mann kennengelernt. In den USA hätten sich viele Kriegsgefangene gern niedergelassen, weil die wirtschaftliche Situation offensichtlich weitaus besser war als selbst die im unzerstörten Vorkriegsdeutschland. Solche Fälle wurden in Westeuropa bzw. den USA spätestens dann geklärt, wenn diese Personen Ausweispapiere benötigten oder eine deutsche Rente beantragten. Darüber hinaus gab es aber eine bis heute quantitativ nicht faßbare Anzahl von Kriegsgefangenen, die in der UdSSR verblieben und dort inzwischen vermutlich eines natürlichen Todes gestorben sind, ohne daß ihre Angehörigen vom Überleben erfahren haben – ihre Zahl dürfte allerdings klein sein[47].

Der zweite mögliche Grund, nicht heimkehren zu wollen, war die berechtigte Furcht, wegen der eigenen Vergangenheit zur Rechenschaft gezogen zu werden. Quantitativ dürfte diese Gruppe – bezogen auf die Millionen von Kriegsteilnehmern – klein sein, vermutlich bestand sie vor allem aus Angehörigen der Waffen-SS, die befürchten mußten, anders behandelt zu werden als die Wehrmachtsoldaten. Die unter den Gefangenen kolportierten Gerüchte, sie würden auf lange Jahre als Zwangsarbeiter zu Reparationszwecken zurückgehalten werden und dabei eines langsamen Todes sterben, soll der Grund für Tausende von Waffen-SS-Angehörigen gewesen sein, sich freiwillig zur französischen Fremdenlegion zu melden. Viele von ihnen kamen dann im Indochinakrieg ums Leben – in den Unterlagen der Deutschen Dienststelle ist in diesen Fällen jedoch ein Suchantrag oder eine Todeserklärung mit einem vermutlichen Todesort an der Westfront oder in einem französischen Kriegsgefangenenlager vermerkt[48].

---

[46] Böhme, Gesucht wird, S. 91 – 93; Arbeitsbericht 1981/82, Deutsche Dienststelle, S. 23.
[47] Obwohl derartige Schicksale in der Erinnerungsliteratur immer wieder erwähnt werden, liegt bisher hierzu keine Studie vor, siehe auch Böhme, Gesucht wird, S. 136.
[48] Eine Untersuchung über das Schicksal dieser Personengruppe steht bis heute aus. Zu den wenigen vorhandenen Hinweisen gehören: Armée de métier ou Armée S.S.?, in: L'Humanité, 16./17.9.1945; M. Diethelm avoue, in: L'Humanité, 28.10.1945. Siehe hierzu: Eckard Michels, Mythen und Realitäten: Deutsche in der Fremdenlegion 1943 – 1955, in: MGM, 55 (1996), S. 431 – 481.

Die letzte und schwierigste Fallgruppe stellen die Vermißten dar, wobei dieser Begriff abweichend vom Sprachgebrauch des vorherigen Abschnitts für diejenigen Fälle verwendet wird, für die entweder eine letzte Nachricht oder eine Vermißtmeldung der Einheit vorliegt, ohne daß ein Suchantrag oder eine gerichtliche Todeserklärung vorläge. Damit entsteht die Frage, ob diese Personen tatsächlich tot sind.

Zu unterscheiden ist hier zwischen zwei Gruppen. Die erste, relativ kleine, bilden diejenigen, die früh, etwa im Winter 1941/1942 an der Ostfront oder im Zusammenhang mit Stalingrad, vermißt gemeldet worden sind. Daß diese Personen in der allerersten Nachkriegszeit, als die Heimkehrer noch kaum erfaßt wurden, wegen Arbeitsunfähigkeit nach Hause geschickt worden waren, ist möglich, sie hätten dann aber höchstwahrscheinlich irgendwann einmal die Leistungen der Deutschen Dienststelle in Anspruch nehmen müssen.

Aber auch psychische Abwehrreaktionen der betroffenen Familien sind möglich. Als im Winter 1941/42 bzw. 1942/43 Verlustmeldungen in großem Umfang eintrafen, da galt noch die Vorstellung, daß es gleichgültig sei, ob die Vermißten in sowjetische Kriegsgefangenschaft geraten waren oder nicht – lebend zurückkehren würde ohnehin keiner von ihnen. Aufgrund der offensichtlichen Hoffnungslosigkeit wurde dann möglicherweise später kein Suchantrag gestellt und besonders gelagerte Umstände müssen dazu geführt haben, daß bis heute nicht einmal eine Todeserklärung für die Regelung von Erbschaftsangelegenheiten benötigt wurde[49].

Wahrscheinlicher ist jedoch eine andere Erklärung. Die Vermißtmeldungen für die an der Ostfront zerschlagenen Einheiten wurden seit Stalingrad von den Abwicklungsstäben erstellt, also aus erhalten gebliebenen Unterlagen sowie Informationen von Angehörigen und Kameraden rekonstruiert. Wenn aber die Angaben zu einer Person falsch waren und dieser Fehler nicht bemerkt wurde, entstand – karteitechnisch gesehen – eine neue Person, allerdings eine »Karteileiche«. Außer der – z.B. mit einem völlig falschen Geburtsdatum versehenen – Karteikarte mit der Vermißtmeldung, existiert dann noch eine andere Karte, auf der mit korrekten Daten die restlichen Angaben zu dieser Person vermerkt sind.

Die zweite, deutlich umfangreiche Fallgruppe besteht aus Personen, für die eine letzte Nachricht oder eine Vermißtmeldung aus der Endphase des Krieges vorliegt. Solche Personen müssen entweder noch in der Endphase des Krieges aus der Wehrmacht entlassen worden, sich in der Kapitulationsphase auf den Weg nach Hause gemacht haben oder nach kurzer Gefangenschaft heimgekehrt sein und die Hilfe der Deutschen Dienststelle nicht mehr benötigt haben, weil sie vollständige Unterlagen besaßen. Für bestimmte Personengruppen, vor allem die zwangsrekrutierten Elsässer und Lothringer, war es außerdem naheliegend, angesichts des ohnehin verlorenen Krieges, zu desertieren und in ihr bürgerliches Leben zurückzukehren. Korrekte Entlassungspapiere oder eine Dienstzeitbe-

---

[49] Böhme, Gesucht wird, S. 92; Suchzeitung, Nr. 11/12/II, S. 2.

scheinigung der Deutschen Dienststelle benötigten sie nicht – davon hatten sie keine Vorteile zu erwarten. Oder aber es handelte sich um Personen, die zwar aus dem Kriege heimgekehrt waren, aber eines natürlichen Todes starben, bevor sie eine Leistung in Anspruch nehmen konnten, für die sie die Auskünfte der Deutschen Dienststelle benötigten. Personen, für die nur eine Vermißtmeldung oder eine letzte Nachricht aus der Endphase des Krieges vorliegen, sind von daher mit hoher Wahrscheinlichkeit nicht im Zweiten Weltkrieg ums Leben gekommen[50].

Wie kompliziert sich der Sachverhalt darstellen kann, sei am Beispiel eines Soldaten verdeutlicht, von dem nur der Name Heinz Bleifisch bekannt ist[51]. Der Meldung eines Offiziers des Hilfskreuzers Orion war zu entnehmen, daß Bleifisch beim Bombenangriff auf diesen Hilfskreuzer am 4. Mai 1945 ums Leben gekommen war. Obwohl das Schreiben Einzelheiten über andere Gefallene enthielt, die überprüfbar korrekt waren, konnte die Meldung über Heinz Bleifisch keiner konkreten Person zugeordnet werden. Weitere Nachforschungen ergaben, daß er auch nicht zur Besatzung der »Orion« gehört hatte. Es konnte aber festgestellt werden, daß der Hilfskreuzer den Auftrag gehabt hatte, ca. 3000 Seekadetten des gesunkenen Linienkreuzers Schlesien aus Ostpreußen zu evakuieren, was dann jedoch durch die Versenkung verhindert wurde.

Bei den personalbearbeitenden Dienststellen konnten noch keine Unterlagen über Heinz Bleifisch vorliegen, weil er erst in der Endphase des Krieges, kurz vor seinem Tod, eingezogen worden war. Nachfragen, insbesondere Registrieranträge oder Anträge auf gerichtliche Todeserklärungen lagen nicht vor. Drei Möglichkeiten bleiben offen:
- Bleifisch stammte aus dem Baltikum oder den ehemaligen Ostgebieten, er selbst – sofern er überlebt hatte – und seine Verwandten sind nach Kriegsende dort verblieben. Sie müssen weder die Möglichkeit, noch können sie das Bedürfnis gehabt haben, sich in dieser Angelegenheit an eine bundesdeutsche Dienststelle zu wenden. Angesichts der bereits seit Jahren offenen Grenzen ist diese Erklärung unwahrscheinlich.
- Bleifisch hat entgegen der Auffassung des meldenden Offiziers den Bombenangriff überlebt. Der Offizier mag ihn verwechselt haben oder aus der Tatsache, daß er ihn nicht mehr sah, fälschlich geschlossen haben, daß er tot war.
- Die Beobachtung des Offiziers war korrekt, die von ihm angeführten Personenangaben sind aber in irgendeinem wesentlichen Punkt falsch, so daß die Angabe nicht zugeordnet werden kann.

Welche der drei Erklärungen zutrifft, ist nicht entscheidbar. Wichtig für die Untersuchung ist nur, daß, wenn Bleifisch eine konkrete Person war, er den Krieg vermutlich überlebt hat, wenn jedoch nicht, dann ist der Todesfall höchstwahrscheinlich unter einer anderen Identität registriert.

---

[50] Böhme, Gesucht wird, S. 93; Mayer, Suchdienst, S. 2; Smith, Heimkehr, S. 76.
[51] Aus Gründen des Persönlichkeitsschutzes wurde der Name geändert.

Insgesamt bleibt also festzuhalten, daß diejenigen Soldaten, für die nur Vermißtmeldungen oder letzte Nachrichten aus der Endphase des Krieges, jedoch keine Suchanträge oder Todeserklärungen, vorliegen, den Krieg mit hoher Wahrscheinlichkeit überlebt haben. Bei der kleinen Zahl von Fällen, die aus der Zeit vor Mitte 1943 stammen, handelt es sich dagegen zu einem hohen Anteil um »Karteileichen«, nur ein kleiner, nicht näher quantifizierbarer Anteil könnte vermutlich dennoch tot sein. Für die Zwecke der vorliegenden Arbeit erscheint in diesen Fällen der Grad der Todesgewißheit insgesamt jedoch zu gering, von daher wurde auf die Auswertung der Fälle mit dem Status »vermißt« verzichtet.

Aus ähnlichen Gründen wurden auch die unklaren Fälle nicht in die Auswertung aufgenommen. Auch wenn sicherlich einige Todesfälle darunter sind, die anderswo nicht dokumentiert sind, handelt es sich ganz überwiegend um Angaben, die nicht zugeordnet werden können, sich aber mit anderen, vorhandenen überschneiden. Sie zu berücksichtigen würde zu Doppelzählungen führen. Als tot im Sinne der vorliegenden Untersuchung werden daher nur die Personen aufgefaßt, für die entweder eine Kriegssterbefallurkunde, eine gerichtliche Todeserklärung oder ein Suchantrag im Rahmen der Registrierung von 1950 vorliegt.

### 3.3.1.9 Kontrollvariable

Zu den von der Fragestellung der Untersuchung her vorgegebenen kamen noch einige weitere Variable, die zu erheben von Bedeutung war, um die Qualität der gewonnenen Daten kontrollieren zu können. Als externe Vergleichsmaßstäbe kamen vor allem diejenigen Statistiken in Betracht, die in der Nachkriegszeit angefertigt worden sind – in der Regel allerdings zu anderen Zwecken, und damit nur eingeschränkt brauchbar[52].

Eine solche Vergleichsbasis ist die amtliche Statistik der Kriegssterbefälle und gerichtlichen Todeserklärungen, die in der Bundesrepublik geführt wurde – allerdings nur für das ursprüngliche Territorium der Bundesrepublik, d.h. ohne das Saarland und Westberlin. Daher wurde bei den Personen, die aus dem Gebiet der heutigen Bundesrepublik stammen, nochmals zwischen folgenden Gruppen differenziert:
- Bundesrepublik ohne Saarland und Westberlin
- Saarland, West- und Ostberlin
- DDR ohne Ostberlin.

Daß nochmals zwischen »Saarland/Berlin« und »DDR« unterschieden wurde, hat einen anderen Grund. Wie bereits dargestellt, mußte damit gerechnet werden,

---

[52] Siehe hierzu Kap. 2.4.

daß die Einwohnerschaft der ehemaligen DDR weniger Gelegenheit gehabt hatte zu melden als die Bundesbürger. Und um diese Vermutung prüfen zu können, war es notwendig, zwischen Bundes- und DDR-Bürgern zu unterscheiden. Ostberliner hatten allerdings – ganz anders als die anderen Bewohner der DDR – noch bis zum Mauerbau die Möglichkeit gehabt, die Dienste der Deutschen Dienststelle in Anspruch zu nehmen. Von daher war es sinnvoll, sie den Westberlinern gleichzustellen.

Ebenfalls zu Kontrollzwecken wurde die Kategorie »Status« dahingehend differenziert, ob der Kriegssterbefall von:
- der Wehrmachtauskunftstelle
- der Deutschen Dienststelle
- dem DRK-Suchdienst Ost
- der Auskunftstelle für Kriegerverluste der Waffen-SS
- einer österreichischen Stelle

erstattet worden war. In ähnlicher Weise wurde bei den gerichtlichen Todeserklärungen dahingehend unterschieden, ob sie in der Bundesrepublik, der DDR oder Österreich beantragt worden waren.

Die dritte Kontrollvariable ist das Einberufungsdatum der Fälle aus der Zentralkartei. Zunächst einmal wurde sie erhoben, um inhaltliche Fragestellungen zu beantworten. Darüber hinaus wurde sie aber auch erfaßt, um durch den Vergleich der Gesamteinziehungen zum Heer mit den Verteilungen der Todesfälle abschätzen zu können, ob die mögliche regionale Verzerrung tatsächlich gegeben ist.

### 3.3.2 Stichprobengröße

Die Überlegungen zum Untersuchungsdesign hatten ergeben, daß es nötig sein würde, die Hauptuntersuchung auf der Basis der Zentralkartei durchzuführen, gleichzeitig aber auch Kontrollerhebungen in den Erkennungsmarkenverzeichnissen und der Marinekartei durchzuführen. Die Auswertung in Form einer Vollerhebung durchzuführen wäre zwar wünschenswert, jedoch weder unter dem Aspekt des Zeitaufwandes noch der Finanzen realisierbar gewesen. Von daher erwies es sich als notwendig, eine Stichprobe zu ziehen.

Für die Festlegung des Umfangs waren folgende Überlegungen ausschlaggebend: Der Verzicht auf eine Vollerhebung hat notwendigerweise zur Folge, daß die tatsächliche Verteilung der Grundgesamtheit nicht festgestellt werden kann, denn eine Stichprobe kann immer nur einen Wert erbringen, der mit einer angebbaren Sicherheit in einem exakten beschreibbaren Intervall in der Nähe des wahren Wertes liegt – der wahre Wert selbst aber bleibt unbekannt. Auch wenn also eine Stichprobe nicht mehr sichere, sondere nur noch wahrscheinliche Werte liefert, sollte dennoch die Sicherheit möglichst groß sein. Es wurde daher ein Signifikanzniveau von 99 Prozent und ein möglichst kleines Konfidenzintervall an-

**Tab. 11: Konfidenzintervalle für das Signifikanzniveau 99 %**

| Stich-proben-größe | Stichprobenanteil | | | |
|---|---|---|---|---|
| | 1 % | 5 % | 10 % | 20 % |
| 1 000 | 0,2 bis 1,8 | 3,2 bis 6,8 | 7,6 bis 12,4 | 16,7 bis 23,3 |
| 2 000 | 0,4 bis 1,6 | 3,7 bis 6,3 | 8,3 bis 11,7 | 17,7 bis 22,3 |
| 3 000 | 0,5 bis 1,5 | 4,0 bis 6,0 | 8,6 bis 11,4 | 18,1 bis 21,8 |
| 4 000 | 0,6 bis 1,4 | 4,1 bis 5,9 | 8,8 bis 11,2 | 18,3 bis 21,7 |
| 5 000 | 0,65 bis 1,35 | 4,2 bis 5,8 | 8,9 bis 11,1 | 18,5 bis 21,5 |

gestrebt[53]. Hinzu kam ein weiteres Anliegen – um aussagekräftige Ergebnisse zu erzielen, sollten auch noch relativ kleine Stichprobenanteile mit einem Höchstmaß an Zuverlässigkeit erfaßt sein. Zu vermeiden war vor allem, daß kleine Anteile aufgrund des geringen Stichprobenumfangs fälschlich als Null ausgewiesen würden[54].

Zu ermitteln war also, welche Stichprobengröße den obigen Bedingungen gerecht wird. Die Entscheidung ergab sich aus Tab. 11.

Generell zeigt Tab. 11, daß die Konfidenzintervalle um so kleiner werden, je größer die Stichprobe ist. Dieser Zusammenhang verläuft jedoch nicht linear – während bei einer Vergrößerung der Stichprobe von 1000 auf 2000 Fälle das Konfidenzintervall für einen Stichprobenanteil von 1 Prozent um 0,4 Prozentpunkte schrumpft, beträgt der Gewinn bei einer Steigerung von 4000 auf 5000 Fälle nur noch 0,1 Prozentpunkt. Wie die obige Tabelle zeigt, stellt dabei die Stichprobengröße von 3000 bzw. 4000 Fällen bei kleinen Anteilen, einen Schwellenwert dar – eine weitere Vergrößerung der Stichprobe erbringt von nun an nur noch relativ geringfügige Zuwächse an Genauigkeit. Aus diesem Grund wurde die angestrebte Stichprobengröße auf ca. 4000 Fälle festgelegt. Da sich in der Pretestphase erwiesen hatte, daß bis zu 10 Prozent der Datensätze unvollständig und folglich nicht auswertbar sein könnten, wurde die angestrebte Stichprobengröße auf ca. 4300 Fälle festgelegt.

---

[53] Ein Signifikanzniveau von 99 % bedeutet, daß der angegebene Wert mit 99 % Wahrscheinlichkeit in einem bestimmten Intervall um den wahren Wert herum liegt. Die Wahrscheinlichkeit, daß der wahre Wert außerhalb dieses Intervalls liegt, beträgt 1 %. Das Konfidenzintervall ist der Bereich, innerhalb dessen der wahre Wert mit der im Signifikanzniveau angegebenen Wahrscheinlichkeit liegt.

[54] Um das Problem an einem Beispiel zu verdeutlichen: Angenommen der Anteil der Polizeiangehörigen an den Verlusten betrage 1 %, dann besteht bei einer Stichprobe von 100 Fällen das Risiko, daß darin kein »Polizeifall« enthalten ist und daher der Anteil der »Polizeifälle« mit Null angegeben wird. Bei einer Stichprobe von 1000 Fällen wird die Anzahl der »Polizeifälle« vielleicht nicht 10 betragen, sondern möglicherweise 9 oder 11, der Wert Null wird jedoch nur äußerst selten vorkommen.

Welchen Grad an Sicherheit ein solcher Umfang erbringt, sei an einigen Beispielen verdeutlicht. Ein Anteil, der in der Grundgesamtheit 1 Prozent beträgt, wird in der Stichprobe mit 99 Prozent Sicherheit zwischen 0,6 und 1,4 Prozent, ein Anteil von 20 Prozent jedoch zwischen 18,3 und 21,7 Prozent liegen[55].

Diese Aussage bezieht sich nun auf die Zuverlässigkeit, mit der ein einzelner Anteil ermittelt werden kann. Darüber hinaus werden Kreuztabellen erstellt, wobei die Zuverlässigkeit der Gesamttabelle dann 99 Prozent, potenziert mit der Zahl der Felder, beträgt. Um den Sachverhalt an einem Beispiel zu verdeutlichen: Wenn die Verluste in 6 Kriegsjahren nach 4 Kriegsschauplätzen differenziert werden, handelt es sich um eine Kreuztabelle mit 6x4, d.h. 24 Feldern. Die Wahrscheinlichkeit, daß sich alle in der Tabelle ausgewiesenen Anteile innerhalb ihrer jeweiligen Konfidenzintervalle befinden, liegt bei $0{,}99^{24}$, d.h. ca. 78,6 Prozent[56].

## 3.4 Durchführung der Untersuchung

Die konkrete Durchführung des Projektes begann im Herbst 1992, Ende 1994 war die Erhebung in den Unterlagen der Deutschen Dienststelle im wesentlichen abgeschlossen. Unvollständige Datensätze wurden anschließend an diejenigen Organisationen weitergeleitet, die vermutlich ergänzende Auskünfte geben konnten. Durchaus regelmäßig ergaben sich daraus Hinweise, die weitere Nachfragen in anderen Organisationen zur Folge hatten. Mitunter konnten dann aufgrund der korrigierten Daten die notwendigen Ergänzungen anhand der Akten der Deutschen Dienststelle erfolgen. Diese letzte Phase erstreckte sich – mit abnehmender Intensität – bis Ende 1995, insgesamt repräsentiert die vorliegende Untersuchung jedoch den Kenntnisstand von Ende 1994.

Aus praktischen Gründen wurden die beiden Handlungsstränge der Untersuchung, d.h. die Erhebung in den Erkennungsmarkenverzeichnissen sowie den Marineunterlagen einerseits und der Zentralkartei andererseits, nacheinander durchgeführt. Zuerst fand die Erhebung in den Erkennungsmarkenverzeichnissen statt, anschließend folgte die Auswertung der Marineunterlagen und zuletzt der Zentralkartei. Die Arbeiten führten 19 Damen und Herren durch – fast ausschließlich Mitarbeiter der Deutschen Dienststelle. Viele von ihnen waren in den Abteilungen hauptberuflich beschäftigt, in denen sie während der Erhebung für die vorliegende Untersuchung tätig waren. Auf diese Weise konnte sichergestellt werden, daß die Erhebung mit einem hohen Maß an Sachverstand und Vertrautheit mit den konkreten Gegebenheiten durchgeführt wurde.

---

[55] Für die Zuverlässigkeit der Ergebnisse ist nicht der Auswahlprozentsatz, d.h. der Anteil der Stichprobe an der Grundgesamtheit, sondern die absolute Größe der Stichprobe von Bedeutung.
[56] Dabei wird unterstellt, daß wegen der großen Zahl die einzelnen Felder als voneinander unabhängige Variable angesehen werden können.

### 3.4.1 Durchführungsprobleme

Es können und sollen hier nicht alle Probleme angeführt werden, sondern lediglich solche, die für die Qualität der Untersuchung von Bedeutung waren.

Ein wesentliches Problem stellte die Ermittlung der Geburtsorte dar, zunächst einmal, weil viele Ortsnamen in ihrer deutschen oder eingedeutschten Schreibweise notiert waren, außerdem jedoch auch Versionen in verschiedenen anderen Sprachen existieren. Doch dieses Problem erwies sich als lösbar, von ca. 9000 Datensätzen verblieben ledig 10, deren Ortsangaben nicht lokalisiert werden konnten. Der Leser mag nun geneigt sein zu glauben, es handle sich um Orte, etwa in den osteuropäischen Siedlungsgebieten, deren Namen in der Bundesrepublik nicht geläufig sind. Eine solche Annahme ist falsch – tatsächlich treten zwei andere Problemtypen auf:
- Ortsnamen, wie Grenzdorf, Forchheim, Bromberg, Petersdorf kommen im deutschen Siedlungsgebiet mehrfach vor – Hagen, z.B. mehr als zwanzigmal. Ohne eine nähere regionale Zuordnung können solche Orte nicht lokalisiert werden.
- Ortsnamen aus dem deutschen Kerngebiet wurden von Auswanderern wiederverwendet, dies jedoch nicht etwa nur in den USA, sondern auch in den östlichen Siedlungsgebieten. So kann sich die Ortsangabe »Neu-York« sowohl auf New York in den USA als auch auf den gleichnamigen Ort in der Ukraine beziehen.

Hinsichtlich des Eintrittstermins ergaben sich bei der Erhebung in der Zentralkartei Probleme. Auf den Karteikarten ist dieses Datum nur in Ausnahmefällen vermerkt – es mußte daher in den Erkennungsmarkenverzeichnissen bzw. in den Marineunterlagen ermittelt werden. Wie nicht anders zu erwarten, war dies in aller Regel möglich. Probleme traten fast ausschließlich bei sehr jungen oder relativ alten Jahrgängen auf, die in der Endphase zur Wehrmacht eingezogen worden waren, da für deren Einheiten nicht immer Erkennungsmarkenverzeichnisse vorlagen. Insgesamt waren aus diesem Grund 24 von ca. 4200 Datensätzen unvollständig, ein eigentlich vernachlässigenswert geringer Anteil. Nun hätte es nahegelegen, diese Datensätze ihrer Unvollständigkeit wegen nicht auszuwerten. Dies hätte jedoch bedeutet, eine spezielle Fallgruppe auszuschließen und damit eine, wenn auch marginale Verzerrung in Kauf zu nehmen. Um diesen Effekt zu vermeiden, sind diese Fälle mit ihren wahrscheinlichen Eintrittsdaten in die Auswertung einbezogen worden.

Bei der Erhebung des Todesmonats und des Todesjahres ergaben sich in einigen Fällen keine Monatsangaben, sondern Zeiträume, wie »Frühjahr 1948« oder »Januar/Februar 1945«. Das Computerprogramm war jedoch nicht in der Lage, Zeiträume als Datumsvariable zu verarbeiten. Daher wurde in den Fällen, in denen ein Zeitraum von zwei Monaten angegeben war, der spätere als Todesmonat festgelegt. Handelte es sich um einen längeren Zeitraum, wurde der mittlere Monat als Todesmonat festgelegt. Da es sich insgesamt nur um 20 Fälle handelte und die Zeitspanne lediglich in einem Fall ein halbes Jahr, in der Regel jedoch nur zwei Monate, betrug, schien die daraus resultierende Ungenauigkeit akzeptabel.

Auswertungsschwierigkeiten entstanden in den Fällen, in denen die Angaben auf der Zentralkarteikarte zum Dienstgrad und zur letzten Einheit entweder ungenau waren oder fehlten. Dabei erwies sich das bereits angeführte Problem, Mitglieder von paramilitärischen Organisationen eindeutig zu identifizieren, zwar als durchaus vorhanden, quantitativ jedoch als unbedeutend. Problematischer waren die Fälle, in denen entweder pauschal »Soldat« angegeben oder kein Dienstgrad sowie keine letzte Einheit angegeben war. Wenn diese Personen auch in den Erkennungsmarkenverzeichnissen nicht zu finden waren, dann – so lehrte die Erfahrung im Laufe der Auswertung – handelte es sich in der Regel um Angehörige der Waffen-SS, die sich aus den bereits dargestellten Gründen nicht zu erkennen gegeben hatten oder die irrtümlich für Wehrmachtangehörige gehalten worden waren. Durch Prüfung der Fälle außerhalb der Deutschen Dienststelle konnte in aller Regel die korrekte Organisationszugehörigkeit ermittelt werden.

Als problematisch erwies sich die Variable »Status«. Ursprünglich war vorgesehen auszuwerten, welche Organisation die Sterbefallanzeige erstattet hatte bzw. wo die Todeserklärung registriert worden war. Dies erwies sich in der Praxis jedoch als nicht realisierbar – zu oft waren die hierfür benötigten Angaben nicht auf den Karteikarten vermerkt worden. Folglich mußte für die Auswertung auf eine Differenzierung der Sterbefälle nach anzeigenden Organisationen verzichtet werden. In ähnlicher Weise wurden die gerichtlichen Todeserklärungen ausgewiesen.

Ursprünglich war erwogen worden, auch die Fälle auszuwerten, in denen nur eine letzte Nachricht oder eine Vermißtmeldung, jedoch keine gerichtliche Todeserklärung und kein Registrierantrag, vorlag. Darauf wurde jedoch aus den bereits angeführten Gründen verzichtet, so daß innerhalb der Variablen »Status« die Kategorie »Vermißt« für die Auswertung entfällt.

Die letzte Variable »Anfrage DDR« wurde aus durchführungstechnischen Gründen eingeführt. Falls hier angekreuzt war, daß eine Organisation aus der DDR – in der Regel der DRK-Suchdienst Ost – angefragt hatte, dann war dieser Vermerk ein Ansatz, um dort weiterzuforschen.

Das bei weitem wichtigste Durchführungsproblem entstand jedoch aus der Wiedervereinigung. Zum Zeitpunkt der Projektkonzipierung war es noch unvorstellbar gewesen, in größerem Umfang neue Informationen aus dem damaligen Ostblock zu erhalten – abgesehen von den quantitativ beschränkten Suchanfragen des DRK-Suchdienstes. Mit dem Zusammenbruch des Ostblocks änderte sich diese Situation nun grundlegend – es eröffnete sich die Chance, einen Datenbestand, der als abgeschlossen, voraussichtlich nicht mehr weiter ergänzbar galt, zu vervollständigen. Nun wäre es überlegenswert gewesen, die Untersuchung ruhen zu lassen, bis alle Daten aus dem ehemaligen Ostblock eingearbeitet sind. Die Überlegung jedoch, daß diese Arbeiten vermutlich in diesem Jahrtausend nicht mehr zum Abschluß kommen werden, führte dann zu dem Entschluß, das Projekt fortzusetzen. Es wird einer späteren, ergänzenden Untersuchung vorbehalten bleiben, die zusätzlichen Informationen, soweit zur Zeit noch nicht in die Kartei eingearbeitet, auszuwerten. Soweit zu den Erhebungsproblemen. Was unternommen wurde, um die Datensätze zu ergänzen, die zunächst unvollständig waren, sei im nachfolgenden Kapitel aufgezeigt[57].

### 3.4.2 Vervollständigung der Datensätze

Ende 1994 war die empirische Erhebung in der Deutschen Dienststelle abgeschlossen; es verblieben eine Reihe von unvollständigen Fällen. Im wesentlichen handelte es sich dabei um drei Problemgruppen:
- Personen, bei denen die Todesumstände bekannt waren, bei denen die Identität jedoch nicht eindeutig feststand, d.h. Geburtsort und/oder Geburtsjahr waren unvollständig oder widersprüchlich.
- Personen, deren Identität feststand, deren Todesumstände jedoch nicht eindeutig geklärt waren.
- Karteikarten, die aufgrund von Meldungen anderer Organisationen erstellt worden waren, bei denen jedoch offensichtlich vergessen worden war, alle Daten zu übertragen bzw. Übertragungsfehler vorlagen.

Immer dann, wenn es Anlaß gab zur Hoffnung, daß Rückfragen bei anderen Organisationen zur Vervollständigung der Fälle beitragen könnten, wurden diese unvollständigen Datensätze mit der Bitte um Vervollständigung an diejenigen Stellen verschickt, die vermutlich zusätzliche Informationen besaßen. Im einzelnen handelte es sich um folgende Organisationen:
- Berlin Document Center
- Zentralnachweisstelle Aachen-Kornelimünster
- Krankenbuchlager Berlin
- DRK-Suchdienst Ost
- Volksbund Deutsche Kriegsgräberfürsorge
- DRK-Suchdienst München,

wobei den Institutionen jeweils ca. 100 Fälle vorgelegt wurden, im Fall des DRK-Suchdienstes München waren es allerdings ca. 250.

Wie zu erwarten, erwies sich das Berlin Document Center als besonders nützlich, um Waffen-SS-Angehörige zu identifizieren. Die Zentralnachweisstelle konnte vor allem bei den älteren Heeres- und Luftwaffensoldaten, d.h. den höheren Dienstgraden, helfen. Das Krankenbuchlager war häufig in der Lage, bei Verwundeten und Kranken die exakten Todesumstände, aber auch die korrekte Organisationszugehörigkeit mitzuteilen. Der DRK-Suchdienst Ost besaß oft weiterführende Angaben, wenn bei der Erhebung vermerkt worden war, daß eine Anfrage aus der DDR vorgelegen hatte. Dem Volksbund Deutsche Kriegsgräberfürsorge war dann oft Näheres bekannt, wenn der Tote auf einem vom VDK betreuten Friedhof begraben lag. Die bei weitem meisten ergänzenden Informa-

---

[57] Siehe hierzu die Ausführungen in Kap. 2.3.4.

tionen kamen jedoch vom DRK-Suchdienst München, der insbesondere dann weiterhalf, wenn in den Unterlagen der Deutschen Dienststelle die Identität einer Person nicht eindeutig zu ermitteln war. Mit Hilfe der so geklärten Angaben konnten in einem weiteren Arbeitsgang mitunter die überprüften Datensätze in der Deutschen Dienststelle vervollständigt werden.

Von daher repräsentieren die Ergebnisse der vorliegenden Untersuchung zwar vor allem, allerdings nicht ausschließlich, den Informationsstand der Deutschen Dienststelle. Die Datensätze auf diesem aufwendigen Wege zu vervollständigen, erschien jedoch im Interesse der Untersuchung geboten, denn die Lücken sind keineswegs gleichmäßig verteilt. Es sind einerseits die »Randgruppen«, wie der Volkssturm, die kleinen paramilitärischen Organisationen, oder die Waffen-SS, die aus den bereits dargestellten historischen Gründen schlechter dokumentiert sind. Andererseits sind es die Todesfälle der chaotischen Endkämpfe, die am ehesten ungeklärt sind – und beide Störgrößen kumulieren tendenziell. Auf die Auswertung dieser Fälle zu verzichten, hätte bedeutet, das Risiko einer Verzerrung in Kauf zu nehmen. Um diese Gefahr möglichst klein zu halten, wurde alles unternommen, um die Zahl der unvollständigen Sätze zu minimieren.

Trotz aller Mühe gelang es in 64 Fällen, d.h. ca. einem halben Prozent der erhobenen Datensätze, nicht, sie zu vervollständigen[58]. Um dem Leser einen Eindruck zu verschaffen, hier einige Beispiele[59]:

- Josef Reuter, geboren am 15. Mai 1905, am 14. Dezember 1944 gefallen, im Burgenland (Österreich) begraben. Diese Angaben befanden sich auf dem Grabkreuz, ein Wehrmachtangehöriger mit diesen oder ähnlichen persönlichen Daten ist nicht bekannt, vermutlich gehörte Reuter zur Waffen-SS, darüber fand sich jedoch kein Nachweis.
- Josef Rabe, geboren am 12. April 1928, Luftwaffenhelfer, im Oktober 1945 am Tegernsee verstorben. Nicht feststellbar war, ob er dort im Lazarett an einer bereits im Krieg erlittenen Verwundung oder in einem Sanatorium unmittelbar nach Rückkehr aus der Kriegsgefangenschaft aufgrund der in dieser Zeit erlittenen gesundheitlichen Schäden gestorben ist.

War im wesentlichen Ziel der Ausführungen über das Melde- und Suchwesen in den vorangegangenen Kapiteln gewesen, zu verdeutlichen, daß es viel weniger ungeklärte Soldatenschicksale gibt, als der Leser zunächst eventuell vermuten mag, so zeigt sich nun, daß es die ungeklärten Schicksale dennoch gibt – nur sind sie tatsächlich selten. Die in der Datenbasis enthaltene Unsicherheit zeigt sich dagegen nicht so sehr in der Anzahl der unvollständigen Datensätze, sondern in einem anderen Aspekt – den Kategorien »Verschollen« innerhalb der Variablen »Todesart«.

---

[58] Nicht eingerechnet sind die Fälle, in denen das Eintrittsdatum nicht ermittelt werden konnte.
[59] Aus Gründen des Persönlichkeitsschutzes wurden die folgenden Namen geändert.

## 3.5 Kennwerte der Untersuchung

Soweit zur Durchführung der Erhebung. Bevor die Ergebnisse dargestellt werden können, ist es jedoch notwendig, noch auf einen Aspekt einzugehen, der bisher nicht behandelt worden war. Das Ergebnis der Erhebung sind die Verteilungen der verschiedenen Variablen in der Stichprobe. So aufschlußreich solche Angaben erscheinen mögen, im vorliegenden Fall interessiert der Bezug der Ergebnisse zur Grundgesamtheit. Oder mit anderen Worten – es ist nicht so sehr interessant, wieviel Prozent der Heeressoldaten aus der Stichprobe an der Ostfront gefallen sind, es ist wichtiger zu wissen, um wie viele Soldaten es sich, ausgedrückt in absoluten Zahlen, handelte. Zu Beginn der Untersuchung fehlte jedoch die Voraussetzung dafür, Prozentangaben aus der Stichprobe auf die Grundgesamtheit übertragen zu können – es war nicht bekannt, wie viele Soldaten der Wehrmacht angehört hatten. Gleiches galt für die Frage, wie groß die Karteien der Deutschen Dienststelle tatsächlich waren. Die Konsequenz aus dieser Situation bestand darin, daß neben der Stichprobe auch der Umfang der Karteien erhoben werden mußte. Von daher werden im folgenden sowohl die wesentlichen Daten zur Stichprobenziehung als auch die Ergebnisse der Karteimessungen dargestellt.

### 3.5.1 Zentralkartei

Der für die vorliegende Arbeit bei weitem wichtigste Arbeitsschritt war die Erhebung in der Zentralkartei. Diese ist, wie bereits dargestellt, in die drei Teilbereiche:
- Totenkartei
- Allgemeine Kartei
- unklare Fälle

gegliedert, wobei die letzte Gruppe für die vorliegende Arbeit nicht ausgewertet wurde. Anders als bei den Erkennungsmarkenverzeichnissen und den Marineunterlagen erwies es sich als notwendig, die Ziehung der Stichprobe und die Feststellung des Umfangs der Kartei in getrennten Arbeitsschritten durchzuführen. Die folgende Darstellung orientiert sich an dieser Abfolge.

Auch bei der Ziehung der Stichprobe mußte zwischen Totenkartei und Allgemeiner Kartei unterschieden werden. Zunächst wurden aus den 8241 Kästen der Totenkartei nach einem festgelegten Algorithmus 3109 Fälle gezogen. Die Verteilung im einzelnen zeigt Tab. 12.

Insgesamt 14 Fälle wurden nicht in die Auswertung einbezogen, weil sie nicht zum Gegenstand der vorliegenden Untersuchung gehören. Es handelte sich insbesondere um zivile Todesfälle – vor allem solche von Zivilinternierten oder Zivilverschleppten. Hinzu kamen einige, wenige »Karteileichen« – Karten, die irrtümlich in der Totenkartei abgestellt waren.

## 3.5 Kennwerte der Untersuchung

**Tab. 12: Stichprobe Totenkartei**

|  | absolut | in Prozent |  |
|---|---|---|---|
| Erfaßte Fälle | 3 109 | 100,0 |  |
| Zivile Todesfälle | - 9 | - 0,3 |  |
| Karteifehler | - 5 | - 0,2 |  |
| Militärische Fälle | 3 095 | 99,5 | 100,0 |
| davon: unvollständig | - 27 |  | - 0,9 |
| Auswertbare Fälle | 3 068 |  | 99,1 |
| davon: Eintritt fehlt | - 17 |  | - 0,5 |
| vollständig | 3 051 |  | 98,6 |

Damit verblieben 3095 Datensätze für die Auswertung. Davon wiederum waren 27 Fälle so unvollständig, daß sie nicht verwendet werden konnten. Bei weiteren 17 Datensätzen von Wehrmachtangehörigen fehlte nur das Datum des Diensteintritts. Somit stehen 3068 vollständige Datensätze zur Verfügung. Bezogen auf die Summe der Fälle sind dies 99,1 Prozent – ein Prozentsatz, der weitaus höher ist, als er zu Beginn der Untersuchung erwartet werden durfte, mußte doch bei der Projektkonzipierung mit einer Fehlerquote von 10 Prozent gerechnet werden.

Wenn auch die Zahl der unvollständigen Sätze gering ist, es stellt sich doch immer die Frage, ob es sich um spezielle Fallgruppen handelt, so daß ihre Nichtberücksichtigung systematische Verzerrungen verursacht. Die Prüfung der Fälle ergab nun, daß es sich im wesentlichen um Personen handelt, die als Leiche gefunden, oder Gräber, deren Grabaufschriften mitgeteilt worden waren. Anders als in der übergroßen Anzahl solcher Fälle hatten diese Personen mit den bereits vorhandenen Unterlagen der Deutschen Dienststelle oder anderer Organisationen nicht in Übereinstimmung gebracht werden können – entweder weil wesentliche Angaben falsch waren oder diese Personen einer der Organisationen angehört hatten, von denen nur wenige Personalunterlagen überliefert sind, wie etwa der Waffen-SS oder einer paramilitärischen Organisation. Eines zeigt sich bei den unvollständigen Datensätzen allerdings deutlich. In den meisten Fällen ist das Todesdatum bekannt – und es fällt fast immer in die Zeit ab Sommer 1944 bis Kriegsende. Verglichen mit den Todeszeitpunkten in den vollständigen Datensätzen ist hier eine Konzentration festzustellen; sie läuft allerdings der allgemeinen Tendenz nicht völlig zuwider. Von daher ist zu vermuten, daß aus der Nichtberücksichtigung dieser unvollständigen Datensätze eine Verzerrung resultiert, angesichts der geringen Zahl derartiger Fälle ist jedoch sicher, daß der Effekt marginal ist.

Soweit zur Totenkartei – um die Stichprobe in der Allgemeinen Kartei zu ziehen, erwies es sich als notwendig, ein völlig anderes Verfahren anzuwenden. Im Gegensatz zur ersteren handelte es sich hier keineswegs ausschließlich um Tote – im Gegenteil, die Masse der in der Allgemeinen Kartei dokumentierten Personen hatte den Krieg überlebt. Für die Planung der Stichprobe wäre es von Vorteil gewesen zu wissen, wie groß die Anteile dieser beiden Gruppen waren – sie konnten jedoch nur intuitiv auf mindestens 10 Prozent Tote bzw. höchstens 90 Prozent Überlebende geschätzt werden.

Um eine ausreichend große Stichprobe zu erhalten, wurden daher nach einem festgelegten Algorithmus 7619 Fälle gezogen, von denen sich 1161, d.h. 15,2 Prozent, als Toten-Fälle in dem Sinne erwiesen, daß für die betroffenen Personen entweder eine gerichtliche Todeserklärung und/oder ein Registrierantrag vorlag. Die genaue Verteilung der Stichprobe zeigt Tab. 13.

Ähnlich wie auch bei den Sterbefällen ergab sich hier wieder ein kleiner Anteil von insgesamt 30 Todesfällen nicht-militärischer Natur – in der Regel handelt es sich um Zivilpersonen, die bei Kriegsereignissen oder als Zivildeportierte in sowjetischen Lagern ums Leben kamen. In der weiteren Auswertung werden diese Fälle nicht berücksichtigt.

Bei den Kriegssterbefällen hatte sich ein minimaler Anteil unvollständiger Fälle ergeben, da Kriegssterbefälle nur angezeigt werden können, wenn die Todesumstände umfassend geklärt sind. Von daher war zu erwarten gewesen, daß bei der Stichprobe aus der Allgemeinen Kartei der Anteil der unvollständigen Datensätze deutlich größer sein würde – schließlich sind hierin alle ungeklärten Kriegsschicksale enthalten. Wenn ihr Anteil, bezogen auf die Summe der Militärfälle, trotzdem nur bei 1,5 Prozent liegt, dann ist dies ein erstaunlich niedriger Wert – er zeigt, wie umfassend der Kenntnisstand ist, den die mit der Schicksalsklärung befaßten Organisationen im Laufe der Jahrzehnte erarbeitet haben.

Trotzdem scheint es notwendig, die unvollständigen Fälle kurz zu analysieren. Die Struktur der Fehler ist hier völlig anders als bei der Totenkartei – in der Regel fehlen Daten, weil sie der Deutschen Dienststelle nicht mitgeteilt wurden

**Tab. 13: Stichprobe Allgemeine Kartei**

|  | absolut | in Prozent | |
|---|---|---|---|
| Erfaßte Fälle | 1 154 | 100,0 | |
| Nicht ausgewertet | − 30 | − 2,6 | |
| Militärische Fälle | 1 124 | 97,4 | 100,0 |
| davon: unvollständig | − 17 | | − 1,5 |
| Auswertbare Fälle | 1 107 | | 98,5 |
| davon: Eintritt fehlt | − 7 | | − 0,6 |
| vollständig | 1 100 | | 97,9 |

oder weil die Sachbearbeiter vergessen haben, alle Informationen zu übernehmen[60]. Trends sind kaum festzustellen, es scheint sich lediglich eine zeitliche Häufung gegen Kriegsende anzudeuten, doch dies entspräche dem Gipfel in der Verteilung der vollständigen Fälle – eine gravierende Verzerrung ist daher nicht erkennbar.

Insgesamt stehen somit für die Fragestellung der Hauptuntersuchung 3051 Fälle aus der Totenkartei und 1100 Fälle aus der Allgemeinen Kartei, zusammen also 4151 Datensätze vollständig zur Verfügung. Hinzu kommen weitere 24 Datensätze, die verwendbar sind, weil nur das Diensteintrittsdatum fehlt – insgesamt also 4175 Fälle. Die angestrebte Stichprobengröße von ca. 4000 Fällen konnte somit nicht nur erreicht, sondern sogar deutlich überschritten werden.

Auch bei der Berechnung des Karteiumfangs mußte zwischen Totenkartei und Allgemeiner Kartei unterschieden werden – diesmal jedoch nicht aufgrund der Karteiorganisation, sondern weil im ersten Fall eine exakte Auszählung der Kartei existierte, im zweiten Fall jedoch nicht.

Zunächst zur Feststellung der Zahl der Sterbefälle, die in der Totenkartei dokumentiert sind. Während des Krieges hatte die WASt eine Arbeitsstatistik geführt – die letzte vorliegende Meldung weist 1 768 985 erstattete Sterbefallanzeigen bis zum 28. Februar 1945 aus[61]. Vor allem ab 1946 wurden jedoch Hunderttausende von Anzeigen erstattet, ohne daß eine Arbeitsstatistik nachweisbar wäre. Erst 1963 kam es dann zu einer Totalerhebung – einer Auszählung aller Todesfälle, die in der Totenkartei dokumentiert sind. Ab diesem Zeitpunkt wurden dann auch alle neu erstatteten Anzeigen erfaßt. Das Ergebnis ist Tab. 14 zu entnehmen.

Tab. 14 zeigt anschaulich die bereits beschriebene Entwicklung des Datenbestandes – zumindest seit Anfang der 60er Jahre. Wurden 1963 noch ca. 11 000 Sterbefälle, d.h. fast 1000 pro Monat, angezeigt, so lag 1989, als die erste Kontaktaufnahme des Verfassers mit der Deutschen Dienststelle stattfand, die Gesamtjahresleistung unter der Monatsleistung von 1963. Ebenfalls deutlich ist die rasante Zunahme der Sterbefallanzeigen in jüngster Vergangenheit, die sich in den nächsten Jahren noch fortsetzen wird. Eines wird allerdings auch deutlich – selbst wenn es noch zu einigen hunderttausend Kriegssterbefallanzeigen kommt, bezogen auf die bereits erstatteten ca. 3,1 Millionen handelt es sich dennoch nur um eine kleinere Ergänzung[62].

---

[60] Typisch dafür ist die lakonische Notiz: Todeserklärung, Todesdatum 31.12.1945. Realiter mag über den Toten mehr bekannt gewesen sein, diese Informationen wurden jedoch nicht vermerkt.
[61] WASt/Gruppe I, vom 5.3.1945, Verluste der Wehrmacht (H.,M.,L.) nach den bei der Wast bis 28.2.1945 stat. erfaßten Meldungen, BA-MA, RW 6/v. 550.
[62] Es soll allerdings nicht verkannt werden, daß diese Änderungen sich auf eine ganz spezifische Gruppe, die Vermißten an der Ostfront, bezieht und für diesen Personenkreis erhebliche Bedeutung haben.

**Tab. 14: Seit 1963 angezeigte Sterbefälle***

| Jahr | Wehrmacht | Waffen-SS/ Polizei | Sonstige | Summe | Löschungen |
|---|---|---|---|---|---|
| bis einschl. 1963 | 2 722 762 | 179 486 | 58 675 | 2 960 923 | – |
| 1964 | 9 255 | 1 110 | 543 | 10 908 | – |
| 1965 | 9 736 | 953 | 563 | 11 252 | – |
| 1966 | 9 693 | 1 125 | 539 | 11 357 | – |
| 1967 | 8 487 | 1 039 | 415 | 9 941 | – |
| 1968 | 7 911 | 1 101 | 403 | 9 415 | 33 |
| 1969 | 6 396 | 731 | 364 | 7 491 | 151 |
| 1970 | 5 160 | 596 | 220 | 5 976 | 85 |
| 1971 | 4 070 | 342 | 129 | 4 541 | 99 |
| 1972 | 4 663 | 310 | 171 | 5 144 | 59 |
| 1973 | 3 993 | 280 | 172 | 4 445 | 46 |
| 1974 | 3 207 | 269 | 272 | 3 748 | 23 |
| 1975 | 2 879 | 263 | 260 | 3 402 | 31 |
| 1976 | 2 441 | 205 | 189 | 2 835 | 27 |
| 1977 | 1 966 | 218 | 103 | 2 287 | 27 |
| 1978 | 1 782 | 168 | 93 | 2 043 | 26 |
| 1979 | 1 674 | 131 | 49 | 1 854 | 20 |
| 1980 | 988 | 112 | 50 | 1 150 | 28 |
| 1981 | 1 227 | 155 | 67 | 1 449 | 22 |
| 1982 | 860 | 128 | 53 | 1 041 | 24 |
| 1983 | 939 | 106 | 65 | 1 110 | 24 |
| 1984 | 728 | 94 | 45 | 867 | 10 |
| 1985 | 667 | 103 | 50 | 820 | 25 |
| 1986 | 620 | 90 | 33 | 743 | 15 |
| 1987 | 687 | 81 | 43 | 811 | 18 |
| 1988 | 513 | 49 | 24 | 586 | 7 |
| 1989 | 678 | 73 | 26 | 777 | 20 |
| 1990 | 742 | 57 | 23 | 822 | 10 |
| 1991 | 715 | 176 | 17 | 908 | 14 |
| 1992 | 758 | 161 | 63 | 982 | 12 |
| 1993 | 1 787 | 168 | 101 | 2 056 | 20 |
| 1994 | 6 629 | 280 | 142 | 7 051 | 28 |
| Summe | 2 824 613 | 190 160 | 63 962 | 3 078 735 | 904 |

* Dieser Auszählung liegen die Kategorien der Deutschen Dienststelle zugrunde. Da in der vorliegenden Arbeit partiell andere Definitionen verwendet werden, sind auch andere Ergebnisse zu erwarten. Die einzige Arbeit, die die Ergebnisse dieser Aufzählung berücksichtigt, ist: Personelle Verluste, DRK-Suchdienst, S. 16.

## 3.5 Kennwerte der Untersuchung

Einen marginalen Nachteil weist die obige Auswertung der Deutschen Dienststelle allerdings auf – die Löschungen sind leider nur pauschal ausgewiesen, sie konnten daher den drei Untergruppen nicht einzeln zugerechnet werden. Ein zweiter Aspekt ist zusätzlich zu berücksichtigen – die Erhebung aus der Totenkartei hatte ergeben, daß 9 von 3109 Fällen in der Stichprobe nicht zum Untersuchungsobjekt gehörten[63]. Umgerechnet auf den Umfang der Totenkartei bedeutet dies, daß ca. 8900 Karteikarten sich auf Personen beziehen, die nicht zum Gegenstand der vorliegenden Untersuchung gehören. Diese Fälle, die marginale Unschärfe aufgrund der Löschungen, die nicht zugeordnet werden konnten, und die Erfahrung, daß die Auszählung von ca. 3 Millionen Karten durch Menschen zwangsläufig irrtumsbehaftet ist, legen es nahe, für die weiteren Berechnungen nicht exakte Angaben zugrunde zu legen, sondern von 3 070 000 Kriegssterbefällen des Zweiten Weltkrieges oder ca. 3,1 Millionen in der Totenkartei dokumentierten Fällen auszugehen.

Schwieriger als die Auszählung der Totenkartei war es dagegen, den Umfang der Allgemeinen Kartei – und damit die Anzahl der dort dokumentierten Personen – zu errechnen. Hierfür existierten nur Schätzungen, die sich auf 20 Millionen Karteikarten beliefen, ohne jedoch auf präzisen Messungen zu beruhen[64]. Die Zahl aller Karteikarten durch Auszählen aller Kästen zu ermitteln wäre zwar wünschenswert, angesichts des Umfangs der Kartei jedoch nicht durchführbar gewesen. Hier war es ebenfalls notwendig, eine Stichprobe zu ziehen. Dafür genügte es nicht, einen oder mehrere Buchstaben auszuzählen und dann das Ergebnis auf die Gesamtkartei hochzurechnen – die Kartei war nach Buchstaben auf verschiedene Bearbeitergruppen mit unterschiedlichen Usancen aufgeteilt, so daß die Karteikästen eines Buchstabens stärker gefüllt waren als andere. Daher wurde systematisch bei jedem dreißigsten Karteikasten der Umfang der darin enthaltenen Karteikarten ermittelt. Bezogen auf die ursprünglichen 30 477 Karteikästen wäre eine Stichprobengröße von ca. 1000 Fällen zu erwarten gewesen, tatsächlich wurden jedoch nur 711 Kästen ausgewertet. Die geringere Anzahl erklärt sich aus einer Entwicklung, die im Jahr 1993 eingesetzt hatte. Damals begann die Deutsche Dienststelle, die Zentralkartei per EDV zu erfassen – nicht in dem Sinn, daß alle Daten übertragen worden wären, es wurde lediglich für jede Karteikarte ein Stammdatensatz angelegt, der es bei Anfragen erlaubt festzustellen, ob für eine bestimmte Person eine Karteikarte existiert. Gleichzeitig wurde jedoch auch die Kartei verdichtet, d.h. die Kästen wurden stärker gefüllt, um Platz zu gewinnen. Die Zahl der benötigten Kästen wurde so um ca. ein Drittel reduziert. Für die

---

[63] Die 5 Karteifehler sind hier nicht zu berücksichtigen – es handelt sich um Karten, die irrtümlich statt in der Allgemeinen in der Totenkartei abgestellt worden waren. In den Statistiken über die erstatteten Kriegssterbefallanzeigen sind sie nicht enthalten.
[64] Die Zahl der in der Allgemeinen Kartei nachgewiesenen Todeserklärungen, Registrier- und Vermißtenfälle stand nicht fest, es gab lediglich die Vermutung, die Zahl der noch nicht geklärten Registrierfälle läge bei ca. 1,3 Millionen. Völlig unbekannt war die Zahl der gerichtlichen Todeserklärungen.

Untersuchung bedeutete dies, zwischen zwei Gruppen, den unverdichteten und den verdichteten Kästen, unterscheiden zu müssen[65].

Im nächsten Schritt wurde dann ausgemessen, wie viele Karteikarten sich in einem Stapel von 1 cm befanden[66]. Die Berechnung des Umfangs ergab sich dann aus folgendem Algorithmus:

Erster Schritt:             (Umfänge aller geprüften Kästen)
·/. (Zahl der geprüften Kästen)
= durchschnittlicher Umfang eines Kastens

Zweiter Schritt:            (Summe aller Kästen)
x (durchschnittlicher Kastenumfang, s.o.)
x (Zahl der Karten pro cm)
= Zahl der Karteikarten

Die konkrete Berechnung lautete folgendermaßen:

Verdichtete Kästen:
Erster Schritt:             9263,8 ·/. 456 = 20,3
Zweiter Schritt:           14 033 x 20,3 x 33,5 = 9 543 142

Unverdichtete Kästen:
Erster Schritt:             4195,6 ·/. 277 = 15,1
Zweiter Schritt:           11 185 x 15,1 x 33,5 = 5 657 932.

Insgesamt sind demnach in der Allgemeinen Kartei:
+ 5 657 932 = 15 201 074

Personen dokumentiert. Diese scheinbare Exaktheit des Ergebnisses könnte den Eindruck hervorrufen, es handle sich um einen sicheren Wert. Dies wäre jedoch falsch – es ist das Ergebnis einer Hochrechnung aufgrund einer Stichprobe. Um diesen Sachverhalt auch optisch zu verdeutlichen, soll im folgenden von ca. 15 200 000 Fällen in der Allgemeinen Kartei ausgegangen werden. Zusammen mit den ca. 3 100 000 Fällen in der Totenkartei sind demnach 18 300 000 Personen in der Zentralkartei dokumentiert[67].

## 3.5.2 Erkennungsmarkenverzeichnisse

Das Ziel der Stichprobenziehung in den Erkennungsmarkenverzeichnissen bestand zum einem darin, Daten für die Hauptuntersuchung zu gewinnen, zum anderen aber auch festzustellen, wie viele Personen in den Erkennungsmarkenverzeichnissen erfaßt sind.

Zunächst war die Auswahlmethode festzulegen. Benötigt wurde eine Stichprobe von mindestens 4000 Fällen, die idealerweise nach dem Zufallsprinzip zu

---

[65] Die Angaben über die Zahl von Kästen können daher schwanken.
[66] Hinweiskarten wurden nicht in die Berechnung einbezogen.
[67] Parallel zu der vorliegenden Untersuchung führte die Deutsche Dienststelle eigene Erhebungen durch, die die obigen Ergebnisse bestätigten.

## 3.5 Kennwerte der Untersuchung

ziehen war. Da eine EDV-Datei für alle Erkennungsmarkenverzeichnisse existierte, wäre es denkbar gewesen, mit Hilfe eines Programms nach dem Zufallsprinzip Datensätze auszuwählen. Ein solches Programm schreiben und in die vorhandene Anlage implementieren zu lassen, hätte jedoch einen untragbaren finanziellen Aufwand verursacht.

In dieser Situation erwies es sich als notwendig, auf den Papierausdruck der Datei, die Hinweisbibliothek, zurückzugreifen. Sie besteht aus 1234 Ordnern. Um die angestrebte Zahl von ca. 4300 Fällen – einschließlich der Sicherheitsreserve – zu erhalten, wurden jeweils abwechselnd pro Ordner 3 bzw. 4 Namen gezogen – insgesamt ergaben sich so 4322 Fälle. Soweit übersehbar, konnte so eine verzerrungsfreie Stichprobe erhoben werden. Im Laufe der weiteren Auswertung erwies sich, daß dieses Verfahren einer Ziehung aus der EDV-Datei nicht nur unter finanziellen Aspekten, sondern auch aus einem weiteren, ursprünglich nicht berücksichtigten Grund überlegen war. Im Laufe der Jahrzehnte hatten die Mitarbeiter festgestellt, daß einzelne Personen bei der ursprünglichen Erfassung übersehen worden waren. Diese Angaben waren zwar in der Hinweisbibliothek nachgetragen, die EDV-Datei war jedoch nicht ergänzt worden.

Von den so gewonnenen 4322 Datensätzen waren jedoch nicht alle für den Zweck der Untersuchung geeignet. Benötigt wurden nur Datensätze von Soldaten des Heeres und der Luftwaffe, ein Teil der Datensätze bezog sich jedoch auf Angehörige der Waffen-SS, des Volkssturms etc.[68]. Die Verteilung im einzelnen gibt Tab. 15 wieder.

Nur diese 4150 Datensätze der Heeres- und Luftwaffenangehörigen wurde zur weiteren Auswertung herangezogen. Wie nicht anders zu erwarten, konnten nicht alle Datensätze vervollständigt werden – die Verteilung im einzelnen ergibt sich aus Tab. 16.

Mit nur 13 Fällen ist der Anteil der unvollständigen Datensätze extrem gering – bei der Festlegung des Stichprobenumfangs war eine Ausfallquote von bis zu 10 Prozent zugrunde gelegt worden. Versucht man, die Fehler näher zu analysieren, so zeigt sich, daß in zehn Fällen, also der übergroßen Mehrheit, der Geburtsort nicht zu lokalisieren war. Wie bereits ausgeführt, handelt es sich dabei um ein generelles, für alle Herkunftsregionen geltendes Problem. Da dieser Fehlertyp keinen Anlaß zur Befürchtung gab, eine systematische Verzerrung zu verursachen, werden im folgenden nur die 4137 vollständigen Fälle von Heeres- und Luftwaffenangehörigen in die Auswertung einbezogen.

Das zweite Anliegen der Stichprobenziehung bestand darin, die Zahl der in den Erkennungsmarkenverzeichnissen enthaltenen Personen festzustellen. Hierzu wurde für alle Fälle der Stichprobe festgestellt, wie viele Datensätze für eine

---

[68] Dazu ein eher makabres Detail. Für die EDV-Datei waren auch Wehrstammrollen ausgewertet worden, darunter eine, die bei der Musterung von deutschen Staatsangehörigen im KZ Dachau angelegt worden war. Auf diesem Weg war ein KZ-Häftling, der nie Soldat wurde, in der Stichprobe enthalten.

**Tab. 15: Verteilung der Stichprobe nach Organisationen**

| Organisation | Häufigkeit | Anteil |
|---|---|---|
| Heer | 3 614 | 83,62 % |
| Luftwaffe | 536 | 12,40 % |
| Zusammen | 4 150 | 96,02 % |
| Sonstige | 172 | 3,98 % |
| Summe | 4 322 | 100,00 % |

**Tab. 16: Datensätze Heer und Luftwaffe**

| Wehrmachtteil | Vollständig | | Unvollständig | | Insgesamt | |
|---|---|---|---|---|---|---|
| | absolut | % | absolut | % | absolut | % |
| Heer | 3 605 | 99,8 | 9 | 0,2 | 3 614 | 100 |
| Luftwaffe | 532 | 99,3 | 4 | 0,7 | 536 | 100 |
| Summe | 4 137 | 99,7 | 13 | 0,3 | 4 150 | 100 |

**Tab. 17: Anzahl der Datensätze pro Fall**

| Satzzahl* | Häufigkeit | Anteil |
|---|---|---|
| 0 | 5 | 0,1 % |
| 1 | 2 743 | 63,5 % |
| 2 | 1 104 | 25,5 % |
| 3 | 324 | 7,5 % |
| 4 | 98 | 2,3 % |
| 5 | 30 | 0,7 % |
| 6 | 12 | 0,3 % |
| 7 | 2 | 0,0 % |
| 8 | 4 | 0,1 % |
| Summe | 4 322 | 100,0 % |

* Die Tatsache, daß es Personen gab, für die kein EDV-Datensatz vorhanden war, erklärt sich daraus, daß diese Personen nur in der Hinweisbibliothek handschriftlich nachgetragen waren.

**Tab. 18: Durchschnittliche Satzzahl nach Organisationen**

| Organisation | Fälle | Durchschnittl. Satzzahl pro Fall | Minimum | Maximum |
|---|---|---|---|---|
| Heer | 3 614 | 1,5733 | 0 | 8 |
| Luftwaffe | 536 | 1,3190 | 1 | 5 |
| Sonstige | 172 | 1,1047 | 0 | 4 |

Person existieren. Im einzelnen ergab sich die Verteilung wie in Tab. 17 dargestellt.

Es mag erstaunlich scheinen, daß für eine Person mehr als ein Datensatz existiert. Mitunter erklärt sich dies damit, daß für einen Namen in den Erkennungsmarkenverzeichnissen mehrere Schreibweisen vorhanden sind – nicht so sehr bei den Familiennamen, sondern vor allem bei den Vornamen[69]. Bezogen auf die einzelnen Organisationen ergaben sich pro Fall durchschnittliche Satzzahlen wie in Tab. 18.

Die Zahl der Personen, die durch die insgesamt 25 318 216 Datensätze repräsentiert werden, wurde nach folgendem Algorithmus berechnet:
Erster Schritt
(Zahl der Datensätze insgesamt)
x (Anteil der Organisation an der Stichprobe)
= Anzahl der Datensätze, die sich auf die Mitglieder der Organisation beziehen
Zweiter Schritt
(Anzahl der Datensätze einer Organisation, s.o.)
./. (durchschnittliche Satzzahl pro Organisationsangehörigem, Tab. 18)
= Zahl der Angehörigen einer Organisation.
Tab. 19 gibt die exakte Berechnung wieder.

Zieht man nun in Betracht, daß das vorliegende Ergebnis auf einer Stichprobe beruht, so erscheint es sinnvoll abzurunden und für die weitere Untersuchung davon auszugehen, daß in den Erkennungsmarkenverzeichnissen:
- 13,5 Millionen Heeressoldaten
- 2,4 Millionen Luftwaffenangehörige
- 0,9 Millionen sonstige Personen,

insgesamt also ca. 16,8 Millionen Menschen, nachgewiesen sind. Bei den Überlegungen zur Zuverlässigkeit der Datenbasis wird auf die obigen Ergebnisse zurückzugreifen sein.

---

[69] Siehe hierzu auch die Beispieldatensätze im Anhang, S. 341 f.

**Tab. 19: Organisationen in den Erkennungsmarkenverzeichnissen**

| Organisation | Anzahl der Datensätze | | Anteil der Organisat. | | Satzzahl pro Org. | | Anzahl Org.-angehörige |
|---|---|---|---|---|---|---|---|
| Heer      | 25 318 216 | x | 0,8362 | ./. | 1,5733 | = | 13 456 488 |
| Luftwaffe | 25 318 216 | x | 0,1242 | ./. | 1,3190 | = |  2 384 020 |
| Sonstige  | 25 318 216 | x | 0,0398 | ./. | 1,1047 | = |    912 162 |
| Summe     |            |   |        |     |        |   | 16 752 670 |

### 3.5.3 Marineunterlagen

Eine ähnliche Stichprobe wie bei den Erkennungsmarkenverzeichnissen war auch aus der Marinekartei zu ziehen, sie konnte jedoch wesentlich kleiner gehalten werden als dies bei den Erkennungsmarkenverzeichnissen der Fall war. Hier galt es zu bedenken, daß auf die Marine als kleinstem Wehrmachtteil – mit weniger als 10 Prozent der Heerespersonalstärke – vermutlich auch nur eine geringe Anzahl von Todesfällen entfallen und es folglich nicht möglich sein würde, die Ergebnisse allzusehr zu differenzieren. Von daher war es – auch unter Berücksichtigung der verfügbaren Mittel – nicht notwendig, eine allzu große Stichprobe aus den Marineunterlagen zu ziehen.

Zunächst zur Stichprobenziehung. Bei jedem fünften der 1428 Stapel Offizierakten und jedem 29. der 8746 Stapel von Unteroffizier-/Mannschaftsakten wurde die zuoberst liegende entnommen und ausgewertet. Dabei ergab sich das in Tab. 20 dargestellte Bild.

Einige Erläuterungen zu Tab. 20: Als nicht zum Untersuchungsobjekt gehörig erwiesen sich insgesamt 33 Fälle. Es handelte sich zum einen um Marineangehörige, die nicht Teilnehmer des Zweiten Weltkriegs waren, zum anderen um Personen, die in den Marineakten geführt werden, obwohl sie nicht der Marine angehörten[70]. Eine zweite Gruppe von Fällen mußte ebenfalls ausgeschlossen werden – insgesamt 20 Marinesoldaten, die von einem anderen Wehrmachtteil zur Marine versetzt worden waren. Sie in die Auswertung einzubeziehen, hätte bedeutet von der Regel abzuweichen, daß eine jede Person nur beim ersten Eintritt in ein Wehrdienstverhältnis erfaßt wird. Letztlich wäre es damit zu einer Doppelgewichtung solcher Personen gekommen.

Zur Stichprobe gehören somit insgesamt 535 Fälle, wovon sich wiederum 7 Datensätze als unvollständig erwiesen – in aller Regel, weil der Geburtsort in den Unterlagen nicht vermerkt war. Damit verbleiben für die weitere Auswertung 269 Offizier- und 259 Unteroffizier-/Mannschaftsdatensätze.

---

[70] Hierzu gehörten Unterlagen eines Heeressoldaten, dessen Gebührnisse zeitweise von einer Marinedienststelle ausgezahlt wurden und der deswegen mit einem Vermerk in den Marineakten berücksichtigt war.

## 3.5 Kennwerte der Untersuchung

**Tab. 20: Aufteilung der Marinestichprobe**

| Datensätze | Offiziere | | Unteroffiziere/ Mannschaften | | Summe | |
|---|---|---|---|---|---|---|
| | absolut | % | absolut | % | absolut | % |
| Erhobene Fälle | 286 | 100 | 302 | 100 | 588 | 100 |
| Nicht Unters. Objekt | 14 | 5 | 19 | 6 | 33 | 6 |
| Doppelfälle | 1 | 0 | 19 | 6 | 20 | 3 |
| Stichprobe | 271 | 95 (= 100) | 264 | 88 (= 100) | 535 | 91 (= 100) |
| davon: unvollständig | 2 | 1 | 5 | 2 | 7 | 1 |
| vollständig | 269 | 99 | 259 | 98 | 528 | 99 |

Soweit zur Erhebung der Stichprobe, nun zum Umfang der Unterlagen. Im nächsten Schritt wurden bei jedem fünften der 1428 Stapel Offizierakten festgestellt, aus wie vielen Akten er bestand. Bei den 286 so überprüften Stapeln ergab sich ein Durchschnitt von 49 Akten, d.h. hochgerechnet auf die 1428 beträgt die Zahl der Akten – und damit die der erfaßten Offiziere insgesamt – ca. 70 100 Personen[71]. Bei den Unteroffizieren und Mannschaften wurde analog vorgegangen – jeder 29. der 8746 Stapel wurde ausgemessen. Die Auszählung von 302 Stapeln ergab einen Durchschnitt von 137 Akten pro Stapel, umgerechnet auf 8746 Stapel waren dies ca. 1 203 000 Akten[72].

Nun hatte sich ja bei der Stichprobenziehung ergeben, daß 14 von 286 Offizierakten, d.h. 4,9 Prozent, sich auf Personen bezogen, die nicht Teilnehmer des Zweiten Weltkriegs waren, z.B. weil sie zwar der Marine angehört hatten, aber bereits vor Kriegsbeginn aus Altersgründen ausgeschieden waren. Bei den Unteroffizieren/Mannschaften gab es 19, d.h. 6,3 Prozent derartige Fälle. Hinzu kommen 20 Personen, die vor ihrer Marinezugehörigkeit bereits in einem anderen Wehrmachtteil gedient hatten. Unter Berücksichtigung dieser Anteile ergibt sich, daß in der Marinekartei ca. 66 700 Offiziere und ca. 1 127 000 Unteroffiziere bzw. Mannschaften dokumentiert sind, die am Zweiten Weltkrieg teilgenommen haben[73].

---

[71] Exakt: 14 037 Akten in 286 Stapeln, d.h. 49,08 Akten pro Stapel, multipliziert mit 1428 Stapeln ergibt 70 086 Akten. Um den Eindruck einer tatsächlich nicht gegebenen Exaktheit zu vermeiden, wurde die Zahl auf 70 100 gerundet.

[72] Exakt: 41 531 Akten in 302 Stapeln, d.h. 137, 52 Akten pro Stapel, multipliziert mit 8746 Stapeln ergibt 1 202 750 Akten. Hier wurde auf 1 203 000 Fälle gerundet.

[73] Nachdem die Deutsche Dienststelle ursprünglich die Zahl der Marineakten mit 1,5 Millionen beziffert hatte, führte sie parallel zur vorliegenden Untersuchung eine eigene Zählung durch und kam dabei zu dem Ergebnis, daß sie die Akten von 72 000 Offizieren, 1 123 000 Unteroffizieren, Mannschaften, Marinehelfern und Marineunteroffiziervorschülern sowie ca. 200 000 anderen Angehörigen der Marine verwahrt. Unter Berücksichtigung des Umstandes, daß beide Erhebungen von leicht unterschiedlichen Definitionen ausgehen, ergibt sich ein zufriedenstellendes Maß an Übereinstimmung, siehe Arbeitsbericht 1986 – 1988, Deutsche Dienststelle, S. 44 f.; Arbeitsbericht 1991 – 1993, Deutsche Dienststelle, S. 45 f.

## 3.6 Zusammenfassung

Nachdem die Ausführungen im zweiten Kapitel gezeigt hatten, daß zuverlässige Angaben über die deutschen Verluste nur durch die Auswertung der immensen Datenmengen des namentlichen Meldewegs zu gewinnen sind, war es nun Aufgabe des dritten Kapitels, einerseits eine Methode der Auswertung aufzuzeigen und andererseits die Durchführung der Erhebung zu beschreiben.

Zunächst einmal hatte sich die Frage gestellt, welche der zahlreichen Karteien die für die Zwecke der vorliegenden Untersuchung am besten geeignete sei. Dabei hatte sich ergeben, daß von der Abgrenzung und der Organisation her die Zentralkartei der Deutschen Dienststelle offensichtlich am ehesten dem Untersuchungszweck entspricht. Sie besteht aus ca. 18,3 Millionen phonetisch sortierten Karteikarten – für jeden dort erfaßten Soldaten eine, wobei jedoch aus arbeitstechnischen Gründen drei Untergruppen existieren. Die Totenkartei enthält alle Kriegssterbefälle und die Allgemeine Kartei alle anderen Fälle, d.h. sowohl die Lebenden als auch die gerichtlich für tot Erklärten und die Registrierfälle. Die dritte Abteilung bilden die unklaren Fälle – Karteikarten, die nicht zugeordnet werden können. Eine weitere wesentliche Arbeitsgrundlage bildeten die Erkennungsmarkenverzeichnisse, die ca. 100 000 000 Hinweise auf ca. 16 800 000 Personen enthalten. Der dritte, für die Untersuchung ausgewertete Bestand waren die Marineakten der Deutschen Dienststelle, die für ca. 1 300 000 Marinesoldaten vorhanden sind.

So umfangreich diese Unterlagen auch sein mögen, es besteht – historisch bedingt – unverkennbar das Risiko, einzelne Personengruppen nicht zu berücksichtigen. So sind Ausländer nur dann erfaßt, wenn sie mit dem Status eines Soldaten in deutschen Formationen kämpften, d.h. zwar die Volksdeutschen, jedoch nicht die Angehörigen von Freiwilligenverbänden. Daraus ergibt sich, daß es nicht das Ziel der vorliegenden Untersuchung sein kann, die Verluste unter den »Hilfswilligen« oder den anderen Ausländern, die auf deutscher Seite kämpften, einzubeziehen, weil sie in der hier ausgewerteten Datenbasis nicht dokumentiert sind. Gleiches gilt für die Zivildeportierten, die auch nur zu einem kleinen Teil in der Kartei der Deutschen Dienststelle dokumentiert sind. Während sich diese Einschränkungen aus der Aufgabenstellung der Deutschen Dienststelle ergeben, liegt im Fall des Volkssturms ein anderer Typ von Problemen vor – es besteht das Risiko, daß der Deutschen Dienststelle aufgrund der Sondervorschriften des § 27a Personenstandsverordnung nicht alle Todesfälle bekannt geworden sind. Das quantitativ gesehen größte Risiko dürfte jedoch darin bestehen, daß die Kartei einen regionalen Bias aufweist, weil möglicherweise Personen aus den ehemaligen Ostgebieten oder der DDR nicht in demselben Maße Gelegenheit oder Grund hatten, die Deutsche Dienststelle zu informieren.

Diesen Problemen wurde nun folgendermaßen im Untersuchungsdesign Rechnung getragen. Die Nichtberücksichtigung von Ausländern in der Kartei hatte zur Folge, daß diese Einschränkung in der Aufgabenstellung explizit ausgewiesen wird. Gleiches gilt für die Zivildeportierten, die definitionsgemäß nicht berücksichtigt sind. Im Falle der Volkssturm-Todesfälle ergaben sich keine Kontrollmöglichkeiten, denn unabhängige Volkssturmverluststatistiken, die als Vergleichsbasis dienen könnten, liegen nicht vor. Dem wichtigsten Problem, dem Risiko des regionalen Bias, wurde dadurch Rechnung getragen, daß unabhängig von der Erhebung in der Zentralkartei für die Soldaten des Heeres anhand der Erkennungsmarkenverzeichnisse ermittelt wurde, wann und aus welcher Region sie eingezogen worden waren. Wären die Toten aus dem Gebiet der ehemaligen DDR, den Ostgebieten des Deutschen Reiches oder aus Osteuropa in der Zentralkartei nicht vollständig erfaßt, dann müßte sich bei einem Vergleich der Verteilung der Einziehung nach Jahren und Regionen mit der entsprechenden Matrix bei den Todesfällen ergeben, daß diese Gebiete dort unterrepräsentiert sind. Im Laufe der Untersuchung wird diese Frage geprüft werden.

Die Definition der Variablen ergab sich aus der zentralen Frage: Wie viele deutsche Soldaten sind im Zweiten Weltkrieg im militärischen Einsatz gestorben? Daraus wurden folgende Variable abgeleitet, die empirisch zu erheben waren:
- Geburtsjahr
- Herkunft
- Organisation
- Diensteintritt und Eintrittsalter
- Kriegsschauplatz des Todes
- Todeszeitpunkt und »Überlebensdauer«
- Todesart
- Status.

Soweit zu den Variablen – hinsichtlich der Stichprobengröße war die Überlegung maßgeblich, daß auch relativ kleine Anteile noch mit hoher Zuverlässigkeit erfaßt und strukturelle Nullen vermieden werden sollten. Daraus resultierte ein geplantes Sample von ca. 4000 Fällen, einschließlich eines erwarteten Anteils von unvollständigen Datensätzen wurde die Ziehungsregel so festgelegt, daß sich ca. 4300 Fälle ergaben.

Arbeitstechnisch ergaben sich nun zwei Handlungsstränge. In einem ersten Schritt wurden anhand der Erkennungsmarkenverzeichnisse und der Marineakten mit Hilfe einer Stichprobe die Einziehungen zur Wehrmacht ermittelt. Ziel dieses Abschnittes war es, eine Vergleichsbasis zu gewinnen, mit deren Hilfe festgestellt werden kann, ob die Struktur der bei der Deutschen Dienststelle registrierten Todesfälle eine regionale Verzerrung aufweist. Im Nebeneffekt ergab diese Erhebung jedoch auch Informationen, die es ermöglichen, in einigen Fragestellungen die hier interessierende Gruppe der Toten mit der Summe der zur Wehrmacht Eingezogenen zu vergleichen.

Insgesamt wurden 4672 Datensätzen erhoben, von denen lediglich 20 Fälle, d.h. weniger als ein halbes Prozent, unvollständig blieben – in aller Regel weil der Geburtsort der jeweiligen Person nicht festgestellt werden konnte. Der Anteil dieser unvollständigen Datensätze ist so gering, daß eine Verzerrung der Untersuchungsergebnisse durch die Nichtberücksichtigung dieser Fälle ausgeschlossen scheint.

Im zweiten Schritt wurde aus der Zentralkartei eine Stichprobe von 4219 militärischen Todesfällen gezogen, von denen lediglich 44 Datensätze, d.h. 1 Prozent, auch durch Nachforschungen bei anderen Organisationen nicht vervollständigt werden konnten – eine völlig unerwartet niedrige Quote. Auch wenn diese Fälle eine Tendenz zu Konzentration auf die Jahre 1944 und 1945 aufweisen, ist ihr Anteil insgesamt doch so gering, daß es gerechtfertigt erscheint, sie als marginal zu vernachlässigen. Bei 24 weiteren Datensätzen fehlte nur das Diensteintrittsdatum, so daß diese Fälle in die Auswertung einbezogen werden konnten.

Soweit zur Stichprobenziehung – das Interesse der Untersuchung liegt jedoch nicht nur in der Ermittlung von Verteilungen, die sich dann als Prozentanteile verschiedener Merkmalskategorien ergeben würden. Ziel der vorliegenden Arbeit ist es auch, absolute Werte, d.h. konkret etwa die Zahl der an der Ostfront Gefallenen, zu errechnen. Um dies leisten zu können, muß die Stichprobe auf die Grundgesamtheit bezogen werden, d.h. es war notwendig zu ermitteln, wie viele Soldaten zur Wehrmacht gehörten und wie viele gestorben sind. Von daher galt es also auch die Karteiumfänge festzustellen. Dabei ergab sich, daß in den Erkennungsmarkenverzeichnissen ca. 16,8 Millionen, in den Marineunterlagen ca. 1,3 Millionen und in der Zentralkartei ca. 18,3 Millionen Personen dokumentiert sind. Aufgabe des folgenden Kapitels wird es nun sein, die Ergebnisse der Auswertung darzustellen.

# 4. Untersuchungsergebnisse

Nachdem die Entstehungsgeschichte des Datenbestandes und die Methodik der vorliegenden Untersuchung nun dargelegt sind, wird es im folgenden darauf ankommen, die Ergebnisse zu präsentieren – dies im wesentlichen in drei Schritten. Zunächst einmal wird es darum gehen, die bereits mehrfach aufgeworfene Frage nach der Vollständigkeit der Datenbasis zu beantworten. Im nächsten Abschnitt wird dann auf die Personalumfänge der wichtigsten Organisationen eingegangen, daran anschließend folgt die Auswertung der Todesfälle. Da aber die Aussagekraft der Untersuchung ganz wesentlich von der Vollständigkeit der Datenbasis abhängt, zunächst einmal zu dieser Frage.

## 4.1 Zuverlässigkeit der Daten

Um die Qualität der Ergebnisse beurteilen zu können, wird es zunächst einmal erforderlich sein, die Risiken zu prüfen, die in den vorangehenden Kapiteln aufgezeigt worden waren. Darüber hinaus soll aber auch der Versuch unternommen werden, die anderen in Kap. 2.4. aufgezeigten Statistiken zum Vergleich heranzuziehen, um so auf einer möglichst breiten Basis ein Urteil fällen zu können. Doch zunächst zu den bereits aufgezeigten Verzerrungen der Datenbasis. Aus ihrer Entstehungsgeschichte ergaben sich folgende Risiken:
1. Es ist zu befürchten, daß in der ehemaligen DDR, wie auch in Osteuropa generell, weder in demselben Maße die Möglichkeit noch die Notwendigkeit bestand, mit bundesdeutschen Nachweisorganisationen Verbindung aufzunehmen wie dies für Westdeutsche der Fall war.
2. Unter Umständen sind Kriegssterbefälle von Waffen-SS-Angehörigen, die bereits während des Krieges angezeigt worden waren, nicht vollständig erfaßt.
3. Todesfälle, vor allem von Volkssturmangehörigen, sind möglicherweise aufgrund § 27 Personenstandsverordnung als Kriegssterbefälle oder als zivile Todesfälle angezeigt worden, ohne daß eine Benachrichtigung der WASt erfolgt wäre.
4. Für einen Teil der Todesfälle ist nicht der Tod, sondern nur der Zeitpunkt der letzten Nachricht oder der Vermißtmeldung bekannt. Auch wenn diese Personen höchstwahrscheinlich unmittelbar danach gestorben sind, stellt diese Zeitlücke eine Unsicherheitsmarge dar.

Zunächst zur ersten »Problemzone«, der möglichen Untererfassung bestimmter Herkunftsregionen. Um die Größenordnung eines solchen Defizits festzustellen, war im Untersuchungsdesign festgelegt worden, daß je eine Stichprobe aus den Erkennungsmarkenverzeichnissen und den Marineunterlagen zu ziehen sei. So konnte festgestellt werden, in welchen Jahren wie viele Soldaten zur Wehrmacht eingezogen worden waren. Auch bei der Stichprobe aus der Zentralkartei wurde für die Angehörigen von Heer, Luftwaffe und Marine ermittelt, wann sie eingezogen worden waren. Für die anderen, hier untersuchten Gruppen war dies nicht möglich, weil in der Deutschen Dienststelle keine Unterlagen über die Einziehung bzw. Einstellung in diese Organisationen existieren und ein Vergleich somit nicht durchführbar war.

Die zugrundeliegende Überlegung war, daß die Verteilung der Einziehungen aller Soldaten nach Regionen und Jahren derselben Verteilung bei den Todesfällen unter den Soldaten entsprechen muß – mit anderen Worten: Alle in einem bestimmten Jahr zur Wehrmacht Einberufenen besaßen dieselbe Überlebenschance, gleichgültig ob sie aus dem Gebiet der Bundesrepublik oder Ostpreußen stammten. Wenn alle Todesfälle bekannt sind, dann muß die regionale Verteilung aller Einberufungen zur Wehrmacht nach Jahren derselben Verteilung bei den Toten entsprechen. Sollte sich ergeben, daß bei den Toten die Gebiete unterrepräsentiert sind, für deren Einwohner keine Möglichkeit oder Notwendigkeit zur Kontaktaufnahme existierte, dann dürfte dies ein deutlicher Hinweis darauf sein, daß die Kartei der Deutschen Dienststelle für diese Gebiete unvollständig ist. In Tab. 21 das Ergebnis der Prüfung[1].

Die Aussage der Tab. 21 sei zunächst verdeutlicht. Die Angaben sind spaltenweise zu lesen. Innerhalb der Zellen gibt der jeweils obere Wert die Verteilung in den Erkennungsmarkenverzeichnissen und den Marineakten, d.h. den Unterlagen über die Einziehungen, wieder. Die zweite Angabe bezieht sich auf die Verteilung in der Zentralkartei, d.h. den Unterlagen über die Todesfälle. Um dies an einem Beispiel zu verdeutlichen: Unter denjenigen, die bereits 1939 oder früher als Soldat in die Wehrmacht eingezogen worden sind, stammen 54,72 Prozent aus dem Gebiet der Bundesrepublik. Die zweite Angabe besagt, daß 54,72 Prozent der Toten, die 1939 oder früher eingezogen worden waren, im Gebiet der Bundesrepublik geboren waren – ein Ergebnis, das exakt der Verteilung bei den Einziehungen entspricht.

Analysiert man nun die Tab. 21 spaltenweise, so zeigt sich, daß die Anteile zwar kaum einmal so weitgehend übereinstimmen wie im Fall »Bundesrepublik« für das Jahr 1939, aber doch einander generell entsprechen. Größere Abweichun-

---

[1] Einige grundsätzliche Erläuterungen, die auch für die folgenden Tabellen Gültigkeit haben:
1. Da die Ergebnisse nicht auf einer Totalerhebung, sondern auf einer Stichprobe beruhen, wurden die Randfrequenzen und deren Anteile gerundet. Damit soll der Anschein einer Genauigkeit vermieden werden, der realiter nicht gegeben ist. Allerdings kann die Rundung mitunter auch dazu führen, daß sich die Häufigkeiten, wie auch die Anteile, nicht zur Summe bzw. zu 100 Prozent addieren.
2. Um niedrige Zellfrequenzen – und damit wenig aussagekräftige Ergebnisse – zu vermeiden, wurden darüber hinaus, soweit notwendig, Kategorien zusammengefaßt. Tabellen mit nichtaggregierten Kategorien sind jeweils in Anhang abgedruckt.
3. Prozentangaben sind grundsätzlich mit Komma ausgewiesen, absolute Werte werden ohne Komma oder Punkt angegeben. Zahlen mit Punkt beziehen sich auf absolute Werte in Tausendern.
4. Sofern nichts anders vermerkt ist, sind die Verteilungsunterschiede signifikant.

## Tab. 21: Einziehungen und Todesfälle nach Jahren und Regionen**

| Herkunft | | | Eintritt | | | | |
|---|---|---|---|---|---|---|---|
| Einziehungen Todesfälle | 1939 und früher | 1940 | 1941 | 1942 | 1943 | 1944 und später | Anteil Anteil |
| Ehemalige Bundesrepublik | 54,72 54,72 | 53,75 56,74 | 50,38 55,27 | 48,50 53,89 | 46,64 48,11 | 50,03 44,24 | 51,6 53,4 |
| DDR | 17,51 15,53 | 18,69 13,93 | 16,17 13,14 | 14,06 15,50 | 13,92* 16,39 | 17,42* 16,81 | 16,7 15,0 |
| Ost- und Südeuropa | 22,27 26,68 | 19,39 22,74 | 22,77 25,09 | 26,69 23,19 | 28,18 26,94 | 21,43* 31,42 | 22,9 25,5 |
| Sonstige | 5,50* 3,07* | 8,17 6,58 | 10,68 6,51* | 10,74 7,42* | 11,25* 8,56* | 11,12* 7,53* | 8,8 6,1 |
| Anteil Anteil | 27,0 26,7 | 23,8 23,7 | 14,5 13,3 | 14,3 16,2 | 11,6 10,6 | 8,9 9,6 | 100,0 100,0 |

Alle Angaben in Prozent

** Aufgrund des speziellen Fragestellung wurden die Herkunftskategorien für die obige und die folgende Tabelle entsprechend den zu untersuchenden Informationsrisiken aggregiert. Daher sind die ehemaligen Ostgebiete und alle Regionen in Ost- und Südosteuropa, in denen möglicherweise Kommunikationshemmnisse existiert haben, in einer Kategorie zusammengefaßt. Alle anderen Regionen mit ungehinderter Kommunikation, also vor allem Österreich sind unter »Sonstige« ausgewiesen. Die mit * gekennzeichneten Angaben beziehen sich auf sehr kleine Stichprobenanteile, die nur mit Vorsicht interpretiert werden dürfen.

gen sind vor allem bei den Zellen der Kreuztabelle festzustellen, die so gering besetzt sind, daß ihre Interpretation die Grenzen der Zuverlässigkeit der vorliegenden Untersuchung erreicht. Insbesondere ist aber kein Trend dahingehend zu erkennen, daß ein Gebiet bei den Totenzahlen durchgehend deutlich unterrepräsentiert ist. Dies gilt insbesondere nicht für die deutschen Siedlungsgebiete in Ost- und Südosteuropa. Von daher scheint der Schluß berechtigt, daß die befürchtete Untererfassung der Bevölkerung in der ehemaligen DDR bzw. dem ehemaligen Ostblock nicht gegeben ist[2].

Nun könnte argumentiert werden, auch die Variablen »Geburtsjahrgang« seien zu berücksichtigen, denn zweifelsohne wurden die Jahrgänge nicht in allen Regionen in derselben Abfolge eingezogen. Dieser Sachverhalt kommt in den Abweichungen zum Ausdruck, die durchaus festzustellen sind. Von daher wur-

---

[2] Um den Einfluß der Variablen »Organisation« zu eliminieren, wurde auch eine Kreuztabelle nur für die Heeresangehörigen errechnet. Das Ergebnis, das sich inhaltlich nicht von Tab. 21 unterscheidet, ist im Anhang, Tab. 74, S. 337, abgedruckt.

**Tab. 22: Statusgruppen nach Herkunftsländern**

| Herkunft<br>Zeilenprozente | Kriegs-<br>sterbef. | Status<br>Gerichtl.<br>Todeserkl. | Registr.-<br>Fälle | Anteil |
|---|---|---|---|---|
| Ehem. Bundesrep. | 55,80 | 24,44 | 19,76 | 51,5 |
| DDR | 63,35 | 12,80 | 23,85 | 15,2 |
| Ehem. Ostgeb./<br>Ost- u. SO-Europa | 57,35 | 19,50 | 23,15 | 27,2 |
| Sonstige | 60,98 | 12,59 | 26,43 | 6,1 |
| Anteil | 57,7 | 20,6 | 21,7 | 100,0 |

Alle Angaben in Prozent

den auch Tests durchgeführt, die den Einfluß dieser Variablen berücksichtigen[3]. Ein genereller Trend zur Über- oder Unterrepräsentation eines Teils oder des ganzen ehemaligen Ostblocks ist aber weder im Gesamt- noch in den Einzeltests erkennbar.

Da die Fragestellung jedoch von zentraler Bedeutung ist, scheint es geboten, eine zweite Prüfung vorzunehmen. Sie geht von der Überlegung aus, daß sich der Grad der Erfassung auch in der Sicherheit und der Vollständigkeit der Kenntnisse über den Todesfall ausdrückt – mit anderen Worten, wenn die Informationen über die Toten eines Herkunftsgebietes weniger vollständig sind, wird auch der Anteil der Kriegssterbefälle aus dieser Region kleiner sein. Tabelle 22 zeigt das Ergebnis der Prüfung.

Analysiert man Tab. 22, so zeigt sich, daß die in der »alten« Bundesrepublik registrierten Todesfälle zu ca. 56 Prozent aus Kriegssterbefällen bestehen, die restlichen Fälle verteilen sich annähernd gleichmäßig auf die beiden weiteren Kategorien. Damit entspricht die Verteilung innerhalb der Bundesrepublik in etwa dem Durchschnitt, der in der letzten Zeile ausgewiesen ist. Auffallende Unterschiede zeigen sich nur an zwei Punkten. Zum einen war der Anteil der Kriegssterbefälle in der DDR höher, der der gerichtlichen Todeserklärungen jedoch niedriger. Zum anderen ist in der Kategorie »Sonstige« der Anteil der gerichtlichen Todeserklärungen geringer, der der Registrierfälle jedoch deutlich höher. Ein genereller Trend, eine Häufung der Fälle – entweder bei den völlig geklärten oder bei den partiell unsicheren Fällen – ist jedoch nicht zu erkennen.

---

[3] Die Kreuztabelle »Herkunft*Eintrittsjahr« wurde für jede Geburtsaltersklasse und jeden Wehrmachtteil berechnet. Als Beispiel wurde das Ergebnis für die quantitativ gewichtigste Gruppe, die Rekruten und die Toten des Heeres, Geburtsjahrgänge 1910 – 1915, im Anhang, Tab. 75, abgedruckt.

**Tab. 23: Statusgruppen nach Organisationen**

| Organisation<br>Zeilenprozente | Kriegs-<br>Sterbef. | Status<br>Gerichtl.<br>Todeserkl. | Registr.-<br>Fälle | Anteil |
|---|---|---|---|---|
| Wehrmacht | 57,35 | 20,84 | 21,81 | 90,8 |
| Waffen-SS | 66,09 | 15,65 | 18,26 | 5,9 |
| Volkssturm | 42,46 | 34,00 | 23,54 | 1,5 |
| Sonstige | 59,61 | 14,14 | 26,26 | 1,9 |
| Anteil | 57,7 | 20,6 | 21,7 | 100,0 |

Alle Angaben in Prozent

Zurückzuführen sind die Unterschiede auf die Usancen und Rechtssysteme in den verschiedenen Ländern. Während für Sterbefallanzeigen generell relativ rigide Vorschriften gelten, ist es einfacher, Todeserklärungen ohne Mitwirkung der Deutschen Dienststelle zu erhalten. Und die Deutsche Dienststelle von Amts wegen zu informieren, wenn eine Todeserklärung erfolgt ist, dürfte im Ausland nicht in demselben Umfang üblich sein wie in der Bundesrepublik, wo dies zwingend vorgeschrieben ist. Für die Zwecke der vorliegenden Untersuchung besitzt jedoch die Frage, ob ein Todesfall als Registrierfall oder als gerichtliche Todeserklärung dokumentiert ist, keine wesentliche Bedeutung, da beide Kategorien gleichermaßen als definitive Todesfälle behandelt werden.

Faßt man nun beide Prüfungen zusammen, so ist festzustellen, daß der Anteil der Todesfälle an den Einziehungen einer Region pro Jahrgang nicht konstant ist, sondern dieser Anteil um den Mittelwert schwankt. Ein einheitlicher, starker Trend, der auf die Unterrepräsentation einer Region, sei es die ehemalige DDR oder die im Osten bzw. Südosten gelegenen Gebiete hinweisen würde, ist jedoch nicht zu erkennen. Von daher ist das Risiko eines Informationsdefizits offensichtlich nicht gegeben.

Der zweite und der dritte Problembereich bezogen sich jeweils auf die Erfassung der Organisationen außerhalb des Wehrmacht, vor allem des Volkssturms und der Waffen-SS. Die Verteilung der Todesfälle in dieser Hinsicht zeigt Tab. 23.

Zunächst ist auffällig, daß der Anteil der Kriegssterbefälle unter den Waffen-SS-Todesfällen größer ist als bei der Wehrmacht. Die Befürchtung, die Kriegerauskunftstelle der Waffen-SS könne im Krieg Sterbefälle angezeigt haben, die dann der Deutschen Dienststelle nicht mehr bekannt wurden, scheint also unbegründet zu sein.

Eine Abweichung ergibt sich hinsichtlich des Volkssturms, bei dem sich die Verteilung signifikant von der bei der Wehrmacht unterscheidet – wobei die Differenz bei den Kriegssterbefällen besonders groß ist. Dies mag darauf zurückzuführen sein, daß ein Teil der Volkssturm-Todesfälle als zivile Fälle oder nach § 27 a, Personenstandsverordnung, ohne Mitwirkung der Deutschen Dienststelle ver-

**Tab. 24: Kriegsschauplätze nach Todesarten***

| Kriegsschauplatz Zeilenprozente | Todesart Auf dt. Seite verstorben | verschollen | Anteil |
|---|---|---|---|
| Westen | 85,05 | 14,95 | 7,0 |
| Osten | 58,61 | 41,39 | 56,5 |
| Endkämpfe | 43,31 | 56,69 | 25,3 |
| Sonstige Kriegsschauplätze | 77,29 | 22,71 | 11,2 |
| Anteil | 58,7 | 41,3 | 100,0 |

Alle Angaben in Prozent
* Ohne Todesfälle in Kriegsgefangenschaft.

bucht sind. Der Unterschied kann aber auch dadurch erklärt werden, daß der Volkssturm ausschließlich in der Zeit des Zusammenbruchs eingesetzt wurde. Der Anteil der nicht definitiv geklärten Fälle mag auch von daher größer sein. Welche der beiden Erklärungen zutrifft, könnte entschieden werden, wenn es als Vergleichsbasis eine zuverlässige Statistik über die Verluste des Volkssturms gäbe. Da dies nicht der Fall ist, muß diese Frage offen bleiben – die Möglichkeit, daß Volkssturmtodesfälle im Datenbestand der Deutschen Dienststelle – und damit auch in der vorliegenden Untersuchung – unterrepräsentiert sind, besteht also weiterhin. Angesichts des insgesamt geringen Umfangs dieser Gruppe – ca. 1,5 Prozent der Todesfälle – ist die Bedeutung dieses Risikos für das Gesamtergebnis allerdings als nicht allzu hoch einzuschätzen.

Der vierte Problembereich bezog sich auf die Kenntnis über den exakten Todeszeitpunkt. Dazu die Statistik in Tab. 24; sie enthält offensichtlich zwei Fallgruppen, der Westen und die sonstigen Kriegsschauplätze einerseits sowie die Ostfront und die Endkämpfe andererseits. Während im ersten Fall die Quote der definitiv geklärten Todeszeitpunkte bei ca. 80 Prozent liegt, sind dies im Durchschnitt der zweiten Gruppe nur ca. 50 Prozent. Hier werden die derzeit eingehenden Daten aus der Sowjetunion eine Verschiebung dahingehend bewirken, daß aus vielen derzeitigen Registrierfällen oder gerichtlichen Todeserklärungen Kriegssterbefälle – und damit Fälle mit eindeutigem Todeszeitpunkt – werden. Den bisherigen Erfahrungen nach bedeutet dies lediglich eine Vervollständigung, mitunter wird der Kenntnisstand auch marginal verändert, in aller Regel jedoch nicht in wesentlichen Punkten – etwa dahingehend, daß eine Person auf einem anderen Kriegsschauplatz als bisher angenommen ums Leben gekommen wäre[4].

---

[4] Siehe hierzu Kap. 2.3.4.

## 4.1 Zuverlässigkeit der Daten

Soweit die Prüfung der Risiken, die sich aus der Entstehungsgeschichte des Datenbestandes ergaben. Darüber hinaus existieren aber auch Statistiken, die mitunter für andere Zwecke erstellt wurden, hier aber herangezogen werden sollen, um die Zuverlässigkeit der vorliegenden Untersuchung zu prüfen. Zwar gibt es keine umfassenden, nicht auf der Kartei der Deutschen Dienststelle beruhenden Angaben, gänzlich unmöglich ist eine Kontrolle dennoch nicht. Für einige spezielle Personengruppen liegen Statistiken vor, die herangezogen werden sollen.

Ausgangspunkt der Überlegungen ist die Verteilung der Todesfälle nach Regionen. Die erste Vergleichsmöglichkeit bezieht sich auf die Franzosen, die im Zweiten Weltkrieg auf deutscher Seite ums Leben gekommen sind. Hierfür liegen französische Untersuchungen vor, die allerdings nicht widerspruchsfrei sind. Sie weisen ca. 130 000 zwangsrekrutierte Elsässer und Lothringer aus, hinzu kommen ca. 15 000 Personen aus Luxemburg und Ostbelgien[5]. In der vorliegenden Untersuchung sind nun ca. 136 000 Personen erfaßt, die aus den westlich an das Deutsche Reich angrenzenden Gebieten eingezogen worden waren, allerdings ohne diejenigen, die in der Waffen-SS Dienst leisteten. Nun liegen über deren personelle Zusammensetzung keine Zahlen vor, es scheint aber gerechtfertigt, davon auszugehen, daß es sich um eine niedrige fünfstellige Zahl gehandelt hat. Damit wird deutlich, daß die französischen Angaben und die Ergebnisse der vorliegenden Untersuchung gut übereinstimmen.

Wie verhält es sich nun mit den Toten? Französische Untersuchungen weisen ca. 40 000 Todesfälle aus, in der vorliegenden Untersuchung sind es jedoch nur ca. 30 000 Personen. Aus dieser Differenz könnte nun der Schluß gezogen werden, die Kartei der Deutschen Dienststelle sei unvollständig. Dagegen ist jedoch gerade für diese spezielle Personengruppe anzuführen, daß die Unterlagen der Deutschen Dienststelle von den Franzosen vor der Vernichtung bewahrt worden waren mit dem Argument, die Karteien würden für französische Zwecke benötigt. Seit der Übernahme der Deutschen Dienststelle durch die Franzosen bestand darüber hinaus immer – anders als für andere Nationen – ein Referat, das sich speziell mit den Angelegenheiten französischer Staatsbürger beschäftigte. Daß die Karteien der Deutschen Dienststelle gerade für diesen, relativ kleinen Personenkreis unvollständig sein sollen, ist daher unwahrscheinlich.

Nein – hier ist zu bedenken, daß der Anteil dieser Gruppe bei ca. 0,5 Prozent der Gesamtverluste liegt und damit so gering ist, daß eine Stichprobenerhebung notwendigerweise an ihre Grenzen gerät. Das Konfidenzintervall ist bei derart kleinen Anteilen so groß, daß nicht zu entscheiden ist, ob die in der Untersuchung

---

[5] Zu der Zahl der Einberufungen und der Todesfälle siehe Association des évades et incorporés de force, Az. PM/NB, vom 13.11.1989, an den Verfasser; Rigoulot, La tragédie des Malgrénous, S. 104; Eugène Riedweg, Le jour le plus noir, in: Saisons d'Alsace, no. 117, automne 1992, S. 19 – 46, hier S. 40; siehe auch Amouroux, Printemps de mort, S. 362; Bopp, Enrôlement de force, S. 40; Hohengarten, Zwangsrekrutierung, S. 13 und 23; Kettenacker, Volkstumspolitik, S. 223; Merglen, Soldats Français, S. 84; Nonnenmacher, La grand honte, S. 15; Neulen, An deutscher Seite, S. 95.

ausgewiesene kleinere Zahl auf die Zufälligkeit der Stichprobenziehung zurückzuführen ist oder auf eine Untererfassung hinweist – mit anderen Worten, der Unterschied ist nicht signifikant.

Aber es existieren auch Statistiken, die sich auf größere Personengruppen beziehen und daher für einen Vergleich besser geeignet sind. Das Österreichische Statistische Zentralamt hat aufgrund der in Österreich geführten Standesamtsunterlagen die Zahl der Toten im militärischen Einsatz ermittelt und kam dabei zu dem Ergebnis, daß ca. 247 000 Österreicher im militärischen Einsatz während des Zweiten Weltkriegs ums Leben gekommen sind[6]. Der vorliegenden Untersuchung nach sind dagegen in der Kartei der Deutschen Dienststelle ca. 261 000 tote Österreicher dokumentiert. Die Differenz zwischen den beiden Zahlen ist nicht groß, sie wird noch kleiner, wenn man berücksichtigt, daß die österreichische Angabe aus den 70er Jahren stammt und seitdem 20 Jahre weiterer Erfassung und Aufklärung verstrichen sind.

Der wichtigste – weil quantitativ bedeutendste – Vergleichsmaßstab ist jedoch die bereits erwähnte Statistik der Kriegssterbefälle und gerichtlichen Todeserklärungen, derzufolge Ende der 70er Jahre im ursprünglichen Bundesgebiet (ohne Saarland und Berlin) ca. 1,38 Millionen Kriegssterbefälle bei den Standesämter registriert waren[7]. Die vorliegende Untersuchung weist nun ca. 1,41 Millionen derartige Todesfälle aus – selbst ohne Berücksichtigung des zeitlichen Abstandes von 15 Jahren zwischen den beiden Ergebnissen eine erstaunlich große Übereinstimmung.

Soweit die Prüfung der Kartei auf Vollständigkeit. Insgesamt hat sich die – quantitativ gesehen – gravierendste Befürchtung, die ehemaligen Ost-, sowie die ost- und südosteuropäischen Gebiete seien unterrepräsentiert, als unbegründet erwiesen. Ob die Todesfälle außerhalb der Wehrmacht vollständig erfaßt sind, ließ sich nicht abschließend klären. Die Tatsache, daß die Ergebnisse der vorliegenden Untersuchung tendenziell leicht höher als die Resultate der zum Vergleich herangezogenen Statistiken liegen, erlaubt jedoch den Schluß, daß Todesfälle in Nicht-Wehrmacht-Organisationen nicht unterrepräsentiert sind. Die Volkssturmverluste sind dagegen möglicherweise nicht lückenlos erfaßt – im folgenden wird dieser Frage noch weiter nachzugehen sein. Deutliche Informationsdefizite ergaben sich hingegen bei den Todesfällen an der Ostfront bzw. bei den Endkämpfen. Hier wird die Verbesserung der Kommunikationsmöglichkeiten in jüngster Zeit, insbesondere die Informationen aus den sowjetischen Archiven, noch in größerem Umfang Präzisierungen zu Todesfällen erbringen. Diese Veränderungen werden sich aber vermutlich nur dahingehend auswirken, daß eine bisher vermißte Person als gefallen oder in sowjetischer Kriegsgefangenschaft ver-

---

[6] Bevölkerungsverluste Österreichs, S. 219; Ergebnisse der Volkszählung, Österreich; Hansluwka, Bevölkerungsbilanzen, S. 194; Höbelt, Österreicher in der Wehrmacht, S. 432; Totenverluste, Österreich, S. 146; die Darstellung bei Michel, L'Autriche, S. 5, es seien ca. 380 000 Österreicher in der Wehrmacht ums Leben gekommen, ist nicht nachvollziehbar.

[7] Standesamtlich beurkundete Kriegssterbefälle 1979, S. 77.

storben identifiziert wird. Es wird sich kaum erweisen, daß sie überlebt hat oder an der Westfront ums Leben gekommen ist. Insofern werden sich diese Ergänzungen kaum auf die Verteilung wesentlicher Variablen auswirken.

## 4.2 Einzelergebnisse

Nachdem nun geklärt ist, daß die Kartei der Deutschen Dienststelle keine wesentlichen Lücken aufweist, folgt jetzt die Auswertung der Untersuchung. Um die später folgenden Aussagen in einen »Rahmen« stellen zu können, wird dabei zunächst versucht, den Personalumfang und die Zusammensetzung der hier interessierenden Organisationen aufzuzeigen. Im Anschluß daran folgt die Antwort auf die zentrale Fragestellung der Untersuchung: Wie viele Deutsche sind im militärischen Einsatz während des Zweiten Weltkrieges ums Leben gekommen? Hierzu werden die Todesfälle zuerst in bezug auf ihre demographischen Daten, anschließend hinsichtlich der Organisationszugehörigkeit und zum Schluß bezüglich der Kriegsschauplätze und Todesarten analysiert. Auf diese Weise sollen dem Leser einerseits Informationen präsentiert werden, die so bisher nicht vorlagen und insofern ein wesentliches Ergebnis der vorliegenden Untersuchung darstellen. Zum anderen sollen aber auch Fragestellungen aufgezeigt werden, die sich aus den hier präsentierten Daten ergeben. Mitunter werden auch Ansätze für neue Fragestellungen aufgezeigt.

Die Struktur der vorhandenen Daten wird dabei ein zweigleisiges Vorgehen erzwingen. Wie bereits mehrfach erwähnt, konnten die Einberufungen nur für die Wehrmacht erhoben werden, so daß es auch nur für diesen Bereich möglich ist, die Todesfälle in Bezug zur Summe der Organisationsmitglieder zu setzen. Im folgenden wird daher immer dort, wo dies geboten erscheint, eine Spezialauswertung für die Soldaten der Wehrmacht als Exkurs eingefügt. Überschneidungen werden sich dabei leider nicht vermeiden lassen, es schien jedoch wichtiger, sowohl die Informationen über die Wehrmacht als auch die über die gesamte Gruppe zu präsentieren, als zwecks Vermeidung von Überschneidungen auf einen so wesentlichen Aspekt zu verzichten.

Bei der Konzeption des Kapitels ergab sich ein weiteres Problem, das vermutlich nicht lösbar, sondern nur begrenzbar ist. Einerseits schien es geboten, die erhobenen Informationen systematisch darzustellen, um dem Leser einen strukturierten Überblick zu ermöglichen, andererseits ergeben sich aus der Interpretation der Tabellen immer wieder Fragen, denen unmittelbar nachzugehen reizvoll wäre. In der Regel wäre dies nicht zu vereinbaren mit der Absicht, systematisch vorzugehen – es käme zu zahlreichen Überschneidungen. Aus diesen Gründen werden mitunter Fragestellungen zwar aufgezeigt, gegebenenfalls jedoch erst bei späterer Gelegenheit beantwortet. Um jedoch den Überblick nicht zu verlieren, sind zum Abschluß eines jeden längeren Kapitels die Ergebnisse und die Fragen, die für die weiteren Überlegungen von Bedeutung sind, nochmals zusammengefaßt.

### 4.2.1 Personalumfang der Organisationen

Die Personalstärken und das Rekrutierungsverhalten der Wehrmacht, der Waffen-SS und der anderen, an der Kriegführung beteiligten Organisationen darzustellen, ist zwar – von der Genese des Projektes her – nicht das zentrale Anliegen der Untersuchung, diese Angaben in Beziehung zu den Verlusten zu setzen, ermöglicht jedoch, interessante Zusammenhänge aufzuzeigen. Angaben über Personalumfänge liegen jedoch nur für wenige Organisationen vor – und nur in Form von Stichtagsgrößen. Für die vorliegende Untersuchung sind jedoch nicht Bestandsgrößen von Bedeutung – um eine sinnvolle Bezugsbasis zu haben, wird die Summe der Personen benötigt, die den jeweiligen Organisationen jemals angehört haben. Solche Flußgrößen liegen jedoch kaum einmal vor. Und wenn sie existieren, dann ist die Schwankungsbreite so groß, daß die Angaben kaum verwertbar sind. Allein die Aussagen über die Zahl der von den deutschen Militärorganisationen erfaßten Personen reichen von ca. 11 Millionen bis ca. 20 Millionen. Für die Zwecke der vorliegenden Arbeit ist es jedoch notwendig, genauere Zahlen zu erarbeiten, selbst wenn diese mit Unsicherheitsmargen behaftet sind[8].

Zunächst einmal zur Waffen-SS. Vollständige Angaben aus der Kriegszeit existieren nicht. Zusätzlich erschwert wird die Berechnung dadurch, daß die Waffen-SS in den ersten Kriegsjahren – für die noch eher verläßliche Angaben vorliegen – quantitativ unbedeutend war. Im März 1945 soll die Waffen-SS dagegen einen Personalumfang von 830 000 Mann gehabt haben – wiederum andere Quellen geben die Stärke der Waffen-SS bei Kriegsende mit ca. 500 000 Mann an[9]. Bedenkt man, daß Richard Korherr, der Inspekteur für Statistik, seinem »Reichsführer-SS« 1944 vorgeschlagen hatte, das Meldewesen vorläufig einzustellen, weil die Ergebnisse ohnehin unzuverlässig seien, dann erklären sich einerseits die Diskrepanzen in den Stärkeangaben, andererseits wird deutlich, wie berechtigt die resignierende Einstellung Korherrs war[10].

---

[8] OKW-WEA/Chefgr., Geh. Kommandosache: Wehrmachtersatzplan 1945, BA-MA, RW 6/v.416; Kroener, Personelle Ressourcen, S. 959 und 985; Study, German Manpower, Chapt. 14, S. 14; Müller-Hillebrand hat als einziger Autor aufgrund seiner dienstlichen Erfahrungen nach dem Krieg eine Schätzung veröffentlicht, die davon ausgeht, daß ca. 17,9 Millionen Personen in die Wehrmacht eingezogen worden sind, siehe Müller-Hillebrand, Heer, 3, S. 253.

[9] Um dem Leser die Dimension des Unterschieds zu verdeutlichen: 500 000 Soldaten entsprechen dem Personalumfang von ca. 4, 830 000 jedoch 7 – 8 Armeen. Wenn man nun bedenkt, welchen Stellenwert 4 weitere Armeen für die Kriegführung in der Endphase des Krieges gehabt hätten, dann verdeutlicht die Tatsache, daß diese Frage bis heute weder diskutiert noch geklärt worden ist, den Umgang mit Zahlen, siehe Zeugenaussage Brill vor dem Internationalen Militärgerichtshof am 5.8.1946 in Nürnberg, siehe Prozeß, IMT, 20, S. 373; 6 Divisionen; Absolon, Personalwesen, S. 96; Müller-Hillebrand, Heer, 3, S. 254 und S. 316 – 321; Study, German Manpower, Chapt. 14, S. 3.

[10] Siehe hierzu Kap. 2.2.2.

Wenn man trotzdem versucht, zu einem Ergebnis zu kommen, so sind zwei Aspekte zu berücksichtigen:
- Auch wenn sich Definitionen oder Erklärungen für die unterschiedlichen Stärkeangaben nicht finden, ist zu vermuten, daß die höhere Zahl definitorisch weiter gefaßt ist.
- Folgt man den höheren Angaben, dann hat sich die Waffen-SS von ca. 150 000 Mann im Jahr 1941 auf ca. 830 000 im Jahr 1945 mehr als verfünffacht – im Gegensatz zur Wehrmacht, deren Personalstärke in etwa konstant geblieben war. Auch wenn die Waffen-SS unstrittig eine rasante Entwicklung genommen hat, scheint allein schon unter dem Aspekt der Führernachwuchsausbildung für die neuen Verbände und des Ersatzes der Ausfälle eine Verfünffachung seit 1943 doch extrem hoch. Darüber hinaus ist die Zahl der Anfang 1945 vorhandenen Waffen-SS-Verbände nicht so groß, als daß sie einer Gesamtstärke von mehr als 800 000 Mann entsprechen könnten.

Unter Berücksichtigung dieser beiden Argumente erscheint es geraten, davon auszugehen, daß die Waffen-SS im Sinne der hier zugrunde liegenden Definitionen bei Kriegsende eher ca. 500 000 Mann stark war. Zusammen mit denjenigen, die während des Krieges aufgrund von Krankheit oder Verwundung ausgeschieden bzw. gefallen sind, kann dann die Summe der Personen, die die Waffen-SS durchlaufen haben, bei ca. 900 000 Personen gelegen haben – dies allerdings in dem Bewußtsein, daß es sich mehr um eine Schätzung als um eine Berechnung handelt.

Doch nun zur Wehrmacht. Hier kann zurückgegriffen werden auf die Werte, die sich bei der Errechnung der Karteigrößen ergeben haben. Demnach sind in den Erkennungsmarkenverzeichnissen ca. 13,5 Millionen Heeressoldaten und 2,4 Millionen Angehörige der Luftwaffe nachgewiesen. Berücksichtigt man, daß die Verzeichnisse für 1945 nicht ganz vollständig sind und bei der Luftwaffe wegen der geringeren Anzahl von Meldungen einzelne Personen fehlen, dann ist die Zahl der Heeressoldaten mit ca. 13,6 Millionen und die Luftwaffenangehörigen mit ca. 2,5 Millionen anzunehmen. Hinzu kommt die Marine mit ca. 1,2 Millionen Soldaten. Faßt man nun alle zusammen, die als kämpfende Truppe eingesetzt waren, d.h. die Soldaten des Heeres, der Luftwaffe und der Marine sowie die Angehörigen der Waffen-SS, dann ergibt sich eine Summe von 17,3 Millionen für die Wehrmacht und 18,2 Millionen Personen für alle vier Organisationen – eine Angabe die sehr nahe an der einzigen seriösen, bisher existierenden Angabe von Müller-Hillerbrand mit 17,9 Millionen liegt[11].

---

[11] Auf einen Umstand ist hier allerdings hinzuweisen. Aus erhebungstechnischen Gründen konnte nur ermittelt werden, wann eine Person erstmals Soldat geworden war. Die – selbstverständlich vorhandene – Fluktuation zwischen den Wehrmachtteilen ist von daher weder in der vorliegenden Untersuchung noch in den Angaben von Müller-Hillebrand berücksichtigt, siehe Müller-Hillebrand, Heer, 3, S. 253.

Natürlich wäre es wünschenswert gewesen, auch für die anderen, an der Kriegführung beteiligten Organisationen Personalumfänge zu ermitteln. Leider ist dies, z.B. im Fall des Wehrmachtgefolges, nicht möglich, weil nur feststeht, daß in den Erkennungsmarkenverzeichnissen ca. 900 000 Personen nachgewiesen sind, die zum Gefolge gehört haben, ohne jemals Soldat geworden zu sein. Viele Soldaten hatten zwar vorher zum Gefolge gezählt – z.B. als Luftwaffenhelfer –, konnten in der vorliegenden Untersuchung jedoch nur einmal erfaßt werden – und dies in ihrer Funktion als Soldat. Von daher ist die Zahl von 900 000 Personen nicht aussagekräftig. Da auch in der Literatur keine Angabe über den Personaldurchlauf des Gefolges vorliegt, muß auf eine solche Berechnung leider verzichtet werden.

Für die weiteren in der vorliegenden Untersuchung erfaßten Organisationen Angaben zu ermitteln, hätte zwar zusätzliche Erkenntnisse bringen können, ist jedoch ebenfalls nicht möglich[12]. Zum einen waren sie Durchlaufstationen auf dem Weg zur Wehrmacht oder Waffen-SS, zum anderen ist fraglich, welcher Personenkreis einzubeziehen ist. Dies gilt vor allem für den Volkssturm, wo festzustellen wäre, wie viele tatsächlich in einem militärischen Einsatz gestanden haben und wie viele nur nominell einer real kaum existierenden Einheit angehörten. Da die Berechnung der fehlenden Daten hier nicht geleistet werden kann, sollen sich die Vergleiche auf das Heer, die Luftwaffe, die Marine und die Waffen-SS beschränken. Sich auf diese vier Organisationen zu konzentrieren, scheint auch inhaltlich gerechtfertigt – letztlich standen sie im Zentrum des Geschehens und trugen mit einem Anteil von ca. 97 Prozent die ganz überwiegende Masse der Verluste.

### 4.2.2 Einziehungen zur Wehrmacht

Doch nun zur Wehrmacht. Im folgenden wird zunächst aufgezeigt, wie sich die verschiedenen Herkunftsregionen hinsichtlich des Eintrittsjahres und des Lebensalters der Rekrutierten unterscheiden. Im Anschluß daran wird die Binnendifferenzierung der Wehrmacht, d.h. die Unterschiede zwischen den drei Wehrmachtteilen, untersucht.

---

[12] Einige, allerdings fragmentarische Hinweise: Nach Müller-Hillebrand betrug die Stärke der Polizeikräfte außerhalb des Reichsgebiets 1944 ca. 250 000 Mann, siehe Müller-Hillebrand, Heer, 3, S. 322. Der deutsche Personalstamm der OT umfaßte nach Wehrmachtangaben Anfang 1944 ca. 120 000 Personen, vorwiegend der Jahrgänge 1901 und älter, siehe OKH/OrgAbt(I), vom 7.2.1944, Gliederung der O.T., BA-MA, RH 2/1339; nach Müller-Hillebrand waren im Juni 1944 ca. 175 000 Mann deutsches Rahmenpersonel der OT im Reichsgebiet eingesetzt, jedoch nur ca. 30 000 Deutsche in den besetzten Gebieten, siehe Müller-Hillebrand, Heer, 3, S. 252.

Tab. 25: Wehrmachtsoldaten nach Herkunft und Eintrittsjahren

| Herkunft | Eintritt | | | | | | Summe (in Tsd.) | Anteil (in %) |
|---|---|---|---|---|---|---|---|---|
| | 1939 und früher | 1940 | 1941 | 1942 | 1943 | 1944 und später | | |
| **Bundesrepublik** | | | | | | | | |
| Häufigkeit | 3 375 933 | 2 976 970 | 1 668 805 | 1 542 631 | 1 214 790 | 1 034 232 | 11 813 | |
| Zeilenprozent | 28,58 | 25,20 | 14,13 | 13,06 | 10,28 | 8,75 | | |
| Spaltenprozent | 72,23 | 72,44 | 66,55 | 62,57 | 60,57 | 67,45 | | 68,3 |
| **Ehemalige Ostgebiete** | | | | | | | | |
| Häufigkeit | 856 119 | 544 846 | 318 867 | 356 406 | 272 175 | 176 470 | 2 525 | |
| Zeilenprozent | 33,91 | 21,58 | 12,63 | 14,12 | 10,78 | 6,99 | | |
| Spaltenprozent | 18,32 | 13,26 | 12,72 | 14,45 | 13,57 | 11,51 | | 14,6 |
| **Großdeutsche Ostgebiete/ östl. Siedlungsgebiete** | | | | | | | | |
| Häufigkeit | 184 526 | 251 527 | 251 979 | 301 745 | 293 073 | 152 216 | 1 435 | |
| Zeilenprozent | 12,86 | 17,53 | 17,56 | 21,03 | 20,42 | 10,61 | | |
| Spaltenprozent | 3,95 | 6,12 | 10,05 | 12,24 | 14,61 | 9,93 | | 8,3 |
| **Österreich** | | | | | | | | |
| Häufigkeit | 230 194 | 319 541 | 260 260 | 229 219 | 156 197 | 110 570 | 1 305 | |
| Zeilenprozent | 17,63 | 24,47 | 19,93 | 17,55 | 11,96 | 8,47 | | |
| Spaltenprozent | 4,93 | 7,78 | 10,38 | 9,30 | 7,79 | 7,21 | | 7,6 |
| **Sonstige** | | | | | | | | |
| Häufigkeit | 26 907 | 16 414 | 7 546 | 35 627 | 69 418 | 59 951 | 216 | |
| Zeilenprozent | 12,46 | 7,60 | 3,50 | 16,50 | 32,16 | 27,77 | | |
| Spaltenprozent | 0,58 | 0,40 | 0,30 | 1,44 | 3,46 | 3,91 | | 1,3 |
| Summe (in Tsd.) | 4 674 | 4 109 | 2 507 | 2 466 | 2 006 | 1 533 | 17 300 | |
| Anteil (in %) | 27,0 | 23,8 | 14,5 | 14,3 | 11,6 | 8,9 | | 100,0 |

Tab. 25 zeigt einen Überblick über die regionale Verteilung der Einziehungen[13]. Sie weist aus, daß ca. zwei Drittel aller Wehrmachtrekruten aus dem Gebiet der heutigen Bundesrepublik stammen, wenn man die Ostgebiete des Deutschen Reiches einbezieht, sind es über 80 Prozent, einschließlich der Österreicher sogar mehr als 90 Prozent. Der zeitliche Verlauf der Einziehungen weist für jede der hier ausgewiesenen Regionen Spezifika auf. Das heutige Deutschland stellte nur in den Jahren 1939 und 1940 mit jeweils mehr als 70 Prozent einen etwas höheren Anteil, danach jedoch leicht unterdurchschnittliche. Diese Entwicklung ist natürlich nicht überraschend – die Gruppe, die ca. zwei Drittel der Rekruten stellt, bestimmt auch weitgehend den Durchschnitt.

Die Ostgebiete des Deutschen Reiches dagegen waren am Anfang mit ca. 34 Prozent ihres »Gesamtkontingents« stark überrepräsentiert, um dann abzufallen, bis sie ab 1944 einen deutlich unterdurchschnittlichen Anteil stellen. An dieser Stelle macht sich die Politik der Wehrmacht bemerkbar, die zu Beginn des Krieges bevorzugt die ländliche Bevölkerung der Ostgebiete eingezogen hatte – auch das Einziehungsalter lag hier niedriger als in den anderen Regionen. In den Jahren 1944/45 waren diese Gebiete dann »ausgeschöpft« – teilweise befanden sie sich auch nicht mehr im deutschen Einflußbereich.

Anders die Entwicklung in Österreich – während die Einziehungen 1939 mit ca. 18 Prozent noch unter dem Durchschnitt liegen, steigen sie bis 1941 auf hohe Werte (ca. 5 Prozentpunkte über dem Durchschnitt) an, um sich dann dem Durchschnitt zu nähern. Zu erklären ist auch dieser Verlauf mit der Rekrutierungspolitik der Wehrmacht – 1939 funktionierte die Wehrersatzorganisation in Österreich noch nicht so gut wie im »Altreich«. Die zu geringen Einziehungen wurden dann 1941/42 nachgeholt, danach aber entsprach die Einberufungsquote der des Gebietes der heutigen Bundesrepublik.

Die Entwicklung für die großdeutschen Ostgebiete und die östlichen Siedlungsgebiete sowie die sonstigen Regionen ist annähernd gleichläufig und daher in einer Kategorie zusammen ausgewiesen. Während sie zu Beginn des Krieges einen unterdurchschnittlichen Anteil stellten, sind sie ab 1942 bei den Rekrutierungen überproportional vertreten – aber nur bis 1944. Auch hier spiegelt sich die Politik wider. Während 1939 Ausländer weder zur Verfügung standen noch gebraucht wurden, änderte sich die Bedarfslage ab 1941 drastisch. Im Jahr 1945 dagegen befanden sich diese Gebiete großenteils nicht mehr im deutschen Ein-

---

[13] Es wäre reizvoll gewesen, die nachfolgenden Ergebnisse mit den in den Akten oder in Veröffentlichungen enthaltenen Angaben zu vergleichen. Dies ist jedoch leider nicht möglich. Derartige Statistiken beruhen auf der kriegswirtschaftlichen Kräftebilanz, die nicht das Kalenderjahr, sondern den Stichtag 1. Juni zugrunde legt – von daher ist keine Vergleichbarkeit gegeben, siehe exemplarisch Müller-Hillebrand, Heer, 3, S. 254. Für Österreich liegt eine Schätzung vor, derzufolge ca. 1,2 Millionen Österreicher eingezogen worden sind – sie beruht aber lediglich auf der zwar plausiblen, jedoch nicht belegten Annahme, pro Jahrgang hätten ca. 40 000 Männer für die Einziehung zur Verfügung gestanden, siehe Bevölkerungsverluste Österreichs, S. 219.

**Tab. 26: Regionaler Vergleich der Einziehungen**

| Region | Bevölkerung | davon männlich | Einziehungen zur Wehrm. absolut | in % der männl. Bev. |
|---|---|---|---|---|
| Bundesrepublik | 60,07 Mio | 29,33 Mio | 11,81 Mio | 40,3 |
| Ehemalige Ostgeb. | 9,25 Mio | 4,51 Mio | 2,52 Mio | 55,9 |
| Dt. Reich 1937 | 69,32 Mio | 33,84 Mio | 14,33 Mio | 42,3 |
| Österreich | 6,65 Mio | 3,23 Mio | 1,31 Mio | 40,5 |
| Großdt. Reich 1938 | 75,97 Mio | 37,07 Mio | 15,64 Mio | 42,2 |

flußbereich. Außerdem war 1945 kaum noch einer, der nicht deutscher Staatsbürger war, gewillt, für diesen offensichtlich zugrundegehenden Staat zu kämpfen.

Wenn man nun die Einziehungen zur Wehrmacht auf die Bevölkerung der jeweiligen Gebiete bezieht, dann ergibt sich das in Tab. 26 dargestellte Bild[14]. Der Vergleich ist in zweierlei Hinsicht aufschlußreich. Erstens zeigt er eine fast exakt gleichmäßige Belastung – soweit es die Bundesrepublik und Österreich betrifft. Die zeitweise unterschiedliche Einziehungspraxis hat also nicht zu einer nennenswert unterschiedlichen Gesamtausschöpfungsquote geführt.

Der zweite wichtige Aspekt bezieht sich auf die Ostgebiete des Deutschen Reiches – hier wurden tatsächlich prozentual deutlich mehr Männer eingezogen als aus den anderen Gebieten. Und diese Differenz ist nicht marginal. Um den Effekt an einem Beispiel deutlich zu machen: Hätte die Einziehungsquote im Osten der im Gebiet der Bundesrepublik entsprochen, so wären nur ca. 1,82 Millionen Männer eingerückt, d.h. ca. 700 000 weniger – und entsprechend geringer wäre die Zahl der Toten gewesen.

Doch die Regionen unterscheiden sich nicht nur hinsichtlich ihrer Einberufungsquoten, im folgenden soll auch der Frage nachgegangen werden, zu wel-

---

[14] Zugrundegelegt wurde der Bevölkerungsstand gemäß der Volkszählung 1939. Die Aufteilung der männlichen Bevölkerung zwischen der heutigen Bundesrepublik und den ehemaligen Ostgebieten wurde anhand der Angaben des Statistischen Handbuchs für Deutschland errechnet. Gleiches gilt für den männlichen Anteil an der österreichischen Bevölkerung, siehe Statistisches Jahrbuch 1939/40, Deutsches Reich, S. 7; Statistisches Handbuch, Tabelle Bv 1.
Andere Gebiete, wie z.B die Ostgebiete des Großdeutschen Reiches, in den Vergleich einzubeziehen, war nicht sinnvoll, weil außerhalb der in der Tabelle berücksichtigten Regionen die Wehrpflicht, wenn überhaupt, dann nur für den deutschen Teil der Bevölkerung galt, siehe hierzu auch Kap. 3.3.1.

Tab. 27: Einziehungen zur Wehrmacht nach Alter und Herkunft

| Herkunft | Geburtsjahrgänge | | | | | | | Summe (in Tsd.) | Anteil (in %) |
|---|---|---|---|---|---|---|---|---|---|
| | 1900 u. älter | 1901 bis 1905 | 1906 bis 1910 | 1911 bis 1915 | 1916 bis 1920 | 1921 bis 1925 | 1926 u. jünger | | |
| **Bundesrepublik** | | | | | | | | | |
| Häufigkeit | 1 034 761 | 977 837 | 2 200 041 | 2 703 699 | 2 088 731 | 2 363 470 | 444 822 | 11 813 | |
| Zeilenprozent | 8,76 | 8,28 | 18,62 | 22,89 | 17,68 | 20,01 | 3,77 | | |
| Spaltenprozent | 70,31 | 65,03 | 68,31 | 71,76 | 69,00 | 64,67 | 68,42 | | 68,3 |
| **Ehemalige Ostgebiete** | | | | | | | | | |
| Häufigkeit | 218 357 | 262 260 | 523 710 | 525 874 | 455 757 | 458 675 | 80 250 | 2 525 | |
| Zeilenprozent | 8,65 | 10,39 | 20,74 | 20,83 | 18,05 | 18,17 | 3,18 | | |
| Spaltenprozent | 14,84 | 17,44 | 16,26 | 13,96 | 15,06 | 12,55 | 12,34 | | 14,6 |
| **Großdeutsche Ostgebiete und östl. Siedlungsgebiete** | | | | | | | | | |
| Häufigkeit | 114 816 | 127 865 | 79 959 | 233 158 | 226 372 | 410 588 | 42 308 | 1 435 | |
| Zeilenprozent | 8,00 | 8,91 | 19,51 | 16,25 | 15,77 | 28,61 | 2,95 | | |
| Spaltenprozent | 7,80 | 8,50 | 8,69 | 6,19 | 7,48 | 11,24 | 6,51 | | 8,3 |
| **Österreich** | | | | | | | | | |
| Häufigkeit | 96 008 | 128 113 | 89 407 | 285 753 | 220 131 | 324 201 | 62 368 | 1 306 | |
| Zeilenprozent | 7,35 | 9,81 | 14,50 | 21,88 | 16,86 | 24,82 | 4,78 | | |
| Spaltenprozent | 6,52 | 8,52 | 5,88 | 7,58 | 7,27 | 8,87 | 9,59 | | 7,6 |
| **Sonstige** | | | | | | | | | |
| Häufigkeit | 7 794 | 7 546 | 27 485 | 19 113 | 35 957 | 97 599 | 20 369 | 216 | |
| Zeilenprozent | 3,61 | 3,50 | 12,73 | 8,85 | 16,66 | 45,21 | 9,44 | | |
| Spaltenprozent | 0,53 | 0,50 | 0,85 | 0,51 | 1,19 | 2,67 | 3,13 | | 1,3 |
| Summe (in Tsd.) | 1 472 | 1 504 | 3 221 | 3 768 | 3 027 | 3 655 | 650 | 17 300 | |
| Anteil (in %) | 8,5 | 8,7 | 18,6 | 21,8 | 17,6 | 21,1 | 3,8 | | 100,0 |

chen Anteilen und in welcher Reihenfolge die verschiedenen Lebensaltersgruppen einberufen wurden. Einen ersten Überblick gibt die Verteilung der Einziehungen nach Altersklassen und Herkunft, Tab. 27[15].

Bemerkenswert ist die große Anzahl der »Alten« – immerhin ca. 1,5 Millionen Wehrmachtangehörige stammten aus den Jahrgängen bis 1900, d.h. sie waren – je nach Jahr des Diensteintritts – mindestens ca. 40 Jahre alt, als sie eingezogen wurden. Der älteste, in der Stichprobe nachgewiesen, war ein 1873 geborener Marineoffizier, der 1941 – mit 68 Jahren – reaktiviert wurde. Auf der anderen Seite der Altersskala waren es immerhin noch ca. 650 000 Jugendliche bzw. junge Erwachsene der Jahrgänge ab 1926, die ebenfalls eingezogen wurden. Hierzu gehören Sechzehnjährige, die ab ca. 1944, nicht etwa »nur« als Flak- oder Luftwaffenhelfer, sondern sogar als reguläre Soldaten eingesetzt waren.

Während die Einziehungen aus dem Bereich der Bundesrepublik in jeder Altersklasse im wesentlichen dem Durchschnitt entspricht, zeigen sich bei den anderen Herkunftsregionen erhebliche Unterschiede. So sind die Ostgebiete des Deutschen Reiches bei den Jungen (ab Jahrgang 1921) deutlich unterdurchschnittlich vertreten, während die großdeutschen Ostgebiete und die Auslandssiedlungsgebiete bei den Jahrgängen 1921 – 1925 überrepräsentiert sind. Ganz anders dagegen Österreich – Abweichungen vom bundesdeutschen Trend sind zwar vorhanden, eine einheitliche Tendenz ist jedoch nicht festzustellen[16]. Wenn man nun für jede einzelne Region eine solche Kreuztabelle »Eintrittsjahre*Altersgruppen« anfertigt, ergibt sich, daß sich die Einziehungspolitik der Wehrmacht für Österreich von den Verhältnissen im Gebiet der Bundesrepublik unterscheidet. Dieser Differenz in extenso nachzugehen, wäre interessant, ist jedoch leider nicht möglich – hier zeigen sich die Grenzen der Stichprobe. Dadurch daß der Anteil der Österreicher insgesamt gering ist, werden bei einer weiteren Differenzierung dieser Gruppen die Zellenbesetzungen so klein, daß die Aussagekraft der Ergebnisse leidet. Hier wäre es notwendig, eine speziell österreichische Stichprobe zu ziehen. Zwei Aspekte wären dabei zu berücksichtigen:
- Unterscheidet sich die Bevölkerungsstruktur Österreichs von der deutschen – eventuell durch den Ersten Weltkrieg bedingt – wesentlich, so daß der Anteil der wehrfähigen Männer in den einzelnen Jahrgangsklassen unterschiedlich war?
- Wie wirkt sich das hier nicht untersuchte, unbekannte Einziehungsverhalten der Waffen-SS aus?

Im Rahmen der vorliegenden Untersuchung ist eine Erklärung nicht leistbar – später soll allerdings versucht werden, der Frage soweit nachzugehen, wie dies hier möglich ist.

---

[15] Für die nichtaggregierten Häufigkeiten siehe die Tabelle 72 im Anhang.
[16] Siehe Tabelle 25.

Tab. 28: Einziehungen zur Wehrmacht nach Alter und Eintritt

| Geburtsjahrgang | 1939 | 1940 | 1941 | Eintritt 1942 | 1943 | 1944 | 1945 | Summe (in Tsd.) | Anteil (in %) |
|---|---|---|---|---|---|---|---|---|---|
| 1900 und älter | | | | | | | | 1 472 | 8,5 |
| Häufigkeit | 656 514 | 291 779 | 111 787 | 66 919 | 152 093 | 156 605 | 36 039 | | |
| Zeilenprozent | 44,61 | 19,83 | 7,60 | 4,55 | 10,33 | 10,64 | 2,45 | | |
| Spaltenprozent | 14,05 | 7,10 | 4,46 | 2,71 | 7,58 | 11,97 | 15,99 | | |
| 1901 – 1905 | | | | | | | | 1 504 | 8,7 |
| Häufigkeit | 338 231 | 272 185 | 290 078 | 189 916 | 239 482 | 161 484 | 12 245 | | |
| Zeilenprozent | 22,49 | 18,10 | 19,29 | 12,63 | 15,93 | 10,74 | 0,81 | | |
| Spaltenprozent | 7,24 | 6,62 | 11,57 | 7,70 | 11,94 | 12,34 | 5,43 | | |
| 1906 – 1910 | | | | | | | | 3 221 | 18,6 |
| Häufigkeit | 730 538 | 1 098 438 | 434 960 | 435 739 | 365 495 | 136 567 | 18 865 | | |
| Zeilenprozent | 22,68 | 34,11 | 13,51 | 13,53 | 11,35 | 4,24 | 0,59 | | |
| Spaltenprozent | 15,63 | 26,73 | 17,35 | 17,67 | 18,22 | 10,44 | 8,37 | | |
| 1911 – 1915 | | | | | | | | 3 768 | 21,8 |
| Häufigkeit | 1 658 426 | 1 097 776 | 339 625 | 318 180 | 182 887 | 151 838 | 18 865 | | |
| Zeilenprozent | 44,02 | 29,14 | 9,01 | 8,45 | 4,85 | 4,03 | 0,50 | | |
| Spaltenprozent | 35,48 | 26,71 | 13,54 | 12,90 | 9,12 | 11,61 | 8,37 | | |
| 1916 – 1920 | | | | | | | | 3 207 | 17,5 |
| Häufigkeit | 1 213 605 | 1 096 318 | 282 550 | 179 940 | 174 875 | 72 114 | 7 546 | | |
| Zeilenprozent | 40,09 | 36,22 | 9,33 | 5,94 | 5,78 | 2,38 | 0,25 | | |
| Spaltenprozent | 25,97 | 26,68 | 11,27 | 7,30 | 8,72 | 5,51 | 3,35 | | |
| 1921 – 1925 | | | | | | | | 3 655 | 21,1 |
| Häufigkeit | 76 365 | 252 802 | 1 048 457 | 1 274 934 | 812 062 | 171 048 | 18 865 | | |
| Zeilenprozent | 2,09 | 6,92 | 28,69 | 34,89 | 22,22 | 4,68 | 0,52 | | |
| Spaltenprozent | 1,63 | 6,15 | 41,81 | 51,71 | 40,49 | 13,08 | 8,37 | | |
| 1926 und jünger | | | | | | | | 650 | 3,8 |
| Häufigkeit | 0 | 0 | 0 | 0 | 78 759 | 458 440 | 112 918 | | |
| Zeilenprozent | 0,00 | 0,00 | 0,00 | 0,00 | 12,11 | 70,52 | 17,37 | | |
| Spaltenprozent | 0,00 | 0,00 | 0,00 | 0,00 | 3,93 | 35,05 | 50,11 | | |
| Summe (in Tsd.) | 4 674 | 4 109 | 2 507 | 2 466 | 2 006 | 1 308 | 225 | 17 300 | |
| Anteil (in %) | 27,0 | 23,8 | 14,5 | 14,3 | 11,6 | 7,6 | 1,3 | | 100,0 |

Nach der regionalen Verteilung der Wehrmachteinziehungen sei nun noch auf die Altersverteilung (Tab. 28) eingegangen. Zunächst wieder ein Blick auf die Globalzahlen: Demnach hatte die Wehrmacht bis Ende 1939 insgesamt ca. 4,7 Millionen Männer einberufen. Unter Berücksichtigung derjenigen, die erst nach Kriegsbeginn, aber vor dem Jahreswechsel 1939/40, einberufen wurden, ergibt sich eine hohe Übereinstimmung mit der in der Literatur bisher genannten Ausgangsstärke der Wehrmacht am 1. September 1939 von ca. 4,5 Millionen Mann[17]. Im nächsten Jahr – 1940 – sind es mit ca. 4,1 Millionen Einberufungen dann fast noch einmal so viele wie 1939, dann aber halbiert sich die Zahl der Einziehungen, und 1944 ist es mit ca. 1,3 Millionen nur noch gut ein Viertel dessen, was 1939 mobilisiert werden konnte – dies sicher kein Ausdruck eines sinkenden Bedarfs, sondern der erschöpften personellen Ressourcen.

Die Entwicklung drückt sich auch in der Altersstruktur der Rekruten aus, die sich kurz und prägnant als eine sich öffnende Schere beschreiben läßt. Anfangs, im Jahr 1939, sind es zum einen die alten Jahrgänge (1900 und älter), die mit ca. 14 Prozent einen hohen Anteil stellen – im wesentlichen dürfte es sich dabei um die Berufssoldaten der Wehrmacht handeln. Zum anderen sind es die Geburtsjahrgänge von 1911 bis 1920, die überproportional einberufen werden. Schon 1940 beginnt sich die Schere zu öffnen, ab 1941 werden die älteren und die jüngeren Jahrgänge immer wichtiger, ab 1944 stellen die sehr Jungen die Masse des Nachwuchses, gleichzeitig gibt es mehr Rekruten, die über 40 Jahre alt sind, als aus den mittleren Jahrgängen.

So plausibel diese Einziehungspolitik ist, es stellt sich die Frage, wie sie sich auf die Überlebenschancen ausgewirkt hat. Starben die früh eingezogenen Jahrgänge schon binnen kurzem oder waren sie die »alten, gut ausgebildeten, körperlich tüchtigen und erfahrenen Hasen«, die überall durchkamen? In späteren Abschnitten wird auf diese Frage eingegangen werden.

Soweit zur Wehrmacht insgesamt. Ein solcher Überblick ist zwar wichtig, die Vermutung liegt jedoch nahe, daß die drei Wehrmachtteile ihre spezifischen Besonderheiten aufweisen. Nachfolgend daher noch einige Aussagen zur Binnenstruktur der Wehrmacht, die für die späteren Ausführungen von Bedeutung sein werden.

Zunächst wieder zur regionalen Verteilung (Tab. 29): Natürlich liegt der Anteil des Heeres für alle Regionen relativ nahe beim Durchschnitt, denn er bestimmt mit seinem Anteil von fast 79 Prozent an den Einziehungen diesen Mittelwert wesentlich. Deutlicher werden die Unterschiede daher bei der Betrachtung der Verteilungen für Luftwaffe und Marine. Hier zeigt sich, daß beide Organisationen sich zu einem überdurchschnittlichen Anteil aus dem Gebiet der heutigen Bundesrepublik rekrutierten und alle anderen Regionen unterrepräsentiert sind – mit Ausnahme der Deutschen aus den großdeutschen Ostgebieten und den östlichen Siedlungsgebieten, die einen leicht überdurchschnittlichen Marineanteil aufweisen.

---

[17] Kroener, Personelle Ressourcen, S. 835.

**Tab. 29: Einziehungen zu den Wehrmachtteilen nach Regionen**

| Organisation | Herkunft | | | | | | |
|---|---|---|---|---|---|---|---|
| | Bundes-republik | Ehem. Ostgeb. | Großdt. Ostgeb./ Östl. G. | Öster-reich | Sonstige | Summe (in Tsd.) | Anteil (in %) |
| Heer | | | | | | | |
| Häufigkeit | 9 168 390 | 2 037 420 | 1 131 900 | 1 086 624 | 177 331 | 13 600 | |
| Zeilenprozent | 67,41 | 14,98 | 8,32 | 7,99 | 1,30 | | |
| Spaltenprozent | 77,61 | 80,69 | 78,87 | 83,20 | 82,15 | | 78,6 |
| Luftwaffe | | | | | | | |
| Häufigkeit | 1 813 814 | 319 532 | 169 164 | 173 863 | 23 495 | 2 500 | |
| Zeilenprozent | 72,56 | 12,78 | 6,77 | 6,95 | 0,94 | | |
| Spaltenprozent | 15,35 | 12,66 | 11,79 | 13,31 | 10,88 | | 14,5 |
| Marine | | | | | | | |
| Häufigkeit | 831 157 | 167 931 | 134 002 | 45 494 | 15 037 | 1 200 | |
| Zeilenprozent | 69,63 | 14,07 | 11,23 | 3,81 | 1,26 | | |
| Spaltenprozent | 7,04 | 6,65 | 9,34 | 3,48 | 6,97 | | 6,9 |
| Summe (in Tsd.) | 11 813 | 2 525 | 1 435 | 1 306 | 216 | 17 300 | |
| Anteil (in %) | 68,3 | 14,6 | 8,3 | 7,6 | 1,3 | | 100,0 |

Die Österreicher dagegen sind in der Marine mit ca. 4 Prozent nur halb so stark vertreten, wie es ihrem durchschnittlichen Anteil in der Wehrmacht entspricht.

Soweit zur landsmannschaftlichen Differenzierung, aber auch hinsichtlich der Einziehungszeitpunkte unterschieden sich die Wehrmachtteile; hierzu Tab. 30. Interessant ist die Entwicklung des Anteils an den Rekruten, die das Heer erhielt. Im Jahr 1939 umfaßte das Heer ca. 81 Prozent aller Wehrmachtsoldaten, 1940 gelang es ihm, 83 Prozent der Rekruten zu erhalten. Aber 1941, im Jahr des Angriffs auf die Sowjetunion, erhielt das Heer nur noch 72 Prozent des Nachwuchses – und damit einen der niedrigsten Anteile der gesamten Kriegszeit. Deutlich zeigt sich hier auch auf personellem Gebiet die Fehleinschätzung der UdSSR als Gegner. Soweit ist die Entwicklung bekannt und auch in der Literatur beschrieben[18]. Erstaunlich jedoch das Jahr 1944, in dem mit den Zusammenbrüchen der Heeresgruppen Mitte und Südukraine extreme Personalverluste zu verzeichnen waren. Trotzdem erhalten Luftwaffe und Marine – beides Organisationen, die in ihrem Aktionsradius zunehmend eingeengt waren – überdurchschnittliche Anteile an den Rekruten und das Heer den geringsten in der gesamten Kriegszeit. Diese Entwicklung war bisher unbekannt – die Gründe zu untersuchen, wäre Aufgabe einer

---

[18] Kroener, Personelle Ressourcen, S. 871 – 879.

## Tab. 30: Einziehungen zu den Wehrmachtteilen nach Jahren

| Organisation | Eintritt | | | | | | | | |
|---|---|---|---|---|---|---|---|---|---|
| | 1939 und früher | 1940 | 1941 | 1942 | 1943 | 1944 | 1945 | Summe (in Tsd.) | Anteil (in %) |
| **Heer** | | | | | | | | | |
| Häufigkeit | 3 773 000 | 3 418 338 | 1 803 494 | 1 995 917 | 1 626 163 | 811 195 | 173 558 | 13 600 | |
| Zeilenprozent | 27,74 | 25,13 | 13,26 | 14,67 | 11,96 | 5,96 | 1,28 | | |
| Spaltenprozent | 80,73 | 83,19 | 71,93 | 80,95 | 81,08 | 62,01 | 77,02 | | 78,6 |
| **Luftwaffe** | | | | | | | | | |
| Häufigkeit | 709 549 | 530 987 | 399 415 | 314 833 | 239 649 | 272 542 | 32 893 | 2 500 | |
| Zeilenprozent | 28,38 | 21,24 | 15,98 | 12,59 | 9,59 | 10,90 | 1,32 | | |
| Spaltenprozent | 15,18 | 12,92 | 15,93 | 12,77 | 11,95 | 20,84 | 14,60 | | 14,5 |
| **Marine** | | | | | | | | | |
| Häufigkeit | 191 130 | 159 973 | 304 548 | 154 878 | 139 841 | 224 359 | 18 892 | 1 200 | |
| Zeilenprozent | 16,01 | 13,40 | 25,51 | 12,98 | 11,72 | 18,80 | 1,58 | | |
| Spaltenprozent | 4,09 | 3,89 | 12,15 | 6,28 | 6,97 | 17,15 | 8,38 | | 6,9 |
| Summe (in Tsd.) | 4 674 | 4 109 | 2 507 | 2 466 | 2 006 | 1 308 | 225 | 17 300 | |
| Anteil (in %) | 27,0 | 23,8 | 14,5 | 14,3 | 11,6 | 7,6 | 1,3 | | 100,0 |

neuen Untersuchung[19]. Zwei Punkte wären dabei zu berücksichtigen: Wie bereits ausgeführt, kann die vorliegende Untersuchung die Fluktuation zwischen den Wehrmachtteilen nicht erfassen – und in diesem Zusammenhang wären insbesondere die Luftwaffenfelddivisionen von Bedeutung, die zunächst als Luftwaffeneinheiten infanteristisch eingesetzt und später in das Feldheer überführt wurden. Der zweite, zu berücksichtigende Aspekt ist die Waffen-SS, die als Konkurrentin – gerade des Heeres – einen zunehmenden Anteil des Wehrpflichtigenpotentials beanspruchte. Von daher wird sich ein zuverlässiges Bild über den Anteil der »heeresartig« eingesetzten Soldaten erst bei Berücksichtigung dieser beiden Korrekturfaktoren ergeben.

Zum Abschluß noch ein kurzer Blick auf die Differenzierung der Wehrmachtteile nach Altersgruppen. Wie Tab. 31 ausweist ist es natürlich wieder das Heer, das den Schnitt bestimmt. Wenn man jedoch die beiden anderen Wehrmachtteile betrachtet, dann zeigen sich bei der Luftwaffe, vor allem aber auch bei der Marine, extremere Verteilungen, die sich stärker auf die Alten einerseits und die Jungen andererseits konzentrieren. Konkret war in der Marine der Anteil der Jahrgänge bis 1900 mit ca. 17 Prozent mehr als doppelt so hoch wie beim Heer. Gleichzeitig stammten nur ca. 3 Prozent der Heeressoldaten aus den Jahrgängen ab 1926, bei der Marine waren es mit ca. 13 Prozent dagegen viermal so viele.

---

[19] Die Untersuchungen von Kroener liegen bisher nur für den Zeitraum 1939–1941 vor, für das letzte Jahr des Krieges ist darüber hinaus die Aktenlage so problematisch, daß es schwierig sein dürfte, auf dieser Basis zu gesicherten Aussagen zu gelangen.

**Tab. 31: Einziehungen zu den Wehrmachtteilen nach Jahrgangsklassen**

| Organisation | Geburtsjahrgang | | | | | | | | |
|---|---|---|---|---|---|---|---|---|---|
| | 1900 und älter | 1901 bis 1905 | 1906 bis 1910 | 1911 bis 1915 | 1916 bis 1920 | 1921 bis 1925 | 1926 und jünger | Summe (in Tsd.) | Anteil (in %) |
| **Heer** | | | | | | | | | |
| Häufigkeit | 1 018 710 | 1 124 354 | 2 795 793 | 3 195 731 | 2 361 898 | 2 712 787 | 392 392 | 13 600 | |
| Zeilenprozent | 7,49 | 8,27 | 20,55 | 23,50 | 17,36 | 19,94 | 2,88 | | |
| Spaltenprozent | 69,22 | 74,78 | 86,81 | 84,82 | 78,03 | 74,23 | 60,36 | | 78,6 |
| **Luftwaffe** | | | | | | | | | |
| Häufigkeit | 249 047 | 305 435 | 296 037 | 437 007 | 516 890 | 587 375 | 108 077 | 2 500 | |
| Zeilenprozent | 9,96 | 12,22 | 11,84 | 17,48 | 20,68 | 23,50 | 4,32 | | |
| Spaltenprozent | 16,92 | 20,31 | 9,19 | 11,60 | 17,08 | 16,07 | 16,62 | | 14,5 |
| **Marine** | | | | | | | | | |
| Häufigkeit | 203 979 | 73 832 | 128 772 | 134 859 | 148 160 | 354 371 | 149 648 | 1 200 | |
| Zeilenprozent | 17,09 | 6,19 | 10,79 | 11,30 | 12,41 | 29,69 | 12,54 | | |
| Spaltenprozent | 13,86 | 4,91 | 4,00 | 3,58 | 4,89 | 9,70 | 23,02 | | 6,9 |
| Summe (in Tsd.) | 1 472 | 1 504 | 3 221 | 3 768 | 3 027 | 3 655 | 650 | 17 300 | |
| Anteil (in %) | 8,5 | 8,7 | 18,6 | 21,8 | 17,5 | 21,1 | 3,8 | | 100,0 |

Schon dieser kurze Überblick über die Binnenstruktur der Wehrmacht zeigt, wie groß die Unterschiede zwischen den Wehrmachtteilen waren. An Bedeutung werden diese Aussagen gewinnen, wenn sie im Zusammenhang mit den Ergebnissen zu den Todesfällen interpretiert werden. Von daher sind im folgenden die für die weiteren Überlegungen wichtigen Resultate nochmals aufgelistet:

- Insgesamt sind ca. 17,3 Millionen Männer zur Wehrmacht einberufen worden. Zwei Drittel der Wehrmachtrekruten stammte aus dem Gebiet der Bundesrepublik, wenn man die Ostgebiete des Deutschen Reiches und Österreich einbezieht, sind es ca. 90 Prozent – immerhin 11,8 bzw. 15,6 Millionen Menschen. Aus den annektierten oder in die Wehrpflicht einbezogenen sowie den sonstigen Gebieten stammten ca. 1,7 Millionen Soldaten.
- Die Einberufungen zur Wehrmacht erfolgten nicht regional gleichmäßig. Zunächst stellten die Ostgebiete des Reiches einen überproportionalen Anteil, später waren sie dann »ausgeschöpft«. Ausländer und Volksdeutsche wurden vor allem in der Mitte des Krieges rekrutiert.
- In den Ostgebieten wurde mit ca. 56 Prozent ein wesentlich höherer Anteil der männlichen Bevölkerung einberufen, als es dem Durchschnitt (ca. 42 Prozent) entsprach.
- Österreich spielt eine Sonderrolle. Zwar wurden anfangs weniger Soldaten zur Wehrmacht einberufen, dieses »Defizit« wurde jedoch schon bald ausgeglichen. Obwohl sich die Altersstruktur der Rekruten vom Reichsdurchschnitt unterscheidet, entspricht die Einziehungsquote der der Bundesrepublik. Es wäre Aufgabe einer weiteren Untersuchung, der Differenz vor dem Hintergrund der demographischen Situation Österreichs und des Rekrutierungsverhaltens der Wehrmacht detailliert nachzugehen.

- Insgesamt wurden ca. 1,5 Millionen Männer der Jahrgänge bis 1900 und ca. 650 000 Jugendliche der Jahrgänge ab 1926 einberufen. Der Älteste war immerhin schon 68, und viele Junge waren erst 16, als sie Soldat wurden.
- Bei Kriegsbeginn standen der Wehrmacht ca. 4,7 Millionen Soldaten zur Verfügung, im Jahr 1940 konnte sie noch einmal fast dieselbe Zahl rekrutieren, dann aber machte sich rapide die Erschöpfung der personellen Ressourcen bemerkbar.
- Verständlicherweise wurden – abgesehen von den relativ alten Berufssoldaten der Wehrmacht – zunächst vorwiegend die beiden Jahrgangsgruppen von 1911 bis 1920 einberufen, dann »öffnete sich die Schere«, bereits 1944 stellten die Jungen (ab Jahrgang 1921) fast die Hälfte der Rekruten, während die über Vierzigjährigen mit ca. 23 Prozent genauso viele neue Soldaten stellten wie die mittleren Jahrgänge.
- Es stellt sich die Frage, wie sich Einziehungstermin und Ausbildungsstand auf die Überlebenschance ausgewirkt haben. Hatten die gut ausgebildeten Soldaten der Anfangsphase eine bessere Chance als die Rekruten gegen Kriegsende?
- Bezogen auf die Chronologie des Krieges sind es gerade die für das Heer personalwirtschaftlich wichtigen Jahre 1941 und 1944, in denen der dem Heer zugebilligte Rekrutenanteil besonders niedrig ist. Mit dem Aufwuchs der Waffen-SS und der Fluktuation zwischen den Wehrmachtteilen sind hier allerdings zwei Einflußgrößen zu bedenken, deren Auswirkung die vorliegende Untersuchung nicht erfassen kann.
- Die drei Wehrmachtteile weisen unterschiedliche personelle Strukturen auf. Luftwaffe und Marine rekrutieren sich verstärkt aus dem Gebiet des heutigen Deutschlands. Vor allem die Marine, weniger die Luftwaffe, haben einen höheren Anteil relativ alter und sehr junger Männer.

Wenn man nun abschließend die Frage stellt, inwieweit die bisherigen Ausführungen Neues erbracht haben, so ist festzustellen, daß die Ergebnisse sich mit den bisherigen Aussagen der Literatur decken, soweit es die erste Kriegsphase betrifft. Für die weiteren Jahre liegen noch keine Veröffentlichungen vor, darüber hinaus wird die schwierige Aktenlage – gerade für das letzte Kriegsjahr – hier Grenzen setzen.

### 4.2.3 Demographische Merkmale der Toten

Doch nun von den Lebenden zu den Toten: Im Zentrum der folgenden Ausführungen wird die zentrale Fragestellung nach der Zahl der Toten stehen. Darüber hinaus soll aber auch versucht werden, die Daten aufzuschlüsseln und einen Einblick in die differenzierten Strukturen zu vermitteln, die sich hinter den globalen Angaben verbergen. Zum Abschluß werden dann in Form eines Exkurses die Aussagen über die Wehrmachttoten auf die Einberufungen bezogen.

**Tab. 32: Die Toten nach ihrer Herkunft**

| Region | Todesfälle | in Prozent |
|---|---|---|
| Bundesrepublik | 3 546 000 | 66,7 |
| Ehemalige Ostgebiete | 910 000 | 17,1 |
| Deutschland 1937 | 4 456 000 | (83,8) |
| Annektierte Gebiete | 206 000 | 3,9 |
| Österreich | 261 000 | 4,9 |
| Großdeutsches Reich | 4 923 000 | (92,6) |
| Ost- und Südosteuropa | 332 000 | 6,2 |
| Deutsche nach Abstammung | 5 255 000 | (98,8) |
| Elsaß/Lothringen | 30 000 | 0,6 |
| Sonstige | 33 000 | 0,6 |
| Summe | 5 318 000 | 100,0 |

### 4.2.3.1 Herkunft

Eine klare Antwort, eine einzige Zahl, auf die Frage nach der Höhe der Verluste anzugeben, fällt schwer, weil die territoriale Abgrenzung Deutschlands im Laufe dieses Jahrhunderts extremen Änderung unterworfen war. Letztlich hängt es von dem jeweils interessierenden Zusammenhang ab, ob z.B. Deutschland als Großdeutsches Reich einschließlich Österreich und aller annektierten Gebiete oder als Nachkriegs-Bundesrepublik verstanden wird. In der folgenden Darstellung wurde daher versucht, die Herkunft so weit wie möglich zu differenzieren.

Wie groß allerdings der Unterschied ist, der sich aus den verschiedenen, möglichen Definitionen des Begriffs »Deutschland« ergibt, zeigt sich in Tab. 32[20] mit aller Deutlichkeit. Innerhalb des Territoriums Deutschlands in seinen heutigen Grenzen waren ca. 3,55 Millionen der Toten geboren, aber aus dem Großdeutschen Reich, das den Zweiten Weltkrieg geführt hat, stammten ca. 4,92 Millionen Menschen, deren Tod in der Deutschen Dienststelle registriert ist. Faßt man den Begriff »deutsch« noch weiter und bezieht die aus Ost- oder Südosteuropa stammenden Personen ein, weil es sich in der Regel um Deutschstämmige aus den dortigen deutschen Siedlungsgebieten handelte, dann steigt die Summe der deut-

---

[20] Zur Abgrenzungsproblematik siehe Kap. 3.2.1, zur Definition der Herkunft siehe Kap. 3.3.1.2.

schen Verluste auf ca. 5,26 Millionen. Es verbleiben dann ca. 63 000 Menschen, die vor allem in Süd- und Westeuropa geboren sind. Wenn also insgesamt ca. 5 300 000 militärische Todesfälle in der Kartei der Deutschen Dienststelle dokumentiert sind, dann handelt es sich zwar ganz überwiegend, jedoch nicht ausschließlich, um Deutsche im Sinne der Herkunft.

Auch wenn also die ganz überwiegende Masse der Verluste aus Deutschen – im weitesten Sinne – besteht, so verbleiben dennoch ca. 63 000 Todesfälle von Personen, deren Geburtsort außerhalb des selbst im weitesten Sinne deutschen Einzugsbereichs lag. Die größte Einzelgruppe darunter stellen ohne Zweifel die zwangsrekrutierten Elsässer, Lothringer und Luxemburger dar, von denen der vorliegenden Untersuchung nach im militärischen Einsatz ca. 30 000 ums Leben kamen[21]. Abgesehen von den auch hier vorhandenen Freiwilligen, war doch die überwiegende Mehrheit dieser Personen ohne ihre Einwilligung der Wehrpflicht unterworfen worden.

Anders verhält es sich mit den ca. 30 000 sonstigen Fällen. Neben einigen wenigen in Übersee Geborenen handelt es sich vorwiegend um Personen, die aus Südtirol stammten. Sie dürften entweder nach der Abtretung Südtirols an Italien nach Österreich ausgewandert oder aber im Rahmen der deutsch-italienischen Vereinbarungen umgesiedelt worden sein – insofern handelte es sich also auch um Auslandsdeutsche.

Darüber hinaus kämpften Ausländer unterschiedlichster Nationalität in der Wehrmacht. In den Zahlen der vorliegenden Untersuchung sind sie prinzipiell nicht enthalten, da die WASt für die Anzeige dieser Sterbefälle nicht zuständig war. Trotzdem soll der Vollständigkeit halber versucht werden, einen kurzen Überblick über diesen Personenkreis zu geben. Dazu ist es allerdings notwendig, auf die Literatur und die dort vorhandenen Angaben zurückzugreifen. Leider sind diese zu wenig belegt, als daß sie als zuverlässig gelten dürften – in der Regel stammen sie von Beteiligten und können daher auch von deren Interessen geprägt sein. Dennoch vermitteln die Zahlen in Tab. 33 vermutlich einen in den Relationen zutreffenden Überblick über die ausländischen Kriegsfreiwilligen.

Hinzu kommen die Verbände der Kroaten in der Wehrmacht sowie kleinste Gruppen von Arabern, Albaniern, Tunesiern, Marokkanern, Algeriern, Indern, Portugiesen, Schweden, Isländern, Einwohnern des Commonwealth und anderer Staaten. Ebenfalls nicht berücksichtigt, und auch – nur in der Dimension – kaum zuverlässig erfaßbar, ist die Zahl der sowjetischen »Freiwilligen«, die mit unterschiedlichem Status auf deutscher Seite kämpften und ums Leben kamen. Auch wenn über den Umfang des Personenkreises wenig bekannt ist – die Ver-

---

[21] Siehe hierzu die Ausführungen in Kap. 4.1. Der Anteil der Zwangsrekrutierten an den Gesamtverlusten ist mit ca. 0,5 Prozent allerdings so gering, daß die Grenzen der Aussagefähigkeit der Stichprobe erreicht werden. Von daher ist es sehr wohl möglich, daß die aus Erhebungen stammende Angabe von 40 000 Todesfällen der Wahrheit näher kommt als die Aussagen der vorliegenden Untersuchung. Was »Freiwilligkeit« realiter bedeutete, zeigt anschaulich Herzog, Volksdeutsche, S. 3–5.

**Tab. 33: Tote unter den ausländischen Kriegsteilnehmern***

| | | |
|---|---|---|
| Niederlande | ca. | 10 000? |
| Belgien | ca. | 10 000? |
| Dänemark | ca. | 4 000? |
| Spanien | über | 4 000? |
| Norwegen | | 100 – 700? |
| Finnland | ca. | 300? |
| Schweiz | ca. | 300? |

* Die umfangreichsten, allerdings nicht notwendigerweise zuverlässigen quantitativen Angaben finden sich bei Neulen, An deutscher Seite, S. 63, 123, 161, 167, 171, 176, 183, 359 und 366; siehe auch Jaus, Die europäischen Freiwilligenverbände; Krammer, Spanish Volunteers, S. 402; Landwehr, Lions of Flanders, S. 203; Der Schicksalsweg der norwegischen Freiwilligen-Division, S. 14; Schou, Danske Ostfront-frivillige, S. 7 – 11; Scurr, Germany's Spanish Volunteers, S. 28; Salas Larrazabal, La Division »Azul«, S. 63; Tieke, Lufttransport, S. 306 f.; Wegner, Auf dem Weg zur pangermanischen Armee; Zwischen 1941 und 1945 an der Ostfront mehr dänische Gefallene als im Krieg 1864, in: Der Nordschleswiger, 20.6.1981.

luste dürften sich sicherlich auf eine sechsstellige Zahl belaufen[22]. Letztlich ist dann auch noch an diejenigen Verbündeten des Deutschen Reiches zu erinnern, die über ihre Kriegsteilnahme nicht frei entscheiden konnten und insofern eher deutsche Hilfstruppen waren.

Insgesamt sind also mehr als fünf Millionen Menschen auf deutscher Seite ums Leben gekommen – eine sehr abstrakte, nicht mehr konkret vorstellbare Zahl. Von daher soll versucht werden, den Stellenwert dieser Verluste durch einen Vergleich mit der Gesamtbevölkerung aufzuzeigen.

Wie Tab. 34 verdeutlicht, ist generell gesehen in Deutschland fast jede achte männliche Person – gerechnet vom Säugling bis zum Greis – im Zweiten Weltkrieg ums Leben gekommen. Erstaunlicherweise ist die Verlustquote nicht für alle Gebiete gleich hoch – exorbitant vor allem die Todesfälle in den Ostgebieten, wo jede fünfte männliche Person ums Leben kam, extrem niedrig dagegen in Österreich, wo »nicht einmal« halb so viele, d.h. »nur« jeder zwölfte Mann starb. Insgesamt sind diese Differenzen überraschend hoch – hätte Österreich, das Gebiet mit der geringsten Verlustquote (8 Prozent), genauso viele Verlustfälle aufzuweisen gehabt wie die am meisten betroffene Region, die Ostgebiete des Deut-

---

[22] Nach Keilig und KTB-OKW belaufen sich die Verluste unter den ausländischen Kriegsfreiwilligen auf 83 307 Gefallene und 37 258 Vermißte, zusammen bis zum 31.1.1945 also 120 565 Personen. Wie jedoch bereits dargelegt, handelt es sich dabei um eine Fehlinterpretation der OKW-Statistik, die allerdings von anderen Autoren übernommen wurde, siehe z.B. Neulen, An deutscher Seite, S. 397 f.
Ein anschauliches Beispiel für die Probleme, die sich bei dem Versuch ergeben, die Zahl der auf deutscher Seite eingesetzten sowjetischen Staatsbürger festzustellen, findet sich in Overmans, Das andere Gesicht, S. 442.

**Tab. 34: Regionaler Vergleich der Verluste***

| Region | Bevölkerung | davon männlich | Todesfälle absolut | in % der männl.Bevölk. |
|---|---|---|---|---|
| Bundesrepublik | 60,07 Mio | 29,33 Mio | 3,55 Mio | 12,1 |
| Ehemalige Ostgeb. | 9,25 Mio | 4,51 Mio | 0,91 Mio | 20,2 |
| Dt. Reich 1937 | 69,32 Mio | 33,84 Mio | 4,46 Mio | 13,2 |
| Österreich | 6,65 Mio | 3,23 Mio | 0,26 Mio | 8,0 |
| Großdt. Reich 1938 | 75,97 Mio | 37,07 Mio | 4,72 Mio | 12,7 |

* In den Verlusten sind in geringfügigem Umfang Todesfälle von Frauen – vor allem Wehrmachtgefolge – enthalten. Die Verlustfälle nur auf die männliche Bevölkerung zu beziehen, ist also nicht ganz korrekt, der Effekt ist jedoch marginal.

schen Reiches (20,2 Prozent), dann läge die Zahl der Todesfälle bei ca. 650 000 und damit um fast 400 000 höher als sie tatsächlich waren. Hier stellt sich natürlich die Frage, ob lediglich weniger Österreicher eingezogen worden sind, so daß die Zahl der Toten entsprechend niedriger lag, oder ob die Österreicher überlebensfähiger waren – und wenn ja, warum?

Diese Feststellungen überraschen, hatte es doch ursprünglich aus methodologischen Überlegungen Anlaß zu der Befürchtung gegeben, die Ostgebiete könnten unterrepräsentiert sein. Nun zeigt sich, daß sie – ganz im Gegenteil – aus einem völlig anderen Grund überdurchschnittliche Verluste erlitten haben – die Einberufungsquote war dort höher.

Dafür, daß die Österreicher in der Stichprobe in so geringem Maße vertreten sind, hatte es dagegen bisher kein Anzeichen gegeben. Natürlich liegt die Vermutung nahe, die vorliegenden Untersuchungsergebnisse seien fehlerhaft. Dafür gibt es jedoch keine Hinweise. Und wie bereits im Rahmen der Überlegungen zur Zuverlässigkeit der Datenbasis aufgezeigt worden war, handelt es sich bei der Zahl der ums Leben gekommenen Österreicher um einen der wenigen Fälle, in denen ein unabhängiger Vergleichsmaßstab vorliegt – und dieser bestätigt die Aussagen der vorliegenden Untersuchung fast vollständig. Von daher ist es nicht möglich, die unterschiedlichen Todesraten als Erhebungsfehler abzulehnen.

Nun wäre es interessant, diesen Fragen unmittelbar nachzugehen und die Bevölkerungsstruktur mit den Einziehungen und den Todesfällen zu vergleichen. Das ist an dieser Stelle nicht möglich, weil die Einziehungsdaten nur für die Wehrmacht vorliegen. Von daher muß der Leser auf den später folgenden Exkurs über die demographische Struktur der Wehrmachtverluste verwiesen werden.

Doch bevor nun die nächsten Ergebnisse vorgestellt werden, zum Abschluß des Kapitels noch eine Zusammenfassung der wesentlichen Ergebnisse:
- Bezogen auf das Gebiet der Bundesrepublik beträgt die Zahl der militärischen Todesfälle ca. 3,5 Millionen, ca. 4,9 Millionen für das Großdeutsche Reich einschließlich Österreich, 5,2 Millionen unter Einbeziehung der Deutschen in den

ost- und südosteuropäischen Siedlungsgebieten und ca. 5,3 Millionen, wenn alle Personengruppen einbezogen werden.
- Was die regionale Verteilung der Toten betrifft, so ist festzustellen, daß der Anteil der Toten an der männlichen Bevölkerung in Österreich »nur« 8 Prozent beträgt, in den ehemaligen Ostgebieten lag er jedoch bei 20 Prozent. Es wird zu klären sein, ob diese Differenz auf unterschiedliche Einziehungsquoten oder auf unterschiedliche Überlebensraten in den Militärorganisationen zurückzuführen ist.
- Solch große Diskrepanzen ergeben natürlich Ansätze für neue Fragestellungen. So dürfte es interessant sein zu fragen, ob es für die Entwicklung der Nachkriegsgesellschaften eine Bedeutung hatte, daß Österreich im Vergleich zur Bundesrepublik von Kriegsfolgen – im Sinne von Militär-Todesfällen – wesentlich weniger belastet war. Und über das Leid der Betroffenen hinaus – welche Bedeutung hatte es, daß die Altersstruktur und das Geschlechterverhältnis aufgrund der unterschiedlich hohen Verluste in unterschiedlichem Umfang verändert wurde? Um es konkret aufzuzeigen – ergab sich aus der Tatsache, daß die demographischen Strukturen in Österreich »gleichmäßiger« waren als in der Bundesrepublik, auch eine schnellere gesellschaftliche »Normalisierung«?

Insgesamt sind also ca. 5,3 Millionen Soldaten auf deutscher Seite ums Leben gekommen – mehr Menschen als heute in Berlin und München zusammen leben oder in etwa die Bevölkerung eines mittelgroßen Bundeslandes. Der Vergleich mit den bisher vorhandenen Angaben zeigt, daß das Ergebnis der vorliegenden Untersuchungen – bezogen auf das insgesamt in der Literatur vorhandene Spektrum von ca. 3 – 9 Millionen Toten – durchaus im mittleren Bereich liegt und insofern keine Überraschung darstellt. Die Angaben der am häufigsten zitierten Autoren, Müller-Hillebrand oder Schramm, dagegen bewegen sich mit ca. 3 – 4 Millionen doch in einer deutlich kleineren Dimension. Hier zeigt sich, daß die eingangs geäußerte Einschätzung, die bisher vorhandenen Angaben seien notwendigerweise unvollständig, durchaus berechtigt war.

#### 4.2.3.2 Geburtsjahr

Aber nicht nur die regionale Verteilung der Verluste ist ungleichmäßig – auch die Altersgruppen sind natürlich von der Kriegführung unterschiedlich stark betroffen. Wie groß die Diskrepanzen waren, zeigen Abb. 2 und Tab. 35.

Zunächst eine Erläuterung: Der älteste in der Stichprobe ausgewiesene Tote ist im Jahr 1878 geboren, der jüngste stammt aus dem Jahr 1930. Da die Anteile der ältesten und der jüngsten Jahrgänge jedoch zu klein sind, als daß zuverlässige Aussagen möglich wären, sind sie zu Gruppen zusammengefaßt.

Wenn man nun die Todesfallzahlen pro Jahrgang vergleicht, dann zeigt sich, daß – abgesehen von den relativ Alten und den relativ Jungen – aus jedem Jahrgang von 1910 bis 1925 ca. 200 000 – 250 00 Männer ums Leben gekommen sind.

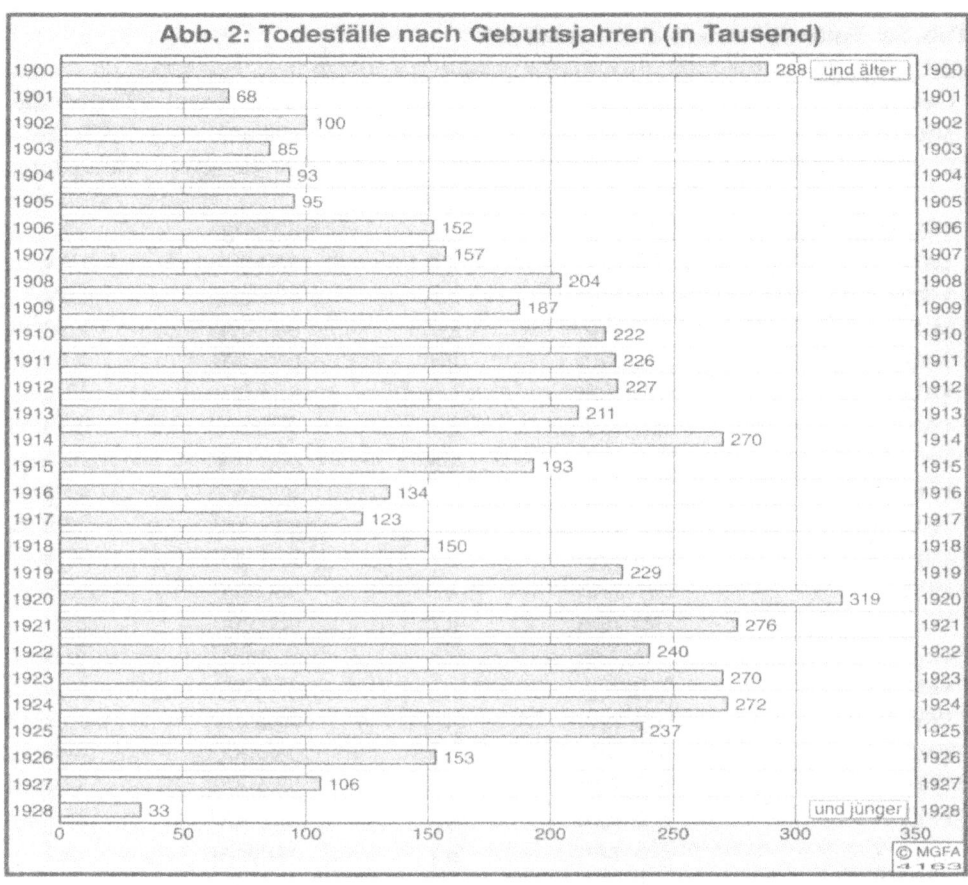

Tab. 35: Todesfälle nach Geburtsjahren

| Jahr-gang | Häufig-keit | % | Jahr-gang | Häufig-keit | % | Jahr-gang | Häufig-keit | % |
|---|---|---|---|---|---|---|---|---|
| 1900 und älter | 288 000 | 5,4 | 1910 | 222 000 | 4,2 | 1920 | 319 000 | 6,0 |
| 1901 | 68 000 | 1,3 | 1911 | 226 000 | 4,2 | 1921 | 276 000 | 5,2 |
| 1902 | 100 000 | 1,9 | 1912 | 227 000 | 4,3 | 1922 | 240 000 | 4,5 |
| 1903 | 85 000 | 1,6 | 1913 | 211 000 | 4,0 | 1923 | 270 000 | 5,1 |
| 1904 | 93 000 | 1,7 | 1914 | 270 000 | 5,1 | 1924 | 272 000 | 5,1 |
| 1905 | 95 000 | 1,8 | 1915 | 193 000 | 3,6 | 1925 | 237 000 | 4,4 |
| 1906 | 152 000 | 2,9 | 1916 | 134 000 | 2,5 | 1926 | 153 000 | 2,9 |
| 1907 | 157 000 | 3,0 | 1917 | 123 000 | 2,3 | 1927 | 106 000 | 2,0 |
| 1908 | 204 000 | 3,8 | 1918 | 150 000 | 2,8 | 1928* | 33 000 | 0,6 |
| 1909 | 187 000 | 3,5 | 1919 | 229 000 | 4,3 | Summe | 5 318 000 | |

\* und jünger

**Tab. 36: Todesfälle nach Geburtsjahren***

| Geburts-jahr | Häufig-keit | Anteil in % | Stärke des männl. Geb.jahrg. | Todesfälle in % des Geb.jahrg. |
|---|---|---|---|---|
| 1900 und älter | 241 000 | 5,1 | 9 823 000 | 2,5 |
| 1901 | 57 000 | 1,2 | 642 000 | 8,9 |
| 1902 | 85 000 | 1,8 | 658 000 | 12,9 |
| 1903 | 77 000 | 1,6 | 641 000 | 12,0 |
| 1904 | 86 000 | 1,8 | 658 000 | 13,1 |
| 1905 | 86 000 | 1,8 | 655 000 | 13,1 |
| 1906 | 138 000 | 2,9 | 679 000 | 20,3 |
| 1907 | 139 000 | 2,9 | 682 000 | 20,4 |
| 1908 | 189 000 | 4,0 | 695 000 | 27,2 |
| 1909 | 167 000 | 3,5 | 689 000 | 24,2 |
| 1910 | 205 000 | 4,3 | 681 000 | 30,1 |
| 1911 | 201 000 | 4,3 | 650 000 | 30,9 |
| 1912 | 198 000 | 4,2 | 686 000 | 28,9 |
| 1913 | 191 000 | 4,1 | 663 000 | 28,8 |
| 1914 | 240 000 | 5,1 | 653 000 | 36,7 |
| 1915 | 174 000 | 3,7 | 509 000 | 34,2 |
| 1916 | 120 000 | 2,5 | 389 000 | 30,8 |
| 1917 | 116 000 | 2,5 | 352 000 | 33,0 |
| 1918 | 131 000 | 2,8 | 367 000 | 35,7 |
| 1919 | 216 000 | 4,6 | 542 000 | 39,9 |
| 1920 | 293 000 | 6,2 | 712 000 | 41,1 |
| 1921 | 243 000 | 5,2 | 695 000 | 35,0 |
| 1922 | 204 000 | 4,3 | 650 000 | 31,4 |
| 1923 | 227 000 | 4,8 | 621 000 | 36,6 |
| 1924 | 234 000 | 5,0 | 616 000 | 38,0 |
| 1925 | 208 000 | 4,4 | 628 000 | 33,1 |
| 1926 | 130 000 | 2,8 | 598 000 | 21,7 |
| 1927 | 97 000 | 2,1 | 574 000 | 16,9 |
| 1928 – 1930 | 27 000 | 0,6 | 1 722 000 | 1,6 |
| Summe | 4 717 000 | 100,0 | 28 130 000 | 16,8 |

* Aus den bereits erläuterten Gründen beschränkt sich der Vergleich auf das Deutsche Reich einschließlich Österreich. Er beruht auf dem Bevölkerungsstand von 1938, weil nur für diesen Zeitpunkt die benötigten Daten in einer geeigneten Aggregationsform vorlagen. Sie unterscheiden sich in geringem Maß vom Ergebnis der Volkszählung 1939, an der wesentlichen Aussage der Tabelle, der Todesquote pro Jahrgang, dürfte sich durch diese Einschränkung jedoch nichts ändern, siehe Statistisches Jahrbuch, Deutsches Reich, 1938, S. 20.

Nur die Jahrgänge 1916 – 1918 sind geringer vertreten. Worauf das zurückzuführen ist, zeigt sich, wenn die Verluste – wie in Tab. 36 – auf die Bevölkerung bezogen werden.

Deutlich werden die Auswirkungen des Krieges, wenn die Todesfälle pro Jahrgang auf die Stärke des männlichen Geburtsjahrgangs bezogen werden. Hier zeigt sich dann, daß die Jahrgänge 1916 – 1918 bei den absoluten Verlusten nur deswegen relativ »schwach« vertreten sind, weil es sich um die extrem geburtenschwachen Jahrgänge aus der Zeit des Ersten Weltkriegs handelt[23].

Vergleicht man die Todesquoten der Jahrgänge miteinander, kommt man zunächst einmal zu der – relativ – erfreulichen Feststellung, daß von den sehr Jungen der Geburtsjahrgänge 1928 – 1930 »nur« 1,6 Prozent ums Leben gekommen sind. Ganz anders dagegen wieder die Jahrgänge 1910 – 1925. Hier beträgt der Totenanteil fast ausnahmslos mehr als 30 Prozent, in einem Fall sogar über 40 Prozent. Um die Bedeutung dieser Zahlen drastisch zu verdeutlichen – die Überlebenden dieser Geburtsjahrgänge konnten auf ihren Schulabschlußfotos ein Drittel ihrer männlichen Klassenkameraden »abstreichen«, ganz abgesehen von den Kriegsversehrten und denjenigen, die nach langen Jahren der Kriegsgefangenschaft gesundheitlich schwer geschädigt heimkehrten.

Doch über diese Feststellung hinaus – einerseits ist es selbstverständlich, daß die Todesrate insbesondere der älteren Jahrgänge niedriger ist als die der jungen Erwachsenen, andererseits stellt sich dennoch die Frage, warum bestimmte Jahrgänge so extrem betroffen sind. Hatten die älteren Jahrgänge, bei denen der Anteil der Offiziere und Unteroffiziere besonders hoch war, ein besseres, d.h. sichereres Leben? Sind die Jungen »verheizt« worden? Hier Antworten zu finden, wird Aufgabe dieser Ausführungen sein.

Interessant wäre es auch, der Frage nachzugehen, ob die altersbezogene Todesquote in allen hier berücksichtigten Regionen gleich ist. Vermutlich nicht – dies zu beantworten, würde jedoch voraussetzen, daß die Altersschichtung der deutschen Bevölkerungsanteile außerhalb des Reichsgebietes und deren Anteil an der jewei-

---

[23] Deutlich abweichende Angaben finden sich bei Kroener, dem einzigen Autor, der sich bisher mit Fragen der Personalstruktur beschäftigt hat, siehe Kroener, Personelle Ressourcen, S. 985 – 986. Die dortigen Ausführungen sind jedoch in mehrfacher Hinsicht zu kritisieren:
- Sie gehen von insges. 4,3 Millionen Todesfällen und ca. 20 Millionen Wehrmachtangehörigen – der damaligen, jedoch unzutreffenden Schätzung der Deutschen Dienststelle – aus.
- Zugrunde liegt die Altersverteilung, die die Deutsche Dienststelle als Stichprobe erhoben hat. Diese weist jedoch systematische Verzerrungen auf (siehe Kap. 2.4.). Darüber hinaus ist es selbst bei großen Stichproben problematisch, Anteile im Promillebereich auszuweisen.
- Die Gesamtverluste der Wehrmacht werden auf eine anders definierte Menge – die Einwohner des Deutschen Reiches bezogen. Da die Bevölkerungsstruktur nicht in allen Regionen gleich ist, führt ein solches Verfahren zu Verzerrungen.

## Tab. 37: Tote nach Herkunft und Jahrgangsklassen

| Herkunft | Jahrgangsklasse | | | | | | | | |
|---|---|---|---|---|---|---|---|---|---|
| | 1900 und älter | 1901 bis 1905 | 1906 bis 1910 | 1911 bis 1915 | 1916 bis 1920 | 1921 bis 1925 | 1926 und jünger | Summe (in Tsd.) | Anteil (in %) |
| **Bundesrepublik** | | | | | | | | | |
| Häufigkeit | 145 825 | 277 376 | 649 917 | 761 181 | 683 125 | 853 676 | 175 353 | 3 546 | |
| Zeilenprozent | 4,11 | 7,82 | 18,33 | 21,46 | 19,26 | 24,07 | 4,94 | | |
| Spaltenprozent | 50,58 | 63,08 | 70,42 | 67,56 | 71,57 | 65,97 | 59,97 | | 66,7 |
| **Ehemalige Ostgebiete** | | | | | | | | | |
| Häufigkeit | 85 891 | 82 627 | 149 287 | 196 353 | 149 693 | 185 990 | 60 561 | 910 | |
| Zeilenprozent | 9,43 | 9,08 | 16,40 | 21,57 | 16,44 | 20,43 | 6,65 | | |
| Spaltenprozent | 29,79 | 18,79 | 16,17 | 17,43 | 15,68 | 14,37 | 20,71 | | 17,1 |
| **Österreich** | | | | | | | | | |
| Häufigkeit | 9 099 | 29 297 | 39 198 | 46 330 | 42 231 | 76 462 | 18 132 | 261 | |
| Zeilenprozent | 3,49 | 11,24 | 15,03 | 17,77 | 16,20 | 29,32 | 6,95 | | |
| Spaltenprozent | 3,16 | 6,66 | 4,25 | 4,11 | 4,42 | 5,91 | 6,20 | | 4,9 |
| **Sonstige** | | | | | | | | | |
| Häufigkeit | 47 495 | 50 429 | 84 561 | 122 825 | 79 396 | 177 858 | 38 363 | 601 | |
| Zeilenprozent | 7,90 | 8,39 | 14,07 | 20,44 | 13,21 | 29,60 | 6,38 | | |
| Spaltenprozent | 16,47 | 11,47 | 9,16 | 10,90 | 8,32 | 13,74 | 13,12 | | 11,3 |
| Summe (in Tsd.) | 288 | 440 | 923 | 1 127 | 954 | 1 294 | 292 | 5 318 | |
| Anteil (in %) | 5,4 | 8,3 | 17,4 | 21,2 | 18,0 | 24,0 | 5,5 | | 100,0 |

ligen Gesamtbevölkerung bekannt wäre, was leider nicht der Fall ist[24]. Eine Teilantwort ist jedoch möglich – nämlich die Toten nach Altersgruppen und Regionen zu differenzieren. Tabelle 37 zeigt regional doch ganz unterschiedliche Altersverteilungen. Bei den Todesfällen aus dem Gebiet der Bundesrepublik sind die mittleren Jahrgänge – von ca. 1906 bis 1920 mit ca. 18 bis ca. 21 Prozent leicht überproportional vertreten, bei den Jungen und den Alten jedoch nicht. Im Gegenteil, gerade bei den jüngsten Jahrgängen sind alle anderen Gebiete überdurchschnittlich vertreten. Im Fall der ehemaligen Ostgebiete und der sonstigen Regionen, vor allem also der deutschen Siedlungsgebiete in Ost- und Südosteuropa, kommt noch hinzu, daß hier mit ca. 9 Prozent bzw. ca. 8 Prozent der Anteil der »alten« Toten fast doppelt so hoch ist wie der Durchschnitt von ca. 5 Prozent. Anders dagegen Österreich, im allgemeinen gleicht die Altersstruktur der Gebiete außerhalb der Bundesrepublik – nur bei der Gruppe der sehr Alten liegt der österreichische

---

[24] In der Literatur herrscht keine Übereinstimmung über den Umfang der deutschstämmigen Bevölkerung in den ost- und südosteuropäischen Siedlungsgebieten, siehe Overmans, Tote des Zweiten Weltkrieges, S. 865.

Anteil ähnlich niedrig wie der der Bundesrepublik. Im folgenden wird der Frage nachzugehen sein, wie sich dieses Resultat erklärt.

Kommen wir zum Abschluß des Kapitels und damit zu einer Zusammenfassung der Feststellungen, die im weiteren von Bedeutung sein werden:
- Betroffen von den Todesfällen waren vor allem die Geburtsjahrgänge von 1910 bis 1925, wobei im Durchschnitt dieser Jahrgänge ca. 200 000 – 250 000 Personen starben. Im Extremfall waren dies mehr als 40 Prozent der Gesamtstärke. Diese Männer wären 1945 ca. 20 bis 35 Jahre alt und im klassischen Familiengründungsalter gewesen – mit entsprechenden Folgen für die Gesellschaft[25].
- Auch wenn es unmittelbar verständlich ist, daß die Todesquote der ältesten und jüngsten Jahrgänge geringer ist als die der mittleren, so stellt sich doch die Frage, ob die Überlebenschance aller Soldaten gleich hoch war. Starben die Jungen häufiger, weil sie als Mannschaften in größerem Maß unmittelbar dem Kampfgeschehen ausgesetzt waren?
- Unter den Toten stammen die mittleren Jahrgänge vor allem aus dem Gebiet der heutigen Bundesrepublik, während bei den »jungen« Toten alle anderen Gebiete überrepräsentiert sind. Bei den »Alten« sind es die ehemaligen Ostgebiete und die auslandsdeutschen Siedlungsgebiete, die einen überproportionalen Anteil stellen. Die Frage wird zu klären sein, wie sich diese Disproportionen erklären.

### 4.2.3.3 Todesjahr

Kommen wir nun vom Geburtsjahrgang zum Todeszeitpunkt. Abbildung 3 und Tab. 38 zeigen die Verteilung der Todesfälle, nicht nur nach Jahren, sondern bis auf die Monate differenziert. Wenn man versucht, sich den Verlauf der Entwicklung inhaltlich zu verdeutlichen, so ergeben sich zunächst keine Überraschungen. Die ersten »Spitzen« im September 1939, Mai 1940 und Juni 1940 erklären sich durch den Angriff auf Polen, die Operation »Weserübung« und den Frankreichfeldzug. Verluste in größerem Umfang ergeben sich erst ab Juni 1941 mit dem Angriff auf die Sowjetunion und dann im Zeitraum Dezember 1942 bis Februar 1943, als allein ca. 330 000 – vorwiegend Heeressoldaten im Kessel von Stalingrad und an benachbarten Teilen der Front – ums Leben kamen. Was im Januar 1943 allerdings noch die extreme Ausnahme war, nämlich Monatsverluste in der Größenordnung von ca. 200 000 Menschen, wird dann ab ca. Mitte 1944 zu einem Durchschnittswert. Infolge des Zusammenbruchs der Heeresgruppen Mitte und Südukraine erreichen die Verluste erstmals Größenordnungen von ca. 350 000 Toten. Nach einer Konsolidierung auf hohem Niveau infolge der Stabilisierung der Fronten im Herbst 1944 und der reduzierten Gefechtstätigkeit steigen die Todesfälle ab

---

[25] Köllmann, Bevölkerungsentwicklung, S. 94 f.; Steinberg, Bevölkerungsentwicklung, S. 147 – 154.

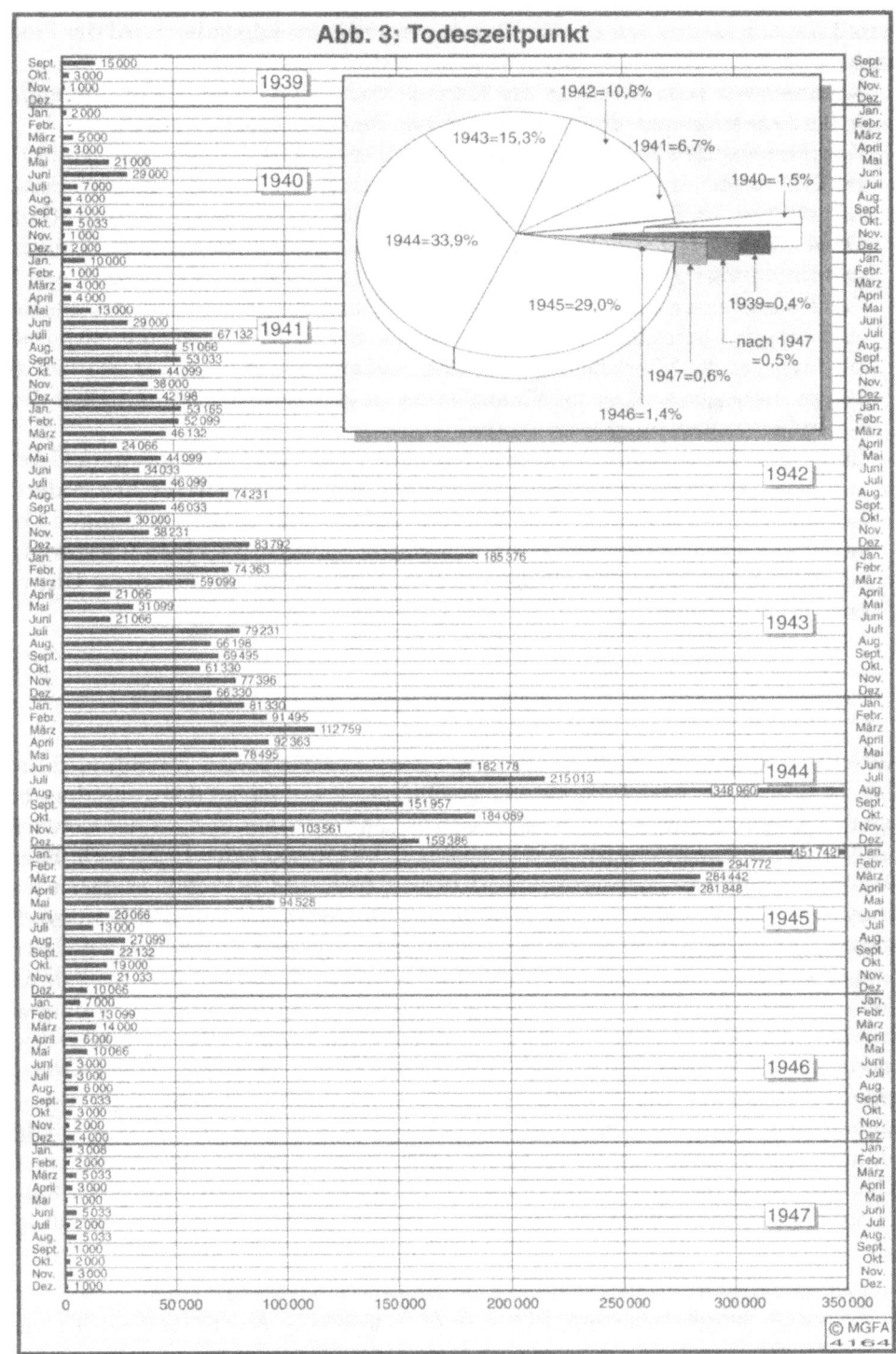

## Tab. 38: Todeszeitpunkt

| Monat/Jahr | Häufigkeit | % | Monat/Jahr | Häufigkeit | % | Monat/Jahr | Häufigkeit | % | Monat/Jahr | Häufigkeit | % | Monat/Jahr | Häufigkeit | % |
|---|---|---|---|---|---|---|---|---|---|---|---|---|---|---|
| | | | 01/1941 | 10 000 | 0,2 | 01/1943 | 185 376 | 3,5 | 01/1945 | 451 742 | 8,5 | 01/1947 | 3 008 | 0,1 |
| | | | 02/1941 | 1 000 | 0,0 | 02/1943 | 74 363 | 1,4 | 02/1945 | 294 772 | 5,5 | 02/1947 | 2 000 | 0,0 |
| | | | 03/1941 | 4 000 | 0,1 | 03/1943 | 59 099 | 1,1 | 03/1945 | 284 442 | 5,3 | 03/1947 | 5 033 | 0,1 |
| | | | 04/1941 | 4 000 | 0,1 | 04/1943 | 21 066 | 0,4 | 04/1945 | 281 848 | 5,3 | 04/1947 | 3 000 | 0,1 |
| | | | 05/1941 | 13 000 | 0,2 | 05/1943 | 31 099 | 0,6 | 05/1945 | 94 528 | 1,8 | 05/1947 | 1 000 | 0,0 |
| | | | 06/1941 | 29 000 | 0,5 | 06/1943 | 21 066 | 0,4 | 06/1945 | 20 066 | 0,4 | 06/1947 | 5 033 | 0,1 |
| | | | 07/1941 | 67 132 | 1,3 | 07/1943 | 79 231 | 1,5 | 07/1945 | 13 000 | 0,2 | 07/1947 | 2 000 | 0,0 |
| | | | 08/1941 | 51 066 | 1,0 | 08/1943 | 66 198 | 1,2 | 08/1945 | 27 099 | 0,5 | 08/1947 | 5 033 | 0,1 |
| 09/1939 | 15 000 | 0,3 | 09/1941 | 53 033 | 1,0 | 09/1943 | 69 495 | 1,3 | 09/1945 | 22 132 | 0,4 | 09/1947 | 1 000 | 0,0 |
| 10/1939 | 3 000 | 0,1 | 10/1941 | 44 099 | 0,8 | 10/1943 | 61 330 | 1,2 | 10/1945 | 19 000 | 0,4 | 10/1947 | 2 000 | 0,0 |
| 11/1939 | 1 000 | 0,0 | 11/1941 | 38 000 | 0,7 | 11/1943 | 77 396 | 1,5 | 11/1945 | 21 033 | 0,4 | 11/1947 | 3 000 | 0,1 |
| 12/1939 | – | – | 12/1941 | 42 198 | 0,8 | 12/1943 | 66 330 | 1,2 | 12/1945 | 10 066 | 0,2 | 12/1947 | 1 000 | 0,0 |
| 1939 | 19 000 | 0,4 | 1941 | 357 000 | 6,7 | 1943 | 812 000 | 15,3 | 1945 | 1 540 000 | 29,0 | 1947 | 33 000 | 0,6 |
| 01/1940 | 2 000 | 0,0 | 01/1942 | 53 165 | 1,0 | 01/1944 | 81 330 | 1,5 | 01/1946 | 7 000 | 0,1 | Nach '47 | 25 000 | 0,5 |
| 02/1940 | – | – | 02/1942 | 52 099 | 1,0 | 02/1944 | 91 495 | 1,7 | 02/1946 | 13 099 | 0,2 | | | |
| 03/1940 | 5 000 | 0,1 | 03/1942 | 46 132 | 0,9 | 03/1944 | 112 759 | 2,1 | 03/1946 | 14 000 | 0,3 | 1939 | 19 000 | 0,4 |
| 04/1940 | 3 000 | 0,1 | 04/1942 | 24 066 | 0,5 | 04/1944 | 92 363 | 1,7 | 04/1946 | 6 000 | 0,1 | 1940 | 83 000 | 1,5 |
| 05/1940 | 21 000 | 0,4 | 05/1942 | 44 099 | 0,8 | 05/1944 | 78 495 | 1,5 | 05/1946 | 10 066 | 0,2 | 1941 | 357 000 | 6,7 |
| 06/1940 | 29 000 | 0,5 | 06/1942 | 34 033 | 0,6 | 06/1944 | 182 178 | 3,4 | 06/1946 | 3 000 | 0,1 | 1942 | 572 000 | 10,8 |
| 07/1940 | 7 000 | 0,1 | 07/1942 | 46 099 | 0,9 | 07/1944 | 215 013 | 4,0 | 07/1946 | 3 000 | 0,1 | 1943 | 812 000 | 15,3 |
| 08/1940 | 4 000 | 0,1 | 08/1942 | 74 231 | 1,4 | 08/1944 | 348 960 | 6,6 | 08/1946 | 6 000 | 0,1 | 1944 | 1 802 000 | 33,9 |
| 09/1940 | 4 000 | 0,1 | 09/1942 | 46 033 | 0,9 | 09/1944 | 151 957 | 2,9 | 09/1946 | 5 033 | 0,1 | 1945 | 1 540 000 | 29,0 |
| 10/1940 | 5 033 | 0,1 | 10/1942 | 30 000 | 0,6 | 10/1944 | 184 089 | 3,5 | 10/1946 | 3 000 | 0,1 | 1946 | 76 000 | 1,4 |
| 11/1940 | 1 000 | 0,0 | 11/1942 | 38 231 | 0,7 | 11/1944 | 103 561 | 1,9 | 11/1946 | 2 000 | 0,0 | 1947 | 33 000 | 0,6 |
| 12/1940 | 2 000 | 0,0 | 12/1942 | 83 792 | 1,6 | 12/1944 | 159 386 | 3,0 | 12/1946 | 4 000 | 0,1 | später | 25 000 | 0,5 |
| 1940 | 83 000 | 1,5 | 1942 | 572 000 | 10,8 | 1944 | 1 802 000 | 33,9 | 1946 | 76 000 | 1,4 | Summe | 5 318 000 | 100 |

Dezember 1944 mit der Ardennenoffensive an und erreichen im Januar 1945 mit ca. 450 000 Mann ihr absolutes Maximum, um erst im Mai wieder unter die Hunderttausend-Mann-Schwelle zu sinken. Ab Mai 1945 sinken die Zahlen dann drastisch, ab Anfang 1946 sind Todesfälle nur noch relativ selten festzustellen.

Um die Dramatik der Entwicklung nochmals zu verdeutlichen – während in den mehr als eineinhalb Jahren vom Kriegsbeginn bis zum Angriff auf die Sowjetunion »nur« ca. 130 000 Deutsche gestorben waren, kamen in den fünf Monaten von Dezember 1944 bis April 1945 ca. 1,5 Millionen, also mehr als zehnmal so viele ums Leben. Und es war auch nicht die wohl bekannteste »Einzelkatastrophe«, Stalingrad, die die meisten Menschenleben kostete – nein, jeder Monat der Endphase des Krieges war blutiger.

Nun wäre es wünschenswert, die Zahlen in Abb. 3 und Tab. 38 mit Wehrmachtangaben vergleichen zu können – leider ist dies jedoch nicht möglich. Lediglich die von der Abteilung Org. Vb herausgegebenen Wehrmachtverluststatistiken weisen die letzten Monate separat aus, den vorangehenden Zeitraum jedoch aggregiert. Darüber hinaus gibt es einige Grafiken, in denen die Toten und Vermißten des Heeres ausgewiesen sind. Diese mit den vorliegenden Angaben zu vergleichen, ist nicht möglich, weil nicht alle der als vermißt Gemeldeten tatsächlich gestorben sind. Darüber hinaus enden die bisher vorhandenen Statistiken im wesentlichen im Herbst 1944 – die letzte monatliche Verluststatistik des OKW weist nur ca. 120 000 Tote und Vermißte für November 1944 mit abnehmender Tendenz bis zu ca. 80 000 im Januar 1945 auf – allerdings mit einer zunehmenden Anzahl von Verbänden, deren Meldungen fehlen[26]. Schätzungen für die weiteren Verluste bis Kriegsende gehen von diesen Angaben aus und belaufen sich auf weitere 150 000 – 250 000 Fälle bis Mai 1945[27]. Genau dies ist falsch. Um dem Leser die Größenordnung zu verdeutlichen: Verglichen mit den Schätzungen von ca. 150 000 – 250 000 Mann für die Zeit von Anfang Februar 1945 bis Ende Mai erweisen sich die tatsächlichen Verluste mit mehr ca. 960 000 Toten als um ein Mehrfaches höher. Im Vergleich zu bisherigen Statistiken mag das obige Ergebnis überraschen, tatsächlich ist es eigentlich nicht erstaunlich, wenn man bedenkt, daß der Zeitraum vom Dezember 1944 bis Mai 1945 derjenige war, in dem die Endkämpfe auf dem Boden des Reiches ausgetragen wurden, im Ruhrkessel noch viele ums Leben kamen, insbesondere an der Ostfront mit äußerster Erbitterung gekämpft und die letzten Reserven »verheizt« wurden. Erstaunlicher ist eher, daß die weitaus zu niedrigen Schätzungen bisher widerspruchslos tradiert worden sind.

Der Leser könnte nun versucht sein, die Frage als zweitrangig einzuschätzen, ob ein Todesfall dem richtigen Zeitraum zugeordnet wird – tot ist der Betroffene dennoch. Eine solche Auffassung wäre aber falsch. Wie später noch ausführlicher darzustellen sein wird, sind die Verluste, die die deutsche Kriegführung in den ersten Monaten des Jahres 1945 verursacht hat, der Bevölkerung nicht bewußt geworden – und bis heute in der Literatur nicht angemessen berücksichtigt. Damals hat diese Unkenntnis dazu geführt, daß die Familien noch jahrelang auf die Rückkehr der Angehörigen hofften und sie lebend in Gefangenschaft vermuteten, obwohl sie längst tot waren. Und was das konkret bedeutet hat, wird später ausgeführt werden.

Im folgenden soll nun versucht werden, die Todesfälle nach verschiedenen demographischen Kriterien aufzugliedern, um deutlich zu machen, wie unterschiedlich doch die verschiedenen Regionen von diesem Aspekt des Krieges betroffen wurden. Zunächst einmal eine Differenzierung der Todesfälle nach Jahren und Regionen.

Wenn man die in Tab. 39 dargestellte Entwicklung hinsichtlich der Herkunftsregionen vergleicht, so ist festzustellen, daß die Anteile der Bundesrepublik und Österreichs über die Jahre hinweg relativ nahe beim Durchschnitt liegen – nur vom Kriegsbeginn bis 1943 ist eine geringfügige Konzentration festzustel-

---

[26] OKW/WFSt/Org. (Vb), Nr. 745/45 g.K. vom 14.3.1945, Beurteilung der personellen und materiellen Rüstungslage der Wehrmacht, Januar 1945, BA-MA, RM 7/810D.

[27] Eine der seltenen Ausnahmen findet sich bei Messenger, Armed forces, S. 469; siehe auch KTB-OKW, S. 1509; Müller-Hillebrand, Heer, 3, S. 262; Woche, Bilanz, S. 32.

## Tab. 39: Tote nach Herkunft und Todesjahren

| Herkunft | Todesjahr | | | | | | Summe (in Tsd.) | Anteil (in %) |
|---|---|---|---|---|---|---|---|---|
| | 1939 bis 1940 | 1941 | 1942 | 1943 | 1944 | 1945 und später | | |
| **Bundesrepublik** | | | | | | | | |
| Häufigkeit | 74 033 | 238 297 | 395 452 | 572 696 | 1 187 966 | 1 078 009 | 3 546 | |
| Zeilenprozent | 2,09 | 6,72 | 11,15 | 16,15 | 33,50 | 30,40 | | |
| Spaltenprozent | 72,56 | 66,84 | 69,14 | 70,52 | 65,94 | 64,38 | | 66,7 |
| **Ehemalige Ostgebiete** | | | | | | | | |
| Häufigkeit | 19 000 | 74 165 | 95 264 | 117 759 | 286 343 | 317 871 | 910 | |
| Zeilenprozent | 2,09 | 8,15 | 10,46 | 12,93 | 31,45 | 34,92 | | |
| Spaltenprozent | 18,62 | 20,80 | 16,66 | 14,50 | 15,89 | 18,98 | | 17,1 |
| **Österreich** | | | | | | | | |
| Häufigkeit | 3 000 | 18 066 | 25 099 | 45 297 | 86 528 | 82 759 | 261 | |
| Zeilenprozent | 1,15 | 6,93 | 9,63 | 17,37 | 33,18 | 31,74 | | |
| Spaltenprozent | 2,94 | 5,07 | 4,39 | 5,58 | 4,80 | 4,94 | | 4,9 |
| **Sonstige** | | | | | | | | |
| Häufigkeit | 6 000 | 26 000 | 56 165 | 76 297 | 240 749 | 195 716 | 601 | |
| Zeilenprozent | 1,00 | 4,33 | 9,35 | 12,70 | 40,06 | 32,57 | | |
| Spaltenprozent | 5,88 | 7,29 | 9,82 | 9,40 | 13,36 | 11,69 | | 11,3 |
| Summe (in Tsd.) | 102 | 357 | 572 | 812 | 1 802 | 1 674 | 5 318 | |
| Anteil (in %) | 1,9 | 6,7 | 10,8 | 15,3 | 33,9 | 31,5 | | 100,0 |

len. Für die ehemaligen Ostgebiete gilt ähnliches – lediglich für das letzte Kriegsjahr weisen sie mit fast 35 Prozent einen deutlich überhöhten Anteil auf. Wenn es später darum gehen wird, die Todesfälle nach Kriegsschauplätzen und Organisationen aufzugliedern, wird es möglich sein, die Gründe hierfür festzustellen. Ganz anders die Entwicklung in den restlichen Regionen – während sie in den ersten Jahren unterrepräsentiert sind, steigt ihr Anteil 1944 auf ca. 40 Prozent – und liegt damit ca. 6 Prozentpunkte über dem Durchschnitt. Auch dies wird sich bei der Analyse nach Kriegsschauplätzen und Organisationen erklären lassen. Daß der Anteil der restlichen Gebiete 1945 dann fast wieder auf den Durchschnitt sinkt, rührt allerdings vor allem daher, daß diese Regionen in zunehmendem Maße nicht mehr im deutschen Machtbereich lagen und es von daher nicht mehr möglich war, von dort Rekruten einzuziehen.

Nachdem bisher die Herkunftsgebiete der Toten aufgezeigt wurde, nun noch zur Altersstruktur, wie in Tab. 40 ausgewiesen. Die Ergebnisse lassen sich so zusammenfassen: Bis ca. 1942 sind es vor allem die Jahrgänge 1911 – 1920, die sterben – also diejenigen, die zuerst eingezogen worden waren. Mit jedem Kriegsjahr verschiebt sich der Schwerpunkt – 1941 bis 1943 sind die Jahre, in denen die meisten der 26 – 30jährigen ums Leben kommen. Die Jahre 1943 – 1944 sind dann der Zeitraum mit den höchsten Verlusten für die nächstjüngere Altersklasse. Bei den 1905 oder früher Geborenen sind es ca. 50 – 60 Prozent, die 1944 oder später sterben – genauso wie die sehr Jungen, bei denen auch zwei Drittel der Todesfäl-

Tab. 40: Todesfälle nach Todesjahren und Jahrgangsklassen

| Jahrgangsklasse | Todesjahr | | | | | | | Summe (in Tsd.) | Anteil (in %) |
|---|---|---|---|---|---|---|---|---|---|
| | 1939 bis 1940 | 1941 | 1942 | 1943 | 1944 | 1945 | 1946 und später | | |
| 1900 und älter | | | | | | | | 288 | 5,4 |
| Häufigkeit | 5 000 | 7 000 | 10 000 | 17 066 | 62 528 | 164 584 | 22 132 | | |
| Zeilenprozent | 1,73 | 2,43 | 3,47 | 5,92 | 21,69 | 57,09 | 7,68 | | |
| Spaltenprozent | 4,90 | 1,96 | 1,75 | 2,10 | 3,47 | 10,69 | 16,44 | | |
| 1901 – 1905 | | | | | | | | 440 | 8,3 |
| Häufigkeit | 4 000 | 15 033 | 19 033 | 41 330 | 139 452 | 200 848 | 20 033 | | |
| Zeilenprozent | 0,91 | 3,42 | 4,33 | 9,40 | 31,71 | 45,68 | 4,56 | | |
| Spaltenprozent | 3,92 | 4,22 | 3,33 | 5,09 | 7,74 | 13,04 | 14,88 | | |
| 1906 – 1910 | | | | | | | | 923 | 17,4 |
| Häufigkeit | 13 000 | 33 000 | 87 231 | 164 188 | 341 970 | 256 508 | 27 066 | | |
| Zeilenprozent | 1,41 | 3,58 | 9,45 | 17,79 | 37,05 | 27,79 | 2,93 | | |
| Spaltenprozent | 12,74 | 9,26 | 15,25 | 20,22 | 18,98 | 16,66 | 20,10 | | |
| 1911 – 1915 | | | | | | | | 1 127 | 21,2 |
| Häufigkeit | 39 000 | 113 198 | 159 528 | 192 386 | 344 003 | 256 442 | 22 132 | | |
| Zeilenprozent | 3,46 | 10,05 | 14,16 | 17,08 | 30,53 | 22,76 | 1,96 | | |
| Spaltenprozent | 38,22 | 31,75 | 27,89 | 23,69 | 19,09 | 16,66 | 16,44 | | |
| 1916 – 1920 | | | | | | | | 954 | 18,0 |
| Häufigkeit | 39 033 | 152 264 | 147 660 | 162 891 | 255 947 | 181 584 | 15 066 | | |
| Zeilenprozent | 4,09 | 15,95 | 15,47 | 17,07 | 26,82 | 19,03 | 1,58 | | |
| Spaltenprozent | 38,26 | 42,71 | 25,82 | 20,06 | 14,21 | 11,79 | 11,19 | | |
| 1921 – 1925 | | | | | | | | 1 294 | 24,0 |
| Häufigkeit | 2 000 | 36 033 | 148 528 | 234 188 | 570 960 | 287 178 | 15 099 | | |
| Zeilenprozent | 0,15 | 2,78 | 11,48 | 18,10 | 44,12 | 22,19 | 1,17 | | |
| Spaltenprozent | 1,96 | 10,11 | 25,97 | 28,84 | 31,69 | 18,65 | 11,22 | | |
| 1926 und jünger | | | | | | | | 292 | 5,5 |
| Häufigkeit | 0 | 0 | 0 | 0 | 86 726 | 192 584 | 13 099 | | |
| Zeilenprozent | 0,00 | 0,00 | 0,00 | 0,00 | 29,66 | 65,86 | 4,48 | | |
| Spaltenprozent | 0,00 | 0,00 | 0,00 | 0,00 | 4,81 | 12,51 | 9,73 | | |
| Summe (in Tsd.) | 102 | 357 | 572 | 812 | 1 802 | 1 540 | 135 | 5 318 | |
| Anteil (in %) | 1,9 | 6,7 | 10,8 | 15,3 | 33,9 | 29,0 | 2,5 | | 100,0 |

le in das Jahr 1945 fällt. In einem Punkt unterscheiden sich jedoch Alte und Junge – die Jungen kommen kaum nach Kriegsende, d.h. in Kriegsgefangenschaft, um. Ab 1946 stellen die vor 1911 Geborenen mehr als 50 Prozent dieser Fälle, die jüngste Jahrgangsklasse jedoch nur knapp 10 Prozent.

Soweit der globale Überblick über die Gesamtverluste. Auch diesmal soll wieder versucht werden, die wesentlichen Fragen und Ergebnisse des Kapitels zusammenzufassen:
- Anders als bisher in der Literatur beschrieben, sind gerade die letzte Kriegsmonate mit ca. 300 000 – 400 000 Toten monatlich diejenigen mit den größten Verlusten, in denen doppelt so viele Menschen wie in Stalingrad ums Leben kamen. Der deutschen Bevölkerung wurden diese Verluste jedoch nicht bewußt. Welche Folgen dieses Informationsdefizit für die Nachkriegsgeschichte besaß, wird noch zu zeigen sein.
- Während die Toten der ersten Kriegsjahre in überdurchschnittlichem Maß aus dem Gebiet der Bundesrepublik stammen, sind die restlichen Gebiete in der Kriegsmitte besonders stark belastet. Die ehemaligen Ostgebiete und die außerdeutschen Siedlungsgebiete stellen dann ab 1944 einen überdurchschnittlichen Anteil.
- Was das Lebens- oder Todesalter der Toten betrifft, so sind es zunächst die Jahrgänge 1911 – 1920, die sterben. Dann aber öffnet sich die Schere, die Todesfälle bei den Alten und – zum Schluß – auch bei den Jungen häufen sich.
- Die Jungen unterscheiden sich von den Alten dadurch, daß sie kaum nach Kriegsende, d.h. in Kriegsgefangenschaft sterben, die Alten jedoch in großem Umfang.

Für die aufgezeigten Unterschiede kommen im wesentlichen zwei Erklärungen in Betracht. Sie können darauf zurückzuführen sein, daß die unterschiedlichen Regionen und Altersgruppen in unterschiedlichem Umfang zu den Militärorganisationen einberufen wurden. Möglicherweise besaßen aber auch die einzelnen Gruppen unterschiedliche Überlebenschancen, z.B. weil die Jungen in den gefährlicheren Situationen eingesetzt wurden. Hierüber Auskunft zu geben, ist jedoch nur möglich, wenn die Einziehungen in Bezug zu den Todesfällen gesetzt werden können, wie es bei den folgenden Ausführungen zur Wehrmacht der Fall ist.

### 4.2.3.4 Exkurs: Wehrmachttote

Wie bereits erwähnt, ist es für die Soldaten der Wehrmacht – anders als für die weiteren an der Kriegführung beteiligten Organisationen – möglich, die Aussagen über die Todesfälle auf die Summe aller Eingezogenen zu beziehen. Dabei werden die Fragestellungen, die in den vorherigen Abschnitten bereits für die Gesamtheit aller Todesfälle bearbeitet worden waren, aufgrund der besseren Datenlage nun für die Wehrmacht genauer analysiert. Welche Ergebnisse dadurch möglich werden, soll an einer bereits in Kapitel 4.2.3.2. gestellten Frage verdeutlicht wer-

**Tab. 41: Altersschichtung der Wehrmachttodesfälle**

| Geburts-jahr | Einziehungen absolut | % | Todesfälle absolut | % | Todesquote |
|---|---|---|---|---|---|
| 1900 und früher | 1 471 736 | 8,5 | 193 386 | 4,0 | 13,1 |
| 1901 | 236 614 | 1,4 | 51 495 | 1,1 | 21,8 |
| 1902 | 294 365 | 1,7 | 81 627 | 1,7 | 27,7 |
| 1903 | 282 138 | 1,6 | 70 561 | 1,5 | 25,0 |
| 1904 | 302 108 | 1,7 | 77 759 | 1,6 | 25,7 |
| 1905 | 388 396 | 2,2 | 84 825 | 1,8 | 21,8 |
| 1906 | 567 205 | 3,3 | 140 221 | 2,9 | 24,7 |
| 1907 | 566 100 | 3,3 | 150 188 | 3,1 | 26,5 |
| 1908 | 671 240 | 3,9 | 196 452 | 4,1 | 29,3 |
| 1909 | 679 837 | 3,9 | 175 254 | 3,7 | 25,8 |
| 1910 | 736 220 | 4,3 | 211 551 | 4,4 | 28,7 |
| 1911 | 698 654 | 4,0 | 214 485 | 4,5 | 30,7 |
| 1912 | 746 206 | 4,3 | 215 650 | 4,5 | 28,9 |
| 1913 | 793 114 | 4,6 | 204 221 | 4,3 | 25,7 |
| 1914 | 858 017 | 5,0 | 259 848 | 5,4 | 30,3 |
| 1915 | 671 606 | 3,9 | 187 320 | 3,9 | 27,9 |
| 1916 | 499 856 | 2,9 | 125 759 | 2,6 | 25,2 |
| 1917 | 447 510 | 2,6 | 121 627 | 2,5 | 27,2 |
| 1918 | 458 801 | 2,7 | 138 792 | 2,9 | 30,3 |
| 1919 | 689 658 | 4,0 | 212 221 | 4,4 | 30,8 |
| 1920 | 931 123 | 5,4 | 297 782 | 6,2 | 32,0 |
| 1921 | 918 258 | 5,3 | 250 287 | 5,2 | 27,3 |
| 1922 | 735 183 | 4,3 | 214 353 | 4,5 | 29,2 |
| 1923 | 725 170 | 4,2 | 237 584 | 5,0 | 32,8 |
| 1924 | 696 996 | 4,0 | 242 617 | 5,1 | 34,8 |
| 1925 | 578 926 | 3,3 | 205 485 | 4,3 | 35,5 |
| 1926 | 382 457 | 2,2 | 110 853 | 2,3 | 29,0 |
| 1927 | 223 827 | 1,3 | 85 858 | 1,8 | 38,4 |
| 1928 – 1930 | 43 833 | 0,3 | 15 099 | 0,3 | 34,4 |
| Summe | 17 300 000 | 100,0 | 4 773 000 | 100,0 | 27,6 |

den. Dort hatte sich gezeigt, daß die Todesquote der einzelnen Geburtsjahrgänge, bezogen auf die männliche Bevölkerung, unterschiedlich hoch war. Nicht entschieden werden konnte aber, ob dies darauf zurückzuführen ist, daß die »Alten« in geringerem Umfang eingezogen wurden oder ob sie – ihres in der Regel höheren Dienstgrades wegen – einem geringeren Todesrisiko unterworfen waren.

Vergleicht man nun die Einziehungsquoten der Jahrgänge mit den Todesquoten, dann ergibt sich das in Tab. 41 gezeigte Bild.

## 4.2 Einzelergebnisse

Zunächst sind die Einziehungen zur Wehrmacht und deren Verteilung auf die Jahrgänge dargestellt. Danach folgen die Verluste der Wehrmacht an Soldaten, ebenfalls nach Jahrgängen differenziert – sowohl in absoluten Werten als auch in der prozentualen Verteilung. Die letzte – und hier wichtigste – Spalte zeigt nun die Todesquote eines jeden eingezogenen Geburtsjahrgangs. Zunächst einmal ist festzustellen, daß – abgesehen von den ältesten Jahrgängen – die Anteile der Toten an den Rekruten eines Geburtsjahrgangs mit 25 – 30 Prozent erstaunlicherweise relativ konstant sind. Auch wenn ein Vergleich nicht unmittelbar zulässig ist, weil sich die Berechnungsgrundlagen unterscheiden, erscheint es doch sinnvoll, diese Todesquoten zusammen mit den in Tab. 36 ausgewiesenen Anteilen pro Geburtsjahrgang zu betrachten[28]. Dabei ergeben sich interessante Aspekte. Zunächst einmal ist festzustellen, daß die Geburtsjahrgänge ab 1920, bezogen auf die Rekrutenzahlen, in der Regel Todesquoten von mehr als 30 Prozent aufweisen, während die älteren darunter liegen. Damit sind es zwar nach wie vor die Jahrgänge 1920 – 1925, die die höchsten prozentualen Verluste erlitten haben, die Differenz ist jedoch deutlich geringer geworden. Ein Vergleich mit Tab. 36 zeigt, daß bei den ältesten Jahrgängen bis 1910 – und bei den Jungen ab 1925 – die Todesquote bezogen auf die Rekruten höher ist als diejenige bezogen auf den gesamten Geburtenjahrgang – für die mittleren Jahrgänge sind sie tendenziell gleich. Hier kommt die Einziehungspolitik der Wehrmacht zum Ausdruck – die Alten und die Jungen wurden zu einem geringeren Teil, die mittleren Jahrgänge jedoch annähernd vollständig eingezogen. Von daher ist festzustellen, daß abweichende Todesquoten der Geburtsjahrgänge weitaus mehr auf das unterschiedliche Ausmaß an Rekrutierung zurückzuführen sind als auf ungleiche Überlebenschancen.

Damit kann auch die bereits gestellte Frage beantwortet werden, ob die älteren Soldaten ein »ruhigeres« Leben hatten. Zwar war für die Älteren das Risiko kleiner, Soldat werden zu müssen, aber wenn sie Soldat waren, dann war die Überlebenschance generell nicht sehr viel besser. Lediglich bei den Jahrgängen vor 1900 – vermutlich handelt es sich um höhere Offiziere, Unteroffiziere oder generell um Personen, die nur noch in Heimatgarnisonen verwendet werden konnten – war die Todesrate mit ca. 13 Prozent nur halb so hoch wie im Durchschnitt. Die Zwanzigjährigen mußten dagegen in besonders großem Umfang Soldaten werden, aber daß sie dann »verheizt« worden seien, d.h. die gefährlicheren Aufgaben gehabt und folglich eine höhere Todesquote aufgewiesen hätten, ergibt sich aus den vorliegenden Zahlen nicht.

Nun wäre hier einzuwenden, daß die obigen Aussagen sich nur auf die Wehrmachtangehörigen beziehen, nicht jedoch für die Summe der in militärischem Einsatz befindlichen Personen. Außerdem wurden die Feststellungen durch einen Vergleich mit einer anders definierten Menge gewonnen. Dem ist zuzustimmen,

---

[28] Tab. 41 bezieht sich auf alle Wehrmachtangehörigen, Tab. 36 jedoch auf diejenigen Toten aller Organisationen, die aus dem Gebiet des Deutschen Reiches einschl. Österreich stammen.

soweit es sich um Personengruppen handelt, die zu einem relativ hohen Anteil in den Organisationen außerhalb der Wehrmacht eingesetzt waren, also etwa die Alten bzw. die Jungen, oder diejenigen aus Regionen außerhalb des deutschen Reiches. Insgesamt handelt es sich dabei jedoch um relativ kleine Personenkreise. In vollem Umfang gültig sind die obigen Ergebnisse dagegen für die Masse, d.h. die mittleren Jahrgänge aus dem Reichsgebiet, denn diese wurden weitestgehend zur Wehrmacht eingezogen, so daß hier die durch die Definitionsunterschiede bedingten Differenzen entfallen.

Soweit zu den allgemeinen Feststellungen, im folgenden sollen nun die Todesfälle der Wehrmacht wieder nach den demographischen Variablen aufgeschlüsselt werden, so wie dies schon bei den Einziehungen der Fall war. Dabei wird es dann jeweils möglich sein, auf die Ergebnisse der vorangegangenen Kapitel zurückzukommen. Tab. 42 weist die Verteilung der Todesfälle nach Herkunft und Eintrittsjahren aus.

Sie ist folgendermaßen zu lesen: Zunächst einmal ist die absolute Anzahl der Todesfälle eines Eintrittsjahrgangs angegeben, dann folgt die Todesquote, d.h. der Anteil der Todesfälle an den gesamten Einziehungen des jeweiligen Jahres aus dem betreffenden Gebiet, wie sie in dem Kapitel über die Einziehungen zur Wehrmacht ausgewiesen sind[29]. In der dritten und vierten Spalte finden sich dann die üblichen Zeilen- und Spaltenprozente, auf die hier nicht mehr näher eingegangen werden soll.

Die Verteilung entspricht im wesentlichen der in Tab. 25 – die Unterschiede kommen in den Todesquoten zum Ausdruck. Demnach sind von den insgesamt 17,3 Millionen Wehrmachtsoldaten ca. 4,8 Millionen, d.h. ca. 28 Prozent, ums Leben gekommen. Dieser Prozentsatz ist aber, wie Tab. 42 ausweist, keineswegs überall gleich – weder innerhalb der Einziehungsjahrgänge noch innerhalb der Regionen. Dabei sind extrem große Schwankungen festzustellen. Von den 1944/1945 aus den ehemaligen Ostgebieten Rekrutierten starben ca. 47 Prozent – unter allen in der vorliegenden Untersuchung errechneten Todesquoten einzelner Gruppen ist dies der höchste Wert. Gleichzeitig ist er ca. dreimal so hoch wie derjenige der 1939 aus Österreich Eingezogenen – von ihnen kamen »nur« ca. 15 Prozent ums Leben. Um die Bedeutung dieser Feststellung nochmals zu verdeutlichen – von denen, die aus den ehemaligen Ostgebieten 1944/45 eingezogen worden sind, ist nahezu jeder zweite ums Leben gekommen, während es bei den Österreichern, die 1939 eingerückt sind, »nur« jeder siebte war. Dieses Ergebnis überrascht, wäre es doch weitaus plausibler, wenn die zuerst Eingezogenen auch die höhere Todesquote aufweisen würden.

Im folgenden soll nun dieses Resultat näher analysiert werden – zunächst einmal hinsichtlich der Regionen. In Kap. 4.2.2. war festgestellt worden, daß die Einziehungsquote, bezogen auf das Deutsche Reich einschl. Österreich, bei durchschnittlich 42 Prozent der männlichen Bevölkerung lag – nur in den ehemaligen

---

[29] Siehe hierzu auch Tab. 25.

### Tab. 42: Wehrmachttodesfälle nach Herkunft und Eintrittsjahren

| Herkunft | Eintritt | | | | | | | | |
|---|---|---|---|---|---|---|---|---|---|
| | 1939 | 1940 | 1941 | 1942 | 1943 | 1944 und später | Summe (in Tsd.) | Todesquote (in %) | Anteil (in %) |
| **Bundesrepublik** | | | | | | | | | |
| Häufigkeit | 895 742 | 800 313 | 433 739 | 536 323 | 325 475 | 278 475 | 3 270 | | |
| Todesquote (in %) | 26,5 | 26,9 | 26,0 | 34,8 | 26,6 | 26,9 | | 27,7 | |
| Zeilenprozent | 27,39 | 24,47 | 13,26 | 16,40 | 9,95 | 8,52 | | | |
| Spaltenprozent | 70,36 | 70,67 | 68,41 | 69,39 | 64,50 | 61,05 | | | 68,5 |
| **Ehemalige Ostgebiete** | | | | | | | | | |
| Häufigkeit | 278 716 | 168 089 | 105 726 | 105 792 | 66 462 | 82 759 | 808 | | |
| Todesquote (in %) | 32,5 | 30,9 | 33,2 | 29,7 | 24,4 | 46,9 | | 32,0 | |
| Zeilenprozent | 34,51 | 20,81 | 13,09 | 13,10 | 8,23 | 10,25 | | | |
| Spaltenprozent | 21,89 | 14,84 | 16,67 | 13,69 | 13,17 | 18,14 | | | 16,9 |
| **Österreich** | | | | | | | | | |
| Häufigkeit | 34 198 | 65 462 | 40 264 | 45 297 | 29 132 | 27 297 | 242 | | |
| Todesquote (in %) | 14,9 | 20,5 | 15,5 | 19,8 | 18,7 | 24,7 | | 18,5 | |
| Zeilenprozent | 14,15 | 27,09 | 16,66 | 18,74 | 12,06 | 11,30 | | | |
| Spaltenprozent | 2,69 | 5,78 | 6,35 | 5,86 | 5,77 | 5,98 | | | 5,1 |
| **Sonstige** | | | | | | | | | |
| Häufigkeit | 64 396 | 98 528 | 54 330 | 85 495 | 83 528 | 67 627 | 454 | | |
| Todesquote (in %) | 30,4 | 36,8 | 20,9 | 25,3 | 23,0 | 31,9 | | 27,5 | |
| Zeilenprozent | 14,19 | 21,71 | 11,97 | 18,84 | 18,40 | 14,90 | | | |
| Spaltenprozent | 5,06 | 8,70 | 8,57 | 11,06 | 16,55 | 14,83 | | | 9,5 |
| Summe (in Tsd.) | 1 273 | 1 132 | 634 | 773 | 505 | 456 | 4 773 | | |
| Todesquote (in %) | 27,3 | 27,6 | 25,3 | 31,3 | 25,2 | 29,7 | | 27,6 | |
| Anteil (in %) | 26,7 | 23,7 | 13,3 | 16,2 | 10,6 | 9,6 | | | 100,0 |

Ostgebieten war sie mit ca. 56 Prozent deutlich höher[30]. Des weiteren hatte sich in Kap 4.2.3.1. ergeben, daß die Gesamtverluste, bezogen auf die männliche Bevölkerung einer Region, in den ehemaligen Ostgebieten mit ca. 20 Prozent deutlich über dem Durchschnitt von ca. 13 Prozent lagen – nur Österreich wies mit 8 Prozent einen ungewöhnlich geringen Anteil aus[31]. Nun findet sich eine partielle Erklärung für diesen Unterschied – zumindest was die übergroße Mehrheit, die Wehrmachtverluste, betrifft. Wie aus Tab. 42 ersichtlich, ergibt sich die höhere Totenquote pro Kopf der männlichen Bevölkerung in den ehemaligen Ostgebieten sowohl aus einer erhöhten Einziehungsquote als auch aus einer höheren Sterblichkeit der Rekrutierten. Ganz anders dagegen sieht es im Fall Österreich aus. Hier zeigt sich, daß der Anteil der zur Wehrmacht eingezogenen dem Durch-

---

[30] Siehe Tab. 26.
[31] Siehe Tab. 34.

schnitt entspricht, die geringere Todesrate, bezogen auf die männliche Bevölkerung, ist also auf eine erstaunlich niedrige Todesquote der Wehrmachtangehörigen zurückzuführen.

Nun stellt sich natürlich die Frage, wieso die Wehrmachtangehörigen aus den ehemaligen Ostgebieten eine höhere, vor allem die Österreicher aber eine deutlich niedrigere Todesrate aufweisen. Dieses, so nicht erwartete Ergebnis näher zu untersuchen, wäre interessant. Die simple Feststellung, Österreicher hätten besser auf ihr Leben geachtet, könnte sich dabei als Trugschluß erweisen – hier sind viele Erklärungen denkbar. In den folgenden Ausführungen soll versucht werden, Ansatzpunkte für eine Deutung zu finden, soweit es die vorliegenden Daten zulassen.

Doch über diese statistischen Differenzierungen hinaus – was bedeuteten solche Unterschiede für die Lebensrealität der betroffenen Bevölkerung? Hier ist zu bedenken, daß die Bevölkerung der Ostgebiete nicht nur sehr früh überdurchschnittliche Verluste erleiden mußte, weil sie einen überproportionalen Anteil der Rekruten stellte, sondern auch in der Endphase des Krieges von einer exorbitanten Todesquote ihrer Soldaten betroffen war. Darüber hinaus erlebte sie unmittelbar die wohl verlustreichsten Endkämpfe und mußte während dieser Kämpfe oder im Anschluß daran fliehen bzw. wurde vertrieben. Ganz im Gegensatz dazu Österreich – ein Land, das weder große Kriegszerstörungen noch eine derartige Dezimierung der männlichen Bevölkerung erlebt hat. Wie wirkte sich dieser Faktor gesellschaftlich aus? Dieser Frage nachzugehen, wäre sicherlich interessant, kann hier jedoch nicht geleistet werden.

Soweit zur Verteilung nach Herkunftsgebieten – aber wie Tab. 42 ausweist, unterscheiden sich nicht nur die Regionen, sondern auch die Einziehungsjahrgänge hinsichtlich ihrer Todesquoten. Dabei ist zunächst festzustellen, daß der Einziehungsjahrgang 1939 mit ca. 27 Prozent den höchsten Anteil an der Summe der Toten trägt, während die folgenden Rekrutenjahrgänge jeweils kontinuierlich sinkende Prozentsätze aufweisen – bis hin zu denjenigen, die 1944 oder 1945 eingezogen worden sind und »nur« noch einen Anteil von 10 Prozent an den Gesamtverlusten aufweisen. Auf Anhieb erscheint diese Feststellung banal – was war anderes zu erwarten, als daß die ersten Einziehungsjahrgänge auch die größten Anteile an den Totenzahlen stellen. Prüft man jedoch den Sachverhalt näher, dann ist festzustellen, daß ca. 28 Prozent der Wehrmachtangehörigen 1939 oder früher eingezogen wurden und die Anteile der folgenden Einziehungsjahrgänge kontinuierlich abnehmen. Von daher korrespondieren die Verteilungen bei den Todesfällen und den Einziehungen. Diese Entwicklung kommt zum Ausdruck in dem in der jeweils zweiten Zeile ausgewiesen Anteil der Toten an den Eingezogenen. Von den Rekruten des Jahres 1939 sind demnach »nur« ca. 27 Prozent gestorben – von denen des Jahres 1942 aber ca. 31 Prozent, insgesamt aber ist die Abweichung der Jahrgangswerte vom Mittel nicht allzu groß. Dieses Ergebnis erstaunt – bedeutet es doch, daß die obige Annahme, wer zuerst eingezogen worden sei, habe die geringere Überlebenschance, nicht zutrifft. Im Gegenteil – das Risiko zu sterben, war für die im Jahr 1942 Eingezogenen größer als für die Rekruten des Jah-

## 4.2 Einzelergebnisse

res 1939, die zu diesem Zeitpunkt schon drei Jahre lang dem Krieg ausgesetzt waren. Einen Teil der Erklärung – nicht für die relative Konstanz, sondern für die Schwankungen – liefert ein kurzer Blick auf Tab. 30. Sie zeigt, daß in den Jahren (1939 und 1941), in denen die Todesquote steigt, auch der Anteil des Heeres an den Einziehungen hoch ist – ein Hinweis auf die unterschiedlichen Überlebenschancen in den Wehrmachtteilen, auf die später noch einzugehen sein wird[32]. Insgesamt ist es jedoch überraschend, daß die Todesquote der Rekrutenjahrgänge so konstant ist, bedeutet dies doch, daß diejenigen unter ihnen, die bereits 1939/40 eingezogen worden waren, keinem wesentlich größeren Todesrisiko unterlagen als diejenigen, die erst 1944/45 eingezogen wurden.

Diese Feststellung führt zu einer wichtigen Frage: Wie lange lebte ein Soldat? War die Überlebenschance der früh eingezogenen, gesunden und gut ausgebildeten größer als die der Opfer der »Heldenklauaktionen« gegen Kriegsende? Oder war das Gegenteil der Fall, wofür auch gute Gründe sprechen? Die Antwort gibt Tab. 43. Sie zeigt für jeden Jahrgang eine spezifische Entwicklung. Wie bereits aus Tab. 42 zu entnehmen war, ist von denjenigen, die bereits 1939 eingezogen worden waren, keineswegs ein besonders großer Anteil ums Leben gekommen. Hier nun zeigt sich, daß die Verteilung der Todesfälle dieses Rekrutenjahrgangs über die Jahre hinweg die gleichmäßigste aller Einziehungsjahrgänge ist. Erstaunlicherweise liegt das Maximum, das Jahr mit den größten Verlusten, bei 1944 – und selbst im Jahr 1945 kamen mehr Soldaten des Einziehungsjahrgangs 1939 ums Leben als 1939! Dies ist um so überraschender, als die Zahl der Soldaten dieses Jahrgangs, die »noch« lebten, mit jedem Jahr geringer wurde – immerhin waren bis zum Jahr 1944 schon ca. 600 000 der Rekruten des Jahres 1939 gestorben. Würde die Todesquote also jeweils auf die noch Lebenden eines Jahrgangs bezogen, dann würde noch deutlicher werden, in welchem Ausmaß erst die Jahre nach 1943 den Rekrutenjahrgang 1939 dezimiert haben.

Die Verteilung des Einziehungsjahrgangs 1940 verhält sich ähnlich wie die des Jahrgangs 1939 – das Jahr 1944 ist wieder dasjenige mit den größten Verlusten, aber diesmal ist das Maximum um 3 Prozentpunkte höher! Diese Entwicklung setzt sich fort bis zum Rekrutenjahrgang 1943, der zu ca. 56 Prozent bereits im folgenden Jahr – 1944 – starb. Erst ab dem Einziehungsjahr 1944 wird das Jahr 1945 dasjenige mit dem höchsten Anteil an den Todesfällen.

Die hier skizzierte Entwicklung wird noch deutlicher, wenn man die Überlebensdauer, d.h. die Differenz zwischen Todes- und Eintrittsjahr, berechnet[33]. Die Ergebnisse – auch für die drei Wehrmachtteile getrennt – sind in Tab. 44 wiedergegeben.

---

[32] Siehe Tab. 30.
[33] Siehe hierzu Kap. 3.3.1.

## Tab. 43: Wehrmachttote nach Diensteintritt und Todesjahren

| Eintritt | Todesjahr | | | | | | Summe | Anteil |
|---|---|---|---|---|---|---|---|---|
| | 1939 bis 1940 | 1941 | 1942 | 1943 | 1944 | 1945 und später | (in Tsd.) | (in %) |
| **1939** | | | | | | | | |
| Häufigkeit | 77 000 | 138 165 | 165 594 | 241 815 | 359 036 | 291 442 | 1 273 | |
| Zeilenprozent | 6,05 | 10,85 | 13,01 | 18,99 | 28,20 | 22,89 | | |
| Spaltenprozent | 79,35 | 42,06 | 30,44 | 31,53 | 21,85 | 20,92 | | 26,7 |
| **1940** | | | | | | | | |
| Häufigkeit | 20 033 | 140 231 | 182 693 | 186 089 | 356 234 | 247 112 | 1 132 | |
| Zeilenprozent | 1,77 | 12,38 | 16,13 | 16,43 | 31,46 | 21,82 | | |
| Spaltenprozent | 20,65 | 42,68 | 33,58 | 24,26 | 21,67 | 17,74 | | 23,7 |
| **1941** | | | | | | | | |
| Häufigkeit | 0 | 50 132 | 105 297 | 91 561 | 226 716 | 160 353 | 634 | |
| Zeilenprozent | 0,00 | 7,91 | 16,61 | 14,44 | 35,76 | 25,29 | | |
| Spaltenprozent | 0,00 | 15,26 | 19,36 | 11,94 | 13,79 | 11,51 | | 13,3 |
| **1942** | | | | | | | | |
| Häufigkeit | 0 | 0 | 90 396 | 190 287 | 309 574 | 182 650 | 773 | |
| Zeilenprozent | 0,00 | 0,00 | 11,70 | 24,62 | 40,05 | 23,63 | | |
| Spaltenprozent | 0,00 | 0,00 | 16,62 | 24,81 | 18,84 | 13,11 | | 16,2 |
| **1943** | | | | | | | | |
| Häufigkeit | 0 | 0 | 0 | 57 297 | 281 112 | 166 188 | 505 | |
| Zeilenprozent | 0,00 | 0,00 | 0,00 | 11,36 | 55,71 | 32,93 | | |
| Spaltenprozent | 0,00 | 0,00 | 0,00 | 7,47 | 17,10 | 11,93 | | 10,6 |
| **1944** | | | | | | | | |
| Häufigkeit | 0 | 0 | 0 | 0 | 110 858 | 269 607 | 380 | |
| Zeilenprozent | 0,00 | 0,00 | 0,00 | 0,00 | 29,14 | 70,86 | | |
| Spaltenprozent | 0,00 | 0,00 | 0,00 | 0,00 | 6,75 | 19,35 | | 8,0 |
| **1945** | | | | | | | | |
| Häufigkeit | 0 | 0 | 0 | 0 | 0 | 75 693 | 76 | |
| Zeilenprozent | 0,00 | 0,00 | 0,00 | 0,00 | 0,00 | 100,00 | | |
| Spaltenprozent | 0,00 | 0,00 | 0,00 | 0,00 | 0,00 | 5,43 | | 1,6 |
| Summe (in Tsd.) | 97 | 329 | 544 | 767 | 1 644 | 1 393 | 4 773 | |
| Anteil (in %) | 2,0 | 6,9 | 11,4 | 16,1 | 34,4 | 29,2 | | 100,0 |

## Tab. 44: Überlebensdauer der Wehrmachttodesfälle

| Eintrittsjahr | Heer | Luftwaffe | Marine | Wehrmacht |
|---|---|---|---|---|
| 1939 | 4,2 | 4,0 | 3,9 | 4,1 |
| 1940 | 3,3 | 3,5 | 2,8 | 3,3 |
| 1941 | 2,5 | 2,9 | 2,8 | 2,6 |
| 1942 | 1,7 | 2,2 | 2,2 | 1,8 |
| 1943 | 1,2 | 1,2 | 1,4 | 1,2 |
| 1944 | 0,8 | 0,7 | 0,6 | 0,8 |
| 1945 | <0,1 | 0,5 | – | 0,1 |

Wie Tab. 44 ausweist sind die Rekruten des Jahrgangs 1939, wenn sie denn starben, im Durchschnitt »erst« mehr als 4 Kalenderjahre nach ihrem Diensteintritt ums Leben gekommen. Diese Überlebensdauer sinkt mit jedem Einziehungsjahrgang, bis sie für die Rekruten von 1945 unterhalb von 0,1 liegt – mit anderen Worten: Während es den 1939ern sehr lange gelang, dem Tod zu entgehen, galt für die 1945er, daß sie entweder binnen kürzester Zeit gestorben waren – oder überlebten. Bezüglich des Jahrgangs 1945 mag diese Erkenntnis zunächst banal erscheinen. Wann hätten sie ums Leben kommen sollen, wenn nicht vor allem 1945? Doch so selbstverständlich ist diese Feststellung trotzdem nicht, besagt diese extrem kurze Überlebensdauer von ca. einem Monat doch, daß die 1945 Eingezogen wenn, dann im Laufe der Endkämpfe gestorben sind, nicht jedoch später in der Kriegsgefangenschaft. Wenn man nun bedenkt, daß die Hälfte der ca. 230 000 noch 1945 Eingezogenen aus den Jahrgängen ab 1926 stammten, dann entsteht die Frage, welche Zusammenhänge zwischen den Einziehungsjahr, dem Lebensalter und dem Risiko besteht, in Kriegsgefangenschaft zu sterben. Später soll hierauf noch näher eingegangen werden.

Doch nun zur Altersschichtung der Einziehungsjahrgänge. In Tab. 45 bietet sich zunächst einmal ein Bild, das so zu erwarten war. Überdurchschnittlich viele Tote gibt es einmal in den 1939 und 1940 eingezogenen Geburtsjahrgängen von ca. 1910 – 1920, dann öffnet sich die Schere, bei den in den späteren Kriegsjahren Einberufenen sind die alten und die jungen Jahrgänge überrepräsentiert. Interessant wird es, wenn man diese Angaben in Bezug setzt zur Stärke der Einziehungsjahrgänge – so wie es wieder in der zweiten Zeile jeder Zelle ausgewiesen ist. Hier ergibt sich eine differenzierte Antwort auf die Frage, ob die Alten eine höhere Überlebenschance besaßen als die Jungen. Es zeigt sich nämlich, daß die Todesquote der bereits in 1939 eingetretenen »alten« Jahrgänge (1900 und älter) mit ca. 12 Prozent sehr niedrig liegt. Hierbei dürfte es sich vor allem um höhere Offizier- und Unteroffizierdienstgrade handeln. Bei den gegen Kriegsende Eingezogenen steigt dagegen die Todesquote deutlich an – vermutlich handelt es sich in weitaus größerem Umfang um Personen, die auch tatsächlich im Kampf eingesetzt wurden. Dementsprechend liegt die Todesquote mit 21 Prozent deutlich näher am Gesamtdurchschnitt von ca. 28 Prozent. Ein ähnlicher Effekt ist auch für die anderen Jahrgangsgruppen bis einschließlich 1910 zu beobachten, bei den Altersgruppen von 1911 bis 1920, die mit ca. 40 Prozent einen erheblichen Teil der Wehrmachtsoldaten stellen, ist im wesentlichen eine Konstanz festzustellen. Diejenigen aus diesen Geburtsjahrgängen, die bereits 1939 eingezogen worden waren, haben keine nennenswert schlechtere Überlebenschance als diejenigen, die erst 1944 eingezogen wurden. Erst für die Gruppe der Jüngeren, ab Jahrgang 1921, dreht sich der Trend um. Hier haben die später Eingezogenen die höhere Überlebenschance – insgesamt ein überraschendes Ergebnis. Von daher täuscht die zu Beginn des Kapitels festgestellte relative Gleichheit der Jahrgangstodesquoten über die sehr unterschiedlichen Trends hinweg, aus denen sich der Mittelwert zusammensetzt.

## Tab. 45: Wehrmachttodesfälle nach Altersgruppen und Eintritt*

| Geburtsjahrgang | Eintritt | | | | | | Summe (in Tsd.) | Todes- quote (in %) | Anteil (in %) |
|---|---|---|---|---|---|---|---|---|---|
| | 1939 | 1940 | 1941 | 1942 | 1943 | 1944 und später | | | |
| **1900 und früher** | | | | | | | | | |
| Häufigkeit | 75 363 | 35 264 | 13 099 | 11 132 | 18 099 | 40 429 | 193 | | |
| Todesquote (in %) | 11,5 | 12,1 | 11,7 | 16,6 | 11,9 | 21,0 | | 13,1 | |
| Zeilenprozent | 38,97 | 18,24 | 6,77 | 5,76 | 9,36 | 20,91 | | | |
| Spaltenprozent | 5,92 | 3,11 | 2,07 | 1,44 | 3,59 | 8,86 | | | 4,5 |
| **1901 – 1905** | | | | | | | | | |
| Häufigkeit | 77 495 | 76 627 | 67 594 | 40 429 | 51 528 | 52 594 | 366 | | |
| Todesquote (in %) | 22,9 | 28,2 | 23,3 | 21,3 | 21,5 | 30,3 | | 24,4 | |
| Zeilenprozent | 21,16 | 20,92 | 18,45 | 11,04 | 14,07 | 14,36 | | | |
| Spaltenprozent | 6,09 | 6,77 | 10,66 | 5,23 | 10,21 | 11,53 | | | 7,7 |
| **1906 – 1910** | | | | | | | | | |
| Häufigkeit | 217 782 | 300 145 | 85 528 | 124 023 | 88 528 | 57 660 | 874 | | |
| Todesquote (in %) | 29,8 | 27,3 | 19,7 | 28,5 | 24,2 | 37,1 | | 27,1 | |
| Zeilenprozent | 24,93 | 34,35 | 9,79 | 14,20 | 10,13 | 6,60 | | | |
| Spaltenprozent | 17,11 | 26,51 | 13,49 | 16,05 | 17,54 | 12,64 | | | 18,3 |
| **1911 – 1915** | | | | | | | | | |
| Häufigkeit | 498 069 | 312 112 | 86 660 | 75 627 | 54 528 | 54 528 | 1 082 | | |
| Todesquote (in %) | 30,0 | 28,4 | 25,5 | 23,8 | 29,8 | 31,9 | | 28,7 | |
| Zeilenprozent | 46,05 | 28,86 | 8,01 | 6,99 | 5,04 | 5,04 | | | |
| Spaltenprozent | 39,12 | 27,56 | 13,67 | 9,78 | 10,81 | 11,95 | | | 22,7 |
| **1916 – 1920** | | | | | | | | | |
| Häufigkeit | 374 178 | 341 914 | 98 627 | 40 231 | 20 099 | 21 132 | 896 | | |
| Todesquote (in %) | 30,8 | 31,2 | 34,9 | 22,4 | 11,5 | 26,6 | | 29,6 | |
| Zeilenprozent | 41,75 | 38,15 | 11,01 | 4,49 | 2,24 | 2,36 | | | |
| Spaltenprozent | 29,39 | 30,19 | 15,55 | 5,21 | 3,98 | 4,63 | | | 18,8 |
| **1921 – 1925** | | | | | | | | | |
| Häufigkeit | 30 165 | 66 330 | 282 551 | 481 465 | 244 551 | 45 264 | 1 150 | | |
| Todesquote (in %) | 39,5 | 26,2 | 26,9 | 37,8 | 30,1 | 23,8 | | 31,5 | |
| Zeilenprozent | 2,62 | 5,77 | 24,56 | 41,85 | 21,26 | 3,93 | | | |
| Spaltenprozent | 2,37 | 5,86 | 44,56 | 62,29 | 48,46 | 9,92 | | | 24,1 |
| **1926 und später** | | | | | | | | | |
| Häufigkeit | 0 | 0 | 0 | 0 | 27264 | 184551 | 212 | | |
| Todesquote (in %) | 0 | 0 | 0 | 0 | 34,6 | 32,3 | | 32,6 | |
| Zeilenprozent | 0,00 | 0,00 | 0,00 | 0,00 | 12,87 | 87,1 | | | |
| Spaltenprozent | 0,00 | 0,00 | 0,00 | 0,00 | 5,40 | 40,46 | | | 4,4 |
| Summe (in Tsd.) | 1 273 | 1 132 | 634 | 773 | 505 | 456 | 4 773 | | |
| Todesquote (in %) | 27,2 | 27,6 | 25,3 | 31,3 | 25,2 | 29,7 | | 27,6 | |
| Anteil (in %) | 26,7 | 23,7 | 13,3 | 16,2 | 10,6 | 9,6 | | | 100,0 |

* Um die Zahl der Zellen mit kleiner Besetzung so gering wie möglich zu halten, wurden die Einziehungsjahrgänge 1944 und 1945 zusammengefaßt.

## 4.2 Einzelergebnisse

Soweit zur wehrmachtspezifischen Auswertung – zum Abschluß aber sollen nochmals die wesentlichen Fragestellungen und Ergebnisse aufgelistet werden:
- Insgesamt sind ca. 28 Prozent der Wehrmachtrekruten infolge des Zweiten Weltkriegs ums Leben gekommen. Die Quoten der meisten Geburtsjahrgänge liegen relativ nahe bei diesem Mittelwert. Verglichen mit der Todesquote bezogen auf die Geburtenjahrgänge ist die Streuung wesentlich geringer. Hier kommt zum Ausdruck, daß die einzelnen Geburtsjahrgänge in unterschiedlichem Ausmaß eingezogen wurden.
- Insbesondere ergab sich, daß die Todesquote der aus den ehemaligen Ostgebieten Eingezogenen mit ca. 32 Prozent überdurchschnittlich hoch, die der Österreich jedoch mit ca. 19 Prozent sehr gering war. Im folgenden soll der Versuch unternommen werden, diesen Differenzen nachzugehen.
- Es entstand die Frage, welche gesellschaftlichen Auswirkungen damit verbunden waren, daß die Bevölkerungsstruktur Österreichs durch den Zweiten Weltkrieg anscheinend weniger tangiert wurde als die bundesdeutsche Nachkriegsgesellschaft.
- Die Todesrate der Wehrmachtangehörigen aus den Geburtsjahrgängen bis 1900, die bereits seit 1939 Soldat waren – vermutlich vor allem höhere Offizier- und Unteroffiziersdienstgrade – war mit »nur« ca. 12 Prozent sehr niedrig. Einen »ausgleichenden« Effekt hatte dann allerdings die Tatsache, daß von den später eingezogenen Angehörigen dieser Jahrgänge wesentlich mehr gestorben sind – vermutlich weil sie notgedrungen unmittelbar an der Front eingesetzt werden mußten.
- Erstaunlicherweise ist bei den mittleren Jahrgängen von 1911 bis 1920 die Todesquote der Rekruten von 1939 und 1940 nicht nennenswert größer als bei den erst gegen Kriegsende Eingezogenen – und dies trotz vier Jahren Krieg. Erst bei den jüngsten Jahrgängen stellt sich der Effekt ein, der zu erwarten war – je später sie eingezogen wurden, desto eher überlebten sie.
- Zum Ausdruck kommt dieser Zusammenhang, wenn man Eintritts- und Todesjahre vergleicht. Hier zeigt sich dann, daß das Jahr, in dem die meisten der 1939 Eingezogenen starben, das Jahr 1944 war – und dies gilt für alle Rekrutenjahrgänge bis einschließlich 1943. Ebenfalls ergab sich, daß – bei leichten Unterschieden zwischen den Wehrmachtteilen – ein Wehrmachtsoldat des Jahrgangs 1939, wenn schon, dann »erst« im Durchschnitt nach 4,2 Kalenderjahres starb. Dieser Zeitraum verkürzte sich bei jedem Rekrutierungsjahr rapide – beispielsweise für die 1944 Eingezogenen liegt er bei 0,8, d.h., sie waren binnen kürzestem tot oder überlebten.
- Damit ist die Frage geklärt, wer länger lebte – die »gut ausgebildeten alten Hasen« der ersten Kriegsjahre oder die Rekruten der kurzen, aber katastrophalen Endphase. Es muß mit dem besseren Gesundheitszustand, der gründlicheren Ausbildung und der in siegreichen Feldzügen erworbenen Erfahrung zusammenhängen, daß die »alten Hasen« im wesentlichen dieselben Überlebenschancen besaßen wie die Rekruten der Endphase.

– Insgesamt zeigt sich, daß die Todesquoten sehr unterschiedlich sind, gleichgültig nach welchen Variablen differenziert wird. Dabei spielen offensichtlich auch die Rekrutierungsmuster der Wehrmachtteile eine Rolle – in denjenigen Jahrgängen, in denen der Anteil des Heeres besonders hoch ist, liegen auch die Todesquoten über dem Durchschnitt.

Soweit zur Wehrmacht – es sei allerdings nochmals darauf hingewiesen, daß die Ergebnisse auch nur für diesen Bereich gelten. Eine vermutlich generelle Gültigkeit dürfte vorliegen für die mittleren Geburtenjahrgänge aus dem Reich – die Masse der Wehrmacht-Soldaten –, weniger zutreffend könnte sie sein, für kleinere Gruppen, wie die Älteren, die Jüngeren oder diejenigen aus relativ »kleinen« Regionen, die zu einem erheblichen Anteil Organisationen außerhalb der Wehrmacht angehörten.

### 4.2.4 Organisationen

Wie hoch waren die Verluste der Wehrmachtteile oder der Waffen-SS? Wie ist die Relation zur Gesamtstärke und zu den Verlusten der anderen Organisationen? War die Waffen-SS wegen ihrer besonders rücksichtslosen Kampfweise die »Feuerwehr« der Ostfront, die daher auch besonders hohe Verluste erlitt? Oder waren ihre Verluste wegen ihrer privilegierten Ausrüstungssituation geringer[34]? Dies alles sind Fragen, die in zahlreichen Veröffentlichungen gestellt worden sind, in der Regel aufgrund der unbefriedigenden Datensituation aber nur unvollständig beantwortet werden konnten.

Im folgenden soll versucht werden, hierauf eine Antwort zu finden. In einem zweiten Abschnitt werden dann die Wehrmachtverluste einer speziellen Analyse unter Berücksichtigung der Einziehungen unterzogen.

#### 4.2.4.1 Allgemeine Befunde

Um die folgenden Verlustangaben in einen sinnvollen Bezug setzen zu können, wäre es notwendig, zu wissen, welchen Personalumfang die in der vorliegenden Untersuchung erfaßten Organisationen besaßen. In Kap. 4.2.1. konnte er für die Wehrmacht ermittelt und für die Waffen-SS geschätzt werden, für die »kleinen«

---

[34] Nur einige Beispiele: »Als jedoch die Sowjets Ende 1941 zu den ersten großen Gegenstößen antraten, da wurde die Waffen-SS zu einem Inbegriff soldatischer Standhaftigkeit ohne Beispiel. Unter den Hammerschlägen sowjetischer Stalin-Orgeln, Panzer und Infanteriemassen härtete sich das Renommee der SS-Soldaten, die Feuerwehr des deutschen Ostheeres zu sein.«, siehe Höhne, Orden, S. 432; Harzer, Waffen-SS; differenzierter, in der Konsequenz jedoch ähnlich de Maizière, der der Waffen-SS hohe persönliche Tapferkeit bei gleichzeitig hohen Verlusten aufgrund mangelnder Qualität der Führer bescheinigt, siehe de Maizière, Pflicht, S. 77 – 79; ähnlich Wegner, Waffen-SS, S. 282.

**Tab. 46: Verluste der Organisationen**

| Organisation | Häufigkeit | Anteil |
|---|---|---|
| Heer | 4 202 000 | 79,0 |
| Luftwaffe | 433 000 | 8,1 |
| Marine | 138 000 | 2,6 |
| Gefolge | 53 000 | 1,0 |
| Summe Wehrmacht | 4 826 000 | 90,7 |
| Waffen-SS | 314 000 | 5,9 |
| Volkssturm | 78 000 | 1,5 |
| Polizei | 63 000 | 1,2 |
| Sonstige Organisationen | 37 000 | 0,7 |
| Summe der Verluste | 5 318 000 | 100,0 |

Organisationen – leider vor allem auch den Volkssturm – fehlen ausreichend zuverlässige Angaben. Von daher können die folgenden Vergleiche auch nur die Wehrmacht und die Waffen-SS einbeziehen. Wie allerdings Tab. 46 zeigt, entfällt die ganz überwiegende Masse der Verluste auf diese Organisationen.

Zunächst zu den Verlusten der einzelnen Organisationen. Wie nicht anders zu erwarten, entfallen auf das Heer, der bei weitem größten Einzelorganisation, mit ca. 4,2 Millionen Toten fast vier Fünftel der gesamten Verluste. Den zweitgrößten Anteil stellt dann aber nicht die Waffen-SS, sondern die Luftwaffe mit ca. 430 000 Todesopfern. Relativ klein sind nur die Anteile der Marine und des Gefolges, quantitativ haben sie dieselbe Dimension wie die Verluste der paramilitärischen Organisationen. Insgesamt umfassen die Verluste der Wehrmacht 91 Prozent, wenn man die Waffen-SS einbezieht und damit die Summe der kämpfenden Truppen bildet, dann sind es sogar fast 97 Prozent[35]. Auch an diesen Zahlen wird – wie vorher schon mehrfach betont – deutlich, daß die Verluste der Wehrmacht – und speziell des Heeres – letztlich das Bild bestimmen. Nur für kleinere Regionen oder spezielle Gruppen mag mitunter anderes gelten.

---

[35] Wenn man die obigen Verlustzahlen der Wehrmacht mit dem in Tab. 23 angegebenen Anteil an Kriegssterbefällen (57,4 %) multipliziert, dann ergibt sich, daß lt. vorliegender Untersuchung die Zahl der Wehrmachtkriegssterbefälle bei 2,77 Millionen liegt. Die Deutsche Dienststelle hatte bei ihrer Auswertung ca. 2,82 Millionen derartiger Fälle ermittelt. Obwohl der Unterschied ohnehin nicht groß ist, gibt es eine Erklärung dafür. In der Stichprobe waren einige Fälle von Soldaten enthalten, die nach ihrer Heimkehr festgenommen und – in der Regel – in die UdSSR deportiert wurden. Diese wurden von der Deutschen Dienststelle als Soldaten kategorisiert, in der vorliegenden Untersuchung jedoch als Zivildeportierte, siehe hierzu auch Kap. 3.2.2.

Soweit zunächst zu den ersten Ergebnissen. Natürlich stellt sich sofort die Frage, inwieweit hierdurch der bisherige Kenntnisstand ergänzt wird. Dazu ist pauschal festzustellen, daß die bisher geläufigen Angaben über die Wehrmachtverluste niedriger liegen, weil ja die Gesamtverluste geringer angesetzt wurden[36].

Interessanter wird es, wenn man versucht die Zuverlässigkeit der Angaben zu den Verlusten der Waffen-SS zu prüfen. Generell finden sich in den Akten kaum Vergleichsmaßstäbe, weil die Waffen-SS meistens zusammen mit dem Heer ausgewiesen wurde – oder fehlte. Soweit vorhanden, schwanken die Literaturangaben zwischen ca. 250 000 und 350 000 Toten. Sie sind allerdings entweder nicht belegt oder aufgrund unbewiesener Annahmen berechnet – als Kontrollmaßstab für die Zuverlässigkeit der eigenen Ergebnisse sind sie damit nicht geeignet[37]. Eines ist jedoch zu bedenken – im Rahmen der Überlegungen zur Methodik war die Frage gestellt worden, ob die Waffen-SS-Fälle unterrepräsentiert sein könnten. Dabei war auch auf die Überlegung zurückgegriffen worden, daß sich die Sicherheit des Kenntnisstandes über eine Personengruppe oder eine Organisation auch in dem Anteil der »sicheren« Todesfälle, d.h. der Kriegssterbefälle, ausdrückt. Wenn man nun zwei Organisationen vergleicht, deren Einsatz prinzipiell ähnlich war, die Waffen-SS und das Heer, dann zeigt sich, daß der Anteil der Kriegssterbefälle bei der Waffen-SS mit 66 Prozent sogar höher ist als beim Heer mit 58 Prozent. Damit ergibt sich kein Hinweis auf eine Untererfassung der Waffen-SS-Sterbefälle.

---

[36] Eine der wenigen Schätzungen, die unabhängig von den Wehrmachtakten erfolgt sind, liegt für die Marine vor. Im Jahr 1957 schätzte die Deutsche Dienststelle die Zahl der Marinetoten auf ca. 100 000 – ein Wert, der unter Berücksichtigung der 35 Jahre an Nachforschungen, die seitdem vergangen sind, mit dem in der vorliegenden Untersuchung erarbeiteten Untersuchungsergebnis durchaus vereinbar ist, siehe Deutsche Dienststelle/Heinz Lente: Die Deutsche Dienststelle, o. J., ca. Anfang 1957, Deutsche Dienststelle, Handakten Kirchhoff.

[37] Nach Brill beliefen sich die Verluste der Waffen-SS bis Oktober 1944 auf ca. 320 000 Mann, einschließlich der Vermißten und Schwerstversehrten. Von dieser Angabe auf die Verluste an deutschen Toten bis Kriegsende zu schließen, scheint kaum möglich, siehe Zeugenaussage Brill vor dem Internationalen Militärgerichtshof am 5.8.1946 in Nürnberg, siehe Prozeß, IMT, 20, S. 373.
Bei Harzer, aber auch bei anderen Autoren, werden die Verluste mit ca. 253 000 Mann angegeben. Diese Zahl beruht jedoch auf einer falschen Annahme. Aufgrund einer Anfrage hatte die Deutsche Dienststelle festgestellt, daß der Anteil der Waffen-SS-Fälle an der Summe der Kriegssterbefälle ca. 6% betrug. Dieser Prozentsatz wurde dann auf die von der Deutschen Dienststelle geschätzte Summe der Verluste (4, 3 Millionen) umgelegt – ein unzulässiges Verfahren, weil damit ohne nachvollziehbare Begründung unterstellt wurde, daß die Verteilung der Variablen »Status« bei der Waffen-SS derjenigen der Wehrmacht entspricht, siehe Deutsche Dienststelle, Ref. VI/B-682-321, vom 12.7.1972, An den Bundesverband der Soldaten der ehemaligen Waffen-SS; siehe auch Absolon, Personalwesen, S. 97; Harzer, Waffen-SS; Wegner, Waffen-SS, S. 282; 36 Divisionen, 36 gefallene Generale, in: Die Anklage, Bad Wörishofen vom 15.6.1955.

**Tab. 47: Verluste der Organisationen bezogen auf den Personalumfang**

| Organisation | Todesfälle | Personalumfang | Todesquote |
|---|---|---|---|
| Heer | 4 200 000 | 13 600 000 | 31 % |
| Luftwaffe | 430 000 | 2 500 000 | 17 % |
| Marine | 140 000 | 1 200 000 | 12 % |
| Waffen-SS | 310 000 | 900 000 | 34 % |
| Summe | 5 080 000 | 18 200 000 | 28 % |

Noch schwieriger ist eine Bewertung der Angaben zum Volkssturm – zuverlässige Angaben in der Literatur existieren nicht[38]. Von daher müssen die Angaben aus Tab. 46 im folgenden zugrunde gelegt werden, wohl wissend, daß in Kap. 4.1. festgestellt worden war, daß die Volkssturmverluste in der vorliegenden Untersuchung möglicherweise nicht vollständig berücksichtigt sind.

Wenn wir nun versuchen, die so gewonnenen Bezugsgrößen auf die Verluste der einzelnen Organisationen zu beziehen, dann ergeben sich interessante Einblicke.

Wie aus Tab. 47 ersichtlich, betrug die durchschnittliche Todesrate 28 Prozent – eine inzwischen wohlvertraute Feststellung. Gleichzeitig wird aber auch die Unterschiedlichkeit der Lebensverhältnisse drastisch deutlich. Während im Heer die Todesquote mit 31 Prozent leicht oberhalb des Mittels liegt, war in der Waffen-SS die Wahrscheinlichkeit zu sterben dreimal so hoch wie in der Marine! Auf der anderen Seite – die Verluste der Waffen-SS sind zwar die relativ größten, sie sind jedoch nicht sehr viel höher als die des Heeres. Wenn man darüber hinaus bedenkt, daß die Stärke der Waffen-SS mit 900 000 doch recht vorsichtig geschätzt wurde und wenn folglich deren Personalstärke mit 1 000 000 angesetzt wird, dann sinkt die Todesquote der Waffen-SS auf das Niveau des Heeres. Von daher gibt es aufgrund der obigen Ergebnisse keinen Grund anzunehmen, die Verluste der Waffen-SS seien entscheidend höher gewesen als die des Heeres – zumindest was die Deutschen betrifft, könnten die Verluste unter den Nicht-Deutschen in der Waffen-SS einbezogen werden, ergäbe sich vielleicht ein anderes Bild[39].

---

[38] Nach Kissels – allerdings vage gehaltener – Auffassung belaufen sich die Verluste des Volkssturms auf ca. 30 000 Vermißte und mindestens 5000 Todesfälle, siehe Kissel, Volkssturm, S. 88; seine Angaben wurden übernommen von Seidler, Volkssturm, S. 374. Sie beziehen sich auf die Auswertung einer Volkssturmsuchkartei, die es bei der Deutschen Dienststelle geben soll. Dort ist eine solche Kartei jedoch nicht bekannt, siehe Deutsche Dienststelle/VI A/Kirchhoff an den Verfasser vom 6.2.1996.

[39] Damit scheinen die Aussagen von Harzer bestätigt – dies ist jedoch nicht der Fall. Seine Überlegungen gehen von unbewiesenen Annahmen und einer anderen Berechnungsbasis aus – daß beide Berechnungsmethoden zu demselben Ergebnis führen, ist von daher Zufall und keineswegs eine gegenseitige Bestätigung.

## Tab. 48: Todesfälle nach Jahrgangsklassen und Organisationen

| Jahrgangsklasse | Organisation | | | | | | | |
|---|---|---|---|---|---|---|---|---|
| | Heer | Luftwaffe | Marine | Waffen-SS | Volkssturm | Sonstige | Summe (in Tsd.) | Anteil (in %) |
| **1900 und älter** | | | | | | | | |
| Häufigkeit | 166 320 | 15 066 | 12 000 | 13 132 | 45 495 | 36 297 | 288 | |
| Zeilenprozent | 57,69 | 5,23 | 4,16 | 4,55 | 15,78 | 12,59 | | |
| Spaltenprozent | 3,96 | 3,48 | 8,67 | 4,19 | 58,53 | 23,59 | | 5,4 |
| **1901 – 1905** | | | | | | | | |
| Häufigkeit | 336 003 | 23 198 | 7 066 | 17 099 | 24 198 | 32 165 | 440 | |
| Zeilenprozent | 76,41 | 5,28 | 1,61 | 3,89 | 5,50 | 7,31 | | |
| Spaltenprozent | 8,00 | 5,36 | 5,10 | 5,45 | 31,13 | 20,90 | | 8,3 |
| **1906 – 1910** | | | | | | | | |
| Häufigkeit | 818 402 | 50 264 | 5 000 | 29 231 | 2 000 | 18 066 | 923 | |
| Zeilenprozent | 88,67 | 5,45 | 0,54 | 3,17 | 0,22 | 1,96 | | |
| Spaltenprozent | 19,48 | 11,62 | 3,61 | 9,32 | 2,57 | 11,74 | | 17,4 |
| **1911 – 1915** | | | | | | | | |
| Häufigkeit | 984 930 | 88 594 | 8 000 | 25 099 | 3 000 | 17 066 | 1 127 | |
| Zeilenprozent | 87,42 | 7,86 | 0,71 | 2,23 | 0,27 | 1,51 | | |
| Spaltenprozent | 23,44 | 20,47 | 5,78 | 8,00 | 3,86 | 11,09 | | 21,2 |
| **1916 – 1920** | | | | | | | | |
| Häufigkeit | 762 455 | 111 660 | 22 066 | 51 198 | 0 | 7 066 | 954 | |
| Zeilenprozent | 79,88 | 11,70 | 2,31 | 5,36 | 0,00 | 0,74 | | |
| Spaltenprozent | 18,14 | 25,81 | 15,94 | 16,32 | 0,00 | 4,59 | | 18,0 |
| **1921 – 1925** | | | | | | | | |
| Häufigkeit | 963 468 | 110 627 | 76 231 | 121 495 | 3 033 | 19 132 | 1 294 | |
| Zeilenprozent | 74,46 | 8,55 | 5,89 | 9,39 | 0,23 | 1,48 | | |
| Spaltenprozent | 22,93 | 25,57 | 55,07 | 38,72 | 3,90 | 12,43 | | 24,3 |
| **1926 und jünger** | | | | | | | | |
| Häufigkeit | 170 452 | 33 297 | 8 066 | 56 495 | 0 | 24 099 | 292 | |
| Zeilenprozent | 58,29 | 11,39 | 2,76 | 19,32 | 0,00 | 8,24 | | |
| Spaltenprozent | 4,06 | 7,70 | 5,83 | 18,01 | 0,00 | 15,66 | | 5,5 |
| Summe (in Tsd.) | 4 202 | 433 | 138 | 314 | 78 | 154 | 5 318 | |
| Anteil (in %) | 79,0 | 8,1 | 2,6 | 5,9 | 1,5 | 2,9 | | 100,0 |

Soweit zu den Globalzahlen, kommen wir nun zu einigen persönlichen Kenngrößen der Toten, wobei zuerst auf die Altersverteilung der Todesfälle eingegangen werden soll (Tab. 48). Zunächst eine Vorbemerkung: In Tab. 48 ist die Zahl der Zellen mit geringer Besetzung relativ groß. Entgegen der sonstigen Vorgehensweise wurde hier darauf verzichtet, Kategorien zusammenzufassen, weil der damit verbundene Informationsverlust als zu schwerwiegend angesehen wurde. Trotzdem ist zu beachten, daß die Interpretation von gering besetzten Zellen nur mit Vorsicht erfolgen kann.

Wenn man nun die Tabellen näher analysiert, ergibt sich für jede Organisation eine spezifische Verteilung. Zwar entfallen ohnehin durchschnittlich ca. 80 Prozent der Verluste auf das Heer, aber bei den Jahrgängen 1905 – 1915 sind es bis zu

88 Prozent. Bei der Luftwaffe sind es die Jahrgänge ab 1916, die überrepräsentiert sind. Die Marine ist in den jungen Jahrgängen und bei den »sehr Alten« stark vertreten – soweit alles Sachverhalte die den bisherigen Feststellungen entsprechen.

Die Waffen-SS, die quantitativ gewichtigste Nicht-Wehrmacht-Organisation, weist ein ganz eigenes »Verlustprofil« auf, sie ist – bei den jungen und jüngsten Jahrgängen (ab 1921) – mit ca. 9 bzw. ca. 19 Prozent an den Todesfällen dieser Altersgruppen weit überdurchschnittlich beteiligt; bei den Jahrgängen ab 1926 erreicht sie mit ca. 19 Prozent einen Anteil, der beim Dreifachen ihres Durchschnitts liegt.

Am deutlichsten werden die Unterschiede, wenn man die Jahrgangsklasse 1921 – 1925 zum Vergleich heranzieht. Beim Heer stellt sie ca. 23 Prozent der Toten, bei der Luftwaffe 26 Prozent, bei der Marine sogar 55 Prozent. Bei der Waffen-SS beläuft sich der Anteil auf 39 Prozent, aber zusammen mit den noch Jüngeren stellen diese beiden Gruppen bei der Waffen-SS fast drei Fünftel aller Todesfälle. Insgesamt zeigt sich hier, daß die Waffen-SS verstärkt auf die Gruppen zugreifen mußte, die für das Heer noch nicht in Frage kamen.

Das exakte Gegenteil zur Waffen-SS bildet der Volkssturm, der in allen Altersklassen unterdurchschnittlich vertreten ist – nur bei der ältesten Gruppe stellt er mit ca. 13 Prozent aller Todesfälle einen »nennenswerten« Anteil, der dann auch gleich ca. 60 Prozent aller Volkssturmverluste darstellt. Insgesamt mögen die Verluste des Volkssturms mit ca. 1,5 Prozent der Summe geringfügig erscheinen, doch auch dies sind 80 000 Menschen, deren Tod durch die Aufstellung dieser unter jedem Aspekt sinnlosen Organisation verursacht worden ist.

Die letzte Gruppe, die sonstigen Organisationen einschließlich des Wehrmachtgefolges, haben wiederum auch ihr eigenes Profil – sie sind bei den ganz Jungen und bei den relativ Alten (über 35 Jahre) stark vertreten, die kampftauglichen Jahrgänge sind aus naheliegenden Gründen unterrepräsentiert.

Nun noch zur Herkunft der Todesfälle, wie in Tab. 49 ausgewiesen. Hier zeigen sich doch regional massive Unterschiede. Zumindest, was die Toten angeht, ist die Wehrmacht die Organisation der Bundesdeutschen – die anderen Regionen sind – mit Ausnahme der Konzentration österreichischer Todesfälle bei der Luftwaffe – unterrepräsentiert.

Sehr eindeutig ist die Verteilung der Todesfälle bei der Waffen-SS, die – obwohl sie im Durchschnitt nur ca. 5,9 Prozent der Verluste verzeichnet – bei den Todesfällen aus den sonstigen Regionen, d.h. vor allem den ost- und südosteuropäischen Siedlungsgebieten, einen Anteil von ca. 18 Prozent besitzt.

Auch die anderen Organisationen haben ihr ganz spezifisches Profil. Bei den »Sonstigen«, d.h. den paramilitärischen Verbänden, sind vor allem die Deutschen aus dem Gebiet der heutigen Bundesrepublik unterrepräsentiert, während der Anteil dieser Organisationen bei den Personen aus den sonstigen Regionen doppelt so hoch ist wie im Durchschnitt.

Besonders interessant ist der Volkssturm – überproportional große Teile seiner Verluste stammen aus dem Osten des Deutschen Reiches und den Auslandssiedlungsgebieten – was sich mit der Rekrutierung des Volkssturms aus der loka-

## Tab. 49: Todesfälle nach Herkunft und Organisationen

| Herkunft | Organisation | | | | | | Summe (in Tsd.) | Anteil (in %) |
|---|---|---|---|---|---|---|---|---|
| | Heer | Luftwaffe | Marine | Waffen-SS | Volkssturm | Sonstige | | |
| **Bundesrepublik** | | | | | | | | |
| Häufigkeit | 2 862 922 | 307 881 | 99 264 | 161 792 | 33 264 | 81 330 | 3 546 | |
| Zeilenprozent | 80,73 | 8,68 | 2,80 | 4,56 | 0,94 | 2,29 | | |
| Spaltenprozent | 68,13 | 71,15 | 71,71 | 51,57 | 42,80 | 52,85 | | 66,7 |
| **Ehemalige Ostgebiete** | | | | | | | | |
| Häufigkeit | 716 016 | 68 429 | 23 099 | 32 198 | 35 363 | 35 297 | 910 | |
| Zeilenprozent | 78,65 | 7,52 | 2,54 | 3,54 | 3,88 | 3,88 | | |
| Spaltenprozent | 17,04 | 15,81 | 16,69 | 10,26 | 45,50 | 22,94 | | 17,1 |
| **Österreich** | | | | | | | | |
| Häufigkeit | 204 353 | 33 297 | 4 000 | 10 033 | 2 033 | 7 033 | 261 | |
| Zeilenprozent | 78,37 | 12,77 | 1,53 | 3,85 | 0,78 | 2,70 | | |
| Spaltenprozent | 4,86 | 7,70 | 2,89 | 3,20 | 2,62 | 4,57 | | 4,9 |
| **Sonstige** | | | | | | | | |
| Häufigkeit | 418 739 | 23 099 | 12 066 | 109 726 | 7 066 | 30 231 | 601 | |
| Zeilenprozent | 69,68 | 3,84 | 2,01 | 18,26 | 1,18 | 5,03 | | |
| Spaltenprozent | 9,97 | 5,34 | 8,72 | 34,97 | 9,09 | 19,64 | | 11,3 |
| Summe (in Tsd.) | 4 202 | 433 | 138 | 314 | 78 | 154 | 5 318 | |
| Anteil (in %) | 79,0 | 8,1 | 2,6 | 5,9 | 1,5 | 2,9 | | 100,0 |

len Bevölkerung erklärt. Aufgestellt war er zwar im gesamten Reichsgebiet, eingesetzt immerhin sowohl im Westen als auch im Osten – gekämpft und Verluste erlitten zu haben, scheint er aber ganz überwiegend im Osten. Dies vermutlich, weil die Volkssturmmänner dort doch in viel größerem Maße an die Notwendigkeit glaubten, ihre Familien vor den »Russen schützen« zu müssen als dies im Westen gegenüber den Westalliierten der Fall war[40]. Zu den größeren Verlusten des Volkssturms in den Ostgebieten addierte sich dann, daß diese Einheiten anschließend natürlich in sowjetische Kriegsgefangenschaft gerieten, wo ihr Anteil an den Toten nochmals überdurchschnittlich hoch sein sollte.

Insgesamt lassen sich aus dem oben gesagten einige generelle Erkenntnisse festhalten, die im wesentlichen so zu beschreiben sind:
– Die Verluste des Heeres belaufen sich auf ca. 4,2 Millionen Tote, bei der Luftwaffe waren es ca. 430 000, bei der Marine ca. 138 000 und bei der Waffen-SS ca. 310 000. Die Verluste aller anderen Organisationen liegen deutlich darunter. Ca. 80 Prozent der Verluste entfallen auf das Heer, wenn man die anderen Wehrmachtteile einbezieht, sind es 4,77 Millionen, d.h 91 Prozent, einschließlich der Waffen-SS sogar 5,08 Millionen, d.h. ca. 97 Prozent.

[40] Kissel, Volkssturm, S. 84 – 88.

- Das Risiko zu sterben war in den verschiedenen Organisationen höchst unterschiedlich. Im Mittel starben 28 Prozent der Rekruten, aber bei der Waffen-SS war der Prozentsatz mit 34 Prozent etwa dreimal so hoch wie bei der Marine.
- Bezieht man die Todesfälle auf den Personalumfang einer Organisation, so gibt es kein Anzeichen, daß die Verluste der Waffen-SS wesentlich höher waren als die des Heeres.
- Die Todesfälle des Heeres konzentrieren sich auf die mittleren Jahrgänge – und diese stammen überdurchschnittlich häufig aus dem Bundesgebiet.
- Die Luftwaffe ist bei den jungen Toten überrepräsentiert. Diese wiederum sind überdurchschnittlich oft in der Bundesgebiet geboren – und in Österreich.
- Die Verteilung bei der Marine ist gesplittet, die Toten gehören einerseits besonders oft zu den ganz Jungen und andererseits oft zu den ganz Alten – stammen jedoch überdurchschnittlich oft aus dem Gebiet der Bundesrepublik.
- Die Verteilung der Todesfälle bei der Wehrmacht nach Regionen und Geburtsjahrgängen unterscheidet sich erheblich von der Verteilung der Einziehungen. Exakteres wird noch festzustellen sein.
- Die Verteilungen bei den anderen Organisationen entsprechen den Erwartungen. Die Toten der Waffen-SS sind sehr jung und stammen vorwiegend aus dem Osten oder den sonstigen Gebieten, d.h. vor allem den von Deutschen besiedelten Regionen in Südosteuropa.
- Die Toten des Volkssturms sind vorwiegend die Alten aus dem Osten, während die Toten der sonstigen Organisationen vor allem entweder sehr jung oder sehr alt sind und überdurchschnittlich oft aus dem Osten oder den sonstigen Regionen stammen.

Die obigen Aussagen wurden gewonnen auf der Basis der Todesfälle. Es ist aber nicht zwangsläufig, ja nicht einmal wahrscheinlich, daß die Relationen bei den Toten denen bei der Summe der Eingezogenen entsprechen. So hat der Volkssturm bei den Todesfällen zwar einen Schwerpunkt im Osten – zwei Drittel seiner Todesfälle ereigneten sich dort, im Westen waren es nur ca. 4 Prozent. Daraus kann aber nicht geschlossen werden, daß die Aufstellung von Volkssturmeinheiten ähnlich massiv auf den Osten konzentriert war – vermutlich haben die Volkssturmeinheiten im Osten nur intensiver gekämpft. Genau dies – der Bezug zu den Stärken, soll nun im folgenden für die Wehrmacht hergestellt werden.

### 4.2.4.2 Exkurs: Wehrmachtteile

Im vorherigen Abschnitt waren Fragen offen geblieben, die nun in einer Spezialauswertung für die drei Wehrmachtteile geklärt werden sollen. Dort hatte sich ergeben, daß die Todesfälle nicht gleichverteilt über die Regionen und Altersstufen und Einziehungsjahre hinweg sind. Von daher stellt sich die Frage: Sind die unterschiedlichen Todesquoten damit zu erklären, daß die einzelnen Altersgruppen zu unterschiedlichen Zeitpunkten aus den verschiedenen Regionen zu den Wehr-

## Tab. 50: Todesfälle nach Wehrmachtteilen und Altersgruppen

| Organisation | Jahrgangsklasse | | | | | | | |
|---|---|---|---|---|---|---|---|---|
| | 1905 u. älter | 1906 –1910 | 1911 –1915 | 1916 –1920 | 1921 u. jünger | Summe (Tsd.) | Todesquote (in %) | Anteil (in %) |
| **Heer** | | | | | | | | |
| Häufigkeit | 502 323 | 818 402 | 984 930 | 762 455 | 133 920 | 4 202 | | |
| Todesquote (in %) | 23,4 | 29,3 | 30,8 | 32,3 | 36,5 | | 30,9 | |
| Zeilenprozent | 11,95 | 19,48 | 23,44 | 18,14 | 26,99 | | | |
| Spaltenprozent | 89,76 | 93,67 | 91,07 | 85,08 | 83,25 | | | 88,0 |
| **Luftwaffe** | | | | | | | | |
| Häufigkeit | 38 264 | 50 264 | 88 594 | 111 660 | 143 924 | 433 | | |
| Todesquote (in %) | 6,9 | 17,0 | 20,3 | 21,6 | 20,7 | | 17,3 | |
| Zeilenprozent | 8,84 | 11,62 | 20,47 | 25,81 | 33,26 | | | |
| Spaltenprozent | 6,84 | 5,75 | 8,19 | 12,46 | 10,57 | | | 9,1 |
| **Marine** | | | | | | | | |
| Häufigkeit | 19 066 | 5 000 | 8 000 | 22 066 | 84 297 | 138 | | |
| Todesquote (in %) | 6,9 | 3,9 | 5,9 | 14,9 | 16,7 | | 16,0 | |
| Zeilenprozent | 13,77 | 3,61 | 5,78 | 15,94 | 60,90 | | | |
| Spaltenprozent | 3,41 | 0,57 | 0,74 | 2,46 | 6,19 | | | 2,9 |
| Summe (Tsd.) | 560 | 874 | 1 082 | 896 | 1 362 | 4 773 | | |
| Todesquote (in %) | 18,8 | 27,1 | 28,7 | 29,6 | 31,6 | | 27,6 | |
| Anteil (%) | 11,7 | 18,3 | 22,7 | 18,8 | 28,6 | | | 100,0 |

machtteilen einberufen wurden, oder woraus erklären sie sich sonst? Dem soll im weiteren nachgegangen werden.

Zunächst nochmals die Todesfälle nach Geburtsjahrgängen und Wehrmachtteilen. Auch wenn darauf verzichtet werden soll, die Zellen der Tab. 50 zu interpretieren, deren Besetzung so klein ist, daß die Zuverlässigkeit fraglich ist, so weisen dennoch die stark besetzten Zellen wesentliche Ergebnisse aus.

Vergleicht man nun die Tab. 50 mit den im Kap. 4.2.3.4. erarbeiteten Ergebnissen, dann zeigt sich, daß sich unter dem allgemeinen Trend doch für jeden Wehrmachtteil sehr spezifische Verteilungen verbergen. Hatte Tab. 45 noch sowohl nach oben als auch nach unten vom Mittel abweichende Jahreswerte ausgewiesen, so finden sich in Tab. 50 doch recht kontinuierliche Trends. Die Todesquote der Heeressoldaten steigt von ca. 23 Prozent für die älteste Jahrgangsklasse bis auf ca. 37 Prozent für die jüngste, d.h. das Risiko dieser jüngsten Gruppe war um 50 Prozent höher – und das obwohl die Ältesten vorzugsweise bereits 1939, die Jüngsten dagegen erst beginnend ab 1941 eingezogen worden waren. Ähnlich, jedoch insgesamt krasser, ist die Verteilung bei der Luftwaffe. Hier beträgt die Todesrate der ältesten Gruppe »nur« ca. 7 Prozent, die der jüngsten jedoch ca. 21 Prozent, d.h. sie liegt dreimal so hoch.

Nicht ganz in dieses Bild scheint die Marine zu passen. Hier ist allerdings Zurückhaltung zu wahren – die Zellfrequenzen sind so gering, daß die Angaben nur mit Vorbehalten interpretiert werden können. Es scheint jedoch deutlich zu

**Tab. 51: Todesfälle nach Wehrmachtteilen und Herkunft**

| Organisation | Herkunft | | | | Summe (in Tsd.) | Todesquote (in %) | Anteil (in %) |
|---|---|---|---|---|---|---|---|
| | Bundesrepubl. | Ehem. Ostgeb. | Österreich | Sonstige | | | |
| Heer | | | | | | | |
| Häufigkeit | 2 862 922 | 716 016 | 204 353 | 418 739 | 4 202 | | |
| Todesquote (in %) | 31,2 | 35,1 | 18,8 | 32,0 | | 30,9 | |
| Zeilenprozent | 68,13 | 17,04 | 4,86 | 9,97 | | | |
| Spaltenprozent | 87,55 | 88,67 | 84,57 | 92,25 | | | 88,0 |
| Luftwaffe | | | | | | | |
| Häufigkeit | 307 881 | 68 429 | 33 297 | 23 099 | 433 | | |
| Todesquote (in %) | 17,0 | 21,4 | 19,2 | 12,0 | | 17,3 | |
| Zeilenprozent | 71,15 | 15,81 | 7,70 | 5,34 | | | |
| Spaltenprozent | 9,42 | 8,47 | 13,78 | 5,09 | | | 9,1 |
| Marine | | | | | | | |
| Häufigkeit | 99 264 | 23 099 | 4 000 | 12 066 | 138 | | |
| Todesquote (in %) | 11,9 | 13,8 | 8,8 | 8,1 | | 11,6 | |
| Zeilenprozent | 71,71 | 16,69 | 2,89 | 8,72 | | | |
| Spaltenprozent | 3,04 | 2,86 | 1,66 | 2,66 | | | 2,9 |
| Summe (Tsd.) | 3 270 | 808 | 242 | 454 | 4 773 | | |
| Todesquote (in %) | 27,7 | 32,0 | 18,5 | 27,5 | | 27,6 | |
| Anteil (%) | 68,5 | 16,9 | 5,1 | 9,5 | | | 100,0 |

sein, daß auch bei der Marine die Überlebenschance der Älteren generell größer gewesen zu sein scheint als die der Jüngeren.

Insgesamt zeigt sich, daß die Lebensbedingungen im Heer zwar nicht für alle Altersgruppen gleich waren, aber dennoch wesentlich egalitärer als bei den anderen Wehrmachtteilen. Gleichzeitig lag allerdings das Todesrisiko beim Heer im Durchschnitt doppelt so hoch wie in den anderen Wehrmachtteilen – bei einer allerdings großen Streuung.

Diese unterschiedlichen Todesquoten erklären nun auch die Unterschiede in der Altersverteilung, die sich zwischen den Einziehungen und den Todesfällen ergeben hatten (Tab. 31). Im Heer beträgt das Verhältnis »Alt« zu »Jung« 2:3, bei den Toten jedoch 1:2, weil die Todesquote der »Jungen« mit ca. 37 Prozent wesentlich höher ist als die der »Alten« mit ca. 23 Prozent. Krasser noch die Verhältnisse bei der Luftwaffe, wo es nicht nennenswert weniger »alte« als »junge« Rekruten gibt, aber ca. dreimal soviel junge wie alte Tote – aufgrund der dreimal höheren Todesquote.

Ähnliche Unterschiede ergeben sich, wenn man die Verluste der Wehrmachtteile regional differenziert und auf die Einziehungen bezieht, wie in Tab. 51 geschehen.

Leider sind auch hier wieder einige Zellen zu gering besetzt, als daß sie interpretiert werden könnten – einiges wird dennoch deutlich. Die Überlebenschance hängt innerhalb der Wehrmachtteile offensichtlich nicht nur vom Alter, sondern gleichzeitig auch von der Herkunft ab. Während sich aber bei der Verteilung der Variablen »Alter« deutliche Unterschiede zwischen den drei Wehrmachtteilen herausstellten, ergibt sich hinsichtlich der regionalen Differenzierung ein anderes Bild.

Soweit die Zellfrequenzen zulassen, ist für die Bundesrepublik und die sonstigen Gebiete kaum eine Streuung festzustellen. Anders sieht es aus für die ehemaligen Ostgebiete, die in allen drei Wehrmachtteilen gleichermaßen das größte Todesrisiko einer einzelnen Gruppe aufweisen. Wiederum anders dagegen Österreich. Während die Todesquoten in der Luftwaffe und der Marine – soweit eine Interpretation zulässig ist – nicht allzuweit vom Mittel abweichen, ist es die weit unterdurchschnittliche Todesrate von ca. 19 Prozent, die die schon mehrfach erwähnte Feststellung erklärt, daß die Österreicher im Heer zwar ca. 8 Prozent der Rekruten stellten, aber »nur« 5 Prozent der Toten. Später, bei der Darstellung der Ergebnisse zur Variablen »Kriegsschauplatz« soll versucht werden, hier noch weiter zu differenzieren.

Soweit die Spezialauswertung für die Wehrmacht, im nachfolgenden eine Zusammenfassung der Ergebnisse:
- Auch wenn das Heer – im Vergleich zu den anderen Wehrmachtteilen – eine relativ egalitäre Organisation war, so schwanken dennoch die altersspezifischen Todesquoten von 23 bis 37 Prozent. In der Luftwaffe dagegen war das Risiko eines Jungen, zu sterben, dreimal so hoch wie das eines Alten.
- Die regionalen Todesquoten sind innerhalb der drei Wehrmachtteile relativ gleich – allerdings zeigt sich, daß das des öfteren festgestellte niedrigere Todesrisiko der Österreicher vorwiegend beim Heer festzustellen ist. Im Rahmen der Differenzierung nach Kriegsschauplätzen soll versucht werden, diesen Unterschieden noch weiter nachzugehen.
- Sowohl die alters- als auch die regionalspezifischen Todesquoten erklären, warum sich bei der Wehrmacht die Verteilungen der Einziehungen von denen der Todesfälle unterscheiden.

### 4.2.5 Kriegsschauplätze und Todesarten

In den bisherigen Ausführungen hatten demographische Aspekte im Vordergrund gestanden, d.h. vor allem Herkunft, Altersstruktur und Organisationszugehörigkeit der Toten. Im letzten größeren, nun folgenden Abschnitt sollen die operationsgeschichtlich interessanten Fragen nach den Kriegsschauplätzen und den Todesumständen gestellt werden. Zu diesem Zweck wird zunächst einmal ein Überblick über alle Kriegsschauplätze gegeben. Abschließend sollen dann noch der größte einzelne Kriegsschauplatz, die Ostfront sowie ein »Problemfall«, die Todesfälle in Kriegsgefangenschaft, näher analysiert werden.

**Tab. 52: Todesfälle nach Kriegsschauplätzen**

| Todesland | Häufigkeit | Prozent |
|---|---|---|
| Balkan | 104 000 | 2,0 |
| Italien | 151 000 | 2,8 |
| Sonstige Kriegsschauplätze | 291 000 | 5,5 |
| Westen | 340 000 | 6,4 |
| Kriegsgefangenschaft | 459 000 | 8,6 |
| Endkämpfe | 1 230 000 | 23,1 |
| Osten | 2 743 000 | 51,6 |
| Summe | 5 318 000 | 100,0 |

### 4.2.5.1 Allgemeine Befunde

Tab. 52 gibt dem Leser zunächst einmal einen Überblick über die Verluste.

Einige Erläuterungen erscheinen notwendig. Die Kategorie »sonstige Kriegsschauplätze« beinhaltet vor allem die Todesfälle im Heimatkriegsgebiet, daneben aber auch diejenigen Fälle, speziell der Marine, die sich keinem Land-Kriegsschauplatz zuordnen ließen[41]. Auffällig in Tab. 52 ist vielleicht die überraschend niedrige Zahl der Todesfälle in Kriegsgefangenschaft – gilt es doch als sicher, daß allein in sowjetischem Gewahrsam ca. eine Million deutscher Soldaten gestorben sind. Hierzu ist zu bemerken, daß die betreffende Angabe nur diejenigen beinhaltet, die nachweislich in sowjetischen Lagern gestorben sind, während diejenigen, über deren Verbleib nichts Definitives bekannt ist, nach ihrem letzten Lebenszeichen kodiert wurden. Im letzten Abschnitt des Kapitels wird diesen Fragen detaillierter nachgegangen werden.

Beeindruckend groß in Tab. 52 ist die Bedeutung der Ostfront – ca. 52 Prozent der Todesfälle haben sich dort ereignet – ganz zu schweigen von den Verlusten während der Endkämpfe, von denen ca. zwei Drittel ebenfalls der Ostfront zugerechnet werden können. Hinzu kommen die Todesfälle in der Kriegsgefangenschaft, so daß es nicht falsch ist, die Summe der in diesem, weiten Sinne an der Ostfront Gestorben bei fast 4 Millionen anzunehmen. Verglichen damit ist die Zahl der an der Westfront ums Leben Gekommenen einschließlich der dem Westen zuzurechnenden Verluste der Endkämpfe und der Toten in westlichem Gewahrsam mit weniger als einer Million anzusetzen – d.h. einem Viertel der Verluste der Ostfront. Bezogen auf die Gesamtverluste sind damit fast 75 Prozent der Ostfront im weitesten Sinne, weniger als 20 Prozent dem Westen und knapp 10 Prozent den sonstigen Kriegsschauplätzen zuzurechnen.

---

[41] Zur Definition der Kategorien siehe Kap. 3.3.1.

## Tab. 53: Todesfälle nach Kriegsschauplätzen und Jahren

| Todesjahr | Kriegsschauplatz | | | | | Summe (in Tsd.) | Anteil (in %) |
|---|---|---|---|---|---|---|---|
| | Sonstige | Westen | Osten | End-kämpfe | Kriegsge-fangensch. | | |
| **1940 und früher** | | | | | | | |
| Häufigkeit | 41 000 | 61 033 | 0 | 0 | 0 | 102 | |
| Zeilenprozent | 40,18 | 59,82 | 0,00 | 0,00 | 0,00 | | |
| Spaltenprozent | 7,51 | 17,95 | 0,00 | 0,00 | 0,00 | | 1,9 |
| **1941** | | | | | | | |
| Häufigkeit | 43 000 | 11 033 | 302 495 | 0 | 0 | 357 | |
| Zeilenprozent | 12,06 | 3,09 | 84,84 | 0,00 | 0,00 | | |
| Spaltenprozent | 7,87 | 3,25 | 11,03 | 0,00 | 0,00 | | 6,7 |
| **1942** | | | | | | | |
| Häufigkeit | 48 132 | 12 000 | 506 815 | 0 | 5033 | 572 | |
| Zeilenprozent | 8,41 | 2,10 | 88,61 | 0,00 | 0,88 | | |
| Spaltenprozent | 8,81 | 3,53 | 18,48 | 0,00 | 1,10 | | 10,8 |
| **1943** | | | | | | | |
| Häufigkeit | 78 099 | 11 000 | 700 653 | 0 | 22 297 | 812 | |
| Zeilenprozent | 9,62 | 1,35 | 86,28 | 0,00 | 2,74 | | |
| Spaltenprozent | 14,30 | 3,24 | 25,54 | 0,00 | 9,87 | | 15,3 |
| **1944** | | | | | | | |
| Häufigkeit | 278 419 | 244 891 | 1 232 946 | 0 | 45 330 | 1 802 | |
| Zeilenprozent | 15,45 | 13,59 | 68,44 | 0,00 | 2,51 | | |
| Spaltenprozent | 50,98 | 72,04 | 44,95 | 0,00 | 9,90 | | 33,9 |
| **1945** | | | | | | | |
| Häufigkeit | 57 495 | 0 | 0 | 1 230 045 | 252 188 | 1 540 | |
| Zeilenprozent | 3,73 | 0,00 | 0,00 | 79,89 | 16,38 | | |
| Spaltenprozent | 10,53 | 0,00 | 0,00 | 100,00 | 54,89 | | 29,0 |
| **Nach 1945** | | | | | | | |
| Häufigkeit | 0 | 0 | 0 | 0 | 134 627 | 135 | |
| Zeilenprozent | 0,00 | 0,00 | 0,00 | 0,00 | 100,0 | | |
| Spaltenprozent | 0,00 | 0,00 | 0,00 | 0,00 | 29,30 | | 2,5 |
| Summe (in Tsd.) | 546 | 340 | 2 743 | 1 230 | 459 | 5 318 | |
| Anteil (in %) | 10,3 | 6,4 | 51,6 | 23,1 | 8,6 | | 100,0 |

Noch krasser wird die Differenz, wenn man in Rechnung stellt, daß die verschiedenen Kriegsschauplätze über unterschiedlich lange Zeiträume hinweg bestanden haben. So existierte die Westfront seit September 1939, auch wenn nennenswerte Operationen erst 1940 stattfanden. Die Ostfront hingegen entstand erst im Juni 1941, also ca. eindreiviertel Jahre später. Bezieht man nun die Verluste auf die Zeiträume, d.h. errechnet man die durchschnittlichen Verluste pro Jahr, dann ergibt sich bei der Ostfront eine Quote von fast 1,2 Millionen Toten jährlich, bei der Westfront dagegen »nur« ca. 200 000 pro Jahr. Dadurch verändert sich die Relation der Verluste zwischen der Ost- und der Westfront von 4:1 auf 6:1, was wohl die Unterschiede am besten wiedergibt.

## 4.2 Einzelergebnisse

Nach dem Gesamtüberblick nun zu einer Differenzierung nach Jahren, wobei aus Gründen der statistischen Zuverlässigkeit teilweise Kriegsschauplätze zusammengefaßt werden mußten.

Auch hier, in Tab. 53, wird wieder die dominierende Rolle der Ostfront deutlich. Bereits im ersten Jahr, 1941, entfallen ca. 85 Prozent der Verluste auf diese Front – und dies, obwohl die Ostfront erst seit der zweiten Jahreshälfte 1941 existierte und die großen, verlustreichen Schlachten später stattfanden. Der Anteil der Ostfront steigt allerdings in den folgenden beiden Jahren nicht weiter, obwohl die Verluste sich von ca. 300 000 auf ca. 700 000 mehr als verdoppeln – dies, weil auch die Verluste an den anderen Fronten, vor allem durch den unter »Sonstige« ausgewiesenen Afrikafeldzug, zunehmen. Im Jahr 1944 beträgt der Anteil der Ostfront dann »nur noch« ca. zwei Drittel – nun kommen massive Verluste auf den anderen Kriegsschauplätzen, vor allem in Italien und im Westen hinzu. So ergibt sich die paradox klingende Feststellung, daß die relative Bedeutung der Ostfront, d.h. der Anteil dieser Front an den Todesfällen, über die Jahre hinweg kontinuierlich fällt, obwohl sich die absoluten Verlustzahlen von ca. 300 000 im Jahr 1941 auf ca. 1,2 Millionen im Jahr 1944 vervierfachen.

Trotzdem – was die Toten betrifft, sind Italien, Afrika, aber auch die Westfront von untergeordneter Bedeutung. Der einzige Kriegsschauplatz, der quantitativ mit der Ostfront annähernd vergleichbar ist, bleiben die Endkämpfe, die in einem halben Jahr fast so vielen Menschen das Leben gekostet haben, wie insgesamt im Jahr 1944 an der Ostfront gestorben waren. Berücksichtigt man nun wieder zusätzlich den Zeitfaktor, dann zeigt sich, daß in den Endkämpfen pro Monat ca. 300 000 Soldaten ums Leben gekommen sind, an der Ostfront im Jahr 1944 jedoch »nur« 100 000 Personen.

Soweit zu den Kriegsschauplätzen in chronologischer Betrachtungsweise. Natürlich wäre es interessant, sie noch detaillierter aufschlüsseln und die Verluste größerer Operationen einzeln ermitteln zu können. Dies wäre jedoch Aufgabe einer neuen Untersuchung mit einer weitaus größeren oder speziell geschichteten Stichprobe[42].

Nach der chronologischen Differenzierung nun zu den Verlusten der einzelnen Organisationen auf den Kriegsschauplätzen, wie in Tab. 54 ausgewiesen. Um sie interpretieren zu können, wäre es nützlich, die Totenzahlen in Bezug zur Zahl der an den einzelnen Fronten eingesetzten Soldaten setzen zu können. Solche Quoten würden einen Hinweis geben auf die Härte der Kämpfe. Da derartige Informationen leider nicht vorliegen, muß sich die vorliegende Untersuchung darauf beschränken, die Verhältnisse an den Fronten anhand der Todesfälle zu analysieren[43].

---

[42] Zu prüfen wäre allerdings die Frage, ob das vorhandene Datenmaterial ausreichend differenzierte Angaben erbringt.
[43] Natürlich stehen Angaben über den Personalbestand der Verbände an den einzelnen Fronten zur Verfügung. Ohne näher auf die Frage eingehen zu wollen, inwieweit diese Zahlen zuverlässig sind, ist hier jedoch zu bedenken, daß die Verluste auf eine Flußgröße im Sinne von »Mannjahren an der Front« zu beziehen wären. Derartige Daten liegen leider nicht vor.

Das insgesamt ausgeglichenste Verhältnis aller Fronten findet sich bei der Luftwaffe. Dabei »verbergen« sich hinter »sonstigen Kriegsschauplätzen« vor allem die Verluste der Luftabwehr und der fliegenden Verbände im Heimatkriegsgebiet, während die fast 120 000 Todesfälle an der Ostfront in erster Linie aus Angehörigen der infanteristisch eingesetzten, aber zunächst weiterhin der Luftwaffe angehörenden Luftwaffenfelddivisionen sowie den zusammen mit dem Heer eingesetzten Flakdivisionen zuzurechnen sind. Die höchsten Verluste hat die Luftwaffe jedoch bei den Endkämpfen erlitten – dies allerdings nicht nur im Rahmen der Luftabwehr, sondern auch beim infanteristischen Einsatz, wo zuletzt alle eingesetzt wurden, gleichgültig ob sie entsprechend ausgebildet und ausgerüstet waren oder nicht.

Ähnlich verhält es sich bei der Marine. Der hohe Anteil an Marineverlusten auf den »sonstigen« Kriegsschauplätzen ist erfassungstechnisch bedingt – die Marineverluste sind insgesamt so gering, daß eine differenzierte Ausweisung keine aussagekräftigen Ergebnisse liefern könnte[44]. Erstaunen mag auch die mit ca. 19 Prozent relativ große Bedeutung der Endkämpfe für die Marine – es handelt sich dabei vor allem um Todesfälle im Zusammenhang mit der Evakuierung aus Ostpreußen und die Verluste im Infanterieeinsatz[45]. Trotzdem, mit einem Gesamtanteil von weniger als 3 Prozent ist die Bedeutung der Marine unter Verlustaspekten marginal.

Deutlich größer dagegen ist der Anteil der Kategorie »Sonstige«, worunter hier der Volkssturm, die Polizei und die paramilitärischen Verbände zusammengefaßt werden. Es ist vor allem auf den Volkssturm zurückzuführen, daß in dieser Gruppe mehr als 50 Prozent aller Verluste auf die Endkämpfe entfällt, aber daß diese Gruppe mit ca. 20 Prozent Todesfällen in Kriegsgefangenschaft diejenige mit dem höchsten Anteil in dieser Kategorie ist, ergibt sich aus dem überdurchschnittlich hohen Alter der Organisationsmitglieder, die offensichtlich in größerem Maße in der Kriegsgefangenschaft gestorben sind als Jüngere.

Am interessantesten ist der Vergleich zwischen Heer und Waffen-SS – auf denselben Kriegsschauplätzen eingesetzt und oft genug Konkurrenten. Zunächst einmal fällt auf, daß »nur« 5 Prozent der Verluste des Heeres auf die Westfront entfallen – bei der Waffen-SS sind es jedoch ca. 14 Prozent – und dies, obwohl es während des Frankreichfeldzuges noch keine quantitativ nennenswerten Waffen-SS-Verbände gegeben hatte und folglich die Waffen-SS-Verluste fast ausschließlich auf die zweite Jahreshälfte 1944 seit der Invasion entfallen. Damit korrespondiert dann, daß das Heer ca. 60 Prozent seiner Verluste an der Ostfront erlitten hat, die Waffen-SS jedoch weniger als 40 Prozent. Erst bei den Endkämpfen dreht sich dieses Verhältnis um – ca. 28 Prozent der Waffen-SS-Angehörigen kommen

---

[44] Wollte man die Marineverluste differenzierter nach Kriegsschauplätzen erfassen, die auch von der Kategorisierung her der Marine mehr angemessen wären, dann wäre es notwendig, eine spezielle Marinestichprobe zu erheben, die auch vom Umfang her größer sein müßte, als es der Marineanteil in der vorliegenden Untersuchung ist.

[45] Siehe hierzu auch den in Kap. 3.3.1. geschilderten Fall.

## Tab. 54: Todesfälle nach Kriegsschauplätzen und Organisationen

| Organisation | Kriegsschauplatz | | | | | | |
|---|---|---|---|---|---|---|---|
| | Sonstige Kriegs- schaupl. | Westen | Osten | Endkämpfe | Kriegsge- fangensch. | Summe (in Tsd.) | Anteil (in %) |
| **Heer** | | | | | | | |
| Häufigkeit | 315 353 | 213 528 | 2 471 490 | 861 811 | 339 848 | 4 202 | |
| Zeilenprozent | 7,50 | 5,08 | 58,82 | 20,51 | 8,09 | | |
| Spaltenprozent | 57,74 | 62,81 | 90,10 | 70,06 | 73,96 | | 79,0 |
| **Luftwaffe** | | | | | | | |
| Häufigkeit | 79 198 | 62 198 | 116 891 | 138 320 | 36 099 | 433 | |
| Zeilenprozent | 18,30 | 14,37 | 27,01 | 31,97 | 8,34 | | |
| Spaltenprozent | 14,50 | 18,30 | 4,26 | 11,25 | 7,86 | | 8,1 |
| **Marine** | | | | | | | |
| Häufigkeit | 82 231 | 11 000 | 10 033 | 26 132 | 9 033 | 138 | |
| Zeilenprozent | 59,40 | 7,95 | 7,25 | 18,88 | 6,53 | | |
| Spaltenprozent | 15,06 | 3,24 | 0,37 | 2,12 | 1,97 | | 2,6 |
| **Waffen-SS** | | | | | | | |
| Häufigkeit | 38 231 | 43 198 | 116 363 | 87 693 | 28 264 | 314 | |
| Zeilenprozent | 12,19 | 13,77 | 37,09 | 27,95 | 9,01 | | |
| Spaltenprozent | 7,00 | 12,71 | 4,24 | 7,13 | 6,15 | | 5,9 |
| **Sonstige** | | | | | | | |
| Häufigkeit | 31 132 | 10 033 | 28 132 | 116 089 | 46 231 | 232 | |
| Zeilenprozent | 13,44 | 4,33 | 12,15 | 50,12 | 19,96 | | |
| Spaltenprozent | 5,70 | 2,95 | 1,03 | 9,44 | 10,06 | | 4,4 |
| Summe (in Tsd.) | 546 | 340 | 2 743 | 1 230 | 459 | 5 318 | |
| Anteil (in %) | 10,3 | 6,4 | 51,6 | 23,1 | 8,6 | | 100,0 |

in der Endphase um, während es beim Heer »nur« ca. 21 Prozent sind. Allerdings sollten dabei die Dimensionen nicht außer acht gelassen werden – trotz allem bleiben die Verluste des Heeres mit ca. 860 000 Soldaten ca. zehnmal so hoch wie der der Waffen-SS.

Diese Zahlenverhältnisse stehen im Kontrast zu den bereits erwähnten Aussagen in der Literatur über den Stellenwert der Waffen-SS, gerade an der Ostfront. Wenn dort davon die Rede ist, die Waffen-SS sei die »Feuerwehr der Ostfront« gewesen, die durch ihre rücksichtslose, fanatische Kampfweise manche schwierige Situation bereinigt habe, dann findet sich diese Auffassung in den vorliegenden Zahlen nicht bestätigt. Natürlich ist zuzugestehen, daß der Stellenwert der Waffen-SS nur dann korrekt beurteilt werden kann, wenn der an der Ostfront eingesetzte Personalumfang bekannt wären – was leider nicht der Fall ist. Dennoch sollten diese vorläufigen Ergebnisse Anlaß sein, einmal der Frage nachzugehen, auf welchen Kriegsschauplätzen die Waffen-SS in welchem Umfang eingesetzt war und ob sie im Osten den Stellenwert besaß, der ihr mitunter zugeschrieben wird. Dies wäre jedoch Aufgabe einer weiteren Erhebung, die sich vor allem auch mit dem Personaleinsatz der Waffen-SS beschäftigen müßte.

## Tab. 55: Todesfälle nach Organisationen und Jahren

| Todesjahr | Organisation | | | | | Summe (in Tsd.) | Anteil (in %) |
|---|---|---|---|---|---|---|---|
| | Heer | Luftwaffe | Marine | Waffen-SS | Sonstige | | |
| **1940 und früher** | | | | | | | |
| Häufigkeit | 76 000 | 15 033 | 6 000 | 5 000 | 0 | 102 | |
| Zeilenprozent | 74,49 | 14,73 | 5,88 | 4,90 | 0,00 | | |
| Spaltenprozent | 1,81 | 3,47 | 4,33 | 1,59 | 0,00 | | 1,9 |
| **1941** | | | | | | | |
| Häufigkeit | 297 495 | 23 033 | 8 000 | 23 000 | 5 000 | 357 | |
| Zeilenprozent | 83,44 | 6,46 | 2,24 | 6,45 | 1,40 | | |
| Spaltenprozent | 7,08 | 5,32 | 5,78 | 7,33 | 2,16 | | 6,7 |
| **1942** | | | | | | | |
| Häufigkeit | 501 782 | 32 198 | 10 000 | 17 000 | 11 000 | 572 | |
| Zeilenprozent | 87,73 | 5,63 | 1,75 | 2,97 | 1,92 | | |
| Spaltenprozent | 11,94 | 7,44 | 7,22 | 5,42 | 4,75 | | 10,8 |
| **1943** | | | | | | | |
| Häufigkeit | 701 851 | 43 198 | 22 000 | 33 000 | 12 000 | 812 | |
| Zeilenprozent | 86,43 | 5,32 | 2,71 | 4,06 | 1,48 | | |
| Spaltenprozent | 16,70 | 9,98 | 15,89 | 10,52 | 5,18 | | 15,3 |
| **1944** | | | | | | | |
| Häufigkeit | 1 454 507 | 138 792 | 50 231 | 120 792 | 37 264 | 1 803 | |
| Zeilenprozent | 80,73 | 7,70 | 2,79 | 6,70 | 2,07 | | |
| Spaltenprozent | 34,61 | 32,08 | 36,29 | 38,50 | 16,09 | | 33,9 |
| **1945** | | | | | | | |
| Häufigkeit | 1 077 065 | 173 419 | 42 198 | 97 759 | 149 287 | 1 540 | |
| Zeilenprozent | 69,95 | 11,26 | 2,74 | 6,35 | 9,70 | | |
| Spaltenprozent | 25,63 | 40,08 | 30,48 | 31,16 | 64,45 | | 29,0 |
| **1946 und später** | | | | | | | |
| Häufigkeit | 93 330 | 7 033 | 0 | 17 198 | 17 066 | 135 | |
| Zeilenprozent | 69,32 | 5,22 | 0,00 | 12,77 | 12,68 | | |
| Spaltenprozent | 2,22 | 1,63 | 0,00 | 5,48 | 7,37 | | 2,5 |
| Summe (in Tsd.) | 4 202 | 433 | 138 | 314 | 232 | 5 318 | |
| Anteil (in %) | 79,0 | 8,1 | 2,6 | 5,9 | 4,4 | | 100,0 |

Die Verluste der drei Wehrmachtteile an den verschiedenen Fronten miteinander zu vergleichen, ist wenig ergiebig – die Einsatzgebiete waren so offensichtlich unterschiedlich, daß daraus auch eine andere Verteilung der Verluste resultieren mußte. Dies kommt auch in Tabelle 55 zum Ausdruck.

Betrachtet man den Ablauf der Jahre, so zeigen sich neben Resultaten, die aufgrund der vorhergehenden Erläuterungen zu erwarten waren, doch auch recht interessante Unterschiede. Zunächst einmal fällt auf, daß das Heer bis einschließlich 1943 weitgehend allein die Last des Krieges trägt – in fast jedem Jahr liegt der Verlustanteil dieses Wehrmachtteils deutlich über 80 Prozent. Dies gilt nicht für den Zeitraum bis einschließlich 1940 – zum einen, weil 1940 kein verlustreicher Feldzug stattfand, zum anderen aber auch, weil die Verluste der Luftwaffe – vor allem im Westen im Einsatz gegen Großbritannien – relativ hoch waren.

Im Jahr 1944 beginnen sich die Verhältnisse zu ändern. Zwar verdoppeln sich die Verluste des Heeres, aber die der anderen Organisation steigen auf das Drei- und Vierfache der Vorjahresverluste. Auch wenn es sich nicht quantitativ ausdrücken läßt, zeigt doch die Analyse der vorliegenden Fälle, daß der unterschiedliche Anstieg der Verluste nicht so sehr auf eine gesteigerte Kampftätigkeit der Organisationen in ihren »regulären« Aufgabengebieten zurückzuführen ist, nein – es steigt die Zahl der Verluste bei Luftwaffe und Marine, die offensichtlich im infanteristischen Einsatz erfolgt sind. Ihren Abschluß findet die Entwicklung 1945, dem einzigen Jahr, in dem das Heer weniger Soldaten verlor als im Vorjahr. Zum Ausdruck kommt darin jedoch nicht ein Abflauen der Kämpfe, sondern nur die bereits 1944 festzustellende Verlagerung, die Unterschiedslosigkeit, denn die Masse der Luftwaffen- und Marineverluste entfällt auch auf die Endkämpfe – und dies im Rahmen von Erdkriegshandlungen. Hier zeigen sich die Ergebnisse einer zunehmend chaotischen Kriegführung, für die Soldaten ad hoc und ohne Rücksicht auf ihre Ausbildung zu Einheiten zusammengestellt wurden, die dann auch bald aufgerieben wurden. Deutlich zum Ausdruck kommt dies in einer Entwicklung, die bereits in den vorherigen Abschnitten aufgezeigt worden war: Ein 1939 eingezogener Soldat starb, wenn, dann »erst« nach mehr als vier Kalenderjahren, ein 1945 Eingezogener jedoch nach ca. einem Monat.

Bisher hatten die an der Kriegführung beteiligten Organisationen im Vordergrund gestanden, die Todesfälle selbst waren nicht nach ihren Ursachen differenziert worden. Wenn man diese Frage jedoch stellt, dann zeigen sich ganz wesentliche Unterschiede zwischen den Kriegsschauplätzen: Die erste Kategorie in Tab. 56 ist selbsterklärend – in der zweiten sind alle Fälle zusammengefaßt, in denen die Betroffenen zwar nicht gefallen, aber auf deutscher Seite ums Leben gekommen, d.h. vor allem an Krankheiten oder Verwundungen gestorben sind[46]. In der dritten Gruppe sind alle Fälle enthalten, in denen der letzte Verbleib nicht definitiv geklärt ist.

Vergleicht man nun die beiden ersten Fallgruppen miteinander, so ist zunächst festzustellen, daß im Westen die Quote der Gefallenen am höchsten ist, während sie im Osten um 17 Prozentpunkte niedriger liegt. Vermutlich hängt dies mit den schlechteren sanitären Verhältnissen, der Weiträumigkeit der Kriegführung und

---

[46] Hinzu kommen die beiden Kategorien »Selbstmord« und »Todesurteil«, die allerdings so geringe Fallzahlen aufwiesen, daß es nicht sinnvoll war, sie getrennt auszuweisen (zu den Definitionen siehe Kap. 3.3.1.). Es scheint auch fraglich, ob zur Erfassung solcher Sachverhalte nicht ein anderes Untersuchungsdesign notwendig wäre, das folgenden Aspekten Rechnung tragen müßte. Zunächst ist zu bedenken, daß Selbstmord eine unehrenwerte Todesart war, mit vielen Nachteilen für die Hinterbliebenen. Von daher wird mancher Selbstmörder seinen Tod getarnt haben, wie auch Vorgesetzte oder Kameraden möglicherweise manchen Selbstmord im Interesse der Hinterbliebenen verschleiert haben werden.
Im Falle der Todesurteile ist zu bedenken, daß die in der Literatur diskutierten Angaben von ca. 20 000 bis 30 000 Fällen zwar als absolute Zahl extrem hoch sind, bezogen auf die Summe der Verluste stellen sie jedoch mit ca. 0,5 % einen marginalen Anteil dar, der mit dem hier verwendeten Stichprobenumfang nicht zuverlässig erfaßbar ist.

**Tab. 56: Verluste nach Kriegsschauplätzen und Todesarten**

| Todesart | Kriegsschauplatz | | | | Summe (in Tsd.) | Anteil (in %) |
|---|---|---|---|---|---|---|
| | Westen | Osten | End-Kämpfe | Sonstige | | |
| Gefallen | | | | | | |
| Häufigkeit | 231 132 | 1 401 462 | 401 660 | 269 066 | 2 303 | |
| Zeilenprozent | 10,03 | 60,85 | 17,44 | 11,68 | | |
| Spaltenprozent | 67,99 | 51,09 | 32,65 | 49,27 | | 47,4 |
| Auf sonstige Weise gestorben | | | | | | |
| Häufigkeit | 58 000 | 206 033 | 131 066 | 153 066 | 548 | |
| Zeilenprozent | 10,58 | 37,59 | 23,91 | 27,92 | | |
| Spaltenprozent | 17,06 | 7,51 | 10,66 | 28,03 | | 11,3 |
| Verschollen | | | | | | |
| Häufigkeit | 50 825 | 1 135 414 | 697 319 | 124 013 | 2 008 | |
| Zeilenprozent | 2,53 | 56,56 | 34,73 | 6,18 | | |
| Spaltenprozent | 14,95 | 41,39 | 56,69 | 22,71 | | 41,3 |
| Summe (in Tsd.)* | 340 | 2 743 | 1 230 | 546 | 4 859 | |
| Anteil (in %) | 7,0 | 56,5 | 25,3 | 11,2 | | 100,0 |

* ohne Todesfälle in Kriegsgefangenschaft

den mangelhaften Transportwegen im Osten zusammen, die zu einer höheren Sterblichkeit aufgrund von Verwundungen und Krankheit geführt zu haben scheinen. Diese These zu prüfen, wäre allerdings Aufgabe einer neuen, speziellen Untersuchung. Sie müßte zwei Aspekte berücksichtigen. Zum einen ist der Anteil der nicht definitiv geklärten Fälle bei den verschiedenen Kriegsschauplätzen unterschiedlich hoch – vielleicht ist die differenzierende Verteilung lediglich auf einen schlechteren Kenntnisstand zurückzuführen. Zum anderen ist der Anteil der Nicht-Gefallenen an den Endkämpfen mit fast einem Viertel erstaunlich hoch. Natürlich drückt sich darin aus, daß schon die Rekruten dieses Zeitraums überdurchschnittlich alt oder sehr jung und vermutlich häufig krank oder bereits kriegsbeschädigt waren. Schon von daher mußte der Anteil der Kranken steigen. Es dürften aber in der Zahl der Nicht-Gefallenen in nennenswertem Umfang Soldaten enthalten sein, die vor allem an der Ostfront verwundet, dann in die rückwärtigen Lazarette transportiert worden und später während der Endkämpfe im Heimatkriegsgebiet gestorben waren. Inwieweit diese Todesfälle auf die mangelhafte Versorgung, die Einbeziehung der Lazarette in Kriegshandlungen, die Tötung von Verwundeten oder die Schwere der erlittenen Verletzungen zurückzuführen und welchem Kriegsschauplatz sie damit zuzurechnen sind, kann hier nicht aufgezeigt werden, wäre jedoch eine weitere Untersuchung wert.

Zunächst aber zur Altersabhängigkeit der Todesart – welche Zusammenhänge zwischen dem Alter der Toten und der Todesart bestehen, zeigt Tabelle 57.

**Tab. 57: Tote nach Todesart und Jahrgangsklassen**

| Todesart | Jahrgangsklasse | | | | | | | | |
|---|---|---|---|---|---|---|---|---|---|
| | 1900 u. älter | 1901 – 1905 | 1906 – 1910 | 1911 – 1915 | 1916 – 1920 | 1921 – 1925 | 1926 u. jünger | Summe (in Tsd.) | Anteil (in %) |
| Gefallen | | | | | | | | | |
| Häufigkeit | 73 099 | 98 033 | 345 132 | 515 330 | 517 198 | 651 462 | 103 066 | 2 303 | |
| Zeilenprozent | 3,17 | 4,26 | 14,98 | 22,37 | 22,45 | 28,28 | 4,47 | | |
| Spaltenprozent | 31,93 | 28,24 | 41,20 | 49,31 | 56,88 | 53,03 | 39,31 | | 47,4 |
| Auf sonstige Weise gestorben | | | | | | | | | |
| Häufigkeit | 42 000 | 56 033 | 88 000 | 111 000 | 81 033 | 141 066 | 29 033 | 548 | |
| Zeilenprozent | 7,66 | 10,22 | 16,05 | 20,25 | 14,78 | 25,73 | 5,30 | | |
| Spaltenprozent | 18,34 | 16,14 | 10,50 | 10,62 | 8,91 | 11,48 | 11,07 | | 11,3 |
| Verschollen | | | | | | | | | |
| Häufigkeit | 113 848 | 193 135 | 404 567 | 418 798 | 311 049 | 436 062 | 130 112 | 2 008 | |
| Zeilenprozent | 5,67 | 9,62 | 20,15 | 20,86 | 15,49 | 21,72 | 6,48 | | |
| Spaltenprozent | 49,73 | 55,63 | 48,30 | 40,07 | 34,21 | 35,49 | 49,62 | | 41,3 |
| Summe (in Tsd.)* | 229 | 347 | 838 | 1 045 | 909 | 1 229 | 262 | 4 859 | |
| Anteil (in %) | 4,7 | 7,2 | 17,2 | 21,5 | 18,7 | 25,3 | 5,4 | | 100,0 |

* ohne Todesfälle in Kriegsgefangenschaft

Die obige Tabelle bietet kaum Überraschungen – die jungen Jahrgänge (1916 – 1925) weisen mit mehr als 50 Prozent den höchsten Anteil an Gefallenen auf – die »Alten« (1905 und früher) dagegen den höchsten Anteil an den sonstigen Todesgründen. Typisch dann auch die Verteilung bei den nicht definitiv geklärten Fällen – bei den Jahrgängen 1916 – 1925 ist ihr Anteil gering – sie wurden relativ früh eingezogen, ihr Tod fiel großenteils in die Zeit, als die Wehrmacht noch vorwärts marschierte oder verteidigte und die eigenen Toten bergen konnte. Anders dagegen die Verteilung bei den beiden ältesten und den jüngsten Jahrgängen. Soweit sie unmittelbar in Kampfhandlungen verwickelt waren und Verluste erlitten, war dies die Endphase, in der sich die Wehrmacht zurückzog oder ganze Heeresgruppen zerschlagen wurden. Von daher ist auch der Anteil der unklaren Fälle besonders hoch.

Soweit zur Differenzierung der Verluste nach Kriegsschauplätzen und Organisationen. In den vorherigen Abschnitten hatten sich mehrfach Hinweise ergeben, daß bestimmte Gruppen, je nach Alter, Herkunft oder Organisationszugehörigkeit, durchaus ungleiche Überlebenschancen besaßen. Zum Teil konnte dies auf unterschiedliche Einziehungszeitpunkte, verschiedene Einziehungsquoten und andere Einflußgrößen zurückgeführt werden. Nun sei aber daran erinnert, daß bei der Konzeption des Projektes von der Annahme ausgegangen worden war, daß es keine spezifische landsmannschaftliche Zuweisung zu Fronten gegeben habe[47]. Von daher stellt sich nun die Frage, ob einzelne Gruppen – sei es

[47] Siehe hierzu Kap. 3.3.

## Tab. 58: Todesfälle nach Herkunft und Kriegsschauplätzen

| Herkunft | Kriegsschauplatz | | | | | Summe (in Tsd.) | Anteil (in %) |
|---|---|---|---|---|---|---|---|
| | Sonstige | Westen | Osten | End-Kämpfe | Kriegsgefangensch. | | |
| **Bundesrepublik** | | | | | | | |
| Häufigkeit | 363 419 | 224 528 | 1 864 266 | 787 722 | 306 518 | 3 546 | |
| Zeilenprozent | 10,25 | 6,33 | 52,57 | 22,21 | 8,64 | | |
| Spaltenprozent | 66,54 | 66,05 | 67,97 | 64,04 | 66,71 | | 66,7 |
| **Ehemalige Ostgebiete** | | | | | | | |
| Häufigkeit | 79 264 | 56 198 | 462 135 | 238 376 | 74 429 | 910 | |
| Zeilenprozent | 8,71 | 6,17 | 50,76 | 26,18 | 8,18 | | |
| Spaltenprozent | 14,51 | 16,53 | 16,85 | 19,38 | 16,20 | | 17,1 |
| **Österreich** | | | | | | | |
| Häufigkeit | 28 033 | 12 033 | 133 891 | 54 594 | 32 198 | 261 | |
| Zeilenprozent | 10,75 | 4,61 | 51,35 | 20,94 | 12,35 | | |
| Spaltenprozent | 5,13 | 3,54 | 4,88 | 4,44 | 7,01 | | 4,9 |
| **Sonstige** | | | | | | | |
| Häufigkeit | 75 429 | 47 198 | 282 617 | 149 353 | 46 330 | 601 | |
| Zeilenprozent | 12,55 | 7,85 | 47,03 | 24,85 | 7,71 | | |
| Spaltenprozent | 13,81 | 13,88 | 10,30 | 12,14 | 10,08 | | 11,3 |
| Summe (in Tsd.) | 546 | 340 | 2 743 | 1 230 | 459 | 5 318 | |
| Anteil (in %) | 10,3 | 6,4 | 51,6 | 23,1 | 8,6 | | 100,0 |

geplant oder zufällig – in einem besonderen Umfang an bestimmten Fronten eingesetzt waren und dadurch größere oder niedrigere Verluste erlitten als andere. Um eine solche Prüfung stichhaltig durchzuführen, sind die vorliegenden Daten leider nur bedingt geeignet – denn die Zahl der auf den einzelnen Kriegsschauplätzen eingesetzten Menschen ist nicht bekannt. Im folgenden kann daher nur die Verteilung der Toten analysiert werden in der Annahme, daß sich hierin die Verteilung der Eingezogenen widerspiegelt.

Auch wenn in Tab. 58 einzelne Zellen vom Durchschnitt abweichen, so ergibt sich doch kein statistisch signifikanter Trend. Ein erheblicher Teil der Zellen weist weniger als 50 000 Fälle auf und ist damit so gering besetzt, daß die Grenzen der Aussagefähigkeit der vorliegenden Untersuchung erreicht werden. Ansonsten lassen sich die vorhandenen Abweichungen offensichtlich auf bereits dargestellte Ursachen zurückführen. So entfallen auf die sonstigen Herkunftsgebiete weniger Verluste im Osten und mehr im Westen, weil hier bevorzugt zur Waffen-SS eingezogen wurde – und diese hatte relativ hohe Verluste im Westen und relativ geringere im Osten[48]. Ähnlich erklärt sich der übergroße Anteil der Bevölkerung

---

[48] Herzog, Volksdeutsche, S. 3 – 5.

der Ostgebiete des Deutschen Reiches an den Verlusten der Endkämpfe – hier schlagen sich die Verluste des Volkssturms nieder, der den überwiegenden Teil seiner Todesfälle 1945 zu verzeichnen hatte.

Insgesamt ergibt sich somit keine herkunftsspezifische Verschiebung, die nicht durch andere Einflußgrößen zu erklären wäre. So banal die Feststellung erscheinen mag, sie ist es nicht. War doch in den vorhergehenden Abschnitten mehrfach festgestellt worden, daß die Österreicher eine Todesquote aufweisen, die deutlich unter dem Durchschnitt liegt. Würde sich nun die Verteilung der Verluste nach Kriegsschauplätzen bei den Österreichern wesentlich, d.h. bei den quantitativ gewichtigen Zellen, von der bei den anderen Bevölkerungsgruppen unterscheiden, so gäbe es einen Ansatzpunkt für weitere Überlegungen. Dies ist jedoch nicht der Fall, so daß nur die Feststellung bleibt, die Österreicher scheinen an allen Fronten eine gleichmäßig höhere Überlebensrate gehabt zu haben als andere Gruppen – so erklärungsbedürftig dieser Sachverhalt auch ist.

Natürlich ist auch hier wieder der Einwand möglich, daß erst die Kenntnis des Personaleinsatzes korrekte Schlüsse erlaubt – schließlich ist es denkbar, daß an einer Front doppelt so viele Österreicher wie Personen aus anderen Regionen eingesetzt waren, von denen jedoch nur halb so viele starben wie bei anderen Bevölkerungsgruppen. Das Resultat bei den Toten wäre eine gleichmäßige Verteilung. Dies müßte an der Ostfront – allenfalls noch während der Endkämpfe – der Fall gewesen sein, weil nur dort die Verluste so groß waren, daß sie die vorhandenen, massiv unterschiedlichen Relationen verursachen könnten. Dieser Frage weiter nachzugehen, muß allerdings einer späteren Untersuchung vorbehalten bleiben.

Soweit zu den einzelnen Befunden – der Übersichtlichkeit halber sind sie nachfolgend nochmals aufgelistet:

- Der wichtigste Einzelkriegsschauplatz ist die Ostfront, hier ereignen sich mit ca. 2,7 Millionen Todesfällen mehr als 50 Prozent aller Verluste. Bezieht man auch noch diejenigen ein, die während der Endkämpfe an der Ostfront oder in sowjetischem Gewahrsam gestorben sind, so hat der Ostfeldzug insgesamt ca. 4 Millionen Deutsche das Leben gekostet, während es im Westen weniger als eine Million waren. Berücksichtigt man zusätzlich den Zeitaspekt, so ergibt sich eine Relation zwischen Ost- und Westfront von 6:1.
- Obwohl die Verluste an der Ostfront sich von ca. 300 000 auf ca. 700 000 mehr als verdoppeln, nimmt ab 1943 der Anteil der Ostfront an den jährlichen Gesamtverlusten ab, weil die Zahl der Todesfälle an den anderen Fronten noch schneller steigt.
- Unter Berücksichtigung des Zeitaspekts sind die höchsten Verluste bei den Endkämpfen festzustellen – hier sterben ca. 300 000 Soldaten pro Monat, während es selbst 1944 an der Ostfront »nur« ca. 100 000 im Monatsdurchschnitt sind.
- Die Verluste der verschiedenen Organisationen sind bis ca. 1943 von ihren jeweiligen Einsatzbereichen geprägt, ab 1944 ändert sich jedoch dieses Muster. Auch Luftwaffen- und Marinesoldaten sterben zunehmend im infanteristischen Einsatz.

- Soweit die vorhandenen Daten ein Urteil zulassen, zeigt sich beim Vergleich der Heeresverluste mit den Waffen-SS-Verlusten, daß die Waffen-SS keineswegs die »Feuerwehr der Ostfront« gewesen zu sein scheint. Sie weist dagegen einen überdurchschnittlich hohen Anteil an Verlusten im Westen auf. Darüber hinaus betragen ihre Gesamtverluste im Osten »nur« 5 Prozent der Wehrmachtverluste – quantitativ also ein doch sehr untergeordneter »Beitrag«. Aufgabe einer anders konzipierten Untersuchung könnte es sein, diesen Sachverhalt aufzuklären.
- Im Osten ist die Quote der an Krankheit und Verwundung Gestorbenen die höchste aller Kriegsschauplätze, vermutlich wegen der schlechteren Rahmenbedingungen – aber auch diese Feststellung bedarf einer Klärung durch eine weitere Untersuchung.
- Die Zahl der an Krankheit oder Verwundung Gestorbenen in der Endphase ist relativ hoch, weil hier sehr viel überdurchschnittlich Alte eingesetzt waren.
- Differenziert man die Todesfälle auf den Kriegsschauplätzen nach Herkunft oder Alter der Toten, dann ergeben sich nur solche Verteilungsunterschiede, die sich aus den unterschiedlichen Einziehungspräferenzen und den Einsatzschwerpunkten der Organisationen ableiten lassen. Ein Anhaltspunkt, daß etwa eine Bevölkerungsgruppe bevorzugt auf einem bestimmten Kriegsschauplatz eingesetzt wurde, findet sich nicht – abgesehen von einer Ausnahme. Die Angehörigen des Volkssturms, die ums Leben kamen, waren vorwiegend ältere Personen, die aus den Ostgebieten des Deutschen Reiches stammten. Diese Besonderheit ergibt sich aber nur so, weil der Volkssturm im wesentlichen bodenständig eingesetzt war und er nur im Osten in größerem Umfang Verluste erlitt.
- Insbesondere ergibt sich kein Hinweis, daß die Österreicher an einer bestimmten Front eingesetzt waren. Die Frage, warum sie dennoch eine höhere Überlebensquote erzielten, bleibt damit weiterhin erklärungsbedürftig. Eines allerdings zeigt sich in aller Eindeutigkeit. Die Verschiebung der Todesquote ist so groß, daß sie sich nicht aus speziellen Umständen eines – unter dem Aspekt der Verluste – weniger wichtigen Kriegsschauplatzes, wie etwa der »Westfront« ergeben kann. Von daher scheinen nur zwei Alternativen denkbar – entweder zeigt sich hier ein genereller Trend, der auf allen Kriegsschauplätzen festzustellen ist, oder es handelt sich um ein Spezifikum der unter dem Aspekt »Verluste« wichtigsten Kriegsschauplätze, d.h. der Ostfront und/oder der Endkämpfe.

### 4.2.5.2 Ostfront

Gründe, die Verluste an der Ostfront einer näheren Betrachtung zu unterziehen, gibt es mehrere. Zunächst einmal ist dies der offensichtlich wichtigste Kriegsschauplatz, zum anderen haben sich nur an der Ostfront über einen langen Zeitraum relativ hohe Verluste ereignet. Und ausschließlich hier liegen die monatlichen Todesziffern über einen langen Zeitraum so hoch, daß sie mit der hier zugrundeliegenden Stichprobe ausreichend zuverlässig ausgewiesen werden können. Darüber hinaus ist die Ostfront – gerade wegen der lang andauernden Verluste – derjenige Kriegsschauplatz, anhand dessen prinzipielle Probleme der »Verarbeitung«, d.h. des intellektuellen Umgangs der Führung mit der Kategorie »Verluste«, besonders deutlich werden.

Doch zunächst einmal die Verlustzahlen in einem graphischen Überblick: Abbildung 4 und Tab. 59 weisen zwar die Verluste aller Organisationen aus, da jedoch ca. 90 Prozent aller Verluste im Osten auf das Heer entfallen und nur die Luftwaffe sowie die Waffen-SS mit jeweils ca. 4 Prozent einen, wenn auch marginalen, Anteil beitragen, entsprechen die Ergebnisse weitestgehend den Heeresverlusten.

Wenn man Abb. 4 und Tab. 59 inhaltlich analysiert, so fallen zwei Spitzen auf, die Verluste im Januar 1943 – Stalingrad –, aber noch mehr und durchaus weniger bekannt, der Zusammenbruch der Heeresgruppen Mitte und Südukraine im Sommer 1944. Vergleicht man die Verluste im Winter 1942/1943 mit denen im Sommer 1944, dann zeigt sich, daß die letzteren doch etwa doppelt so hoch sind wie erstere. Dies steht in einem interessanten Gegensatz zum Bekanntheitsgrad dieser Ereignisse, von denen Stalingrad eine fast unübersehbare Publikationsflut ausgelöst hat, während der Zusammenbruch der Heeresgruppe Mitte bis heute wenig und der der Heeresgruppe Südukraine fast völlig unerforscht ist.

Doch was bedeuten Hunderttausende von Toten konkret? Dies soll anhand der Tabelle 60 anschaulich gemacht werden.

Um sich ihre Aussage zu verdeutlichen, ist es notwendig, einige Vergleichszahlen anzuführen. Zu Kriegsbeginn betrug die planmäßige Stärke einer Infanteriedivision ca. 17 000, die eines Regiments ca. 3250 Soldaten. Bis Kriegsende wurden die Ansätze für die Infanteriedivision auf ca. 12 000 und für das Regiment auf ca. 2000 Mann gekürzt. Setzt man diese Angaben in Relation zu den Ver-

**Tab. 59: Gesamtverluste an der Ostfront**

| Monat/Jahr | Tote | Monat/Jahr | Tote | Monat/Jahr | Tote | Monat/Jahr | Tote | Jahr | Tote | % |
|---|---|---|---|---|---|---|---|---|---|---|
| | | 01/1942 | 48 165 | 01/1943 | 180 310 | 01/1944 | 70 330 | 1941 | 302 000 | 11,0 |
| | | 02/1942 | 44 099 | 02/1943 | 68 330 | 02/1944 | 64 429 | 1942 | 507 000 | 18,4 |
| | | 03/1942 | 44 132 | 03/1943 | 46 066 | 03/1944 | 93 660 | 1943 | 701 000 | 25,6 |
| | | 04/1942 | 23 066 | 04/1943 | 16 000 | 04/1944 | 73 264 | 1944 | 1 233 000 | 45,0 |
| | | 05/1942 | 38 099 | 05/1943 | 19 066 | 05/1944 | 48 363 | Summe | 2 743 000 | 100,0 |
| 06/1941 | 25000 | 06/1942 | 29 033 | 06/1943 | 13 066 | 06/1944 | 142 079 | | | |
| 07/1941 | 63099 | 07/1942 | 38 066 | 07/1943 | 71 231 | 07/1944 | 169 881 | | | |
| 08/1941 | 46066 | 08/1942 | 62 165 | 08/1943 | 59 198 | 08/1944 | 277 465 | | | |
| 09/1941 | 51033 | 09/1942 | 45 033 | 09/1943 | 57 429 | 09/1944 | 70 561 | | | |
| 10/1941 | 41099 | 10/1942 | 25 000 | 10/1943 | 53 264 | 10/1944 | 92 528 | | | |
| 11/1941 | 36000 | 11/1942 | 31 198 | 11/1943 | 67 363 | 11/1944 | 45 363 | | | |
| 12/1941 | 40198 | 12/1942 | 78 759 | 12/1943 | 49 330 | 12/1944 | 85 023 | | | |
| Summe | 302 000 | Summe | 507 000 | Summe | 701 000 | Summe | 1 233 000 | | | |

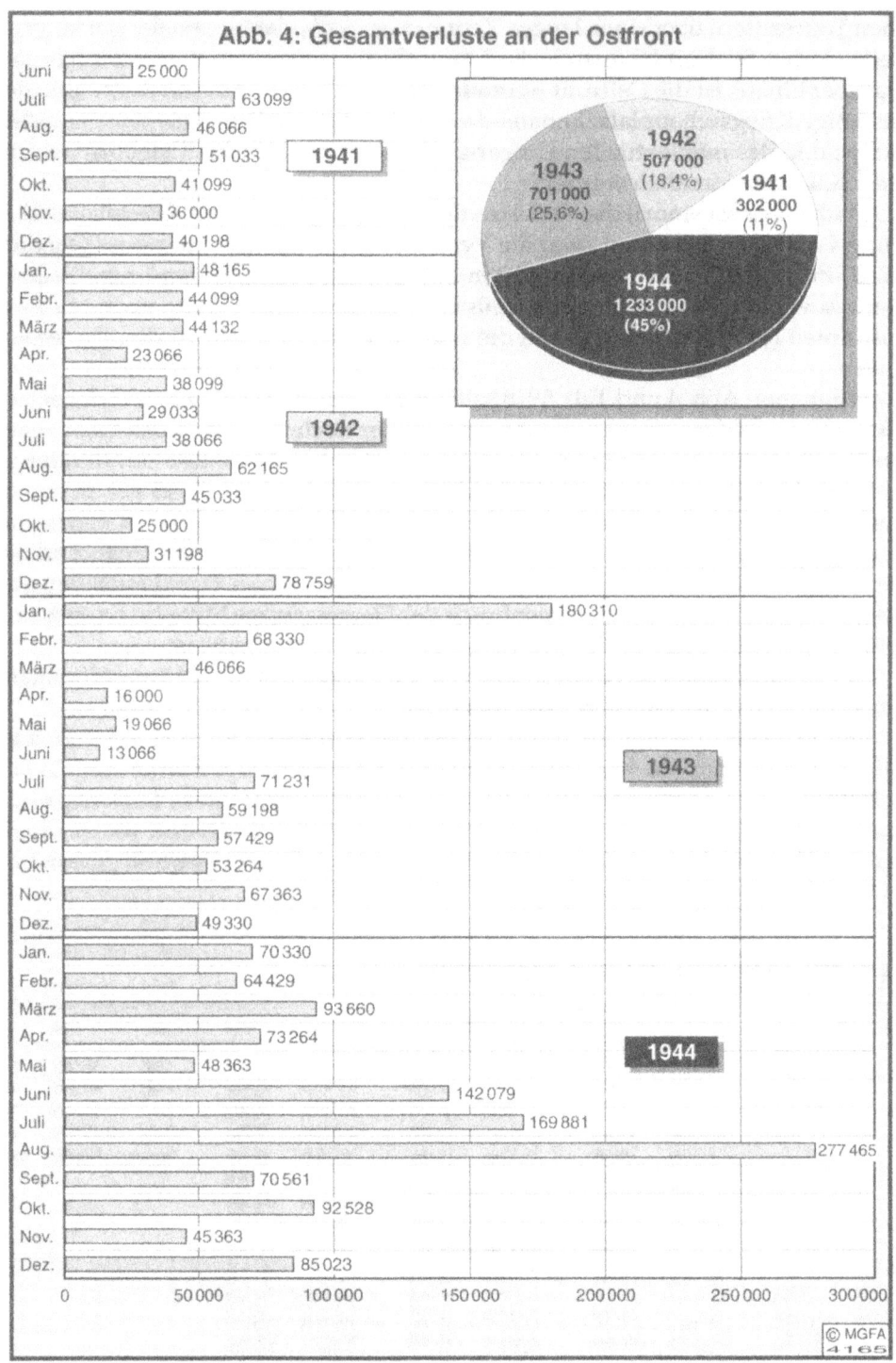

**Tab. 60: Todesfälle an der Ostfront bis 31. 12. 1944**

| Quartal | Todesfälle absolut | % | Durchschnittliche tägliche Verlustrate |
|---|---|---|---|
| 1941/III | 185 198 | 6,8 | 2 060 |
| 1941/IV | 117 297 | 4,3 | 1 300 |
| 1942/I | 136 396 | 5,0 | 1 520 |
| 1942/II | 90 198 | 3,3 | 1 010 |
| 1942/III | 145 264 | 5,3 | 1 610 |
| 1942/IV | 134 957 | 4,9 | 1 500 |
| 1943/I | 294 706 | 10,7 | 3 270 |
| 1943/II | 48 132 | 1,8 | 530 |
| 1943/III | 187 858 | 6,8 | 2 090 |
| 1943/IV | 169 957 | 6,2 | 1 890 |
| 1944/I | 228 419 | 8,3 | 2 540 |
| 1944/II | 263 706 | 9,6 | 2 930 |
| 1944/III | 517 907 | 18,9 | 5 750 |
| 1944/IV | 222 914 | 8,1 | 2 480 |
| Summe | 2 743 000 | 100,0 | 2 180 |

lusten, dann zeigt sich, daß an jedem Tag des Ostfeldzuges die Personalstärke eines ganzen Regiments (Stand 1944) um Leben kam – im dritten Quartal 1944 waren es sogar täglich ca. drei Regimenter. Oder mit anderen Worten – in aller Regel dauerte es »nur« gut eine Woche, bis eine ganze Division in voller Friedensstärke umgekommen war.

Diese Verlustraten scheinen exorbitant, doch der Vergleich mit anderen Kriegsschauplätzen relativiert diesen Eindruck etwas. Natürlich lagen die Todesraten im Westen weitaus niedriger, aber bei den Endkämpfen kamen in ca. 4 Monaten fast 1,2 Millionen Soldaten ums Leben, d.h. täglich ca. 10 000 Mann – und damit fünfmal so viele wie an einem durchschnittlichen Tag der Ostfront oder doppelt soviel wie in den verlustreichsten Phasen des Ostkrieges. Insoweit waren also die Endkämpfe noch weitaus verlustreicher als der Ostfeldzug, aber mit vier Monaten Dauer handelte es sich um einen relativ kurzen Zeitabschnitt – und der Zusammenbruch der Kommunikationsstrukturen ließ niemanden mehr die Höhe der Verluste überschauen. Am deutlichsten werden diese Informationsdefizite daran sichtbar, daß selbst an so zentraler Stelle der Wehrmachtführung eingesetzte Offiziere, wie Schramm oder Müller-Hillebrand, die tatsächliche Höhe der Verluste in dieser Periode später völlig unterschätzen – und dies in weitaus größerem Umfang als es hinsichtlich der Gesamtverluste der Fall war[49].

---

[49] Siehe hierzu Kap. 4.2.3.3.

Doch wie verhält es sich mit den Soldaten, die an der Ostfront kämpften? Wenn man die letzten Monate während der Endkämpfe einbezieht, dann dauerte dieser Teil des Krieges insgesamt fast vier Jahre. Millionen Soldaten haben ihn erlebt, und sie haben Millionen sterben sehen. Anders als in der kurzen, chaotischen Phase der Endkämpfe müßte doch durch diese langfristig anhaltenden Verluste sowohl beim einfachen Soldaten, der seine Kameraden sterben sah, wie auch bei den Offizieren und erst recht bei den Generalen aufgrund der Kommunikation, die durch Heimaturlaube, Dienstreisen, Versetzungen, Lazarettaufenthalte, Unterstellungen unter andere Verbände oder auf sonstige Weise bestand, jenseits von aller Zahlenkenntnis zumindest ein intuitives Gefühl für die Bedrohlichkeit dieser Situation oder auch nur die Frage entstanden sein, wie lange die Wehrmacht diese Verluste noch durchstehen kann. Dieser Problematik soll später nachgegangen werden.

Gegen diese Argumentation könnte nun eingewandt werden, daß der Führung die tatsächlichen Verluste wegen der Unzuverlässigkeit des Meldewesens nicht bekannt gewesen seien und folglich ein Nachdenken über nicht vorhandene Informationen auch nicht hätte erwartet werden können. Um diesem Einwand nachzugehen, erscheint es geboten, die den damaligen Entscheidungsträgern zur Verfügung stehenden Daten mit den Ergebnissen der vorliegenden Studie zu vergleichen.

Dabei ergibt sich allerdings ein wesentliches Problem. Die empirische Untersuchung weist nur diejenigen Soldaten aus, die tatsächlich gestorben sind, Wehrmachtstatistiken jedoch neben den Toten auch diejenigen, die in Kriegsgefangenschaft geraten sind – natürlich ohne Rücksicht darauf, ob sie den Krieg überlebt haben oder nicht. Von daher sind Vergleiche zwischen der vorliegenden Arbeit und der Wehrmacht282

statistik nur unter Zuhilfenahme von Umrechnungen möglich. Hinsichtlich der Ostfront ergibt sich allerdings insofern eine »günstige« Situation, als diejenigen, die bis etwa Frühjahr 1943 in sowjetische Kriegsgefangenschaft gerieten, zu ca. 95 Prozent gestorben sind. Von daher ist der Definitionsunterschied zwischen der vorliegenden Untersuchung und den Wehrmachtstatistiken für den Zeitraum Juni 1941 bis Frühjahr 1943 tendenziell aufgehoben[50].

Im folgenden sollen nun die Differenzen an zwei Zeitpunkten ermittelt werden, wobei zunächst einmal auf einen Vergleich zurückgegriffen wird, der bereits in Kap. 2.2.4. erstellt worden war, um die Diskrepanzen zwischen den verschiedenen Meldewegen aufzuzeigen.

Wenn man Tab. 61 betrachtet, dann überrascht doch die Größenordnung der Unterschiede. Bedeuten sie doch, daß die tatsächlichen Verluste, je nachdem, welche Angaben verglichen werden, um bis zu 500 000 Mann höher waren, als es die Wehrmachtstatistiken ausweisen. Und dies bereits im August 1943, kurz nach dem Zusammenbruch der letzten größeren deutschen Angriffsoperation im Osten – aber zwei Jahre vor Kriegsende.

---

[50] Böhme, Bilanz, S. 110; Overmans, Das andere Gesicht, S. 445.

**Tab. 61: Verluste des Heeres an der Ostfront bis 31. 8. 1943***

| Quelle | Tote und Vermißte | |
|---|---|---|
| | absolut | % |
| SIn | ca. 760 000 | 61 |
| IVb | ca. 710 000 | 57 |
| WASt | ca. 810 000 | 65 |
| WVW/WED | ca. 970 000 | 78 |
| Vorliegende Untersuchung | ca. 1 190 000 | |
| Überlebende Kriegsgefangene | ca. 50 000 | |
| | ca. 1 240 000 | 100 |

* Die Angaben wurden gerundet, um den Eindruck einer Genauigkeit zu vermeiden, die tatsächlich nicht gegeben ist; im einzelnen siehe Kap. 2.2.4., Tab. 2. Da in der vorliegenden Untersuchung nur tatsächlich Tote enthalten sind, in den Wehrmachtangaben jedoch auch Vermißte, die überlebt haben, mußte die Zahl der überlebenden Kriegsgefangenen errechnet werden. Dabei wurden die von der Maschke-Kommission erarbeiteten Werte zugrundegelegt, siehe Böhme, Bilanz, S. 49 und 110. Dem Vergleich wurden nicht die Monatsverluste, sondern die kumulierten Werte zugrunde gelegt, um die Auswirkungen unterschiedlich schneller Meldewege möglichst gering zu halten. Monatliche Zahlen für die Verluste des Ostheeres bis Dezember 1943 finden sich in: OKW/AWA/WVW(V), Nr. 47/1945, g.Kdos, Gefechtsausfälle des Heeres in Russland an Gefallenen, Verwundeten und Vermissten nach Heeresarzt und Armeeärzten, BA-MA, RW 6/v. 180.

Ein zweiter Vergleich soll vorgenommen werden für den letztmöglichen Termin, d.h. den 31. Dezember 1944. Dies einerseits, weil in der vorliegenden Untersuchung die Ostfront ab 1. Januar 1945 nicht mehr separat ausgewiesen ist, andererseits weil dies im Osten eine relativ ruhige Phase nach dem Zusammenbruch der Heeresgruppen Mitte und Südukraine war, so daß die Meldepflichtigen prinzipiell in der Lage waren, die aus der Katastrophenzeit noch ausstehenden Meldungen nachzuholen.

Die Diskrepanzen sind augenscheinlich, wie Tab. 62 zeigt: Bis Ende 1944 standen der vorliegenden Untersuchung nach bereits ca. 3,1 Millionen Soldaten nicht mehr zur Verfügung, die ursprünglich an der Ostfront gedient hatten – einschließlich derjenigen, die sich lebend in sowjetischer Kriegsgefangenschaft befanden. Damit standen dem Ostheer ca. eine Million Mann weniger zur Verfügung, als die Führung aufgrund der ihr vorliegenden Verluststatistiken annehmen mußte. Doch was hieß das konkret in der damaligen Situation? Zunächst einmal – ausgedrückt in Divisionsstärken – waren dies ca. 100 Divisionen, die nicht mehr existierten.

Natürlich wäre es noch interessanter, diese Zahlen auf den verbleibenden Personalumfang des Ostheeres zu beziehen. Doch ein solcher Versuch stößt auf zwei Probleme. Zunächst einmal wurden in der Wehrmacht Verluste und Personalbestand separat festgestellt und gemeldet – ein bilanzierendes System, bei dem eine Verlustmeldung automatisch zu einer Verminderung der Personalstärke geführt

**Tab. 62: Verluste des Heeres im Osten bis 31.12.1944***

|  | Vorliegende Untersuchung | IVb | WFSt |
|---|---|---|---|
| Tote | 1 330 000 | 890 000 | 1 090 000 |
| An Krankheit usw. Gestorbene | 190 000 | 90 000 | 90 000 |
| Verschollene | 1 070 000 | 1 110 000 | 1 000 000 |
| In Kriegsgefangenschaft Gestorbene | 70 000 | | |
| Überlebende Kriegsgefangene | 430 000 | | |
| Summe | 3 090 000 | 2 090 000 | 2 180 000 |

* OKW/WFSt/Org (Vb), Nr. 160/45, g.K. vom 21.1.1945, Verlust-, Verbrauchs- und Bestandszahlen der Wehrmacht einschl. Waffen-SS, Dezember 1944, BA-MA, RW 6/v.548; OKH/GenStdH/GenQu/Der Heeresarzt, Az. 1335 c/d (IIb), Nr. I/0798/45 g.Kdos, Personelle blutige Verluste des Feldheeres. Berichtigte Meldung für die Zeit vom 1.6.1944 bis 10.1.1945, BA-MA, RW 6/v. 560. Die Angaben über die in den Lazaretten an Krankheiten Gestorbenen, die in der Meldung des Heeresarztes nicht enthalten und in der des Wehrmachtführungsstabes nur pauschal für das gesamte Heer ausgewiesen sind, wurden aufgrund der Angaben des Wehrmachtführungsstabes entsprechend den Anteilen der Ostfront an den Gesamtverlusten errechnet. Die Angaben zu den überlebenden Kriegsgefangenen sind wieder entnommen aus Böhme, Bilanz, S. 49 und 110.

hätte, existierte nicht[51]. Von daher kann von zu gering ausgewiesenen Verlusten nicht unmittelbar auf die Qualität der Personalstärkemeldungen geschlossen werden.

Das zweite Problem war schon des öfteren festzustellen gewesen - die in den Akten vorhandenen Angaben schwanken in einem Ausmaß, das ihre Aussagekraft generell in Frage stellt. So wird die Stärke des Ostheeres am 1. Juni 1944, also vor dem sowjetischen Angriff, mit ca. 2,55 Millionen - oder auch mit 1,85 Millionen - angegeben[52]. Auch wenn es also viele Erklärungen für die mangelnde Kompatibilität von Verlust- und Stärkemeldungen gibt, scheint es doch schwer vorstellbar, daß den mit der Personalverwaltung befaßten Offizieren die Lücke zwischen den Verlust- und den Stärkemeldungen nicht bewußt geworden sein soll.

[51] Von der kriegswirtschaftlichen Kräftebilanz wird hier abgesehen, weil diese auf einer so hohen Aggregationsebene und mit einer so großen zeitlichen Verzögerung erstellt wurde, daß sie für die Entscheidungen der Truppenführung nicht von Bedeutung war. Darüber hinaus ist in den Akten auch kein Ansatz zu finden, die Kompatibilität der Wehrmachtmeldungen mit den Angaben der kriegswirtschaftlichen Kräftebilanz zu prüfen.

[52] OKH/GenStH, vom 24.7.1944, Notiz. Iststärken und Tagesstärken des Feldheeres nach dem Stand 1.6.1944, BA-MA, RH 2/1339; OKH/GenStH/OrgAbt I, vom 26.7.1944, Notiz. Verbände: Stand 1.6.[1944], BA-MA, RH 2/1341; auch wenn die erste Aufstellung, die die höheren Angaben aufweist, die Feldausbildungsdivisionen ausdrücklich einschließt, während bei der zweiten ein solcher Hinweis fehlt, können die Differenzen nicht durch die Stärke der Feldausbildungsdivisionen erklärt werden, siehe auch Kroeker, Fehleinschätzung, S. 168 und 320.

Um auf die ursprüngliche Fragestellung zurückzukommen – die Ergebnisse der hier angestellten Vergleiche legen den Schluß nahe, daß die deutschen Verluste bereits vor der russischen Sommeroffensive um mindestens eine halbe Million Tote höher lagen, als sie die deutsche Seite annahm – und nach der Katastrophe waren es vermutlich ca. 1 Million. Doch kann man daraus schließen, daß die reale Höhe der Verluste der deutschen Führung unbekannt war? Hierzu ist auf die biographische Literatur zu verweisen, in der sich zahllose Berichte darüber finden, daß die Verbände des Ostheeres, personell gesehen, nur noch ein Schatten ihrer selbst waren. Dies muß auch den höheren Führern bewußt gewesen sein, die sich oft vor Ort über den Zustand der Truppe informierten. Und Klagen über die geringen Gefechtsstärken der eingesetzten Verbände finden sich auf allen Kommandoebenen. Daraus ergibt sich dann die Frage, ob den verantwortlichen Offizieren nicht zumindest intuitiv bewußt war, daß die »Papierform« der Realität widersprach? Hier eine Antwort zu suchen, wäre allerdings Aufgabe einer weiteren Untersuchung. An dieser Stelle ebenfalls nicht zu leisten, aber ebenfalls interessant zu prüfen, wäre die anschließende Frage, ob das Fehl von Hunderttausenden Soldaten nicht vielleicht ein wichtiger Grund für den Zusammenbruch der Ostfront im Sommer 1944 war.

Soweit zur Analyse der Verluste an der Ostfront. Als wesentliche Ergebnisse sind festzuhalten:

- Unter dem Aspekt der Verluste ist das einschneidendste Ereignis in den dreieinhalb Jahren Krieg an der Ostfront nicht der Winter 1942/43 mit der Schlacht um Stalingrad, sondern der Sommer 1944 mit den Zusammenbrüchen der Heeresgruppe Mitte bzw. Südukraine.
- Nur in einem einzigen Quartal, im Frühjahr 1943, liegen die täglichen Verluste an der Ostfront unter 1000 Mann pro Tag, der langfristige Durchschnitt beläuft sich dagegen auf mehr als 2000 Mann. Mit anderen Worten – an der Ostfront starb an jedem Tag mehr als ein Regiment Soldaten und in jeder Woche mehr als eine Division.
- So exorbitant hoch diese Verlustraten erscheinen, sie sind nicht die höchsten des Krieges – während der Endkämpfe kamen täglich ca. 10 000 Mann, d.h. eine ganze Division (Volksgrenadierdivision 1944), ums Leben. Der wesentliche Unterschied liegt jedoch darin, daß die Endkämpfe von relativ kurzer Dauer waren, die Ostfront als Kriegsschauplatz dagegen dreieinhalb Jahre existierte.
- Die Verluste an der Ostfront lagen vor der sowjetischen Sommeroffensive um ca. 500 000 und im Dezember 1944 um ca. 1 Million Mann höher, als sie in den Wehrmachtstatistiken angegeben sind. Zu prüfen, inwieweit die Stärkeangaben, von denen die Führung in ihren Entscheidungen ausging, unter diesen Umständen noch zutreffend waren, wäre Aufgabe einer eigenen Untersuchung. Sollte sich ergeben, daß im Juni 1944 das Ostheer personell deutlich schwächer als angenommen war, dann kann dies einer der Gründe für den folgenden Zusammenbruch der Heeresgruppen Mitte und Südukraine sein.

- Diese immensen Verluste müssen sowohl den Soldaten als auch der Führung bewußt gewesen sein – sie waren schließlich jahrelang tagtäglich mit diesem Sachverhalt konfrontiert. Es stellt sich die Frage, welche Konsequenzen daraus gezogen wurden.

### 4.2.5.3 Kriegsgefangenschaft

Nun zum letzten Abschnitt der Auswertung: der Kriegsgefangenschaft – gerade für viele deutsche Soldaten die letzte Station ihres militärischen Werdegangs. Anders als in den bisherigen Ausführungen wird es im folgenden nötig sein, in einem ersten Schritt einige methodische Aspekte näher zu erläutern. Erst anschließend folgt die inhaltliche Interpretation der Daten.

Bereits bei der Erläuterung der Konzeption war darauf hingewiesen worden, daß die Variable »Todesart« als ein Kontinuum verstanden werden kann, bei dem mit den beiden Extremem »Auf deutscher Seite gestorben« und »In Kriegsgefangenschaft gestorben« ein hohes Maß an Informationssicherheit verbunden ist, während die Mitte, »Verschollen«, eine Konsequenz der Tatsache ist, daß zwar der Todesfall sicher, die Umstände jedoch nicht exakt bekannt sind[53]. Welches quantitative Ausmaß diese Unsicherheitsmarge besitzt, sei anhand der Tab. 63 verdeutlicht.

Zunächst einmal ist festzustellen, daß der Anteil der eindeutig auf deutscher Seite erfolgten Todesfälle bis ca. 1941 mit über 90 Prozent sehr groß ist. Mit jedem weiteren Kriegsjahr fällt er und beträgt für das Jahr 1945 nur noch gut ein Drittel. Im Gegenzug steigt der Prozentsatz der in Kriegsgefangenschaft Gestorbenen von marginalen Anteilen bis auf ca. 16 Prozent im Jahr 1945 – die späteren Jahre seien hier außer acht gelassen, weil nach 1945 Todesfälle nur noch in Kriegsgefangenschaft erfolgt sein konnten. Wichtig für die vorliegende Untersuchung ist aber vor allem der Anteil der Kategorie »Verschollen« – er steigt von weniger als 10 auf fast 50 Prozent an. Allerdings sind die Fälle nicht über alle Kriegsfronten gleich verteilt.

Tabelle 64 zeigt eine doch recht eindeutige Verteilung – vor allem im Westen, aber auch auf den sonstigen Kriegsschauplätzen ist die Zahl der auf deutscher Seite ums Leben Gekommenen sehr hoch. Insgesamt gibt es nur ca. 180 000 Personen, bei denen die exakten Todesumstände nicht bekannt sind – sie können also auch zu einem Teil in Kriegsgefangenschaft gestorben sein[54].

Ganz anders dagegen die Verteilung in den Spalten »Ostfront« und »Endkämpfe«. Bereits 1944 ist der Anteil der nicht-eindeutigen Fälle größer als derjenigen, die auf deutscher Seite gestorben sind. Dies gilt erst recht für die End-

---

[53] Siehe Kap. 3.3.1.
[54] Auch hier, auf der Basis konkreter, individueller Daten, zeigt sich wieder, daß die Thesen des Kanadiers James Bacque nicht haltbar sind, vgl. Bacque, Der geplante Tod.

## Tab. 63: Todesfälle nach Jahren und Todesarten

| Todesart | Todesjahr | | | | | | Summe (in Tsd.) | Anteil (in %) |
|---|---|---|---|---|---|---|---|---|
| | 1941 und früher | 1942 | 1943 | 1944 | 1945 | 1946 und später | | |
| **Auf deutscher Seite gestorben** | | | | | | | | |
| Häufigkeit | 428 066 | 451 066 | 501 066 | 911 561 | 559 726 | 0 | 2 851 | |
| Zeilenprozent | 15,01 | 15,82 | 17,57 | 31,97 | 19,63 | 0,00 | | |
| Spaltenprozent | 93,35 | 78,86 | 61,70 | 50,60 | 36,35 | 0,00 | | 53,6 |
| **Verschollen** | | | | | | | | |
| Häufigkeit | 30 495 | 115 881 | 288 686 | 844 695 | 727 814 | 0 | 2 008 | |
| Zeilenprozent | 1,52 | 5,77 | 14,38 | 42,08 | 36,25 | 0,00 | | |
| Spaltenprozent | 6,65 | 20,26 | 35,55 | 46,89 | 47,27 | 0,00 | | 37,8 |
| **In Kriegsgefangenschaft gestorben** | | | | | | | | |
| Häufigkeit | 0 | 5 033 | 22 297 | 45 330 | 252 188 | 134 627 | 459 | |
| Zeilenprozent | 0,00 | 1,10 | 4,85 | 9,87 | 54,89 | 29,30 | | |
| Spaltenprozent | 0,00 | 0,88 | 2,75 | 2,52 | 16,38 | 100,00 | | 8,6 |
| Summe (in Tsd.) | 459 | 572 | 812 | 1 802 | 1 540 | 135 | 5 318 | |
| Anteil (in %) | 8,6 | 10,8 | 15,3 | 33,9 | 29,0 | 2,5 | | 100,0 |

## Tab. 64: Todesfälle nach Kriegsschauplätzen und Verbleib*

| Jahr | Kriegsschauplatz | | | | | | | |
|---|---|---|---|---|---|---|---|---|
| | Sonstige | | Westen | | Osten | | Endkämpfe | |
| | Auf dt. Seite gestorben | Verschollen | Auf dt. Seite gestorben | Verschollen | Auf dt. Seite gestorben | Verschollen | Auf dt. Seite gestorben | Verschollen |
| **1941 und früher** | | | | | | | | |
| Häufigkeit | 84 000 | – | 68 000 | 4 066 | 276 066 | 26 429 | – | – |
| Zeilenprozent | 100,00 | – | 94,36 | 5,64 | 91,26 | 8,74 | – | – |
| **1942** | | | | | | | | |
| Häufigkeit | 40 000 | 8 132 | 12 000 | – | 399 066 | 107 749 | – | – |
| Zeilenprozent | 83,10 | 16,90 | 100,00 | – | 78,74 | 21,26 | – | – |
| **1943** | | | | | | | | |
| Häufigkeit | 72 000 | 6 099 | 11 000 | – | 418 066 | 282 587 | – | – |
| Zeilenprozent | 92,19 | 7,81 | 100,00 | – | 59,67 | 40,33 | – | – |
| **1944** | | | | | | | | |
| Häufigkeit | 199 132 | 79 287 | 198 132 | 46 759 | 514 297 | 718 649 | – | – |
| Zeilenprozent | 71,52 | 28,48 | 80,91 | 19,09 | 41,71 | 58,29 | – | – |
| **1945** | | | | | | | | |
| Häufigkeit | 27 000 | 30 495 | – | – | – | – | 532 726 | 697 319 |
| Zeilenprozent | 46,96 | 53,04 | – | – | – | – | 43,31 | 56,69 |
| Summe (Tsd.) | 422 | 124 | 289 | 51 | 1 607 | 1 135 | 533 | 697 |
| Anteil (in %) | 77,3 | 22,7 | 85,1 | 14,9 | 58,6 | 41,4 | 43,3 | 56,7 |

* ohne Todesfälle in Kriegsgefangenschaft

## Tab. 65: Todesfälle in Kriegsgefangenschaft*

| Gewahrsamsstaat | Kriegsgefangene | | Todesfälle | | Todesquote | Tote nach Maschke-Kom. | |
|---|---|---|---|---|---|---|---|
| | absolut | in % | absolut | in % | in % | absolut | Todesquote |
| Frankreich | 940 000 | 8 | 34 000 | 7,4 | 3,6 | 25 000 | 2,7 |
| Großbritannien | 3 640 000 | 33 | 21 000 | 4,6 | 0,5 | 1 300 | <0,1 |
| USA | 3 100 000 | 28 | 22 000 | 4,8 | 0,7 | 5 000 | 0,2 |
| Jugoslawien | 190 000 | 2 | 11 000 | 2,4 | 5,8 | 80 000 | 42,1 |
| Sonstige Staaten | 170 000 | 1 | 8 000 | 1,8 | 4,7 | 13 000 | 7,6 |
| UdSSR | 3 060 000 | 28 | 363 000 | 79,1 | 11,8 | 1 090 000 | 35,6 |
| Summe | 11 100 000 | 100 | 459 000 | 100,0 | 4,1 | 1 214 300 | 10,9 |

* Zu den Angaben über die Zahl der deutschen Kriegsgefangenen und die Todesfälle siehe Ratza, Anzahl der Kriegsgefangenen, S. 208 und 224 – 229.

kämpfe, wobei allerdings die Prüfung der konkreten Fälle zeigt, daß zwei Drittel der Verluste dieser Phase auf die im Osten kämpfenden Verbände entfällt – und dies vor allem bei den nicht-eindeutigen Fällen.

Was besagen all diese Ausführungen nun für die Ergebnisse der vorliegenden Arbeit? Sie zeigen, daß die Tabellen über Todesfälle in Kriegsgefangenschaft insofern mit Vorbehalten zu betrachten sind, als sie einerseits nicht die Summe der tatsächlich dort Gestorbenen, sondern nur die der dokumentierten Todesfälle ausweisen. Andererseits wird aber auch deutlich, wo noch größere Unsicherheitsmargen vorhanden sind – nicht im Westen oder auf den sonstigen Kriegsschauplätzen, sondern vor allem im Osten. Welche Relevanz besitzt diese Feststellung für die zentrale Frage der Untersuchung nach der Summe der Todesfälle? Zunächst einmal insofern keine, als am Tod der Betroffenen nicht zu zweifeln ist – die Summe der Verluste ändert sich also nicht. Was sich allerdings ändert, sind die Verteilungen der Variablen hinsichtlich einzelner Kriegsschauplätze – dies nicht so sehr im Westen, sondern weitestgehend im Osten. Doch welches Ausmaß diese Unschärfen haben, das soll im folgenden im Rahmen der inhaltlichen Interpretation der Ergebnisse geprüft werden.

Zunächst einmal ein Überblick über die Zahl der Todesfälle: Wenn man in Tab. 65 die Aussagen zu den Todesfällen bezüglich der einzelnen Länder vergleicht, ist kaum einmal eine Übereinstimmung festzustellen. Trotzdem zeigt sich ein gleichläufiger Trend – Gewahrsamsstaaten mit hohen Todesquoten nach Aussage der Maschke-Kommission weisen auch in der vorliegenden Untersuchung überdurchschnittlich viele Todesfälle aus. Entsprechendes gilt für Staaten mit niedrigen Todesraten. Der Frage, wie sich die dennoch offensichtlich vorhandenen Unterschiede in den absoluten Werten erklären, soll im folgenden nachgegangen werden.

Vorab sei darauf hingewiesen, daß – mit Ausnahme der Sowjetunion – die Verluste in allen Gewahrsamsstaaten, bezogen auf die Summe der Verluste, im Promille-Bereich liegen – und damit in Größenordnungen, die auch mit der vorliegenden, relativ großen Stichprobe nicht mehr zuverlässig erfaßt werden können. Zusätzlich unterscheiden sich die Erhebungsmethoden. Die Angaben der Maschke-

4.2 Einzelergebnisse 287

Kommission beruhen auf den Akten der Gewahrsamsstaaten und zahlreichen Zeugenaussagen deutscher Kriegsgefangener. Inhaltlich beziehen sie sich hinsichtlich der Westalliierten auf diejenigen, die als Kriegsgefangene im engeren Sinne in alliiertem Gewahrsam gestorben sind. Die vorliegende Untersuchung mußte dagegen aus erhebungstechnischen Gründen unter »Kriegsgefangenschaft« auch diejenigen Fälle subsumieren, die zwar formal in diese Kategorie fallen, sachlich jedoch nicht auf Verschulden der jeweiligen Gewahrsamsmacht zurückzuführen sind[55]. Dies trifft vor allem für die Differenzen zwischen den Angaben zu Großbritannien, den USA und den »sonstigen Ländern« zu.

Anders sieht es aus im Fall Frankreichs, wo die Zahlen der Maschke-Kommission auf den offiziellen französischen Angaben beruhen und es wesentliche Anhaltspunkte für die Vermutung gibt, daß von den ca. 180 000 im Westen Verschollenen viele tatsächlich in französischem Gewahrsam – oder auch als Söldner der Fremdenlegion in Indochina – gestorben sind[56]. Noch schwieriger ist der Sachverhalt hinsichtlich der Todesfälle in jugoslawischem Gewahrsam – außer durchaus widersprüchlichen deutschen Zeugenaussagen auf der einen, die der vorliegenden Untersuchung zugrundeliegenden dokumentierten Fälle auf der anderen Seite, existiert keine Untersuchung, die zur Klärung der Frage beitragen könnte[57].

Angesichts dieses unbefriedigenden Forschungsstandes stellt sich natürlich die Frage, wie denn zuverlässige Angaben zu den Todesfällen in Kriegsgefangenschaft erarbeitet werden könnten. Durch eine empirische Erhebung analog zu der hier vorliegenden jedenfalls nicht, denn die aufgezeigten Informationsdefizite werden ja nicht durch methodische Mängel der Untersuchung verursacht – schließlich spiegelt die Untersuchung nur die Tatsache, daß der Informationsstand der Deutschen Dienststelle in dieser Hinsicht unvollständig ist[58]. Erst die Auswertung der derzeit aus der ehemaligen Sowjetunion eintreffenden Meldungen, die zur Zeit aktiv betriebene Bergung von unbestatteten Toten, sowohl in der ehemaligen UdSSR als auch in Ostdeutschland, sowie die Registrierung der Gräber in der Sowjetunion durch den VDK werden in den nächsten Jahren oder Jahrzehnten zu einer Verbesserung des Informationsstandes führen[59].

---

[55] Siehe hierzu Kap. 3.3.1.
[56] Siehe hierzu Kap. 3.3.1. und die dort zitierte Literatur; zu den Zweifeln an den offiziellen französischen Angaben siehe Overmans, German Historiography, S. 151 und 169.
[57] Zu den wenigen vorliegenden Untersuchungen gehören: Böhme, Die deutschen Kriegsgefangenen in Jugoslawien; Deutsches Büro für Friedensfragen: Das Schicksal der deutschen Kriegsgefangenen in Jugoslawien, Albanien und Griechenland. Maschinenschr. Ms., Stuttgart 1949.
[58] Soweit es sich um Todesfälle in den Besatzungszonen Deutschlands handelt, kommt hier auch die lokalgeschichtliche Literatur in Betracht. Beispielhaft sei hier auf einen Artikel zu den Rheinwiesenlagern hingewiesen, der einen wesentlichen Beitrag zur Klärung der Frage leistet, wieviele deutsche Kriegsgefangene in diesen Lagern gestorben sind, siehe Kleemann, Kriegsgefangenenlager; Resmini, Lager der Besatzungsmächte; Schuster, Kriegsgefangenenlager.
[59] Siehe hierzu Kap. 2.3.4.

**Tab. 66: Todesfälle in sowjetischem Gewahrsam nach Jahren***

| Todes-jahr | Vorliegende Untersuchung Kriegsgef. | Verschollene | Maschke-Kommission Kriegsgefangene |
|---|---|---|---|
| 1941/1942 | 5 000 | 134 000 | 166 000 |
| 1943 | 21 000 | 283 000 | 154 000 |
| 1944 | 41 000 | 719 000 | 224 000 |
| 1945 | 178 000 | ca. 400 000 | 550 000 |
| 1946 und später | 118 000 | | |
| Summe | 363 000 | 1 536 000 | 1 094 000 |

* Die Angaben über die Verschollenen im Jahr 1945 wurde für die vorliegende Untersuchung geschätzt anhand der Feststellung, daß ca. zwei Drittel der Todesfälle während der Endkämpfe auf den Osten Deutschlands entfallen. Bei den Angaben der Maschke-Kommission sind alle Todesfälle nach 1945 unter diesem Jahr ausgewiesen, siehe Ratza, Deutsche Kriegsgefangene, S. 206.

Doch unabhängig davon, wie hoch die Zahl der Todesfälle in der Kriegsgefangenschaft tatsächlich ist – zumindest was die westlichen Alliierten betrifft –, sind die Fallzahlen so gering, daß sie die bisherigen Ergebnisse der Untersuchung nicht nennenswert beeinflussen können. Dies gilt nicht mehr in jeder Hinsicht für Jugoslawien und auf gar keinen Fall für die Sowjetunion – hier sind die Differenzen mit 300 000 oder einer Million Todesfällen doch so groß, daß sie sich auf die Verteilung der Variablen auswirken. Von daher soll im folgenden versucht werden, die Unterschiede näher zu lokalisieren.

Tabelle 66, die die Verteilung der Todesfälle nach Jahren differenziert, zeigt zunächst die Zahl der Kriegsgefangenen in sowjetischem Gewahrsam und die Verschollenen an der Ostfront, anschließend folgen die Angaben der Maschke-Kommission. Der vorliegenden Untersuchung nach sind also insgesamt ca. 363 000 deutsche Soldaten in sowjetischem Gewahrsam gestorben – und dies insofern nachweislich, als die Fälle individuell dokumentiert sind[60]. Der Ansatz der Maschke-Kommission war dagegen ein anderer – sie ermittelte aus verschiedenen Quellen die Zahl der Soldaten, die in Kriegsgefangenschaft geraten waren, sowie den Prozentsatz der jährlich Gestorbenen. Auch wenn es sich also um eine Schätzung handelt, darf sie dennoch als wohlfundiert gelten. Vergleicht man nun die Zahl der in der vorliegenden Untersuchung ermittelten Verschollenen von ca. 1,5 Million mit der Differenz bei den Todesfällen in Kriegsgefangenschaft zwischen der vor-

---

[60] Die Aussage ist zu unterscheiden von den sowjetischen Angaben über die in der Moskauer Kriegsgefangenenkartei verbuchten ca. 350 000 Todesfälle. In der Moskauer Kartei sind alle verbucht, deren Tod im Lager registriert worden ist, in den Zeugenaussagen der Heimkehrer sind auch solche Personen berücksichtigt, die in der Frühzeit ohne Registrierung gestorben sind, aber nicht notwendigerweise alle solchen Fälle, die sich später ereignet haben.

liegenden Untersuchung und der Maschke-Kommission, dann entspricht sie mit ca. 700 000 Todesfällen der Hälfte der Verschollenen. Und es erscheint durchaus plausibel, wenn auch nicht beweisbar, daß die Hälfte der Verschollenen gefallen, die andere Hälfte aber tatsächlich in sowjetischem Gewahrsam gestorben ist[61]. Von dieser Überlegung ausgehend, stellt sich die Frage, wie diese ca. 700 000 Fälle zeitlich verteilt sind. Hierzu ist es notwendig, sich den Ablauf der Kriegführung zu vergegenwärtigen. In den ersten Jahren, d.h. bis ca. Mitte 1943, als die deutschen Armeen angriffen, waren sie in der Regel auch in der Lage, die eigenen Toten im eroberten Territorium zu bergen. Anfangs dürfte daher die übergroße Mehrheit der Verschollenen in sowjetische Gefangenschaft geraten und dort gestorben sein – allein von den bei Stalingrad gefangengenommenen Deutschen sind ca. 90 000 relativ bald in Kriegsgefangenschaft gestorben. Je mehr die Initiative auf die sowjetische Seite überging und je öfter es zur völligen Zerschlagung und Gefangennahme großer Verbände kam, desto größer dürfte die Zahl der tatsächlich Gefallenen unter den Verschollenen sein.

Bezogen auf die obigen Angaben hat diese nicht belegbare, aber wohl plausible Überlegung zur Folge, daß die Ergebnisse der vorliegenden Untersuchung zu modifizieren sind. Vermutlich muß die Zahl der Verschollenen für die Jahre 1941/42 fast vollständig den Toten in Kriegsgefangenschaft hinzugerechnet werden, während in den Folgejahren ein jeweils steigender Anteil den auf deutscher Seite Gestorbenen zuzuschlagen ist. Wenn für die weitere Auswertung dennoch die Zahlen der vorliegenden Untersuchung verwendet werden, dann nur, weil die obigen Überlegungen zwar plausibel, aber im Gegensatz zu den restlichen Ergebnissen der vorliegenden Untersuchung nicht auf dokumentierte Einzelschicksale gestützt sind. Es muß, wie bereits erwähnt, einer ergänzenden Untersuchung vorbehalten bleiben, die derzeit und in Zukunft eintreffenden Informationen aus der Sowjetunion auszuwerten, um zu exakteren Erkenntnissen hinsichtlich der Kriegsgefangenschaft zu gelangen[62].

Trotz allem – wenn auch der Informationsstand unvollständig ist, die Auswertung der derzeit bekannten Todesfälle in der Kriegsgefangenschaft bietet durchaus noch interessante Informationen. Zunächst einmal zur organisationalen Zuordnung der Todesfälle, wie in Tab. 67 ausgewiesen[63]:

---

[61] In vielen Fällen wird diese Unterscheidung recht theoretischer Natur sein, da es sich bei diesen, bisher ohne Nachweis in sowjetischem Gewahrsam Gestorbenen oft um tödlich Verwundete, Unterernährte oder Todkranke gehandelt haben dürfte, die in sowjetischem Gewahrsam »nur noch« gestorben sind, siehe Overmans, Das andere Gesicht, S. 438 f.
[62] Siehe hierzu Kap. 2.3.4.
[63] Es ist darauf hinzuweisen, daß die Zellfrequenzen – mit Ausnahme der Wehrmacht – hinsichtlich der Kriegsgefangenschaft so gering sind, daß die Tabelle nur unter Vorbehalten interpretiert werden kann.

## Tab. 67: Todesfälle in Kriegsgefangenschaft nach Organisationen

| | Organisation | | | | | |
|---|---|---|---|---|---|---|
| | Wehrmacht | Waffen-SS | Volkssturm | Sonstige | Summe (in Tsd.) | Anteil (in %) |
| Alle sonstigen Kriegsschauplätze | | | | | | |
| Häufigkeit | 4 433 383 | 285 485 | 56 627 | 83 561 | 4 859 | |
| Zeilenprozent | 91,24 | 5,88 | 1,17 | 1,72 | | |
| Spaltenprozent | 91,86 | 90,99 | 72,85 | 83,01 | | 91,4 |
| Kriegsgefangenschaft | | | | | | |
| Häufigkeit | 393 013 | 28 264 | 21 099 | 17 099 | 459 | |
| Zeilenprozent | 85,54 | 6,15 | 4,59 | 3,72 | | |
| Spaltenprozent | 8,14 | 9,01 | 27,15 | 16,99 | | 8,6 |
| Summe (in Tsd.) | 4 826 | 314 | 78 | 101 | 5 318 | |
| Anteil (in %) | 90,8 | 5,9 | 1,5 | 1,9 | | 100,0 |

Während Wehrmacht und Waffen-SS ähnliche Verteilungen zeigen – bei beiden kommen »nur« ca. 10 Prozent der Organisationsangehörigen in Kriegsgefangenschaft ums Leben –, ergeben sich vor allem beim Volkssturm, aber auch bei den sonstigen Organisationen deutlich andere Werte. Wie sich diese Unterschiede erklären, ist aus Tab. 68 zu entnehmen, die eine doch recht eindeutige Verteilung zeigt – je jünger die Jahrgänge, desto geringer der Anteil derjenigen, die in Kriegsgefangenschaft sterben. Diese Feststellung erklärt mehreres. Zunächst wird deutlich, warum der Volkssturm überproportional an den Verlusten in der Kriegsgefangenschaft beteiligt ist – er bestand vor allem aus Älteren. Dagegen

## Tab 68: Todesfälle in Kriegsgefangenschaft nach Alter

| Kriegsschauplatz | Jahrgangsklasse | | | | | | | |
|---|---|---|---|---|---|---|---|---|
| | 1900 und früher | 1901 bis 1905 | 1906 bis 1910 | 1911 bis 1915 | 1916 bis 1920 | 1921 und später | Summe (in Tsd.) | Anteil (in %) |
| Alle sonstigen Kriegsschauplätze | | | | | | | | |
| Häufigkeit | 228 947 | 347 201 | 837 699 | 1 045 128 | 909 0280 | 1 490 801 | 4 859 | |
| Zeilenprozent | 4,71 | 7,15 | 17,24 | 21,51 | 18,71 | 30,68 | | |
| Spaltenprozent | 79,41 | 78,96 | 90,76 | 92,76 | 95,27 | 93,97 | | 91,4 |
| Kriegsgefangenschaft | | | | | | | | |
| Häufigkeit | 59 363 | 92 528 | 85 264 | 81 561 | 45 165 | 95 594 | 459 | |
| Zeilenprozent | 12,92 | 20,14 | 18,56 | 17,75 | 9,83 | 20,81 | | |
| Spaltenprozent | 20,59 | 21,04 | 9,24 | 7,24 | 4,73 | 6,03 | | 8,6 |
| Summe (in Tsd.) | 288 | 440 | 923 | 1 127 | 954 | 1 586 | 5 318 | |
| Anteil (in %) | 5,4 | 8,3 | 17,4 | 21,2 | 18,0 | 29,8 | | 100,0 |

## Tab. 69: Todesfälle in Kriegsgefangenschaft nach Herkunft

| Kriegsschauplatz | Herkunft | | | | | |
|---|---|---|---|---|---|---|
| | Bundes-republik | Ehemalige Ostgeb. | Öster-reich | Sonstige Gebiete | Summe (Tsd.) | Anteil (in %) |
| Alle sonstigen Kriegsschauplätze | | | | | | |
| Häufigkeit | 3 239 935 | 835 973 | 228 551 | 554 597 | 4 859 | |
| Zeilenprozent | 66,68 | 17,20 | 4,70 | 11,41 | | |
| Spaltenprozent | 91,36 | 91,82 | 87,65 | 92,29 | | 91,4 |
| Kriegsgefangenschaft | | | | | | |
| Häufigkeit | 306 518 | 74 429 | 32 198 | 46 330 | 459 | |
| Zeilenprozent | 66,71 | 16,20 | 7,01 | 10,08 | | |
| Spaltenprozent | 8,64 | 8,18 | 12,35 | 7,71 | | 8,6 |
| Summe (in Tsd.) | 3 546 | 910 | 261 | 601 | 5 318 | |
| Anteil (in %) | 66,7 | 17,1 | 4,9 | 11,3 | | 100,0 |

könnte nun eingewandt werden, dieses Ergebnis sei ein Artefakt der Methode, denn wie ja bereits oben festgestellt, fehlen in der Datenbasis der Deutschen Dienststelle vor allem die frühen Todesfälle in Kriegsgefangenschaft. Dabei handelt es sich vor allem um eher junge Heeresangehörige – der Personenkreis, der in den ersten Jahren des Ostfeldzugs ums Leben kam. Folglich wird der Anteil der »Alten« überhöht ausgewiesen. So berechtigt dieser Einwand ist, er trifft nicht vollständig zu, denn ab 1944 wurden verstärkt sowohl relativ Alte als auch relativ Junge eingezogen. Wenn aber nur die Alten besonders häufig starben, die relativ Jungen dagegen nicht, dann gilt wohl, daß die Kriegsgefangenschaft ein besonders großes Risiko für die älteren Männer darstellte. Wo die Ursachen dafür liegen, wäre interessant zu untersuchen.

Zum Abschluß noch ein Blick auf die Verteilung nach Herkunftsgebieten: Die in Tab. 69 enthaltene Verteilung ist auffällig – sie weicht vom bisher bekannten Muster insofern ab, als ungewöhnlicherweise die Österreicher bei den Todesfällen in Kriegsgefangenschaft überproportional vertreten sind. Während für die Mehrzahl der Herkunftsgebiete die Quote relativ einheitlich bei ca. 8 Prozent liegt, sind es bei den Österreichern ca. 12 Prozent. Auch von der »inhaltlichen« Seite überrascht diese Feststellung, gibt es doch Gründe anzunehmen, daß die Österreicher seit der Moskauer Erklärung eher besser als die Reichsdeutschen behandelt wurden. Darüber hinaus wurden sie deutlich früher entlassen. Von daher ist eine andere Erklärung wahrscheinlicher – mit ca. 32 000 Todesfällen, d.h. ca. 0,5 Prozent der Stichprobe, ist die Zellfrequenz so niedrig, daß die vorliegende Untersuchung an die Grenzen ihrer Aussagefähigkeit stößt. Daß es sich um eine Zufallsschwankungen und nicht um eine inhaltlich interpretierbare Abweichung handelt, zeigt auch der Blick auf einen unabhängigen Vergleichsmaßstab, die sowjetische Kriegsgefangenenstatistik. Sie berücksichtigt natürlich nur den sowje-

tischen Gewahrsam, aber die Todesfälle konzentrieren sich ja ohnehin auf diese Gewahrsamsmacht. Ausweislich dieser sowjetischen Statistik sind von den kriegsgefangenen Österreichern ca. 7 Prozent gestorben, von den Reichsdeutschen jedoch ca. 15 Prozent – von daher stellt sich die bereits bekannt Verteilung wieder ein[64].
Soweit zum letzten Kapitel der Auswertung. Zum Abschluß sollen die wesentlichen Ergebnisse noch einmal zusammengefaßt werden:
- Unter erhebungsmethodischen Aspekten ist zunächst festzustellen, daß die in der Datei der deutschen Dienststelle dokumentierten Todesfälle in Kriegsgefangenschaft nicht vollständig sind. Dies gilt weniger hinsichtlich der westlichen Gewahrsamsstaaten – hier sind die Fallzahlen so gering, daß ohnehin die Grenzen der Aussagekraft der vorliegenden Untersuchung erreicht werden. Erhebliche Lücken bestehen dagegen bei den Todesfällen in Jugoslawien – und quantitativ gesehen relevant – vor allem bei der ehemaligen UdSSR.
- Die vorliegende Untersuchung weist insgesamt ca. 460 000 Todesfälle in Kriegsgefangenschaft aus, davon ca. 360 000 in sowjetischem Gewahrsam. Es gibt gute Gründe für die Annahme, daß die tatsächliche Zahl der Fälle bei ca. 1 000 000 liegt und die Differenz, ca. 700 000 Todesfälle, in der Zahl der Verschollenen enthalten ist. Dies gilt vermutlich vor allem für die ersten Jahre, d.h. bis ca. 1943.
- Für die zentrale Frage der Untersuchung nach der Summe der deutschen Verluste ergibt sich daraus keine Konsequenz – am Tod der Betroffenen ist nicht zu zweifeln. Was sich ändern könnte, ist lediglich die Zuordnung der Todesfälle. Hier zuverlässigere Ergebnisse zu erarbeiten muß allerdings einer neuen Untersuchung vorbehalten bleiben, die durchzuführen erst sinnvoll ist, wenn die derzeit eintreffenden Informationen ausgewertet sind.
- Die Auswertung der vorliegenden Todesfälle zeigt kaum Unterschiede hinsichtlich der Organisationszugehörigkeit, des Lebensalters oder der Herkunft – mit zwei Ausnahmen. »Ältere« Männer, d.h. Personen bis einschließlich Jahrgang 1905, die im Volkssturm eingesetzt waren oder zum Führerpersonal der Wehrmacht gehört hatten, weisen in der Kriegsgefangenschaft eine Todesquote auf, die etwa dreimal so hoch ist wie die der jüngeren Jahrgänge.
- Die Österreicher sind zwar unter den Todesfällen in Kriegsgefangenschaft leicht überrepräsentiert, vermutlich handelt es sich jedoch um eine Zufallsschwankungen aufgrund der kleinen Fallzahlen. Die sowjetische Kriegsgefangenenstatistik zeigt jedoch, daß ihre Todesquote in der Kriegsgefangenschaft in derselben Weise deutlich unter dem Durchschnitt lag wie dies auch schon in anderen Fällen festzustellen gewesen war.

[64] Karner, Archipel GUPVI, S. 79.

## 4.2.6 Zusammenfassung der Auswertung

Am Anfang des Kapitels hatte die Frage gestanden, ob die der Erhebung zugrundeliegende Datenbasis vollständig ist. Das – quantitativ gesehen – wichtigste Risiko hatte darin bestanden, daß Todesfälle der Bevölkerung aus dem ehemaligen Ostblock unvollständig erfaßt sein könnten. Um diesen Effekt zu kontrollieren, wurde eine Zuverlässigkeitskontrolle durchgeführt, die eindeutig ergab, daß der ehemalige Ostblock – vermutlich bedingt durch die Entwicklung in den letzten Jahren – nicht unterrepräsentiert ist. Die anderen Risiken zu prüfen, war weitaus schwieriger, weil kaum Vergleichsmaßstäbe zur Verfügung stehen. Soweit feststellbar, scheint allerdings die Waffen-SS vollständig erfaßt zu sein, inwieweit dies auch für den Volkssturm gilt, muß offen bleiben. Hier scheint es möglich, daß ein Teil der Todesfälle nach der Personenstandsverordnung, § 27a, ohne Kenntnis der WASt angezeigt worden ist.

Soweit die Überlegungen zur Vollständigkeit der Datenbasis. Im folgenden sollen nun die Ergebnisse nochmals rekapituliert werden, wobei nun die Chance besteht, vor allem die Fragestellungen geschlossen zu behandeln, die in den vorangegangenen Kapiteln nur sukzessiv bearbeitet werden konnten.

Zunächst zu den Einziehungen. Die Erhebungen über die Umfänge der an der Kriegführung beteiligten Organisationen ergaben, daß insgesamt 13,6 Millionen Personen in das Heer, 2,5 Millionen in die Luftwaffe, 1,2 Millionen in die Marine und ca. 900 000 in die Waffen-SS eingetreten sind. Die Verteilung nach Jahren zeigt, daß die Wehrmacht zu Kriegsbeginn ca. 4,7 Millionen Soldaten umfaßte, im Jahr 1940 noch einmal annähernd dieselbe Personenmenge einziehen konnte, dann jedoch die Erschöpfung der personellen Ressourcen im Sinken der Rekrutenzahlen zum Ausdruck kam. Zwei Drittel dieser Rekruten stammten aus dem Gebiet der heutigen Bundesrepublik, wenn man Österreich und die Ostgebiete des Deutschen Reiches einbezieht, beträgt der Anteil ca. 95 Prozent. Dieses Ergebnis soll nun nicht bedeuten, der Anteil aller auf deutscher Seite kämpfender Ausländer und Volksdeutscher habe nur 5 Prozent betragen – nein, ihr geringer Anteil ist ein Ergebnis der Tatsache, daß Ausländer, d.h. vor allem die Hilfswilligen und die Angehörigen der Freiwilligenverbände, in der Kartei der Deutschen Dienststelle prinzipiell nicht nachgewiesen sind und daher auch nicht in der vorliegenden Untersuchung berücksichtigt sein können.

Wenn man die Einziehungsdaten hinsichtlich der Organisationszugehörigkeit differenziert, ergeben sich innerhalb der Wehrmacht erhebliche Unterschiede. So zeigt sich, daß in der Marine der Anteil der sehr Alten und der sehr Jungen überdurchschnittlich hoch ist, bei der Luftwaffe gilt dies nur für die Alten, während das Heer tendenziell die Organisation der mittleren Jahrgänge ist. Regional gesehen stammen die Soldaten der Marine und der Luftwaffe zu einem besonders hohen Anteil aus dem Gebiet der Bundesrepublik, während Österreich und die Ostgebiete des Deutschen Reiches unterrepräsentiert sind.

Soweit zu den Einziehungen, die zentrale Frage der Untersuchung hatte jedoch gelautet: Wie viele Deutsche sind im Zusammenhang mit dem Zweiten Weltkrieg

## Tab. 70: Todesfälle nach Herkunft und Organisation

| Herkunft | Organisation | | | | | |
|---|---|---|---|---|---|---|
| Häufigkeit | Heer | Luft-waffe | Marine | Waffen-SS | Son-stige | Summe (in Tsd.) |
| Bundesrepublik | 2 860 | 310 | 100 | 160 | 120 | 3 550 |
| Ehem. Ostgebiete | 720 | 70 | 20 | 30 | 70 | 910 |
| Österreich | 200 | 30 | < 10 | 10 | < 10 | 260 |
| Sonstige | 420 | 20 | 10 | 110 | 40 | 600 |
| Summe (in Tsd.) | 4 200 | 430 | 140 | 310 | 230 | 5 320 |

ums Leben gekommen. Auch wenn die voranstehenden Ausführungen zu einem Teil dazu gedient haben, zu verdeutlichen, wie schwer es ist, diese Frage zu beantworten, soll nun doch – bei aller gebotenen Vorsicht – versucht werden, eine differenzierte Antwort zu geben.

Tabelle 70 ermöglicht zahlreiche Antworten: Als Angehörige der Wehrmacht sind ca. 3,3 Millionen Deutsche aus dem Gebiet der heutigen Bundesrepublik im Zusammenhang mit dem Zweiten Weltkrieg ums Leben gekommen. Nimmt man – mit Ausnahme der annektierten Regionen – alle Gebiete hinzu, die bei Beginn des Zweiten Weltkriegs deutsch waren, so beläuft sich die Zahl der Wehrmachttodesfälle auf ca. 4,3 Millionen. Faßt man den Soldatenbegriff weiter und bezieht die Waffen-SS ein, so steigt die Zahl der Opfer aus dem Bundesgebiet auf ca. 3,4 Millionen, für das gesamte Vorkriegs-Reichsgebiet (ohne Annektionen) sind es dann ca. 4,5 Millionen. Wenn man jedoch die Frage stellt, wie viele im militärischen Einsatz als deutsche Soldaten oder als Deutschen gleichgestellte Personen in der Wehrmacht oder einer paramilitärischen Organisation ums Leben gekommen sind, so beläuft sich die Zahl auf ca. 5,3 Millionen, nicht eingeschlossen diejenigen, die hier nicht erfaßt sind, weil sie keinen einem deutschen Soldaten vergleichbaren Status besaßen.

Versucht man nun die Einziehungen und die Todesfälle nach Alter und Herkunft zu differenzieren, so zeigt sich zunächst, daß ein breites Band von Geburtsjahrgängen betroffen war. Für fast jeden Jahrgang zwischen 1910 und 1925 liegen mehr als 200 000 Todesfälle vor. Bezieht man diese Angabe auf die Stärke des jeweiligen männlichen Geburtsjahrgangs, so liegt die Todesquote der Jahrgänge von 1910 bis 1925 zwischen 20 und 40 Prozent, wobei die Jahrgänge um 1925 am stärksten betroffen sind.

Obwohl es auf den ersten Blick nicht erstaunt, daß die Todesquote der ca. Zwanzigjährigen höher ist als die der älterer Jahrgänge, wurde der Frage nachgegangen, ob die Jungen »verheizt« worden seien. Es zeigte sich, daß sich im Heer die Todesquoten der einzelnen Jahrgänge tendenziell annähern, wenn sie auf die jahrgangsbezogenen Einziehungsquoten bezogen werden. Mit anderen Worten – die extrem hohen Todesquoten der Jahrgänge um 1925 erklären sich wesentlich damit, daß diese Jahrgänge zu einem sehr hohen Anteil eingezogen worden waren. Waren sie aber Soldat, dann war das Todesrisiko für alle Altersstufen relativ gleich hoch. Eine Ausnahme stellen lediglich die ältesten Jahrgänge dar, die im Krieg deutlich seltener sterben als die Jungen – später, in der Kriegsgefangenschaft jedoch um so öfter. Anders sieht es vor allem bei der Luftwaffe aus – hier weisen die »Alten« eine Todesquote von »nur« 7 Prozent auf, die »Jungen« dagegen mit 21 Prozent eine dreifach so hohe Rate.

Die Analyse der Fälle hinsichtlich ihrer regionalen Herkunft ergibt Erstaunliches. Bezogen auf die männliche Bevölkerung beträgt die Einziehungsquote zur Wehrmacht gut 40 Prozent eines Jahrgangs, in den Ostgebieten jedoch ca. 56 Prozent. Dies erklärt dann zu einem Teil, warum diese Gebiete bei den Verlusten überrepräsentiert sind. Hinzu kommt noch, daß sie einen hohen Anteil der relativ alten Toten stellen. Hier wirkt sich aus, daß die an der Front eingesetzten Volkssturmeinheiten in aller Regel aus der lokalen Bevölkerung stammten – und da die Verluste des Volkssturms weitestgehend auf den Osten entfallen, handelt es sich bei Todesfällen weitestgehend um Personen aus den ehemaligen Ostgebieten und den östlichen Siedlungsgebieten.

Ganz andere Resultate ergaben sich bezüglich Österreich. Obwohl diese Region eine Einziehungsquote aufweist, die nur wenig unter dem Reichsdurchschnitt liegt, weist Österreich eine Todesquote der Wehrmachtrekruten, bezogen auf die männliche Bevölkerung, von ca. 8 Prozent aus, während sie für das Gebiet der Bundesrepublik immerhin ca. 12 Prozent beträgt. Die weitere Verfolgung dieser Frage ergab, daß sich dieser Unterschied weitgehend aus der Verluststruktur des Heeres erklärt. Und wenn man wiederum bedenkt, daß generell die Masse der Heeresverluste im Osten eingetreten ist, dann muß ein solch großer Unterschied wie der zwischen der bundesdeutschen und der österreichischen Todesquote sich auch in den Lebensverhältnisse der Ostfront »wiederfinden« – sonst wären derartige quantitative Unterschiede nicht möglich. Ergänzt wird diese Beobachtung durch die Ergebnisse der Auswertung der sowjetischen Kriegsgefangenenkartei, derzufolge auch in den sowjetischen Lagern die Todesquote der registrierten österreichischen Kriegsgefangen nur halb so hoch war wie die ihrer »nachkriegsdeutschen« Kameraden. Hier enden dann die Aussagemöglichkeiten der vorliegenden Untersuchung. Dieser sicherlich interessanten Fragestellung weiter nachzugehen, würde ein neues Untersuchungsdesign erfordern, in dem z.B. in Form einer Kohortenanalyse deutsche und österreichische Personengruppen in ihrem militärischen Werdegang verfolgt und verglichen würden.

Bezieht man nun innerhalb der Organisationen die Todesfälle auf die Eingezogenen, so ergibt sich, daß die Todesquote bei der Marine mit 12 Prozent am niedrigsten lag, während sie in der Luftwaffe 17 Prozent und im Heer sogar 31 Prozent betrug. Nur in der Waffen-SS war diese Quote mit 34 Prozent marginal höher als im Heer, verglichen mit der Marine allerdings dreimal so hoch. Wenn man bedenkt, daß der Personalumfang der Waffen-SS geschätzt worden war, dann kann es sein, daß die etwas höhere Todesquote lediglich auf eine zu geringe Schätzung zurückzuführen ist.

Stellt man die Frage, wie lange ein Soldat gelebt hat, dann zeigt sich die im Laufe der Jahre zunehmende Härte des Krieges in aller Deutlichkeit. Ein Rekrut des Jahres 1939 starb, wenn, dann nach ca. 4 Kalenderjahren, d.h. im Durchschnitt »erst« 1943. Mit jedem weiteren Einziehungsjahrgang sinkt die so definierte Überlebensdauer fast um ein Jahr – für die Rekruten des Jahres 1943 betrug sie nur noch ein Jahr. Von daher erklärt sich daß erstaunliche Ergebnis, daß das Jahr 1944 dasjenige war, in dem von jedem Einziehungsjahrgang am meisten Menschen ums Leben kamen. Für einen Soldaten, der 1945 zur Wehrmacht eingezogen wurde, dauerte es, wenn, dann im Durchschnitt nur noch einen Monat, bis er starb.

Zum Abschluß noch einige Bemerkungen zu den Kriegsschauplätzen. Insgesamt war die Ostfront mit mehr als 50 Prozent der Verluste der wichtigste Einzelkriegsschauplatz, gefolgt von den Endkämpfen, bei denen ca. 1,2 Millionen Menschen ums Leben kamen. Berücksichtigt man nun die unterschiedlich langen Zeiträume, so zeigt sich, daß die Endkämpfe die blutigste Periode waren – monatlich starben hier zwischen 300 000 und 400 000 Menschen. Allerdings handelte es sich dabei um eine relativ kurze Zeitspanne; die damals aufgetretenen Verluste sind in ihrer zeitlichen Einordnung der deutschen Bevölkerung möglicherweise bis heute nicht bewußt geworden.

Anders verhält es sich mit der Ostfront. Die quantitativ gewichtigsten Vorgänge dort waren nicht die Verluste bei Stalingrad, sondern die Zusammenbrüche der Heeresgruppe Mitte bzw. Südukraine im Sommer 1944, wobei monatliche Verlustraten wie ansonsten erst später bei den Endkämpfen eintraten. Doch auch wenn man die Verluste an der Ostfront im gesamten Zeitraum betrachtet, waren sie immens – im Durchschnitt starben täglich mehr als 2000 Mann, bis eine ganze Division in Friedensstärke tot war, dauerte es nur wenig länger als eine Woche.

Soweit zu den Ergebnissen der Auswertung – die Fragen, die sich im Laufe der Ausführungen ergeben haben, sollen im folgenden noch vertieft werden.

## 4.3 Relevanz der Ergebnisse

Welchen Wert haben nun die Ergebnisse der vorliegenden Arbeit für die weitere Forschung? Besteht er lediglich darin, falsche, doch oft nur als zwar notwendiges, aber inhaltsarmes Beiwerk aufgefaßte Angaben durch neue, exaktere, aber genauso unwichtige Zahlen zu ersetzen? Auch wenn man eine solche Auffassung nicht teilt, dürfte es sinnvoll sein, die Frage zu stellen, welche Relevanz ein unter den Aspekten von Arbeitszeit und Finanzbedarf doch recht aufwendiges Projekt für die Geschichtswissenschaft besitzt. Im folgenden soll daher an einigen exemplarischen Beispielen versucht werden, den Nutzen der Arbeit zu verdeutlichen.

## 4.3.1 Gruppenkohäsion

Die Frage, warum die Wehrmacht zunächst so erfolgreich und später trotz immer schlechterer materieller Bedingungen so lange hartnäckig gegen weit überlegene Gegner gekämpft hat, beschäftigt die Wissenschaft schon seit Ende des Zweiten Weltkrieges. Lange Zeit galt unbestritten die von Shils und Janowitz im Jahr 1948 veröffentlichte These, der Zusammenhalt der Wehrmacht sei durch die Personalpolitik der Wehrmacht zu erklären. Wie bereits in anderen Zusammenhängen erwähnt, war ja ursprünglich jeder Einheit ein bestimmter Wehrersatzbezirk zugeordnet, so daß die Verbände tendenziell regional homogen zusammengesetzt waren. Darüber hinaus wurden Soldat, die ihre Einheit aufgrund Krankheit oder Verwundung verlassen mußten, nach ihrer Genesung grundsätzlich wieder in ihre alte Einheit zurückversetzt. Auf diese Weise konnten Primärgruppen entstehen, die durch langfristiges Zusammenleben und die daraus resultierenden Bindungen gekennzeichnet waren. Von daher kämpften die deutschen Soldaten also nicht für den Nationalsozialismus, sondern für ihre Kameraden, den Chef und die Einheit[65].

Dieser Auffassung trat nun Omer Bartov in mehreren Veröffentlichungen entgegen. Seine Argumentation ging dahin, daß die Verluste der Wehrmacht im Ostfeldzug so groß gewesen seien, daß die ursprünglich vorhanden Primärgruppen binnen kurzem ausgelöscht worden seien. Darüber hinaus habe die Aufstellung immer neuer Verbände und die wahllose Wiederauffüllung von Einheiten mit beliebigen Soldaten ein weiteres getan, um eventuell doch noch vorhandene Bindungen zu lösen. Auch Loyalitätsgefühle gegenüber der Führung hätten nicht entstehen können, da die Verluste unter den jungen Subalternoffizieren noch größer gewesen seien als die unter den Mannschaften und Unteroffizieren. Im Verlauf des Ostfeldzugs glaubt Bartov nun feststellen zu können, daß die Gruppenkohäsion abnahm, während gleichzeitig die Hartnäckigkeit, mit der gekämpft wurde, zunahm. Damit komme die Gruppenkohäsion als Erklärung für die Hartnäckigkeit nicht mehr in Betracht, es müsse die nationalsozialistische Ideologie sein, die das Verhalten der Soldaten erklären könne[66].

Ohne die zentrale These Bartovs von der Bedeutung der Ideologie im Ostfeldzug hier inhaltlich diskutieren zu wollen, sei zunächst einmal darauf hingewiesen, daß aus Gründen der Argumentationslogik aus der Feststellung, die Erklärung von Shils/Janowitz träfe nicht zu, nicht folgt, der Ansatz von Bartov sei richtig. Es besteht logisch zumindest die Möglichkeit, daß beide Erklärungen sich als falsch erweisen und eine dritte, bisher nicht erwogene Alternative zutrifft.

---

[65] Shils/Janowitz, Cohesion and Disintegration, S. 281.
[66] Bartov, Hitler's Army, S. 30 – 39 und 58; eine deutschsprachige Zusammenfassung seiner Thesen findet sich in Bartov, Von unten betrachtet.

Darüber hinaus sind in der Argumentation Bartovs aber auch einige Annahmen enthalten, die zu prüfen notwendig gewesen wäre. Aus hohen Verlustquoten auf eine schnelle Zerstörung der Primärgruppen zu schließen, impliziert die Vorstellung eines quasi gleichmäßigen »Abflusses« des Personals aus den Einheiten. Unterstützt wird dieser Eindruck durch die nachprüfbar hohen Verlustraten und die damit verbundene Fluktuation unter den jungen Offizieren. Trotzdem wäre es ratsam gewesen, die Verteilung der Verluste unter den Mannschaften und Unteroffizieren zu prüfen, z.B. durch Ermittlung der Verweildauer von Soldaten in Kompanien oder der personellen Entwicklung stichprobenartig ausgewählter Einheiten.

Ohne die Thesen Bartovs hinsichtlich der Subalternoffizieren bestreiten zu wollen, legen die Ergebnisse der vorliegenden Untersuchung dagegen den Schluß nahe, daß es innerhalb der Mannschaften und Unteroffiziere zwei Gruppen gab. Einerseits die früh eingezogenen »alten Hasen«, von denen die vielen, die die ersten Gefechte überlebt hatten, »erst« in den Jahren 1943/44 gestorben sind, während immer wieder jüngere einberufen wurden, die in zunehmend kürzeren Abständen starben. Bei diesen Alterfahrenen wird es sich vermutlich um Unteroffiziere oder höhere Mannschaftsdienstgrade gehandelt haben, die sehr wohl das »Rückgrat« von Primärgruppen dargestellt haben können, die dann immer wieder von neuen und bald darauf sterbenden Rekruten ergänzt wurden. Um diese Frage jedoch definitiv klären zu können, wäre es notwendig – und möglich –, eine entsprechende Erhebung in der Kartei der Deutschen Dienststelle vorzunehmen.

### 4.3.2 Vertreibungsverluste

Hierbei handelt es sich um einen Aspekt, der inhaltlich und methodisch mit der vorliegenden Untersuchung eng verknüpft ist. Zwar konzentrierte sich das jetzt abgeschlossene Projekt auf die militärischen Verluste, was aber keineswegs bedeuten soll, daß die Soldaten die einzigen Opfer des Krieges gewesen seien. Ganz abgesehen von den Verlusten unter den Gegnern Deutschlands mußte auch von den deutschen zivilen Opfern durch den Luftkrieg, die Deportation in die Sowjetunion oder die Flucht bzw. Vertreibung aus den Ostgebieten abstrahiert werden, weil die vorhandene Datenbasis hierüber keine Auskunft gibt. Dennoch bestehen hier Zusammenhänge, auf die nun einzugehen sein wird.

Die Todesfälle während der Flucht und der Vertreibung haben die Deutschen in der unmittelbaren Nachkriegsgeschichte ebenso beschäftigt wie das Schicksal der Soldaten – und es wurde ähnlich viel unternommen, um den Verbleib der vermißten Zivilisten zu klären oder Familien zusammenzuführen. Ein wissenschaftliches Großprojekt arbeitete die Vorgänge historiographisch auf, das Statistische Bundesamt, die Vertriebenenverbände und der Kirchliche Suchdienst unternahmen mit finanzieller Unterstützung durch die Bundesregierung viel, um das Schicksal der Vertriebenen quantitativ möglichst exakt zu erfassen. Das Ergebnis läßt sich dahingehend zusammenfassen, daß ca. 2 Millionen Deutsche während Flucht

**Tab. 71: Vergleich: Militärische Verluste aus den Vertreibungsgebieten**

| Herkunft | Vorliegende Untersuchung | Bilanz der Vertreibung |
| --- | --- | --- |
| Ehemalige Ostgebiete | 910 000 | 690 000 |
| Großdeutsche Ostgebiete | 206 000 | 180 000 |
| Ost- und Südosteuropa | 328 000 | 230 000 |
| Summe | 1 444 000 | 1 100 000 |

und Vertreibung ums Leben gekommen sein sollen – nicht eingerechnet diejenigen aus diesen Gebieten, die im militärischen Einsatz gestorben sind[67].

Diese Verlustzahlen, seit Jahrzehnten fester Bestandteil der seriösen einschlägigen Literatur, sind jedoch nicht das Ergebnis einer Zählung von Todesfallmeldungen oder ähnlicher konkreter Angaben, sondern das Resultat einer Bevölkerungsbilanz, deren Ergebnis in der Feststellung bestand, daß der Verbleib von ca. 2 Millionen Einwohnern der Vertreibungsgebiete nicht geklärt und folglich davon auszugehen sei, daß sie während dieser Ereignisse ums Leben gekommen seien. Bereits in den letzten Jahren wurden diese Aussagen zunehmend in Zweifel gezogen, zeigten doch Untersuchungen über die Summe der berichteten Todesfälle, daß die Zahl der Opfer wohl kaum über ca. 500 000 Personen gelegen haben kann – auch dies eine konkret nicht vorstellbare Zahl von Opfern, aber dennoch nur ein Viertel der bisherigen Angaben[68]. Zugunsten der bisher geläufigen Zahlen konnte jedoch immer angeführt werden, daß die Bilanz ja nicht aussagte, der Tod dieser Menschen sei belegt – nein, ihr Verbleib war nur ungeklärt.

Genau hier nun wirken sich die Ergebnisse der vorliegenden Untersuchung aus. Wie aus Tab. 71 zu entnehmen, beläuft sich die Zahl der im Zweiten Weltkrieg ums Leben gekommenen Männer aus den Vertreibungsgebieten der vorliegenden Untersuchung nach auf ca. 1,44 Millionen Tote, d.h. sie liegt um ca. 330 000 Personen höher, als sie von den Autoren der »Bilanz der Vertreibung« errechnet worden war. Die Frage, wie sich diese Diskrepanz erklärt, ist leicht zu beantworten. Mangels konkreter Unterlagen mußten die Autoren der »Bilanz der Vertreibung« Annahmen über die Einziehungsquoten in den Vertreibungsgebieten und die Todesquoten dieser Soldaten treffen, die sich heute als falsch erweisen. Die Konstruktion der Erhebung als Bilanz hat nun zur Konsequenz, daß die Zahl der zivilen Todesfälle um denselben Betrag sinkt, um den die Anzahl der militärischen Toten steigt – denn die Zahl der ungeklärten Schicksale nimmt ja ab. Von

---

[67] Eine ausführliche Darstellung findet sich bei Overmans, Personelle Verluste.
[68] Beispielhaft sei verwiesen auf: Vertreibung und Vertreibungsverbrechen 1945 – 1978. Bericht des Bundesarchivs vom 28. Mai 1974. Archivalien und ausgewählte Erlebnisberichte, Bonn 1989.

daher sind die bisherigen Angaben über die Zahl der Vertreibungsopfer nicht mehr aufrechtzuerhalten[69].

Hinzu kommt noch ein zweiter Aspekt. Die – hier nur am Rande interessierende – Beschäftigung mit dem Schicksal der Zivildeportierten, das ja eng mit dem der Kriegsgefangenen verbunden war, zeigt, daß die quantitative Bedeutung dieses Vorgangs bis heute noch nicht angemessen erfaßt ist[70]. Auch von daher ergeben sich Hinweise, die ein Anstoß sein könnten, die Aussagen über die Verluste während Flucht und Vertreibung einer kritischen Revision zu unterziehen.

### 4.3.3 »Verschwundene« Divisionen

Ein weiterer Aspekt führt partiell weg von den Zahlen. Der vorliegenden Untersuchung nach belaufen sich die Gesamtverluste auf ca. 5,3 Millionen Soldaten, während Wehrmachtstatistiken etwa 3 Millionen Todesfälle ausweisen. Ohne hier auf alle Definitionsunterschiede eingehen zu wollen, kann die Differenz doch in groben Zügen damit erklärt werden, daß die Verluste an der Ostfront bereits vor dem Zusammenbruch der Heeresgruppen Mitte und Südukraine um ca. 500 000 Mann höher lagen, als es die Wehrmachtstatistiken ausweisen. Bis zum Jahresende 1944 hatte sich diese Differenz auf ca. 1 000 000 Tote vergrößert. Hinzu kommen die Verluste während der Endkämpfe, die nach Schätzung von Wehrmachtexperten »nur« ca. 200 000 Mann das Leben kosteten – tatsächlich waren es jedoch ca. 1,2 Millionen. Die vorliegende Arbeit hatte in ihren Ausführungen zur Geschichte des Meldesystems auch aufgezeigt, daß gegen Kriegsende die Verluste gestiegen und gleichzeitig die Kommunikationsstrukturen zusammengebrochen waren. Von daher gab es Millionen von Soldaten, die den ganzen Krieg über Kontakt zu ihren Angehörigen gehabt hatten – erst 1944/45 war die Verbindung abgebrochen. Da den Angehörigen in der Regel bekannt war, daß ihre Söhne und Väter zuletzt an der Ostfront gekämpft hatten, vermuteten sie sie in sowjetischer Gefangenschaft. Als aber die UdSSR auf der Moskauer Außenministerkonferenz von 1947 die Zahl der in sowjetischem Gewahrsam befindlichen deutschen Kriegsgefangenen mit 890 532 angab, da war die Empörung in Deutschland groß – rechnete man doch mit ca. 2,5 bis 3 Millionen Deutschen, die noch in den Lagern in der UdSSR vermutet wurden. So entstanden die Gerüchte von der verschwundenen Million Soldaten, die in Schweigelagern untergebracht seien und keine Möglichkeit hätten, sich von dort zu melden. Aber nicht nur Angehörige mit ihren verständlichen Hoffnungen, sondern auch Experten gingen davon aus, daß noch mehr als diese ca. 900 000 Kriegsgefangenen heimkehren würden. Ausgehend von den sowjetischen Angaben und den Ergebnissen der Registrierung von 1947 veröffentlichte ein hessischer Statistiker eine Prognose, derzufolge über die von der

---

[69] Die deutschen Vertreibungsverluste, S. 15, 34 und 46.
[70] Steinberg, Bevölkerungsentwicklung Deutschlands, S. 145.

UdSSR offiziell eingestandenen ca. 900 000 noch weitere ca. 700 000 Kriegsgefangene in der Sowjetunion zurückgehalten würden. Dieser Artikel fand weite Verbreitung, Müller-Hillebrand nahm ihn zum Anlaß, seine Schätzung der Wehrmachtgesamtverluste zu erstellen, die heute als Standard in der Literatur gelten kann[71].

Die Suchdienstexperten warnten, für die Existenz von Schweigelagern gäbe es keine Beweise, die Familien müßten sich mit der Tatsache abfinden, daß ihre Angehörigen tot seien. Spätestens die Registrierung von 1950 machte dann deutlich, daß die Suchdienstexperten recht hatten – und die vorliegende Untersuchung zeigt auf, wo und in welchen Zeiträumen die scheinbar Verschwundenen gestorben sind. Aber aus verständlichen Gründen waren viele in den ersten Nachkriegsjahren noch nicht bereit, die Aussagen der Suchdienstexperten zu akzeptieren – hofften sie doch unter denjenigen zu sein, die das Glück hatten zu erleben, daß der Sohn oder Vater nach Jahren der Ungewißheit doch noch heimkehrte[72].

Einstweilen mußten die Angehörigen jedoch davon ausgehen, daß die UdSSR ihre Kriegsgefangenen anscheinend als Arbeitssklaven zurückhalten wollte – und gegen diese Sowjetunion kehrten sich daher die Aggressionen. Anknüpfen konnten die Gefühle dabei an die nationalsozialistische Propaganda, die schon immer betont hatte, daß es besser sei zu sterben, als in sowjetische Kriegsgefangenschaft zu geraten. An dieser Stelle wäre nun die Frage zu stellen, welche Bedeutung diese inhaltlich nicht gerechtfertigte Beschuldigung gegen die UdSSR, sie würde Kriegsgefangene als Arbeitssklaven in Schweigelagern zurückhalten, für die Westdeutschen in dem sich Ende der 40er Jahre entwickelnden Ost-West-Gegensatz gehabt hat.

### 4.3.4 Bewertung der personellen Verluste

Im Rahmen der Ausführungen zur Entwicklung des Meldewesens hatte sich gezeigt, daß erhebliche Differenzen zwischen den verschiedenen Verluststatistiken der Wehrmacht eher die Regel als die Ausnahme waren, obwohl die Wehrmacht viel Mühe aufwandte, ihr Meldesystem zu verbessern. Aus dieser Diskrepanz – widersprüchliche Wehrmachtangaben einerseits und eine Realität andererseits, die sich davon nochmals unterschied – sowie aus der Beschäftigung mit der Geschichte des Meldewesens ergab sich dann die Frage, wie die Wehrmachtführung mit der Situation umgangen war. Hat sie sich angesichts der unterschiedlichen Meldungen die Frage gestellt, wie hoch die Verluste tatsächlich

---

[71] Kriegsgefangene Hessen, Vorläufiges Ergebnis, S. 112; Müller-Hillebrand, Heer, 3, S. 263.
[72] Böhme, Gesucht wird, S. 115 und 234 – 237; Kriegsgefangene Hessen, Endgültiges Ergebnis, S. 28; Kriegsgefangene Hessen, Neue Registrierung, S. 71; Smith, Vermißte Million, S. 62 f.; prägnant kommt die Situation zum Ausdruck im Titel des folgenden Aufsatzes: Es gibt keine verschwundenen Divisionen, in: Der Heimkehrer, 1954, Nr. 2, S. 5.

waren? Hat sie Verlustmeldungen nur zur Kenntnis genommen, oder hat sie sich auch die Konsequenzen für die Gesellschaft oder die Kriegführung vergegenwärtigt?

Wenn im folgenden dieser Frage ansatzweise nachgegangen werden soll, dann ist zunächst festzustellen, daß es einschlägige Literatur zu diesem Thema nicht gibt und von daher die folgenden Überlegungen einen eher explorativen Charakter besitzen[73]. Darüber hinaus ist es nötig, einige Begriffe näher zu definieren.

Zunächst einmal stellt sich die Frage, wer sich mit Angaben über Personalverluste befaßte und insofern als »Wehrmachtführung« zu bezeichnen ist. Hier ist zu bedenken, daß anders als im Ersten Weltkrieg während des Zweiten Weltkriegs keine Verlustangaben veröffentlicht wurden[74]. Selbst innerhalb der Wehrmacht unterlagen numerische Verlustmeldungen einem hohen Geheimhaltungsschutz – sie waren als »geheim« oder als »geheime Kommandosache« eingestuft. Eine breite Diskussion über das Thema »Verluste« gab es daher nicht, und trotzdem existierte sie – zumindest in zwei Bereichen[75].

Die erste Ebene bildeten die Offiziere, die als Fachleute in der Heeressanitätsinspektion, der Abteilung Wehrmachtverlustwesen im Oberkommando der Wehrmacht oder der Statistik-Gruppe (Org Vb) des Wehrmachtführungsstabes Verluststatistiken erstellten. Hinzu kommen die Abteilungen, die mit diesen Tabellen arbeiteten. Wenn man von ärztlichen Belangen absieht, waren dies vor allem die Organisationsabteilungen der Generalstäbe, des Befehlshabers des Ersatzheeres und andere Stäbe – kurz, alle »Organisatoren«, die mit der Beschaffung und Verteilung der personellen und materiellen Ressourcen befaßt waren. Darüber hinaus benötigten natürlich auch die Operationsabteilungen Verlustmeldungen. Alle diese Gruppen können unter dem Begriff »Technokraten« zusammengefaßt werden, die sich von Amts wegen mit den Verlusten befaßten – und sei es nur, daß sie Erklärungen für die differierenden Ergebnisse der verschiedenen Meldewege zu finden versuchten. Einerseits war diese Gruppe relativ klein, andererseits ist jedoch zu bedenken, daß die Fluktuation, insbesondere innerhalb der Generalstäbe, hoch und somit der Kreis der Eingeweihten umfangreicher war, als es die Größe der Abteilungen vermuten läßt. Darüber hinaus wird eines der später anzuführenden Beispiele zeigen, daß es einem außenstehenden höheren Offizier durchaus möglich war, Kenntnisse über Verlustzahlen zu erhalten, wenn er dies wollte.

---

[73] An einigen Stellen, allerdings vorwiegend für die Jahre 1941/1942, geht Kroener auf dieses Thema ein, ansonsten finden sich nur Randbemerkungen hierzu, vor allem in der Memoirenliteratur, siehe Kroener, Personelle Verluste, S. 982 f. Angesichts der Breite der für die Fragestellung in Betracht kommenden Zeugnisse wären weitere Forschungen sicherlich interessant.
[74] Siehe hierzu Kap. 2.1.
[75] Eine der seltenen Ausnahmen von dieser Regel stellte die Rede Hitlers anläßlich der Heldengedenkfeier am 14.3.1943 dar, bei der er Aussagen über die Verluste traf. Die Geheimhaltung ging so weit, daß auch fachlich betroffene Stellen nicht immer informiert wurden, siehe Kroener, Personelle Ressourcen, S. 982; Interview de Maizière.

Die zweite Diskussionsebene bildete sich in einem ganz anderen Bereich, der nur schwer zu umschreiben ist. Neben den als geheim eingestuften Verluststatistiken gab es ja noch eine zweite, diffusere Informationsquelle – die eigene Erfahrung. Schon als Anfang 1943 zuerst in Stalingrad die 6. Armee und dann in Nordafrika die Heeresgruppe Afrika verlorengingen, da war jedem in Deutschland bewußt, daß dies den Verlust von Hunderttausenden von Soldaten bedeutete. Ähnliches müssen täglich diejenigen erlebt haben, die an der Ostfront eingesetzt waren. Es sei daran erinnert, daß dort im Zeitraum vom Juni 1941 bis Ende 1944 täglich durchschnittlich ca. 2000 Mann starben, im Herbst 1944 waren es sogar 5000 Tote pro Tag, d.h. in dieser Zeit kamen wöchentlich zwei Divisionen Soldaten in voller Friedensstärke ums Leben. Die exakte Höhe der Verluste war zwar unbekannt, doch jeder Offizier, der mit diesen Ereignissen konfrontiert war, mußte aufgrund seines beruflichen Hintergrundes einen groben, quasi intuitiven Eindruck davon gewinnen können, daß diese Verluste extrem hoch, letztlich unersetzlich und damit potentiell kriegsentscheidend waren.

Damit existierten zwei sich partiell überschneidende Wahrnehmungsebenen – einerseits die der Technokraten, die von Amts wegen mit den Verlusten beschäftigt waren, und andererseits die des persönlichen Erlebens, des intuitiven Eindrucks von den Verlusten[76]. Welche Schlußfolgerungen haben nun diese Personen gezogen? Haben sie – und wenn ja, wann – die Frage gestellt, wie lange das »Dritte Reich« die Verluste tragen konnte? Welche Konsequenzen haben sie gegebenenfalls daraus gezogen?

Um diese Fragen beantworten zu können, ist es notwendig zu klären, welche Funktionen Verluststatistiken für die Wehrmachtführung besaßen. Drei Aufgabenstellungen kommen hierbei in Betracht. Zunächst einmal informierten Verlustmeldungen die Truppenführung über den Schwerpunkt der Kämpfe und die verbleibende Leistungsfähigkeit der unterstellten Verbände. Zweitens konnten sie der Steuerung des Personalersatzes dienen, drittens gaben sie Auskunft über die verlorenen menschlichen Ressourcen, die für die weitere Kriegführung nicht mehr zur Verfügung standen. Diesen letzten Aspekt zu Ende zu denken, bedeutete dann irgendwann, sich die Frage zu stellen, ob der Krieg noch zu gewinnen war.

Wenn man nun nach all diesen Vorüberlegungen daran geht, die gestellten Fragen zu beantworten, dann drängt sich der Eindruck auf, daß es eine über die gesamte Zeit des Krieges hinwegdauernde, konstante Bewertung der Verluste vermutlich nicht gegeben hat. Vielmehr scheint es notwendig, eine Periodisierung vorzunehmen, die sich im wesentlichen aus der Entwicklung der militärischen Lage ergibt.

---

[76] Ein solcher Offizier war de Maizière, der sowohl als Offizier an der Ostfront als auch in der Organisationsabteilung des Heeresgeneralstabs eingesetzt war und ausdrücklich bestätigt, daß ein solches intuitives Gefühl für die Bedrohlichkeit der Verluste unter den Offizieren an der Ostfront weit verbreitet gewesen sei, siehe Interview de Maizière.

Dabei umfaßt der erste Abschnitt den Zeitraum von Kriegsbeginn bis zum Juni 1941, d.h. die Phase der kurzen, siegreichen und verlustarmen Feldzüge. Was die Leistungsfähigkeit des Meldewesens betrifft, hier zwei Beispiele: Nach Meldung der Ärzte betrug die Zahl der Toten durch Feindeinwirkung beim Polenfeldzug ca. 10 000 Mann, den Truppenmeldungen nach waren es ca. 14 000, eine Nacherhebung aus dem Jahr 1944 ergab dann, daß die tatsächlichen Verluste bei ca. 15 500 Todesfällen lagen. Ähnlich verhielt es sich im Frankreichfeldzug. Die Truppe meldete ca. 26 500 Todesfälle, die Ärzte ca. 30 000, die Nacherhebung von 1944 ergab ca. 46 000 Tote[77].

Was bedeutete dies nun für die Funktionen des Meldewesens? Zunächst einmal waren die Ausfälle – auch wenn 10 000 Mann in etwa der Bevölkerung einer Kleinstadt entspricht – bezogen auf den Personalumfang der eingesetzten Wehrmachtverbände gering. Die erste Funktion von Verlustzahlen, über den Schwerpunkt der Kämpfe und die verbleibende Kampfkraft zu informieren, erfüllten auch die unvollständigen Angaben, soweit angesichts der Lageentwicklung derartige Informationen überhaupt benötigt wurden. Ähnlich verhielt es sich mit der zweiten Funktion, der Steuerung des Personalersatzes. Anfangs war jeder Einheit ein Ersatztruppenteil zugeordnet, die Ersatzgestellung wurde direkt zwischen den betroffenen Stellen abgesprochen. Solange Personalverluste problemlos ersetzt werden konnten, besaßen Verlustangaben nur eine buchhalterische Funktion, Entscheidungen über die Verteilung der Personalressourcen waren damit nicht verbunden. Auch die dritte Aufgabe der Verluststatistiken, Auskunft über die Fähigkeit zu geben, den Krieg weiterzuführen, besaß in diesem Zeitraum offensichtlich keine Bedeutung – dafür waren die Ausfälle zu gering[78].

Eines jedoch bewirkten die Diskrepanzen zwischen den Meldungen – die Unzuverlässigkeit des Meldesystems wurde erkannt und Maßnahmen zur Steigerung der Effizienz eingeleitet. Das markanteste Beispiel hierfür ist die Aufstellung der Abteilung Wehrmachtverlustwesen zum 1. März 1941, deren wesentliche Aufgabe darin bestand, die Verluste zentral zu erfassen[79].

Die zweite Phase begann mit dem Angriff auf die Sowjetunion. Die ursprünglich technisch so simple Situation änderte sich schlagartig – vom ersten Monat an ergaben sich empfindlich hohe Verluste. Bis Jahresende 1941 war die Zahl der an der Ostfront als gefallen Gemeldeten bereits auf ca. 200 000 gestiegen, die tatsächlichen Verluste lagen bei ca. 300 000 – und dies ohne die überlebenden Kriegsgefangenen, langfristig ausfallenden Schwerverletzten oder als kriegsversehrt Ausgeschiedenen. Ihre Bedeutung erhalten diese Angaben, wenn sie in Beziehung gesetzt werden zum potentiellen Nachwuchs, d.h. der Stärke der Geburtsjahrgänge, die zur Einziehung anstanden. Diese lag für die Jahrgänge zwischen 1920

---

[77] Betr.: Statistik der Menschenverluste im Kriege, OKW/AWA/WVW(V) Nr. 245/44 g.Kdos. vom 30.8.1944, BA-MA, RM 7/807.
[78] Müller-Hillebrand, Statistic systems, S. 10.
[79] Kroener, Personelle Verluste, S. 877 und 983, siehe auch Kap. 2.2.1.3.

und 1925 bei ca. 600 000 – 700 000 männlichen Personen, die natürlich keinesfalls alle für eine Einziehung in Betracht kamen. Hochgerechnet auf ein ganzes Jahr drohten damit allein die Verluste an der Ostfront größer zu werden als der Nachwuchs, der zur Verfügung stand. Verschärft wurde das Problem dadurch, daß die Verluste im Laufe des Jahres 1942 nicht zurückgingen, sondern weiter anstiegen[80].

Dies etwa war die zweite Phase, die im wesentlichen davon gekennzeichnet war, daß die Verluste erstmals als ernsthaftes Problem erkannt wurden. Bezogen auf das Meldewesen zeigte sich zunächst einmal, daß die Ergebnisse weiterhin in einem nicht tolerierbaren Maße differierten. Es wurden daher wesentliche Änderungen befohlen, die durchaus geeignet waren, die Effizienz des Systems zu erhöhen, gleichzeitig aber auch eine massive Personalverstärkung bei den mit der Informationsverarbeitung befaßten Stellen erforderten. Um nur ein Beispiel anzuführen – allein der Personalbestand der WASt stieg bis 1943 auf ca. 4000 Mitarbeiter[81].

Was die Funktionen der Verlustmeldungen angeht, ist mit Müller-Hillebrand generell festzustellen, daß die Differenzen zwischen den Meldungen zwar registriert, jedoch nicht als wesentlich empfunden wurden. Von den relativ schnell verfügbaren Zahlen des Heeresarztes war sehr wohl bekannt, daß sie die tatsächlichen Verluste zu niedrig auswiesen, aber die erste der genannten Aufgaben, Aufschluß über die Schwerpunkte der Gefechtstätigkeit und die verbleibende Kampfkraft der Verbände zu geben, erfüllten sie in ausreichendem Maß[82].

Anders sah es aus hinsichtlich der zweiten Funktion von Verlustzahlen als Grundlage für die Verteilung der Ressourcen. Das ursprüngliche System der direkten Abstimmung zwischen Ersatz- und Feldtruppenteilen begann im Spätjahr 1941 zusammenzubrechen. Die Höhe der Verluste im Verhältnis zur Zahl des zur Verfügung stehenden personellen Nachwuchses führte dazu, daß Verteilungsprobleme entstanden und von daher die Verluststatistiken eine Bedeutung erhielten, die sie bisher nicht gehabt hatten. Doch diese Phase dauerte nicht lange, schon im Frühjahr 1942 war die Wehrersatzorganisation in keinem Monat mehr in der Lage, das Einberufungssoll aufzubringen[83].

Damit entstand nun eine völlig neue Situation. War die Höhe der Ausfälle vorher wenig bedeutsam gewesen, weil sie so gering waren, so verloren sie nun an Bedeutung, weil es immer weniger möglich war, die Verluste vollständig zu ersetzen. Wenn Verluststatistiken jedoch nicht mehr als Grundlage für die Nachwuchsrekrutierung verwendet werden, sondern nur noch als grober Verteilungsschlüssel für die Zuweisung der ohnehin nicht ausreichenden Kontingente,

---

[80] Bereits im Herbst 1941 mußte der Chef des Generalstabs des Heeres, Halder, feststellen, daß ein Heer wie im Juni 1941 nie wieder zur Verfügung stehen würde – allerdings glaubte er, dies sei auch nicht mehr nötig, siehe Kroener, Personelle Verluste, S. 857, 878 und 887.
[81] Siehe hierzu Kap. 2.2.1.3.
[82] Müller-Hillebrand, Heer, 3, S. 259 f.
[83] Kroener, Personelle Verluste, S. 887 und 942; Müller-Hillebrand, Statistic systems, S. 10.

dann verwundert es nicht, wenn Müller-Hillebrand, der in dieser Zeit die Organisationsabteilung des Heeresgeneralstabs leitete, zu dem Ergebnis kam, daß das Meldewesen zwar ungenau gearbeitet, für die Ansprüche der Personalbewirtschaftung jedoch ausgereicht hätte[84].

Wie steht es nun mit der dritten Funktion der Verlustangaben? Hier ist eine erstaunliche Feststellung zu treffen. Für die ersten beiden Funktionen mag die geringe Zuverlässigkeit des Meldewesens tolerierbar gewesen sein, bezogen auf die Frage, wie lange der Krieg unter dem Aspekt der personellen Ressourcen geführt werden konnte, war jedoch ein realistisches Bild der Lage extrem wichtig. Nun waren die Differenzen zwischen den vorhandenen Meldungen bekannt – selbst Müller-Hillebrand war der Meinung, die Angaben des Heeresarztes lägen um 10 Prozent zu niedrig[85]. In dieser Situation wäre es eigentlich zwingend geboten gewesen, mit Sicherheitszuschlägen zu arbeiten – bemerkenswerterweise findet sich jedoch hierfür kein Beispiel.

Das soll nun wiederum nicht bedeuten, daß die Fachleute die vorhandenen, zu niedrigen Zahlen, nicht richtig zu deuten gewußt hätten. Bereits im Dezember 1941 erkannten die für die materielle und personelle Rüstung Verantwortlichen, Theodor Todt und Friedrich Fromm, daß es notwendig sei, den Krieg auf dem Verhandlungswege zu beenden. Anfang 1942 war in den militärischen Führungsstäben das Gefühl weit verbreitet, daß die personellen Ressourcen für einen Sieg nicht ausreichten. Unter dem Eindruck der weiter steigenden Verluste im Laufe des Jahres 1942 entstanden Denkschriften, die alle demselben Grundgedanken folgten – die personellen und/oder materiellen Ressourcen reichten nachweislich nicht, den Krieg militärisch siegreich zu beenden[86].

Was waren nun die Konsequenzen, die aus diesen Erkenntnissen gezogen wurden? Vielleicht am besten deutlich wird dies anhand der Person Friedrich Fromms, des Chefs Heeresrüstung und Befehlshabers des Ersatzheeres. Im Oktober 1941, als die Sowjetunion fast schon besiegt schien, hatte er eine Denkschrift an seinen »Führer« mit der Forderung gerichtet, Frieden zu schließen – eben weil die Statistiken deutlich machten, daß das Deutsche Reich eine Fortsetzung des Krieges nicht durchhalten könne. Ein Jahr später dann, im Oktober 1942, auf dem scheinbaren Höhepunkt der deutschen Macht, legte Fromm in einer weiteren Denkschrift an Hitler dar, daß der Krieg verloren sei. Beendet war damit aber nicht der Krieg, sondern nur die Karriere des Generals Fromm – denn von nun an galt er als Defaitist[87].

---

[84] Müller-Hillebrand, Statistic systems, S. 43; Interview de Maizière.
[85] Müller-Hillebrand, Statistic systems, S. 60.
[86] Kroener, Personelle Verluste, S. 870 und 922; de Maizière, Pflicht, S. 79 f.; Bernhard Kroener, »Ich sterbe, weil es befohlen wurde«. Ein Offizier zwischen loyaler Opposition, Resignation und Widerstand: Generaloberst Friedrich Fromm, in: Die Zeit, 1998, Nr. 12 vom 12.3.1998, S. 88.
[87] Kroener, Personelle Verluste, S. 1015.

Ähnliche Entwicklungen beschreibt der spätere Generalinspekteur der Bundeswehr, de Maizière, der im Herbst 1942 in der Organisationsabteilung des Heeresgeneralstabs eingesetzt war. Die Ablösung des Generalstabschefs Halder und des Chefs des Heerespersonalamts Bodewin Keitel wurde von ihm als »Systemwechsel« empfunden. Auch der Chef der Organisationsabteilung des Heeresgeneralstabs wurde im Oktober 1942 an die Ostfront versetzt, »weil er sinnlose Maßnahmen als solche bezeichnete und vernünftige Gegenvorschläge machte [...] Hitler bevorzugte junge, harte, dynamische Berater. Der Typ des intellektuellen, abwägenden, auch die unbequemen Realitäten in Rechnung stellenden ›Stäblers‹ lag ihm weniger. Optimismus, Vertrauen und Glauben erhielten Priorität gegen-210über nüchternem Sachverstand[88].«

Die Zeit der öffentlich geäußerten Bedenken scheint spätestens Anfang 1943 beendet gewesen zu sein. Sie waren pflichtgemäß vorgetragen worden, ihre Bedeutung abzuwägen und sie in den Entscheidungen zu berücksichtigen, war Aufgabe der obersten Führung. Insoweit konnten sich diejenigen, die Bedenken vorgetragen hatten, von ihrer Verantwortung entlastet fühlen. Trotzdem konnte diesen Zweiflern nicht verborgen bleiben, daß ihre Argumente nicht berücksichtigt worden waren. Allerdings stieg nun auch das Risiko, für defaitistische Äußerungen belangt zu werden, in dem Maß, in dem die Siegesaussichten sanken – mit anderen Worten, Zweifel, die 1941 geäußert werden konnten, waren 1943/44 riskant geworden. Gleichzeitig war es aber auch immer weniger erfolgversprechend, sie in Diskussionen einzubringen. In dieser Situation blieb eigentlich nur noch die Wahl zwischen einem Rückzug auf die Aufgabe, die forderte, die Aufmerksamkeit in Anspruch nahm und ablenkte – oder dem Widerstand um jeden Preis. Oder, wie de Maizière es beschreibt, »es entstand eine Mentalität, nur noch Befehle auszuführen, ohne über deren Sinnlosigkeit nachzudenken[89].« Manche versuchten auch, der Konfrontation mit diesem Dilemma durch ein Frontkommando zu entgehen.

Eine solche Tendenz, sich ins Tagesgeschäft zu stürzen und die Implikationen der Realität zu ignorieren, gab es jedoch nicht nur in der obersten Führung – hier ein Beispiel aus einem ganz anderen Bereich. Im Sommer 1942 war die Versorgungslage der 6. Armee an der Ostfront schlecht, weil die Transportmittel nicht ausreichten und es offensichtlich nicht möglich war, beispielsweise durch den Bau einer weiteren Eisenbahnlinie, die Kapazitäten zu erhöhen. Bereits im August konnte der Oberquartiermeister nachweisen, daß die vorhandenen Transportkapazitäten niemals ausreichen konnten, die 6. Armee rechtzeitig mit allen für den Winter benötigten Mitteln zu versorgen: »Seit spätestens Ende September war klar, daß eine auch nur halbwegs ausreichende Winterbevorratung selbst bei optimaler Ausnutzung der Transportkapazitäten nicht mehr durchzuführen war[90].«

---

[88] de Maizière, Pflicht, S. 79.
[89] Kroener, Personelle Verluste, S. 966; de Maizière, Pflicht, S. 81.
[90] Wegner, Krieg gegen die Sowjetunion, S. 992.

Wie reagierte nun die Armeeführung auf diese Zahlenangaben, auf die Konfrontation mit der Realität? Sie nahm sie zur Kenntnis und benutzte sie nicht etwa als zwingendes, sondern lediglich als eines von mehreren Argumenten, um den Rückzug der 6. Armee auf weiter rückwärts gelegene Stellungen zu begründen. Dem Antrag wurde nicht stattgegeben, aber die daraus resultierende Frage, wie die Versorgung sicherzustellen sei, wurde auch nicht beantwortet.

Dafür, daß der Rückzugsbefehl – vor allem wohl aufgrund Hitlers Auffassung – nicht erfolgte, gibt es eine, vielleicht aber zu vordergründige Erklärung – die Überbetonung des operativen Denkens und die Vernachlässigung logistischer Probleme, die der Wehrmacht nachgesagt wird. Dies mag richtig sein, es könnte aber sein, daß hierin eine Tendenz zur Mißachtung einer Realität zum Ausdruck kommt, die nicht den eigenen Vorstellungen entsprach. Dies hat natürlich auch damit zu tun, daß diejenigen Teilnehmer eines Entscheidungsprozesses, die bereit waren, mit der Realität zu rechnen, wußten, daß Argumente in dieser Richtung zunehmend nicht mehr akzeptiert wurden[91].

Die dritte Phase der Entwicklung begann wohl mit der Vernichtung der 6. Armee in Stalingrad und der Kapitulation der Heeresgruppe Afrika Anfang 1943. Obwohl Anstrengungen unternommen worden waren, die Effizienz des Meldewesens zu erhöhen, trat nun eine Situation ein, die geeignet war, alle Mühen zunichte zu machen. Grundlage aller Statistiken waren nämlich die Meldungen, die von den Kompanien und Sanitätseinheiten erstellt wurden, die vor Ort die Kranken, Verwundeten oder Toten versorgten. Vor allem in Stalingrad trat nun aber erstmals der Fall ein, daß nicht einzelne Soldaten vermißt wurden, sondern eine ganze Armee mit ca. 200 000 Soldaten – und niemand war da, um Verlustmeldungen zu erstatten. Einfach die gesamte Personalstärke der 6. Armee als Verlust »abzubuchen«, war auch keine Lösung, um zu zuverlässigen Ergebnissen zu kommen – weder damals noch heute gibt oder gab es endgültige Klarheit über die tatsächliche Zahl der eingeschlossenen deutschen Soldaten[92].

Auch wenn Anstrengungen unternommen wurden, dieser neuen Entwicklung Rechnung zu tragen, wirkte sie sich negativ auf die Qualität der Verlustmeldungen aus. So belief sich die Zahl der Toten des Heeres infolge Feindeinwirkung an der Ostfront nach dem Stand vom 30. August 1943 nach Angaben des Heeresarztes auf ca. 710 000 Mann, nach den Unterlagen der WASt waren es ca. 810 000. Das neue, 1942 eingeführte Registrierungssystem ergab dann später 970 000 Todesfälle – immerhin eine Differenz, die dem Personalbestand von zwei Armeen entsprach. Den tatsächlichen Verlusten von ca. 1,2 Millionen Soldaten kam dieses Registrierungssystem – allerdings bei einer Bearbeitungszeit von ca. einem Jahr –

---

[91] Dazu ein interessantes Aperçu: Die aus Berechnungen zwingend abzuleitenden Konsequenzen wurden erst später wieder bemüht, allerdings in einem anderen Sinn. In einem seiner letzten Tagesbefehle im Ruhrkessel teilte Generalfeldmarschall Model seinen Soldaten mit, der Nationalsozialismus müsse mit mathematischer Sicherheit siegen.
[92] Overmans, Das andere Gesicht, S. 442.

noch am nächsten, doch diese Diskrepanzen wuchsen noch weiter. Bis Ende Juni 1944, also kurz vor den Großangriffen der Roten Armee und den anschließenden Zusammenbrüchen der Heeresgruppen Mitte bzw. Südukraine, hatte das Ostheer den Statistiken des Heeresarztes zufolge ca. 1,4 Millionen Soldaten verloren, nach Aussage des Wehrmachtführungsstabes waren es ca. 1,6 Millionen, tatsächlich beliefen sich die Verluste jedoch auf ca. 2 Millionen Mann. Möglicherweise verfügte das Ostheer damit bereits vor den sowjetischen Angriffen über 500 000 Mann weniger, als die Führung zur Verfügung zu haben glaubte – eventuell eine wesentliche Erklärung für den völligen Zusammenbruch[93].

Die zunehmenden Verluste, die Vernichtung ganzer Heeresgruppen und der Zusammenbruch der Kommunikationsstrukturen ließen die Diskrepanzen zwischen der vermeintlichen und der tatsächlichen Stärke weiter wachsen. Zwar waren auch die vorliegenden Statistiken seit Mitte 1944 in zunehmendem Maße unvollständig gewesen, für den Zeitraum ab Januar 1945 kam es aber zu keiner Gesamtstatistik mehr, wenn man von den nur noch rudimentären Meldungen des Heeresarztes absieht, die bis April 1945 vorliegen. Nach Angaben des Heeresarztes betrugen die Verluste des Heeres an Toten und Vermißten bis 31. Januar 1945 ca. 3 Millionen, nach Auffassung des Wehrmachtführungsstabes waren es ca. 3,4 Millionen, tatsächlich beliefen sie sich jedoch auf ca. 4 Millionen – und dies ohne die überlebenden Kriegsgefangenen, die auch nicht mehr zur Verfügung standen[94].

Was bisher für die Verluste gezeigt worden ist, gilt sinngemäß auch für Angaben zum Personalbestand der Wehrmacht. Dazu nur ein Beispiel: Mit Datum vom 22. Januar 1945 teilte der Wehrmachtführungsstab dem Heerespersonalamt mit, die Einheiten des Heeres hätten zum Stichtag 31. Dezember 1944 einen Personalbestand von ca. 120 000 Offizieren gemeldet, das Heerespersonalamt ging jedoch von ca. 290 000 Offizieren aus – immerhin eine Differenz von ca. 170 000 Mann oder 140 Prozent. Über die Frage, welche Angabe richtig war, findet sich leider nichts mehr in den Akten, der Sachverhalt ist jedoch bezeichnend für den Zustand des Wehrmachtmeldewesens[95]. Angesichts der Tatsache, daß es sich um eine zusammenbrechende Armee handelte, ist dieser Befund eigentlich nicht erstaunlich – er steht »lediglich« im Gegensatz zu der in der Literatur häufig anzutreffenden Annahme, das Wehrmachtmeldewesen sei in typisch deutscher Manier zuverlässig gewesen[96].

Wie nun wirkten sich diese Ereignisse auf die Funktionen des Verlustmeldewesens aus. Die Widersprüchlichkeit der Meldungen war den Stellen bekannt, bei denen sie zusammenliefen. Es existieren in den Akten zahlreiche Vergleiche zwischen verschiedenen Meldungen und Nachfragen, um Differenzen zu klären. Eines findet sich allerdings nicht – die an sich naheliegende Schlußfolgerung, daß

---

[93] Siehe Kap. 4.2.5.2.
[94] Siehe Kap. 2.2.4. und Kap. 4.2.3.2.
[95] OKW/WFSt/OrgII(2) Nr. 202/45 gKdos, an HPA/1.Zentr.Abt.III vom 22.1.1945, Betr.: Iststärkezahlen, BA-MA, RH 17/H6/265.
[96] KTB-OKW, S. 1508.

keine der Statistiken mehr zuverlässig sei. Dieses Phänomen zu erklären, fällt schwer. Zwei Ansätze bieten sich an. Zum einen bot die Fortführung der bisherigen Arbeitstätigkeit – »business as usual« – für die damit befaßten Fachleute die Möglichkeit, sich die Illusion einer längst nicht mehr gegebenen Normalität zu erhalten und die Versetzung an die Ostfront zu vermeiden. Und eine von offensichtlich unvollständigen Zahlen unabhängige realistische Schätzung zu erarbeiten, hätte bedeutet, sich bewußt zu machen, daß die Verluste noch weitaus größer waren, als die vorhandenen Zahlen es auswiesen. Dies mag weniger gelten für die »Nutzer« der Statistiken in den Stäben, wie etwa den Operations- oder Organisationsabteilungen, die ja trotz allem Angaben über den Personalbestand und die Verluste benötigten – und seien sie noch so unvollständig.

Wie erfüllte dieses defizitäre Meldesystem nun seine Funktionen? Der Aufgabe, auf die Schwerpunkte der Verluste hinzuweisen, genügte es nach wie vor ausreichend. Für die zweite Funktion, die Verteilungsbasis für den Nachwuchs zu bilden, trifft dies nicht mehr zu. Eine der Tücken des Meldesystems bestand nämlich darin, daß hohe Verluste tendenziell »geschönt«, d.h. die Normalität überbetont wurde. Dieser Effekt war nicht beabsichtigt, sondern Konsequenz des Umstandes, daß die an ruhigen Fronten eingesetzten Einheiten Zeit besaßen zu melden, während in den großen Kesselschlachten der Ostfront Einheiten vernichtet wurden, deren Zerschlagung niemand mehr melden konnte. Insofern erfüllte das Verlustmeldewesen seine Verteilungsfunktion nicht mehr vollständig – insbesondere die Personalsituation des Ostheeres, das die größten Verluste erlitten hatte, wurde zu günstig dargestellt. Doch was hätte ein realistisches Bild der Lage genützt? Schon seit 1942 hatte keine Chance mehr bestanden, die durch die Verluste entstandenen Lücken zu füllen.

Kommen wir zur dritten Funktion, den Verlusten als Indikator für die Kriegführungsfähigkeit. Hier zeigt sich eigentlich das interessanteste Ergebnis – Denkschriften scheint es nicht mehr gegeben zu haben. Dies ist erstaunlich, mußte doch die Größenordnung der Verluste, erst bei Stalingrad und Tunis, aber auch durch den Zusammenbruch der Heeresgruppe Mitte bzw. Südukraine, in jedem Betroffenen zumindest intuitiv den Eindruck, das Gefühl, hervorrufen, daß diese Entwicklung bedrohlich war. Obwohl also der Personenkreis, der mit der bedrohlichen Größenordnung der Verluste konfrontiert war, erheblich zugenommen hatte, gab es hierzu keine schriftlich manifestierte Stellungnahme mehr.

Nun läge die Erklärung nahe, die militärische Führung habe vielleicht die Realität nicht gekannt. Diese Vermutung greift jedoch zu kurz. Die Kommandeure der Wehrmacht haben ihre Verbände oft vor Ort besichtigt und von Kommandostellen im Felde geführt. Das Studium der Erinnerungsliteratur zeigt dementsprechend auch, daß die personelle Auszehrung der Ostfrontverbände ein Faktum war, das vom einfachen Soldaten bis zum kommandierenden General jedem bewußt war. Das gleiche gilt für die Verluste bei Stalingrad und Tunis, die selbst von der einfachen Zivilbevölkerung als Menetekel empfunden wurden[97].

---

[97] Steinert, Stalingrad.

Welche Schlußfolgerungen hat die militärische Führung, d.h. diesmal vor allem die Generalität, aus dieser Sachlage gezogen? Hierzu findet sich im allgemeinen nichts, insbesondere nicht in den Akten. Einen kleinen Hinweis mag eine Episode geben, die aus dem Oktober 1943 überliefert ist – bezeichnenderweise nicht durch einen hohen Offizier, sondern eher beiläufig mitgeteilt in den Memoiren eines Adjutanten. Aus dem Herbst 1943, einer Zeit schwerer Verluste an der Ostfront, berichtet er über einen Lagevortrag des Oberst Finckh, Oberquartiermeister der Heeresgruppe Süd vor seinem Oberbefehlshaber, Generalfeldmarschall von Manstein:

»Eines Tages trug er dem Feldmarschall vor, er habe mit den Oberquartiermeistern der anderen Heeresgruppen und mit den betreffenden Stellen im Oberkommando des Heeres zu errechnen versucht, wieviel uns der Krieg zur Zeit koste. Manstein, fragte, worauf er das beziehe. Vermutlich dachte der Feldmarschall an die finanziellen Kosten. Finckh erwiderte, die finanziellen Seiten zu ermitteln, sei ihm völlig unmöglich. Ihm gehe es vielmehr um die Frage, wieviel Menschen der Krieg zur Zeit täglich koste. Es seien nach seinen Berechnungen täglich ungefähr dreitausend. Er trage das vor, um die Größenordnung deutlich zu machen, innerhalb derer man sich jetzt bewege. Ungefähr dreitausend Menschen täglich. Unsagbar, sich das vorzustellen[98].«

Damit endet der Bericht. Daß Manstein anläßlich des Vortrags seines Oberquartiermeisters zunächst nicht an die Menschen denkt, mag man damit entschuldigen, daß das Personalwesen nicht zu den Aufgaben des Oberquartiermeisters gehörte. Doch selbst als Finckh die Zahlen nennt, erfolgt keine Reaktion. Das naheliegende Argument, es sei schwer, sich die Relevanz abstrakter Zahlen zu verdeutlichen, ist vermutlich nicht stichhaltig. Manstein war Teilnehmer des Ersten Weltkriegs – und nach diesem Krieg ist ausführlich darüber berichtet worden, daß dieser Krieg täglich 1000 deutschen Soldaten das Leben gekostet habe – dies jedoch insgesamt an allen Fronten. Wenn nun der Oberquartiermeister von 3000 Toten täglich berichtet, dann muß Manstein der Stellenwert dieser Aussage bewußt gewesen sein.

Noch interessanter als die Reaktion Mansteins ist das Verhalten Finckhs, denn er bewies, daß ein höherer Stabsoffizier, auch wenn er nicht als IIa-Offizier eingesetzt war, durchaus eine Antwort erhalten konnte – sofern er die Frage nur explizit stellte. Aber wesentliche Voraussetzung dafür war die Bereitschaft, sich mit dem Thema »wie lange halten wir das noch durch« zu beschäftigen. Und vielleicht haben diese Einstellung und die sich daraus ergebenden Erkenntnisse dazu beigetragen, daß sich Oberst Finckh dem Widerstand anschloß.

So weit wie Oberst Finckh gingen aber wenige, im allgemeinen scheint man es vorgezogen zu haben, sein Bestes zu geben, nicht zu versuchen, unlösbare Pro-

---

[98] Stahlberg, Verdammte Pflicht, S. 341 f. Auch wenn der Bericht deutlich romanhafte Tendenzen aufweist, gelingt es dem Autor nach Aussage von Zeitzeugen, die Atmosphäre der damaligen Zeit nachzuzeichnen.

bleme zu lösen, und sich die Illusion eines möglicherweise doch noch wie ein Deus ex machina eintretenden guten Endes zu erhalten. Letztlich war dies jedoch eine Selbsttäuschung, eine partielle Realitätsflucht, wobei dieser Begriff vermutlich nur eine unzureichende Umschreibung für eine Haltung ist, die Manfred Messerschmidt als letztlich bis heute unerklärt bezeichnet[99].

Vielleicht läßt sie sich als Dilemma beschreiben. Einerseits die Überlegung: Die Verluste, die Opfer, sind immens – so groß, daß der Krieg verloren ist. Andererseits: Das Opfer, die immensen personellen Verluste, können doch nicht umsonst gewesen sein, die deutschen Soldaten haben sich doch durch ihre militärischen Leistungen den Sieg verdient. Wenn der Krieg dennoch verloren war, hatte man den Sieg demnach nicht verdient? Waren dann die soldatischen Leistungen der anderen, etwa der Soldaten der Roten Armee, größer als die eigenen? Dies zu glauben, weigerten sich viele selbst dann noch, als sie sich längst in Kriegsgefangenschaft befanden. Vermutlich läßt sich dieses Dilemma auflösen. In all den Jahren des Krieges hatte die nationalsozialistische Propaganda den Menschen eingetrichtert, es sei der Wille, der siege – und nicht die Ressourcen. Tatsächlich waren es doch wohl eher die Ressourcen, die den Ausschlag gaben[100].

Dieser Fragestellung weiter nachzugehen und über die Perzeption der Realität die Mentalität der militärischen Führung zu erforschen, wäre eine interessante Aufgabe – sie konnte hier nur angeschnitten werden, um zu demonstrieren, welche Relevanz Statistiken haben können.

---

[99] Messerschmidt, Realitätsverluste, S. 252.
[100] Siehe hierzu auch Frieser, Blitzkriegslegende, S. 441 – eine neuere operationsgeschichtliche Studie, die von einem ganz anderen Ansatz her zu demselben Ergebnis kommt.

## 5. Resümee

Begonnen hatte das Projekt, dessen Ergebnis nun vorliegt, mit dem Versuch, die offensichtlich widersprüchlichen Zahlen über die Verluste im Zweiten Weltkrieg zu vergleichen und eine Aussage über die Zuverlässigkeit der vorhandenen Angaben zu treffen. Je länger die Beschäftigung mit der Materie dauerte, desto deutlicher wurde, daß es eine einfache Antwort auf die ursprünglich so simpel erscheinende Frage nicht gibt. Eine erste Analyse der Literatur erbrachte Angaben von ca. drei bis zu ca. sieben Millionen Toten. Einerseits war es nicht möglich, die Frage nach der Zuverlässigkeit zu entscheiden, andererseits besaßen die vorliegenden Angaben wegen der großen Schwankungsbreite keinen echten Informationsgehalt – es sei denn man würde sie als Metapher für »irgendwie viele Tote« verstehen.

Dieser desolate Forschungsstand stand wiederum im Gegensatz zu dem offensichtlichen Interesse an diesem Thema. Nicht nur hatten die Alliierten bereits unmittelbar nach Kriegsende Nachforschungen angestellt – sie beauftragten auch in den Nachkriegsjahren Experten mit Ausarbeitungen. Diese frühen Studien waren es, die dann später in die Veröffentlichungen von Percy Schramm oder Burkhardt Müller-Hillebrand eingegangen sind und im Laufe der Jahrzehnte paradigmatischen Charakter erhalten haben. Der Vergleich dieser Angaben mit den Akten, denen sie entnommen worden waren, ergab dann allerdings Erstaunliches. Nicht nur hatten diese Autoren Statistiken verwendet, deren Unvollständigkeit offensichtlich war, nein, ihnen allen waren auch gravierende Fehler bei der Interpretation der Tabellen unterlaufen, so daß im Endergebnis die Veröffentlichungen von Keilig, Müller-Hillebrand oder Schramm erheblich von den Quellen abweichen, denen sie entnommen sind.

Auch wenn diese Angaben sicherlich die am häufigsten zitierten sein dürften, sie blieben nicht die einzigen. Hinzu kamen weitere Veröffentlichungen aus Ost und West, wobei östliche Autoren den Vorwurf erhoben, die in der westlichen Literatur enthaltenen Zahlen seien aus ideologischen Gründen in ihrer Höhe manipuliert. Der Vergleich zeigte aber dann, daß hohe wie niedrige Angaben auf jeder Seite zu finden, und insoweit die Sinnhaftigkeit des Manipulationsvorwurfs fraglich war. Ganz im Gegenteil, es ergab sich insofern ein Konsens über die Ideologien hinweg, als zwei der bekanntesten Fachleute der Nachkriegszeit, Frumkin (West) und Urlanis (Ost), einhellig zu dem Ergebnis kamen, die Ermittlung von Menschenverlusten im Kriege sei eines der schwierigsten Unterfangen für einen Statistiker – und der Fall »Deutschland« zusätzlich noch besonders kompliziert.

Als Resultat der Literaturrecherche war festzuhalten, daß keine Veröffentlichung zu Verlustzahlen vorlag, die für sich einen höheren Anspruch auf Zuverlässigkeit erheben konnte als andere. Zu suchen war also nach bisher unentdeckten, unveröffentlichten Statistiken oder anderen Datenbeständen, die geeignet waren, die Frage nach der Summe der deutschen Verluste zu beantworten. Da

Veröffentlichungen hierzu – abgesehen von einigen wenigen Ausführungen bei Müller-Hillebrand, Absolon und Woche – nicht existierten, war es notwendig, die Frage zu klären, in welcher Weise das Schicksal von Soldaten in der Kriegs- und Nachkriegszeit dokumentiert wurde. Dabei zeigte sich, daß im wesentlichen zwei unterschiedliche Formen von Informationen vorliegen – zum einen numerische Meldungen auf dem militärischen Meldeweg, zum anderen namentliche Meldungen, die für Verwaltungszwecke erstellt und mitunter quasi nebenbei numerisch ausgewertet wurden.

Ein Vergleich der Statistiken aus der Kriegszeit ergab dann, daß von Anfang an erhebliche Diskrepanzen zwischen den auf verschiedenen Wegen gewonnenen Angaben bestanden hatten. Mit hohem Regelungsaufwand gelang es dann, bis ca. 1944 ein System aufzubauen, das geeignet war, zuverlässig zu arbeiten. Doch nun waren es der Zusammenbruch der Wehrmacht und der Kommunikationsstrukturen, die die Meldungen immer unvollständiger werden ließen, bis schließlich in der Endphase des Krieges kaum noch Statistiken erstellt werden konnten. Mit dem Ende des Krieges kam dann auch das Ende des Wehrmachtmeldewesens und damit der numerischen Meldungen – alle Autoren, die sich auf diese Angaben berufen, bauen letztlich auf dem Kenntnisstand des Frühjahrs 1945 auf, als niemand mehr einen Überblick über die Situation besaß.

Ganz anders dagegen verhielt es sich mit dem namentlichen Meldeweg. Obwohl dieses Verfahren wesentlich länger dauerte, waren seine Ergebnisse denen des numerischen Meldeweges ursprünglich ebenbürtig gewesen. Erst gegen Kriegsende hatte sich bemerkbar gemacht, daß ihre aufwendigere Verarbeitung in der zunehmend chaotischeren Situation schwieriger war als die Abgabe von numerischen Meldungen. Die namentlichen Meldungen besaßen jedoch einen Vorteil, der sich als entscheidend erweisen sollte – im Gegensatz zu den anonymen und nur schwer revidierbaren numerischen Meldungen addieren sie sich hinsichtlich ihres Informationsgehalts, wenn sie zentral gesammelt werden. Und hier ist sowohl in der Kriegs- als auch in der Nachkriegszeit sehr vieles geleistet worden, das den meisten heute Lebenden nicht mehr bewußt ist.

Im weiteren wurde dann der Frage nachgegangen, welche Informationen zusammengetragen worden sind, aber auch wo die Schwächen dieser Datenbasis liegen. Es zeigte sich, daß seit Aufstellung der WASt im Jahr 1939 Tausende von Mitarbeitern dort und in anderen Organisationen permanent mit der Erfassung und Verarbeitung von derartigen Informationen befaßt waren – noch heute sind es ca. 1000 Personen. Die Summe der aufgewendeten Arbeitskraft läßt sich zwar kaum noch exakt angeben, es scheint jedoch berechtigt anzunehmen, daß sie weit oberhalb von 100 000 Arbeitsjahren liegen muß. All diese Kenntnisse über das Schicksal von Soldaten sind gesammelt in den Karteien des DRK-Suchdienstes mit Informationen zu 22 Millionen Personen, der Deutschen Dienststelle mit 18 Millionen Karteikarten, dem ehemaligen DRK-Suchdienst Ost mit einem Bestand von 15 Millionen und den Unterlagen der Zentralnachweisstelle, des Volksbundes Deutsche Kriegsgräberfürsorge, des Berlin Document Centers und des Krankenbuchlagers Berlin.

## 5. Resümee

Und obwohl damit eine immense Datenbasis zur Verfügung steht und es an Anregungen, sie auszuwerten, nicht gemangelt hat, ist niemals der Versuch unternommen worden, die Daten für mehr als den Nachweis individueller Schicksale zu nutzen. Zu suchen war nun eine Methode, um die in den Karteien der Such- und Nachweisdienste gespeicherten Informationen auszuwerten. Da offensichtlich eine Vollerhebung, d.h. die Auswertung aller Fälle, weder finanziell noch personell realisierbar war, kam nur die Erhebung einer Stichprobe in Betracht, wie sie im Bereich der empirischen Sozialforschung oder der historischen Demographie üblich ist.

Als für eine solche Untersuchung besonders geeignet erwiesen sich die Unterlagen der Deutschen Dienststelle in Berlin, der ehemaligen Wehrmachtauskunftstelle. Ausgangsbasis der Untersuchung war die dortige Zentralkartei, die das Schicksal von ca. 18,3 Millionen Personen nachweist. Als weiterer wichtiger Datenbestand müssen die Erkennungsmarkenverzeichnisse, die Auskunft über 16,8 Millionen Menschen geben, sowie die Marineakten zu ca. 1,2 Millionen Personen genannt werden.

Der nächstliegende Ansatz hätte nun darin bestanden, eine Stichprobe aus der Zentralkartei zu ziehen und die Todesfälle auszuwerten. Dem stand jedoch ein Problem entgegen. Aus den Ausführungen zur Entstehungsgeschichte der Datenbasis hatte sich als größtes Risiko für die Vollständigkeit der Daten ergeben, daß eventuell Angehörige aus der DDR, den ehemaligen Ostgebieten oder aus den deutschen Siedlungsräumen auf dem Balkan nicht in demselben Umfang in der Lage gewesen waren, Meldungen zu erstatten, wie die Einwohner der Bundesrepublik. Von daher war mit einer Verzerrung, einem regionalen Bias, der Datenbasis zu rechnen. Um dieses Risiko erfassen zu können, war es notwendig, zwei Teilerhebungen durchzuführen – zum einen in der Zentralkartei, zum anderen in den Erkennungsmarkenverzeichnissen. Während nämlich bei der Zentralkartei ein regionaler Bias befürchtet werden mußte, konnte berechtigterweise angenommen werden, daß die Erkennungsmarkenverzeichnisse keine derartige Verzerrung aufweisen. Von daher wurde hier die Verteilung der Einziehungen zum Heer nach Jahren und Regionen ermittelt. Im zweiten Schritt wurden dann die Todesfälle des Heeres aus der Zentralkartei erhoben und festgestellt, wann sie eingezogen worden waren. Der Vergleich zwischen der Verteilung in den Erkennungsmarkenverzeichnissen und den Einziehungsdaten der Toten ergab jedoch, daß kein Hinweis auf einen regionalen Bias vorliegt.

Zu klären blieb noch die Größe der Stichprobe. Auch wenn sie nie die wahre Verteilung in der Grundgesamtheit erbringt, sondern immer nur ein Konfidenzintervall benennen kann, innerhalb dessen der wahre Wert mit angebbarer Wahrscheinlichkeit liegt, blieb es trotzdem das Interesse der vorliegenden Untersuchung, mit möglichst hoher Zuverlässigkeit möglichst genaue Werte zu erbringen. Insbesondere sollten Prozentanteile bis hinunter zu 1 Prozent noch mit einer hinlänglichen Genauigkeit angegeben werden können – vor allem aber sollten strukturelle Nullen vermieden werden[1]. Die Überlegungen zur Stichprobengröße zeigten, daß bei der hier interessierenden Fragestellung mit ca. 4000 Fällen ein Schwellenwert erreicht ist – Vergrößerungen des Stichprobenumfangs über diese Größenordnung hinaus führen nur bei überproportional steigendem Aufwand zu einer Erhöhung der Zuverlässigkeit.

Aufgrund der Erfahrungen des Pretestes mußte mit einem Anteil von ca. 10 Prozent an unvollständigen Datensätzen gerechnet werden, daher wurden aus den Erkennungsmarkenverzeichnissen und den Marineakten 4685 Fälle erhoben, von denen jedoch letztlich nur 20, d.h. weniger als ein halbes Prozent unvollständig blieben. Die Stichprobe aus der Zentralkartei umfaßte 4219 Fälle, von denen nur 44, d.h. 1 Prozent, nicht ausgewertet werden konnten – dies allerdings nicht, weil die Karteien der Deutschen Dienststelle in so hohem Maße vollständig wären. Nein, die unvollständigen Datensätze konnten mit Hilfe der anderen Organisationen ergänzt werden. Insgesamt waren die Anteile der unvollständigen Datensätze so niedrig, daß eine Verzerrung der Ergebnisse durch die Nichtauswertung dieser Fälle nicht zu befürchten war.

Folgende Variablen wurden in der Zentralkartei erhoben: Geburtsjahr, Herkunft, Organisation, Kriegsschauplatz, Todeszeitpunkt, Todesart und Status sowie für die Soldaten der Wehrmacht zusätzlich Diensteintritt und Überlebensdauer. In den Erkennungsmarkenverzeichnissen und den Marineakten wurden außerdem die Einziehungen zur Wehrmacht erfaßt. Die Ergebnisse der Auswertung in vollem Umfang hier anzuführen, ist nicht möglich, es können nur einige wenige Eckwerte aufgezeigt werden.

Zunächst einmal ergab sich, daß insgesamt ca. 13,6 Millionen Männer zum Heer, 2,5 Millionen zur Luftwaffe, 1,2 Millionen zur Marine und 900 000 zur Waffen-SS eingezogen worden waren, von denen – einschließlich der Toten aus den paramilitärischen Organisationen – ca. 5,3 Millionen ums Leben kamen. Zwei Drittel der Wehrmachtrekruten stammten aus dem Gebiet der heutigen Bundesrepublik – bezieht man die Ostgebiete des Deutschen Reiches und Österreich ein, steigt der Anteil auf 95 Prozent, d.h. der Anteil der Ausländer, die in der Wehrmacht den Status eines Soldaten besaßen, war gering. Damit ist jedoch keine Aussage über die Summe der auf deutscher Seite kämpfenden Ausländer verbunden – die meisten von ihnen besaßen nicht den Status eines deutschen Soldaten, sie waren daher in der Zentralkartei der WASt nur in Ausnahmefällen erfaßt.

Versucht man die Struktur der Einziehung zur Wehrmacht zu differenzieren, so zeigt sich, daß die Luftwaffe und die Marine einen überproportionalen Anteil an Personen aus dem heutigen Bundesgebiet aufwiesen. Gleichzeitig war bei der Marine der Anteil der relativ Alten und der relativ Jungen besonders hoch. Differenziert man nach Einziehungsjahrgängen, so ergibt sich ein Bild, das am besten als sich öffnende Schere zu beschreiben ist. Nur in den ersten Jahren konnte man sich damit begnügen, die mittleren Altersgruppen zu rekrutieren, schon ab 1941

---

[1] Damit ist die Angabe des Wertes »0« gemeint, obwohl in der Grundgesamtheit der Wert nicht gleich Null ist.

## 5. Resümee

verlagerten sich die Einziehungen zu den älteren Jahrgängen einerseits und zu den sehr Jungen andererseits. Regional gesehen verlief dieser Vorgang allerdings nicht gleichmäßig. Während die Männer aus den Ostgebieten des Deutschen Reiches früher, jünger und zu einem höheren Anteil eingezogen wurden als aus anderen Gebieten, ergab sich im wesentlichen zwischen den anderen Regionen kein Unterschied. Die Rekrutierungsquote, d.h. der Anteil der Eingezogenen an der männlichen Bevölkerung, betrug so für die Ostgebiete mehr als 50 Prozent während er in allen anderen Reichsgebieten bei ca. 40 Prozent lag.

Interessantes ergibt sich nun, wenn man diese Quoten in Beziehung setzt zu den Todesfällen. Zunächst einmal zeigt die Auswertung der Todesfälle ein breites Spektrum von Geburtsjahrgängen – die Stichprobe reicht vom Geburtsjahrgang 1878 bis 1930, wobei diese Extreme allerdings recht selten sind. Eine gewisse Konzentration zeigt sich bei den Geburtsjahrgänge von 1910 bis 1925 – auf fast jeden dieser Jahrgänge entfallen mehr als 200 000 Todesfälle. Setzt man diese Angaben nun in bezug zu der Stärke des jeweiligen männlichen Jahrgangs, dann ergeben sich unterschiedliche Quoten, von ca. 20 Prozent bis ca. 40 Prozent bei den Geburtsjahrgängen um 1925.

Nun läge der Gedanke nahe, daß die Jungen als Mannschaftssoldaten »verheizt« worden seien, während die Älteren als Offiziere oder Unteroffiziere bzw. in den rückwärtigen Positionen ein ruhigeres Leben gehabt hätten. So plausibel diese Vermutung scheint, sie ist nur partiell richtig. Die unterschiedliche Todesquote ergibt sich nämlich weitgehend daraus, daß die jungen, geburtenschwachen Jahrgänge zu einem höheren Teil zur Wehrmacht einberufen worden waren als die alten. Wenn man jedoch die Todesrate auf die Einziehungsjahrgänge bezieht, dann relativieren sich die Unterschiede. Für alle Jahrgänge von 1910 bis 1925 liegt die Quote dann trotz deutlicher Schwankungen bei durchschnittlich 30 Prozent. Ein wichtiger Unterschied zeigt sich allerdings – die Jungen sind tendenziell früher ums Leben gekommen, der Anteil der Alten ist dagegen gerade bei den Todesfällen in der Endphase des Krieges, beim Einsatz des Volkssturm und in der Kriegsgefangenschaft, sehr hoch.

Doch was bedeuten solch abstrakte Daten konkret? Wenn man versucht, sie zu veranschaulichen, dann muß man sich vergegenwärtigen, daß jeder Dritte, der zur Wehrmacht eingezogen worden war, dies nicht überlebt hat – ganz zu schweigen von denen, die als Kriegsversehrte oder erst nach langen Jahren aus der Gefangenschaft heimkehrten.

Wenn man nun die Todesfälle regional differenziert, dann zeigt sich, daß – bezogen auf die Bevölkerung der Ostgebiete des Reiches – ca. 20 Prozent der männlichen Bevölkerung ums Leben gekommen sind, für das Gebiet der heutigen Bundesrepublik beträgt dieser Anteil jedoch nur 13 Prozent. Die Erklärung für diese Differenz ergibt sich zum einen daraus, daß die Einziehungsquote im Osten höher war als im Rest des Reiches, und zum anderen daraus, daß die Zahl der Todesfälle unter den älteren Jahrgängen im Osten wegen der Volkssturmverluste besonders hoch war. Ganz anders dagegen die Situation für Österreich. Obwohl hier die Struktur der Einziehungen im wesentlichen der des Gebiets der heutigen Bundesrepublik entspricht, ist die Todesquote in Österreich mit »nur« ca. 8 Prozent der männlichen Bevölkerung um ca. 50 Prozent niedriger als im Gebiet der heutigen Bundesrepublik. Um die Bedeutung dieser Aussage konkret aufzuzeigen – die Zahl der österreichischen Todesfälle liegt bei ca. 260 000, es hätten jedoch ca. 400 000 sein »müssen«. Eine Erklärung für dieses Phänomen konnte nur partiell gefunden werden. Da die Zahl der Österreicher in der Luftwaffe oder der Marine klein war, kann der Unterschied nicht hierher rühren – die unterschiedlichen Überlebensraten müssen durch unterschiedliche Bedingungen im Heer verursacht sein. Und da innerhalb des Heeres die Masse der Todesfälle auf die Ostfront entfällt, müssen die Verschiebungen auch dort vorhanden sein, anders könnten so große Diskrepanzen nicht entstehen. Hier dann sind aber in der vorliegenden Untersuchung die Grenzen der Aussagefähigkeit erreicht. Erst eine neue Studie mit einem Untersuchungsdesign derart, daß Gruppen von Deutschen einerseits und Österreichern andererseits in ihrem militärischen Werdegang verglichen werden, könnte eine Antwort erbringen.

Große Unterschiede ergeben sich auch, wenn man die Todesfälle nach den drei Wehrmachtteilen differenziert. Während von den zum Heer Eingezogenen 31 Prozent ums Leben kamen, sind dies bei der Luftwaffe »nur« 17 Prozent und bei der Marine 12 Prozent. Berücksichtigt man weitere Einflußgrößen, so ergeben sich noch gravierendere Unterschiede. Während von den älteren Jahrgängen in der Luftwaffe »nur« 7 Prozent starben, waren es bei der Waffen-SS durchschnittlich 34 Prozent, von den 1944/45 aus den ehemaligen Ostgebieten zur Wehrmacht Eingezogenen starben sogar fast 50 Prozent.

Betrachtet man die Chronologie der Verluste, dann zeigt sich, daß die Ausfälle in den letzten 10 Monaten des Krieges von Juli 1944 bis Mai 1945 in etwa so hoch waren wie die der fast vier Jahre Krieg bis Juli 1944. Die verlustreichsten Zeiträume sind dabei die letzten Kriegsmonate, in denen jeweils 300 000 bis 400 000 Personen ums Leben gekommen sind. Am deutlichsten kommt dieser Zusammenhang in der Überlebensdauer, d.h. dem Zeitraum zwischen der Einziehung und dem Tod, zum Ausdruck. Betrug er für den Einziehungsjahrgang 1939 noch ca. 4 Kalenderjahre, sank er bis 1943 auf nur noch weniger als ein Jahr. Mit anderen Worten – die 1939 Eingezogenen sind nicht alle schon 1940/41 ums Leben gekommen. Nein, das für diesen Rekrutenjahrgang verlustreichste Jahr war 1944 – wie auch für alle anderen Jahrgänge bis einschließlich 1943. Und diejenigen, die 1945 eingezogen wurden, waren, wenn, dann schon nach etwa einem Monat tot.

Differenziert man weiter nach Kriegsschauplätzen, dann ergibt sich natürlich, daß die Ostfront der bei weitem wichtigste Einzelkriegsschauplatz war – mehr als die Hälfte aller Soldaten starb dort. Das verlustreichste Ereignis wiederum war nicht etwa die Vernichtung der 6. Armee bei Stalingrad, sondern der Zusammenbruch der Heeresgruppen Mitte im Juli 1944 und Südukraine im August 1944, die in diesem Monaten zu Verlusten an der Ostfront zwischen 300 000 und 400 000 Toten führten. Wenn man nun wieder versucht, diese konkret nicht mehr vorstellbaren Zahlen zu veranschaulichen, dann zeigt sich, daß an der Ostfront täg-

## 5. Resümee

lich 2000 Mann starben – und jede Woche etwa eine Division in voller Friedensstärke. Im Herbst 1944 stieg diese Todesrate dann sogar auf 5000 Tote täglich an.

Soweit zur vorliegenden Untersuchung; so interessant die Ergebnisse zu den deutschen Verlusten im Zweiten Weltkrieg sind, es drängt sich die Frage nach einem Vergleich auf. Und dafür kommt – zumindest was Deutschland betrifft, natürlich vor allem der Erste Weltkrieg in Betracht. Für die Generationen, die den Zweiten Weltkrieg als Erwachsene erlebten, war der Erste Weltkrieg das alles beherrschende Ereignis. Die Verluste waren nicht nur während des Krieges veröffentlicht worden, auch nach Kriegsende wurde in Publikationen immer wieder darauf verwiesen, daß Deutschland mit 1 808 555 Toten bei insgesamt ca. 13 Millionen Kriegsteilnehmern ungeheure Verluste erlitten habe[2]. Vergleicht man diese Angaben nun mit den Verlusten im Zweiten Weltkrieg, dann zeigt sich, daß – um es kurz und brutal auszudrücken – die Todesquote, bezogen auf die eingesetzten Soldaten, ca. 14 Prozent betrug, im Zweiten Weltkrieg lag sie doppelt so hoch. Und wenn im Durchschnitt des Ersten Weltkrieges täglich an allen Fronten ca. 1000 Mann gestorben sind, so lag die Quote allein an der Ostfront doppelt so hoch. Ähnliches gilt für die blutigen Schlachten des Ersten Weltkriegs, wie Verdun oder die Somme, die auch heute noch ihren Stellenwert im Bewußtsein der Allgemeinheit haben. Leider schwanken die Angaben in der Literatur erheblich, für die weiteren Überlegungen wird hier davon ausgegangen, daß bei Verdun in einem Zeitraum von sechseinhalb Monaten ca. 80 000 Deutsche und an der Somme eine ähnlich große Zahl deutscher Soldaten innerhalb von 5 Monaten ums Leben gekommen sind[3]. Bezieht man nun diese Verluste auf die Dauer der Operationen, dann liegen die Tagesdurchschnitte im Falle Verduns bei ca. 400, im Fall der Somme bei ca. 500 Toten. So makaber es klingt – diese Größenordnungen sind marginal, verglichen mit den Verlusten der Wehrmacht in der Schlacht bei Stalingrad, während des Zusammenbruchs der Heeresgruppe Südukraine auf dem Balkan oder in den Endkämpfen. Hier zeigt sich, um wie vieles der Zweite Weltkrieg blutiger war als der Erste Weltkrieg.

Ähnliches ergibt sich, wenn man die Auswirkungen beider Kriege auf die Bevölkerungsstruktur der jeweiligen Nachkriegszeit vergleicht. Durch die Verluste im Ersten Weltkrieg veränderte sich die Relation der Geschlechter in der am stärksten betroffenen Altersgruppe zu einem Verhältnis von ca. 4:5 zuungunsten der Männer. Nach dem Zweiten Weltkrieg betrug im Jahr 1946 das Verhältnis bei allen Altersgruppen zwischen ca. 20 und ca. 35 Jahren jedoch 1:2 zuungunsten der Männer. Die Auswirkungen dieser Unterschiede auf die gesellschaftliche Entwicklung zu untersuchen, wäre eine interessante neue Aufgabe[4].

---

[2] Organisationen, S. 553.
[3] Afflerbach, Falkenhayn, S. 506; Sanitätsbericht, S. 46 – 54; Millotat, Die Schlacht um Verdun, S. 25.
[4] Steinberg, Bevölkerungsentwicklung, S. 151 – 153; Weltkrieg, in: Der Grosse Brockhaus, Bd 20, 15. Aufl., Leipzig 1935, S. 163 – 210, hier S. 207.

Soweit zu den Ergebnissen der vorliegenden Untersuchung. Natürlich gibt es auch einiges, das die vorliegende Untersuchung nicht erbringen konnte. Bei den Aussagen zum Stichprobenumfang hatte sich gezeigt, daß der Anteil der unbekannten Toten oder der spurlos Verschwundenen sehr gering ist. Eine andere Informationslücke ist dagegen gravierender. Bei einem erheblichen Anteil, insbesondere der an der Ostfront ums Leben Gekommenen, ist lediglich der Zeitpunkt einer letzten Nachricht oder die Verlustmeldung der Einheit bekannt. Ob diese Personen nun gefallen, auf dem Schlachtfeld an ihren Verwundungen gestorben, bei der Gefangennahme getötet oder in den ersten provisorischen Lagern gestorben sind, läßt sich nicht sagen. Noch lange gelebt haben sie sicher nicht, sonst gäbe es Zeugenaussagen. Hier hat nun mit der Öffnung der sowjetischen Archive eine Entwicklung eingesetzt, die dazu führen wird, daß ein Teil der Fälle, die heute noch als an der Ostfront verschollen gelten, sich tatsächlich als Todesfälle in Kriegsgefangenschaft erweisen wird. Bis die heute in der Bundesrepublik eintreffenden Daten jedoch endgültig ausgewertet sind, wird noch eine Reihe von Jahren vergehen – aber später könnte es lohnend sein, die vorliegende Untersuchung hinsichtlich der Todesfälle an der Ostfront zu wiederholen.

Eine weitere Einschränkung ergibt sich aus der verwendeten Methode. Eine Vollerhebung durchzuführen, war aus personellen und finanziellen Gründen nicht vorstellbar, es blieb nur übrig, eine Stichprobe zu ziehen. Auch wenn deren Größe einen hohen Grad an Zuverlässigkeit verbürgt, so bleibt es dennoch eine Stichprobe, die nicht den wahren Wert in der Grundgesamtheit, sondern nur einen höchstwahrscheinlichen erbringt. Außerdem war es nicht möglich, zu relativ kleinen, jedoch wichtigen Gruppen von Todesfällen Aussagen zu treffen. Ein Beispiel hierfür wäre die Anzahl der vollstreckten Todesurteile – so exorbitant hoch die Zahl vermutlich auch war, sie ist mit einem Anteil von vermutlich deutlich weniger als einem Prozent der Gesamtverluste so klein, daß auf der Basis der vorliegenden Stichprobe keine ausreichend zuverlässige Aussage möglich ist.

Darüber hinaus bezieht sich die vorliegende Studie nur auf die Todesfälle, was nicht gleichzusetzen ist mit Verlusten im militärischen Sinne, denn diese beinhalten u.a. auch die in Kriegsgefangenschaft geratenen Soldaten, die nicht gestorben sind. Weiterhin mußte die Berücksichtigung der Ausländer Wünsche offenlassen. Es war aufgrund der Struktur des Datenbestandes nicht möglich, alle Ausländer, die auf deutscher Seite gekämpft hatten, zu erfassen. Dies konnte nur geleistet werden für solche Personen, die im Status einem deutschen Soldaten gleichgestellt waren, und in deutschen Formationen gekämpft hatten, nicht jedoch für die »Hilfswilligen« und die Angehörigen der landeseigenen Verbände. Desgleichen konnte nichts ausgesagt werden über die zivilen Opfer dieses Krieges, weder unter den Gegnern Deutschlands noch im Zusammenhang mit dem Bombenkrieg, der Flucht oder Vertreibung aus den Ostgebieten oder der Deportation in die UdSSR, die eng mit der Kriegsgefangenschaft verknüpft war. Dies nicht, weil diese Todesfälle weniger wichtig wären, sondern weil die vorhandene Datenbasis nicht geeignet ist, über diese Gruppen Auskunft zu geben.

## 5. Resümee

Mit dieser thematischen Einschränkung der Arbeit ist somit keine moralische Wertung verbunden – dies gilt aber auch für die Ergebnisse der Arbeit insgesamt. Wenn sich nun ergeben hat, daß die Verluste höher lagen als sie bisher im allgemeinen angenommen wurden, dann lassen sich daraus keine moralischen Folgerungen, z.B. über die Höhe der Opfer im Verhältnis zu den Verlusten anderer Staaten ableiten – die moralische Verantwortung für diesen Krieg ist völlig unabhängig von den Zahlen.

Doch was hat die vorliegende Arbeit jenseits der bereits detailliert angeführten Zahlen an Neuem erbracht? Dies soll in Thesenform kurz zusammengefaßt werden.

1. Bisher war in der Literatur davon ausgegangen worden, daß die Verluste der Wehrmacht zwischen 3 und 7 Millionen Toten liegen, wobei Angaben von 3 bis 4 Millionen als Standard in der Literatur gelten können. Hier ergab die Auswertung, daß die Verluste vor allem an der Ostfront schon bis Mitte 1944 um ca. 500 000 höher lagen als es die Wehrmachtverluststatistiken auswiesen. Bis Ende 1944 vergrößerte sich diese Differenz dann auf ca. eine Million Mann, und in den Endkämpfen kam zusätzlich eine Million Soldaten mehr ums Leben als bisher angenommen. So überraschend dieses Ergebnis sein mag, es war der sowjetische Autor Urlanis, der als einziger bereits in den sechziger Jahren die Verluste der Wehrmacht auf ca. 5,5 Millionen geschätzt hatte – und dies wesentlich mit dem Hinweis, die anderen Autoren würden die Bedeutung der Endkämpfe unterschätzen[5].

2. In den Veröffentlichungen zum Widerstand findet sich immer wieder die These, ein Gelingen des Attentats vom 20. Juli hätte mehr als der Hälfte der insgesamt gestorbenen Soldaten das Leben gerettet. Belege für diese These gab es bisher nicht, nun zeigt sich, daß sie tendenziell zutrifft – bis Ende Juli 1944 waren 2,7 Millionen Kriegsteilnehmer, das sind 51 Prozent aller Todesfälle, ums Leben gekommen[6].

3. In der Literatur zur Waffen-SS finden sich immer wieder Aussagen dahingehend, die Waffen-SS sei die »Feuerwehr« der Ostfront gewesen. Aufgrund ihrer völlig rücksichtslosen Kampfweise seien darüber hinaus die Verluste ihrer Verbände überdurchschnittlich hoch gewesen. Auch wenn hier wesentliche Informationen fehlen, weil über den Fluß des Personals durch die Waffen-SS, die Verluste unter den Nicht-Deutschen und die Verteilung der Verbände auf die Kriegsschauplätze keine quantitativen Aussagen vorliegen, so ist dennoch festzustellen, daß es weder einen Hinweis auf besonders hohe Todesquoten gibt, noch überhaupt deutlich wird, daß der Schwerpunkt der Waffen-SS so eindeutig im Osten lag, wie dies bisher angenommen wird. Daß die Waffen-SS ca. 15% ihrer Verluste im Westen erlitten hat, das Heer jedoch »nur« 5%, könnte damit erklärt werden, daß die Waffen-SS im Westen noch tatsächlich kämpfte, während Wehrmachteinheiten dies 1944 oft nur noch halbherzig taten.

---

[5] Urlanis, Bilanz, S. 181.
[6] Beuys, Vergeßt uns nicht, S. 555; Zeller, Geist der Freiheit, S. 473.

4. Hinsichtlich des Bekanntheitsgrades ist der Kessel von Stalingrad sicherlich eines der Ereignisse an der Ostfront mit dem höchsten Bekanntheitsgrad, weitaus unbekannter und weniger erforscht ist der Zusammenbruch der Heeresgruppe Mitte – und erst recht die Katastrophe der Heeresgruppe Südukraine. Dies steht im Gegensatz zur quantitativen Bedeutung dieser Ereignisse, wobei das unbekannteste, der Zusammenbruch der Heeresgruppe Südukraine in den Kesselschlachten bei Jassy, weitaus verlustreicher war als Stalingrad. Natürlich gibt es gute Argumente, die anderen Operationen für wichtiger zu halten, beispielsweise war Stalingrad die erste dieser Katastrophen, und die Stoßrichtung der sowjetischen Offensive zielte im Fall der Heeresgruppe Mitte unmittelbar auf das Reichsgebiet, im Fall der HGru Südukraine jedoch nicht. Dennoch bleibt die Frage, ob dieses letzte Ereignis nicht bisher unterbewertet worden ist, denn hier gingen auch Menschen verloren, die dann für die Verteidigung des Reichsgebietes nicht mehr zur Verfügung standen.

Kommen wir damit zu den weiterführenden Fragen, die in der vorliegenden Arbeit nur angerissen, nicht jedoch beantwortet werden konnten. Zunächst einmal einige, eher quantitativ orientierte:

- Wie groß war der Personalfluß durch die Waffen-SS, aber auch die paramilitärischen Organisationen?
- Mit welchen Anteilen war die Waffen-SS auf welchen Kriegsschauplätzen eingesetzt?
- Wie unterscheidet sich der Nachwuchs der Waffen-SS vom dem der Wehrmacht?

Partielle Antworten liegen, soweit Quellen zur Verfügung stehen, durchaus vor, in der Regel reichen die Aussagen aber allenfalls bis 1944. Genau dieses letzte Jahr aber ist, z.B. im Fall der Waffen-SS, das interessanteste. Hier sich damit zu begnügen, daß keine Akten für diese Zeit vorliegen, erscheint zu bescheiden. Es wäre zu prüfen, inwieweit hier Datenbestände analog zur vorliegenden Untersuchung ausgewertet werden könnten. Allein im Fall der Waffen-SS wäre zu fragen, ob es sinnvoll ist, die in der Deutschen Dienststelle gelagerten CROWCASS-Bögen auszuwerten[7].

Auch darüber hinaus ergaben sich Fragen:
1. Ergibt sich aus der Feststellung, daß die Verluste an der Ostfront deutlich höher waren als gemeldet auch, daß die Personalstärke des Ostheeres überschätzt wurde? Ist vielleicht diese Fehleinschätzung einer der Gründe für den Zusammenbruch der Heeresgruppen Mitte und Südukraine?
2. Anscheinend ist die Todesrate älterer Kriegsgefangener höher als die jüngerer. Wie erklärt sich dieser Unterschied?
3. Die Todesquote der Österreicher liegt offensichtlich deutlich unter dem Durchschnitt des deutschen Reiches – wie erklärt sich diese Feststellung? Und darüber hinaus – wenn die kriegsbedingten Ausfälle geringer waren und zusätz-

---

[7] Siehe Kap. 2.3.3.3.

lich die Kriegsgefangenen früher heimkehrten, ergibt sich daraus auch eine schnellere gesellschaftliche »Normalisierung« Österreichs im Vergleich zur Bundesrepublik?

Darüber hinaus konnte eine Frage nur explorativ angerissen werden. Es zeigt sich, daß die Bedrohlichkeit der Verluste im Laufe der Jahre von denjenigen erkannt worden sein muß, die entweder fachlich mit Verluststatistiken arbeiteten oder konkret die Todesfälle an der Ostfront erlebten. Von daher stellt sich die Frage, wie diese Personen mit ihrer Kenntnis umgingen – mußte sich doch irgendwann die Frage ergeben, wie lange dieser Krieg noch führbar war. Zwar existieren zu diesem Punkt nur wenige Zeugnisse, es zeigt sich aber, daß es einige Offiziere gab, die sich diese Frage stellten – und diese kamen dann zu dem Schluß, daß der Krieg unweigerlich verloren sei. Andere, im konkreten Beispiel Generalfeldmarschall von Manstein, verweigerten sich diesen Überlegungen, deren Konsequenz sie persönlich vermutlich nicht ertragen konnten oder wollten.

Soweit zu den Fragestellungen. Die vorliegende Studie sollte aber nicht nur offene Fragen beantworten und neue stellen, ihr Ziel war es auch, einen Weg aufzuzeigen, um ein ungeklärtes Problem zu lösen. Von daher ist die vorliegende Untersuchung insofern auch auch als Pilotstudie zu verstehen, als sie versucht, große personenbezogene Datenbestände für eine geschichtswissenschaftliche Fragestellung auszuwerten. Vergleichbare Dateien oder Karteien gibt es in der Bundesrepublik zahlreiche weitere, vor allem im Bereich der Sozialgesetzgebung, z.B. die Akten der Kriegsopferversorgung oder die Lastenausgleichsakten. Doch bisher gehören derartige Fragestellungen noch nicht zum Themenkatalog der Geschichtswissenschaft, wie neuere Veröffentlichungen zeigen[8]. Die vorliegende Arbeit soll auch einen Betrag leisten, diesem Defizit abzuhelfen.

---

[8] So wird in den Veröffentlichungen über die Bedeutung historischer Statistikdaten auf die Auswertung namensbezogener Akten nicht hingewiesen, siehe Kocka, Bedeutung historischer Statistikdaten; Best/Thomé, Historische Statistikdaten; Grundlagen der historischen Statistik; anders jedoch Imhof in seinen im Literaturverzeichnis nachgewiesenen Schriften. Eine neuere Veröffentlichung, die auf die Auswertung namensbezogener Akten eingeht, ist Weiss, Familiengeschichtliche Massenquellen.

# 6. Anhang

## 6.1 Übersichten

Für einen mit der Materie nicht unmittelbar befaßten Leser sind die exakten Bezeichnungen der Dienststellen, die Adressen und die Namen der Dienststellenleiter von untergeordneter Bedeutung, angesichts der desolaten Quellenlage sind derartige Angaben jedoch oft die einzige Möglichkeit, Dokumente sachgemäß einzuordnen. Im folgenden werden daher die im Laufe der Bearbeitung festgestellten Dienstsitze und Dienststellenbezeichnungen sowie die Namen der Leiter für die wichtigsten Organisationen angeführt.

### 6.1.1 Wehrmachtdienststellen

#### WASt/Deutsche Dienststelle

*Dienstsitze*

| | |
|---|---|
| ab 26.8.1939 | Berlin, Hohenstaufenstr. 47/48 |
| | bis Mai 1941 kamen hinzu: |
| | – Berchtesgadener Str. |
| | – Martin-Luther-Str. |
| | – Apostel-Paulus-Str. |
| | bis Mai 1943 kamen hinzu: |
| | – Badensche Str. |
| | – Werderscher Markt |
| | – Königstr. |
| | – Tauentzienstr. |
| | – Konstanzer Str. |
| ab 23.8.1943 | Saalfeld, Prinz-Louis-Ferdinand-Kaserne |
| | Meiningen, Drachenberg-Kaserne |
| bis März 1944 | weiterhin Postadresse in Berlin 30 |
| bis 28.2.1945 | Nachkommando in Berlin |
| ab 1.7.1945 | Ministerial Collecting Center, Fürstenhagen bei Kassel |
| ab 8.1.1946 | Berlin: – SW 29, Friesenstraße |
| | – Tempelhof, Jüterbogstraße |
| ab ca. Juli 1946 | Berlin: – Frohnau, Hubertusweg |
| | – Waidmannslust |
| ab 18.10.1948 | Berlin: – Camp Foche in Waidmannslust, Cyclopstr. |
| | – Dahlem |
| ab Juli 1949 | zusätzlich Marinereferat in Tegel, Eisenhammerweg |
| 27.12.1950 – März 1952 | Umzug nach Berlin-Borsigwalde, Eichborndamm 167 – 209 |

*Leiter*

| | |
|---|---|
| 26.8.1939 – 10.1.1945 | Hauptmann (später Major) Dr. Walther Bourwieg |
| 13.1.1945 – April 1945 | Oberst Konrad Ritter und Edler von Dall'Armi |
| April 1945 – 21.12.53 | Stabsintendant, später Regierungsoberinspektor Schlagk |
| 22.12.53 – 30.4.1956 | Herr Apold |
| 1.5.1956 – 31.10.1979 | Herr Hermann |
| 1.12.1979 – 30.3.1989 | Herr Bogdanski |
| 1.4.1989 – heute | Herr Veit |

*Umfang*

| Datum | Ort | Personalumfang | Aktenbestand | Bürofläche |
|---|---|---|---|---|
| 1939 | Berlin | 236 | - | - |
| 1940 | | | | |
| 1941 | Berlin | 1650 | - | 12000 m² |
| 1942 | | | | |
| 1943 | Berlin | ca. 4000 | - | 18000 m² |
| 1944 | Saalfeld/Meiningen | ca. 1600 | - | - |
| 1945 | Meiningen | ca. 1300 | | |
| 1945 | Fürstenhagen | ca. 450 | 531 to | |
| 1946 | Berlin | 624 | | |
| 1948 | Berlin | 473 | | |
| 1949 | - | 418 | | |
| 1950 | - | 570 | | |
| 1951 | - | 895 | | |
| 1956 – 58 | - | ca. 1400 | | |
| 1959 | - | 1597 | | |
| 1960 – 61 | - | ca. 1600 | ca. 3000 to | |
| 1963 | - | ca. 1400 | - | 18000 m² |
| 1964 – 65 | - | ca. 1200 | | |
| 1970 | - | ca. 800 | | |
| 1971 | - | 629 | | |
| 1972 | - | 591 | | |
| 1973 | - | 559 | | |
| 1974 | - | 527 | | |
| 1979 | - | 395 | | |
| 1980 | - | 383 | | |
| 1981 | - | 373 | | |
| 1982 | - | 353 | | |
| 1983 | - | 348 | | |
| 1984 | - | 337 | | |
| 1985 | - | 335 | | |
| 1986 | - | - | ca. 3500 to | |

*Alliierte Verantwortliche*
April 1945 – Juni 1946    Captain Waxberg/LtCol Hugh E. Stark
12.4.1946 – 14.6.1946     Major Henry W. Sternweiler,
                          Operations Officer
Juni 1946 – 1949          Hauptmann (später Administrateur) Armand E. Klein
1949 – 30.11.1953         Major Chodzko
1.12.1953 – 31.7.1956     Mr. Arnold
1956 – 1973               Mr. Farion
1973 – 1988               Mr. Grangé
1988 – heute              Mr. Girard


## Abteilung Wehrmachtverluste und Kriegsgefangene/ Abteilung Wehrmachtverlustwesen

*Dienstsitze*
ab 25.8.1939              Berlin, Badenschestr. 51
                          (Abt. Wehrmachtverluste und
                          Kriegsgefangene)
ab 1.3.1941               Berlin, Bendlerstr. 4
ab 23.8.1943              Saalfeld, Prinz-Louis-Ferdinand-Kaserne
                          Außenstelle Bendlerstr. 4
ab April 1945             Außenstelle in Ludwigsburg bei
                          Eckernförde

*Abteilungschefs*
ab 25.8.1939              Major, später Oberstleutnant, Hans Joachim Breyer
                          (Abt. Wehrmachtverluste und Kriegsgefangene)
ab 1.3.1941               Oberst Walther Sonntag
ab ca. April 1945         Generalmajor Adolf Westhoff
                          (Stellvertreter Oberst Sonntag)


## 6.1.2 Waffen-SS-Dienststellen

### Auskunftstelle für Kriegerverluste

*Dienstsitze*
ab 24.4.1940              Berlin W 15, Kurfürstendamm 217
später                    Berlin-Charlottenburg, Niebuhrstraße 59/60
ab ca. Mai 1943           Berlin-Siemensstadt, Siemensdamm 82 – 84
                          (Mitunter irrtümlich als
                          Nonnendamm 82 – 84 ausgewiesen)
ab Herbst 1943            Bamberg, Neue Residenz

*Leiter*
langjährig                SS-Hauptsturmführer Dr. Pfusch

## Sammelstelle für Verluste der SS

*Dienstsitze*
16.9.1939 – 31.12.1941    Berlin-Charlottenburg 4
                          Wilhelmsdorferstr. 98/99
1.1.1942 – 31.10.1943     Berlin, Hedemann-Str. 23/24 (RuSHA)
1.11.1943 – Mai 1945      Prag II, Karl-Laznowsky-Ufer 60

*Leiter*
September 1939 –
31.12.1942                SS-Brigadeführer Friedemann Götze
ab 1.1.1943               SS-Standartenführer Fritz Kalkofen


## Inspekteur für Statistik beim Reichsführer SS/
## Statistisch-Wissenschaftliches Institut des Reichsführers SS

*Dienstsitze*
1.12.1940       Berlin, Potsdamer Str. 61
25.9.1943       Auslagerung in das Thurn- und Taxis-
                Jagdschloß Tiergarten bei Donastauf
1.8.1944        Umbenennung in Statistisch-
                Wissenschaftliches Institut des Reichsführers- SS

*Leiter*
ab 1.12.1940    Ministerialrat Dr. Richard Korherr


### 6.1.3 Nicht-staatliche Organisationen

## Dienstsitze des Deutschen Roten Kreuzes, Amt S

ca. 1939 – 1941            Berlin, Kleine Beerenstraße
seit ca. 1941              Blücherplatz
ab ca. Sommer 1942         Kommandantenstraße
ab ca. Herbst 1942         Neue Schönhauser Straße
ca. 1943 – 1944            Taubenstraße (ausgebombt)
Mai 1944 – Februar 1945    Blücherplatz (ausgebomt)
ab Februar 1945            Potsdam-Babelsberg
ab Herbst 1945             Berlin, Berliner Straße
bald darauf                Berlin, Im Dol 2

Seit September 1943 war ein Teil der Karteien und Akten einschl. der bereits bearbeiteten Meldungen nach Eisenach ausgelagert.

## Suchdienste auf nationaler Ebene

| | |
|---|---|
| Sowjetische Zone | Zentralkartei der Provinz Sachsen Suchdienst für vermißte Deutsche |
| Französische Zone | Bureau de Recherches Zonier/ Öffentlicher Suchdienst, Rastatt |
| Saarland | Zivile Nachforschungsstelle Service de Prisonniers de Guerre Sarrois |
| Britische Zone | Deutsches Rotes Kreuz, Flüchtlingshilfswerk, Ermittlungsdienst, Zentral-Suchkartei, Flensburg später: Hauptermittlungsstelle, Hamburg später: Zonenzentrale Hamburg Flüchtlingssuchdienst Stade Bildsuchkartei Friedland Suchdienst Bethel |
| Amerikanische Zone | Hilfsdienst für Kriegsgefangene und Vermißte, Stuttgart Sammelstelle für Heimkehrernachrichten, Stuttgart Suchdienst München, später: Zonenzentrale München Nachforschungszentrale für Wehrmachtvermißte, München Evangelisches Hilfswerk für Kriegsgefangene und Internierte, Erlangen, später in München |
| Berlin | Suchdienstverbindungsstelle |

## Dienstsitze des Volksbundes Dt. Kriegsgräberfürsorge

| | |
|---|---|
| Herbst 1945 – Juni 1948 | Oldenburg in Oldenburg |
| Juni 1948 – Mai 1951 | Nienburg/Weser |
| seit Mai 1951 | Kassel |
| zusätzlich von | |
| April 1946 – 1948 | in Berlin Außenstelle »Ost« |

## 6.2 Namenverzeichnis

Angeführt sind lediglich solche Personen, die langfristig hauptberuflich mit Verlustfragen befaßt waren:

Bourwieg, Walther, geb. 31. Januar 1885 in Halle/Saale, Leiter der WASt seit Aufstellung bis 10. Januar 1945, letzter Dienstgrad Major, am 10. Januar 1945 gestorben

Breyer, Hans Joachim, geb. 4. Juli 1889 in Gleiwitz, 26. August 1938 – 28. Februar 1941 Ltr. Abt. Wehrmachtverluste und Kriegsgefangene/OKW Allg, letzter Dienstgrad Oberst

Dall'Armi, Konrad Ritter und Edler von, geb. 27. Februar 1887 in München, Leiter WASt seit Januar 1945, letzter Dienstgrad Oberst

Goetze, Friedemann, geb. 26. Februar 1871 in Stade, 1. Oktober 1939 – 31. März 1942 im Personalhauptamt Leiter der Sammelstelle für Verluste der Schutzstaffel im Kriege, letzter Dienstgrad Brigadeführer

Kalkofen, Fritz, geb. 11. Januar 1904 in Neuendorf, ab Juli 1942 mit der Führung der Hauptabteilung Fürsorge sowie der Sammelstelle für Verluste der SS im Kriege beauftragt, letzter Dienstgrad Standartenführer

Korherr, Dr. Richard, geb. 30. Oktober 1903, seit 1. Dezember 1940 Inspekteur für Statistik beim Reichsführer-SS, zuletzt Ministerialrat

Margraf, Otto, geb. 4. Juli 1899 in Düren, Leiter Gruppe Statistik in der Abteilung OKW/AWA/WVW, letzter Dienstgrad Hauptmann

Sonntag, Walther, geb. 23. Januar 1883 in Gotha, 1. März 1941 – Kriegsende Chef Abt. Wehrmachtverlustwesen/OKW/AWA, letzter Dienstgrad Oberst

Westhoff, Adolf, geb. 21. Februar 1899 in Rheda/Westfalen, 1. April 1944 – Kriegsende Chef Kriegsgefangenenwesen/OKW, gleichzeitig in den letzten Kriegstagen Chef Abt. Wehrmachtverlustwesen, letzter Dienstgrad Generalmajor

## 6.3 Liste der Abkürzungen

| | |
|---|---|
| ACPG | Agence Centrale des Prisonniers de Guerre |
| AEK | Amt für die Erfassung der Kriegsopfer |
| AWA | Allgemeines Wehrmachtamt |
| BA | Bundesarchiv, Koblenz |
| BA-MA | Bundesarchiv-Militärarchiv, Freiburg |
| BDC | Berlin Document Center |
| BGBl. | Bundesgesetzblatt |
| DD | Deutsche Dienststelle für die Benachrichtigung der nächsten Angehörigen von Gefallenen der ehemaligen deutschen Wehrmacht |
| DRK | Deutsches Rotes Kreuz |
| EHiK | Evangelisches Hilfswerk für Kriegsgefangene und Internierte |
| GMBl. | Gemeinsames Ministerialblatt |
| HLKO | Haager Landkriegsordnung |

| | |
|---|---|
| HPA | Heerespersonalamt |
| IKRK | Internationales Komitee vom Roten Kreuz |
| InSan | Heeressanitätsinspektion |
| MCC | Ministerial Collecting Center |
| MOK | Marineoberkommando |
| MPDZ | Marine-Personal-Dokumenten-Zentrale |
| NDC | Naval Document Centre |
| NSV | Nationalsozialistische Volkswohlfahrt |
| OKH | Oberkommando des Heeres |
| OKW | Oberkommando der Wehrmacht |
| OT | Organisation Todt |
| PWIB | Prisoner of War Information Bureaux |
| RAD | Reichsarbeitsdienst |
| RGBl. | Reichsgesetzblatt |
| SIn | Sanitätsinspektion |
| SMAD | Sowjetische Militäradministration in Deutschland |
| Sipo | Sicherheitspolizei |
| UN | United Nations |
| UNRRA | United Nations Relief and Rehabilitation Agency |
| VDK | Volksbund Deutsche Kriegsgräberfürsorge |
| VIŽ | Voenno-istoričeskij žurnal |
| WASt | Wehrmachtauskunftstelle für Kriegerverluste und Kriegsgefangene |
| WBK | Wehrbezirkskommando |
| WED | Wehrersatzdienststelle |
| WFST | Wehrmachtführungsstab |
| WGO | Wehrmachtgräberoffiziere |
| WMA | Wehrmeldeamt |
| WVW | Wehrmachtverlustwesen |
| ZAK | Zentralnachweiseamt für Kriegerverluste und Kriegsgräber |
| ZAW | Zentralarchiv für Wehrmedizin |
| ZNS | Zentralnachweisstelle, Aachen-Kornelimünster |

## 6.4 Weitere Tabellen

### 6.4.1 Randhäufigkeiten aller Variablen: Einziehungen zur Wehrmacht

**Tab. 72: Einziehungen nach Geburtsjahr**

| Geburtsjahr | Häufigkeit | % | Geburtsjahr | Häufigkeit | % |
|---|---|---|---|---|---|
| 1873 | 248 | 0,0 | 1903 | 282 138 | 1,6 |
| 1875 | 3 773 | 0,0 | 1904 | 302 108 | 1,7 |
| 1877 | 4 699 | 0,0 | 1905 | 388 396 | 2,2 |
| 1878 | 3 773 | 0,0 | 1906 | 567 205 | 3,3 |
| 1879 | 496 | 0,0 | 1907 | 566 100 | 3,3 |
| 1881 | 8 720 | 0,1 | 1908 | 671 240 | 3,9 |
| 1882 | 4 021 | 0,0 | 1909 | 679 837 | 3,9 |
| 1884 | 16 844 | 0,1 | 1910 | 736 220 | 4,3 |
| 1885 | 16 944 | 0,1 | 1911 | 698 654 | 4,0 |
| 1886 | 15 918 | 0,1 | 1912 | 746 206 | 4,3 |
| 1887 | 26 242 | 0,2 | 1913 | 793 114 | 4,6 |
| 1888 | 11 815 | 0,1 | 1914 | 858 017 | 5,0 |
| 1889 | 28 989 | 0,2 | 1915 | 671 606 | 3,9 |
| 1890 | 34 036 | 0,2 | 1916 | 499 856 | 2,9 |
| 1891 | 34 432 | 0,2 | 1917 | 447 510 | 2,6 |
| 1892 | 49 688 | 0,3 | 1918 | 458 801 | 2,7 |
| 1893 | 44 759 | 0,3 | 1919 | 689 658 | 4,0 |
| 1894 | 88 096 | 0,5 | 1920 | 931 123 | 5,4 |
| 1895 | 90 943 | 0,5 | 1921 | 918 258 | 5,3 |
| 1896 | 115 681 | 0,7 | 1922 | 735 183 | 4,3 |
| 1897 | 194 049 | 1,1 | 1923 | 725 170 | 4,2 |
| 1898 | 200 196 | 1,2 | 1924 | 696 996 | 4,0 |
| 1899 | 212 124 | 1,2 | 1925 | 578 926 | 3,3 |
| 1900 | 265 250 | 1,5 | 1926 | 382 457 | 2,2 |
| 1901 | 236 614 | 1,4 | 1927 | 223 827 | 1,3 |
| 1902 | 294 365 | 1,7 | 1928 | 43 833 | 0,3 |

**Tab. 72a: Einziehungen nach Eintrittsjahr**

| Eintritt | Häufigkeit | % | Kumulierte Häufigkeit | % |
|---|---|---|---|---|
| Vor Kriegsbeginn | 1 146 141 | 6,6 | 1 146 141 | 6,6 |
| 1939 | 3 527 538 | 20,4 | 4 673 679 | 27,0 |
| 1940 | 4 109 298 | 23,8 | 8 782 977 | 50,8 |
| 1941 | 2 507 457 | 14,5 | 11 290 434 | 65,3 |
| 1942 | 2 465 628 | 14,3 | 13 756 062 | 79,5 |
| 1943 | 2 005 653 | 11,6 | 15 761 715 | 91,1 |
| 1944 | 1 308 096 | 7,6 | 17 069 811 | 98,7 |
| 1945 | 225 343 | 1,3 | 17 295 154 | 100,0 |

**Tab. 72b: Einziehungen nach Herkunft**

| Herkunft | Häufigkeit | % |
|---|---|---|
| Bundesrepublik | 8 125 455 | 47,0 |
| Saarland und Berlin | 799 049 | 4,6 |
| DDR | 2 885 084 | 16,7 |
| Ehemalige Ostgebiete | 2 524 883 | 14,6 |
| Annektierte Gebiete | 588 560 | 3,4 |
| Elsaß/Lothringen etc. | 135 889 | 0,8 |
| Großdeutschland | 3 773 | 0,0 |
| Österreich | 1 305 981 | 7,6 |
| Unterkrain | 248 | 0,0 |
| Ost- und südosteurop. Siedlungsgebiete | 846 506 | 4,9 |
| West-, Nord- und Südeuropa | 63 460 | 0,4 |
| Sonstige | 16 266 | 0,1 |

**Tab. 72c: Einziehungen nach Organisation**

| Organisation | Häufigkeit | % | Kumulierte Häufigkeit | % |
|---|---|---|---|---|
| Heer | 13 601 665 | 78,6 | 13 601 665 | 78,6 |
| Luftwaffe | 2 499 868 | 14,5 | 16 101 533 | 93,1 |
| Marine | 1 193 621 | 6,9 | 17 295 154 | 100,0 |

## 6.4.2 Randhäufigkeiten aller Variablen: Tote

### Tab. 73: Tote nach Geburtsjahr

| Geburtsjahr | Häufigkeit | % | Geburtsjahr | Häufigkeit | % |
|---|---|---|---|---|---|
| 1878 | 2 033 | 0,0 | 1906 | 152 287 | 2,9 |
| 1881 | 2 000 | 0,0 | 1907 | 157 221 | 3,0 |
| 1882 | 1 000 | 0,0 | 1908 | 204 452 | 3,8 |
| 1884 | 4 033 | 0,1 | 1909 | 187 353 | 3,5 |
| 1885 | 5 033 | 0,1 | 1910 | 221 650 | 4,2 |
| 1886 | 5 033 | 0,1 | 1911 | 225 551 | 4,2 |
| 1887 | 4 033 | 0,1 | 1912 | 226 683 | 4,3 |
| 1888 | 3 033 | 0,1 | 1913 | 211 221 | 4,0 |
| 1889 | 10 132 | 0,2 | 1914 | 269 881 | 5,1 |
| 1890 | 6 033 | 0,1 | 1915 | 193 353 | 3,6 |
| 1891 | 7 066 | 0,1 | 1916 | 133 825 | 2,5 |
| 1892 | 5 033 | 0,1 | 1917 | 122 627 | 2,3 |
| 1893 | 8 099 | 0,2 | 1918 | 149 858 | 2,8 |
| 1894 | 20 165 | 0,4 | 1919 | 229 287 | 4,3 |
| 1895 | 9 000 | 0,2 | 1920 | 318 848 | 6,0 |
| 1896 | 25 198 | 0,5 | 1921 | 276 419 | 5,2 |
| 1897 | 17 033 | 0,3 | 1922 | 240 419 | 4,5 |
| 1898 | 39 297 | 0,7 | 1923 | 269 749 | 5,1 |
| 1899 | 41 330 | 0,8 | 1924 | 271 716 | 5,1 |
| 1900 | 73 726 | 1,4 | 1925 | 235 683 | 4,4 |
| 1901 | 67 627 | 1,3 | 1926 | 153 188 | 2,9 |
| 1902 | 99 759 | 1,9 | 1927 | 105 990 | 2,0 |
| 1903 | 84 660 | 1,6 | 1928 | 32 231 | 0,6 |
| 1904 | 92 825 | 1,7 | 1930 | 1 000 | 0,0 |
| 1905 | 94 858 | 1,8 | | | |

### Tab. 73a: Tote nach Eintrittsjahr

| Eintritt | Häufigkeit | % | Kumulierte Häufigkeit | % |
|---|---|---|---|---|
| Keine Angabe | 545 366 | 10,3 | 545 366 | 10,3 |
| 1939 | 1 273 052 | 23,9 | 1 818 418 | 34,2 |
| 1940 | 1 132 392 | 21,3 | 2 950 810 | 55,5 |
| 1941 | 634 059 | 11,9 | 3 584 869 | 67,4 |
| 1942 | 772 907 | 14,5 | 4 357 776 | 81,9 |
| 1943 | 504 597 | 9,5 | 4 862 373 | 91,4 |
| 1944 | 380 465 | 7,2 | 5 242 838 | 98,6 |
| 1945 | 75 693 | 1,4 | 5 318 531 | 100,0 |

### Tab. 73b: Tote nach Herkunft

| Herkunft | Häufigkeit | % |
|---|---|---|
| Bundesrepublik | 2 550 447 | 48,0 |
| Saarland und Berlin | 186 188 | 3,5 |
| DDR | 809 818 | 15,2 |
| Ehemalige Ostgebiete | 910 402 | 17,1 |
| Annektierte Gebiete | 206 452 | 3,9 |
| Elsaß/Lothringen etc. | 30 165 | 0,6 |
| Österreich | 260 749 | 4,9 |
| Unterkrain | 4 000 | 0,1 |
| Ost- und südosteurop. Siedlungsgeb. | 328 178 | 6,2 |
| West-, Nord-, und Südeuropa | 29 132 | 0,5 |
| Sonstige | 3 000 | 0,1 |

### Tab. 73c: Tote nach Organisation

| Organisation | Häufigkeit | % |
|---|---|---|
| Gefolge | 53 231 | 1,0 |
| Heer | 4 202 030 | 79,0 |
| Luftwaffe | 432 706 | 8,1 |
| Marine | 138 429 | 2,6 |
| Polizei usw. | 63 462 | 1,2 |
| Waffen-SS | 313 749 | 5,9 |
| Unterstützungsorganisationen | 37 198 | 0,7 |
| Volkssturm | 77 726 | 1,5 |

### Tab. 73d: Tote nach Todesart

| Todesart | Häufigkeit | % |
|---|---|---|
| Keine Angabe | 12 000 | 0,2 |
| Gefallen | 2 303 320 | 43,3 |
| In Kriegsfangenschaft gestorben | 459 475 | 8,6 |
| Letze Nachricht | 701 385 | 13,2 |
| Selbstmord | 25 000 | 0,5 |
| Todesurteil | 11 000 | 0,2 |
| An Krankheit, Verwundungen usw. gestorben | 500 165 | 9,4 |
| Vermißt | 1 306 186 | 24,6 |

**Tab. 73e: Tote nach Kriegsschauplatz**

| Kriegsschauplatz | Häufigkeit | % |
|---|---|---|
| Afrika | 16 066 | 0,3 |
| Balkan | 103 693 | 1,9 |
| Norden | 30 165 | 0,6 |
| Westen | 339 957 | 6,4 |
| Italien | 150 660 | 2,8 |
| Ostfront | 2 742 909 | 51,6 |
| Endkämpfe | 1 230 045 | 23,1 |
| Sonstige Kriegsschauplätze | 245 561 | 4,6 |
| Amerikanische Kriegsgefangenschaft | 22 000 | 0,4 |
| Französische Kriegsgefangenschaft | 34 033 | 0,6 |
| Britische Kriegsgefangenschaft | 21 033 | 0,4 |
| Jugoslawische Kriegsgefangenschaft | 11 000 | 0,2 |
| Sowjetische Kriegsgefangenschaft | 363 343 | 6,8 |
| Sonstige Gewahrsamsländer | 8 066 | 0,2 |

**Tab. 73f: Tote nach Status**

| Status | Häufigkeit | % |
|---|---|---|
| Kriegssterbefall | 3 068 000 | 57,7 |
| Gerichtliche Todeserklärung | 1 095 787 | 20,6 |
| Registrierfall | 1 154 744 | 21,7 |

### 6.4.3 Kreuztabellen

### Tab. 74: Einziehungen zum und Todesfälle im Heer nach Jahren und Regionen

| Herkunft | | | Eintritt | | | | |
|---|---|---|---|---|---|---|---|
| Einziehungen<br>Todesfälle | 1939 und<br>früher | 1940 | 1941 | 1942 | 1943 | 1944 und<br>später | Anteil<br>Anteil |
| Ehemalige<br>Bundesrepublik | 53,70<br>54,57 | 53,31<br>56,67 | 48,54<br>55,64 | 47,07<br>53,75 | 46,40<br>47,58 | 47,51<br>43,43 | 50,6<br>53,3 |
| DDR | 16,70<br>15,10 | 19,21<br>13,98 | 17,15<br>12,46 | 14,56<br>15,85 | 13,46<br>16,54 | 18,01<br>15,95 | 16,8<br>14,9 |
| Ost- und Süd-<br>europa | 24,30<br>27,95 | 18,76<br>22,65 | 22,80<br>25,37 | 27,22<br>23,42 | 27,38<br>27,30 | 21,46<br>33,40 | 23,3<br>26,0 |
| Sonstige Gebiete | 5,30<br>2,38 | 8,72<br>6,70 | 11,51<br>6,52 | 11,15<br>6,97 | 12,76<br>8,57 | 13,03<br>7,21 | 9,3<br>5,9 |
| Summe<br>Summe | 100,00<br>100,00 | 100,00<br>100,00 | 100,00<br>100,00 | 100,00<br>100,00 | 100,00<br>100,00 | 100,00<br>100,00 | 100,0<br>100,0 |

Alle Angaben in Prozent.
Da ein Großteil der Zellen nur gering besetzt ist, kann die Tabelle nur mit Vorsicht interpretiert werden.
Erläuterungen siehe Kap. 4.1, Tab. 21.

### Tab. 75: Einziehungen zum und Todesfälle im Heer, Jahrgangsklasse 1910 – 1915

| Herkunft | | | Eintritt | | | | |
|---|---|---|---|---|---|---|---|
| Einziehungen<br>Todesfälle | 1939 und<br>früher | 1940 | 1941 | 1942 | 1943 | 1944 und<br>später | Anteil<br>Anteil |
| Ehemalige<br>Bundesrepublik | 56,00<br>55,53 | 59,04<br>56,59 | 46,88<br>53,19 | 46,43<br>49,00 | 50,94<br>45,88 | 45,95<br>36,35 | 54,72<br>53,71 |
| DDR | 16,00<br>15,24 | 14,76<br>13,21 | 19,79<br>9,30 | 13,10<br>15,31 | 11,32<br>11,48 | 21,62<br>14,58 | 15,68<br>13,95 |
| Ost- und Süd-<br>europa | 21,18<br>26,59 | 17,77<br>24,93 | 18,75<br>28,14 | 33,33<br>26,48 | 26,42<br>36,08 | 21,62<br>39,95 | 21,13<br>27,34 |
| Sonstige Gebiete | 6,82<br>2,64 | 8,43<br>5,27 | 14,58<br>9,37 | 7,14<br>9,21 | 11,32<br>6,55 | 10,81<br>9,12 | 8,47<br>5,00 |
| Summe<br>Summe | 100,00<br>100,00 | 100,00<br>100,00 | 100,00<br>100,00 | 100,00<br>100,00 | 100,00<br>100,00 | 100,00<br>100,00 | 100,00<br>100,00 |

Alle Angaben in Prozent.
Da die meisten Zellen der obigen Tabelle gering besetzt sind, kann sie nur mit Vorsicht interpretiert werden.
Erläuterungen siehe Kap. 4.1, Tab. 21.

## 6.5 Karteimittel und Erhebungsunterlagen

Zentralkarteikarte der Deutschen Dienststelle, 1. Blatt (Originalgröße DIN A5), Vorderseite

Zentralkarteikarte, 1. Blatt (Originalgröße DIN A5), Rückseite

## 6.5 Karteimittel und Erhebungsunterlagen 339

Zentralkarteikarte, 2. Blatt (Originalgröße DIN A5), Vorderseite

Zentralkarteikarte, 2. Blatt (Originalgröße DIN A5), Rückseite

Zentralkarteikarte, 3. Blatt (Originalgröße DIN A5), Vorderseite

Zentralkarteikarte, 3. Blatt (Originalgröße DIN A5), Rückseite

## Zählkarte für die Erfassung der Verluste (Originalgröße DIN A6)

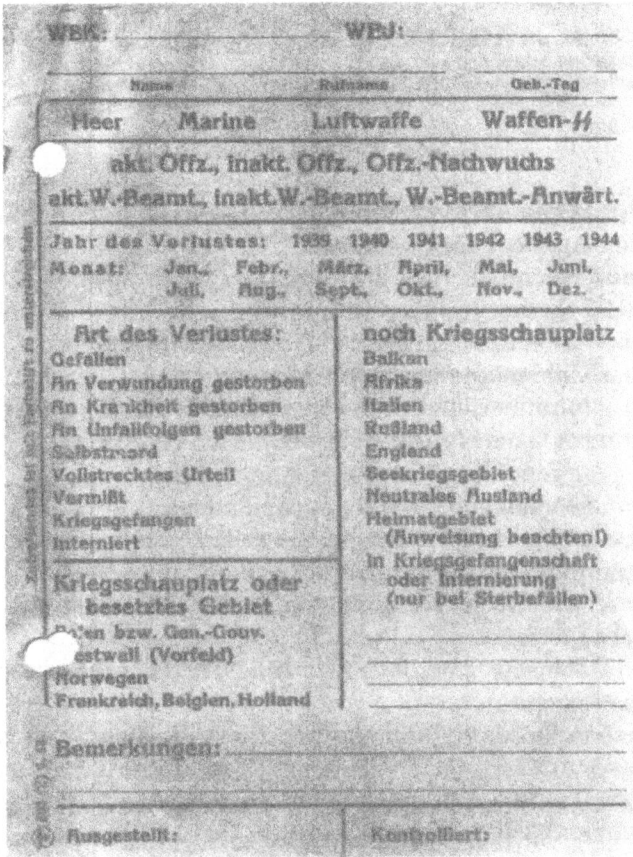

## Erster Beispieldatensatz aus der Datei zum Erkennungsmarkenverzeichnis

```
     LESE SEQ=PA1/ENDE=LOESCH/NEUEING.=PA2/EINGABE ODER WEITER=DATEN-FREIGABE !
MAIER              JACOB       240713       13174 272 3     13176 743 3

     LESE SEQ=PA1/ENDE=LOESCH/NEUEING.=PA2/EINGABE ODER WEITER=DATEN-FREIGABE !
MAIER              JAKOB       240713       03234 012       08326 026
14003 008 1        14003 032 1 22753 303 -5  49582 002 3    49583 051 A
60805 276 2        60805 408 -3 62077 213 -1 62077 225 -1   64937 087 1
64937 185 2        64937 319 2  64937 445 2  66255 197 B    77146 080 1
77146 118 -2-      77153 106 -2 77153 116 -2 82050 002 9    82050 005 9
     LESE SEQ=PA1/ENDE=LOESCH/NEUEING.=PA2/EINGABE ODER WEITER=DATEN-FREIGABE
MAIR               JAKOB       240713       84823 151 0
     LESE SEQ=PA1/ENDE=LOESCH/NEUEING.=PA2/EINGABE ODER WEITER=DATEN-FREIGABE !
MEIER              JAKOB       240713       96300 946
```

Zweiter Beispieldatensatz aus der Datei zum Erkennungsmarkenverzeichnis

```
LESE SEQ=PA1/ENDE=LOESCH/NEUEING.=PA2/EINGABE ODER WEITER=DATEN-FREIGABE !

SCHNEIDER            HEINRICH    160120       64506 202 -0    64506 227 -0
64507 098 2     64507 171 2      64511 191 2     64511 234 2     64517 018 2
64517 145 3     70065 126 A      76198 005 3     76198 055 -A    79200 054 -2
79200 067 -2    79200 071 -2     79201 018 9-0   84166 110 -A    84166 132 B
DC RUS          DC    4910
```

Aus Gründen des Persönlichkeitsschutzes wurden die Nachnamen unkenntlich gemacht. Zu den Angaben im einzelnen:

Vermerkt sind Nachname und Vorname sowie anschließend das Geburtsdatum mit jeweils 2 Stellen für Tag, Monat und Jahr. Für jede unterschiedliche Namensschreibweise wurde ein eigener Datensatz angelegt.

Die folgenden Zahlenkolonnen bestehen aus:
- fünf Ziffern = Nummer des Bandes in, dem sich das Erkennungsmarkenverzeichnis befindet. Da die Nummer systematisch vergeben wurden, ist erkennbar, welcher Waffengattung die Einheit angehörte.
- drei Ziffern = Seitenangabe innerhalb des Bandes
- eine Ziffern oder Buchstabe, u.U. mit weiteren Zeichen = das Jahr, auf das sich das das Erkennungsmarkenverzeichnis bezieht. Diese letzte Ziffer findet sich nur bei Hinweisen auf Erkennungsmarkenverzeichnisse des Heeres, nicht jedoch bei der Luftwaffe.

Was die obigen Datensätze auch ohne Prüfung der Unterlagen bereits aussagen, sei auszugsweise ausgeführt.

Die erste Person wurde im Rahmen der großen Zusammenbrüche des Jahres 1944 durch den Abwicklungsstab als vermißt gemeldet (Bandnummer 84823 = Abwicklungsstab), kehrte dann aber lebend aus östlicher Kriegsgefangenschaft heim (Bandnummer 96300 = Heimkehrerlager Hof-Moschendorf, 946 = Ankunft im September 1946).

Die zweite Person war dagegen vermutlich Angehöriger der SS (DC RUS = Hinweis auf Unterlagen des Rasse- und Siedlungshauptamtes im Berlin Document Center). Auch er wurde für 1944 durch einen Abwicklungsstab als vermißt gemeldet – ob er den Krieg überlebt hat, ist aus dem Datensatz allerdings nicht ersichtlich.

## Formular Erhebung Erkennungsmarkenverzeichnis

**FORMULAR 1**
Auswertungszettel
Erkennungsmarkenverzeichnis
Stand 10.11.1992

- Fall-Nr. 1
- Name 2
- Vorname 3
- Band- oder Regal-Nummer 5
- Geburtstag 4
- Bearbeiter 10
- Herkunft 6
- Organisation 7
- Eintritt 8
- Geburtsort 9

## Formular Auswertung Allgemeine Kartei

**FORMULAR 7**
Auswertungszettel Allgemeine Kartei
Stand 29.6.1993

- Fall-Nr. 1
- Name 2
- Eintritt 8
- Vorname 3
- Geburtsjahr 4
- Herkunft 6
- Geburtsort 9
- Todesmonat/-jahr 13
- Todesart 14
- Organisation 7
- Status 15
- Todesland 16
- Todesort 17
- Anfrage DDR 18

*Kodierungsliste*

Fall-Nr. (Feld 1)
Laufende Nummer gemäß Ziehungsliste

Geburtsjahr (Feld 4)
Zur eindeutigen Zuordnung aller Informationen war es nötig, das vollständige Geburtsdatum zu notieren, ausgewertet wurde jedoch nur das Geburtsjahr

Herkunft (Feld 6)
B  BRD, alte Bundesländer ohne Westberlin und Saarland
D  Ehemalige DDR ohne Ostberlin
S  Sonstige: Ost- und Westberlin, Saarland
R  Reichsgebiet 1937 einschl. Danzig, nach Kriegsende abgetreten (Danzig, Oder-Neiße-Gebiete, Ostpreußen)
G  Annektierte Gebiete (Warthegau, Sudetenland, Eupen-Malmedy, Moresnet, Memel etc.), ohne Österreich
E  In die Wehrpflicht einbezogene deutsche Randgebiete (Elsaß, Luxemburg)
A  Österreich (Austria)
U  Unterkrain und andere in die Wehrpflicht einbezogene, an Österreich angrenzende Gebiete
W  West-, nord- und südeuropäisches Ausland, einschl. Volksdeutsche
O  Ost- und südosteuropäisches Ausland, einschl. Volksdeutsche
X  Sonstige
K  Sammelkategorie für B, D, S und R
/  Ungeklärt

Eintritt (Feld 8)
8  Vor Kriegsbeginn, d.h. bis 1.9.1939
9  Im Jahr 1939 nach Kriegsbeginn
0  1940
1  1941
2  1942
3  1943
4  1944
5  1945

Geburtsort (Feld 9)
Vollständige Ortsbezeichnung mit allen zusätzlichen Angaben

Todesmonat/-jahr (Feld 13)
7/99  Monat des Todes und die letzten beiden Ziffern des Todesjahres

Todesart (Feld 14)
G  Gefallen, an der Front an Verwundung gestorben, von Partisanen umgebracht
V  Vermißt
K  In Kriegsgefangenschaft gestorben
T  Todesurteil
U  An Verwundung, Krankheit oder Unfall gestorben
S  Selbstmord
/  Keine Angabe

Organisation (Feld 7)
H  Heer
L  Luftwaffe
M  Marine
G  Gefolge: Beamter, Angestellter, Arbeiter in Heer, Luftwaffe, Marine
S  Waffen-SS
U  Organisationen zur Unterstützung der Wehrmacht (Bahn, Post, RAD, OT, NSKK, Zoll etc.)
P  Polizeiorganisationen (Gestapo, Sipo, SD, Hilfspolizist)
V  Volkssturm
/  Ungeklärt

Status = anzeigende Dienststelle (Feld 15)
Kriegssterbefälle = Totenkartei
W  Wehrmachtauskunftstelle
S  Kriegerauskunftstelle Waffen-SS oder eine andere Dienststelle des Deutschen Reiches
D  Deutsche Dienststelle
R  DDR: DRK-Suchdienst Ost
Andere Fälle = Allgemeine Kartei
Gerichtliche Todeserklärungen bearbeitet durch:
- T/W Wehrmachtauskunftstelle
- T/S Kriegerauskunftstelle Waffen-SS oder eine andere Dienststelle des Deutschen Reiches
- T/D Deutsche Dienststelle
- T/R DDR: DRK-Suchdienst Ost
- T/Ö Österreich
R  Registrierfall
V  Vermißtmeldung durch Einheit, Eidesstattliche Heimkehrererklärung, Nachricht von Verwandten etc.
U  Ungeklärter Todesfall
L  Lebend
/  Keine Angabe

Todesland (Feld 16)
Für Gefallene, Vermißte etc.
W Westfront
O Ostfront
B Balkan
E Endkämpfe im Osten und auf dem Balkan ab 1.1.1945
I Italien
A Afrika
N Norden/Skandinavien (ohne Finnland)
R Restliche Kriegsschauplätze, Heimat, See, Polen
/ Keine Angaben
Für Kriegsgefangene
U Gewahrsamstaat USA
S Gewahrsamstaat Sowjetunion
F Gewahrsamstaat Frankreich
F Gewahrsamstaat Großbritannien
J Gewahrsamstaat Jugoslawien

Todesort (Feld 17)
Vollständige Ortsbezeichnung
Anfrage DDR (Feld 18)
Eintrag, falls eine Anfrage eines DDR-Kreisgerichts vorliegt, aber keine Entscheidung dokumentiert ist.

# 7. Quellen und Literatur

## 7.1 Archivbestände

### Berlin Document Center (BDC)

Personalakten SS-Brigadeführer Friedemann Goetze
Personalakten Ministerialrat Dr. Richard Korherr
OSS VIII: Inspekteur für Statistik

### Bundesarchiv-Militärarchiv, Freiburg i.Br. (BA-MA)

| | |
|---|---|
| MSg 175 | Studien und Ausarbeitungen der Deutschen Dienststelle (WASt) |
| N 553 | Nachlaß Müller-Hillebrand |
| N 756 | Nachlaß Vopersal |
| Pers 6 | Personalakten von Soldaten der deutschen Wehrmacht und ihrer Vorläufer |
| RH 2 | Oberkommando des Heeres/Generalstab des Heeres/Organisationsabteilung |
| RH 3 | Generalquartiermeister |
| RH 7 | Oberkommando des Heeres/Heerespersonalamt |
| RH 13 | Oberkommando des Heeres/General z.b.V. |
| RH 14 | Chef Heeresrüstung und Befehlshaber des Ersatzheeres |
| RH 15 | Oberkommando des Heeres/Allgemeines Heeresamt |
| RL 2/III | Oberbefehlshaber der Luftwaffe/Generalstab, 6. Abteilung |
| RM 7 | Seekriegsleitung |
| RM 18 | Marinemedizinalamt |
| RM 21 | Allgemeines Marineamt |
| RS 5 | Ersatz und Ausbildungseinheiten, Schulen, Ergänzungs- und Fürsorgestellen der Waffen-SS |
| RW 4 | Oberkommando der Wehrmacht/Wehrmachtführungsstab |
| RW 6 | Oberkommando der Wehrmacht/Allgemeines Wehrmachtamt |
| RW 44/I | Oberkommando der Wehrmacht/Führungsstab Nord |
| RW 44/II | Oberkommando der Wehrmacht/Führungsstab Süd, Außenstelle OKW-Süd |
| RW 48 | Wehrmachtauskunftstelle |
| ZA 1 | Operational History (German Section), US Historical Division |
| ZA 5 | Deutscher Minenräumdienst |
| ZA 6 | Arbeitseinheiten Marine |

### Bundesarchiv Koblenz (BA)

| | |
|---|---|
| B 106 | Bundesministerium des Innern |
| B 150 | Bundesministerium für Vertriebene, Flüchtlinge und Kriegsgeschädigte |
| NS 19 | Persönlicher Stab Reichsführer-SS |
| NS 24 | Nationalsozialistisches Kraftfahrkorps |
| NS 31 | SS-Hauptamt |
| NS 33 | SS-Führungshauptamt |

| | |
|---|---|
| NS 34 | SS-Personalhauptamt |
| NS 48 | Statistisch-wissenschaftliches Institut des Reichsführers-SS |
| R 7 Anh. | Ministerial Collecting Center |
| R 18 | Reichsministerium des Innern |
| R 19 | Hauptamt Ordnungspolizei |
| R 29 | Truppen und Schulen der Ordnungspolizei |
| R 48 | Reichspostministerium |
| R 50 I | Organisation Todt |
| R 55 II | Transporteinheiten Todt/Speer |
| R 77 | Reichsarbeitsdienst |
| R 80 | Zentralnachweiseamt für Kriegerverluste |
| Z 35 | Deutsches Büro für Friedensfragen |

## Deutsche Dienststelle

Innerhalb der Deutschen Dienststelle existiert keine zentrale Ablage für den organisationseigenen Schriftverkehr. Die für einen Aufgabenbereich relevanten Unterlagen sind in den jeweiligen Bereichen gesammelt.
  Benutzt wurden folgende Handakten:
- Magdalena Blümert, Leiterin Ref. IV: Gräbernachweis
- Bernd Gericke, Leiter Ref. V: Marine und Nachlässe
- Antoine Girard, französischer Verbindungsbeauftragter
- Peter Kirchhoff, Leiter Ref. VI A: Dienstzeitbescheinigungen, Kriegsopferversorgung und Verbleibsangelegenheiten
- Alf Lüdtke, Leiter Ref. III RL: Kriegsgefangenenangelegenheiten
- Urs Veit, Amtsleiter

## Sonstige Bestände

- Handakten Frau Schulenburg, Leiterin DRK-Suchdienst Ost
- Handakten Horst Swatzina, ehemaliger Leitender Mitarbeiter der Deutschen Dienststelle

## 7.2 Interviews

Mit folgenden Zeitzeugen wurden Interviews geführt:

### WASt/Deutsche Dienststelle

Herr Bogdanski, ehemaliger Amtsleiter Deutsche Dienststelle (2.12.1993)
Herr Daniel, ehemaliger fachlicher Stellvertreter des Amtsleiters Deutsche Dienststelle (26.10.1993)
Frau Kobylski, ehemalige Verwaltungsmitarbeiterin der Deutschen Dienststelle, letzte lebende Mitarbeiterin, die bereits während des Krieges bei den WASt beschäftigt gewesen war (19.5.1993).

Herr Kobylski, ehemaliger Leitender Mitarbeiter der Deutschen Dienststelle (19.5.1993)
Herr Swatzina, ehemaliger Leitender Mitarbeiter der Deutschen Dienststelle (29.3.1994)
Herr Woche, ehemaliger Leitender Mitarbeiter der Deutschen Dienststelle (26.10.1993)

## Wehrmacht

General a.D. Ulrich de Maizière, 1942-März 1943 Mitarbeiter der Organisationsabteilung des Generalstabs des Heeres, ab April 1943 Ia der 10. PzGrenDiv, nach der Zerschlagung der Division im Kessel von Jassy Einsatz in der Operationsabteilung, nach der Kapitulation Überbringer von Meldungen des OKW an die Alliierten (23. 3. 1996)

## Sonstige Organisationen

Frhr. von Klopmann, Abteilungsleiter des VDK (30.3.1989)
Dr. Kalcyk, Abteilungsleiter DRK-Suchdienst München (mehrfach)
Frau Schulenburg, Leiterin DRK-Suchdienst Ost (mehrfach)

# 7.3 Druckvorschriften, Dienstvorschriften

## Heer

H.Dv.g.2   Dienstanweisung für die Einheiten des Kriegsheeres vom 29.6.1939, Nachdr. mit eingearb. Berichtigungen nach dem Stand vom 1.5.43
H.Dv. 21/1  Kriegssanitätsvorschrift (Heer), Entwurf, T. 1, Nachdr. mit eingearb. Deckblättern Nr. 1 – 22, Berlin o.J.
H.Dv. 21   Kriegssanitätsvorschrift (Heer), Entwurf, T. 2, Berlin 1939
H.Dv. 75   Bestimmungen für die Erhaltung des Heeres im Kriegszustand vom 15.9.1939
Allgemeine Heeresmitteilungen
Heeres-Verordnungsblatt

## Luftwaffe

L.Dv. 1000  Dienstanweisung für die Einheiten der Luftwaffe im Kriege, Dezember 1939
Besondere Luftwaffenbestimmungen
Lufwaffenverordnungsblatt

## Marine

M.Dv. 240 Sammelheft der wichtigsten Bestimmungen für die Personalwirtschaft im Kriege, Berlin 1944
Anlage zum O.B. H. 15 Bestimmungen über Verlustmeldungen im Kriege. Kriegsmarine, Berlin 1940
Anlage 1 zum O.B. H. 15 Bestimmungen über Erkennungsmarken der Kriegsmarine, Berlin 1942

## Waffen-SS

Merkblatt Waffen-SS 1020 Bestimmungen über des Verhalten bei Eintreten von Verlusten vom Juli 1943, Nachdr. mit eingearb. Änderungen vom März 1944
Merkblatt Waffen-SS 1021 Bestimmungen über Erkennungsmarken, Erkennungsmarken-Verzeichnisse und Erkennungsmarken-Veränderungsmeldungen vom Juni 1944
Bestimmungen über Meldungen der Verluste, Todesfälle, usw. bei Feld- und Ersatzeinheiten sowie Dienststellen der Waffen-SS vom 1.12.1944, in: Sonderbeilage zum V.B. der Waffen-SS, Nr. 23, Ziffer 728
SS-Fürsorge- und Versorgungsbestimmungen
Verordnungsblatt der Waffen-SS

## Sonstige

Befehlsblatt des Chefs der Sicherheitspolizei und des SD
Ministerial-Blatt des Reichs- und Preußischen Ministeriums des Innern
Verordnungsblatt für den Reichsarbeitsdienst

## 7.4 Literatur

Absolon, Rudolf, Erkennungsmarken und Erkennungsmarkenverzeichnisse bei der Wehrmacht im Zweiten Weltkrieg, in: Sammlung wehrrechtlicher Gutachten und Vorschriften, Heft 15. Hrsg.: Bundesarchiv-Zentralnachweisstelle Aachen-Kornelimünster, als Ms. gedr. 1977, S. 42 – 44
Absolon, Rudolf, Das Melde- und Nachrichtenwesen über Verluste im Zweiten Weltkrieg, in: Sammlung wehrrechtlicher Gutachten und Vorschriften, Heft 8. Hrsg.: Bundesarchiv-Zentralnachweisstelle Aachen-Kornelimünster, als Ms. gedr. 1970, S. 84 – 109
Absolon, Rudolf, Wehrgesetz und Wehrdienst 1935 – 1945. Das Personalwesen in der Wehrmacht, Boppard 1960 (= Schriften des Bundesarchivs, 5)
Absolon, Rudolf, Die Wehrmacht im Dritten Reich. Bd 5: 1. September 1939 bis 18. Dezember 1941, Boppard 1989 (= Schriften des Bundesarchivs, 16,5)
Absolon, Rudolf, Die Wehrmacht im Dritten Reich. Bd 6: 19. Dezember 1941 bis 9. Mai 1945, Boppard 1995 (= Schriften des Bundesarchivs, 16, 6)
Afflerbach, Holger, Falkenhayn. Politisches Denken und Handeln im Kaiserreich, München 1994 (= Beiträge zur Militärgeschichte, Bd 42)
Allainmat, Henry et Betty Truck, La Nuit des Parias. La tragique histoire des 130.000 Français incorporés de force dans la Wehrmacht et la Waffen-SS, Paris 1974

Amouroux, Henri, Un printemps de mort et d'espoir. Novembre 1943 – 6. juin 1944, Paris 1985 (= La grande histoire des Français sous l'occupation, 7)
Die Anzeige und die Beurkundung von Sterbefällen ehemaliger Wehrmachtsangehöriger und Kriegsgefangener. Die Todeserklärung von Kriegs-Vermißten, in: Informationsdienst für Kriegsgefangene und Heimkehrer, Nr. 18. Hrsg.: Landesarbeitsgemeinschaften für Kriegsgefangenenfragen in der US-Zone, Stuttgart 1948
Arntz, Helmut, Die Menschenverluste der beiden Weltkriege, in: Universitas, 8 (1953), S. 703 – 708
Arntz, Helmut, Die Menschenverluste im Zweiten Weltkrieg, in: Bilanz des Zweiten Weltkriegs, Oldenburg, Hamburg 1953, S. 439 – 447
Arntz, Helmut, Menschenverluste zweier Weltkriege, in: Bulletin des Presse- und Informationsamtes der Bundesregierung, Nr. 64 vom 3.4.1953, S. 545 f.
Auerbach, Hellmuth, Opfer der nationalsozialistischen Gewaltherrschaft und des Zweiten Weltkrieges, in: Legenden – Lügen – Vorurteile. Ein Wörterbuch zur Zeitgeschichte, hrsg. von Wolfgang Benz, 2. Aufl., München 1992, S. 161 – 163
Die Auskunftstelle für Kriegerverluste der Waffen-SS. Hrsg.: Forschungsgemeinschaft Berlin e.V., Berlin o.J.
Bacque, James, Der geplante Tod. Deutsche Kriegsgefangene in amerikanischen und französischen Lagern 1945 – 1946, Berlin 1989
Bacque, James, Verschwiegene Schuld. Die alliierte Besatzungspolitik in Deutschland nach 1945, Berlin 1995
Balsamo, Larry T., Germany's Armed Forces in the Second World War: Manpower, Armaments and Supply, in: History Teacher, 24 (1991), No. 3, S. 263 – 277
Bartov, Omer, Hitlers Army. Soldiers, Nazis, and War in the Third Reich, Oxford, New York 1991
Bartov, Omer, Von unten betrachtet: Überleben, Zusammenhalt und Brutalität an der Ostfront, in: Zwei Wege nach Moskau, hrsg. von Bernd Wegner, München 1991, S. 326 – 344
Bartov, Omer, Wem gehört die Geschichte? Wehrmacht und Geschichtswissenschaft, in: Mittelweg 36, 3 (1994), H. 5, S. 5 – 21
Bauer, Wilhelm, Die Kriegsschäden am deutschen Volkskörper. Mehr Menschen als vor dem Kriege, in: Die deutsche Wirtschaft zwei Jahre nach dem Zusammenbruch. Tatsachen und Probleme, Berlin 1947, S. 14 – 36
Baur, Die Kriegsverluste im Zweiten Weltkrieg, in: Baden-Württemberg in Wort und Zahl, (1970), H. 4 S. 110 f.
Beddie, James, The Berlin Document Center, in: Captured German and Related Records. A National Archives Conference, ed. by Robert Wolfe, Athens, O. 1974, S. 131 – 142
Bericht des Vorstandes über die Arbeit des Volksbundes Deutsche Kriegsgräberfürsorge e.V. im Jahre 1987. Hrsg.: Volksbund Deutsche Kriegsgräberfürsorge, Ulm 1988
Bericht des Vorstandes über die Arbeit des Volksbundes Deutsche Kriegsgräberfürsorge im Jahre 1988. Hrsg.: Volksbund Deutsche Kriegsgräberfürsorge, Kassel 1989
Best, Heinrich und Helmut Thome, Die Bedeutung von Daten der historischen Statistik für die soziologische Forschung, in: Historische Statistik in der Bundesrepublik Deutschland, hrsg. von Nils Diederich [u.a.], Stuttgart 1990 (= Schriftenreihe Forum der Bundesstatistik, 15), S. 27 – 38
Beuys, Barbara, Vergeßt uns nicht. Menschen im Widerstand, Reinbek 1987
Bevölkerung. Die Sterblichkeitsentwicklung im Bundesgebiet seit 1938, in: Wirtschaft und Statistik, 1952, S. 486 – 488
Bevölkerung und Wirtschaft. Langfristige Reihen 1871 bis 1957 für das Deutsche Reich und die Bundesrepublik. Hrsg.: Statistisches Bundesamt, Stuttgart 1958 (= Statistik der Bundesrepublik Deutschland, Bd 199)
Die Bevölkerungsverluste Österreichs während des Zweiten Weltkrieges, in: Österreichische Militärische Zeitschrift, (1974), H. 3, S. 219 f.

Bilan de la guerre, in: Dictionaire de la Seconde Guerre mondiale. Ed.: Philippe Masson, vol. 2, Paris 1980, S. 875 f.

Böhme, Kurt W., Die deutschen Kriegsgefangenen in Jugoslawien 1941 – 1949, Bielefeld 1976 (= Zur Geschichte der deutschen Kriegsgefangenen des Zweiten Weltkrieges, 1,1)

Böhme, Kurt W., Die deutschen Kriegsgefangenen in sowjetischer Hand. Eine Bilanz, München 1966 (= Zur Geschichte der deutschen Kriegsgefangenen des Zweiten Weltkrieges, 7)

Böhme, Kurt W., Gesucht wird... Die dramatische Geschichte des Suchdienstes, München 1965

Bohmann, Alfred, Menschen und Grenzen, Bd 4: Bevölkerung und Nationalitäten in der Tschechoslowakei, Köln 1975

Bopp, Marie-Joseph, L'Enrôlement de force des Alsaciens dans la Wehrmacht et la SS, in: Revue d'Histoire de la Deuxième Guerre Mondiale, (1955), No. 20, S. 33 – 42

Born, Lester K., The Ministerial Collecting Center Near Kassel, Germany, in: The American Archivist, 13 (1950), S. 237 – 258

Burgdörfer, Fritz, Bevölkerungsdynamik und Bevölkerungsbilanz, München 1951

Chronik der Deutschen Dienststelle (WASt). Zsgest. von Klaus Woche, Berlin 1983

Clubb, Jerome M., The ›New‹ Quantitative History: Social Science or Old Wine in New Bottles?, in: Historical Social Research, ed. by Jerome M. Clubb and Erwin K. Scheuch, Stuttgart 1980 (= Zentrum für historische Sozialforschung, 6), S. 13 – 50

Creveld, Martin van, Kampfkraft. Militärische Organisation und militärische Leistung 1939 – 1945, Freiburg 1989 (= Einzelschriften zur Militärgeschichte, 31)

The Demography of war Germany, in: Population Index, 14 (1948), No. 4, S. 291 – 308

Denkschrift über die Aufgaben der Deutschen Dienststelle für die Benachrichtigung der nächsten Angehörigen von Gefallenen der ehemaligen Deutschen Wehrmacht, früher: Wehrmachtauskunftstelle für Kriegerverluste und Kriegsgefangene (WASt). Hrsg.: Deutsche Dienststelle, Berlin 1949

Deutsche Dienststelle für die Benachrichtigung der nächsten Angehörigen von Gefallenen der ehemaligen deutschen Wehrmacht, WASt, Aufgaben, Aufbau und Leitung. Hrsg.: Deutsche Dienststelle, Berlin 1956

Deutsche Kriegsverluste, in: Statistisches Jahrbuch für die Bundesrepublik Deutschland 1960. Hrsg.: Statistisches Bundesamt, Stuttgart 1960, S. 78 f.

Die deutschen Vertreibungsverluste. Hrsg.: Statistisches Bundesamt, Wiesbaden 1958

Die deutschen Vertriebenen in Zahlen. Hrsg.: Kulturstiftung der vertriebenen Deutschen, bearb. von Hans Neuhoff, Bonn o.J. (= Schriftenreihe der Kulturstiftung der deutschen Vertriebenen, 2)

Die deutschen Wehrmachtvermißten (Östlicher Kriegsschauplatz). Hrsg.: Bundesrepublik Deutschland, 7 Bde, Stand: 30. Juni 1954, als Ms. gedr.

Deutschland heute. Hrsg.: Presse- und Informationsamt der Bundesregierung, 4. Aufl., Wiesbaden 1955

Deutschland im zweiten Weltkrieg, Bd 6: Die Zerschlagung des Hitlerfaschismus und die Befreiung des Deutschen Volkes (Juni 1944 bis zum 8. Mai 1945). Hrsg.: Akademie der Wissenschaften der DDR, Zentralinstitut für Geschichte, Köln 1985

Dillgard, Georg, Die Zentralnachweisstelle des Bundesarchivs und die Abwicklung wehr- und militärrechtlicher personeller Angelegenheiten aus der Zeit bis 8. Mai 1945, in: Aus der Arbeit der Archive, hrsg. von Friedrich Kahlenberg, Boppard 1989, S. 257 – 269

Dimension des Völkermordes. Die Zahl der jüdischen Opfer des Nationalsozialismus, hrsg. von Wolfgang Benz, München 1991

Djurovic, Gradimir, L'Agence Centrale de Recherches du Comité international de la Croix-Rouge, Genève 1986

Dodenhoeft, Martin, Deutsche Dienststelle in Berlin: Hilfe im stillen, in: Stimme und Weg, (1992), H. 2, S. 20 – 22

Dodenhoeft, Martin, Ein klares Konzept. Der Volksbund muß in Osteuropa Schwerpunkte setzen, in: Stimme und Weg, (1994), H. 1, S. 6 – 15

Dormanns, Alfred, Die Bevölkerung hatte Verluste. Eine Biographie unserer Generation, Hamburg 1947

Dritte Verordnung zur Auführung des Personenstandsgesetzes (Personenstandsverordnung der Wehrmacht) vom 4. November 1939, in: RGBl., T. 2, 1939, S. 2163 – 2167

Ehemalige Kriegsgefangene, Zivilinternierte und Zivilverschleppte. Ergebnis der Volkszählung am 6. Juni 1961, in: Wirtschaft und Statistik, 1964, S. 20 – 22

Eheschließungen, Geburten und Sterbefälle im Bundesgebiet im Jahre 1949, in: Wirtschaft und Statistik, 1950, S. 5 – 8

Einführung, in: Fachserie 1: Bevölkerung und Erwerbstätigkeit, Reihe 2: Bevölkerungsbewegung 1977. Hrsg.: Statistisches Bundesamt, Stuttgart o.J., S. 6 f.

Die Einwirkungen des Krieges auf Altersgliederung und Familienstand der hessischen Bevölkerung. Endgültige Ergebnisse der Volkszählung vom 29. Oktober 1946, in: Staat und Wirtschaft in Hessen. Statistische Mitteilungen. Hrsg.: Hessisches Statistisches Landesamt, 3 (1948), H. 1, S. 6 – 19

Erdmann, Karl Dietrich, Die Zeit der Weltkriege, Teilbd 2, verb. Nachdr. der 8. Aufl., Stuttgart 1960 (= Gebhardt. Handbuch der deutschen Geschichte, Bd 4)

Ergebnisse der Volkszählung vom 1. Juni 1951. Textband. Hrsg.: Österreichisches Statistisches Zentralamt, Wien 1953

Estes, Kenneth William, A European anabasis: Western European volunteers in the German Army and SS 1940 – 1945, Diss. University of Maryland 1984

Fachserie A: Bevölkerung und Kultur: Volkszählung vom 6. Juni 1961. Vorbericht 8: Heimgekehrte Kriegsgefangene, Zivilinternierte und Zivilverschleppte. Hrsg.: Statistisches Bundesamt, Stuttgart, Mainz 1961

Fiedler, Die zurückerwarteten Kriegsgefangenen und Vermißten der Wehrmacht des Landes Württemberg-Baden nach dem Stande von Mitte 1947, in: Statistische Monatshefte Württemberg-Baden, 2 (1948), H. 2, S. 31 – 38

Fischer, Hubert, Der deutsche Sanitätsdienst 1921 – 1945. Organisation, Dokumente und persönliche Erfahrungen, Bd 3, T. C: Der Sanitätsdienst der Wehrmacht im 2. Weltkrieg (1939 – 1945), Osnabrück 1984

Fischer, Hubert, Der deutsche Sanitätsdienst 1921 – 1945. Organisation, Dokumente und persönliche Erfahrungen, Bd 5, T. C: Der Sanitätsdienst der Wehrmacht im 2. Weltkrieg (1939 – 1945), Osnabrück 1988

Frieser, Karl-Heinz, Blitzkrieg-Legende. Der Westfeldzug 1940, München 1995 (= Operationen des Zweiten Weltkrieges, 2)

Frumkin, Gregory, Population Changes in Europe, 1938 – 1947, in: Economic Bulletin for Europe, 1 (1949), No. 1, S. 11 – 21

Frumkin, Gregory, Population Changes in Europe since 1939. A Study of Population Changes in Europe during and since World War II as shown by the Balance Sheets of Twenty-Four European Countries, New York 1951

25 Jahre Kirchlicher Suchdienst. Ein Vierteljahrhundert gemeinsame Aufgabe der Caritas und Diakonie. Hrsg.: Kirchlicher Suchdienst, München 1970

Galickij, Vladimir P., Cifry, ktorych my ne znali [Zahlen, die wir nicht kannten], in: Novoe Vremja, (1990), Nr. 24, S. 37 – 39

Galickij, Vladimir P., Vrazeskie voennoplennye v SSSR (1941 – 1945) [Feindliche Kriegsgefangene in der Sowjetunion, 1941 – 1945], in: VIŽ, 1990, S. 39 – 46

Gawatz, Eberhard, Heimgekehrte Kriegsgefangene, Zivilinternierte und Zivilverschleppte. Ergebnisse der Volkszählung 1961, in: Statistische Monatshefte Baden-Württemberg, 12 (1964), H. 4, S. 104 – 105

Gelwick, Robert, Personnel policies and procedures of the SS, PhD Lincoln, Nebr. 1971

Geschichte des Großen Vaterländischen Krieges der Sowjetunion. Hrsg.: Institut für Marxismus-Leninismus beim ZK der KPdSU, Bd 6, Berlin (Ost) 1968

Geschichte des zweiten Weltkrieges 1939 – 1945. Bd 12: Die Ergebnisse und Lehren des zweiten Weltkrieges. Hrsg.: Redaktionskollegium im Auftrag des Instituts für Militärgeschichte des Ministeriums für Verteidigung der UdSSR, Moskau 1982

Gesetz über das Personenstandswesen vom 16.11.1956, in: Gesetzblatt der Deutschen Demokratischen Republik, T. 1, 1956, S. 1283 – 1288

Gesetz über die Entschädigung ehemaliger deutscher Kriegsgefangener (Kriegsgefangenenentschädigungsgesetz) vom 30. Januar 1954, in: BGBl., T. 1, 1954, S. 5 – 10

Gesetz über die Gewährung von Zuwendungen an Kriegsopfer und Angehörige von Kriegsgefangenen vom 12. Januar 1953, in: BGBl., T. 1, S. 10

Gesetz über die Sorge für die Kriegsgräber vom 27. Mai 1952, in: BGBl., T. 1, 1952, S. 320 – 322

Gesetz über die Unterhaltsbeihilfe für Angehörige von Kriegsgefangenen vom 13. Juni 1950, in: BGBl., T. 1, 1950, S. 204

Gesetz über die Versorgung der Opfer des Krieges vom 20. Dezember 1950, in: BGBl., 1950, S. 791 – 806

Gesetz zur Verbesserung von Leistungen an Kriegsopfer vom 27. März 1950, in: BGBl., 1950, S. 77 f.

Gilbert, Alan, John Robertson and Roslyn Russell, Computing Military History: A Research Report on the First AIF Project, in: War and Society (Australia), 7 (1989), No. 1, S. 106 – 113

Gleitze, Bruno, Deutschlands Bevölkerungsverluste durch den zweiten Weltkrieg, in: Vierteljahrshefte zur Wirtschaftsforschung, 1953, Nr. 4, S. 375 – 384

[Gräberfürsorgeverordnung] Verordnung über die Gräberfürsorge der Wehrmacht des Großdeutschen Reichs vom 2. April 1940, in: RGBl., T. 1, 1940, S. 621

Grif sekretnosti snjat [Nicht mehr geheim]. Hrsg.: Autorenkollektiv unter Leitung von G.F. Krivošeev, Moskau 1993

Grigoleit, Joachim, Vorstellungen und Maßnahmen der deutschen militärischen Führung zur personellen Sicherstellung des Aufbaues und des Einsatzes der faschistischen Wehrmacht bis zur Wende im zweiten Weltkrieg 1933 – 1943, Phil. Diss. Potsdam 1977

Grundlagen der historischen Statistik von Deutschland, hrsg. von Wolfram Fischer und Andreas Kunz, Opladen 1991

Gurkin, V.V. i O.G. Gurov, Cena agressi [Der Preis der Aggression], in: VIŽ, 1989, H. 9, S. 33 – 41

[Haager Landkriegsordnung] Abkommen betreffend die Gesetze und Gebräuche des Landkrieges vom 18. Oktober 1907, in: RGBl., 1907, S. 107 – 151

Haibach, Hans, Dankbar für letzte Gewißheit. Die langwierige Arbeit der Dienststelle »WASt«, in: Frankfurter Allgemeine Zeitung, 3.5.1995, S. 11 f.

Hampe, Erich, Der zivile Luftschutz im Zweiten Weltkrieg, Frankfurt a.M. 1963

Handbuch des Volksbundes Deutsche Kriegsgräberfürsorge e.V. Hrsg.: Volksbund Deutsche Kriegsgräberfürsorge, Ulm 1986

Hansluwka, Bevölkerungsbilanzen für die österreichischen Bundesländer 1869 bis 1951, in: Statistische Nachrichten, (1959), H. 5, S. 194 f.

Harzer, Walter, Die Verluste der ehemaligen Waffen-SS im zweiten Weltkrieg, in: Der Freiwillige, 18 (1972), H. 9, S. 3

Hennicke, Otto, Die Opfer der Wehrmachtjustiz außerhalb der Kriegskriminalstatistik, in: Festschrift für Reinhard Brühl zum 70. Geburtstag, als Ms. gedr., 23.8.1994, S. 39 – 48

Hennicke, Otto, Zu den Menschenverlusten der faschistischen deutschen Wehrmacht im zweiten Weltkrieg, in: Zeitschrift für Militärgeschichte, 1967, S. 195 – 208

Herzog, Robert: Die Volksdeutschen in der Waffen-SS, Maschinenschr. Ms., Tübingen, 1955 (= Studien des Instituts für Besatzungsfragen in Tübingen zu den deutschen Besetzungen im 2. Weltkrieg, 5)

Höbelt, Lothar, Österreicher in der Deutschen Wehrmacht, 1938 – 1945, in: Truppendienst, 28 (1989), S. 417 – 432

Höhne, Heinz, Der Orden unter dem Totenkopf. Die Geschichte der SS, Gütersloh 1967

Hohengarten, André, Wie es im Zweiten Weltkrieg (1939 – 1945) zur Zwangsrekrutierung Luxemburger Staatsbürger zum Nazi-Heer kam, Luxemburg 1975

Horstmann, Kurt, Deutsche Bevölkerungsbilanz des 2. Weltkriegs. Einführung und Zusammenfassung, in: Wirtschaft und Statistik, N.F., 8 (1956), H. 10, S. 493 f.

Horstmann, Kurt, Versuch einer deutschen Bevölkerungsbilanz des zweiten Weltkrieges, in: Wirtschaft und Statistik, N.F., 1 (1949), H. 8, S. 226 – 230

Huck, Jürgen, Ausweichstellen und Aktenschicksal des Hauptamtes Ordnungspolizei im 2. Weltkrieg, in: Neufeldt, Hans Jürgen, Jürgen Huck und Georg Tessin, Zur Geschichte der Ordnungspolizei 1936 – 1945, Koblenz 1957 (= Schriften des Bundesarchivs, 3), S. 119 – 144

Im Bundesgebiet vermißte Wehrmachtangehörige, in: Wirtschaft und Statistik, N.F., 2 (1950), S. 153 – 155

Imhof, Arthur E., Bevölkerungsgeschichte und Historische Demographie, in: Historische Sozialwissenschaft. Beiträge zur Einführung in die Forschungspraxis, hrsg. von Reinhard Rürup, Göttingen 1977, S. 16 – 58

Imhof, Arthur E., Historische Demographie heute, in: Geschichte in Wissenschaft und Unterricht, 44 (1993), H. 6, S. 347 – 361

Jahresberichte (seit 1967: Arbeitsberichte). Hrsg.: Deutsche Dienststelle, Berlin

Jahresberichte des Deutschen Roten Kreuzes – Suchdienst München

Jakovlev, B., Novye dannye o ljudskich poterjach vooružennych sil Germanii vo vtoroy mirovoj vojne [Neue Angaben über die personellen Verluste der Wehrmacht Deutschlands während des Zweiten Weltkrieges], in: VIŽ, 1962, H. 12, S. 69 – 82

Jaus, Otto, Die europäischen Freiwilligenverbände im Zweiten Weltkrieg und ihr Schicksal. T. 1 – 3, in: Österreichischer Soldatenkalender, 13 (1972), S. 81 – 86; 14 (1973), S. 68 – 77; 15 (1974), S. 64 – 70

Johnson, Eric A., Quantitative German History in the United States and the United Kingdom, in: Central European History, 21 (1988), No. 4, S. 396 – 420

Kalcyk, Hansjörg und Hans-Joachim Westholt, Suchdienst-Kartei. Millionen Schicksale in der Nachkriegszeit. Hrsg.: Haus der Geschichte der Bundesrepublik Deutschland, Bonn o.J.

Karner, Stefan, Das Archiv der Tränen, in: Morgen. Kulturzeitschrift aus Niederösterreich, 18 (1994) Nr. 97, S. 44 – 46

Karner, Stefan, Im Archipel GUPVI. Kriegsgefangenschaft und Internierung in der Sowjetunion 1941 – 1956, München 1995

Karner, Stefan, Die sowjetische Hauptverwaltung für Kriegsgefangene und Internierte. Ein Zwischenbericht, in: Vierteljahrshefte für Zeitgeschichte, 42 (1994), S. 447 – 471

Keilig, Wolf, Das deutsche Heer 1939 – 1945. Gliederung, Einsatz, Stellenbesetzung, 3 Bde, Bad Nauheim 1956 – 1970

Kettenacker, Lothar, Nationalsozialistische Volkstumspolitik im Elsaß, Stuttgart 1973

Kissel, Hans, Der deutsche Volkssturm 1944/45. Eine territoriale Miliz im Rahmen der Landesverteidigung, Berlin 1962 (= Wehrwissenschaftliche Rundschau, Beih. 16/17)

Kleemann, Kurt, Die Kriegsgefangenenlager Remagen und Sitzig 1945 aus der Sicht kommunaler Aktenbestände, in: Jahrbuch für westdeutsche Landesgeschichte, 20 (1994), S. 451 – 483

Kocka, Jürgen, Die Bedeutung historischer Statistikdaten für die Geschichtswissenschaft, in: Historische Statistik in der Bundesrepublik Deutschland, hrsg. von Nils Diedrich [u.a.], Stuttgart 1990 (= Schriftenreihe Forum der Bundesstatistik), S. 22 – 26

Köllmann, Wolfgang, Bevölkerung und Raum in Neuerer und Neuester Zeit, T. 3, in: Raum und Bevölkerung in der Weltgeschichte, hrsg. von Ernst Kirsten, Ernst Wolfgang Buchholz und Wolfgang Köllmann, Würzburg 1955, S. 139 – 387

Köllmann, Wolfgang, Die Bevölkerungsentwicklung der Bundesrepublik, in: Sozialgeschichte der Bundesrepublik Deutschland. Beiträge zum Kontinuitätsproblem, hrsg. von Werner Conze und Rainer M. Lepsius, Köln 1983, S. 66 – 114

Konasov, V.B., K voprusu o cislennosti ž nemeckich voennoplennich v SSSR [Zur Frage nach der Zahl der deutschen Kriegsgefangenen in der UdSSR], in: Voprosy istorii, 1994, Nr. 11, S. 187 – 189

Krammer, Arnold, Spanish Volunteers Against Bolshevism: The Blue Division, in: The Russian Review, 1973, S. 388 – 402

Kriegsgefangene und Wehrmachtvermißte aus Hessen. Vorläufiges Ergebnis der amtlichen Registrierung, in: Staat und Wirtschaft in Hessen. Statistische Mitteilungen, 2 (1947), H. 4, S. 110 – 112

Kriegsgefangene und Wehrmachtvermißte aus Hessen. Endgültige Ergebnisse der amtlichen Registrierung vom 20. – 30. Juni 1947, in: Staat und Wirtschaft in Hessen. Statistische Mitteilungen, 3 (1948), H. 1, S. 20 – 28

Kriegsgefangene und Wehrmachtsvermißte nach Altersgruppen 1947 (vorläufige Zahlen), in: Statistische Monatszahlen, (1948), H. 2, S. 4

Kriegsgefangene, Vermißte, Kriegstote. Vorläufiges Ergebnis der neuen Registrierung in Hessen, in: Staat und Wirtschaft in Hessen. Statistische Mitteilungen, 5 (1950), H. 3, S. 71 – 73

Die Kriegsgefangenen und Vermißten aus dem Bundesgebiet, in: Wirtschaft und Statistik, N.F., 2 (1950), H. 1, S. 8 f.

[Kriegsgefangenenkonvention 1929] Abkommen über die Behandlung der Kriegsgefangenen vom 27. Juni 1929, in: RGBl., T. 2, 1934, S. 227 – 262

[Kriegsgräbergesetz 1965] Gesetz über die Erhaltung der Gräber der Opfer von Krieg und Gewaltherrschaft vom 1. Juli 1965, in: BGBl., T. 1, 1965, S. 589 – 592

Kriegstagebuch des Oberkommandos der Wehrmacht (Wehrmachtführungsstab) 1940 – 1945. Geführt von Helmuth Greiner und Percy Ernst Schramm. Im Auftr. des Arbeitskreises für Wehrforschung hrsg. von P.E. Schramm. Bd 1 – 4 [nebst Nachtr.] 1.2, Frankfurt a.M. 1961 – 1979

Die Kriegstoten des Landes Bremen im 2. Weltkrieg 1939/1945. Eine erste vorläufige Zusammenstellung, in: Statistische Mitteilungen aus Bremen, 4 (1949), H. 2, S. 17 – 21

Kroeker, Thomas, Fehleinschätzung der sowjetischen Operationsabsichten im Sommer 1944. Der Zusammenbruch der Heeresgruppe Mitte, Diss. Freiburg 1984

Kroener, Bernhard R., Die personellen Ressourcen des Dritten Reiches im Spannungsfeld zwischen Wehrmacht, Bürokratie und Kriegswirtschaft 1939 – 1942, in: Das Deutsche Reich und der Zweite Weltkrieg, Bd 5: Bernhard R. Kroener, Rolf-Dieter Müller und Hans Umbreit, Organisation und Mobilisierung des deutschen Machtbereichs. Halbbd 1: Kriegsverwaltung, Wirtschaft und personelle Ressourcen 1939 – 1941, Stuttgart 1988, S. 691 – 1001

Kroener, Bernhard R., Friedrich Fromm – Der »starke Mann im Heimatkriegsgebiet«, in: Die Militärelite des Dritten Reiches. 27 biographische Skizzen, hrsg. von Ronald Smelser und Enrico Syring, Berlin 1995, S. 171 – 186

Kroll, Detlef, Kein Geheimnis mehr. Drei Millionen Akten von deutschen Kriegsgefangenen sind zugänglich, in: Stimme und Weg, (1994), H. 1, S. 24 – 26

Kühner, Otto-Heinrich, Menschen- und Materialverluste im 2. Weltkrieg, in: Wahn und Untergang 1939 – 1945, hrsg. von Otto-Heinrich Kühner, Stuttgart 1956, S. 286 – 297

Kulischer, Eugene Michel, Europe on the Move. War and Population Changes, 1917 – 47, New York 1948

Lagerverschollenenlisten. Hrsg.: Deutsches Rotes Kreuz – Suchdienst München, Kriegsgefangenenabteilung, 2 Bde, als Ms gedr., München 1953

Landwehr, Richard, Lions of Flanders. Flemish Volunteers of the Waffen-SS, 1941 – 1945, Silver Spring, MD 1983

Lannes, Xavier, Les conséquences démographiques de la seconde guerre mondiale en Europe, in: Revue d'Histoire de la Deuxième Guerre Mondiale, (1955), No. 19, S. 1 – 16

Ledermann, Sully, Les pertes militaires allemandes, in: Population, (1947), No. 2, S. 367 f.

Leithäuser, Johannes, Vielleicht dienen sie der Familienzusammenführung. Die Karteikarten der Wehrmachtauskunftstelle, in: Frankfurter Allgemeine Zeitung, 10.12.1990, S. 5

Lente, Heinz, Was ist WASt?, in: Der Kyffhäuser, (1963), H. 1, S. 6 und 12

Lipgens, Walter, Der Niedergang Europas, in: Ploetz. Geschichte der Weltkriege, hrsg. von Andreas Hillgruber und Jost Dülffer, Freiburg, Würzburg 1981, S. 25 – 40

Loth, Wilfried, Weltpolitische Zäsur 1945. Der Zweite Weltkrieg und der Untergang des alten Europas, in: Nicht nur Hitlers Krieg. Der Zweite Weltkrieg und die Deutschen, hrsg. von Christoph Kleßmann, Düsseldorf 1989, S. 99 – 112

Maizière, Ulrich de, In der Pflicht: Lebensbericht eines deutschen Soldaten im 20. Jahrhundert, Herford, Bonn 1989

Masuhr, Bevölkerungsbilanz 1945, in: Statistische Praxis, (1946), H. 2, S. 21 f.

Maximowa, Ella, Im Sonderarchiv, in: Sowjetunion heute, (1990), Nr. 9, S. 32 – 35

Mayer, August, Ein Jahr Sucharbeit, in: Suchzeitung, (Juli/August 1947), Nr. 10/11/I, S. 2 f.

Mayer, August, Zwei Jahre »Suchdienst«, in: Suchzeitung, (Juli 1948), Nr. 11/12/II, S. 2 – 4

Medizin und Krieg. Vom Dilemma der Heilberufe 1865 – 1985, hrsg. von Johann Bleker und Heinz-Peter Schmiedebach, Frankfurt 1987

Merglen, Albert, Soldats Français sous uniformes Allemands 1941 – 1945: LVF et »Waffen-SS« Français, in: Revue d'Histoire de la Deuxième Guerre Mondiale, 27 (1977), No. 108, S. 71 – 84

Messenger, Charles, Armed forces and special forces, in: The Oxford Companion to the Second World War, ed. by I.C.B. Dear, Oxford 1995, S. 467 – 475

Messerschmidt, Manfred, Die Wehrmacht: Vom Realitätsverlust zum Selbstbetrug, in: Ende des Dritten Reiches – Ende des Zweiten Weltkriegs. Eine perspektivische Rückschau, hrsg. von Hans-Erich Volkmann, München, Zürich 1995, S. 223 – 257

Michel, Bernard, L'Autriche en 1944 – 1945, in: Guerres mondiales et conflicts contemporains, (1988), No. 149, S. 5 – 14

Military death in world war II, in: Statistical Bulletin, Metropolitan Life Insurance Company, 24 (1946) No. 1, S. 7

Mitzka, Herbert, Die Massendeportationen von Ost- und Südostdeutschen in die Sowjetunion im Jahre 1945 als Problem der deutschen Zeitgeschichte, in: Geschichte in Wissenschaft und Unterricht, 38 (1987), S. 669 – 683

Mitzka, Herbert, Zur Geschichte der Massendeportationen in die Sowjetuntion im Jahre 1945, 2., verb. Aufl., Einhausen 1987

Müller, Hans, Die statistische Auswertung der Krankenurkunden der deutschen Wehrmacht im Kriege, in: Müller-Hillebrand, Statistic systems, S. 157 – 210

Müller-Hillebrand, Burkhart, Das Heer, Bd 3: Der Zweifrontenkrieg, Darmstadt 1969

Müller-Hillebrand, Burkhart, Personnel and Administration (Project 2a), Military Study, Historical Division H.Qu US-Army Europe, Königstein 30.8.1948 (MSP-005/BA-MA)

Müller-Hillebrand, Burkhart, Statistic systems (Project 4), Foreign Military Study, Historical Division H.Qu US-Army Europe, Königstein 12.3.1949 (MSP-011/BA-MA)

Die Nachforschung nach im Osten Vermißten. Raum und Zeit der letzten Nachricht bei den im Osten vermißten Angehörigen der ehemaligen deutschen Wehrmacht. Hrsg.: Deutsches Rotes Kreuz – Suchdienst München, München 1951

Nachforschungen, in: Der Suchdienst des Deutschen Roten Kreuzes. Hrsg.: Deutsches Rotes Kreuz, o.O. u.J. [ca. 1965]

Neue Auskunftmöglichkeiten, in: Kriegsgräberfürsorge, (1991), H. 3, S. 30

Neulen, Werner, An deutscher Seite. Internationale Freiwillige von Wehrmacht und Waffen-SS, München 1985

Nieder, Susanna, Die Umbetter. Immer wieder stoßen Bauarbeiter auf Gräber von unbekannten Kriegstoten, in: Tagesspiegel, Berlin, 27.4.1995, S. 3

Nonnenmacher, Goreges-Gilbert, La grande honte de l'incorporation de force des Alsaciens-Lorrains, Eupenois-Malmediens et Luxembourgeois dans l'armee allemande au cours de la deuxième guerre mondiale, 2. ed., Colmar 1965

Opfer der Kriege. 1: Die Toten, in: 10 Jahre Bundesrepublik Deutschland. Hrsg.: Presse- und Informationsamt der Bundesregierung, Bonn 1959, S. 31 – 34

Die Organisationen der Kriegführung. T. 3: Die Organisationen für das geistige Leben im Heer, hrsg. von Max Schwarte, Leipzig 1923 (= Der Weltkampf um Ehre und Recht, 8)

Overmans, Rüdiger, Das andere Gesicht des Krieges: Leben und Sterben der 6. Armee, in: Stalingrad. Ereignis – Wirkung – Symbol, hrsg. von Jürgen Förster, München, Zürich 1992, S. 419 – 455

Overmans, Rüdiger, 55 Millionen Opfer des Zweiten Weltkrieges? Zum Stand der Forschung nach mehr als 40 Jahren. in: MGM, 48 (1990), S. 103 – 121

Overmans, Rüdiger, German Historiography, the War Losses and the Prisoners of War, in: Eisenhower and the German POWs, ed. by Günter Bischof and Stephen E. Ambrose, Baton Rouge, La. 1992, S. 127 – 169

Overmans, Rüdiger, Personelle Verluste der deutschen Bevölkerung durch Flucht und Vertreibung, in: Dzieje Najnowsze, 26 (1994), Nr. 2, S. 51 – 65

Overmans, Rüdiger, Die Toten des Zweiten Weltkriegs in Deutschland. Bilanz der Forschung unter besonderer Berücksichtigung der Wehrmacht- und Vertreibungsverluste, in: Der Zweite Weltkrieg. Analysen, Grundzüge, Forschungsbilanz, hrsg. von Wolfgang Michalka, München, Zürich 1989, S. 858 – 873

Die personellen Verluste der ehemaligen deutschen Wehrmacht im 2. Weltkrieg und in der Kriegsgefangenschaft. Hrsg.: Deutsches Rotes Kreuz – Suchdienst München, München 1975

Personenstandsgesetz vom 3. November 1937, in: RGBl., T. 1, 1937, S. 1146 – 1152

[Personenstandsverordnung 1944] Vierte Verordnung zur Ausführung und Ergänzung des Personenstandsgesetzes vom 27. September 1944, in: RGBl., T. 1, 1944, S. 221 f.

Peuschel, Harald, Weltverlustliste. Dokumente und Quellenmaterial, Masch. Ms., Peine 1981

Pomrenze, Seymour J., Policies and Procedures for the Protection, Use, and Return of Captured German Records, in: Captured German and Related Records. A National Archives Conference, ed. by Robert Wolfe, Athens, O. 1974, S. 5 – 30

Pries, Knut, Verwischt geglaubte Schicksalsspuren. Die bei Magdeburg wiederentdeckte Verlustkartei der Wehrmacht ist für die Klärung vieler Vermißtenfälle wichtig, in: Süddeutsche Zeitung vom 14.12.1990, S. 3

Der Prozeß gegen die Hauptkriegsverbrecher vor dem Internationalen Militärgerichtshof (International Military Tribunal), Nürnberg, 14. Nov. 1945 – 1. Okt. 1946, 42 Bde, Nürnberg 1947 – 1949

Pšimanovskij, Januš, Novye dokumenty o ljudkich poterjach vermachta vo vtoroj mirovoj vojne [Neue Dokumente über die personellen Verluste der deutschen Wehrmacht während des Zweiten Weltkrieges], in: VIŽ, 1965, H. 12, S. 60 – 68

Qualitativ-empirische Sozialforschung, hrsg. von Detlef Garz und Klaus Kraimer, Wiesbaden 1991

Rapport du Comité international de la Croix-Rouge sur son activité pendant la seconde guerre mondiale (1er septembre 1939 – 30 juin 1947), vol. 2. Ed.: Comité international de la Croix-Rouge, Genève 1948

Ratza, Werner, Anzahl und Arbeitsleistungen der deutschen Kriegsgefangenen, in: Die deutschen Kriegsgefangenen des Zweiten Weltkrieges. Eine Zusammenfassung, hrsg. von Erich Maschke, München 1974 (= Zur Geschichte der deutschen Kriegsgefangenen des Zweiten Weltkrieges, 15), S. 185 – 230

Ratza, Werner, Die deutschen Kriegsgefangenen in der Sowjetunion. Der Faktor Arbeit, München 1973 (= Zur Geschichte der deutschen Kriegsgefangenen des Zweiten Weltkrieges, 4)

Rempel, Gerhard, Gottlob Berger and Waffen-SS Recruitment 1939 – 1945, in: MGM, 27 (1980), S. 107 – 122
Repschläger, Hela, Ein Nachkriegsproblem. Was muß man über Todeserklärungen wissen?, in: Suchzeitung, (November 1947), Nr. 16/I, S. 1 – 3
Resmini, Bertram, Lager der Besatzungsmächte in Rheinland-Pfalz, in: Jahrbuch für westdeutsche Landesgeschichte, 19 (1993), S. 601 – 621
Reuth, Ralf Georg, Noch fehlt vielen toten Soldaten ein würdiges Grab, in: Frankfurter Allgemeine Zeitung vom 16.11.1992, S. 4
Richardson, Lewis F., Statistics of Deadly Quarrels, Pittsburg, Chicago 1960
Riesenberger, Dieter, Für Humanität in Krieg und Frieden. Das Internationale Rote Kreuz 1863 – 1977, Göttingen 1992
Rigoulot, Pierre, La tragédie des Malgré-nous, Paris 1990
Ring, Friedrich, Zur Geschichte der Militärmedizin in Deutschland, Berlin 1962
Rundbrief. Hrsg.: Forschungsgemeinschaft Berlin e.V., Januar 1992, Nr. 101
Salas Larrazabal, Ramon, La division »Azul«, in: Guerres mondiales et conflits contemporains, 40 (1990), Nr. 158, S. 41 – 64
Sanitätsbericht über das Deutsche Heer (Deutsches Feld- und Besatzungsheer) im Weltkriege 1914/1918. Bearb. in der Heeres-Sanitätsinspektion des Reichswehrministeriums. Bd 3: Die Krankenbewegungen bei dem Deutschen Feld- und Besatzungsheer im Weltkriege 1914/1918, Berlin 1934
Schenck, Ernst Günther, Das Menschliche Elend im 20. Jahrhundert, Herford 1965
Scheuch, Erwin K., Quantitative Analysis of Historical Material as the Basis for a New Cooperation between History and Sociology, in: Historical Social Research, 13 (1988), S. 5 – 30
Schicksal in Zahlen, 4. Ausg. 1994/95. Hrsg.: Volksbund Deutsche Kriegsgräberfürsorge e.V., Kassel 1994
Der Schicksalsweg der norwegischen Freiwilligen-Division der Waffen-SS, in: Der Freiwillige, 12 (1966), H. 4, S. 11 – 14
Schieder, Theodor, Europa im Zeitalter der Weltmächte, in: Handbuch der europäischen Geschichte, Bd 7, Teilbd 1, hrsg. von Theodor Schieder, Stuttgart 1979, S. 1 – 351
Schmitz, Hans, Gesamtrepertorium der Deutschen Dienststelle (WASt), in: Der Archivar, 24 (1971), H. 2, S. 237 f.
Schneider, Friedrich, 40 Jahre Krankenbuchlager. Die Aufbewahrung der Krankenurkunden der ehemaligen Wehrmacht, in: Der deutsche Soldat, 21 (1957), S. 199 – 201; S. 230 – 232
Schöbener, Burkhard, Die amerikanische Besatzungspolitik und das Völkerrecht, Frankfurt a.M. 1991
Schou, Søren: De danske Ostfront-frivillige, København 1981
Schramm, Percy E., Bestand und Verluste der Deutschen Wehrmacht, Foreign Military Study, Historical Division HQu. US Army Europe, Königstein November 1945 (MSB-716/BA-MA)
Schubnell, Herrmann, Die Kriegsgefangenen und Vermißten in Baden, in: Statistik in Baden, (1950), H. 4, S. 19 – 35
Schubnell, Hermann, Die Todeserklärungen von Wehrmachtangehörigen und Zivilpersonen in den Jahren 1944 – 1950, in: Statistik in Baden, (1951), H. 3 – 4, S. 25 – 36
Schubnell, Hermann, Der Trend der Bevölkerungsentwicklung in Deutschland, Hamburg 1964 (= Deutsche Akademie für Bevölkerungswissenschaft an der Universität Hamburg, Akademie-Veröffentlichung, Reihe A, 7)
Schuster, Gertrude Maria, Die Kriegsgefangenenlager Galgenberg und Bretzenheim. Kriegsgefangene berichten, Bad Kreuznach [um 1985]
Schwarz, Karl, Gesamtüberblick der Bevölkerungsentwicklung 1939 – 1946 – 1955, in: Wirtschaft und Statistik, N.F., 8 (1956), S. 494 f.

The Scientific Measurement of International Conflicts: Handbook of Data sets on Crisis and Wars, 1495 – 1988, ed. by Claudio Cioffi-Rivilla, Boulder, Colo. 1990
Scurr, John, Germany's Spanish Volunteers. The Blue Division in Russia, London 1980
Seidler, Franz W., »Deutscher Volkssturm«. Das letzte Aufgebot 1944/45, München 1989
Seidler, Franz W., Fahnenflucht. Der Soldat zwischen Eid und Gewissen, München 1993
Sereny, Gitta, Giving Germany back its past, in: The Independent, 15.5.1994, S. 4 – 9
Shils, Edward A. and Morris Janowitz, Cohesion and Disintegration in the Wehrmacht in World War II, in: Public Opinion Quarterly, 12 (1948), S. 280 – 315
Shukov, Georgij K., Erinnerungen und Gedanken, 5. Aufl., Berlin 1976
Smith, Arthur Lee, Heimkehr aus dem Zweiten Weltkrieg. Die Entlassung der deutschen Kriegsgefangenen, Stuttgart 1985 (= Schriftenreihe der Vierteljahrshefte für Zeitgeschichte, 51)
Smith, Arthur Lee, Die »vermißte Million«. Zum Schicksal deutscher Kriegsgefangener nach dem Zweiten Weltkrieg, München 1992
Soltau, Hans, Volksbund Deutsche Kriegsgräberfürsorge: Sein Werden und Wirken, Kassel 1979
Sorge, Martin K., The Other Price of Hitler's War. German Military and Civilian Losses Resulting from World War II, New York 1986
Sottile, Antoine, Le bilan de la deuxième guerre mondiale, in: Revue de droit international de sciences diplomatiques et politiques, (1945), No. 3, S. 154 – 166
Sperling, Hans, Die deutschen Luftkriegsverluste im zweiten Weltkrieg, in: Wirtschaft und Statistik, 1962, S. 139 – 141
Sperling, Hans, Die Luftkriegsverluste während des zweiten Weltkrieges in Deutschland, in: Wirtschaft und Statistik, N.F., 8 (1956), S. 498 – 500
Stahlberg, Alexander, Die verdammte Pflicht. Erinnerungen 1932 – 1945, Berlin, Frankfurt a.M. 1987
Standesamtlich beurkundete Kriegssterbefälle 1939 bis 1957 und gerichtliche Todeserklärungen 1940 bis 1957, in: Statistisches Jahrbuch für die Bundesrepublik Deutschland 1959. Hrsg.: Statistisches Bundesamt, Stuttgart, Mainz 1959, S. 55
Standesamtlich beurkundete Kriegssterbefälle und gerichtiche Todeserklärungen bis 1956, in: Statistische Jahrbuch für die Bundesrepublik Deutschland 1958. Hrsg.: Statistisches Bundesamt, Stuttgart, Mainz 1958, S. 7
Standesamtlich beurkundete Kriegssterbefälle und gerichtliche Todeserklärungen 1939 bis 1954, in: Statistisches Jahrbuch für die Bundesrepublik Deutschland 1957. Hrsg.: Statistisches Bundesamt, Stuttgart, Mainz 1957, S. 63
Standesamtlich beurkundete Kriegssterbefälle und gerichtliche Todeserklärungen von Personen mit letzten Wohnsitz im Bundesgebiet, in: Bevölkerung und Erwerbstätigkeit. Fachserie 1, Reihe 2: Bevölkerungsbewegung 1975. Hrsg.: Statistisches Bundesamt, Stuttgart, Mainz 1975, S. 75 – 77
Standesamtlich beurkundete Kriegssterbefälle und gerichtliche Todeserklärungen von Personen mit letzten Wohnsitz im Bundesgebiet, in: Bevölkerung und Erwerbstätigkeit. Fachserie 1, Reihe 2: Bevölkerungsbewegung 1979. Hrsg.: Statistisches Bundesamt, Stuttgart 1981, S. 77 – 79
Standesamtlich beurkundete Kriegssterbefälle von 1939 bis 1958 und gerichtliche Todeserklärungen von 1940 bis 1958, in: Statistisches Jahrbuch für die Bundesrepublik Deutschland 1960. Hrsg.: Statistisches Bundesamt, Stuttgart, Mainz 1960, S. 68
Standesamtlich beurkundete Kriegssterbefälle von 1939 bis 1959 und gerichtliche Todeserklärungen von 1940 bis 1959, in: Statistisches Jahrbuch für die Bundesrepublik Deutschland 1961. Hrsg.: Statistisches Bundesamt, Stuttgart, Mainz 1961, S. 68
Standesamtlich beurkundete Kriegssterbefälle von 1939 bis 1960 und gerichtliche Todeserklärungen von 1940 bis 1960, in: Statistisches Jahrbuch für die Bundesrepublik Deutschland 1962. Hrsg.: Statistisches Bundesamt, Stuttgart, Mainz 1962, S. 65

Die standesamtlich beurkundeten Kriegssterbefälle und gerichtlichen Todeserklärungen in den Jahren 1939 – 1954, in: Wirtschaft und Statistik, N.F., 8 (1956), S. 302 – 304

Stang, Werner, Zahlenmaterial zur personellen Lage der faschistischen Wehrmacht im zweiten Weltkrieg, in: Militärgeschichte, 12 (1973), S. 424 – 438

Statistik des Kirchlichen Suchdienstes. Hrsg.: Kirchlicher Suchdienst, jährlich und halbjährlich

Statistischer Bericht für das Arbeitsjahr 1988. Hrsg.: Kirchlicher Suchdienst, o.O. u.J.

Statistisches Handbuch von Deutschland. Hrsg.: Office of Military Government for Germany (US), Ministerial Collecting Center, Economics Division, APO 742, Fürstenhagen 1946

Statistisches Jahrbuch der Deutschen Demokratischen Republik. 1955. Hrsg.: Staatliche Zentralverwaltung für Statistik, 1. Jg., Berlin 1956

Statistisches Jahrbuch für das Deutsche Reich. Hrsg.: Statistisches Reichsamt, 57 (1938)-59 (1941 – 1942), Berlin 1938 – 1942

Steinberg, Heinz Günter, Die Bevölkerungsentwicklung in Deutschland im Zweiten Weltkrieg mit einem Überblick über die Entwicklung von 1945 bis 1990, Bonn 1991

Steiner, Felix, Die Freiwilligen. Idee und Opfergang, Göttingen 1958

Steinert, Marlis, Stalingrad und die deutsche Gesellschaft, in: Stalingrad. Ereignis – Wirkung – Symbol, hrsg. von Jürgen Förster, München 1992, S. 171 – 185

A Study of the Employment of German Manpower from 1933 to 1945, compiled at GMDS by a combined British, Canadian and US Staff between 1945 and 1947. Ed.: George Wagner, maschinenschr. Ms., o.O. und o.J. (MGFA)

Suchzeitung. Hrsg.: Suchdienst für vermißte Deutsche in der sowjetischen Besatzungszone Deutschlands, 1 (1947)-5 (1951)

Tessin, Georg, Verbände und Truppen der deutschen Wehrmacht und Waffen-SS im Zweiten Weltkrieg 1939 – 1945, 15 Bde, Osnabrück 1977 – 1988

Tieke, Wilhelm, Im Lufttransport an Brennpunkte der Ostfront, Osnabrück 1971

Timochovič, I.V., »Vyzyvaet somnenija...« [«Zweifel steigen auf...«], in: VIŽ, 1990, H. 9, S. 87 – 91

Totenverluste des zweiten Weltkrieges, in: Statistische Nachrichten (Österreich), (1955), H. 4, S. 146 f.

Ungern-Sternberg, Roderich von und Hermann Schubnell, Grundriß der Bevölkerungswissenschaft, Stuttgart 1950

Urlanis, Boris Z., Bilanz der Kriege. Die Menschenverluste Europas vom 17. Jahrhundert bis zur Gegenwart, Berlin (Ost) 1965

Verluste der deutschen Wehrmacht (Heer, Kriegsmarine, Luftwaffe) vom 1.9.1939 bis 31.1.1945, in: Wehrwissenschaftliche Rundschau, (1962), H. 12, S. 550

Die Verluste des Weltkrieges. Hrsg.: Reichskriegsministerium, Berlin 1935

Verordnung zur Ergänzung des Gesetzes über die Verschollenheit, die Todeserklärung und die Feststellung der Todeszeit vom 17.1.1942, in: RGBl., T. 1, 1942, S. 31

[Verschollenheitsgesetz] Gesetz über die Verschollenheit, die Todeserklärungen und die Feststellung der Todeszeit vom 4. Juli 1939, in: RGBl., T. 1, 1939, S. 1186 – 1192

Verschollenheitsgesetz vom 15. Januar 1951, in: BGBl., 1951, S. 63 – 68

[Verwundetenkonvention 1929] Abkommen zur Verbesserung des Loses der Verwundeten und Kranken der Heere im Felde und das Abkommen über die Behandlung der Kriegsgefangenen vom 29.3.1938, in: RGBl., T. 2, 1934, S. 208 – 226

Villa, Brian L., The Diplomatic and Political Context of the POW Camps Tragedy, in: Eisenhower and the German POWs, ed. by Günter Bischof and Stephen Ambrose, Baton Rouge, La. 1992, S. 52 – 77

Vincent, Paul, Guerre et population, in: Population, 2 (1947), No. 1, S. 9 – 30

Voldman, Danièle, Attention mines ... 1944 – 1947, Paris 1985

Volks- und Berufszählung vom 29. Oktober 1946 in den vier Besatzungszonen und Groß-Berlin. Tabellenteil. Hrsg.: Ausschuß der deutschen Statistiker für die Volks- und Berufszählung 1946, Berlin, München 1946

Vopersal, Wolfgang, Die Auskunftstelle für Kriegsverluste der Waffen-SS, maschinenschr. Ms. 1981 (Orig. in: BA-MA N 756/308)

Wagner, Kurt, Ohne Befehl. Die ersten vier Monate, in: Die Rotkreuz-Zeitung, (1985), H. 5, S. 6 - 8

Weber, Linus, Die Kriegsverluste im zweiten Weltkrieg, in: Statistische Monatshefte Baden-Württemberg, 4 (1956), H. 12, S. 383 - 384

Wegner, Bernd, Auf dem Weg zur pangermanischen Armee. Dokumente zur Entstehungsgeschichte des III. (»germanischen«) SS-Panzerkorps, in: MGM, 28 (1980), S. 101 - 136

Wegner, Bernd, Hitlers politische Soldaten. Die Waffen-SS 1933 - 1945. Studien zu Leitbild, Struktur und Funktion einer nationalsozialistischen Elite, Paderborn 1982

Wegner, Bernd, Der Krieg gegen die Sowjetunion 1942/43, in: Das Deutsche Reich und der Zweite Weltkrieg, Bd 6: Der globale Krieg, Stuttgart 1990, S. 761 - 1102

Wehler, Hans-Ulrich, Historische Sozialwissenschaft und Geschichtsschreibung. Studien zu Aufgaben und Traditionen deutscher Geschichtswissenschaft, Göttingen 1980

Die Wehrmachtauskunftstelle (WASt) im US-Ministerial-Collecting-Center (Juni 1945 bis Februar 1945). Hrsg.: Forschungsgemeinschaft Berlin e.V., Berlin o.J.

Weiss, Volkmar, Familiengeschichtliche Massenquellen der Mobilitäts- und Sozialstrukturforschung, in: Historical Social Research, 21 (1996), S. 151 - 166

Weißmann, Karlheinz, Der Weg in den Abgrund. Deutschland unter Hitler 1933 bis 1945, Berlin 1995 (= Propyläen Geschichte Deutschlands, Bd 9)

Weltkrieg, in: Der Große Brockhaus, 15. Aufl., Bd 20, Leipzig 1935, S. 163 - 210

Wermelskirchen, Axel, Nach einem halben Jahrhundert die letzte Nachricht, in: Frankfurter Allgemeine Zeitung, 24.9.1991, S. 9 f.

Wette, Wolfram, Ideologien, Propaganda und Innenpolitik als Voraussetzungen der Kriegspolitik des Dritten Reiches, in: Das Deutsche Reich und der Zweite Weltkrieg, Bd 1: Ursachen und Voraussetzungen der deutschen Kriegspolitik, Stuttgart 1979, S. 23 - 173

Winter, J. M., The Demographic Consequences of the War, in: War and Social Change. British Society in the Second World War, ed. by Harold L. Smith, Manchester 1986, S. 151 - 178

Woche, Klaus, Bilanz des Todes. Die Problematik bei der Feststellung von Verlustzahlen im Zweiten Weltkrieg in: Deutsche Monatshefte, (1987), H. 11, S. 29 - 33

Woche, Klaus, Die Wehrmachtauskunftstelle für Kriegerverluste und Kriegsgefangene (WASt), ihre Geschichte und ihre Aufgaben, insbesondere im Wehrmachtverlustwesen, in: Der Freiwillige, 29 (1983), H. 11, S. 6 - 8

Woche, Klaus, Die Wehrmachtgräberoffiziere und ihre Aufgaben, in: Deutsches Soldatenjahrbuch 1984, München 1983, S. 434 - 437

Woche, Klaus, Erkennungsmarken, T. 1, in: Deutsches Soldatenjahrbuch 1987, München 1986, S. 442 - 446

Woche, Klaus, Erkennungsmarken, T. 2, in: Deutsches Soldatenjahrbuch 1988, München 1987, S. 406 - 409

Wolfe, Robert, Preface. A Short History of the Berlin Document Center, in: The Holdings of the Berlin Document Center. A Guide to the Collections. Ed.: Berlin Document Center, Berlin 1994, S. IX-XXII

Wolgast, Frank, Der Kriegsgefangenen-Meldedienst »TAZA«. Hrsg.: Forschungsgemeinschaft Berlin e.V., Berlin o.J.

Wolgast, Frank, Neues über das Zentral-Nachweise-Bureau des Reichs-Marine-Amtes in Berlin 1915. Hrsg.: Forschungsgemeinschaft Berlin e.V., Berlin o.J.

Wolgast, Frank, Vom »Zentral-Nachweisebureau« des Königlich preußischen Kriegsministeriums zur »Deutschen Dienststelle zur Benachrichtigung der nächsten Angehörigen

von Gefallenen der ehemaligen deutschen Wehrmacht«. Hrsg.: Forschungsgemeinschaft Berlin e.V., Berlin o.J.
Wolgast, Frank, Wer kann helfen: Außenstelle der Wehrmachtauskunftstelle für Kriegerverluste und Kriegsgefangene. Hrsg.: Forschungsgemeinschaft Berlin e.V., Berlin o.J.
The World Wars, in: The New Encyclopaedia Britannica, vol. 29: Knowledge in Depth, Chicago [etc.] 1989, S. 982 – 1045
Zeller, Eberhard, Geist der Freiheit. Der Zwanzigste Juli, 5. Aufl., München 1965
Zienert, Josef, Entwicklung, Aufgaben und Organisation der Dienstgruppen 1945 bis 1956, maschinenschr. Ms., o.O. u.J. (MGFA)
Zweite Verordnung zur Ergänzung des Gesetzes über die Verschollenheit, die Todeserklärung und die Feststellung der Todeszeit vom 20.1.1943, in: RGBl., T. 1, 1943, S. 66

# 8. Register

Nicht berücksichtigt sind die Begriffe »Wehrmachtauskunftstelle« und »Heer«.

Abwicklungsstab  36 f., 105, 118, 121, 342
Afrika  36, 174, 265 – 267
Agence Centrale des Prisonniers de Guerre  16, 21 f., 69 – 71, 73, 83, 108, 112, 119
Aufbewahrungsstelle für G-Akten Waffen-SS  44, 97
Auskunftstelle der Ordnungspolizei  49, 120
Auskunftstelle für Kriegerverluste der Waffen-SS  44 – 49, 116 – 118, 120, 165, 183, 327
Ausländer  49 f., 114, 121, 146, 153, 161 – 163, 171 f., 229 f., 257, 320
Balkan  36, 174, 265 – 267
Berlin Document Center  48, 99, 107, 131, 144, 151 f., 157, 188, 314, 342
Bildlisten  91, 129
Bourwieg, Walter  326, 330
Breyer, Hans Joachim  327, 330
Buch für Todeserklärungen siehe Standesamt I Berlin
Dall'Armi, Konrad Ritter und Edler von  41, 104, 326, 330
DRK, Amt S  21, 72, 105, 328
DRK-Suchdienst Ost siehe Suchdienst für vermißte Deutsche
DRK-Suchdienst  73 – 82, 86 – 92, 110, 120, 123, 129, 133, 135, 143 f., 151 f., 187 f., 314
Elsässer/Lothringer  109, 114, 161 – 163, 171 f., 180, 211, 228 f.
Endkämpfe  174, 210 – 212, 239 f., 243, 251, 265 – 267, 275, 279, 283, 285
Erkennungsmarkenverzeichnisse (Wehrmacht)  17 f., 24, 29, 121, 130 f., 153, 156 f., 161 f., 167 f., 196 – 200
Evangelisches Hilfswerk für Kriegsgefangene  81, 329
Gerichtliche Todeserklärung  26, 40, 115 f., 127 – 129, 141, 155, 166, 178 – 183, 208 f., 212
Gesundheitsbuch  16, 19, 27
Götze, Friedemann  43, 328, 330
Grabmeldung (Wehrmacht)  19 f., 22 f., 24, 27 f., 32, 51
Haager Landkriegsordnung  11 f., 23
Heeresarzt  15 f., 19, 52, 55 f., 60, 64, 144, 281, 302, 304 f., 308 f.
Heerespersonalamt  16, 19, 33, 39, 52, 57, 307, 309
Heeressanitätsinspektion siehe Heeresarzt
Heimkehrererfassung und -befragung  76, 83, 87, 90, 143, 157
Hilfsdienst Stuttgart  80, 88, 329
Inspekteur für Statistik beim Reichsführer SS  47 – 49, 214, 328
Internationaler Suchdienst Arolsen  124
Italien  174, 265 – 267
Kalkofen, Fritz  328, 330
Kirchlicher Suchdienst  68, 71 f., 86, 151 f., 289
Klein, Armand  109, 122, 327
Korherr, Richard  47 f., 214, 328
Krankenblatt siehe Krankenbuch
Krankenbuch  19 f., 27 f., 52 f.
Krankenbuchlager  86, 97 – 99, 124, 128, 133, 144, 151 f., 188, 314
Kriegsgefangenenregistrierung 1947  84, 88, 127, 138 f., 143, 145, 160, 300 f.

Kriegsgefangenenregistrierung
1950  88, 91 – 93, 127, 139, 143,
178, 182, 202, 301
Kriegsgefangenschaft  120, 128, 134,
140, 174, 243, 265 – 267, 280,
284 – 292, 317
Kriegsstammrolle  18, 27 f., 34
Kriegssterbefall  12 f., 25, 40 f., 46,
112 – 115, 127, 129, 163, 166, 178 f.,
183, 202, 208 f.
Lagerverschollenenliste  90
Lazarett  19 f., 29 – 31, 39
Luftwaffe  173, 250, 255, 262 – 264,
268 – 271, 275, 293 – 295, 314, 318
Margraf, Otto  32, 330
Marine  173, 250, 255, 262 – 264, 268,
275, 293 – 295, 314, 318
Marine-Personal-Dokumenten-
Zentrale  100 – 103, 111, 122, 127
Meldewege  14 f., 17 – 19, 29 – 31, 52,
55 – 65, 208, 314
Meldewesen, Luftwaffe  14, 17, 53,
57, 60 f., 159, 215, 225, 227, 259
Meldewesen, Marine  14, 18, 20,
57 – 68, 60 f., 97, 100, 111, 125 f.,
131, 157 f., 167 f., 200 f., 215, 225,
227
Meldewesen, Volkssturm  50 f., 165,
197, 203, 205, 209 f., 216, 255 – 257,
259 – 261, 274, 276, 290, 317
Meldewesen, Waffen-SS  17, 29, 33,
43, 53, 84, 115, 117 f., 151, 160, 164,
197, 209 f.
Ministerial Collecting Center
105 – 107, 325
Nachlaß  12, 18, 23 f., 27 f., 70, 105,
119, 123
Nationalsozialistische Volkswohlfahrt
73, 77
Naval Document Center siehe
Marine-Personal-Dokumenten-
Zentrale
Österreicher  114, 171 f., 212, 218 f.,
224 – 232, 236, 240 f., 246 – 248,
253, 261, 275 f., 291 – 293, 295,
317 f., 321 f.
OKH/GenStdH/Operationsabteilung
302, 310
OKH/GenStdH/Organisations-
abteilung  145, 302, 306, 310
OKW/AWA/Wehrmachtverlust-
wesen  26, 31 – 34, 37 f., 41, 52, 64,
109, 144 – 146, 281, 302, 327
OKW/WFSt/Organisationsabteilung
Vb  16, 33, 37, 52, 144 f., 239, 281,
302, 309
Organisation Todt  20, 33, 50, 99, 173
Organisationen, sonstige im Krieg
eingesetzte  50, 99, 160, 165, 173,
187, 219, 255, 294
Ostfront  36 f., 92 f., 174, 180 f.,
210 – 212, 224, 237, 265 – 269, 271
f., 275 – 285, 288 f., 295 – 298, 300
f., 303 – 305, 307 – 309, 318 f., 321 f.
Personenstandsarchiv II
siehe Zentralnachweisstelle
Aachen-Kornelimünster
Personenstandsverordnung  25, 40,
94, 102, 112 f., 115, 165, 205, 293
Polizeiverbände  33, 49, 120, 159 f.,
173, 255
Postschreiberliste  90, 129
Registrierfälle siehe Kriegs-
gefangenenregistrierung 1950
Reichsarbeitsdienst  13, 20, 33, 50 f.,
159 f., 173
Sammelstelle für Verluste der SS im
Kriege  43 f., 328
Schlagk, Otto   41, 79, 104, 326
Soldbuch  16, 18
Sonntag, Walther  31, 109, 327, 330
Standesamt I Berlin  141
Statistik der Kriegssterbefälle
140 – 143, 182, 212
Statistisches Reichsamt  35, 37
Sternweiler, Henry  108 f., 327

Suchdienst für vermißte Deutsche 75 f., 83, 91, 96, 116, 133, 143 f., 183, 187 f., 314, 329
Suchdienst Rastatt 74, 83, 87, 329
Suchdienstarbeitsgemeinschaft 82, 85
Suchdienste, sonstige 74, 77, 79 f., 110, 329
Suchdienstkarten 83
Suchdienstzeitungen 75 f., 83
Truppenarzt 15 f., 19 f., 30 f., 52
UN-ad-hoc-Kommission 89 f.
Verlustmeldung (namentlich) 18, 24, 27 – 30, 34, 39, 52, 153
Volksbund Deutsche Kriegsgräberfürsorge 22, 67, 94 – 96, 103, 123, 129, 133, 135 f., 139, 143 f., 148, 151, 188, 287, 314, 329
Volksdeutsche 114, 161, 171 f., 228, 236, 314, 320
Waffen-SS 173, 214 f., 225, 255 – 257, 259 – 261, 268 – 271, 274 f., 290, 293 – 295, 314, 321 f.
Waldersee, Etta Gräfin 72
WASt-Außenstelle 110 – 112, 325
Wehrersatzdienststellen 16, 18, 27, 33 – 39, 49, 52, 54 – 59, 99
Wehrmachtgräberoffiziere 19, 22 f., 29, 31 f., 38, 51 f.
Wehrpaß 16, 18 f., 27 f., 34
Wehrstammbuch 16, 39, 99 – 101, 120, 133, 153
Westfront 174, 237, 265 – 270, 285, 287, 304
Westhoff, Adolf 327, 330
Zentralarchiv für Wehrmedizin 16, 19 f., 28, 97 f.
Zentralnachweis SS 44
Zentralnachweiseamt 22, 24, 95, 97 f., 123 f.
Zentral-Nachweisebureau 12, 95

Zentralnachweisstelle Aachen-Kornelimünster 100, 112, 125 f., 133, 144, 151 f., 158, 188, 314
Zustandsbericht (personeller) 15

www.ingramcontent.com/pod-product-compliance
Lightning Source LLC
Chambersburg PA
CBHW060417300426
44111CB00018B/2886